I0828710

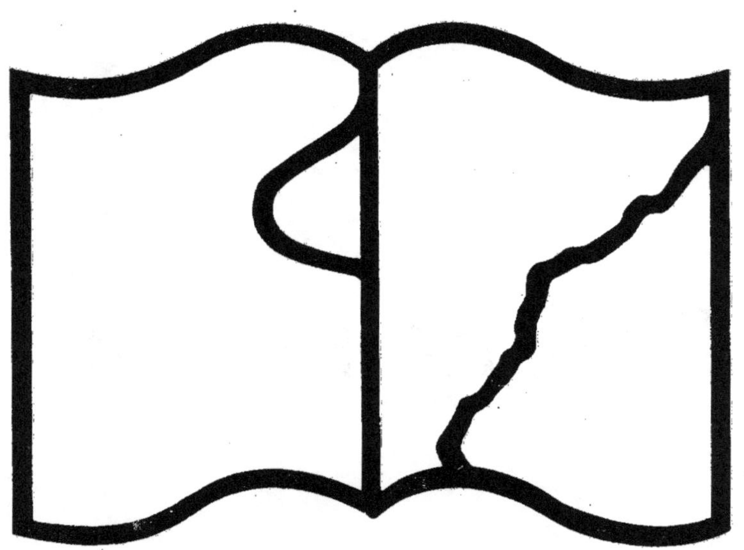

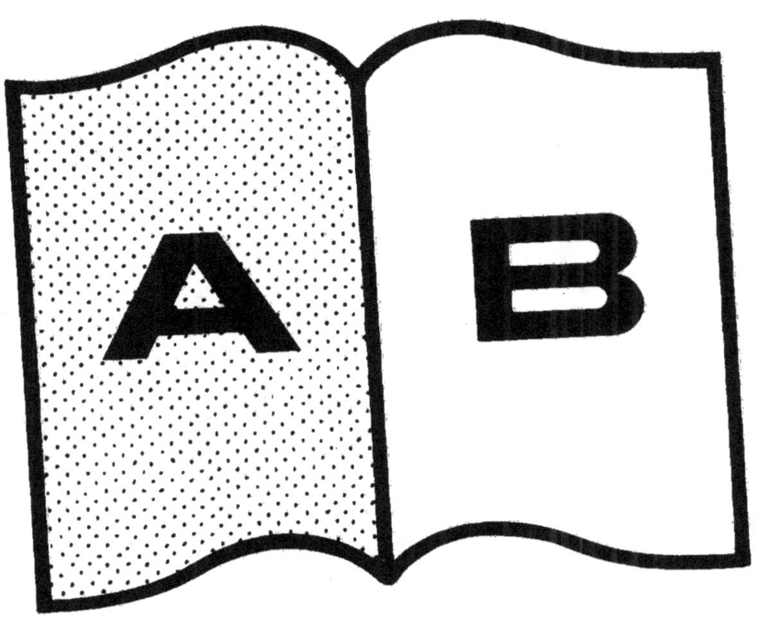

Contraste insuffisant

NF Z 43-120-14

WALTER SCOTT

ILLUSTRÉ.

TYPOGRAPHIE FIRMIN-DIDOT. — (MESNIL EURE).

CATHERINE GLOVER.

WALTER SCOTT

ILLUSTRÉ.

LA JOLIE FILLE DE PERTH.

TRADUCTION PAR M. L. DAFFRY DE LA MONNOYE.

DESSINS DE MM. C. DETTI, CH. GOSSELIN, KURNER, A. LEMAISTRE, ADRIEN MARIE, H. PILLE ET F. TALUET.

PARIS,

LIBRAIRIE DE FIRMIN-DIDOT ET CIE,

IMPRIMEURS DE L'INSTITUT, RUE JACOB, 56.

—

1883.

WALTER SCOTT

ILLUSTRÉ.

LA JOLIE FILLE DE PERTH.

TRADUCTION PAR M. L. DAFFRY DE LA MONNOYE.

DESSINS DE MM. C. DETTI, CH. GOSSELIN, KURNER, A. LEMAISTRE, ADRIEN MARIE, H. PILLE ET F. TALUET.

PARIS,

LIBRAIRIE DE FIRMIN-DIDOT ET Cie,

IMPRIMEURS DE L'INSTITUT, RUE JACOB, 56.

1883.

CHAPITRE PREMIER.

« Le Tibre! » s'écria le Romain orgueilleux
Lorsqu'à ses yeux s'ouvrit le Tay majestueux.
Écossais, qui de nous, lui rendant la pareille,
Dans le Tibre du Tay saluera la merveille?

ANONYME.

ARMI toutes les provinces d'Écosse, si l'on demandait à un étranger intelligent d'indiquer la plus belle et la plus variée, il nommerait probablement le comté de Perth. Le natif même d'un autre district de la Calédonie, bien que porté par ses inclinations personnelles à donner le premier rang au pays qui l'a vu naître, classerait assurément au second le pays de Perth : base solide du droit qu'ont les habitants de cette contrée de soutenir que, préjugé à part, le comté de Perth constitue la partie la plus belle du royaume du nord. Il y a longtemps que lady Marie Wortley Montague, avec le goût exquis qui caractérise ses écrits, a exprimé l'opinion que, dans chaque pays, la région la plus intéressante, celle où se déploient dans leur perfection la plus grande les beautés diverses des scènes de la nature, est la région où les montagnes s'abaissent vers des terrains découverts ou moins accidentés. C'est d'ailleurs dans le comté de Perth qu'on trouve les hauteurs, sinon les plus élevées, du moins les plus pittoresques. Pour sortir des contrées montagneuses, les rivières ont des chemins indomptés, et traversent les

plus romantiques passages qui joignent les hautes terres aux terres basses. D'en haut, la végétation d'un sol et d'un climat plus heureux se mêle à la magnificence des spectacles de la montagne, et les bois, les bocages, les halliers en profusion, couvrent la base des collines, montent le long des ravins, et se mêlent aux précipices. En ces régions favorisées, le voyageur trouve ce qu'un poète (Gray, je crois) a appelé

La Beauté qui repose au sein de la Terreur.

Grâce encore aux avantages de sa situation, l'heureuse province présente les caractères les plus agréables, aussi bien que les plus variés. Ses lacs, ses forêts, ses montagnes, rivalisent en beauté avec tout ce que peut offrir aux regards une excursion dans les hautes terres ; cependant qu'en plusieurs endroits, au milieu de ces romantiques paysages, et s'harmoniant avec eux, le comté de Perth renferme des contrées fertiles et habitables, qui peuvent le disputer aux régions même les plus riches de la joyeuse Angleterre. Le pays a d'ailleurs été le théâtre de beaucoup d'exploits et d'événements remarquables, les uns importants dans l'histoire, les autres intéressants pour le poète et le romancier, quoique recueillis seulement par la tradition populaire. Ce fut dans ces vallées que les Saxons de la plaine et les Gaels des montagnes eurent beaucoup de ces rencontres désespérées et sanglantes, dans lesquelles, entre les chevaliers à cottes de mailles des basses terres et leurs adversaires vêtus du plaid des clans, il était souvent impossible de savoir à qui décerner la palme.

Perth, si remarquable pour la beauté de sa situation, est une place d'une grande antiquité; une vieille tradition lui attribue l'importance d'une fondation romaine. On dit que cette nation victorieuse a prétendu reconnaître le Tibre dans le Tay, en dépit de la supériorité de notre fleuve écossais, et comme magnificence et comme navigation ; qu'au vaste espace de terrain plat bien connu sous le nom de *Plaine du Nord*, les Romains trouvaient une grande ressemblance avec le Champ de Mars. La cité fut souvent la résidence de nos monarques : bien qu'ils n'eussent pas de palais à Perth, ils trouvaient dans le couvent des religieux de l'ordre de Citeaux une construction largement suffisante pour y recevoir leur cour. Ce fut là que Jacques Ier, un des plus sages et des meilleurs rois de l'Écosse, tomba victime des sentiments jaloux d' une aristocratie qui n'aimait que trop la vengeance. Là aussi se passa la mystérieuse conspiration de Gowrie; il n'y a pas longtemps que les lieux qui en avaient été témoins ont disparu par la destruction du vieux palais où la tragédie s'était jouée. La Société des antiquaires de Perth, avec un zèle louable pour les études qu'elle poursuit, a publié le plan de cette mémorable résidence, dressé avec le plus grand soin, et accompagné de notes qui le relient au récit du complot, et dans lesquelles se montre autant de perspicacité que de bonne foi (A*).

Un des plus beaux points de vue que puisse présenter la Grande-Bretagne, et peut-être le monde entier, c'est, ou plutôt c'était, la perspective qui s'ouvrait au lieu appelé *les Frênes de Baiglie.* On désignait sous ce nom une espèce de niche, à laquelle le voyageur, à une longue traite de Kinross, arrivait à travers un pays inculte et sans intérêt; de ce lieu, formant une passe au sommet d'une haute éminence vers laquelle on s'était graduellement élevé, le voyageur contemplait, au-dessous de lui, la vallée du Tay, où le fleuve se dessinait large et majestueux; la ville de Perth, avec ses deux grandes prairies, ses clochers et ses tours; les hauteurs de Moncreiff et de Kinnoul, s'élevant en pente douce pour se terminer en rochers pittoresques, en partie revêtus de bois; les riches bords du fleuve, semés de demeures élégantes; et, vers le nord, la vue lointaine des monts Grampians, rideau puissant de ce délicieux paysage. La route nouvelle, il faut l'avouer, a amélioré beaucoup les communications; mais elle évite ce magnifique point de vue, et le paysage, aujourd'hui, se présente aux yeux d'une manière graduée et moins complète. Les approches de Perth conservent encore cependant une extrême beauté. Un sentier reste ouvert, nous le croyons, qui permet d'arriver aux Frênes de Baiglie; et le voyageur, en quittant son cheval ou sa voiture, et faisant à pied quelques centaines de pas, peut comparer encore le paysage lui-même avec la description que nous avons tâché d'en donner. Mais nous ne saurions exprimer, ni le voyageur ressentir,

* Voyez les notes A, B, C, et suivantes, à la fin du volume.

le charme exquis que la surprise ajoute au plaisir, quand une vue aussi magnifique apparaît au moment où l'on y songe le moins. Cette im-

pression, l'auteur de ce récit l'a éprouvée quand, pour la première fois, cette scène sans égale s'est déployée devant lui.

En mon ravissement, les admirations de l'enfance eurent bien quelque part. Je n'avais pas plus de quinze ans ; et, comme c'était la première excursion qu'il m'était permis de faire sur un poney à moi, j'éprouvais à cette heure-là le sentiment de l'indépendance, mêlé à cette légère dose d'inquiétude que ressent le garçon le plus fier de lui, quand il est, pour la première fois, abandonné sans direction à ses inspirations personnelles. Je m'en souviens : presque à mon insu, je ramenai les rênes et regardai d'un œil avide la scène qui s'ouvrait devant moi. On eût dit que j'avais peur de la voir disparaître, comme la décoration d'un théâtre, avant que je ne pusse en observer distinctement les diverses parties, ou me convaincre de la réalité de ce que je voyais. Depuis ce temps (et la période qui s'est écoulée est de plus de cinquante années), le souvenir de ce paysage inimitable est fortement resté dans mon esprit ; il y garde sa place, comme un événement mémorable, alors que tant de choses qui ont influé sur ma destinée se sont envolées de ma mémoire. Il est donc naturel que, délibérant en moi-même sur ce que je pourrais fournir à l'amusement du public, je choisisse un récit qui s'allie aux scènes splendides dont l'impression a été si vive sur ma jeune imagination ; cela aura peut-être, sur les imperfections de l'œuvre, le même effet que possède, dans la pensée des dames, un beau service de Chine, pour relever le goût d'un thé qui ne vaut rien.

L'époque à laquelle je me propose de remonter est beaucoup plus ancienne qu'aucun des faits historiques remarquables auxquels j'ai fait allusion jusqu'ici. Les événements que je vais raconter se sont passés dans les dernières années du quatorzième siècle, alors que le sceptre d'Écosse était tenu par la main douce, mais faible, de Jean, qui, à son avènement au trône, a pris le nom de Robert III.

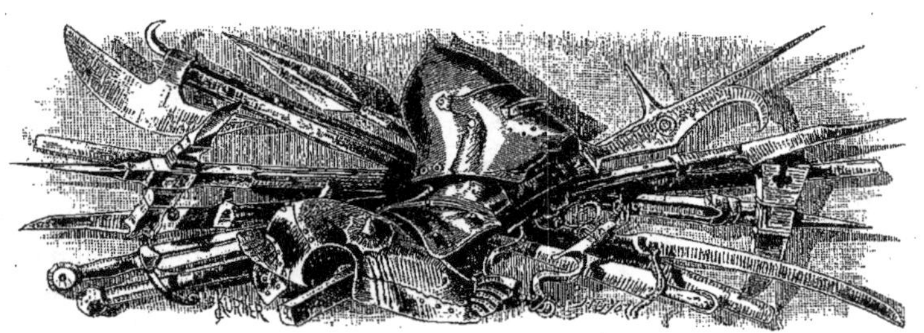

CHAPITRE II.

Une lèvre, en province, est parfois de velours,
Et peut, sans être dame, appeler les amours.

DRYDEN.

FONDÉE, comme nous l'avons déjà dit, à s'enorgueillir largement des beautés de la nature inanimée, la ville de Perth a, dans tous les temps aussi, possédé sa part de charmes d'un autre genre, plus intéressants à la fois et plus fugitifs. Être appelée *la Jolie Fille de Perth* eût été, à toutes les dates, une haute distinction, impliquant, en beauté, une supériorité non commune, là où se trouvaient beaucoup de concurrents à cette qualité fort enviée. Mais, au temps de la féodalité, vers lequel nous appelons maintenant l'attention du lecteur, la beauté de la femme avait une bien plus haute importance qu'elle n'en a gardé depuis que les idées de chevalerie se sont considérablement éteintes. L'amour des anciens chevaliers était une sorte d'idolâtrie autorisée, un amour de l'intensité duquel, en théorie, l'amour du ciel, croyait-on, pouvait seul approcher, et qu'en pratique, il égalait rarement. C'était chose familière de faire à la fois appel à Dieu et aux dames, et la dévotion au beau sexe était aussi formellement exigée des aspirants à la chevalerie que la dévotion à laquelle le ciel avait droit. A cette époque de la société, le pouvoir de la beauté était, pour ainsi dire, sans limite. Il pouvait niveler les rangs, assimilant aux plus élevés ceux qui étaient infiniment au-dessous.

Sous le règne qui avait précédé celui de Robert III, la beauté seule avait élevé une personne, d'un rang inférieur et d'une médiocre moralité, jusqu'à lui faire partager le trône même de l'Écosse (B) ; et beaucoup de femmes, moins adroites ou moins heureuses, étaient arrivées à la grandeur par une nature de relations que les usages de ce temps-là admettaient et excusaient. Des vues de ce genre auraient ébloui une fille de plus haute naissance que Catherine ou Katie Glover : elle était reconnue de tous pour la plus belle de la ville et des environs, et le surnom de *la Jolie Fille de Perth* avait fortement attiré sur elle l'attention des jeunes galants de la cour du roi, quand la cour venait résider à Perth, ou près de là. A ce point que maint gentilhomme de haut rang, fort remarqué pour ses exploits chevaleresques, était plus attentif à se montrer bon cavalier quand il passait, rue du Couvre-Feu, devant la porte du vieux Simon Glover, qu'à se distinguer dans les tournois, où les plus grandes dames d'Écosse étaient spectatrices de son adresse (C).

Mais la fille de Glover, ou du *Gantier*, car, ainsi qu'il arrivait souvent pour les citoyens et les artisans de ce siècle lointain, Simon, son père, empruntait son nom au métier qu'il pratiquait ; Catherine, donc, ne se montrait pas disposée à prêter l'oreille aux galanteries des personnes dont le rang s'élevait beaucoup au-dessus de celui qu'elle occupait elle-même. Tout en n'ignorant pas sans doute les charmes de sa personne, elle paraissait désireuse de limiter ses conquêtes aux admirateurs dont la vie s'enfermait dans la même sphère que la sienne. Sa beauté était de celles qui ont un lien plus étroit avec l'esprit qu'avec le corps ; et, quoique bienveillante et aimable de sa nature, elle était, même dans la compagnie de ses égaux, plus disposée à la réserve qu'à la gaieté. Le zèle qu'elle apportait à ses exercices de dévotion faisait croire à quelques-uns que Catherine Glover nourrissait le secret désir de se retirer du monde, et de s'ensevelir dans les profondeurs d'un cloître. Mais, eût-elle médité ce sacrifice, il n'était pas à supposer que, son père, qui passait pour riche et qui n'avait d'autre enfant qu'elle, voulût y donner son assentiment.

Dans sa résolution de fuir les hommages des galants de la cour, la beauté régnante de Perth était confirmée par les sentiments de son père. « Envoie-les promener, » disait-il ; « envoie-les promener, Catherine, ces galants, avec leurs chevaux qui caracolent, leurs éperons résonnants, leurs toques à plumes et leurs belles moustaches ; ils ne sont pas de notre classe, et nous ne visons pas à aller de pair avec eux. C'est demain le jour de la Saint-Valentin, où tous les oiseaux choisissent leur compagnon ; mais on ne verra pas la linote s'accoupler avec l'épervier, ni le rouge-gorge avec le milan. Mon père était un honnête bourgeois de Perth, et savait manier l'aiguille aussi bien que moi. Si la guerre arrivait aux portes de notre belle ville, arrière les aiguilles, le fil et la peau de chamois! on sortait du coin noir la bonne armure de tête et le bouclier, et la grande lance du haut de la cheminée. Qu'on m'indique un jour où, lui ou moi, nous étions absents quand le prévôt a fait l'appel! C'est ainsi, ma fille, que nous avons conduit notre vie, travaillant pour gagner le pain, combattant pour le défendre. Je ne veux pas avoir un gendre qui croira valoir mieux que moi ; ces seigneurs donc et ces chevaliers, tu te souviendras toujours, j'en ai la confiance, que tu es trop bas pour être leur légitime amour, et trop haut pour être autre chose. Maintenant, ma fille, laisse là ton ouvrage, car c'est la veille d'une fête, et il convient d'aller ce soir à l'office, prier le ciel qu'il t'envoie, demain, un bon Valentin (D). »

La Jolie Fille de Perth mit donc de côté le beau gant de fauconnerie qu'elle brodait pour lady Drummond, et, jetant sur ses épaules la mante des jours de fête, se prépara à accompagner son père au monastère des Noirs-Manteaux, voisin de la rue du Couvre-Feu où Simon Glover habitait. Sur leur passage, le gantier, bourgeois ancien et estimé de Perth, quelque peu touché par les annéees et accru dans son avoir, recevait des jeunes et des vieux l'hommage dû à son pourpoint de velours et à sa chaîne d'or. La beauté de Catherine, quoique cachée sous son vêtement, qui ressemblait à la mantille qu'on porte encore dans les Flandres, appelait aussi de tous les âges les politesses et les coups de chapeau.

Marchant ainsi en se donnant le bras, ils étaient suivis par un grand et beau jeune homme, portant un vêtement roturier des plus simples

Le gantier et sa fille se rendent à l'église des Dominicains.

mais qui laissait voir avec avantage des membres bien découplés; une jolie figure, encadrée de cheveux bouclés abondants, était surmontée d'une petite toque écarlate, genre de coiffure qui lui allait bien. Il n'avait d'autre arme qu'un bâton ; il n'eût pas été convenable qu'une personne de sa condition (car ce n'était que l'apprenti du gantier) parût dans les rues armée d'une épée ou d'un poignard; les *hommes à jaquette*, ou suivants militaires de la noblesse, considéraient ce privilège comme leur appartenant exclusivement. L'apprenti accompagnait son maître aux jours de fête, partie comme domestique, partie comme escorte ou renfort s'il y avait lieu pour lui d'intervenir; mais il n'était pas difficile de reconnaître, aux attentions empressées qu'il avait pour Catherine Glover, que c'était à elle plutôt qu'à son père qu'il désirait consacrer ses bons offices. Son zèle n'avait pas, d'ordinaire, occasion de se déployer, car un sentiment général de respect invitait les passants à faire place au père et à la fille.

Mais quand les coiffures d'acier, les bonnets et les plumes des écuyers, des archers et des hommes d'armes, venaient à se faire voir dans la foule, ceux qui portaient ces distinctions guerrières étaient plus rudes en leur conduite que les paisibles citoyens. Plus d'une fois, quand, par hasard, ou pour affecter l'importance et la supériorité, une personne de ce genre prenait sur Simon, en passant, le haut du pavé, le jeune assistant de Glover montait sur ses ergots avec un regard de défi, de l'air d'une personne qui cherche, par son ardeur, à montrer son zèle pour le service de sa maîtresse. Souvent Conachar (tel était le nom du jeune homme) avait été réprimandé par son maître, celui-ci lui faisant entendre qu'il ne devait pas intervenir avant d'en être requis. « Fou que tu es! » lui disait-il, « n'as-tu pas vécu dans ma boutique assez longtemps pour savoir qu'un coup engendre une querelle; qu'un poignard perce la peau d'un homme aussi vite qu'une aiguille la peau d'un gant; que j'aime la paix quoique la guerre ne me fasse pas peur, et que je me soucie peu de quel côté de la rue nous marchions, ma fille et moi, pourvu que nous allions notre chemin en paix et tranquillité? » Conachar alléguait comme excuse son zèle pour l'honneur de son maître, mais ne parvenait guère à calmer le respectable citoyen.

« Qu'ai-je à faire de l'honneur? » disait Simon Glover. « Si tu veux rester à mon service, il faut penser à l'honnêteté, et laisser l'honneur à ces fanfarons qui ont de l'acier aux talons et du fer sur les épaules. Si tu es curieux de porter ce harnachement et de t'en servir, libre à toi ; mais ce ne sera pas dans ma maison, ou en ma compagnie. »

A ces observations, Conachar paraissait plutôt s'enflammer que se soumettre. Mais un signe de Catherine, si l'on peut appeler signe soulever à peine un doigt effilé, produisait plus d'effet que le reproche irrité du maître ; le jeune homme quittait les airs militaires qui lui semblaient naturels, pour retomber dans le rôle du serviteur modeste d'un paisible bourgeois.

Ils furent joints, à ce moment, par un jeune homme de grande taille, drapé dans un manteau qui ombrageait ou cachait en partie son visage ; les galants de ce temps-là faisaient souvent ainsi quand ils n'avaient pas envie d'être reconnus, ou qu'ils allaient en quête d'aventures. Bref, celui-ci avait l'air de dire aux gens : « Je désire, pour le moment, n'être connu ni interpellé en ma qualité véritable ; mais, comme je n'ai à répondre de mes actions qu'à moi-même, mon *incognito* n'est que pour la forme, et je m'embarrasse peu que vous voyiez ou non à travers. » Il s'approcha par la droite, du côté de Catherine qui tenait le bras de son père, et ralentit le pas comme pour marcher avec eux.

« Bonsoir, brave Gantier.

— Je rends le bonsoir à Votre Honneur, et mille grâces. Passez devant, je vous prie. Notre pas est trop lent pour celui de Votre Seigneurie, et notre compagnie trop modeste pour le fils de votre père.

— Mon bon vieillard, le fils de mon père en est meilleur juge que qui que ce soit. J'ai à parler affaires avec vous, et avec ma belle Sainte Catherine que voici, la plus digne d'amour et la plus inexorable des saintes du calendrier.

— Je vous rappellerai très respectueusement, Milord, » dit le Gantier, « que nous sommes la veille de la bonne fête de Saint-Valentin ; ce n'est pas le temps de parler d'affaires, et je puis, demain matin, par un domestique, avoir les ordres de Votre Seigneurie aussitôt qu'il vous plaira de me les envoyer.

— Il n'y a pas meilleur temps que celui-ci, » dit le persévérant jeune homme, que son rang paraissait dispenser des cérémonies.

« Je veux savoir si le justaucorps de buffle que je vous ai commandé il y a quelque temps est terminé ; et de vous, charmante Catherine, » ajouta-t-il en abaissant la voix aux proportions d'un murmure, « j'ai le désir d'apprendre si, conformément à votre promesse, vos beaux doigts s'y sont appliqués? Ai-je besoin, d'ailleurs, de le demander, quand mon pauvre cœur a ressenti la piqûre de tous les points qui ont percé le vêtement destiné à le couvrir? Tu répondras, cruelle, des tourments que tu fais souffrir au cœur qui t'aime si tendrement.

— Je vous supplie, Milord, » dit Catherine, « de cesser ce langage étrange ; il ne convient ni à vous de le tenir, ni à moi de l'écouter. Notre rang est modeste, mais nos mœurs honnêtes ; et la présence du père devrait protéger l'enfant contre de semblables expressions, même de la part de Votre Seigneurie. »

Elle prononça ces mots si bas que ni son père ni Conachar ne purent entendre ce qu'elle disait.

« Eh bien donc, tyran, » répondit le galant si difficile à rebuter, « je ne vous ennuierai pas plus longtemps en ce moment-ci, à la condition que demain, de votre fenêtre, vous vous laisserez voir à moi, quand le soleil commencera de poindre sur la colline de l'est, et que vous me donnerez ainsi le droit d'être, pour l'année, votre Valentin.

— Non vraiment, Milord ; mon père me disait encore tout à l'heure que les éperviers, à plus forte raison les aigles, ne s'allient pas aux humbles linotes. Cherchez donc une dame de la cour pour qui vos hommages seront un honneur ; pour moi, si Votre Altesse me permet de dire franchement la vérité, ils ne sauraient être qu'un affront. »

Comme ils parlaient ainsi, ils arrivèrent à la porte de l'église. « Votre Seigneurie nous permettra, je pense, de prendre ici congé d'elle? » dit le père. « Il est peu probable, je le sais, que le chagrin ou le désagrément que vous pourriez causer à des gens comme nous suffisent pour vous faire renoncer à vos fantaisies ; mais, à la foule des personnes qui se pressent à cette porte, Votre Seigneurie peut voir qu'il y en a d'autres, dans l'église, auxquelles elle doit elle-même du respect.

— Du respect? oui, vraiment! Et qui donc en a pour moi, du respect? » dit l'arrogant gentilhomme. « Un chétif artisan et sa fille, pour qui la moindre attention de ma part devrait être un honneur trop grand, ont l'insolence de me dire que cette attention les déshonore. Or çà, ma princesse de peau de daim et de soie bleue, vous vous en repentirez. »

Comme il murmurait ces mots, le Gantier et sa fille entraient dans l'église des Dominicains, et leur serviteur Conachar, en essayant de les suivre de près, coudoya, non sans intention peut-être, le jeune gentilhomme. Arraché aux rêves de sa mauvaise humeur et voyant là sans doute une insulte volontaire, le gentilhomme saisit l'apprenti au collet, le frappa, et le repoussa violemment. L'adversaire irrité reprit, non sans peine, son équilibre, et mit la main au côté, comme pour chercher une épée ou un poignard à la place où se portent habituellement ces armes; n'en trouvant pas, il fit un geste de colère impuissante, et entra dans l'église. Durant les quelques secondes de ce jeu muet, le jeune gentilhomme s'était tenu les bras croisés, avec un sourire hautain, comme s'il eût défié l'apprenti de tenter quoi que ce fût. Lorsque Conachar fut entré dans l'église, son adversaire, ajustant avec plus de soin encore son manteau sur son visage, fit un signe particulier en élevant un de ses gants. Il fut à l'instant rejoint par deux hommes, qui, déguisés comme lui, s'étaient tenus, à quelque distance, attentifs à ses mouvements. Ils parlèrent ensemble d'un air affairé; après quoi, le jeune gentilhomme partit d'un côté, et ses amis ou serviteurs s'en allèrent de l'autre.

Simon Glover, avant d'entrer dans l'église, jeta un coup d'œil vers le groupe; il avait pris place parmi les assistants avant que ceux qui formaient ce groupe ne se fussent séparés. Il s'agenouilla de l'air d'un homme sur l'esprit duquel pesait un souci; mais, quand la cérémonie fut terminée, il semblait délivré d'inquiétude, comme une personne qui s'est remise, elle et ses préoccupations, à la disposition du ciel. L'office fut célébré avec beaucoup de solennité : nombre de nobles et de dames d'un haut rang y étaient présents. Des préparatifs avaient été faits pour la réception du bon vieux roi lui-même, mais quelqu'une des indispositions auxquelles il était sujet avait empêché Robert III d'assister, ainsi qu'il avait coutume, à cette cérémonie. Quand l'assemblée eut été congédiée, le Gantier et sa jolie fille demeurèrent quelque temps encore, à dessein de faire l'un et l'autre visite aux confessionnaux, où les prêtres avaient pris place pour s'acquitter de cette partie de leur ministère. Il arriva par suite que la nuit était devenue sombre quand, par les rues alors désertes, ils retournèrent à leur demeure. Beaucoup d'habitants étaient rentrés chez eux et couchés. Ceux qui s'attardaient dans la rue étaient les promeneurs nocturnes ou gens de plaisir, les fiers-à-bras oisifs attachés à la suite des personnes de haut rang, dont c'était assez l'habitude d'insulter les passants paisibles, comptant sur l'impunité que le crédit de leurs maîtres ne leur assurait que trop.

Ce fut par crainte, sans doute, d'une mauvaise affaire de la part d'un individu de cette espèce, que Conachar, se rapprochant de Glover, lui dit : « Maître, marchez plus vite : nous sommes suivis.

— Suivis, dis-tu? Par qui, et combien sont-ils?

— Par un homme, la figure cachée dans son manteau, qui s'attache à nous comme notre ombre.

— Je ne changerai point mon pas, le long de la rue du Couvre-Feu, pour un homme seul, fût-il le plus terrible de ceux qui y ont jamais passé.

— Il a des armes, » dit Conachar.

« Nous aussi ; et nous avons des mains, des jambes et des pieds. Assurément, Conachar, ce n'est pas un homme seul qui te fait peur?

— Peur ! » répondit Conachar, indigné de cette insinuation ; « vous verrez bientôt si j'ai peur.

— Te voilà maintenant, fou que tu es, qui vas trop loin de l'autre côté. Tu ne connais pas de milieu. Je ne veux pas courir, mais il n'y a pas sujet à querelle. Marche devant avec Catherine, et je prendrai ta place. Nous ne saurions être en danger, aussi près de la maison que nous le sommes. »

Le Gantier passa donc à l'arrière-garde, et put s'assurer que, vu l'heure et le lieu, la façon dont un individu se maintenait près d'eux justifiait le soupçon. Quand ils traversaient la rue, l'étranger la traversait aussi, et, selon qu'ils pressaient ou ralentissaient le pas, le pas de l'étranger s'accélérait ou décroissait en proportion. La chose aurait eu peu d'importance si Simon Glover avait été seul ; mais la beauté de sa fille pouvait la rendre l'objet de quelque mauvais dessein, dans un pays où les lois donnaient si peu de protection à ceux qui n'étaient pas en état de se protéger eux-mêmes. Conachar et celle dont il avait la garde arrivèrent au seuil de la maison, qu'une vieille servante leur ouvrit, et l'inquiétude du bourgeois prit fin. Voulant toutefois, s'il était possible, vérifier le plus ou moins de fondement des craintes de Conachar, Glover interpella à haute voix l'homme dont les allures avaient provoqué l'alarme, et qui restait immobile, semblant chercher à se mettre hors de portée de la lumière. « Avance çà, l'ami, et ne joue pas à cache-cache. Ignores-tu que ceux qui se promènent dans l'obscurité, comme des fantômes, sont exposés à rencontrer un exorcisme, sous la forme d'un bon gourdin? Avance, te dis-je, et montre-nous comment tu es fait.

— Volontiers, maître Glover, » dit l'une des plus fortes voix qui aient jamais répondu à une question; « je suis homme à pouvoir me montrer; je souhaiterais seulement que ma personne supportât mieux la lumière.

— Par ma foi! » s'écria Simon, « je connais cette voix-là. N'est-ce pas toi, Harry Gow, en chair et en os? Foin de moi, vraiment, si tu passes devant ma porte sans te rafraîchir les lèvres. Çà, mon gaillard, le couvre-feu n'a pas encore sonné, et, l'eût-il, ce ne serait pas une raison pour séparer le père et le fils. Entre, ami; Dorothée nous servira de quoi manger, et nous boirons une canette avant que tu ne t'en ailles. Entre, te dis-je; ma fille Kate sera bien aise de te voir. »

Pendant ce temps, il avait introduit la personne qu'il accueillait si bien, en une espèce de cuisine, qui, dans les occasions ordinaires, servait aussi de salle de conversation. Elle était ornée d'assiettes d'étain, entremêlées d'un ou deux gobelets d'argent; ces objets, dans l'état de propreté le plus remarquable, occupaient une série de rayons semblables à ceux d'un buffet, et constituant le meuble qu'en Écosse, une expression populaire appelle le *bink*. Un bon feu, auquel une lampe brillante prêtait son secours, répandait dans la pièce la lumière et la gaieté, et l'odeur savoureuse des aliments que préparait Dorothée n'offensait pas le moins du monde les nez peu susceptibles de ceux dont ils étaient destinés à satisfaire l'appétit.

L'inconnu qui les avait suivis était maintenant en pleine lumière au milieu d'eux, et, quoique son extérieur ne fût ni distingué ni beau, son visage et son air méritaient l'attention, et semblaient même

Henri Gow.

la commander. Sa taille était plutôt au-dessous de la moyenne, mais la largeur de ses épaules, la longueur et la puissance de ses bras, l'apparence musculaire de toute sa personne, accusaient un être doué d'une force peu commune, et un corps maintenu en vigueur par un exercice constant. Les jambes étaient un peu arquées, mais d'une façon qui n'avait rien de difforme, et qui semblait au contraire correspondre à la force de sa structure, à la symétrie de laquelle, d'ailleurs, cela faisait un peu tort. Il avait un vêtement de peau de buffle, et portait à la ceinture un sabre pesant et un poignard ou dague, comme pour défendre sa bourse, laquelle, selon l'usage des bourgeois, était attachée à la même ceinture. La tête était bien proportionnée, tondue de près, et garnie de cheveux noirs épais et bouclés. Il y avait dans son œil sombre de l'audace et de la résolution; le reste des traits paraissait exprimer une timidité extrême, mêlée de bonne humeur et d'une satisfaction marquée d'être avec ses vieux amis. A part l'expression de timidité qui s'y lisait en ce moment, le haut du visage avait de la dignité et de la noblesse chez Henri Gow ou le Forgeron (on l'appelait indifféremment de l'un de ces deux noms, le premier répondant, en langue gaélique, à la signification du second); le bas de la figure était moins heureusement conformé. La bouche, trop large, était parfaitement garnie de dents solides et belles, correspondant à l'air de santé et à la force musculaire qu'indiquait l'ensemble du personnage. Une barbe courte et fournie, des moustaches qui, tout récemment, avaient été arrangées avec soin, complétaient le tableau. Son âge ne pouvait dépasser vingt-huit ans.

Toute la famille semblait satisfaite de l'arrivée inattendue d'un ancien ami. Simon Glover lui serra la main à plusieurs reprises, Dorothée lui fit ses compliments, et Catherine elle-même lui offrit familièrement la main, qu'Henri saisit de ses gros doigts, comme s'il eût voulu la porter à ses lèvres; mais, après un moment d'hésitation, il y renonça, dans la crainte qu'on ne prît mal cette liberté. Ce n'était pas qu'il y eût résistance de la part de la petite main qui restait passive sous la pression de la sienne; mais, en même temps que la joue rougissait, il s'y mêlait un sourire qui parut augmenter la confusion du galant. Le père, de son côté, intervint franchement, quand il vit l'hésitation de son ami.

« Les lèvres, » dit-il, « les lèvres! c'est une invitation que je ne ferais pas à tous ceux qui traversent le seuil de ma maison. Mais, par le bon saint Valentin, dont la fête va poindre demain, je suis si heureux de te revoir dans la bonne ville de Perth, qu'il serait difficile de dire ce que je te refuserais. »

Le Forgeron (car, comme nous l'avons déjà dit, tel était le métier de ce robuste artisan), le Forgeron encouragé fit modestement sa politesse à la Jolie Fille, laquelle y répondit avec un sourire affectueux qui aurait pu convenir à une sœur; et, en même temps, elle disait : « Je donne la bienvenue à Perth, je l'espère, à un homme repentant et amendé. »

Continuant de lui tenir la main, le Forgeron allait lui répondre, quand soudain, ainsi qu'un homme à qui le courage fait défaut, il abandonna cette main : reculant comme effrayé de ce qu'il avait fait, les tons bruns de son visage colorés à la fois de timidité et de bonheur, il alla s'asseoir près du feu, du côté opposé à celui où se trouvait Catherine.

« Allons, Dorothée, donne-nous vite à manger, la vieille. Et Conachar? Où est Conachar?

— Il est allé se coucher, père, avec un mal de tête, » dit Catherine, d'une voix hésitante.

« Dorothée, appelle-le, » dit le vieux Glover; « il ne se conduira pas comme cela avec moi. Son sang de montagnard est trop noble, en vérité, pour donner une assiette ou mettre une nappe; il s'imagine qu'il entrera dans notre ancienne et honorable profession sans avoir assisté et servi comme il convient, en toutes matières de légitime obéissance, celui qui est son patron et son maître. Appelle-le, te dis-je; on ne me manquera pas ainsi. »

A l'instant, la voix de Dorothée se fit entendre, s'élevant pour atteindre le haut des escaliers, ou plutôt, le haut de l'échelle du grenier où l'apprenti récalcitrant avait opéré son intempestive retraite; un murmure mécontent y répondit, et, bientôt après, Conachar parut dans la salle à manger. En ses traits altiers, quoique beaux, il y avait un brouillard profond de mauvaise humeur; et, tout en dressant la table, mettant les assiettes, le sel, les épices et les autres condiments, en remplissant, en un mot, les devoirs qui sont aujourd'hui ceux d'un domestique, et que la coutume d'alors imposait à tous les apprentis, il était visiblement contrarié et indigné des services inférieurs auxquels il était soumis.

La Jolie Fille de Perth le regardait avec un peu d'inquiétude, craignant que sa mauvaise humeur, trop facile à voir, n'augmentât le mécontentement de son père ; ce ne fut qu'après que les yeux de Catherine eurent, par deux fois, cherché les siens, que Conachar consentit à voiler son déplaisir, et à apporter, en apparence, plus de bonne volonté et de soumission dans les services qu'il accomplissait.

Informons ici le lecteur que, si le secret échange de regards qu'avaient entre eux Catherine Glover et le jeune montagnard indiquait, de la part de celle-là, quelque intérêt pour la conduite de celui-ci, l'observateur le plus rigoureux aurait été bien embarrassé pour y rien découvrir qui dépassât le sentiment qu'une jeune fille éprouve, tout naturellement, pour un ami du même âge qu'elle, habitant le même toit, et avec lequel elle avait vécu dans des habitudes d'intimité.

« Tu as fait un long voyage, mon fils Henri, » dit Glover, qui avait toujours employé cette façon de parler affectueuse, quoique n'étant, en aucune façon, parent du jeune artisan ; « as-tu vu beaucoup de rivières qui vaillent mieux que le Tay, et beaucoup de cités plus belles que notre Perth, la ville de Saint-Jean?

— Je n'ai vu ni rivière ni ville que j'aime moitié autant, » répondit le Forgeron, « et qui soit, à moitié, aussi digne d'être aimée de moi. Je vous promets, père, que quand j'ai passé aux Frênes de Baiglie, et que j'ai vu la bonne cité glorieusement couchée devant moi, semblable à la reine des Fées du roman, que le chevalier trouve endormie au milieu des fleurs, je me suis senti comme l'oiseau qui replie ses ailes fatiguées pour se reposer en son nid.

— Ah! » dit le Gantier ; « c'est comme cela que tu fais le poète? Allons-nous revoir nos chansons et nos rondeaux? nos fameux noëls, et nos joyeux couplets du printemps pour la danse autour du mai?

— Père, » dit Henri le Forgeron, « on pourra revenir à ces bagatelles, quoique le bruit du soufflet et le tapage de l'enclume soient une rude compagnie pour les lais du ménestrel ; mais ce que je composerais ne serait pas meilleur, car, en faisant du bien à ma fortune, je fais du mal à mes vers.

— Fort bien, mon cher fils, fort bien! » répondit Glover. « J'espère que tu as fait un voyage utile?

— J'en ai tiré bon profit, père. Le haubergeon d'acier que vous savez, je l'ai vendu quatre cents marcs au gardien anglais des Marches de l'Est, sir Magnus Redman. A peine l'a-t-il marchandé d'un penny, après que je lui ai eu permis de l'éprouver en y donnant un bon coup d'épée. Ce mendiant des hautes terres, ce fripon qui me l'avait commandé, hésitait à me donner la moitié de la somme, quoiqu'il m'en eût coûté une année de travail.

— Qu'est-ce que tu as, Conachar? » dit Simon. « Ne sauras-tu jamais t'occuper de ce qui te regarde, au lieu d'écouter ce qui se passe autour de toi? Qu'est-ce que cela te fait qu'un Anglais trouve bon marché ce qu'un Écossais trouve cher? »

Conachar se retournait pour parler; mais, après un moment de réflexion, il regarda à terre et tâcha de reprendre son sang-froid, qu'avait troublé la façon méprisante dont le Forgeron parlait de son client des hautes terres. Henri continua sans faire attention à lui.

« J'ai vendu, à des prix élevés, des épées et des couteaux de chasse, quand j'étais à Édimbourg. On s'y attend à la guerre; et, s'il plaît à Dieu de l'envoyer, ma marchandise vaudra son prix. Saint-Dunstan nous fasse reconnaissants, lui qui était du métier! Bref, ce camarade-là, » dit-il en portant la main à sa bourse, « qui, vous le savez, père, était un peu maigre et un peu bas quand je suis parti il y a quatre mois, est maintenant aussi rond et aussi dodu qu'un cochon de six semaines.

— Et cet autre camarade à poignée de fer qui pend, à côté de lui, dans un fourreau de cuir, a-t-il été paresseux pendant tout ce temps-là? » dit le Gantier. « Or çà, Forgeron mon gaillard, confesse la vérité. Combien de querelles as-tu eues depuis que tu as passé le Tay?

— C'est mal à vous, père, de me poser cette question en un pareil moment, » répondit l'armurier, regardant Catherine. « Je fais des épées, c'est vrai, mais je laisse à d'autres le soin de s'en servir. Non, non; j'ai rarement une lame à la main, excepté quand je la mets sur l'enclume ou sur la pierre; et ceux-là m'ont calomnié auprès de votre fille Catherine, qui ont pu l'amener à soupçonner d'être un querelleur le plus paisible des bourgeois de Perth. Que le meilleur de ceux qui parlent ainsi ose dire pareille chose sur la hauteur de Kinnoul; il y aura, lui ou moi, un homme sur le gazon.

— Oui vraiment, » dit en riant le Gantier, « nous aurions là un bel exemple de ta patience. N'as-tu pas honte, Henri, de tenir ce propos effronté devant quelqu'un qui te connaît si bien? Tu regardes Kate, comme si elle ne savait pas qu'un homme, dans ce pays-ci, a besoin de sa main pour garder sa tête, à moins qu'il ne veuille dormir en médiocre sécurité. Allons donc! je veux être maudit si tu n'as pas gâté autant d'armures que tu en as fait.

— Celui-là serait un mauvais armurier, père Simon, qui ne saurait pas frapper de façon à mettre son ouvrage à l'épreuve. Si je ne fendais quelquefois un heaume, ou ne passais à travers un harnois la pointe de mon épée, je ne saurais pas quelle force il faut leur donner quand on les fabrique, et j'ajusterais ensemble des ouvrages de carton, comme ceux que les forgerons d'Edimbourg n'ont pas honte de laisser sortir de leurs mains.

— Ah! je gagerais une couronne d'or que tu as eu querelle, là-dessus, avec un *Brûle-le-vent* d'Édimbourg.

— Une querelle! non, père, » répliqua l'armurier de Perth; « aux rochers Saint-Léonard, j'ai, j'en conviens, pour l'honneur de ma bonne ville, mesuré mon épée avec celle d'un individu de cette profession. Vous ne pensez pas, bien sûr, qu'avec un confrère, j'aie voulu avoir une querelle.

— Oh, non, vraiment! mais comment s'en est-il tiré, ton confrère?

— De la même façon qu'avec une feuille de papier sur la poitrine, on s'en tirerait d'un coup de lance. Ou, plutôt, il ne s'en est pas tiré du tout; car, quand je l'ai quitté, il était dans la cellule de l'ermite, attendant chaque jour la mort, à laquelle, m'a dit le père Gervis, il était très bien préparé.

— As-tu, d'autres fois, mesuré tes armes? » dit le Gantier.

« Oui, vraiment. Je me suis battu, à Berwick, avec un Anglais, sur la vieille question de la suprématie de leur pays, comme ils appellent cela. Vous n'auriez pas voulu, j'en suis sûr, me voir mollir sur ce point. J'ai été assez heureux pour le blesser au genou gauche.

— Par Saint-André! c'est bien fait. A un autre, maintenant. A qui as-tu eu affaire, après? » dit Simon, riant des exploits de son pacifique ami.

« J'ai, dans le Torwood, combattu un Écossais, » répondit Henri. « C'était pour lever un doute : qui des deux, à l'épée, était le meilleur tireur? Cela, vous le sentez bien, ne pouvait se savoir ou se décider qu'en essayant. Le pauvre diable a perdu deux doigts.

— Ce n'est pas mal, pour le garçon le plus pacifique de Perth, qui ne touche jamais à une épée que dans l'exercice de sa profession. As-tu quelque chose de plus à nous dire?

— Pas grand'chose; car bâtonner un habitant des hautes terres, cela ne vaut pas la peine d'en parler.

— Pourquoi l'as-tu bâtonné, ô homme de paix? » demanda le Gantier.

— Ma foi, » répliqua le Forgeron, « je ne m'en souviens guère, à moins que ce ne soit parce que je l'ai rencontré au côté sud du pont de Stirling.

— A ta santé, donc! Sois le bienvenu après tous ces exploits. Allons, remue-toi, Conachar. En avant les canettes, mon garçon, et tu auras pour toi un verre de cette brune-là. »

Conachar, d'une façon tout à fait régulière, versa la bière à son maître et à Catherine. Mais, cela fait, il posa le flacon sur la table, et s'assit.

« Eh bien, drôle? Qu'est-ce que c'est que ces manières-là? Verse à boire à mon hôte, le digne maître Henri le Forgeron.

— Le maître Forgeron peut s'en verser lui-même s'il veut en avoir, » répondit le jeune Celte. « Le fils de mon père s'est déjà suffisamment abaissé pour une soirée.

— Bien chanté pour un jeune coq, » dit Henri; « tu as raison, mon garçon, l'homme qui ne boit pas si quelqu'un ne lui tient le verre, est digne de mourir de soif. »

Le patron ne prit pas avec autant de patience le refus de l'apprenti. « Sur ma parole, » dit Simon, « et par le meilleur gant que j'aie jamais fait, tu lui serviras à boire, de ce flacon et dans ce verre, si nous devons, toi et moi, continuer d'habiter sous le même toit. »

En entendant cette menace, Conachar se leva d'un air sombre, et s'approchant du Forgeron, qui venait de prendre en main le pot de bière, et qui, pour s'en servir, le soulevait à la hauteur de sa tête, il fit exprès de trébucher, et de le heurter d'une façon si maladroite que l'*ale* écumante ruissela sur la figure, la personne et les vêtements d'Henri. En dépit de ses dispositions guerrières, le Forgeron avait en réalité un excellent caractère ; mais, à une provocation pareille, la patience lui manqua. Il prit le jeune homme à la gorge, la première partie du corps qui lui tomba sous la main tandis que Conachar se relevait de sa pré-

tendue chute ; serrant ferme son adversaire et le repoussant avec force, il s'écria : « Si tu avais fait cela dans un autre endroit, gibier de potence, je t'aurais arraché les oreilles, comme je l'ai fait, avant toi, à quelques-uns de ton clan. »

Conachar se remit sur ses pieds avec la rapidité d'un tigre. « Tu ne t'en vanteras pas une seconde fois ! » s'écria-t-il ; et, tirant de son sein un couteau court et pointu, il sauta sur Henri le Forgeron, essayant de lui plonger son arme dans le corps au-dessus de la clavicule, ce qui eût fait une blessure mortelle. Mais celui vers lequel cette violence était dirigée se protégea si bien en relevant la main de l'assaillant, que le coup ne fit que toucher légèrement l'os, et que ce fut à peine si le sang coula. Arracher la dague de la main du jeune homme, et le saisir avec autant de force qu'aurait pu le faire son étau, fut, pour le vigoureux Forgeron, l'affaire d'un instant. Conachar se sentit complètement au pouvoir du formidable adversaire qu'il avait provoqué ; lui qui, une minute avant, était du rouge le plus ardent, devint tout à coup pâle comme la mort, et resta muet de honte et de peur, jusqu'au moment où, le délivrant de son étreinte puissante, le Forgeron dit avec tranquillité : « C'est heureux pour toi que tu ne puisses pas me mettre en colère. Tu n'es qu'un enfant, et moi, homme fait, je n'aurais pas dû te provoquer. Que cela, toutefois, te serve d'avertissement! »

Conachar eut l'air, un moment, de vouloir répliquer, puis il quitta la chambre, avant que Simon ne fût suffisamment remis de son émotion pour pouvoir parler. Dorothée courait de côté et d'autre, cherchant des onguents et des simples. Catherine s'était évanouie à la vue du sang.

« Laissez-moi partir, père Simon, » dit Henri le Forgeron avec tristesse ; « j'aurais dû songer que je ne serais pas plus heureux qu'autrefois, et que j'amènerais la dispute et le sang là où j'aurais souhaité le plus d'apporter la paix et le bonheur. Ne faites pas attention à moi ; donnez secours à la pauvre Catherine. La frayeur l'a tuée, et tout cela par ma faute.

— Ta faute, mon fils! Ç'a été la faute de ce brigand des hautes terres, dont j'ai le malheur d'être empêtré ; mais il partira demain pour les vallons de son pays, ou goûtera de la prison de la ville. Attenter à la vie de l'hôte de son maître, dans la maison de son maître! Cela rompt tout engagement entre nous. Laisse-moi voir ta blessure.

— Catherine! » répéta l'armurier ; « occupez-vous de Catherine.

— Dorothée va le faire, » dit Simon ; « la surprise et la peur ne tuent pas ; les couteaux et les dagues, c'est autre chose. Elle n'est pas plus, d'ailleurs, la fille de mon sang, que toi, mon cher Henri, tu n'es le fils de mes affections. Fais-moi voir la blessure. Le couteau *de l'aisselle* est une mauvaise arme dans la main d'un montagnard.

— Je m'en soucie comme de l'égratignure d'un chat, » dit l'armurier ; « et, maintenant que la couleur revient sur les joues de Catherine, vous me verrez guéri en un instant. » Il alla dans un coin où pendait un petit miroir, et sortit vivement de sa bourse de la charpie pour l'appliquer à la blessure légère qu'il avait reçue. Pour dégager son cou et ses épaules, il entr'ouvrit son vêtement de cuir : les formes viriles et musculeuses qui s'y montraient n'étaient pas plus remarquables que la blancheur de sa peau, aux endroits où elle n'avait pas, comme aux mains et au visage, été exposée aux effets du mauvais temps et de sa rude profession. Il appliqua à la hâte un peu de charpie pour arrêter le sang, et, quelques gouttes d'eau ayant effacé les autres traces du combat, il reboutonna son pourpoint, et retourna à la table où Catherine, encore pâle et tremblante, était remise cependant de son évanouissement.

« Me pardonnerez-vous de vous avoir offensée dès la première heure de mon retour? Il a été fou de provoquer ma colère, et j'ai, moi aussi, été plus fou encore de me laisser mettre en colère par un garçon comme lui. Votre père ne me blâme pas ; et vous, Catherine, ne pouvez-vous me pardonner?

— Je n'ai pas, » répondit Catherine, « le pouvoir de pardonner ce que je n'ai pas le droit de punir. S'il convient à mon père qu'on fasse de sa maison un lieu de querelles nocturnes, je n'y peux rien, et j'en dois être témoin. J'ai eu tort de m'évanouir, et d'interrompre peut-être une bataille qui promettait d'être belle. Mon excuse est, que je ne puis supporter la vue du sang.

— Est-ce donc là, » dit le père, « la façon dont vous recevez mon ami après sa longue absence? Je dis mon ami ; je devrais dire mon fils. Il manque d'être tué par un drôle dont je débarrasserai demain la maison, et vous le traitez comme s'il avait eu tort de repousser le serpent qui voulait le piquer!

— Ce n'est pas à moi, mon père, » répondit la Fille de Perth, « de décider qui a eu tort ou raison dans la querelle qui vient d'avoir lieu ; et je n'ai d'ailleurs pas vu assez distinctement ce qui s'est passé, pour dire qui a attaqué, et qui s'est défendu. Mais, assurément, notre ami, maître Henri, ne saurait nier, qu'il vit dans une atmosphère continuelle de disputes, de sang et de querelles. Il ne peut entendre parler d'un homme fort à l'épée sans envier sa réputation, et doit nécessairement mettre à l'épreuve la valeur de cet homme. Il ne voit pas une dispute sans avoir besoin de s'y jeter et de frapper. A-t-il des amis? il combat avec eux au nom de l'amitié et de l'honneur ; a-t-il des ennemis? il se bat au nom de la haine et de la vengeance. Et ceux qui ne sont ni ses amis ni ses ennemis, il se bat avec eux parce qu'ils sont de ce côté-ci ou de ce côté-là de la rivière. Ses jours sont des jours de bataille, et dans ses rêves, sans doute, il se bat encore.

— Ma fille, » dit Simon, « votre langue s'agite avec trop de liberté! Les querelles et les combats sont affaire d'hommes, et non de femmes ; et une jeune fille n'a, là-dessus, rien à penser et rien à dire.

— Lorsque ces choses, cependant, sont si brutalement accomplies en notre présence, » dit Catherine, « il est difficile de s'attendre à ce que nous n'en pensions et n'en disions rien. Je vous accorderai, mon père, que ce vaillant bourgeois de Perth est homme de cœur à l'égal du meilleur qui respire dans les murs de la ville ; qu'il s'écarterait de son chemin de cent *yards* pour ne pas marcher sur un ver de terre ; que, de gaieté de cœur, il n'aurait pas plus envie de tuer une araignée que s'il était le parent du roi Robert, d'heureuse mémoire (E) ; que, dans la dernière querelle qu'il eut avant son départ, il s'est battu contre quatre bouchers pour les empêcher de tuer un pauvre chien qui s'était mal conduit au combat de taureaux, et que peu s'en est fallu qu'il n'eût le sort de la bête qu'il protégeait. Je vous accorderai de plus que le pauvre ne passe jamais devant la maison du riche armurier sans être secouru de nourriture et d'aumônes. Mais à quoi sert tout cela, quand son épée fait autant de malheureux orphelins et de veuves désolées que sa bourse en peut secourir?

— Écoutez-moi un instant, Catherine, avant de débiter contre mon ami une enfilade de reproches, qui peuvent avoir l'air raisonnables, mais qui sont, en réalité, en contradiction avec tout ce que nous voyons et entendons autour de nous. Notre roi et sa cour, nos chevaliers et nos dames, nos abbés, nos moines, nos prêtres eux-mêmes, quel est le spectacle autour duquel, » continua le Gantier, « ils se pressent avec tant d'ardeur? N'est-ce pas pour aller voir les pompes de la chevalerie, pour être témoins, dans l'enceinte des joutes et des tournois, des galants exploits des braves chevaliers, pour contempler des actes d'honneur et de gloire que les armes accomplissent et que le sang arrose? Ce que font ces fiers chevaliers, en quoi diffère-t-il de ce qu'exécute, en sa sphère, notre brave ami Henri Gow? Qui a jamais ouï dire qu'il ait abusé de son adresse et de sa force pour mal faire ou pour opprimer? et qui ne sait combien de fois il s'est employé comme champion dans la bonne cause de la cité? Ne devrais-tu donc pas, entre toutes, te trouver fière et honorée de ce qu'un cœur si bon, de ce qu'un bras si fort, s'est déclaré pour toi? De quoi les plus grandes dames tirent-elles la gloire la plus grande, sinon des hauts faits de leur chevalier? et le plus hardi chevalier d'Écosse a-t-il accompli de plus galants exploits que mon brave fils Henri, encore que les siens puissent être d'une espèce moins relevée? N'est-il pas connu, dans les Hautes-Terres et dans les Basses, pour le meilleur armurier qui ait jamais fait une épée, le meilleur soldat qui jamais en ait tiré une?

— Mon bien cher père, » répondit Catherine, « vos paroles se contredisent, si vous permettez à votre fille de parler ainsi. Remercions Dieu et les saints de ce que notre rang dans la vie est un rang paisible, au-dessous de l'attention de ceux qu'une grande naissance, et un orgueil plus grand encore, conduisent à se glorifier de ces œuvres sanglantes de cruauté que des hommes fiers et superbes appellent des faits de chevalerie. Votre sagesse accordera qu'il serait absurde à nous de nous orner de leurs belles plumes et de leurs vêtements splendides; pourquoi donc imiter leurs vices? Pourquoi prendre leur orgueil qui endurcit le cœur, leur cruauté sans pitié, pour laquelle le meurtre n'est pas seulement un jeu, mais un sujet de vaine gloire et de triomphe? Que celles dont le rang réclame comme un droit ces sanglants hommages y prennent honneur et plaisir; nous qui n'avons aucune part à la gloire du sacrifice, nous n'en pouvons que mieux compatir aux souffrances de la victime. Félicitons-nous de notre condition modeste, puisqu'elle nous garantit de la tentation. Pardonnez-moi, mon père, si j'ai passé les limites de mon devoir, en combattant les idées que, vous comme beaucoup d'autres, vous avez sur ces matières.

— Fille, » dit le père, du ton d'une personne prête à se fâcher, « tu commences à parler trop bien pour moi. Je suis un pauvre ouvrier, qui ne sait guère autre chose que distinguer le gant de la main gauche de celui de la droite. Mais, si tu veux avoir mon pardon, dis à mon pauvre Henri quelque chose pour le consoler. Il est là confondu, tout épouvanté, sous les prédications que tu viens d'amonceler; et lui, pour qui le son d'une trompette serait comme l'invitation à une fête, tombe frappé d'effroi au son du sifflet d'un enfant. »

L'armurier, en effet, en entendant les lèvres qui lui étaient chères peindre son caractère sous des couleurs si défavorables, avait jeté sa tête sur la table où ses bras croisés s'appuyaient, dans l'attitude de

l'abattement le plus profond, et presque du désespoir. « Fasse le ciel, mon cher père, » répondit Catherine, « qu'il soit en mon pouvoir de donner à Henri consolation et conseil, sans trahir la cause sacrée des vérités que je viens d'exprimer! Cette mission, » ajouta-t-elle, « je puis la remplir, je le dois; » et l'ardeur qu'elle mettait en ses paroles, l'extrême beauté de ses traits, semblaient de l'inspiration, lorsque, d'un ton solennel, elle dit : « La vérité du ciel n'a jamais été confiée à une langue, quelque faible qu'elle fût, sans donner à cette langue le droit d'annoncer le pardon, à l'heure même où c'est la condamnation qu'elle prononce. Redresse ton front, Henri; relève-toi, noble esprit, homme bon et généreux quoique engagé dans une grande erreur. Tes fautes sont celles de ce siècle cruel et sans pitié; tes vertus sont à toi. »

Parlant ainsi, elle attira de sa main le bras sur lequel le Forgeron avait appuyé sa tête ; par une douce force à laquelle il ne put résister, elle le contraignit de lever vers elle son visage viril, et des yeux dans lesquels les reproches de la jeune fille, mêlés à d'autres sentiments, avaient appelé des larmes. « Ne pleure pas, » dit-elle, « ou, plutôt, pleure, mais pleure comme ceux qui conservent l'espérance. Abjure les péchés d'orgueil et de colère qui viennent trop aisément t'assaillir ; repousse loin de toi les armes maudites à l'usage sanglant et meurtrier desquelles tu te laisses trop aisément tenter.

— Vous me parlez en vain, Catherine, » répliqua l'armurier ; « je puis me faire moine, et me retirer du monde, mais, tant que je vivrai dans le monde, je continuerai de même ; tant que, pour les autres, je fabriquerai des armures et des armes, je ne saurais résister à la tentation de m'en servir. Vous ne me feriez pas les reproches que vous me faites, si vous saviez combien les moyens par lesquels je gagne mon pain sont inséparables de cet esprit guerrier : vous m'en faites une faute, et ce n'est qu'une conséquence inévitable, ce n'est qu'une nécescessité! Quand je donne au bouclier, au corselet, la force pour repousser les blessures, n'ai-je pas constamment en pensée la façon et la vigueur avec lesquelles on fait les blessures; et, quand je forge l'épée et que je la trempe pour la guerre, m'est-il possible d'en oublier l'usage?

— Alors, » dit la jeune fille avec exaltation, en serrant de ses mains délicates l'une des mains nerveuses et pesantes du vigoureux armurier (les mains de la jeune fille soulevaient avec peine celle d'Henri ; celui-ci laissait aller la sienne, mais sans qu'elle reçût pour ainsi dire aucun secours de sa propre volonté), « alors, rejetez au loin, vous dis-je, l'art qui n'est pour vous qu'un piège. Renoncez à la fabrication des armes qui ne servent qu'à abréger la vie humaine, trop courte déjà pour le repentir, ou à encourager, par un sentiment de sécurité, ceux que la crainte aurait empêchés, sans cela, de se risquer au danger. L'art de fabriquer les armes, offensives ou défensives, est condamnable chez un homme dont le caractère est violent, les instincts emportés, et qui trouve en son travail même un péché et un danger. Abandonnez complètement la confection des instruments de guerre, quelle qu'en puisse être l'espèce, et méritez le pardon du ciel, en renonçant à tout ce qui vous conduisait au péché vers lequel vous êtes le plus aisément porté.

— Et de quel métier vivrai-je, » murmura l'armurier, « si je quitte l'art de forger les armes, pour lequel Henri de Perth est connu depuis le Tay jusqu'à la Tamise?

— Votre art lui-même, » dit Catherine, « a des ressources innocentes et louables. Si vous renoncez à forger des épées et des boucliers, il vous reste la tâche de fabriquer la bêche inoffensive, la charrue, aussi utile qu'honorable, et ces autres instruments qui contribuent à l'entretien de la vie ou à son bien-être. Vous pouvez fabriquer des serrures et des barres de fer, pour défendre la propriété du faible contre l'audace des voleurs ou l'oppression des forts. On s'adressera encore à vous, et l'on paiera votre honnête industrie... »

Ici Catherine fut interrompue. Quand elle déclamait contre la guerre et les tournois, bien que les doctrines de sa fille fussent nouvelles pour lui, Simon, cependant, ne les avait pas trouvées tout à fait fausses. Il eût en effet souhaité que celui dont il voulait faire son gendre ne se jetât pas de gaieté de cœur en des hasards que, jusque-là, son caractère hardi et sa grande force physique l'avaient trop facilement amené à encourir. Dans cette mesure, il eût désiré que les arguments de Catherine fissent impression sur son amoureux; il savait celui-ci aussi facile à mener, sous l'influence de ceux qu'il aimait, que fier et intraitable lorsqu'on l'attaquait de remontrances hostiles ou de menaces. L'argumentation devint contraire à ses vues quand il entendit sa fille prêcher à celui qu'il souhaitait pour gendre l'abandon d'un métier qui était alors, en Écosse, le plus productif de tous, et qui, à Henri de Perth en particulier, procurait plus de profit qu'à aucun armurier de sa nation. Tout fier qu'il fût de voir entrer dans sa famille un homme doué d'une supériorité telle dans cet art de manier les armes, dont se piquaient tous les hommes en cet âge guerrier, il avait confusément l'idée qu'il ne serait pas mauvais de guérir Henri le Forgeron de l'usage trop fréquent qu'il en faisait. Mais ce métier lucratif, dans lequel Henri n'avait pas de rival, qui, grâce aux différends entre particuliers, si nombreux alors, grâce aux guerres générales du temps, donnait un revenu assuré et fort large, quand il entendit sa fille en recommander l'abandon à son amoureux comme le meilleur acheminement vers un état d'esprit pacifique, il lui fut impossible de retenir plus longtemps son indignation. Il avait hésité au commencement de la controverse ; dès que la fille parla de fabriquer des instruments de culture, sûr alors d'être dans le vrai, le père lui coupa la parole.

« Des serrures et des barres de fer, des socs de charrue et des dents de herse! Et pourquoi pas des grilles à feu et des tisonniers, et des plaques de fer de Culross pour faire cuire les gâteaux d'avoine, et un âne pour porter la marchandise par le pays; et toi, avec un second, que tu conduirais par le licou? Catherine, ma fille, as-tu complètement perdu le sens, ou penses-tu qu'en ces rudes temps, en ces jours de fer, les hommes paieront comptant d'autres objets que ceux qui peuvent défendre leur propre vie, ou les mettre à même d'arracher celle de leur ennemi? Il nous faut aujourd'hui, petite sotte, des épées pour nous défendre à chaque instant, et non des charrues qui préparent le sol pour des grains que nous ne verrons pas pousser. Quant au pain de chaque jour, ceux qui sont forts le prennent et vivent ; ceux qui sont faibles le laissent prendre, et meurent de faim. Heureux est l'homme qui, comme mon digne fils, a le moyen de gagner sa vie autrement qu'à la pointe de l'épée qu'il fait. Prêche-lui la paix tant que tu voudras ; ce ne sera pas moi qui dirai non. Mais conseiller au premier armurier de l'Écosse de planter là la fabrication des épées, des haches d'armes et des cuirasses, il y a de quoi rendre folle la patience elle-même. Ote-toi de ma vue! et, demain matin, si tu as la chance de voir Henri le Forgeron (ce qui sera plus que n'a mérité ta conduite envers lui), souviens-toi, je te prie, que tu vois un homme qui n'a pas son égal en Écosse pour l'usage du sabre et de la hache de guerre, et qui peut faire pour cinq cents marcs d'argent par an, sans manquer une fête. »

Entendant parler son père d'un ton aussi péremptoire, la fille fit une profonde révérence, et, sans autres adieux, se retira dans la chambre où elle couchait.

CHAPITRE III.

De La Forge est son nom : qu'il soit duc, comte ou pair,
Quelqu'un de ses aïeux a dû battre le fer.

VERSTIGAN.

Sous l'empire des sensations diverses qui se combattaient en lui, le cœur de l'armurier devint si gros qu'on eût dit qu'il allait briser le pourpoint de cuir sous lequel il était enfermé. Il se leva, détourna la tête, et tendit la main au Gantier, lui cachant son visage, comme s'il eût souhaité ne pas y laisser lire son émotion.

« Non, vraiment ; je veux être pendu si je te dis adieu maintenant ; » ainsi s'exprima Simon, en frappant du plat de sa main la main que lui présentait l'armurier. « D'ici à une heure au moins, nous ne nous donnerons pas la poignée de main du départ. Attends un moment, et je t'expliquerai tout ceci ; les quelques gouttes de sang d'une égratignure, et les mots insensés d'une fille qui ne sait ce qu'elle dit, ce ne sera pas cela, bien sûr, qui séparera le père et le fils, après qu'ils ont été si longtemps sans se voir. Reste donc, si jamais tu as désiré la bénédiction d'un père, et celle de saint Valentin, dont c'est aujourd'hui la bienheureuse vigile. »

On entendit bientôt le Gantier donner, à haute voix, des instructions à Dorothée, et, après un bruit de clés, après un bruit de pas pour monter l'escalier et le descendre, Dorothée apparut portant trois grands verres à boire de couleur verte, considérés alors comme une grande et précieuse curiosité; le Gantier suivait avec une énorme bouteille, égale au moins à trois litres de nos jours dégénérés. « Voici du vin, Henri, deux fois vieux comme moi; c'est un présent que mon père a reçu du vieux Crabbe, le fameux ingénieur flamand qui a si bien défendu Perth sous la minorité de David II. Nous autres gantiers, nous avons toujours été bons à quelque chose dans la guerre, quoique nos affaires aient moins de rapport avec elle que les vôtres, à vous qui travaillez le fer et l'acier. Mon père avait plu au vieux Crabbe; je te dirai un autre jour pourquoi, et combien de temps ces bouteilles ont été cachées en terre, pour les sauver des pillards du Sud. Je bois donc un verre à la santé de l'âme de mon honoré père : que ses péchés lui soient pardonnés! Bois cette santé-là, Dorothée, et monte te coucher. Je sais que les oreilles te démangent, ma fille; mais j'ai à dire des choses que personne ne doit entendre, excepté Henri le Forgeron, mon fils d'adoption. »

Dorothée ne se risqua pas à faire des objections, mais, vidant son grand verre avec beaucoup de courage, elle se retira dans sa chambre pour y dormir comme l'avait ordonné son maître. Les deux amis étaient laissés seuls.

« Cela me fait de la peine, Henri, » dit Simon, emplissant en même temps son verre et celui de son hôte, « sur mon âme, cela me fait de la peine que ma fille conserve une humeur aussi déraisonnable; mais tu pourrais, il me semble, corriger cela. Pourquoi venir ici avec ta dague et ton épée, quand tu la sais assez sotte pour n'en pouvoir supporter la vue? Ne te souviens-tu pas qu'avant ton dernier départ de Perth, tu as eu avec elle une espèce de querelle, parce que tu n'étais pas comme les autres bourgeois honnêtes et paisibles, mais que tu marchais toujours armé, à la façon des sacripants à jaquette au service de la noblesse? Il est, pour de bons bourgeois, assez temps, vraiment, de s'armer au son de la cloche de ville, qui nous appelle en vêtements de guerre.

— Ma foi, mon bon père, ce n'a point été ma faute. Je n'ai pas eu plus tôt quitté ma jument, que j'ai couru ici pour vous annoncer mon retour, pensant que, si vous le permettiez, je prendrais votre avis pour être, cette année-ci, le Valentin de mistress Catherine. J'ai su par mistress Dorothée que vous étiez allés entendre l'office aux Noirs-Manteaux. J'ai songé alors à vous suivre en cet endroit, partie pour assister au même office que vous, et partie (que Notre-Dame et saint Valentin me pardonnent!) pour jouir de la vue d'une personne qui ne pense pas beaucoup à moi. Comme vous entriez dans l'église, j'ai cru voir deux ou trois individus, d'allure suspecte, qui tenaient conseil entre eux, et vous regardaient votre fille et vous ; et, en particulier, sir Jean Ramorny, que j'ai fort bien reconnu sous son déguisement, malgré le bout de velours qu'il avait sur les yeux et son manteau de domestique. Or il me semble, père Simon, que, comme vous êtes vieux, et ce marmouset des hautes terres un peu trop jeune pour la bataille, je pouvais bien marcher tranquillement derrière vous, ne doutant pas qu'avec les outils que j'avais sur moi, je ne misse à la raison quiconque vous dérangerait dans votre retour chez vous. Vous savez que c'est vous qui m'avez découvert, et qui m'avez fait entrer, que je le voulusse ou non ; sans cela, je vous le promets, je n'aurais pas vu votre fille avant d'avoir mis le pourpoint, de la coupe la plus nouvelle, que je me suis fait faire à Berwick ; et je vous assure aussi que je n'aurais pas paru devant elle avec ces armes qui lui déplaisent tant. Il est bien vrai, cependant, que, pour une raison ou une autre, il y en a plus d'un avec qui je suis en inimitié mortelle, et qu'il m'est aussi nécessaire qu'à aucun homme d'Écosse d'avoir, la nuit, des armes sur moi.

— La petite sotte ne pense pas à cela, » dit Simon Glover. « Elle n'a pas le bon sens de comprendre que, dans notre cher pays natal, chacun estime que c'est son privilège et son devoir de venger lui-même les torts qu'on lui fait. Mais, Henri, mon garçon, tu es à blâmer de prendre si à cœur ce qu'elle dit. Je t'ai vu suffisamment hardi avec d'autres filles ; pourquoi si timide avec elle, comme si ta langue était attachée?

— Parce qu'elle est toute différente des autres, père Glover ; parce qu'elle n'est pas seulement plus belle, mais qu'elle est plus sage, plus haute en ses pensées, plus sainte, et qu'elle est faite pour moi d'une meilleure argile que nous qui l'approchons. Avec le reste des filles qui entourent le mai, je puis tenir haut la tête ; mais, je ne sais comment, quand j'approche de Catherine, je me sens une créature terrestre, grossière, féroce, à peine digne de la regarder, bien moins encore de contredire les préceptes qu'elle me propose.

— Tu es un mauvais marchand, Harry, » répliqua Simon, « qui évalues trop cher les marchandises qu'il veut acheter. Catherine est bonne fille, et c'est mon enfant ; mais si, par ta timidité et tes flatteries, tu fais d'elle un singe qui se complaît en lui-même, nous ne verrons, ni toi ni moi, l'accomplissement de nos désirs.

— Je le crains souvent, bon père, » dit le Forgeron, « quand je songe combien peu je suis digne de Catherine.

— Tu songes, tu songes! Nom d'un bout de fil! » dit le Gantier, « songe plutôt à moi, Forgeron ; songe à Catherine et à moi. Songe combien, du matin jusqu'à la nuit, la pauvre fille est obsédée, et par quelle sorte de personnes, encore que les fenêtres soient baissées et les portes fermées. Nous avons été accostés aujourd'hui par un individu trop puissant pour être nommé ; et il a témoigné ouvertement son déplaisir parce qu'à l'église même, et pendant que le prêtre disait l'office, je ne voulais pas lui permettre de faire la cour à ma fille. Il y en a bien d'autres qui ne sont pas plus raisonnables. Je souhaiterais quelquefois que Catherine fût un peu moins belle pour ne pas attirer cette admiration dangereuse, ou un peu moins sainte, pour aller s'établir comme une honnête femme, contente d'appartenir au vigoureux Henri le Forgeron, qui saurait protéger son épouse contre tous les rejetons de chevalerie qui poussent en la cour d'Écosse.

— Je le ferais, » dit Henri, montrant une main et un bras dont les os et les muscles auraient pu appartenir à un géant ; « ou je veux ne plus faire tomber jamais le marteau sur l'enclume ! Et si les choses allaient jusqu'où vous le dites, ma belle Catherine verrait qu'il n'est pas mauvais qu'un homme sache se défendre. Elle suppose, je crois, que le monde tout entier n'est qu'une mélodieuse église, et que tous ceux qui sont dedans s'y conduisent comme s'ils assistaient à une messe éternelle.

— Elle a vraiment, » dit le père, « une étrange influence sur ceux qui l'approchent. Ce garçon des hautes terres, ce Conachar, dont voilà deux ou trois ans que je me suis embarrassé, a, tu as pu le voir, le caractère ordinaire des gens de son pays; eh bien! il obéit au moindre signe de Catherine, et c'est à peine cependant si personne autre dans la maison peut en venir à bout. Elle se donne beaucoup de peine pour lui ôter ses brutales façons de montagnard. »

Ici Henri le Forgeron se trouva mal à son aise sur sa chaise, leva la bouteille, la reposa, et, en fin de compte, s'écria : « Le diable emporte ce chien de montagnard et toute sa race! Quel besoin Catherine a-t-elle d'essayer l'éducation d'un être tel que lui? Il sera comme le louveteau que j'ai eu la folie d'élever pour faire office de chien ; tout le monde le croyait apprivoisé, jusqu'au jour de malheur où, m'étant allé promener sur la hauteur de Moncrieff, il s'échappa, se jeta sur le troupeau du laird, et y fit un ravage qui m'aurait coûté cher si le laird, à ce moment, n'avait eu besoin d'une armure. Je m'étonne que vous, père Glover, qui êtes un homme de sens, vous gardiez ce jeune montagnard (qui a bonne mine, ma foi) aussi près de Catherine, comme s'il n'y en avait pas d'autres que votre fille pour lui servir de maître d'école.

— Fi, mon garçon, fi! te voilà jaloux, maintenant, » dit Simon, « d'un pauvre diable qui, pour te dire la vérité, demeure ici parce qu'il ne pourrait pas vivre avec autant de sécurité de l'autre côté de la montagne.

— Oui, vraiment, père Simon, » rétorqua le Forgeron, qui avait toutes les idées étroites des bourgeois de son temps, « si ce n'était la crainte de vous offenser, je dirais que vous avez trop commerce et compagnie avec ces vauriens de là-haut.

— Il faut que je prenne quelque part, mon bon Harry, mes peaux de daim et de chevreau, et l'on fait de bons marchés avec les gens des hautes terres.

— Cela leur est facile, » répliqua sèchement Henri ; « car ils ne vendent rien qu'ils n'aient volé.

— Bah! » dit Simon ; « il en sera ce qu'il pourra; d'où vient la bête, ce n'est pas mon affaire, pourvu que j'en aie la peau. Mais, comme j'étais en train de te le dire, certaines considérations m'ont déterminé à obliger le père en gardant ici le fils. Il n'est d'ailleurs montagnard qu'à moitié, et n'a pas tout à fait la férocité têtue d'un *Porte-Jarretière* (F). Après tout, je l'ai rarement vu aussi méchant que tout à l'heure.

— A moins de tuer son homme, il ne pouvait pas faire mieux, » répliqua le Forgeron du même ton sec.

« Néanmoins, si tu le désires, Harry, mettant de côté tout le reste, j'enverrai demain matin le drôle chercher d'autres quartiers.

— En vérité, père, » dit le Forgeron, « vous ne pouvez supposer qu'Harry Gow se soucie d'un animal comme ce chat de montagne plus que d'une brassée de fraisil? Quand tout son clan descendrait la rue de *Shoegate*, en poussant le cri de guerre et jouant de la cornemuse, cela m'inquiéterait peu ; j'aurais bientôt trouvé cinquante lames et cinquante boucliers qui les feraient repartir plus vite qu'ils n'étaient venus. Mais, pour dire vrai, et bien que ce ne soit pas raisonnable, je n'aime pas à voir ce garçon si en compagnie avec Catherine. Songez, père Glover, que votre profession tient vos yeux et vos mains fort étroitement occupés, et qu'elle demande tous vos soins, au cas même où ce fainéant y apporterait sa part de travail, ce que, vous le savez vous-même, il ne fait pas souvent.

— C'est vrai, » dit Simon ; « il coupe tous ses gants pour la main droite, et n'a jamais pu en achever une paire de sa vie.

— Il a, sans nul doute, une autre manière de couper la peau, » dit Harry. « Mais, avec votre permission, père, je ne dirai qu'une chose : qu'il travaille ou ne fasse rien, il n'a pas de chassie dans les yeux ; il n'a pas les mains séchées par le fer chaud, et ridées par le marteau ; ses cheveux ne sont pas encrassés par la fumée et grillés par le fourneau, plus semblables à la peau d'un blaireau qu'à l'endroit qu'il convient de couvrir du chapeau d'un chrétien. Que Catherine soit la fille la plus excellente qui ait jamais existé (et je la tiens, moi, pour la meilleure de Perth), elle voit et sait cependant que ces choses-là établissent une différence entre un homme et un autre, et que la différence n'est pas en ma faveur.

— A toi de tout mon cœur, fils Harry, » dit le vieillard, remplissant un rougebord pour son compagnon et un autre pour lui ; « je vois que, tout bon forgeron que tu es, tu ne sais pas le métal dont les femmes sont faites. De la hardiesse, Henri! n'aie pas l'air d'aller à la potence, mais sois comme un jeune et joyeux compagnon, qui sait ce qu'il vaut, et qui ne se laissera pas renverser par le mieux loti des descendants que notre mère Ève ait jamais eus. Catherine est une femme comme l'était sa mère, et tu te trompes fort en supposant qu'elles ne s'occupent toutes que de ce qui plaît aux yeux. Elles veulent aussi, mon garçon, que l'on plaise à leur oreille; il faut que celui qu'elles favorisent soit hardi et

de bonne humeur, et capable d'être aimé de vingt autres, encore qu'il n'en courtise qu'une seule. Crois-en un homme qui a vécu : les femmes se dirigent plus d'après ce que pensent les autres que d'après ce qu'elles pensent elles-mêmes. Quand ma fille demandera quel est l'homme le plus courageux de Perth, qui entendra-t-elle nommer sinon Harry *Brûle-le-vent?* Quel est le meilleur armurier qui jamais ait façonné l'arme sur l'enclume? C'est encore Harry le Forgeron. Le plus rude danseur autour du mai? oui-dà, le Forgeron. Le plus gai faiseur de ballades, quel autre serait-ce qu'Harry Gow? Le meilleur à la lutte, au jeu du sabre et du bouclier? le roi du bâton? le dompteur des chevaux difficiles et des montagnards sauvages? c'est toi, toujours toi, nul autre que toi. Et ce serait à toi que Catherine préférerait ce triste enfant des hautes terres! Fi! elle pourrait aussi bien faire un gantelet d'acier avec une peau de chevreau. Conachar, te dis-je, n'est rien pour elle, si ce n'est qu'elle voudrait empêcher le diable d'avoir son dû chez lui comme chez les autres gens de la montagne. Dieu la bénisse, la pauvre fille! elle donnerait au genre humain tout entier des pensées meilleures, si elle le pouvait.

— En quoi elle ne réussira pas, c'est bien certain, » dit le Forgeron, qui, comme le lecteur peut l'avoir remarqué, n'était pas bien disposé pour la race des hautes terres. « Je gagerais pour le vieux Nick (que je dois connaître puisqu'en sa qualité de diable, il travaille dans le même élément que moi), je gagerais pour lui, contre Catherine, que le démon aura le tartan. Rien n'est plus sûr que cela.

— Oui, mais Catherine, » répliqua le Gantier, « a un second que tu ne connais guère. Le père Clément a pris le jeune montagnard en mains, et il n'a pas plus peur d'une centaine de démons que moi d'un troupeau d'oies.

— Le père Clément? » dit le Forgeron; « vous faites toujours quelque nouveau saint dans cette bonne ville de Saint-Jean. Et que peut-il être, ce démolisseur de diables? Quelqu'un de vos ermites, dressé pour cette besogne comme un lutteur pour la boxe, et qui se maintient en bon état par les jeûnes et la pénitence. N'est-ce pas cela?

— Non, et c'est ce qu'il y a d'étonnant, » dit Simon; « le père Clément mange, boit et vit absolument comme les autres, sans manquer pourtant à la stricte observation de toutes les règles de l'Église.

— Oh, je comprends! Un prêtre de joyeuse humeur, qui songe plus à bien vivre qu'à vivre bien, boit une canette la veille des Cendres pour se mettre en état de supporter le carême, a l'*in principio* agréable, et confesse toutes les jolies femmes de la ville?

— Tu te trompes encore, Forgeron. Ne sais-tu pas que, ma fille et moi, nous enverrions promener tous les hypocrites, jeûnant ou repus. Le père Clément n'est ni l'un ni l'autre.

— Au nom du ciel, alors, qu'est-il donc?

— De deux choses l'une : il est ou beaucoup meilleur que la moitié de ses frères de la ville de Saint-Jean ajoutés ensemble, ou pire que le plus mauvais d'entre eux, au point que ce serait honte et péché de lui permettre d'habiter le pays.

— Il serait facile, ce me semble, de dire s'il est l'un ou s'il est l'autre, » répliqua le Forgeron.

« Qu'il te suffise de savoir, l'ami, » dit Simon, « que si l'on juge le père Clément d'après ce qu'on le voit faire et ce qu'on l'entend dire, on le trouvera l'homme le meilleur et le plus doux du monde : une consolation pour tous les chagrins de l'homme, un conseil pour tous les embarras, le guide le plus sûr du riche et le meilleur ami du pauvre. Mais, si l'on écoute ce que les dominicains disent de lui... *Benedicite!* (ici le Gantier se signa au front et à la poitrine), c'est un affreux hérétique, qui, à travers les flammes terrestres, doit aller à celles qui brûlent pour l'éternité. »

Le Forgeron se signa aussi, et s'écria : « Sainte Marie! père Simon ; vous qui êtes si prudent et si bien avisé qu'on vous a appelé le sage Gantier de Perth, pouvez-vous laisser votre fille employer le ministère d'un homme qui (nous préservent les saints!) est peut-être en ligue avec le diable en personne? N'est-ce pas un prêtre, vraiment, qui a suscité le diable dans la venelle aux farines, quand la maison de Hodge Jackson a été renversée le jour du grand vent? Et, le matin où notre fameux pont a été emporté, le diable n'avait-il pas apparu, au beau milieu du Tay, vêtu d'une chape de prêtre, et faisant sur les ondes des sauts comme une grenouille ?

— Je ne sais pas s'il a fait cela ou non, » dit le Gantier ; « je sais seulement que je ne l'ai pas vu. Quant à Catherine, on ne peut pas dire qu'elle emploie le ministère du père Clément, vu que son confesseur est le vieux père François, le dominicain, qu'elle est allée voir aujourd'hui. Mais les femmes ont leurs idées, et, assurément, elle consulte le père Clément plus que je ne le voudrais. Je dois dire, cependant, que, toutes les fois que j'ai parlé moi-même avec lui, il m'a semblé si bon et si saint homme, que je lui aurais volontiers confié mon propre salut. Ce qui est certain, c'est que, parmi les dominicains, il court sur son compte de mauvais bruits. Mais, nous autres laïques, qu'avons-nous affaire, mon fils, de ces choses-là? Payons à la mère Église ce qui lui est dû, faisons nos aumônes, confessons-nous, accomplissons bien nos pénitences, et que les saints nous gardent et nous conduisent!

— Oui, vraiment; et ils auront de l'indulgence, » dit le Forgeron, « pour les coups un peu trop vifs ou trop malheureux qu'un homme donnera dans une bataille, quand son adversaire est en défense et prêt à frapper; c'est le seul *credo* avec lequel un homme puisse vivre en Écosse : que vos filles en pensent ce que bon leur semblera. Par ma foi, il faut qu'un homme sache manier son arme, ou son bail de vie n'est pas long, dans un endroit où les coups sont si abondants. Cinq nobles à la rose déposés devant l'autel m'ont débarrassé la conscience, pour le meilleur de tous ceux avec lesquels j'ai eu malechance.

— Finissons la bouteille, » dit le vieux Glover; « j'entends sonner minuit à la tour des dominicains. Écoute-moi bien, mon fils Henri : à la première pointe de l'aube, sois sous la fenêtre en treillis du pignon est, et préviens-moi que tu es arrivé en sifflant doucement l'appel du forgeron. Je ferai en sorte que Catherine regarde à la fenêtre, et tu auras ainsi, pour le reste de l'année, tous les privilèges d'un Valentin. Si tu ne sais pas t'en servir à ton avantage, je croirai que, bien que couvert de la peau du lion, la nature t'a laissé les longues oreilles de l'âne.

— *Amen*, père, » dit l'armurier. « Bonne nuit; Dieu bénisse votre toit, et ceux qui sont dessous! Vous entendrez, au chant du coq, l'appel du forgeron. Je ferai honte, je vous le promets, à monseigneur Chanteclair. »

Parlant ainsi, il prit congé. Tout courageux qu'il était, il marcha, par les rues désertes, comme une personne sur ses gardes, pour gagner son logis, situé *Ruelle du Moulin*, à l'extrémité ouest de Perth.

CHAPITRE IV.

> Quel tapage est-ce donc que l'on nous fait céans?
> Rien ; un tictac de cœurs jeunes et trop ardents.
>
> DRYDEN.

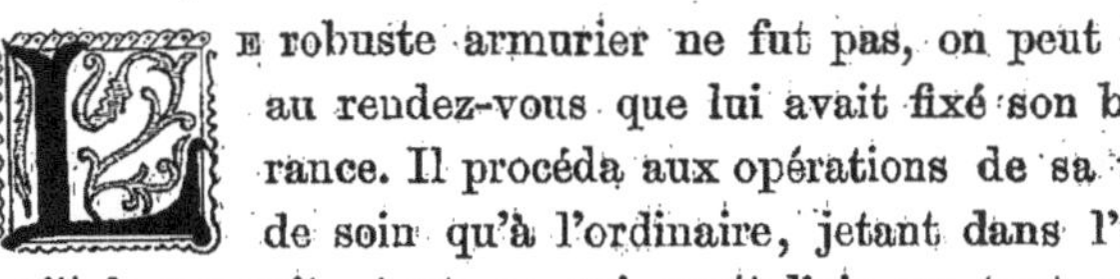

Le robuste armurier ne fut pas, on peut le croire, inexact au rendez-vous que lui avait fixé son beau-père en espérance. Il procéda aux opérations de sa toilette avec plus de soin qu'à l'ordinaire, jetant dans l'ombre, aussi loin qu'il le pouvait, tout ce qui avait l'air un tant soit peu militaire. Il était trop connu pour se risquer à aller tout à fait désarmé dans une ville où il avait, sans doute, beaucoup d'amis, mais où se trouvaient aussi, grâce à plusieurs de ses derniers exploits, un certain nombre de mortels ennemis, des mains desquels il n'avait que peu de merci à attendre s'ils le surprenaient à leur avantage. Il portait donc sous son pourpoint un vêtement secret, une cotte dont les mailles étaient si légères et si flexibles que les mouvements n'en étaient pas plus gênés que par les camisoles ou gilets de dessous que l'on met aujourd'hui ; ce vêtement n'en était pas moins d'une qualité telle que l'on pouvait compter sur lui avec assurance, car c'était de ses propres mains qu'Henri en avait travaillé et assemblé les mailles. Par-dessus, il avait revêtu, comme les autres personnes de son âge et de sa condition, le haut-de-chausses et aussi le pourpoint de Flandre, qui, en l'honneur de la fête, étaient du meilleur drap de laine anglais superfin, de couleur bleu clair, avec crevés de satin noir, et brodés de passementeries ou galons de soie noire. Ses bottes étaient de cuir de Cordoue; son manteau, de bon drap gris d'Écosse, servait à cacher un *whinger* ou couteau de chasse, qui pendait à sa ceinture, la seule arme qu'il eût sur lui, car il ne tenait à la main qu'une baguette de houx. Son bonnet de velours noir était doublé d'acier, piqué d'une sorte de ouate entre le métal et la tête, et constituait ainsi un moyen de défense auquel on pouvait se fier en toute sécurité.

Au total, Henri avait bien l'air de ce qu'il était réellement, l'air d'un bourgeois riche et considéré, se donnant, par ses habits, autant d'importance qu'il en pouvait déployer sans outrepasser son rang et empiéter sur celui de la noblesse. Bien qu'elle indiquât un mépris complet du danger, sa tournure franche et mâle ne ressemblait en aucune façon à celle des braves à trois poils et des ferrailleurs de cette époque, parmi lesquels le rangeaient quelquefois injustement ceux qui voulaient voir dans les batailles auxquelles il était si souvent mêlé, la preuve d'un caractère querelleur et violent, qu'appuyait la conscience de sa force personnelle et de son habileté dans les armes. Tous ses traits portaient, au contraire, l'expression simple et douce d'un homme qui ne songeait à causer un désagrément à personne et qui n'en craignait pas des autres.

S'étant habillé de son mieux, l'honnête armurier alla quérir un petit cadeau qu'il s'était depuis longtemps procuré pour Catherine Glover, et plaça l'objet tout près de son cœur, qui tressaillit à ce contact : sa qualité de Valentin allait lui donner tout à l'heure le droit de présenter ce cadeau, comme à elle aussi le droit de le recevoir sans être arrêtée par des scrupules de jeune fille. C'était un petit rubis taillé en forme de cœur, percé d'une flèche d'or, enfermé dans une petite bourse en mailles d'acier du travail le plus fin, qu'on eût dit tramé pour le haubert d'un roi. Sur la garniture de la bourse étaient ces mots :

A travers le tissu des aciers les meilleurs,
Les traits d'amour percent les cœurs.

Cette devise avait coûté quelques méditations à l'armurier; il était très satisfait de sa composition, car elle semblait indiquer que son habileté pouvait défendre tous les cœurs, excepté le sien. Il se drapa dans son manteau, et pressa le pas au milieu des rues silencieuses encore, pour apparaître, un peu avant l'aube, à la fenêtre désignée.

Dans ce dessein, il suivit la grande rue, et enfilait, pour se rendre à la rue du Couvre-feu, le passage où est maintenant l'église Saint-Jean, quand il reconnut, à l'aspect du ciel, qu'il était au moins une heure trop tôt, et qu'il vaudrait mieux n'arriver au lieu du rendez-vous qu'à un moment plus voisin de celui qui avait été marqué. Il pouvait se faire que d'autres galants fussent au guet, aussi bien que lui, autour de la maison de la Jolie Fille de Perth ; et il connaissait assez son côté faible pour comprendre qu'il y aurait grand'chance qu'un démêlé s'élevât entre eux. « L'avantage est pour moi, » pensait-il, « grâce à l'amitié du père Simon ; et pourquoi souiller mes doigts du sang de pauvres diables, qui ne sont pas dignes de mon attention, puisqu'il s'en faut de tant qu'ils soient aussi fortunés que moi ? non, non ; pour cette fois, je serai sage, et je me garderai à distance des tentations. Pour se quereller avec moi, ils n'auront que tout juste le temps qu'il me faudra à moi pour donner le signal, et au père Simon pour y répondre. Je me demande ce qu'il imaginera pour la faire venir à la fenêtre ? J'ai bien peur, si elle savait son dessein, qu'il ne fût difficile à Simon de le mettre à exécution. »

Pendant que ces pensées d'amoureux lui traversaient le cerveau, l'armurier ralentissait le pas, tournant souvent les yeux vers le levant pour regarder le ciel ; quelque éloignée que fût encore l'aube, de grosses ombres grises commençaient à se montrer pour en annoncer l'approche : à la grande impatience de l'armurier, l'aurore semblait, ce matin là, tarder plus que de coutume à occuper sa barbacane de l'est. Il passait lentement le long du mur de la chapelle Sainte-Anne, ne manquant pas de se signer et de dire un *Ave* comme il foulait le sol consacré, quand une voix, qui semblait sortir d'un des arcs-boutants de la chapelle, prononça ces mots : « Celui-là flâne, qui a besoin de courir.

— Qui est-ce qui parle ? » dit l'armurier, regardant autour de lui, un peu surpris d'entendre une voix, et de l'entendre parler ainsi.

« Peu importe celui qui parle, » répondit la voix. « Cours vite, ou tu courras pour rien. Ne riposte pas, mais va-t-en.

— Saint ou pécheur, ange ou démon, » dit Henri en faisant un signe de croix, « ton avis m'intéresse trop pour être négligé. Que saint Valentin me protège! »

Disant ces mots, il changea soudain sa marche paresseuse en une allure que peu de gens auraient pu soutenir, et, en un instant, il était rue du Couvre-feu. Il n'avait pas fait trois pas vers la maison de Simon Glover, située au milieu de cette rue étroite, quand, de côtés différents, deux hommes sortirent du bord des maisons, et s'avancèrent, comme de concert, pour lui barrer le passage. Un jour très imparfait lui permit seulement de distinguer qu'ils portaient le manteau des habitants des hautes terres.

« Débarrasse le chemin, brigand, » dit l'armurier, de la voix grave et profonde qui correspondait à la largeur de sa poitrine.

Les hommes ne firent pas de réponse, aucune, du moins, qui fût intelligible; mais Henri put voir qu'ils tiraient leurs épées, à dessein de s'opposer de force à son passage. Supposant quelque mauvais coup, sans en pouvoir deviner exactement la nature, il résolut de se frayer la route, quoi qu'il pût arriver, et de défendre sa maîtresse ou mourir à ses pieds. Il rejeta son manteau sur son bras droit comme un bouclier, et s'avança rapidement et sans sourciller vers les deux hommes. Le plus rapproché de lui tenta de lui porter un coup d'épée; mais Henri le Forgeron para le coup avec son manteau, lui lança au visage un vigoureux coup de poing, et, lui donnant en même temps une forte poussée, lui fit faire sur le sol une chute terrible. Presque au même instant, à l'homme qui l'abordait par la droite Henri donnait un coup de son couteau de chasse, si cruellement appliqué que l'assaillant roulait à terre à côté de son compagnon. En même temps, l'armurier poussait en avant, fort alarmé, ainsi que le justifiait suffisamment cette rue gardée ou défendue par des étrangers qui se conduisaient avec une pareille violence. Il entendit un murmure étouffé et du bruit sous les fenêtres du Gantier, les fenêtres même desquelles il s'attendait à être salué par Catherine comme son Valentin. Il garda le côté opposé de la rue, pour se rendre compte du nombre et des projets des gens qui se trouvaient là; mais un de ceux qui étaient sous la fenêtre, l'apercevant ou l'entendant, traversa la rue, et, le prenant pour l'une des sentinelles, lui demanda à voix basse : « Quel était ce bruit, Kenneth? Pourquoi n'avez-vous pas donné le signal?

« Misérables! » dit Henri; « vous êtes découverts, et vous mourrez! »

Comme il parlait ainsi, il porta à l'étranger un coup de son arme : ç'aurait été sans doute l'accomplissement de ses paroles, si l'homme, levant le bras, n'avait reçu à la main le coup destiné à la tête. La blessure devait être rude, car il chancela, et tomba avec un cri de douleur. Sans faire attention à lui davantage, Henri le Forgeron se précipita sur un groupe d'hommes qui semblaient occupés à appliquer une échelle à la fenêtre en treillis du pignon.

Henri ne s'arrêta pas pour compter leur nombre ou s'assurer mieux de leur dessein. Mais, poussant le cri d'alarme de la ville, et donnant le signal auquel les bourgeois avaient accoutumé de se réunir, il se jeta sur les rôdeurs de nuit, dont l'un montait à l'échelle. Henri la saisit par les échelons, la renversa sur le pavé, et, mettant le pied sur le corps de l'homme qu'il y avait trouvé montant, l'empêcha de se relever. Les complices firent, avec furie, pleuvoir les coups sur le Forgeron pour dégager leur camarade. Sa cotte de mailles lui fut d'un grand secours, et il rendait les coups avec usure, criant à voix haute : « A l'aide, à l'aide! pour la bonne ville de Saint-Jean! Arcs et épées, braves citoyens! arcs et épées! On force vos maisons sous le manteau de la nuit! »

Ces mots, résonnant au loin à travers les rues, étaient accompagnés d'autant de coups vigoureux, qui produisaient d'excellents effets sur ceux que combattait l'armurier. Les habitants du quartier commençaient à s'éveiller, et à se montrer dans la rue en leurs costumes de nuit, avec des épées et des boucliers, quelques-uns avec des torches. Les assaillants tâchèrent alors de s'esquiver; tous le purent faire, excepté l'homme qui était tombé avec l'échelle. Celui-là, l'intrépide armurier l'avait pris à la gorge dans la bagarre, et le tenait aussi ferme que le lévrier tient le lièvre. Les autres blessés furent emportés par leurs camarades.

« Voilà des drôles qui troublent la tranquillité du bourg, » dit Henri aux voisins qui commençaient à s'assembler ; « courez après ces coquins. Ils ne s'échapperont pas tous : j'en ai blessé quelques-uns ; le sang vous guidera sur leurs traces.

— Quelques bandits des hautes terres, » dirent les citoyens ; « alerte, voisins, et en chasse !

— Oui, en chasse ! » ajouta l'armurier. « Laissez-moi celui-là à gouverner. »

Les assistants se dispersèrent en des directions différentes, leurs lumières brillant et leurs cris résonnant par tout le quartier d'alentour.

Cependant, le prisonnier de l'armurier demandait instamment la liberté, employant, à cette fin, les promesses et les menaces. « Si tu es gentilhomme, » disait-il, « laisse-moi aller, et le passé sera oublié.

— Je ne suis pas gentilhomme, » répliqua Henri. « Je suis Hal de la Ruelle du Moulin, bourgeois de Perth ; et je n'ai rien fait qui mérite pardon.

— Tu as fait tant de choses, malheureux, que tu ne les sais pas toi-même ! Laisse-moi aller, et je remplirai ton bonnet de pièces d'or.

— Ton bonnet à toi, je vais le remplir tout à l'heure d'une tête fendue, » dit l'armurier, « si tu ne te tiens tranquille comme un bon prisonnier.

— Qu'y a-t-il, mon fils Harry ? » dit Simon, paraissant à la fenêtre. « Je t'entends parler d'un autre ton que je ne pensais. Qu'est-ce que tout ce bruit ; et pourquoi les voisins s'assemblent-ils pour la bataille ?

— Une bande de chiens allait escalader vos fenêtres, père Simon ; mais je suis là pour être parrain de l'un d'eux, et je le tiens aussi ferme que jamais étau a tenu le fer.

— Écoutez-moi, Simon Glover, » dit le prisonnier ; « laissez-moi seulement vous dire un mot en particulier. Délivrez-moi de l'étreinte de ce poignet de fer et de cette tête de plomb, et je vous montrerai qu'on ne voulait de mal ni à vous ni aux vôtres. Je vous donnerai de plus un avis qui vous sera fort utile.

— Je reconnais cette voix, » dit Simon Glover, qui sortait alors de sa porte une lanterne sourde à la main. « Mon fils, laisse ce jeune homme parler avec moi. Il n'y a rien à craindre de lui, je le promets. Reste un instant où tu es, et ne laisse personne entrer dans la maison, soit pour l'attaquer soit pour la défendre. Je me porterai garant que ce gaillard ne voulait faire qu'une plaisanterie de Saint-Valentin. »

Parlant ainsi, le vieillard fit entrer le prisonnier et ferma la porte, laissant Henri un peu surpris du jour inattendu sous lequel son beau-père avait vu la chose. « Une plaisanterie! » dit-il ; « plaisanterie étrange s'ils étaient entrés dans la chambre de Catherine! Et ils l'auraient fait sans la bonne voix amie qui est sortie des arcs-boutants de la chapelle. C'était peut-être la voix de la sainte ; qui suis-je cependant pour qu'une personne si vénérable daigne me parler? Ce qu'il y a de certain, c'est que la voix n'a pu se faire entendre à cette place qu'avec la permission de sainte Anne, et je promets de faire brûler, devant sa châsse, un cierge aussi long que ce couteau. Pour mieux servir la bonne ville de Saint-Jean, et pour mieux servir ces drôles, que n'ai-je eu, au lieu de cela, ma grande épée à deux mains! Les couteaux de chasse sont, à coup sûr, de jolis joujoux, mais faits plutôt pour la main d'un enfant que pour celle d'un homme. Oh! mon vieux Troyen à deux mains, si tu avais été là plutôt que de pendre, à l'heure qu'il est, à mon ciel de lit, les jambes de ces coquins n'auraient pas si facilement emporté leurs corps du champ de bataille. Mais voici venir des torches et des épées. Holà, halte! Êtes-vous pour la ville de Saint-Jean? Si vous êtes amis du bourg, soyez les bienvenus.

— Chasseurs sans butin, » répondirent les habitants du quartier. « Aux traces du sang, nous les avons suivis jusqu'au cimetière des dominicains, d'où nous avons fait lever d'au milieu des tombes deux drôles, en soutenant un troisième, qui avait probablement sur lui, Harry, quelqu'une de vos marques. Ils étaient à la poterne avant que nous n'ayons pu les atteindre ; ils ont sonné la cloche du sanctuaire, la porte s'est ouverte, et ils sont entrés. Les voilà donc en sûreté dans l'enceinte, et nous pouvons gagner nos lits pour nous réchauffer.

— Oui, » dit l'un d'eux; « les bons dominicains ont toujours quelque dévot frère du couvent, veillant pour ouvrir la porte à toutes les pauvres âmes dans l'embarras qui veulent s'abriter dans l'église.

— C'est vrai, » dit un autre, « quand la pauvre âme à laquelle on donne la chasse est en état de payer; mais si l'âme est pauvre de bourse aussi bien que d'esprit, elle peut rester dehors jusqu'à ce que les chiens la prennent. »

Un troisième, qui, à l'aide de sa torche, avait regardé à terre quelques minutes, se releva et parla. C'était un petit homme alerte, vif, un peu corpulent ; il s'appelait Olivier Proudfute, jouissait d'une aisance raisonnable, et figurait parmi les personnages importants de sa corporation, qui était celle des bonnetiers. Or donc, et du ton d'un homme qui a de l'autorité : « Peux-tu nous dire, brave Forgeron, » car les lumières que quelques-uns portaient permettaient aux assistants de se reconnaître les uns les autres ; « peux-tu nous dire quelle espèce de gens c'était que ceux qui ont soulevé ce tumulte dans le bourg?

— Les deux que j'ai vus d'abord, » répondit l'armurier, « m'ont semblé, autant que j'ai pu les observer, porter des plaids de montagnards.

— Assez probable, en effet, » répondit un autre citoyen en hochant la tête. « C'est une honte que les brèches de nos murs n'aient pas été réparées, et que ces voleurs des hautes terres restent libres de faire sortir de leurs lits, en une nuit aussi noire, des hommes honnêtes et des femmes qui le sont aussi.

— Mais voyez donc, voisins, » dit Olivier Proudfute, montrant une main sanglante qu'il avait ramassée sur le sol ; « quand est-ce qu'une main comme celle-ci a attaché les chaussures d'un homme des hautes terres? Elle est forte, c'est vrai, et osseuse, mais aussi fine que celle d'une dame, avec une bague qui brille comme un flambeau. Ou je me trompe fort, ou Simon Glover a dû, par le passé, faire des gants pour cette main-là, car il travaille pour tous les gens de cour. » Ici, les spectateurs commencèrent à regarder, avec différents commentaires, ce témoignage sanglant.

« Si tel est le cas, » dit l'un, « Harry le Forgeron fera bien de tourner les talons, car le grand justicier aura de la peine à croire que la protection de la maison d'un bourgeois soit une excuse suffisante pour couper la main d'un gentilhomme. Il y a des lois sévères contre la mutilation.

— Honte à vous de parler ainsi, Michel Wabster, » répondit le bonnetier ; « ne sommes-nous pas les représentants et les successeurs de ces vieux Romains vigoureux qui bâtirent Perth, à la ressemblance, autant qu'ils purent, de leur propre cité? N'avons-nous pas des chartes de tous nos nobles rois et aïeux, comme étant leurs hommes-liges bien-aimés? Et voudriez-vous, maintenant, nous faire abandonner nos droits, privilèges et immunités, nos droits de justice interne et externe, nos droits de mainmise, de confiscation, de poursuite du sang, d'amende, d'aubaine, de liberté? Souffrirons-nous qu'on livre assaut à la maison d'un honnête bourgeois, sans chercher réparation et redressement? Non; braves citoyens, hommes de corporation, bourgeois, le Tay remontera jusqu'à Dunkeld avant que nous ne nous soumettions à pareille injustice!

— Et qu'y pouvons-nous? » dit un homme âgé, à l'air grave, qui se tenait appuyé sur une épée à deux mains. « Que voudriez-vous que nous fissions?

— Morbleu, bailli Craigdallie, dans votre bouche plus que dans toute autre, je m'étonne de cette question. Je voudrais que vous-même, ainsi que doivent le faire les hommes de cœur, vous allassiez, de cette place et sur-le-champ, éveiller de son royal repos sa très gracieuse Majesté, lui demander audience, et lui représenter combien il est pitoyable que nous soyons forcés de sortir de nos lits, en cette saison, n'ayant guère pour nous couvrir autre chose que nos chemises; montrer au roi ce témoignage sanglant, et savoir des lèvres de Sa Grâce elle-même s'il est juste et honnête que ses liges dévoués soient ainsi traités par les chevaliers et les nobles de sa cour débauchée. Voilà ce que j'appellerais pousser chaudement notre cause.

— Chaudement, dis-tu! » répliqua le vieux bourgeois; « oui, si chaudement, ma foi! que nous serons tous morts de froid avant que le portier n'ait tourné la clef pour nous admettre en la royale présence. Allons, mes amis, la nuit est rude; nous avons fait notre devoir comme des hommes, et notre vaillant Forgeron a donné à ceux qui nous voudraient offenser un avertissement qui vaudra vingt proclamations du roi. Demain, c'est autre chose. Nous en délibérerons en ce lieu même, et verrons quelles mesures on pourrait prendre pour la découverte et la poursuite des coupables. Or donc séparons-nous, avant que le sang de notre cœur ne soit glacé dans nos veines.

— Bravo, bravo, voisin Craigdallie! Vive la ville de Saint-Jean! »

Olivier Proudfute aurait encore parlé, car c'était un de ces orateurs sans pitié qui pensent que leur éloquence peut triompher de tous les inconvénients du temps, du lieu et des circonstances; mais personne ne voulut l'écouter, et à la lueur de l'aube, qui commençait à strier l'horizon, les citoyens se dispersèrent pour regagner leurs demeures.

A peine étaient-ils partis que la porte de la maison du Gantier s'ouvrit, et, prenant le Forgeron par la main, le vieillard le fit entrer.

« Où est le prisonnier? » demanda l'armurier.

« Parti, échappé, enfui. Ce qu'il est devenu, je n'en sais rien. Il s'est sauvé par la porte de derrière et le petit jardin. Ne t'occupe pas de lui, mais viens voir la Valentine dont tu as, ce matin, sauvé l'honneur et la vie.

— Laissez-moi seulement rengaîner mon arme, » dit le Forgeron, « et me laver les mains.

— Il n'y a pas un instant à perdre ; elle est levée et presque habillée. Elle te verra avec ta bonne arme en main et du sang de scélérat aux doigts, pour apprendre ce que valent les services d'un homme de cœur. Il y a trop longtemps qu'elle m'arrête la langue avec ses pruderies et ses scrupules. Je lui ferai connaître le prix de l'amour d'un homme brave et d'un hardi bourgeois. »

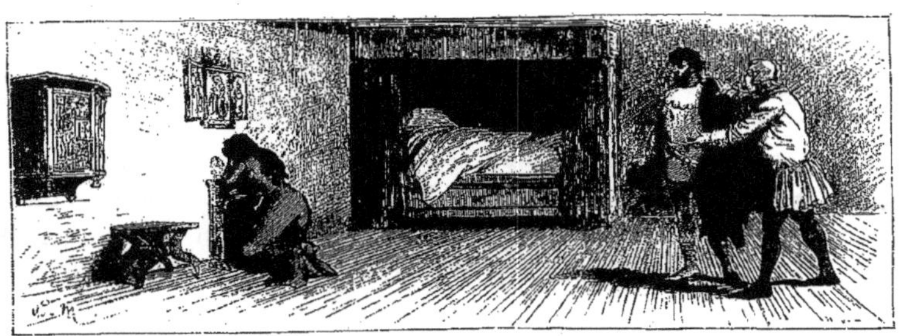

CHAPITRE V.

Belle dame, debout ! Tresse ta chevelure,
Sors de ta chambre, et viens visiter la nature.
Il se fait tard ; les freux, de leurs croassements,
Ont fatigué la tour déjà depuis longtemps.

JOANNA BAILLIE.

Arrachée à son repos par le bruit de la bataille, la Jolie Fille de Perth avait écouté, dans une terreur mortelle, les violences et les cris qui s'élevaient de la rue. Elle s'était jetée à genoux pour implorer le secours du ciel, et, quand elle eut distingué les voix des amis et des voisins réunis pour sa protection, elle resta dans la même posture, pour adresser au ciel ses remerciements. Elle était encore à genoux, quand son père poussa dans la chambre son champion Henri le Forgeron. Le timide amoureux recula, par crainte d'abord d'offenser Catherine, puis, la voyant en prière, par respect pour ses dévotions.

« Père, » dit l'armurier, « elle prie. Je n'ose pas plus lui parler qu'à un évêque quand il dit la messe.

— A ton aise, vaillant héroïque et nigaud plein de courage, » dit le père ; et, s'adressant à sa fille, il ajouta : « La meilleure manière de remercier le ciel, ma fille, est de nous montrer reconnaissants envers nos frères. Voici l'instrument par lequel Dieu t'a délivrée de la mort, et du déshonneur peut-être qui est pire que la mort. Reçois-le, ma fille comme ton Valentin fidèle, et celui que je désire avoir pour mon fils bien-aimé.

— Oh! mon père, » répliqua Catherine, « en ce moment, je ne puis voir personne, je ne puis parler à personne. Je ne suis pas une ingrate; je ne suis peut-être que trop reconnaissante pour l'instrument de notre salut; mais laissez-moi remercier le saint protecteur qui m'a si à propos envoyé ce secours, et donnez-moi une minute pour passer un vêtement.

— Miséricorde! ma fille, ce serait dur de ne pas te donner le temps d'ajuster ta toilette, car c'est la seule chose, depuis huit jours, que tu aies dite comme les autres femmes. En vérité, Harry, je voudrais que ma fille attendît, pour être sainte tout à fait, le temps où on la canonisera sous le vocable de Catherine II.

— Ne plaisantez pas, père; car je jure qu'elle a tout au moins déjà un sincère adorateur, qui s'est voué au culte de son bon plaisir, autant qu'un homme pécheur le peut faire. Adieu donc pour l'instant, belle jeune fille, » ajouta-t-il en élevant la voix, « et que le ciel t'envoie des rêves aussi paisibles que les pensées que ton âme abrite quand elle veille. Je te garderai pendant ton sommeil, et malheur à qui le troublera!

— Brave et bon Henri, en qui s'accordent si peu la sensibilité du cœur et la hardiesse de la main, ne vous engagez pas encore cette nuit en de nouvelles querelles; mais recevez les remercîments les plus affectueux, et tâchez en même temps de trouver pour vous les paisibles pensées que vous souhaitez pour moi. Nous nous retrouverons bientôt, et je pourrai vous assurer de ma gratitude. Adieu!

— Adieu, dame et lumière de mon cœur! » dit l'armurier; et, descendant l'escalier qui l'avait conduit à la chambre de Catherine, il allait se précipiter dans la rue, quand le Gantier le saisit par le bras.

« L'escarmouche de cette nuit, » dit-il, « sera plus de mon goût que ne l'a jamais été le cliquetis de l'acier, si elle remet ma fille en son bon sens, Harry, et lui apprend ce dont tu es digne. Par saint Macgrider, le grand saint de nos environs! je me sens presque de l'amitié pour ces ribauds, et de la pitié pour le pauvre amoureux qui ne portera plus jamais de peau de chevreau à la main droite. Il a perdu là une chose qui lui manquera tous les jours de la vie, et qui lui manquera surtout pour entrer ses gants. Il ne paiera plus désormais à ma profession que la moitié du tribut. Tu ne mettras pas cette nuit, » ajouta-t-il, « le pied hors de la maison. Tu ne me quitteras pas, mon fils ; je te le promets.

— Je n'en ai pas l'intention. Mais je veux, avec votre permission, monter la garde dans la rue. On pourrait renouveler l'attaque.

— Si cela est, » dit Simon, « tu seras plus à même de les repousser, ayant l'avantage d'être dans la maison. De tous les genres de combats, celui qui nous convient le mieux à nous autres bourgeois, c'est de nous défendre derrière des murs de pierre. La garde que nous faisons en nos villes nous enseigne ce genre de service ; il y a d'ailleurs, maintenant, assez de gens éveillés et debout pour nous assurer paix et repos jusqu'au matin. Entre donc par ici. »

Parlant de la sorte, il poussa Henri, qui n'y répugnait pas, dans la chambre même où ils avaient soupé, et où la vieille servante, dérangée comme tout le monde par le tumulte de la nuit, alluma bientôt le feu.

« Et maintenant, mon valeureux fils, » dit le Gantier, « avec quoi vas-tu trinquer avec ton père ? »

Henri le Forgeron s'était laissé tomber machinalement sur un siège de vieux chêne noir, et regardait le feu, qui reflétait sur ses traits mâles une lumière rougeâtre. A mi-voix, à peine entendu : « Bon Henri, brave Henri, » se murmurait-il à lui-même. « Ah ! si seulement elle avait dit : cher Henri !

— De quels vins parles-tu là ? » dit en riant le vieux Gantier. « Ma cave ne les contient pas ; mais si du vin des Canaries, du vin du Rhin, ou du vin de Gascogne peut faire l'affaire, dis-le, et le flacon coule. Voilà tout.

— Les remercîments les plus affectueux, » dit l'armurier, encore absorbé dans ses pensées ; « c'est plus qu'elle ne m'en avait jamais dit avant ; les remercîments les plus affectueux ! jusqu'où cela ne peut-il pas s'étendre?

— Cela s'étendra, mon garçon, comme de la peau de chevreau, » dit le Gantier, « si tu te laisses diriger, et si tu me dis ce que tu veux prendre pour ton coup du matin.

— Tout ce que vous voudrez, père, » répondit négligemment l'armurier, retombé dans l'analyse des paroles que Catherine lui avait adressées. « Elle a parlé de la sensibilité de mon cœur, mais elle a parlé aussi de la hardiesse de ma main. Que faire, que faire au monde, pour me débarrasser de cette humeur belliqueuse? Je ferais mieux de me couper la main droite, et de la clouer à la porte d'une église, pour être sûr qu'elle ne me nuira plus jamais.

— Assez de mains coupées pour une seule nuit, » dit son ami, mettant sur la table une bouteille de vin. « Pourquoi te mettre à l'envers? Elle t'aimerait deux fois plus si elle ne voyait à quel point tu es fou d'elle. Mais cela devient sérieux. Je ne veux pas, s'il vous plaît, sur le motif qu'on l'appelle la Jolie Fille de Perth, courir risque d'avoir ma boutique brisée et ma maison pillée par cette race infernale des coupe-jarrets de la noblesse. Non; elle verra que je suis son père, et j'obtiendrai l'obéissance à laquelle me donnent droit et la loi et l'Évangile. Henri, mon bon cœur d'or, elle sera ta femme; ta femme, homme de bonne trempe, avant que beaucoup de semaines se soient écoulées. Je bois donc, brave Forgeron, à tes joyeuses noces. »

Le père vida un grand verre, et le remplit ensuite pour son fils d'adoption. Celui-ci souleva lentement le verre, puis, avant de l'avoir porté à ses lèvres, il le replaça sur la table, et secoua la tête.

« Si tu ne veux pas répondre à cette santé-là, » dit Simon, « je ne sais vraiment pas qui y répondra. Quelles idées peux-tu avoir, espèce de fou! Un événement vient d'arriver qui la met, en quelque sorte, à ta discrétion; car, d'un bout de la ville à l'autre, elle serait honnie de tout le monde si elle te disait non. Moi, son père, non seulement je consens à ce qu'on taille le mariage, mais je veux vous voir aussi étroitement unis tous les deux que le fut jamais une aiguille avec une peau de daim. Et, avec tout cela de ton côté, fortune, père et tout le reste, tu sembles l'amant éperdu de la ballade, plus disposé à aller te jeter dans le Tay qu'à faire la cour à une fille, alors qu'il ne s'agit, pour l'avoir, que de la demander, en choisissant le bon moment.

8

— Oui, mais ce bon moment, père, où est-il ? Catherine regarde-t-elle jamais la terre et ses habitants ? Trouvera-t-elle un instant pour écouter un homme rude, ignorant et grossier comme moi? Je ne sais pas, mon père, comment cela se fait ; partout ailleurs, je tiens la tête droite comme un autre homme ; mais, votre fille, c'est une sainte : avec elle, je perds cœur et courage, et je ne puis m'empêcher de penser que, si je réussissais à surprendre ses affections, ce serait presque la même chose que de voler une châsse. Ses pensées, faites pour le ciel, ne sauraient se perdre en un être comme moi.

— A ta guise, Henri, » répliqua le Gantier. « Ma fille ne te fait pas la cour, ni moi non plus ; une belle offre n'est pas raison de querelle. Seulement, si tu crois que je donnerai dans ses folles idées de couvent, mets-toi bien dans l'esprit que jamais je n'y prêterai l'oreille. J'aime et j'honore l'Église, » dit-il en faisant le signe de la croix. « Je lui paie ses droits comme c'est mon devoir et de bon cœur ; dîmes et aumônes, vin et cire, je paie tout cela aussi scrupuleusement que le peut faire, à Perth, aucun homme de ma condition ; mais je ne donnerai pas à l'Église la seule et unique brebis que j'aie en ce monde. Sa mère me fut chère ici-bas, et est maintenant un ange dans les cieux. Catherine est tout ce que j'ai pour me rappeler celle que j'ai perdue ; et, si elle va dans un cloître, ce sera quand ces yeux-là seront fermés pour toujours, et pas avant. Quant à toi, l'ami Gow, fais, je t'en prie, ce qui te plaira le mieux. Je n'ai pas dessein, je t'assure, de te faire prendre femme de force.

— Voilà, » dit Henri, « que vous battez le fer deux fois. C'est toujours ainsi que cela finit, père, et vous vous fâchez contre moi de ce que je ne fais pas la chose du monde qui me rendrait le plus heureux, s'il était en mon pouvoir de la faire. Je veux, mon père, que la dague la mieux affilée que j'aie jamais forgée s'enfonce à l'instant dans mon cœur, s'il y a dans ce cœur une seule parcelle qui ne soit plus en la possession de votre fille qu'en la mienne. Mais qu'y puis-je? Je ne saurais avoir d'elle une pensée moindre, ni de moi une pensée plus haute, que nous ne le méritons tous les deux ; et ce qui vous semble, à vous, si facile et si assuré, offre autant de difficulté pour moi que de fabriquer un haubert d'acier avec des teilles de lin. A votre santé, père, » ajouta-t-il d'un ton plus gai ; « à la santé aussi de ma belle sainte, de ma belle Valentine, de votre Catherine, qui cette année, je l'espère, sera aussi la mienne. Que je ne tienne pas plus longtemps loin de l'oreiller votre tête qui n'est plus jeune, et allez, jusqu'au jour, utiliser votre lit de plume ; vous serez mon guide alors vers la porte de votre fille, et vous serez mon excuse si j'en franchis le seuil pour saluer la plus belle qu'éveillera le soleil dans la ville et les environs.

— L'avis que tu me donnes, mon fils, n'est pas mauvais, » dit

l'honnête Gantier. « Mais toi, que feras-tu? Vas-tu coucher avec moi, ou partager le lit de Conachar ?

— Ni l'un ni l'autre, » répondit Harry Gow ; « je vous gênerais ; ce fauteuil m'est aussi bon qu'un lit de plume, et je dormirai comme une sentinelle, mon fourniment sur moi. »

Disant ces mots, il mit la main à son arme.

« Fasse le ciel que nous n'ayons plus besoin d'armes. Bonne nuit, ou plutôt, bonne matinée jusqu'au jour. Le premier qui s'éveille, appellera l'autre. »

Ainsi se séparèrent les deux bourgeois. Le Gantier se mit au lit, et ce fut, supposons-le, pour dormir. L'amoureux ne fut pas aussi fortuné. Son corps supportait aisément la fatigue d'une nuit agitée ;

son esprit était d'une nature autre et plus délicate. A certains égards, il n'était que le robuste bourgeois de son époque, également fier de son talent à fabriquer les armes, et de son talent à les manier après qu'il les avait fabriquées ; son orgueil professionnel, sa force physique, son adresse aux armes, l'avaient engagé dans beaucoup de querelles, qui, la plupart du temps, l'avaient seulement fait craindre; qui avaient appelé, quelquefois, la désapprobation et le blâme. Mais à ces qualités s'unissaient la simplicité et le bon cœur d'un enfant, et, en même temps, un souffle d'imagination et d'enthousiasme, qui semblait peu en rapport avec ses travaux de la forge ou ses fréquents combats. S'il avait la tête près du bonnet et les sentiments ardents, il avait pris cela peut-être dans les vieilles ballades ou dans les romans en vers, source unique de son instruction et de sa science ; cela l'avait poussé sans doute à des exploits qu'inspirait souvent un rustique élan de chevalerie. Tout au moins faut-il reconnaître que son amour pour la belle Catherine avait une délicatesse qui aurait convenu au chevalier, d'un rang modeste, qu'honoraient, s'il en faut croire la chanson, les sourires de la fille du roi de Hongrie. Ses sentiments pour Catherine étaient aussi exaltés que s'ils s'étaient fixés sur un véritable ange du ciel; ce qui faisait penser à Simon, et à d'autres qui observaient la conduite d'Henri, que son amour prenait trop les proportions d'un culte pour réussir auprès d'une fille pétrie dans le moule terrestre. Ils se trompaient, cependant. Toute modeste et réservée qu'était Catherine, son cœur savait sentir et comprendre la nature et la profondeur de la passion de l'armurier; et, qu'elle fût ou non capable d'y correspondre, elle trouvait dans l'attachement du redoutable Henri Gow, autant de secret orgueil que la dame du roman dans la compagnie du lion apprivoisé qui la suit pour pourvoir à ses besoins et à sa défense. Ce fut avec les sentiments de la plus entière reconnaissance qu'en s'éveillant au point du jour, elle se souvint des services d'Henri durant cette nuit incidentée ; et sa première pensée fut de songer au moyen de lui faire comprendre ce qu'elle éprouvait.

Sortant vivement de son lit, et rougissant à moitié du dessein qu'elle avait formé : « J'ai été froide pour lui, injuste peut-être, » se dit-elle; « et, quoique je ne puisse céder à ses désirs, je ne serai pas ingrate. Je n'attendrai pas que mon père m'invite à le recevoir pour mon Valentin de l'année; j'irai vers lui, et le choisirai moi-même. J'ai trouvé d'autres filles bien hardies quand elles faisaient cela; mais je causerai ainsi le plus grand plaisir à mon père, et, en témoignant ma gratitude à cet homme vaillant, je ne ferai qu'accomplir les rites du bon saint Valentin. »

Passant ses vêtements à la hâte, et sans y apporter autant de soin qu'à l'ordinaire, elle descendit l'escalier, et ouvrit la porte de la chambre dans laquelle, comme elle l'avait deviné, l'amoureux avait passé le temps écoulé depuis la bataille. A cette porte Catherine s'arrêta; elle se sentit presque effrayée de son projet : l'usage permettait cependant, et enjoignait même aux Valentins de l'année de commencer par un baiser le lien qui devait les unir. On considérait comme un signe tout particulièrement favorable que l'une des parties intéressées pût surprendre l'autre endormie, et éveiller le Valentin, ou la Valentine, par l'accomplissement de cette importante cérémonie.

Jamais il n'y eut, pour former ce lien mystique, occasion plus belle que celle qui se présentait alors à Catherine. Après des pensées nombreuses et diverses, le sommeil avait enfin vaincu le vigoureux armurier sur le fauteuil où il s'était établi. Ses traits, au repos, avaient un caractère plus ferme et plus mâle que ne l'aurait pensé Catherine, qui, les ayant presque toujours vus agités par la timidité et par la crainte de lui déplaire, s'était habituée à y joindre une certaine idée de pusillanimité.

« Il a l'air bien sévère, » se dit-elle; « s'il était en colère? Et puis, quand il se réveillera... nous sommes seuls... Si j'appelais Dorothée? Si j'éveillais mon père? Mais non! c'est chose d'usage, qui se fait dans l'honneur et la liberté d'une affection de jeune fille et de sœur. Je ne suppose pas qu'Henri le prenne mal, et je ne dois point laisser endormir ma reconnaissance par une timidité d'enfant. »

Parlant ainsi, elle s'avança sur le parquet, d'un pas léger quoique hésitant, et la joue rougissante de la hardiesse de son dessein. Elle se glissa vers le siège du dormeur, et déposa sur ses lèvres un baiser aussi léger que la chute d'une feuille de rose. Le sommeil qu'un pareil contact suffisait à dissiper ne devait pas être profond, et il fallait que les rêves d'Henri tinssent par quelque lien à la cause qui l'éveillait, car, se levant à l'instant, il saisit la jeune fille dans ses bras, et tenta de lui rendre avec transport le salut qui avait interrompu son repos. Catherine se débattit : ce n'était pas la défense à demi-sérieuse d'une jeune fille, c'était la résistance de la modestie alarmée; son timide amoureux lui permit de se dégager d'une étreinte, de laquelle Catherine, eût-elle été vingt fois plus forte, n'aurait pu se délivrer malgré lui.

« Ne vous fâchez pas, mon bon Henri, » dit Catherine, du ton le plus doux, à son amant surpris. « J'ai payé mon tribut à saint Valentin, pour montrer combien je fais cas de celui qu'il m'a envoyé pour l'année. Attendez que mon père soit présent, et je n'oserai plus vous refuser la vengeance à laquelle peut avoir droit votre sommeil interrompu.

— Ne te gêne pas pour si peu, Forgeron, » dit le vieux Glover, entrant tout ravi dans la chambre. « Attaque-la, attaque : frappe le fer pendant qu'il est chaud, et apprends lui ce que c'est que de ne pas laisser tranquille un chien qui dort. »

Ainsi encouragé, Henri, avec une vivacité un peu moins alarmante peut-être, saisit de nouveau dans ses bras la jeune fille rougissante; celle-ci se soumit d'assez bonne grâce au remboursement de son salut, répété une douzaine de fois, avec une énergie très différente de celle du baiser qui avait provoqué de si sévères représailles. Catherine finit par se dégager de nouveau des bras de son amoureux, et, comme effrayée et repentante de ce qu'elle avait fait, se jeta sur un siège et se couvrit le visage de ses mains.

« Bon courage, ma petite, » dit son père ; « ne sois pas honteuse de nous avoir rendus les plus heureux hommes de Perth, puisque l'un des deux est ton vieux père. Jamais baiser ne fut si gentiment accordé, et il convenait de le rendre comme il faut. Montre tes yeux, ma chérie, montre-les, et que je te voie sourire. Par ma parole d'honnête homme, le soleil qui se lève maintenant sur notre belle cité ne peut rien offrir aux regards qui me fasse autant de plaisir. Ah! ça, » ajouta-t-il en plaisantant, « crois-tu donc avoir la bague de Jamie Keddie, et pouvoir marcher invisible? Non vraiment, ma petite fée de l'Aurore. Juste

Catherine se glisse vers le siège du Forgeron, pour déposer un baiser sur ses lèvres.

au moment où je me levais, j'ai entendu la porte de ta chambre, et je t'ai suivie dans l'escalier, non pour te protéger contre cet endormi, mais pour voir, de mes yeux charmés, ma bien-aimée fille faire ce que son père désirait le plus. Allons, ôte de là ces vilaines mains, et, si tu rougis un peu, ce n'en sera que plus agréable à saint Valentin : c'est le matin de ce jour-là que la rougeur sied le mieux aux joues d'une jeune fille. »

Tandis qu'il parlait, Simon Glover, avec une douce violence, retira les mains qui cachaient le visage de sa fille. La rougeur était grande, en effet, mais il y avait sur la figure autre chose que de la pudeur, et ses yeux s'emplissaient de larmes.

« Quoi, tu pleures, mon amour? » ajouta le père. « Allons, allons; c'est plus qu'il n'est nécessaire. Aide-moi, Henri, à consoler cette petite sotte. »

Catherine fit un effort pour se remettre et pour sourire, mais le sourire était sérieux et mélancolique.

« Permettez-moi d'expliquer, mon père, » dit la Jolie Fille de Perth, en continuant de se contraindre, « qu'en choisissant Henri Gow pour mon Valentin, en lui accordant, d'après la coutume, les droits et le salut du matin, j'entendais témoigner seulement à lui ma reconnaissance pour ses courageux et fidèles services; à vous, mon obéissance. Mais ne lui faites pas croire, et vous, mon très cher père, n'ayez pas non plus cette idée, que j'aie voulu promettre autre chose que d'être, pour l'année, sa Valentine fidèle et affectionnée.

— Oui, oui, oui, nous comprenons tout cela, » dit Simon du ton caressant dont on se sert avec les petits enfants; « nous comprenons ce que cela veut dire, et, pour une fois, en voilà assez. On ne va pas t'effaroucher et te presser. Vous êtes de bons Valentins, aimants et fidèles; il en sera, pour le reste, ce que permettront le ciel et l'occasion. Allons, n'est-ce pas? c'est fini; ne tords pas tes petites mains, et ne crains pas qu'aujourd'hui l'on te persécute davantage. Tu t'es conduite bravement, parfaitement. Fais lever Dorothée, et qu'on appelle ce vieux paresseux de là-haut. Il nous faut un déjeuner solide après une nuit de trouble et une matinée de joie; ta main sera nécessaire pour nous préparer quelqu'un de ces gâteaux délicats que personne que toi ne sait faire; tu as bien le droit de garder ton secret, vu la personne qui te l'a appris. Dieu ait l'âme de ta mère chérie ! » ajouta-t-il avec un soupir ; « qu'elle eût été heureuse de voir cette Saint-Valentin ! »

Catherine saisit l'occasion de s'échapper, et sortit de la chambre. Ce fut, pour Henri, comme si le soleil avait disparu du ciel en plein midi, et laissé le monde dans une obscurité soudaine. Les espérances que le dernier incident venait d'élever si haut commencèrent à s'abattre quand il réfléchit à l'altération des traits de Catherine, aux larmes qu'elle avait dans les yeux, à l'inquiétude évidente qui se lisait sur son visage, à la peine qu'elle s'était donnée pour indiquer, autant que le permettaient les convenances, le caractère des avances qu'elle avait faites, et pour le limiter à ce dont les rites du jour investissaient un Valentin. Avec surprise et déplaisir, Glover remarqua son air abattu.

« Au nom du bon saint Jean, que t'est-il arrivé que tu sembles grave comme un hibou, quand un garçon ayant vraiment pour cette fille le goût que tu prétends, devrait être aussi gai qu'une alouette ?

— Hélas, père, » répliqua l'amant déconfit, « n'est-ce pas écrit sur son visage ? Elle m'aime assez pour être ma Valentine, surtout quand c'est votre désir ; mais pas assez pour être ma femme.

— Peste de toi, froid animal, cœur sans espoir, tête de butor ! » répondit le père. « Je sais lire au visage d'une femme aussi bien et mieux que toi ; et ne vois au sien rien de semblable. De par tous les diables, mon garçon, tu étais dans ton fauteuil comme un lord, aussi profondément endormi qu'un juge. Si tu avais été un amoureux dégourdi, tu aurais épié, vers l'est, le premier rayon de soleil. Mais non, tu restais là, ronflant, je le suppose, et ne songeant guère à elle ni à autre chose. La pauvre fille se lève au point du jour, de peur qu'aucune autre ne lui prenne son Valentin précieux et très vigilant ; elle t'éveille d'une façon qui aurait (saint Macgrider me soit en aide !) donné la vie à une enclume ; et tu ne sors de ton somme que pour geindre, gémir et te lamenter, comme si elle t'avait mis un fer chaud en travers des lèvres. Je voudrais, par saint Jean, qu'elle eût envoyé Dorothée faire la commission, et qu'elle t'eût lié, pour ton service de Valentin, à ce paquet de vieux os qui n'a plus une dent dans la bouche. Ce serait, à

Perth, la Valentine qui conviendrait le mieux à un soupirant si poltron.

— Quant à être poltron, père, » répondit le Forgeron, « vingt bons coqs auxquels j'ai arraché la crête pourront vous dire si je le suis ou non. Et Dieu sait que je donnerais ma bonne propriété, en tenure bourgeoise, avec forge, soufflet, pinces, enclume et tout, pour que votre manière de voir les choses fût la vraie. Ce n'est ni sa modestie ni sa rougeur qui m'occupe; c'est la pâleur qui, si promptement, a suivi cette rougeur, et l'a chassée de ses joues; ce sont les larmes venues après. Ainsi la giboulée d'avril obscurcit la plus belle aurore qui ait jamais éclairé le Tay.

— Tati tata, » répliqua le Gantier; « ni Rome ni Perth n'ont été bâtis en un jour. Tu as pêché le saumon cent fois, et tu dois savoir ce qui en est. Après que le poisson a mordu l'amorce, donner à la ligne une forte secousse mettrait le fil en morceaux, quand ce serait du fil d'archal. Main légère, et laissez courir; prenez votre temps, et, dans une demi-heure, le saumon est sur le rivage. Tu as eu le commencement le plus beau qu'on pût désirer, à moins que tu ne t'attendisses à la voir aller à ton lit comme elle l'a fait à ton fauteuil; mais ce n'est pas la mode chez les filles comme il faut. Écoute bien : après que nous aurons déjeuné, j'aurai soin que tu aies l'occasion de lui conter ton affaire; prends garde, seulement, d'être trop timide; prends garde aussi d'être trop pressant. Donne-lui assez de corde, ne mollis pas non plus; et, ma vie contre les vôtres, je réponds du succès.

— Père, » répondit Henri, « j'aurai beau faire, vous mettrez toujours le blâme sur moi, que je laisse trop de champ ou que je tire le fil. Je donnerais le meilleur haubert que j'aie jamais fait, pour qu'en réalité l'obstacle ne vînt que de moi; car il y aurait alors beaucoup de chances pour l'écarter. J'avoue pourtant n'être qu'un sot lorsqu'il s'agit de pousser l'entretien comme il faudrait le faire en ce cas.

— Viens avec moi dans la boutique, mon fils, et je vais te fournir un excellent sujet de conversation. Tu sais que la fille qui s'aventure à embrasser un homme endormi, gagne de lui, à ce jeu, une paire de gants. Viens, et tu auras de jolis gants de chevreau bien fins, faits exactement pour sa main et pour son bras. Je pensais à sa pauvre mère quand je les ai taillés, » ajouta l'honnête Simon avec un soupir ; « excepté Catherine, je ne sais pas, en Écosse, à quelle femme ils pourraient aller, quoique j'aie ganté presque toutes les grandes beautés de la cour. Viens avec moi, te dis-je, et tu seras pourvu d'un moyen d'exercer ta langue, si tu as assez de courage et de prudence pour compter sur toi dans ta requête amoureuse. »

CHAPITRE VI.

Catherine jamais ne donnera sa main.
SHAKSPEARE. *La Femme domptée.*

ON servit le déjeûner. Les gâteaux de pâte fine et légère, faite de fleur de farine et de miel d'après la recette de famille, obtinrent mieux encore que les louanges complaisantes d'un père et d'un amoureux ; il leur fut libéralement rendu justice, de la façon qui, pour la pâtisserie comme pour le *pudding*, est la meilleure des approbations. On parla, on plaisanta, on rit. Catherine avait, elle aussi, retrouvé sa sérénité d'esprit là où les dames et les demoiselles de nos jours risqueraient de perdre la leur ; je veux dire, à la cuisine, et dans la direction des affaires du ménage, auxquelles la fille du gantier se connaissait. Je me demande si la lecture de Sénèque, prolongée pendant un temps égal, aurait eu le même effet sur son esprit.

La vieille Dorothée était assise au bas de la table, suivant la coutume d'Écosse en ce temps-là. Les deux hommes étaient si engagés dans leur conversation, Catherine si occupée soit à les servir soit de ses propres réflexions, que la servante fut la première à remarquer l'absence de Conachar.

« C'est vrai, » dit le maître Gantier ; « va l'appeler, ce fainéant de montagnard. On ne l'a pas vu cette nuit durant l'alerte ; moi du moins, je ne l'ai pas vu. Quelqu'un de vous l'a-t-il aperçu ? »

La réponse fut négative. Henri la fit suivre de cette observation :

« Il y a des temps où les gens des hautes terres savent rester au gîte comme les daims de leurs montagnes ; oui, vraiment ; et fuir le danger aussi vite qu'eux. Je les ai vus faire comme cela.

— Et il y a eu des temps, » répliqua Simon, « où le roi Arthur et ses chevaliers de la Table ronde ne pouvaient pas leur tenir tête. Je voudrais, Henri, te voir parler avec plus d'égards des habitants des hautes terres. Ils viennent souvent à Perth, soit seuls soit en nombre ; et tu devrais garder la paix avec eux aussi longtemps qu'ils la gardent avec toi. »

Une parole de défi arrivait aux lèvres d'Henri, mais il la retint prudemment.

« Vous savez, père, » dit-il en souriant, « que, nous autres hommes de métier, nous aimons mieux les gens qui nous font vivre ; mon métier pourvoit aux usages des chevaliers nobles et vaillants, des galants écuyers, des pages, des vigoureux hommes d'armes, et autres personnes qui portent les objets que nous fabriquons. J'aime naturellement mieux les Ruthven, les Lindsay, les Ogilvy, les Oliphant, et tant d'autres de nos braves et nobles voisins, vêtus, comme autant de paladins, d'un acier de ma façon, que ces montagnards nus, qui ne savent que piller. Il n'y en a pas cinq, dans chaque clan, qui possèdent une cotte de mailles rouillée, aussi vieille que leurs bannières, et ce n'est que l'ouvrage, après tout, du piètre forgeron du clan, qui n'est pas membre de notre honorable corporation, et ne fait que frapper l'enclume sur laquelle son père travaillait. Ces gens-là, je le répète, ne peuvent être en faveur aux yeux d'un véritable homme de métier.

— C'est bien, » répondit Simon ; « mais, je t'en prie, laissons là ce sujet, car voici venir notre paresseux ; et, quoique ce soit jour de fête, je n'ai plus besoin de *puddings* au sang. »

Le jeune homme entrait en effet. Sa figure était pâle, ses yeux rouges ; un trouble extrême se lisait dans toute sa personne. Il s'assit au bas bout de la table, en face de Dorothée, et fit le signe de la croix pour se préparer au repas du matin. Voyant qu'il ne se servait rien, Catherine lui présenta un plat contenant quelques-uns des gâteaux qui avaient obtenu l'approbation générale. Il repoussa d'abord cette politesse d'un air presque maussade ; l'offre réitérée avec un bienveillant sourire, il se décida à prendre un gâteau, le rompit, et se mit en devoir d'en manger un morceau : l'effort pour l'avaler semblait au-dessus de ses forces ; il y réussit cependant, mais ne recommença pas.

« Tu as mauvais appétit, Conachar, pour une matinée de Saint-Valentin, » lui dit son maître, en joyeuse humeur ; « et cette nuit pourtant tu as dû solidement dormir, puisque le bruit de la bataille ne t'a pas dérangé, que je sache. Je croyais que, toujours sur le qui-vive, un Glune-Amie comme toi aurait été aux côtés de son maître, dague en main, au premier danger qui s'offrirait à un mille autour de nous.

— Je n'ai entendu, » dit le jeune homme, dont la face se colorait comme un charbon au feu, « qu'un bruit confus, que j'ai pris pour les clameurs de gens qui s'amusaient ; et vous me dites toujours de ne pas ouvrir la porte ou la fenêtre pour des folies de ce genre.

— Bien, » dit Simon ; « j'aurais pensé qu'un montagnard reconnaîtrait mieux la différence entre le cliquetis du fer et le résonnement des harpes, entre les cris sauvages de la guerre et les joyeuses clameurs du plaisir. N'en parlons plus, mon garçon ; je suis bien aise de te voir perdre tes habitudes querelleuses. Mange ton déjeuner ; j'ai à t'employer à quelque chose qui demandera de la célérité.

— J'ai déjeuné, et je suis pressé. Je retourne aux montagnes. Avez-vous quelque message pour mon père?

— Non, » répliqua le Gantier avec surprise ; « mais es-tu fou, mon garçon? ou quelle vengeance de clan te fait partir de la ville comme sur l'aile d'un tourbillon?

— On vient de m'avertir tout d'un coup, » dit Conachar. Il parlait avec difficulté, sans qu'il fût aisé de distinguer si cela tenait à l'hésitation provenant de l'emploi d'une langue étrangère ou à quelque autre raison. « Il va y avoir assemblée, grande chasse. » Puis, il s'arrêta.

« Et quand est-ce que tu en reviendras de cette fameuse chasse? » dit son maître ; « si je puis avoir, toutefois, la hardiesse de le demander.

— Je ne saurais le dire au juste, » répliqua l'apprenti. « Peut-être jamais, si tel est le bon plaisir de mon père, » ajouta Conachar en affectant l'indifférence.

« Je croyais, » dit Simon Glover d'un ton plus sérieux, « que toutes ces choses-là devaient être mises de côté, lorsque, sur les sollicitations les plus vives, je t'ai pris sous mon toit. Je croyais que quand j'entreprenais, sans en avoir la moindre envie, de t'enseigner une honnête profession, je ne devais plus entendre parler de chasses, de rassemblements militaires, de réunions de clan, ou de rien de semblable ?

— On ne m'a pas consulté quand on m'envoya ici, » dit le jeune homme avec hauteur; « je ne sais pas quelles étaient les conditions.

— Je puis vous dire, moi, Monsieur Conachar, » répliqua le Gantier avec colère, « qu'il n'y a aucune espèce d'honnêteté à vous engager chez le membre honorable d'une corporation, à y gâter plus de peaux que la vôtre n'en vaut; puis, quand vous êtes à l'âge de rendre quelques services, à disposer de votre temps ainsi que bon vous semble, comme s'il vous appartenait à vous, et non pas à votre maître.

— Faites-en le compte avec mon père, » répondit Conachar; « il vous paiera comme il faut : un mouton d'or en monnaie française pour chaque peau que j'aurai gâtée; un cochon gras ou un bon veau pour chaque jour où j'aurai manqué.

— Finissez-en avec lui, ami Glover, » dit sèchement l'armurier; « finissez-en. Si vous n'êtes pas honnêtement payé, vous le serez du moins d'une main leste. J'aimerais à savoir combien de bourses ont été vidées pour remplir la gibecière de peau de chèvre qui sera pour vous si prodigue de son or, et dans quels pâturages ont été élevés les jeunes veaux qu'on vous enverra des passes des monts Grampians.

— Vous me faites souvenir, l'ami, » dit le jeune montagnard, se tournant d'un air hautain vers le Forgeron, « que j'ai aussi un compte à régler avec vous.

— Tiens-toi à distance, alors, » dit Henri, étendant son bras robuste; « je ne veux plus être trop près de toi; je ne te laisserai plus jouer du poinçon, comme hier soir. Je me moque de la piqûre d'une guêpe; je ne permettrai cependant pas à l'insecte de s'approcher de moi, si je suis averti. »

Conachar sourit d'un air méprisant. « Je ne te voulais pas de mal, » dit-il. « Le fils de mon père t'a fait trop d'honneur en répandant le sang d'un rustre tel que toi. Je te paierai chaque goutte ce qu'il faut pour l'essuyer, afin que mes doigts n'en soient pas salis plus longtemps.

— Tais-toi, singe! » dit le Forgeron; « le sang d'un homme d'hon-

neur ne se paie pas avec de l'or. La seule expiation pour toi, ce serait de descendre à un mille dans les basses terres, avec deux des pendards les plus vigoureux de ton clan; et, pendant que j'aurais affaire à eux, je te ferais corriger par mon apprenti, le petit Jankin. »

Catherine s'interposa. « Silence, » dit-elle, « mon fidèle Valentin, à qui j'ai le droit de commander; silence aussi, Conachar, toi qui dois m'obéir comme à la fille de ton maître. Il est messéant de réveiller, le matin, le mal que la nuit avait endormi.

— Adieu, maître, » dit Conachar, après avoir lancé au Forgeron un nouveau regard de mépris, auquel celui-ci ne répondit que par un sourire. « Adieu! merci de votre bienveillance, plus grande que je ne le méritais. Si j'ai paru quelquefois n'avoir pas assez de reconnaissance, ce fut la faute des circonstances, et non la mienne. Catherine... » Il jetait sur la jeune fille un regard profondément ému, où se mêlaient divers sentiments. Il hésita, comme s'il allait parler, et partit enfin en ne disant qu'un mot : « Adieu. » Cinq minutes plus tard, des brodequins de montagnard aux pieds, un petit paquet à la main, il traversait la porte nord de Perth, et dirigeait sa course vers les hautes terres.

« Assez de gueuserie et d'orgueil pour un clan tout entier! » dit Henri. « Il parle aussi couramment de pièces d'or que je le ferais de *pence* d'argent; et cependant je jurerais que le pouce du gant de laine de sa mère pourrait contenir tout le trésor de la tribu.

— C'est assez probable, » dit le Gantier riant de cette idée; « sa mère avait les os forts, aux doigts surtout, et au poignet.

— Et pour ce qui est du bétail, » continua Henri, « son père et ses frères, j'imagine, volent les moutons un à un.

— Moins nous parlerons d'eux, mieux cela vaudra, » dit le Gantier redevenant sérieux. « Ses frères, il n'en a pas; son père est un homme puissant; il a les mains longues, atteint aussi loin qu'il peut, et son oreille entend de trop loin pour qu'il soit bon de parler de lui.

— Et cependant, » dit Henri, « il a mis son fils en apprentissage chez un gantier de Perth. J'aurais pensé vraiment que le noble métier de saint Crépin (puisque c'est ainsi qu'on l'appelle) lui aurait mieux convenu; et que si le fils de quelque illustre en *Mac* ou en *O* devait devenir artisan, ce ne pouvait être que dans le métier où des princes ont donné l'exemple. »

Cette remarque, bien qu'ironique, sembla réveiller en notre ami Simon la fibre de la dignité professionnelle, l'un des sentiments dominants chez les artisans de cette époque.

« Vous vous trompez, mon fils Henri, » répliqua Glover avec beaucoup de gravité; « des deux métiers, celui des gantiers est le plus honorable, vu que c'est aux mains qu'ils rendent service, tandis que les cordonniers ne travaillent que pour les pieds (G).

— Ils sont, les uns et les autres, des membres également nécessaires du corps social, » dit Henri, dont le père avait été cordonnier.

« Cela se peut, mon fils, » dit le Gantier ; « mais ils ne sont pas honorables au même degré. Songe que nous employons les mains en signe d'amitié et de bonne foi, et que les pieds ne jouissent pas d'un semblable privilège. Les hommes braves combattent avec les mains ; les lâches emploient les pieds pour s'enfuir. Le gant se porte haut ; le soulier marche dans la boue. Un homme salue son ami en ouvrant la main ; c'est en avançant le pied qu'il repousse un chien, ou l'individu qu'il considère comme aussi vil qu'un chien. Un gant à la pointe d'une lance est, par toute l'étendue du monde, le signe et le gage de la bonne foi ; un gantelet jeté à terre est le gage des combats de la chevalerie. Je ne sais pas, au contraire, quelle vertu peut avoir un vieux soulier ; il y a des bonnes femmes, j'en conviens, qui le jettent derrière un homme à dessein de lui porter bonheur ; mais c'est une pratique en laquelle, je l'avoue, je n'ai pas confiance.

« Assurément, » dit le Forgeron, s'amusant de l'éloquent plaidoyer de son ami pour la dignité de son art, « je ne suis pas homme à dénigrer les mystères de la ganterie. Songez que je suis moi-même un faiseur de gantelets. Mais la dignité et l'ancienneté de votre profession ne m'empêchent pas de m'étonner que le père de ce Conachar ait permis que son fils apprît, d'un artisan des basses terres, un métier, quel qu'il fût. Ils nous considèrent, vous le savez, comme fort au-dessous de leur sublime élévation, comme une race de misérables manœuvres, indignes d'autre chose que d'être maltraités et volés, aussi souvent que ces remarquables sans-culottes voient occasion de le faire à propos et sans danger.

— Oui, » répondit le Gantier ; « mais il y avait de puissantes raisons pour... » Il retint une parole qui lui venait aux lèvres, et continua : « pour que le père de Conachar agît comme il l'a fait. J'ai joué franc jeu avec lui, et je ne doute pas qu'il n'agisse honorablement envers moi. Mais le départ soudain de Conachar me gêne un peu. Il y avait des choses dont il était chargé. Il faut que j'aille voir à la boutique.

— Puis-je vous aider, père ? » dit Henri Gow, trompé par la manière toute naturelle dont parlait le Gantier.

« Toi ? non, » dit Simon, d'un son sec. Ce ton fit sentir à Henri la sottise de sa proposition, et il rougit jusqu'aux yeux de sa pesanteur de compréhension, en une matière où l'amour aurait dû lui faire aisément deviner son rôle.

« Toi, Catherine, » dit le Gantier en quittant la chambre, « tiens compagnie cinq minutes à ton Valentin, et veille à ce qu'il ne s'en aille pas avant mon retour. Viens avec moi, Dorothée, et remue pour moi les mains et les jambes. »

Il quitta la pièce, suivi de la vieille domestique, et, presque pour la première fois de sa vie, Henri le Forgeron resta seul avec Catherine. Il y eut, pendant une minute, de l'embarras de la part de la jeune fille, de la maladresse chez son amoureux. Mais Henri, rappelant son courage, sortit de sa poche les gants dont Simon l'avait muni ; pour celui qui avait été, le matin, si hautement favorisé, il demanda la permission de payer l'amende imposée par l'usage à l'homme qui avait dormi en la minute même où il aurait dû, pour être éveillé, donner son sommeil de toute une année.

« Non vraiment, » dit Catherine ; « l'accomplissement de mes devoirs envers saint Valentin n'implique pas la pénalité à laquelle vous voulez vous soumettre, et je ne saurais, dès lors, accepter votre présent.

— Ces gants, » dit Henri, approchant insidieusement, pendant qu'il parlait, son siège de celui de Catherine, « ont été faits par les mains qui vous sont le plus chères ; et, voyez, ils sont taillés pour vous. » En parlant, il les déployait dans toute leur longueur, et, tenant le bras de Catherine de sa main robuste, il posait les gants contre le bras, pour montrer comme ils allaient bien. « Voyez ce joli bras, » disait-il, « ces petits doigts. Ces coutures de soie et d'or, songez qui les a faites, et dites si le gant, et le bras auquel seul le gant peut convenir, doivent rester séparés parce que le pauvre gant a eu le malheur d'être confié, pour une minute, à une main aussi noire et aussi rude que la mienne.

— Ils seront bien reçus parce qu'ils viennent de mon père, et non moins bien reçus comme venant de celui qui est mon *ami*, » dit Catherine en appuyant sur le dernier mot, « mon Valentin et mon sauveur.

— Que je vous aide, » dit le Forgeron, s'approchant d'elle davantage encore ; « pour la première fois que vous les mettez, ils seront un peu étroits, et vous aurez besoin de secours.

— Vous êtes adroit à rendre ces services, mon bon Henri Gow ? »

dit la jeune fille en souriant, mais en s'éloignant, en même temps, de son amoureux.

« Franchement, non, » dit Henri, avec un mouvement de tête; « j'ai plus d'expérience pour mettre des gantelets à des chevaliers en cottes de mailles que pour essayer à des jeunes filles des gants brodés.

— Je ne vous laisserai pas, alors, prendre cette peine plus longtemps, et je m'adresserai à Dorothée. Je n'aurai besoin d'ailleurs de l'aide de

personne; l'œil et les doigts de mon père sont fidèles à leur besogne, et ce qui passe par ses mains est toujours d'une mesure parfaite.

— Laissez-moi m'en convaincre, » dit le Forgeron; « laissez-moi m'assurer que ces jolis gants sont bien en harmonie avec les mains pour lesquelles ils sont faits.

— Ce sera pour une autre fois, mon bon Henri, » répondit la jeune fille; « je porterai ces gants en l'honneur de saint Valentin et du compagnon qu'il m'a envoyé pour l'année. Plût au ciel que je pusse satisfaire aussi bien mon père en des matières plus importantes. En ce moment, le parfum de la peau augmente le mal de tête que j'ai depuis ce matin.

— Un mal de tête! ma chère Catherine? » répéta son amant.

« Si vous voulez l'appeler un mal de cœur, vous ne vous tromperez pas, » dit Catherine avec un soupir; et, du ton le plus sérieux, elle continua : « Henri, je vais être aussi hardie peut-être que j'ai paru l'être ce matin; j'aborderai la première un sujet sur lequel il eût été plus convenable d'attendre que j'eusse à répondre. Mais, après ce qui s'est passé ce matin, je ne saurais, sans crainte d'être mal comprise, laisser sans explication mes sentiments envers vous. Ne répondez pas, de grâce, que vous ne m'ayez entendue jusqu'au bout. Votre bravoure, Henri, dépasse celle de la plupart des hommes; vous êtes honnête et sûr comme l'acier que vous travaillez...

— Assez, Catherine, assez, par pitié! Vous n'avez jamais dit du bien de moi que pour amener quelque censure amère, dont vos éloges étaient les avant-coureurs. Je suis honnête et le reste, alliez-vous dire, mais un querelleur à tête chaude, et un manieur vulgaire de sabres et de poignards.

— En vous appelant ainsi, je manquerais à vous et à moi. Non, Henri, à un vulgaire manieur de poignards, Catherine Glover n'aurait pas accordé la faveur légère qu'elle vous a, aujourd'hui, volontairement conférée. Si j'ai insisté parfois sur les dispositions de votre esprit à la colère et de votre main à la bataille, c'est que j'aurais voulu, s'il avait dépendu de moi, vous faire haïr en vous-même les péchés de vanité et d'emportement auxquels vous êtes le plus aisément entraîné. J'en ai parlé plutôt pour alarmer votre conscience que pour exprimer mon opinion. Je sais, aussi bien que mon père, que, dans ces jours de malheur et de désespoir, les habitudes de notre nation, celles de la chrétienté tout entière, admettent les querelles sanglantes pour les causes les plus futiles; que, pour des offenses légères, il faut une vengeance mortelle et terrible; que le meurtre d'un homme est œuvre d'émulation et d'honneur; que souvent même, ce n'est qu'un jeu. Mais je sais que, pour toutes ces choses, nous serons, un jour, appelés en jugement; et je voudrais, mon brave et généreux ami, vous persuader d'écouter plus souvent les inspirations de votre bon cœur, de vous glorifier moins de la force et de la dextérité d'un bras qui n'épargne rien.

— Persuadé, je le suis, Catherine, » s'écria Henri; « vos paroles, désormais, seront une loi pour moi. J'en ai fait assez, j'en ai fait trop, beaucoup trop, pour prouver ma force et mon courage ; c'est de vous seule, Catherine, que je puis apprendre un meilleur ordre de pensées. Souvenez-vous, ô ma belle Valentine, que mon désir de me distinguer dans les armes, mon amour des querelles, s'il faut l'appeler ainsi, ne sauraient combattre à conditions égales avec ma raison et les dispositions plus douces que j'ai en moi, s'ils n'ont pour les encourager leurs patrons et leurs soutiens. Survienne une querelle, et supposez que, songeant à vos conseils, je n'aie guère envie de m'y engager ; croyez-vous qu'entre la paix et la guerre, on me laissera choisir comme je voudrais ? Non, vraiment ; par la sainte Vierge ! Ils sont là cent autour de moi pour m'exciter. « Ah ça, Forgeron, » dit l'un ; « est-ce que ton ressort est « rouillé ? — Le vaillant Henri a l'oreille sourde pour la querelle ce « matin », dit un autre. « Allons ! ferme, pour l'honneur de Perth ! » dit milord le prévôt. « Je parie contre eux un noble d'or, » criera peut-être votre père lui-même. Que peut faire alors, Catherine, un pauvre malheureux, quand tous le poussent en avant au nom du diable, et que pas une âme ne met son mot de l'autre côté ?

— Je sais que le diable a assez d'agents pour crier ses marchandises, » répondit Catherine ; « mais c'est notre devoir de mépriser de pareilles incitations, fussent-elles soutenues par ceux auxquels nous devons le plus d'affection et d'estime.

— Et puis ce sont les ménestrels, avec leurs romans et leurs ballades, qui placent toute la gloire d'un homme à recevoir et à rendre de bons coups. C'est triste à dire, Catherine, combien il y a de mes péchés dont Harry, le ménestrel aveugle, est responsable. Quand j'ai donné un coup à quelqu'un, ce n'était (que saint Jean me garde !) pour faire du mal à personne, mais seulement pour frapper comme frappait Guillaume Wallace. »

L'homonyme du ménestrel disait cela d'un ton si lamentablement sérieux, que Catherine put à peine s'empêcher de sourire ; elle ne l'en assura pas moins que le danger que couraient sa vie et la vie des autres hommes ne devait pas un instant être mis en balance avec d'aussi futiles bagatelles.

« Oui, mais, » répliqua le Forgeron, enhardi par son sourire, « la bonne cause de la paix gagnerait beaucoup à avoir un avocat. Supposez, par exemple, que, quand je suis poussé et excité à mettre la main à mon arme, je pusse me souvenir qu'il y a à la maison un doux ange gardien dont l'image me dit : Henri, pas de violence; la main que vous teignez de sang est à moi. — Henri, ne vous jetez pas en des dangers inutiles; c'est mon sein que vous exposez. Des pensées de ce genre en feraient plus pour réprimer mon humeur, que si tous les moines de Perth me criaient : Retiens ton bras, ou gare la cloche, le livre et le cierge (H)!

— Si l'avertissement donné par une affection de sœur peut avoir quelque poids dans le débat, » dit Catherine, « pensez qu'en frappant, vous ensanglantez cette main, et que vous blessez ce cœur en recevant des blessures. »

Au ton d'affection sincère dont ces paroles étaient prononcées, le Forgeron prit courage.

« Et pourquoi ne pas étendre votre bienveillance au delà de ces froides limites? Pourquoi, puisque vous êtes assez bonne, assez généreuse, pour avouer l'intérêt que vous portez au pauvre pécheur ignorant qui est devant vous, pourquoi ne pas l'adopter aussi pour élève et pour époux? Votre père le désire; la ville l'attend; gantiers et forgerons préparent leurs réjouissances; et vous, vous seule, dont les paroles sont si charmantes et si douces, ne voulez pas donner votre consentement.

— Henri, » dit Catherine d'une voix faible et tremblante, « croyez-moi, je tiendrais pour un devoir de me conformer aux ordres de mon père, s'il n'y avait d'invincibles obstacles à l'union qu'il a désirée.

— Oh! réfléchissez, réfléchissez un instant. J'ai peu de chose à dire pour moi, quand je me compare à vous qui savez lire et écrire. Mais, j'aimerais à entendre lire, et, de votre douce voix, je ne me lasserais pas d'écouter. Vous aimez la musique? j'ai appris à jouer et à chanter aussi bien que plus d'un ménestrel. Vous aimez à être charitable? je suis assez riche pour donner un peu et pour garder quelque chose : je ne manquerais jamais de verser, chaque jour, des aumônes aussi larges que celles d'un doyen de corporation. Votre père devient vieux pour le travail; il vivrait avec nous, et, moi aussi, je le tiendrais pour un père. J'éviterais autant les querelles inutiles, que de mettre la main dans mon fourneau ; et, si une violence injuste venait s'adresser à nous, le marché serait mal choisi pour y porter la marchandise.

— Tout le bonheur domestique que vous pouvez concevoir, Henri, puissiez-vous l'éprouver ! mais avec une autre, plus heureuse que moi. »

Ce fut avec des sanglots que la Jolie Fille de Perth prononça ces derniers mots : l'effort qu'elle faisait pour retenir ses larmes la suffoquait.

« Vous me haïssez ? » dit l'amoureux après un silence.

« Le ciel m'en soit témoin ! non.

— Vous en aimez mieux un autre ?

— C'est cruel de demander une chose qu'il ne vous servirait à rien de savoir. Mais vous vous trompez complètement.

— Ce chat sauvage, peut-être ? ce Conachar ? » dit Henri. « J'ai observé des regards...

— Vous profitez, Henri, de cette situation pénible, pour me jeter une insulte que j'ai bien peu méritée. Conachar n'est rien pour moi. En essayant d'adoucir par l'instruction ce caractère indomptable, j'ai pris quelque intérêt à une nature abandonnée aux préjugés et aux passions, et, sous ce rapport, ressemblant assez à la vôtre. Voilà tout.

— C'est quelqu'un, alors, des vers-luisants chamarrés de la cour, » dit l'armurier. La déception et le désespoir enflammaient la chaleur naturelle de son tempérament ; « quelqu'un de ces beaux messieurs qui croient tout emporter par les longues plumes de leur toque, et le cliquetis de leurs éperons. Je voudrais savoir quel est celui qui, laissant là ses conquêtes naturelles, les dames peintes et parfumées de la cour, vient prendre sa proie au milieu des humbles filles de la bourgeoisie. Je voudrais savoir le nom qu'il porte et celui qu'il y ajoute !

— Henri le Forgeron, » dit Catherine, surmontant la faiblesse qui, l'instant d'avant, menaçait de prendre le dessus ; « c'est le langage d'un ingrat, ou plutôt d'un fou. Je vous ai déjà dit, au commencement de cet entretien, que nul homme n'était placé plus haut dans mon opinion que celui qui, en ce moment, à chaque parole qu'il prononce du ton d'un soupçon injuste et d'une colère insensée, perd une partie du terrain qu'il avait gagné. Vous n'aviez aucun droit à savoir ce que je vous ai dit ; et mes paroles, remarquez-le bien, n'impliquent pas une préférence que vous auriez sur les autres, mais le désaveu seulement de la préférence qu'un autre aurait sur vous. C'est assez que vous soyez prévenu qu'il existe à vos désirs une objection aussi invincible que si un enchanteur avait jeté un charme sur ma destinée.

— Les charmes peuvent être rompus par les hommes de cœur, » dit le Forgeron. « Je voudrais que ce fût un charme. Thorbiorn, l'armurier danois, parlait d'un charme qu'il avait pour faire les plastrons de cuirasses en chantant pendant que le fer chauffait. Je lui ai répondu que ses stances runiques n'étaient pas à l'épreuve des armes dont on se servait à Loncarty. Ce qui arriva après, il n'est pas besoin de le dire. Mais le corselet et celui qui le portait, comme aussi le médecin qui a soigné la blessure, savent si Henri Gow est capable ou non de rompre un charme. »

Catherine le regardait, prête à lui donner une réplique qui n'aurait pas été l'approbation de l'exploit dont il se vantait : le Forgeron avait trop librement parlé, sans songer que la chose était de nature à l'exposer à l'une des censures qu'il recevait souvent. Mais, avant que Catherine n'eût mis des paroles au service de ses pensées, son père passa la tête à la porte.

« Henri, » dit-il, « je suis forcé de t'interrompre au milieu d'affaires plus agréables, pour te dire de venir dans mon atelier, pour y conférer sur certaines matières qui touchent fortement aux intérêts du bourg. »

Sur cet avis, Henri salua Catherine et quitta la chambre. Au tour que la conversation semblait prendre, il fut heureux sans doute, pour leurs futures relations d'amitié, qu'ils fussent séparés en ce moment. Le refus de la demoiselle n'était, pour l'amant, qu'un caprice inexplicable, après l'encouragement que, dans sa pensée à lui, elle avait si largement accordé ; Catherine, de son côté, voyait en lui un homme abusant de la faveur qu'elle lui avait faite, au lieu de montrer les sentiments et la réserve qui l'en auraient rendu digne.

Mais une tendresse réciproque vivait au fond de leurs cœurs ; elle devait se ranimer après la querelle, faire oublier à la jeune fille sa délicatesse offensée, à l'amant la chaleur qui l'avait emporté trop loin.

CHAPITRE VII.

Cela fera couler du sang un autre jour.
SHAKSPEARE. *Henri IV*, 1re partie.

Le conclave des citoyens convoqués pour les investigations relatives au tumulte de la nuit précédente, venait de s'assembler. L'atelier de Simon Glover était rempli, à s'étouffer, de personnages d'une non médiocre importance, dont quelques-uns avaient des manteaux de velours noir, et des chaînes d'or au cou. C'étaient, en effet, les pères conscrits de la cité, et il y avait, dans le nombre, des baillis et des doyens de corporation. On lisait un air d'irritation et de dignité blessée sur le visage de tous les assistants, tandis qu'ils conversaient ensemble, non à haute voix et l'un après l'autre, mais en un murmure général. Le plus occupé de tous, le petit personnage important de la nuit précédente, Olivier Proudfute de nom et bonnetier de profession, se donnait mouvement parmi eux, à la façon de la mouette, qui, au commencement d'un coup de vent, vole, crie, s'agite, alors que ce qu'elle aurait de mieux à faire serait d'aller dans son nid et d'y rester jusqu'à la fin de la bourrasque.

Quoi qu'il en soit, maître Proudfute était au milieu de l'assemblée, les doigts aux boutons de chacun, la bouche aux oreilles de tout le monde; retenant de ses bras ceux dont la taille était voisine de la sienne, pour pouvoir, de plus près et plus mystérieusement, leur communiquer ses pensées ; se dressant sur la pointe des pieds et se faisant un appui des collets de manteau de ceux qui étaient grands, pour les gratifier aussi de leur part de renseignements. Il se sentait un des héros de l'affaire, ayant conscience de sa supériorité en qualité de témoin oculaire, très disposé d'ailleurs à pousser un peu au-delà de la sphère modeste de la vérité le lien par lequel il se rattachait à la bagarre. Que ses communications fussent particulièrement curieuses et importantes, on ne pourrait l'affirmer ; elles consistaient surtout en des phrases comme celles-ci :

« Par saint Jean, rien n'est plus vrai. J'y étais, et je l'ai vu de mes yeux. Je suis arrivé le premier ; et, n'eût été moi, et un autre vigoureux gaillard arrivé en même temps, ils s'introduisaient avec effraction chez Simon Glover, lui coupaient la gorge, et emmenaient sa fille dans la montagne. C'est par trop fort ; cela ne se peut souffrir, voisin Crookshank ; cela ne se peut endurer, voisin Glass ; cela ne se peut supporter, voisins Balneaves, Rollock et Chrysteson. Ç'a été bien heureux que, ce gaillard-là et moi, nous soyons arrivés ; n'est-ce pas Craigdallie, très honorable voisin et bailli ? »

Ces discours étaient dispersés en différentes oreilles par le pétulant bonnetier. Le bailli Craigdallie, membre majestueux de la corporation, était celui-là même qui avait renvoyé aux présents lieu et heure la prorogation du conseil de la cité ; c'était un homme grand, replet, de bonne apparence. Avec à peu près autant de grâce qu'en met un cheval de ferme à secouer la mouche importune qui l'assiège depuis dix minutes, il détacha le mercier de son manteau, et s'écria : « Silence, chers concitoyens ; voici venir Simon Glover, en qui personne n'a jamais trouvé de mensonge. Nous allons entendre de sa bouche le récit de cet outrage. »

Appelé à dire ce qu'il savait, Simon le fit avec un embarras évident, attribué par lui à la répugnance qu'il éprouvait à voir le bourg s'engager, à son sujet, en une mortelle querelle contre quelqu'un. C'était, il osait le dire, mascarade ou divertissement de jeunes galants de la cour ; et le pis qu'il en pût résulter, c'est qu'il mettrait des étançons de fer à la fenêtre de sa fille, pour prévenir le retour d'une semblable fredaine.

— Si ce n'était qu'une mascarade ou une farce, » dit Craigdallie, « notre concitoyen, Harry le Forgeron, a eu grand tort de couper la main d'un gentilhomme pour une plaisanterie sans importance, et la ville peut être soumise, pour cela, à une forte amende, si nous ne faisons arrêter l'auteur de la mutilation.

— Nous en préserve Notre-Dame! » dit le Gantier. « Si vous saviez ce que je sais, vous auriez aussi peur de mettre la main en cette affaire que si c'était du fer rouge. Mais, puisque vous voulez absolument mettre les doigts au feu, il faut dire la vérité. Advienne que pourra, je suis forcé de reconnaître que la chose aurait pu mal finir, pour moi et les miens, sans l'assistance opportune d'Henri Gow, l'armurier, que, tous, vous connaissez bien.

— La mienne aussi n'a pas fait de mal, » dit Olivier Proudfute, « quoique je ne me flatte pas d'être homme d'épée tout à fait au même degré que notre voisin Henri Gow. Vous m'avez vu, voisin Glover, au commencement de la bataille?

— Je vous ai vu quand elle était finie, voisin, » répondit sèchement le Gantier.

« C'est vrai; j'oubliais que vous étiez dans votre maison quand les coups allaient trottant, et que vous n'avez pu voir ceux qui les donnaient.

— Silence, voisin Proudfute; silence, je vous prie, » dit Craigdallie, évidemment fatigué des criailleries discordantes du doyen des merciers. « Il y a là-dedans quelque mystère, » dit le bailli; « mais je crois en deviner le secret. Notre ami Simon est, comme vous le savez tous, un homme de paix, et capable plutôt de supporter une injure que d'exposer un ami, ou d'engager ses voisins en un danger pour chercher à la redresser. Toi, Henri, qui ne fais jamais défaut quand le bourg a besoin d'un défenseur, dis-nous ce que tu en sais. »

Le Forgeron raconta son histoire de la même façon absolument dont nous l'avons déjà rapportée; et l'inévitable faiseur de bonnets ajouta comme devant : « Et tu m'y as vu, n'est-ce pas, mon brave Forgeron?

— Franchement, non, voisin, » répondit Henri; « mais vous n'êtes pas grand, vous savez, et j'ai pu ne pas vous apercevoir. »

Cette réponse fit rire aux dépens d'Olivier, qui rit comme les autres, mais ajouta avec humeur : « Cela n'empêche pas que, l'un des premiers, j'étais à la rescousse.

— Où étiez-vous donc, voisin? » dit le Forgeron; « car je ne vous ai point vu, et j'aurais donné la meilleure armure que j'aie jamais faite pour avoir à mon côté un champion comme vous.

— Je n'étais cependant pas loin, honnête Forgeron; et, tandis que tu frappais des coups comme sur une enclume, je parais tous ceux que le reste des coquins voulaient te donner par derrière. C'est comme cela que tu ne m'as pas vu.

— J'ai entendu parler de forgerons des vieux temps qui n'avaient qu'un œil, » dit Henri. « J'en ai deux, mais ils sont placés l'un et l'autre au-devant de ma tête, et je ne pouvais pas, voisin, voir derrière mon dos.

— La vérité, pourtant, » dit avec persévérance maître Olivier, « est que j'y étais, et que j'en ferai ma déclaration à monsieur le bailli : le Forgeron et moi, nous étions les premiers à la bataille.

— Assez pour le moment, » dit le bailli, adressant, de la main, à maître Proudfute, une injonction au silence. « Les déclarations de Simon Glover et d'Henri Gow suffiraient, la matière fût-elle moins digne de créance. Maintenant, mes maîtres, votre opinion sur ce qu'il faut faire? Tous nos droits de bourgeoisie sont ici violés et insultés, et vous comprenez sans peine que c'est par un homme puissant, car nul autre n'eût osé tenter un pareil outrage. Par la chair et le sang! mes maîtres, c'est dur de supporter cela. Les lois nous ont fait d'un rang plus humble que les princes et les nobles; mais il serait contraire à la raison de supposer que nous souffrirons qu'on force nos maisons et qu'on insulte à l'honneur de nos femmes, sans en avoir justice.

— Cela ne se peut endurer, » répondirent unanimement les citoyens.

Simon Glover intervint, le visage inquiet et grave. « J'espère encore, mes dignes voisins, que cela n'a pas eu la portée que vous paraissez croire; et, quant à moi, je pardonnerais volontiers cette alerte et le trouble qu'a subi mon humble maison, pour que notre belle ville ne s'engageât pas, à cause de moi, dans un véritable danger. Considérez, je vous en supplie, quels juges devront ouïr la cause, et donner ou refuser la réparation. Je parle au milieu de voisins et d'amis; je parle donc ouvertement. Le roi, Dieu le garde! est si fatigué d'esprit et de corps, qu'il ne fera que nous renvoyer devant quelque grand personnage, l'un de ses conseillers en faveur pour le moment. Peut-être confiera-t-il l'affaire à son frère le duc d'Albany, qui fera de notre demande en redressement de torts un prétexte pour nous tirer de l'argent.

— Nous ne voulons pas du duc d'Albany pour juge! » répondit l'assemblée, avec la même unanimité qu'auparavant.

« Ou peut-être, » ajouta Simon, « en donnera-t-il la charge au duc de Rothsay; et le jeune étourdi ne verra dans cette insulte qu'un sujet de railleries pour ses joyeux compagnons, et de chansons pour ses ménestrels.

— Pas de Rothsay! il est trop étourdi pour être notre juge, » s'écrièrent de nouveau les citoyens.

Enhardi en voyant qu'il allait atteindre son but, et ne prononçant cependant qu'à mi-voix le nom redouté, Simon ajouta encore : « Aimeriez-vous mieux avoir affaire à Douglas le Noir? »

Pendant un instant, on ne répondit rien. Les assistants se regardaient les uns les autres, l'air consterné et les lèvres pâles. Hardiment et d'une voix ferme, Henri le Forgeron exprima les sentiments que tous éprouvaient, mais auxquels nul autre n'osait prêter sa parole :

« Douglas le Noir, pour juger entre un bourgeois et un gentilhomme, un noble peut-être, autant que j'en puis voir ou supposer? Mieux vaudrait le diable d'enfer! Y songez-vous, père Simon, d'indiquer seulement une supposition pareille? »

Nouveau silence de crainte et d'incertitude, que rompit enfin le bailli Craigdallie. Lançant à l'orateur un regard très significatif, il répliqua : « Vous avez confiance, voisin Forgeron, en la solidité de votre pourpoint, ou vous ne parleriez pas si hardiment.

— Quel que puisse être mon pourpoint, j'ai confiance, bailli, dans le bon cœur qui est dessous, » répondit l'intrépide Henri; « et, quoique je ne parle pas beaucoup, aucun noble, quel qu'il soit, ne me cadenassera la bouche.

— Porte un pourpoint solide, Henri, et ne parle pas si haut, » répéta le bailli, du même ton qu'auparavant. « Il y a, par la ville, des hommes des frontières qui portent *le Cœur Sanglant* sur leur épaule. Mais tout ceci, ce n'est pas une décision. Que ferons-nous?

— Décision prompte, décision bonne, » dit le Forgeron. « Allons trouver notre prévôt, et lui demander appui et assistance. »

Un murmure d'approbation parcourut l'assemblée, et Olivier Proudfute s'écria : « C'est ce que je dis depuis une demi-heure, et personne ne veut m'écouter. Allons trouver le prévôt. Il est lui-même gentilhomme, et doit, en toutes choses, intervenir entre le bourg et les nobles.

— Tout doux, voisins, tout doux! soyez prudents de parole et d'action, » dit un mince et maigre personnage. Sa chétive apparence était amoindrie encore, et réduite à n'être plus qu'une ombre, par les efforts qu'il faisait pour pousser aux dernières limites son expression d'humilité, et se rendre, s'il était possible, plus mesquin et plus insignifiant que ne l'avait fait la nature, voulant ainsi mettre en parfait accord son physique et ses arguments.

« Pardonnez-moi, » dit-il; « je ne suis qu'un pauvre apothicaire. Néanmoins, j'ai été élevé à Paris, j'ai fait mes humanités et suivi mes *cursus medendi*, aussi bien que d'autres qui s'intitulent médecins. Je crois pouvoir soigner cette blessure, et la traiter par des émollients. Voici notre ami Simon Glover, qui est, comme vous le savez tous, homme de parfaite honorabilité! Croyez-vous que, plus encore qu'aucun de nous, il ne désirerait pas suivre en ceci les voies rigoureuses, la chose touchant de si près à l'honneur de sa famille? Puisqu'il hésite et recule dans l'accusation à porter contre ces perturbateurs, considérez si, pour laisser dormir la chose, il ne peut pas avoir quelque bonne raison qu'il ne se soucie pas de dire. Ce n'est pas à moi de mettre le doigt sur la plaie; mais, hélas! les jeunes filles (nous le savons tous) sont ce que j'appellerai des essences fugitives. Supposez qu'en tout bien et toute innocence, une jeune fille honnête ferme mal sa fenêtre le matin de la Saint-Valentin, pour qu'un galant cavalier puisse (en toute honnêteté, je le dis encore) devenir son Valentin pour l'année; supposez aussi que le galant soit découvert; la jeune fille ne peut-elle pas crier comme si la visite n'avait pas été attendue? Broyez cela dans un mortier, et voyez s'il y aurait matière à engager la ville dans une querelle. »

L'apothicaire délivra son opinion d'une manière fort insinuante; mais il sembla devenir plus mince encore que ne l'avait fait la nature, quand il vit le sang monter aux joues du vieux Simon Glover, et enflammer jusqu'aux tempes le visage du Forgeron redouté. S'avançant de quelques pas, et lançant un regard terrible à l'apothicaire alarmé, le dernier prit vivement la parole : « Squelette ambulant, pot de faïence

asthmatique, empoisonneur de profession ! si je croyais que la vile bouffée de paroles que tu viens de lancer pût, seulement une seconde, flétrir la réputation sans tache de Catherine Glover, je te pilerais, charlatan ! dans ton propre mortier, et j'assaisonnerais ta misérable charogne de fleur de soufre, la seule drogue vraie qu'il y ait dans ta boutique, pour en faire un emplâtre à frotter les chiens galeux !

— Silence, Henri ; silence, mon fils, » s'écria le Gantier d'un ton d'autorité ; « nul autre que moi n'a le droit de prendre en ce moment la parole. Très honoré bailli, puisque c'est ainsi qu'on interprète ma modération, je poursuivrai cette affaire jusqu'au bout ; le résultat dût-il prouver que nous aurions mieux fait d'être endurants, vous verrez tous que ma fille Catherine n'a, par aucune étourderie ou légèreté, fourni prétexte à ce grand scandale. »

Le bailli prit la parole. « Voisin Henri, » dit-il, « nous sommes venus ici pour le conseil, et non pour la querelle. Comme un des anciens de notre belle cité, je te recommande d'oublier tout mauvais vouloir et tout mauvais dessein à l'encontre de maître Dwining, l'apothicaire.

— C'est un trop pauvre personnage, bailli, » dit Henri Gow, « pour que j'aie querelle avec lui, moi qui le pourrais briser, lui et sa boutique, d'un seul coup de mon marteau.

— Silence, alors, et écoutez-moi, » dit l'officier municipal. « Nous croyons tous aussi fermement à l'honneur de la Jolie Fille de Perth qu'à celui de Notre-Dame, la Vierge bénie. » Il fit dévotement ici le signe de la croix. « Mais, quant à en appeler à notre prévôt, êtes-vous d'avis, voisins, de mettre en ses mains une affaire semblable, alors que, comme il est à craindre, elle est dirigée contre un noble puissant ?

— Le prévôt est lui-même un noble, » dit la voix criarde de l'apothicaire, un peu remis de son effroi par l'intervention du bailli ; « ce que j'en dis là n'est certes pas, Dieu le sait, pour déprécier un honorable gentilhomme, dont les ancêtres ont occupé durant bien des années l'office qu'il occupe aujourd'hui...

— Par le libre choix des citoyens de Perth, » dit le Forgeron, interrompant l'orateur de sa voix forte et décidée.

— Assurément, » dit l'apothicaire déconcerté, « par l'élection des citoyens. Cela ne peut être autrement. Je vous en prie, mon cher Forgeron, ne m'interrompez pas. Je parle à notre digne et vénérable bailli Craigdallie, et ainsi que m'inspirent mes très chétives pensées. Je dis que, quelque bien disposé qu'il puisse être, sir Patrice Charteris est noble malgré tout, et qu'un faucon ne crève pas les yeux d'un faucon. Il nous conduira fort bien dans une bataille contre les gens des hautes terres, et remplira contre eux le rôle de prévôt et de chef; mais lui, qui porte des vêtements de soie, prendra-t-il (c'est une question) notre parti contre un manteau brodé et du drap d'or, tout capable qu'il est de le faire contre un tartan et un drap d'Irlande? Nous avons préservé notre jeune concitoyenne, de qui je n'ai voulu dire aucun mal, comme vraiment je n'en savais aucun. Ils ont perdu tout au moins la main d'un des leurs, grâces en soient rendues à Henri le Forgeron...

— Et à moi, » ajouta le petit bonnetier important.

« Et à Olivier Proudfute, ainsi qu'il nous le dit, » continua l'apothicaire, qui ne contestait les prétentions de personne à la gloire, pourvu qu'on ne le forçât pas à suivre lui-même les sentiers périlleux qui y conduisent. « Je le répète, voisins, ayant laissé une main en gage, ils ne reviendront plus dans la rue du Couvre-feu; et, selon mon faible jugement, ce que nous aurions de mieux à faire serait de remercier notre vaillant concitoyen, et, la ville ayant eu le dessus, les scélérats le dessous, d'étouffer l'affaire, et de n'en plus parler. »

Ces conseils pacifiques produisirent leur effet sur quelques-uns des citoyens, qui, par leurs signes de tête et leurs regards, paraissaient trouver fort sage l'avocat de la modération. En dépit d'ailleurs de l'incident dont il venait de se blesser, Simon Glover semblait aussi de cette opinion. Il n'en était pas de même d'Henri le Forgeron, qui, voyant la délibération en suspens, prit la parole avec sa franchise accoutumée.

« Je ne suis ni le plus âgé ni le plus riche d'entre vous, voisins, et je n'en suis pas fâché! Les années viendront, si je garde vie pour les voir; et je puis gagner et dépenser mon argent comme un autre, grâce au feu de la forge et au vent du soufflet. Mais on ne m'a jamais vu aller m'asseoir tranquille après qu'il a été fait à notre belle ville, soit par parole, soit par action, un tort que peut redresser la langue ou la main de l'homme. Après cet outrage donc, je ne resterai pas en repos, si je puis faire autrement. J'irai trouver le prévôt moi-même, si personne n'y veut venir avec moi; il est chevalier, c'est vrai, et gentilhomme d'un sang libre et franc, comme nous le savons tous, depuis les jours de Wallace, qui a établi parmi nous son glorieux grand-père. Mais, fût-il le plus fier de tous les nobles du pays, il est prévôt de Perth, et, pour son propre honneur, il doit vouloir, et il voudra, que les libertés et immunités de la ville soient préservées. Je lui ai fait un pourpoint d'acier, et j'augure bien du cœur que devait couvrir mon travail.

— Assurément, » dit le bailli Craigdallie, « il serait déplacé d'introduire une affaire à la cour sans l'appui de sir Patrice Charteris; la réponse serait toute faite : Allez à votre prévôt, manants. Ainsi donc, voisins et concitoyens, si vous partagez mon avis, Dwining l'apothicaire et moi, nous nous rendrons sur l'heure à Kinfauns, pour parler au nom de la ville, à sir Patrice Charteris, en compagnie de Simon Glover, du vaillant Forgeron, et de l'intrépide Olivier Proudfute, les témoins de cet assaut.

— Non vraiment, » dit le paisible vendeur de médicaments; « ne m'emmenez pas, je vous prie. Je n'ai pas la hardiesse qu'il faut pour parler devant un seigneur portant l'épée.

— N'importe, voisin; vous viendrez, » dit le bailli Craigdallie. « On dit, par la ville, que j'ai la tête chaude pour un homme de soixante ans; Simon Glover est l'offensé; nous savons tous qu'Henri le Forgeron gâte avec son épée plus de harnois qu'il n'en fait avec son marteau; et notre voisin Proudfute, qui, si nous l'en croyons, est au commencement et à la fin de toutes les querelles de Perth, est nécessairement un homme d'action. Il faut au moins qu'il y ait parmi nous un avocat de la mansuétude et de la paix; ce sera toi, Dwining l'apothicaire, qui en seras le représentant. Or donc, mes maîtres, prenez vos bottes et vos bêtes; cheval et gerbe! comme disent les Fées au clair de la lune; le rendez-vous à la porte de l'Est. Si toutefois, voisins, c'est votre bon plaisir de nous confier cette affaire.

— On ne saurait avoir un meilleur avis, et nous y adhérons tous, » dirent les citoyens. « Si le prévôt prend notre parti, comme notre belle ville est en droit de s'y attendre, nous pouvons attacher le grelot, fût-ce pour combattre le plus puissant de la noblesse.

— Fort bien, voisins, » répondit le bailli. « Ce qui est dit, sera fait. J'ai réuni à cette heure le conseil de ville tout entier, et je ne doute point, » parcourant des yeux l'assemblée, « qu'alors qu'un si grand nombre de citoyens réunis en ce lieu a résolu de s'entendre avec le prévôt, les autres n'acquiescent également à cette résolution. Ainsi donc, voisins, et bons bourgeois de la belle cité de Perth, cheval et gerbe! comme je l'ai déjà dit, et rejoignez-moi à la porte de l'Est. »

Une acclamation générale termina la séance de cette espèce de conseil privé, ou Lords des Articles de ce temps-là. On se dispersa, la députation pour se préparer au voyage, les autres pour satisfaire l'impatience de leurs femmes et de leurs filles, en leur contant les mesures prises pour garantir à l'avenir leurs chambres contre l'intrusion des galants à des heures inopportunes.

Pendant qu'on sellait les chevaux, et que le conseil de ville discutait, ou plutôt rédigeait en forme précise ce que les membres dirigeants de la corporation municipale avaient adopté déjà, il peut être nécessaire, pour l'instruction de quelques-uns des lecteurs, d'expliquer plus en détail ce qui n'a été que sommairement indiqué au cours de la discussion qui précède.

A cette époque, où la force de l'aristocratie féodale enfreignait les droits des bourgs royaux d'Écosse, et insultait fréquemment à leurs privilèges, c'était l'usage, là où la chose était praticable, que le bourg, au lieu de choisir son prévôt, ou premier magistrat, dans l'ordre des marchands, boutiquiers et citoyens habitant la ville et y remplissant les magistratures ordinaires, élût à cette prééminente fonction quelque puissant noble ou baron du voisinage, qui devait être un soutien à la cour dans tout ce qui concernait la communauté, et conduire au combat la milice de la ville, soit pour une bataille générale soit pour un différend privé, en prêtant au bourg le renfort de sa maison militaire. Cette protection n'était pas toujours gratuite. Les prévôts tiraient parfois avantage de leur situation d'une manière qu'il eût été difficile de justifier, et obtenaient, sur les biens communaux ou propriété publique du bourg, des concessions de terres ou de baux, faisant ainsi payer cher aux citoyens l'appui qu'ils leur prêtaient. D'autres se contentaient de recevoir, dans leurs querelles féodales, l'aide puissante des hommes de la ville, et telles marques de respect et dons gratuits dont le bourg qui les prenait pour chefs voulait bien les gratifier, pour s'assurer leur concours actif quand besoin serait. Le baron qui était le protecteur régulier d'un bourg royal, acceptait sans scrupule de pareils sacrifices, et les payait de retour en défendant les droits de la ville par des arguments dans le conseil, par des faits d'armes sur champ de bataille.

Les citoyens de la ville, ou, comme ils aimaient mieux dire, de belle cité de Perth, avaient, depuis plusieurs générations, trouvé protecteur ou prévôt de ce genre dans la famille des chevaliers de Cha teris, seigneurs de Kinfauns, qui résidaient à proximité du bourg. A temps de Robert III, près d'un siècle s'était écoulé depuis que chef de cette illustre famille avait construit le château fort; les Cha teris avaient continué d'en être propriétaires, comme aussi des pitt resques et fertiles paysages qui y confinaient. Chevaleresque et lége daire, l'histoire du fondateur était faite pour aider à l'établisseme d'un étranger, dans le pays où son lot lui était échu. Nous la raconto telle qu'elle est donnée par une tradition ancienne et uniforme, porta en elle de grandes traces de vérité, et qui mériterait d'être insérée des récits plus graves que celui-ci.

Durant la courte carrière du célèbre patriote sir Guillaume Wallac et quand ses armes eurent chassé pour un temps de sa patrie les env hisseurs Anglais, on raconte qu'avec une petite bande d'amis fidèles, entreprit un voyage en France; il voulait, par sa présence (car tous l pays le respectaient pour sa bravoure), amener le monarque de Fran à envoyer en Écosse un corps de troupes auxiliaires, ou tout autre gen de secours, pour aider les Écossais à regagner leur indépendance.

Le Champion de l'Écosse était à bord d'un petit navire, et fais route vers le port de Dieppe, quand parut à distance une voile, que l marins regardèrent avec doute et appréhension, d'abord, puis avec co fusion et terreur. Wallace demanda la cause de leur inquiétude. Le c pitaine l'informa que le grand vaisseau qui leur donnait la chasse éta celui d'un célèbre écumeur de mer, également renommé pour son co rage, sa force corporelle, et le succès de ses pirateries. Ce vaisseau éta commandé par un gentilhomme nommé Thomas de Longueville, Fra çais de naissance, mais, de fait, un de ces pirates qui prenaient le tit d'amis de la mer et d'ennemis de tous ceux qui naviguent sur cet él ment. Il attaquait et pillait les vaisseaux de toutes nations, ainsi que l' vaient fait jadis ceux qu'on appelait les Rois de mer septentrionau dont la domination s'exerçait sur la crête des flots. Le capitai ajouta que nul ne pouvait échapper par la fuite à ce pirate, tant était rapide le navire qu'il commandait; et qu'aucun équipage, si courageux qu'il fût, ne pouvait espérer de lui résister, lorsqu'à sa façon ordinaire de combattre, il montait lui-même à l'abordage à la tête de ses hommes.

Wallace eut un sourire terrible, pendant que le commandant du navire, l'air consterné et les larmes aux yeux, lui expliquait qu'ils étaient sûrs d'être capturés par le Corsaire Rouge, nom donné à de Longueville parce qu'il arborait d'ordinaire le pavillon rouge-sang, qu'il avait hissé pour le moment.

« Je débarrasserai le canal de ce pirate, » dit Wallace.

Le gantier Simon Glover.

Appelant alors dix ou douze de ceux qui l'accompagnaient, Boyd, Kerlie, Seton, et d'autres, pour qui la poussière des batailles les plus désespérées était comme le souffle de la vie, il leur commanda de s'armer, et de se coucher à plat ventre sur le pont, de manière à ne pas être aperçus. Il ordonna aux matelots de descendre sous le pont, excepté ceux absolument nécessaires pour la conduite du navire, et prescrivit au patron, sous peine de mort, de gouverner de telle sorte que, tout en ayant l'air de fuir, il permît, par le fait, au Corsaire Rouge d'arriver sur eux, et de faire ce que bon lui semblerait. Wallace, à son tour, se coucha sur le pont, pour que rien n'indiquât une intention de résistance. En un quart d'heure, le vaisseau de de Longueville accosta celui du Champion, et le Corsaire Rouge, jetant des grappins de fer pour s'assurer de sa prise, sauta sur le pont, armé de pied en cap, suivi de ses hommes, qui poussèrent un cri terrible, comme si la victoire eût déjà été acquise. Mais les Écossais armés se dressèrent tout à coup, et le corsaire se trouva, sans s'y être attendu, engagé avec des hommes accoutumés à tenir la victoire pour certaine quand chacun d'eux n'avait contre lui que deux ou trois adversaires. Wallace lui-même se précipita sur le capitaine des pirates, et un combat terrible commença entre eux, avec une telle furie que les autres suspendirent leur propre bataille pour devenir spectateurs, et semblèrent, par un consentement commun, s'en rapporter, pour l'issue de la querelle, au destin du combat que se livraient les deux chefs. Le pirate se battait aussi bien qu'un homme le pouvait faire ; mais la force de Wallace dépassait celle des mortels ordinaires. Il fit voler l'épée de la main du pirate, et le mit en tel danger que, pour éviter d'être pourfendu, de Longueville dut saisir corps à corps le Champion écossais, espérant ainsi être le plus fort. En cela encore il réussit mal. Les deux hommes tombèrent sur le pont, enserrés dans les bras l'un de l'autre, mais le Français tomba dessous ; et Wallace, étreignant le gorgerin de son adversaire, appuya si fortement sur cette partie de l'armure, que, bien qu'elle fût faite du meilleur acier, le sang sortit par les yeux, le nez et la bouche du pirate, qui ne fut capable d'autre chose que de demander quartier par signes. Quand ils virent leur chef si rudement tenu en main, les compagnons de de Longueville jetèrent bas les armes et demandèrent merci. Le vainqueur leur accorda la vie à tous, mais prit possession de leur vaisseau, et les retint prisonniers.

Arrivé en vue du port français, Wallace jeta l'effroi dans la place en arborant les couleurs du pirate, comme si de Longueville arrivait pour piller la ville. On sonna les cloches, on souffla les cornes d'alarme, et les citoyens couraient aux armes, quand la scène changea. Le lion d'Écosse sur champ d'or fut hissé au-dessus du pavillon du pirate, et annonça l'approche du Champion d'Écosse, la proie dans sa serre comme un faucon. Il mit pied à terre avec son prisonnier, et le conduisit à la cour de France, où, à la demande de Wallace, les brigandages que le pirate avait commis lui furent pardonnés ; le roi conféra même l'honneur de la chevalerie à sir Thomas de Longueville, et lui proposa de le prendre à son service. Mais le pirate avait conçu pour son généreux vainqueur une amitié telle qu'il insista pour unir sa fortune à celle de Wallace ; il retourna avec lui en Écosse, et combattit à ses côtés en mainte bataille sanglante, où les prouesses de sir Thomas de Longueville ne parurent inférieures à celles de personne, sauf à celles de son héroïque sauveur. Son sort fut meilleur que celui de son patron. Remarquable par sa beauté aussi bien que par sa force, il se fit si bien venir d'une jeune demoiselle de l'ancienne famille de Charteris, qu'elle le choisit pour époux, lui apportant avec sa main la baronnie et le château de Kinfauns, et les domaines y annexés. Leurs descendants prirent le nom de Charteris, pour se relier à leurs ancêtres maternels, anciens possesseurs du domaine ; le nom de Thomas de Longueville est resté aussi non moins en honneur parmi eux. La grande épée à deux mains avec laquelle il fauchait les rangs dans la guerre, fut et est encore conservée dans les archives de la famille. D'après une autre version, Charteris serait le nom de famille de de Longueville lui-même. Le domaine passa plus tard à une famille de Blairs ; il est maintenant la propriété de lord Gray.

Les barons de Kinfauns tinrent, de père en fils, pendant plusieurs générations, l'office de prévôt de Perth ; le voisinage du château et de la ville rendait cet arrangement fort utile pour se prêter mutuellement appui. Le Sir Patrice dont parle le présent récit avait plus d'une fois conduit les hommes de Perth aux batailles et escarmouches contre les pillards incorrigibles des hautes terres, et contre d'autres ennemis, étrangers et domestiques. Il est vrai de dire qu'en diverses circonstances, il se montra fatigué des plaintes insignifiantes ou frivoles portées mal à propos devant lui, et auxquelles on lui demandait de s'intéresser. Il avait quelquefois encouru par là le reproche d'être un noble trop fier, un riche trop indolent, un homme trop attaché aux plaisirs de la campagne et à l'exercice de l'hospitalité féodale, pour se remuer en des occasions où la belle ville aurait désiré son intervention active. Malgré les légers murmures que cela avait pu soulever, les citoyens avaient accoutumé, à tout sujet sérieux d'inquiétude, de se rallier autour de leur prévôt, et étaient chaudement soutenus par lui de conseil et d'action.

CHAPITRE VIII.

> Toujours aux terrains d'Annandale
> Le Johnstone chevauchera ;
> Depuis mille ans il s'en régale
> Mille ans encore il le fera.
>
> VIEILLE BALLADE.

Nous avons, au chapitre précédent, esquissé le caractère et la manière d'être de sir Patrice Charteris, prévôt de Perth ; retournons maintenant à la députation qui se réunissait à la porte de l'Est, pour aller à Kinfauns porter sa plainte à ce dignitaire.

En premier parut Simon Glover, sur un palefroi amblant, qui avait eu quelquefois l'honneur de porter la personne plus charmante et le poids plus léger de la fille de son maître. Glover cachait de son manteau le bas de sa figure, partie pour inviter ses amis à le laisser suivre les rues de la ville sans le troubler d'aucune question, partie peut-être aussi parce qu'il faisait froid. Une vive inquiétude se lisait sur son front : on eût dit que, plus il avait médité sur l'affaire en laquelle il était engagé, plus il la trouvait difficile et périlleuse. A mesure que ses amis arrivèrent au rendez-vous, il se contenta de les saluer par des gestes silencieux.

Un robuste cheval noir, de la race de Galloway, amenait à la porte de l'Est le vaillant Forgeron ; le cheval était de taille au-dessous de la moyenne, n'ayant pas plus de quatorze paumes, mais large d'épaules, à membres forts, bien ajustés et bien arrondis. Un juge compétent aurait reconnu dans l'œil de l'animal une étincelle du tempérament vicieux qui accompagne fréquemment les formes les plus vigoureuses et les plus dures à la fatigue ; mais le poids, la main et l'assiette du cavalier, s'ajoutant à l'accomplissement récent d'un long voyage, avaient subjugué, pour le moment, l'indocilité de son humeur. Le Forgeron était accompagné de l'honnête bonnetier : ce dernier, le lecteur le sait, était un petit homme rond, ce qu'on appelle vulgairement à jambes de canard ; il se drapait dans un manteau écarlate, pardessus lequel il avait jeté une gibecière. Au sommet de la grande selle où il était planté plutôt qu'assis, on l'aurait pris pour une pelote de couleur rouge destinée à recevoir des épingles. La selle et l'homme étaient attachés sur l'épine dorsale d'une grande jument flamande à marche lourde, le nez tourné en l'air comme celui d'un chameau, une grosse touffe de crins à chacun de ses boulets, et chaque sabot aussi large en circonférence qu'une poêle à frire. Le contraste entre la bête et celui qui la montait était des plus extraordinaires ; les indifférents qui passaient se contentaient de se demander comment il tenait là-dessus, mais les amis du bonnetier supputaient avec effroi le danger qu'il y aurait pour lui à redescendre de cet endroit, car les pieds du cavalier haut perché n'allaient véritablement pas au-dessous du bord de la selle. Il avait guetté les mouvements du Forgeron à dessein de se joindre à lui, car c'était l'opinion d'Olivier Proudfute que les hommes d'action paraissent avec plus d'avantage quand ils vont les uns à côté des autres. Quel ravissement pour lui quand quelque plaisant, de la classe populaire, savait tenir assez son sérieux pour s'écrier, sans rire : « Voici venir les gloires de Perth, les deux épées de la bourgeoisie, le vaillant Forgeron et le hardi bonnetier ! »

Il est vrai que celui qui avait lancé cette apostrophe tortillait en même temps sa langue en signe d'intelligence à l'adresse d'autres pendards comme lui ; mais le bonnetier ne voyait pas ce jeu muet, et jetait généreusement au drôle un sou d'argent, à l'effet d'encourager son respect pour les hommes de guerre. Cette munificence fut cause qu'une troupe de jeunes garçons se mit à les suivre, avec des rires et des cris, jusqu'au moment où Henri le Forgeron, se retournant, les menaça de donner de sa houssine au premier qui lui tomberait sous la main, résolution dont ils n'attendirent pas l'exécution.

« Voici les témoins, » dit le petit homme du grand cheval, dès qu'ils eurent rejoint Simon Glover à la porte de l'Est ; « mais où sont ceux qui nous doivent seconder? Ah! mon frère Henri, l'autorité est un fardeau qui convient mieux à un âne qu'à un cheval fringant ; elle entraverait les mouvements de gaillards jeunes comme vous ou moi.

— Je voudrais cependant, mon digne maître Proudfute, » répliqua Henri Gow, « vous voir un peu plus lesté que vous ne l'êtes ; cela servirait toujours à vous garder ferme sur votre selle, car vous bondissez dessus comme si vous dansiez une gigue sans le secours de vos jambes.

— Oui, oui ; je me dresse sur mes étriers pour éviter les secousses. Elle est cruellement dure, ma jument ; mais elle m'a porté à travers les champs et les forêts, et m'a fait traverser des aventures assez périlleuses ; aussi Jézabel et moi, nous ne nous séparerons jamais. Je l'appelle Jézabel, du nom de la princesse de Castille.

— Isabelle, voulez-vous dire, » répondit le Forgeron.

« Oui, Isabelle, ou Jézabel ; c'est la même chose, vous savez. Mais voici venir enfin le bailli Craigdallie, avec ce pauvre être rampant et poltron, l'apothicaire. Ils amènent deux officiers de ville armés de leurs pertuisanes, pour protéger, je le suppose, leurs précieuses personnes. La chose du monde que je déteste le plus, c'est un plat valet comme ce Dwining.

— Prenez garde qu'il ne vous entende, » répliqua le Forgeron. « Je vous déclare, bonnetier, qu'il y a plus à craindre de ce squelette mince et délabré, que de vingt robustes gaillards tels que vous.

— Fi! Forgeron, vous voulez rire, » dit Olivier, baissant la voix cependant, et regardant du côté de l'apothicaire, comme pour voir où, dans ce corps et cette figure en ruine, pouvait se lire la menace d'un danger. Son examen le rassura, et, avec hardiesse, il répondit : « Lames et boucliers ! je ferais face, mon cher, à douze individus comme ce Dwining. Que peut-il contre un homme qui a du sang dans les veines?

— Il peut, » répondit le Forgeron d'un ton sec, « lui donner une dose de médicaments. »

Ils n'eurent pas le temps de pousser plus loin la conversation, car le bailli Craigdallie les invita à prendre la route de Kinfauns, et en donna lui-même l'exemple. Comme ils cheminaient à loisir, d'un pas modéré, le discours tomba sur la réception qu'ils devaient attendre de leur prévôt, et sur la façon dont il s'intéresserait vraisemblablement à l'agression dont ils se plaignaient. Le Gantier semblait fort préoccupé, et parla plus d'une fois de façon à montrer qu'il eût souhaité encore que ses concitoyens consentissent à abandonner l'affaire. Il n'exprimait cependant pas bien librement sa pensée, dans la crainte sans doute que, s'il reculait, on n'en tirât une interprétation fâcheuse pour la réputation de sa fille. Dwining, du même avis que Glover, parlait avec plus de précaution que le matin.

« Après tout, » dit le bailli, « quand je pense à tous les bons souhaits et les bons cadeaux qui, de notre bonne ville, ont passé chez milord le prévôt, je ne saurais croire qu'il hésite à se montrer. Plus d'un gros bateau chargé de vin de Bordeaux a quitté les plages du midi pour décharger sa cargaison sous le château de Kinfauns. J'ai quelque droit d'en parler, moi qui ai fait l'importation.

— Et, » dit Dwining de sa voix criarde, « je pourrais parler de ces friandises délicates, ces remarquables confitures, ces pains de choix, ces gâteaux empreints du rare et délicieux condiment qu'on appelle du sucre ; toutes ces bonnes choses sont allées là pour aider aux charmes d'un festin de noce, d'un baptême, ou de quelque autre solennité (J). Mais hélas! bailli Craigdallie, le vin est bu, les confitures sont mangées, et les cadeaux sont oubliés quand le goût en a passé. Grand Dieu! voisin, le banquet de la Noël dernière s'est effacé comme les neiges de l'an dernier.

— Il y a eu aussi, » dit le magistrat, « des gants remplis de pièces d'or.

— Je le sais, moi qui les ai faits, » dit Simon, chez qui les souvenirs professionnels se mêlaient encore à toutes les autres pensées qui occupaient son esprit. « L'un d'eux était un gant de fauconnerie pour Milady. Je l'ai fait un peu large. Sa Seigneurie n'y a pas trouvé à redire, vu la doublure qu'on y mettait.

— Tant mieux, » dit le bailli ; « plus nous en avons donné, moins j'ai menti ; et, si cette cargaison-là a disparu, c'est la faute du prévôt, et non de la ville : sous la forme en laquelle il l'a reçue, on ne pouvait ni la boire ni la manger.

— Je pourrais parler aussi d'une fameuse armure, » dit le Forgeron ; « mais *Paix ou guerre, je m'en moque,* dit Jean des Hautes Terres. Je pense que le chevalier de Kinfauns fera son devoir envers le bourg en paix comme en guerre ; et il est inutile de dresser le compte de ce que la ville a fait pour lui, jusqu'à l'heure où nous verrions qu'il en a perdu le souvenir.

— J'en dis autant, » cria notre ami Proudfute, du sommet de sa jument. « Nous autres fiers-à-bras, nous n'avons pas l'esprit assez bas pour compter le vin et les châtaignes avec un ami comme sir Patrice Charteris. Croyez-moi, un bon forestier comme sir Patrice appréciera le haut privilège de chasser à flèche et à courre sur les terres du bourg, privilège qui, en exceptant Sa gracieuse Majesté le Roi, n'est accordé à personne, lord ou fripon, qu'à notre seul prévôt. »

Comme le bonnetier parlait, on entendit, à main gauche, un cri semblable à celui d'un fauconnier à son faucon.

« M'est avis, » dit le Forgeron, « qu'il y en a un par là qui use du privilège dont vous parlez, sans être, probablement, ni le Roi ni le Prévôt.

— Oui, vraiment, je le vois, » dit le bonnetier, s'imaginant trouver là une occasion merveilleuse d'acquérir de l'honneur. « Toi et moi, brave Forgeron, poussons vers lui, et l'interrogeons comme il faut.

— En avant ! » cria le Forgeron. Son compagnon piqua sa jument et partit, ne doutant pas que Gow ne le suivît de près.

Mais Craigdallie retint par la bride le cheval d'Henri. « Reste au pennon, » dit-il ; « laisse-nous voir le succès de notre cavalerie légère. S'il se fait casser la tête, il se tiendra plus tranquille le reste de la journée.

— Autant que j'en puis voir déjà, » répondit le Forgeron, « c'est un profit qu'il pourrait bien obtenir. Le drôle reste impudemment à nous regarder, comme s'il vaquait au divertissement le plus légitime du monde. Je le devine à son petit cheval hobin, son armet rouillé à plume de coq, et son grand sabre à deux mains ; il doit être de la suite de quelque seigneur du Sud, un de ces hommes qui vivent si près de l'Angleterre que la casaque noire ne quitte jamais leur dos, aussi prodigues de leurs coups que légers de leurs doigts. »

Tandis qu'ils devisaient sur l'issue possible de la rencontre, le vaillant bonnetier commençait à retenir Jézabel, pour que le Forgeron, qu'il croyait encore près de lui, pût l'atteindre, s'avancer le premier, ou, tout au moins, côte à côte avec lui. Mais quand il le vit à cent *yards* de distance, demeuré tranquillement avec le reste du groupe, la chair du champion, comme celle du vieux général espagnol, commença à trembler, en prévision des dangers dans lesquels son esprit aventureux l'allait entraîner. La conscience qu'il avait cependant d'être appuyé du voisinage de tant d'amis ; l'espoir que la vue d'un pareil nombre de personnes, bien qu'étrangères à la lutte, intimiderait un intrus qui se sentait seul ; la honte d'abandonner, sous les yeux de tant de spectateurs, une entreprise dans laquelle il s'était volontairement engagé ; tout cela triompha de la forte inclination qu'il aurait eue à faire tourner bride à Jézabel et à revenir, aussi vite que les jambes de la bête pourraient porter monture et cavalier, vers les amis à la protection desquels il s'était arraché. Il continua donc de se diriger vers l'étranger, qui augmenta considérablement les craintes de son agresseur en mettant le petit bidet en mouvement, et courant, d'un bon trot, à la rencontre du bonnetier. A cette manœuvre offensive, notre héros regarda plus d'une fois derrière son épaule, comme pour reconnaître le terrain en cas de retraite, et, décidément, il s'arrêta. Mais le Philistin était sur lui avant que le bonnetier n'eût fait son choix entre le combat ou la fuite, et c'était un Philistin dont la mine ne présageait rien de bon. Sa taille était grande et mince, son visage marqué de deux ou trois cicatrices de mauvais augure, et le personnage, dans son ensemble, avait parfaitement l'air d'un homme accoutumé à dire à tout honnête occurrent : « Halte, et donne ! »

L'individu engagea la conversation en criant, d'un ton qui ne valait pas mieux que son air : « Le diable vous emporte, espèce d'animal ! Pourquoi lancer votre cheval dans la plaine, et gâter mon jeu ?

— Digne étranger, » répondit notre ami, de la voix que comporte une observation pacifique, « je suis Olivier Proudfute, bourgeois de Perth, possédant quelque bien ; et voici là le respectable Adam Craigdallie, le plus ancien bailli du bourg, avec le belliqueux Forgeron de la Ruelle du Moulin, et trois ou quatre citoyens armés, qui désirent savoir votre nom et comment il se fait que vous preniez ce plaisir sur des terres appartenant au bourg de Perth. Ce n'est pas leur intention (j'en réponds pour eux) de chercher querelle à un gentilhomme ou à un étranger pour une contravention accidentelle ; seulement, c'est leur coutume et leur habitude de n'accorder de telles permissions qu'autant qu'elles leur ont été régulièrement demandées ; et... et en conséquence, je désire, honorable Monsieur, savoir votre nom. »

L'air farouche et méprisant dont le fauconnier avait regardé Olivier Proudfute pendant sa harangue, avait grandement déconcerté celui-ci, et modifié le caractère des demandes, qu'avec l'appui d'Henri Gow, il aurait probablement cru pouvoir adapter le mieux à la circonstance.

A l'interrogatoire, tout adouci qu'il pût être, l'étranger répondit avec une très vilaine grimace, que faisaient paraître plus désagréable encore les cicatrices de son visage. « Vous voulez savoir mon nom? Mon nom est Dick de l'enfer du Diable, bien connu dans la vallée d'Annan pour un loyal Johnstone. J'appartiens au vaillant laird de Wamphray, qui marche avec son parent le redouté lord de Johnstone, lequel a fait alliance avec l'illustre comte de Douglas ; et le comte, le lord, le laird, et l'écuyer, qui est moi, nous faisons voler nos faucons où bon nous semble, et ne demandons à personne sur quelle terre nous poussons nos chevaux.

— Je vais remplir votre message, Monsieur, » répliqua Olivier Proudfute assez doucement ; car il commençait à souhaiter beaucoup d'être délivré de l'ambassade qu'il avait si témérairement entreprise. Il se mettait en devoir de faire tourner tête à son cheval, quand l'homme de la vallée d'Annan ajouta :

« Par-dessus le marché, prenez ceci, pour vous souvenir que vous avez rencontré Dick du Diable ; et vous apprendrez, une autre fois, à ne pas déranger, quand il chasse, un homme qui porte l'éperon volant sur l'épaule. »

Avec ces paroles, il appliqua deux ou trois rudes coups de sa cravache sur la tête et la personne du malchanceux bonnetier. L'un de ces coups atteignit Jézabel qui, faisant lestement volte-face, déposa son cavalier sur la bruyère, et se dirigea au galop vers le groupe des citoyens.

Proudfute, ainsi renversé, se mit à crier à l'aide d'une voix qui n'avait rien de très viril, et, presque en même temps, à demander merci; car son antagoniste, descendu de cheval aussitôt après la chute du bonnetier, mettait sous la gorge de celui-ci un grand couteau de chasse, tandis qu'il visitait les poches de l'infortuné citoyen et poussait son examen jusqu'à la gibecière, affirmant, avec deux ou trois jurements abominables, qu'il en aurait le contenu, pour punir celui qui la portait d'avoir interrompu sa chasse. Il secoua rudement la bandoulière, terrifiant de plus en plus le bonnetier par la brutalité peu polie dont il usait, et tirant jusqu'à ce que l'attache cédât, au lieu de se donner la peine de déboucler la courroie. La gibecière, apparemment, ne contenait rien qui fût de son goût. Il la repoussa négligemment, et, remontant sur son petit hobin, laissa au cavalier démonté la liberté de se relever, et fixa du regard les autres compagnons d'Olivier, qui maintenant s'avançaient vers lui.

En voyant leur délégué par terre, ils avaient ri un peu, tant l'humeur vantarde du bonnetier disposait ses amis à se divertir lorsque, suivant le mot d'Henri le Forgeron, ils virent que leur Olivier avait rencontré un Roland. Mais quand l'adversaire du bonnetier se mit à le traiter et à le violenter de la façon qui vient d'être dite, l'armurier ne put se contenir plus longtemps : « Ne vous en déplaise, mon cher bailli, je ne puis supporter de voir notre concitoyen battu, volé, et près d'être assassiné sous nos yeux à tous. L'insulte retombe sur notre belle ville; si c'est malechance pour le voisin Proudfute, c'est honte pour nous. Je vais à la rescousse.

— Nous y allons tous, » répliqua le bailli; « mais que personne ne frappe sans ordre de moi. Nous avons, cela est à craindre, plus de querelles sur les bras que nous n'avons de force pour les mener à bonne fin. A tous donc, et plus particulièrement à vous, Henri, j'enjoins, au nom de la belle cité, de ne porter aucun coup que pour la défense de sa personne. » Ils s'avancèrent en corps; et l'aspect d'un pareil nombre arracha le voleur à l'examen de son butin. Il restait en observation à quelque distance, comme le loup qui, faisant retraite devant les chiens, ne peut être amené, cependant, à prendre tout à fait la fuite.

Henri, voyant cela, piqua son cheval, et s'élança, fort en avant du

reste du groupe, jusqu'à l'endroit témoin des infortunes d'Olivier. Son premier soin fut de saisir la rêne flottante de Jézabel, son second, de conduire la bête près de son maître déconfit, qui arrivait en boitant, les vêtements salis par la chute, ayant aux yeux des larmes de souffrance aussi bien que de mortification, d'un aspect si différent enfin de la brave et pétulante importance qu'il déployait d'ordinaire, que le Forgeron sentit pour ce petit homme de la compassion, et quelque remords de l'avoir laissé s'exposer à pareille disgrâce. Tous les hommes, je crois, prennent un certain plaisir à une plaisanterie peu bienveillante. Il y a entre eux cette différence que les caractères dépourvus de charité boivent cet amusement jusqu'à la lie, tandis que les esprits jetés dans un meilleur moule oublient bientôt le côté ridicule de la chose par sympathie pour celui qui la subit.

« Laissez-moi vous remonter sur votre selle, voisin, » dit le Forgeron, descendu de cheval, et aidant Olivier à grimper, comme l'aurait pu faire un singe, sur sa haute selle de guerre.

« Que Dieu vous pardonne, voisin Forgeron, de ne m'avoir pas soutenu. Je n'aurais pas cru cela de vous, quand cinquante témoins dignes de foi me l'auraient juré. »

Tels furent les premiers mots, dits avec chagrin plutôt qu'avec colère, par lesquels le pauvre Olivier donna cours à ses sentiments.

« Le bailli a pris mon cheval par la bride ; et d'ailleurs, » ajouta Henri, avec un sourire que sa compassion même ne put réprimer, « j'ai cru que vous m'accuseriez de diminuer votre honneur, si je vous venais en aide contre un seul homme. Mais consolez-vous ! le drôle a eu l'avantage sur vous parce que le cheval a désobéi.

— C'est vrai, très vrai, » dit Olivier, saisissant cette excuse avec empressement.

« Le voilà, le garnement, tout content du mal qu'il a fait, et triomphant de votre chute, comme ce roi de roman, qui jouait du violon pendant qu'une ville brûlait. Venez avec moi ; vous verrez comme nous l'arrangerons. Ne craignez pas, cette fois, que je vous abandonne. »

Disant cela, il prit Jézabel par la bride, et galopant à côté d'elle, sans donner à Olivier le temps de répondre non, il se précipita vers Dick du Diable qui avait, à quelque distance, fait halte au sommet d'une éminence. Le galant Johnstone, soit qu'il trouvât la lutte inégale, soit qu'il eût, pour ce jour-là, combattu suffisamment, faisant claquer les doigts, et levant la main d'un air de défi, poussa de l'éperon son cheval dans un marais voisin, à travers lequel il se mit à flotter ainsi qu'un canard sauvage, agitant son leurre autour de sa tête et sifflant son faucon sans discontinuer, là où tout autre cheval et tout autre cavalier auraient été de suite embourbés jusqu'à la sangle.

« Un parfait coureur de marais, » dit le Forgeron. « Ce gaillard-là se bat ou s'enfuit suivant qu'il en a envie, et il n'y a pas plus à le poursuivre qu'à courir après une oie sauvage Il a pris votre bourse, je crois, car rarement ces gens-là décampent avant d'avoir les mains pleines.

— Eh oui vraiment, » dit Proudfute d'un ton mélancolique ; « il a pris ma bourse ; mais il ne faut pas trop se plaindre, puisqu'il a laissé la gibecière.

— La gibecière, à coup sûr, eût été un signe de victoire, un trophée, comme disent les ménestrels.

— Il y a plus que cela, l'ami, dans cette gibecière, » dit Olivier d'un air significatif.

« Fort bien, voisin ; j'aime à vous voir reprendre votre ton assuré. Ayez bon courage, vous avez vu le dos du scélérat, et reconquis les trophées perdus au moment où vous n'aviez pas le dessus.

— Ah, Henri Gow ! Henri Gow ! » dit le bonnetier ; et il s'arrêta court poussant un profond soupir, qui s'élevait presque jusqu'au gémissement.

« Qu'y a-t-il? » demanda son ami ; et de quoi vous tourmentez-vous?

— Je me demande, mon très cher ami Henri le Forgeron, si le drôle n'a pas fui par crainte de vous, plutôt que de moi !

— Ne vous occupez pas de cela, » répliqua l'armurier ; « il a vu deux hommes, et a fui ; qui pourra nous dire si c'est à cause de celui-ci ou à cause de celui-là? Il savait d'ailleurs, par expérience, votre force et votre activité ; nous avons tous vu comme vous y alliez des pieds et mains lorsque vous étiez par terre.

— Vraiment? » dit le pauvre Proudfute ; « je ne m'en souviens pas ; mais je sais que c'est ma qualité principale. J'ai dans les reins une force de chien. Les autres ont-ils vu cela?

— Aussi bien que moi, » dit le Forgeron, étouffant une envie de rire.

— Vous les en ferez souvenir.

— Assurément, » répondit Henri ; « et de votre belle revanche de tout à l'heure. Écoutez ce que je dirai au bailli Craigdallie, et faites-en votre profit.

— Ce n'est pas que j'aie besoin d'un témoignage en ma faveur, car je suis, de ma nature, aussi brave que les meilleurs habitants de Perth ; mais seulement... » Ici, le valeureux personnage s'arrêta.

— Mais seulement quoi? » répondit l'armurier.

« Mais, seulement, j'ai peur d'être tué. Quitter ma charmante femme et ma petite famille, ce serait, vous le pensez bien, un triste changement, Forgeron. Vous saurez cela quand vous y serez, et vous vous sentirez moins de courage.

— C'est probable, » dit négligemment l'armurier.

« Je suis si accoutumé au maniement des armes, et j'ai dans la poitrine un si bon souffle de vie, que peu d'hommes sont en état de lutter avec moi. Tout est là, » dit le petit homme, en avançant la poitrine comme un poulet à la broche, et la frappant de la main ; « il y a là de la place pour toute la machine respiratoire.

— Vous avez la respiration longue, c'est vrai ; c'est ce qu'indique du moins la façon dont vous parlez.

— La façon dont je parle? Vous badinez. J'ai fait venir de Dundee, par la rivière, un morceau de la carcasse d'un *dromond.*

— La carcasse d'un *Drummond!* » s'écria l'armurier ; « cela vous mettra en guerre avec le clan tout entier, qui n'est pas, je vous le promets, le moins mauvais du pays.

— Par saint André, mon cher, vous ne me comprenez pas. Je parle d'un *dromond,* c'est à dire, d'un grand vaisseau. J'en ai fixé dans ma cour l'un des étambots, et l'ai peint et taillé à peu près comme un soudan ou un Sarrazin. Je m'exerce sur lui, et, une heure durant, je m'escrime à son adresse, de lame et de pointe, avec mon épée à deux mains.

— Cela doit vous familiariser beaucoup avec les armes, » dit le Forgeron.

« Oui ; et, quelquefois, je place un bonnet (un vieux, bien entendu) sur la tête de mon soudan, et, d'aplomb, je le pourfends de si bons coups, que, franchement, il ne reste plus au crâne de l'infidèle grand' chose pour taper dessus.

— C'est fâcheux, car vous perdrez ce moyen de vous exercer, » dit Henri. « Mais, écoutez, mon cher : un de ces jours, je mettrai mon heaume et mon corselet, et vous taperez sur moi, me permettant d'avoir un sabre pour parer et pour rendre. Hein, qu'en dites-vous?

— Pour cela non, mon cher ; je vous ferais trop de mal. D'ailleurs, pour vous dire la vérité, je frappe beaucoup plus à mon aise sur un casque ou sur un bonnet, quand il est posé sur mon soudan de bois ; je suis sûr, alors, de l'abattre. Mais, s'il y a des plumes qui remuent et deux yeux qui brillent fièrement sous l'ombre de la visière, et que tout danse de ci de là, cela me dérange la main, je le reconnais.

— De sorte que, si les hommes avaient la complaisance de rester immobiles comme votre soudan, vous deviendriez un vrai tyran, maître Proudfute?

— Avec le temps et l'habitude, cela se pourrait, » répondit Olivier. « Mais rejoignons les autres ; le bailli Craigdallie n'a pas l'air content : ce ne sera pas sa colère qui m'effraiera. »

Il faut vous rappeler, ami lecteur, qu'aussitôt que le bailli et ceux qui l'accompagnaient virent que le Forgeron avait accosté le malencontreux bonnetier, et que l'étranger battait en retraite, ils ne se donnèrent pas la peine d'aller plus avant, trouvant leur ami suffisamment protégé par la présence du redouté Henri Gow. Ils avaient repris, en ligne droite, le chemin de Kinfauns, désireux que rien ne retardât l'accomplissement de leur mission. Un certain temps s'étant passé avant que le bonnetier et le Forgeron n'eussent rejoint la compagnie, le bailli Craigdallie leur demanda, et à Henri le Forgeron, en particulier, ce qu'ils avaient entendu faire en perdant de précieux instants à remonter la colline à la poursuite du fauconnier.

« Par la messe, Monsieur le bailli, » répliqua le Forgeron, « ce n'a pas été ma faute. Si vous accouplez un lévrier commun des Pays-Bas avec un chien-loup des hautes terres, il ne faudra pas blâmer le premier d'avoir pris la direction dans laquelle il plaisait à l'autre de l'entraîner. C'est comme cela qu'a fait mon voisin Olivier Proudfute. Il n'a pas été plutôt relevé que, comme l'éclair, il est remonté sur sa jument, et, furieux du déloyal avantage que ce coquin avait tiré du faux pas de sa monture, il a couru après lui comme un dromadaire.

Je ne pouvais me dispenser de le suivre, de peur d'un second accident, et aussi pour seconder notre valeureux ami et champion au cas où il y aurait eu quelque embuscade au sommet de la colline. Mais le drôle, qui est de la suite de quelque lord des Marches anglaises, et qui porte pour insigne un éperon ailé, s'est enfui de notre voisin comme le feu du caillou. »

Le vénérable bailli de Perth écouta avec surprise la légende qu'il avait plu à Gow de mettre en circulation : sans y prêter beaucoup d'attention, il avait toujours douté des récits romanesques que le bonnetier faisait de ses exploits, il fut tenté, depuis ce jour, de leur accorder un certain degré d'orthodoxie. Le malicieux Glover pénétra plus avant dans la chose.

« Tu vas rendre fou ce pauvre bonnetier, » murmura-t-il à l'oreille d'Henri, « et faire sonner son battant comme s'il était la cloche d'une ville un jour de réjouissance, alors que le mieux pour lui serait de se taire.

— Par Notre-Dame, père, » répliqua le Forgeron, « j'aime ce pauvre petit fanfaron, et je ne puis penser à le voir triste et silencieux dans la grand'salle du prévôt, pendant que tous les autres, et notamment ce venimeux apothicaire, y exposeraient leurs idées.

— Tu es trop bon, Henri, » répondit Simon. « Mais vois quelle différence entre ces deux hommes. L'inoffensif petit bonnetier prend les airs d'un dragon, pour déguiser sa poltronnerie naturelle ; l'apothicaire tâche de paraître timide, humble et pauvre d'esprit, pour cacher aux yeux le danger que sa méchanceté prépare. Pour ramper sous une pierre, la vipère n'en est pas moins apte à donner la mort. Henri, mon fils, je te le dis, malgré ses airs serviles et son parler craintif, ce misérable squelette aime le mal plus qu'il ne craint le danger. Mais nous voici en face du château du prévôt. Une belle place que ce Kinfauns ! c'est un avantage pour la cité d'avoir pour premier magistrat le possesseur d'un aussi vaillant château.

— Oui, vraiment, un fameux petit fort, » dit Henri, en regardant les larges sinuosités du Tay, coulant avec majesté le long de la rive où s'élevait le château, comme s'y dresse encore aujourd'hui son moderne successeur. On eût dit le roi de la vallée, quoique, du côté opposé du fleuve, les murs puissants d'Elcho apparussent pour lui disputer la prééminence. Elcho n'était cependant, à cette époque, qu'un paisible séjour de nonnes ; les murs qui l'entouraient n'étaient que les barrières de vestales séparées du monde, et non les boulevards d'une garnison armée. « Un brave château, » dit l'armurier, regardant de nouveau les tours de Kinfauns ; « la cuirasse et le bouclier du cours joyeux de notre fleuve. Une bonne lame aurait des encoches avant d'en venir à bout. »

Le portier de Kinfauns avait reconnu de loin la qualité et les personnes des arrivants ; il avait ouvert déjà pour eux la porte de la cour, et fait savoir à sir Patrice Charteris que le doyen des baillis de Perth, avec quelques autres citoyens notables, approchait du château. Le bon chevalier se préparait pour une chasse au faucon ; il reçut cette nouvelle avec les mêmes sentiments qu'éprouve de nos jours le représentant d'un bourg quand on l'avertit qu'en temps inopportun, il est menacé de la visite d'un certain nombre d'électeurs. C'est assez dire qu'en son for intérieur, il voua les intrus à Mahomet et au diable, qu'ostensiblement il donna l'ordre de les recevoir avec toutes sortes d'honneurs et de politesse; commandant aux écuyers tranchants d'apporter en toute hâte dans la salle des chevaliers des pièces de venaison chaudes et des viandes froides, au sommelier de mettre en perce ses tonneaux et de faire son devoir ; car, si la belle cité de Perth remplissait quelquefois les celliers de son prévôt, ses citoyens étaient toujours prêts aussi à l'aider pour vider ses bouteilles.

Les bons bourgeois furent respectueusement introduits dans la salle, où le chevalier, en habit de chasse, et botté jusqu'au milieu des cuisses, les reçut avec un mélange de courtoisie et de condescendance protectrice; ne cessant de souhaiter d'ailleurs qu'ils fussent au fond du Tay, vu le retard que leur arrivée apportait au divertissement projeté pour la matinée. Il alla vers eux jusqu'au milieu de la salle, tête nue et toque à la main, leur donnant la bienvenue en ces termes : « Ha! vous voilà, mon maître, le bailli doyen, et vous, digne Simon Glover, les anciens de la belle cité; vous aussi, savant apothicaire, et vous, brave Forgeron; et voilà encore mon fringant bonnetier, qui casse plus de têtes qu'il n'en coiffe! Comment se fait-il que j'aie le plaisir de recevoir, de si bonne heure, un si grand nombre d'amis? Je pensais voir voler mes faucons, et votre compagnie ne fera que rendre le jeu plus agréable. Fasse Notre-Dame, » se disait-il à lui-même, « qu'ils se rompent le cou. » Et, tout haut, il ajoutait : « Nous ne prendons ce plaisir, bien entendu, que si la cité n'a pas de commandements à mettre en mes mains. Allons, Gilbert, dépêche-toi, coquin de sommelier. Votre affaire la plus grave, je l'espère bien, sera de goûter au malvoisie pour voir s'il a gardé son fumet. »

Les délégués de la cité répondirent aux civilités de leur prévôt par des salutations et des révérences plus ou moins caractérisées ; la plus basse fut celle de l'apothicaire, la moins cérémonieuse celle du Forgeron. Il avait probablement conscience de ce qu'il valait, au besoin, comme homme d'épée. Au compliment général, le bailli doyen répondit.

« Sir Patrice Charteris, notre noble lord prévôt, » dit Craigdallie d'un air grave, « si nous n'avions eu pour objet que de jouir de l'hospitalité dont nous avons été souvent régalés ici, notre réserve nous aurait appris à attendre que Votre Seigneurie nous eût invités, comme en d'autres occasions. Quant à la fauconnerie, nous en avons assez pour ce matin, vu qu'un malcourtois personnage, qui faisait voler un faucon du côté des marais, a démonté et frappé notre honorable ami Olivier le bonnetier, ou Proudfute, comme quelques-uns l'appellent ; ledit événement survenu uniquement parce qu'Olivier, au nom de votre honneur et en celui de la ville de Perth, demandait à cet homme qui il était, et pour quelle raison il prenait tant de liberté.

— Et qu'a-t-il répondu? qui est-il? » dit le prévôt. « Par saint Jean! je lui apprendrai à chasser sur nos terres.

— N'en déplaise à Votre Seigneurie, il m'a surpris à mon désavantage, » dit le bonnetier. « Mais, je me suis remis en selle, et j'ai gaillardement piqué sur ses traces. Il s'appelle Richard le Diable.

— Comment? » dit le prévôt ; « celui sur qui l'on a fait tant de chansons et de romans? Je croyais que ce preux avait nom Robert.

— Je pense, Milord, que ce n'est pas le même ; j'ai fait beaucoup d'honneur à cet homme en le qualifiant comme je viens de le faire ; il s'est attribué seulement le nom de Dick du Diable, et s'est donné pour un Johnstone, de la suite du seigneur ainsi nommé. Je l'ai fait sauver

Sir Patrice Charteris souhaite la bienvenue aux bourgeois de Perth.

dans les fondrières, et j'ai repris ma gibecière, dont il s'était emparé au moment où ma situation n'était pas bonne. »

Sir Patrice garda le silence un instant. Puis il dit : « Nous avons entendu parler du seigneur de Johnstone et de ses gens. Il y a peu à gagner à se mêler de leurs affaires. Et vous, Forgeron, vous avez permis cela?

— Oui, vraiment, sir Patrice ; ayant ordre de mes chefs de ne pas l'empêcher.

— Si vous êtes resté tranquille, » dit le prévôt, « je ne vois pas pourquoi nous nous dérangerions ; alors surtout que maître Olivier Proudfute, bien que surpris d'abord à son désavantage, a, comme il nous l'a dit, relevé sa réputation et celle du bourg. Voici le vin qui arrive enfin ; versez à la ronde à mes bons amis et hôtes, jusqu'à ce que le verre déborde. Prospérité à la ville de Saint-Jean, et joyeuse bienvenue à vous tous, mes honorables amis! Asseyez-vous, prenez un morceau, car le soleil est déjà haut, et, vous autres gens sobres, il y a longtemps, sans doute, que vous n'avez mangé.

— Avant que nous ne mangions, Milord prévôt, » dit le bailli, « souffrez que nous vous disions le motif urgent de notre venue, que nous n'avons pas encore touché.

— De grâce, bailli, » dit le prévôt, « ne me parlez de cela qu'après avoir pris un morceau. C'est quelque plainte sans doute contre les cottes de mailles et les suivants de la noblesse, qui auront joué au ballon dans les rues du bourg, ou quelque grosse affaire de ce genre.

— Non, Milord, » dit Craigdallie, d'une voix ferme et énergique. « Nous nous plaignons des maîtres de ces gens-là, qui jouent avec l'honneur de nos familles, et ne se gênent pas plus avec les chambres de nos filles que s'ils étaient à Paris dans un mauvais lieu. Une bande de coureurs de nuit, hommes de la cour et hommes de qualité (il n'y a que trop sujet de le croire), ont tenté, la nuit dernière, d'escalader les fenêtres de la maison de Simon Glover ; dérangés par Henri le Forgeron, ils se sont défendus à l'arme blanche, et ont combattu jusqu'au moment où ils ont été chassés par les citoyens accourus en armes.

— Comment? » dit sir Patrice, posant le verre qu'il allait porter à ses lèvres. « Donnez-m'en la preuve, morbleu! et, par l'âme de Thomas de Longueville! je vous ferai rendre justice du mieux que je pourrai, en allât-il de ma vie et de mes biens. Qui peut m'attester le fait? Simon Glover, on vous sait honnête et prudent. Prenez-vous sur votre conscience la vérité de cette accusation?

— Milord, » dit Simon, « en cette importante affaire, sachez-le bien, c'est malgré moi que je me plains. Aucun dommage n'en est résulté, sauf pour ceux-là même qui avaient troublé la paix. Il a fallu se sentir bien fort pour oser accomplir un acte aussi contraire aux lois, et je répugnerais à soulever, à mon sujet, un différend entre ma ville natale et quelque noble puissant. Mais on a dit que, de ma part, reculer dans la poursuite de cette plainte, serait admettre que ma fille attendait une pareille visite, ce qui est absolument faux. Je vous dirai donc, Milord, ce qui est arrivé, autant que je le puis savoir, et je laisse à votre sagesse ce qu'il y aurait à faire au delà. » Il dit alors, de point en point, tout ce qu'il avait vu de cette agression.

Après avoir écouté avec grande attention, sir Patrice Charteris sembla particulièrement frappé de l'évasion de l'homme qu'on avait fait prisonnier. « Il est étrange, » dit-il, « qu'alors que vous l'aviez, vous ne l'ayez pas retenu. Vous avez dû le voir de façon à le reconnaître?

— Je n'avais que la lumière d'une lanterne, Milord prévôt; et, quant à l'avoir laissé échapper, j'étais seul, » dit le Gantier, « et je suis vieux. Je l'aurais gardé, cependant, si je n'avais pas entendu crier ma fille dans la chambre d'en haut; avant que je ne fusse revenu d'auprès d'elle, l'homme s'était échappé par le jardin.

— Et vous, l'armurier, en homme d'honneur et en bon soldat, dites-moi, » demanda sir Patrice, « ce que vous savez de cette affaire. »

Henri Gow, dans son langage décidé, fit du tout un récit bref, mais clair.

L'honnête Proudfute, interrogé à son tour, commença sa déposition avec plus de solennité. « Touchant ce terrible et incroyable désordre qui a surgi dans le Bourg, je ne pourrais pas absolument dire, comme Henri Gow, que j'en ai vu le commencement. Mais il est incontestable que j'ai vu une grande partie de ce qui a suivi, et que j'ai fourni la preuve la plus décisive pour convaincre les coupables.

— Quelle est cette preuve? » dit sir Patrice Charteris. « Ne perdons pas le temps à discourir et à deviser. Quelle est-elle?

— J'ai apporté à Votre Seigneurie, dans cette carnassière, » dit le petit homme, « ce que l'un de ces coquins a laissé derrière lui. C'est un trophée qu'en bonne foi et pour dire vrai, je n'ai pas, je le confesse, conquis avec mon épée, mais je réclame l'honneur de l'avoir recueilli avec une présence d'esprit dont peu d'hommes sont capables au milieu de la lueur des torches et du cliquetis des armes. J'ai recueilli cette preuve, Milord, et la voici. »

Parlant ainsi, il sortit de la gibecière déjà mentionnée la main raidie trouvée sur le lieu du combat.

« Je suis garant, bonnetier, » dit le prévôt, « que vous êtes suffisamment homme pour ramasser la main d'un drôle après qu'elle a été coupée. Mais que cherchez-vous dans votre sac, d'un air si préoccupé?

— Il aurait dû y avoir, il y avait, Milord, une bague qui était au doigt du scélérat. Je crains de l'avoir oubliée et laissée à la maison, car je l'avais ôtée pour la montrer à ma femme, qui ne se souciait pas de voir la main en question : les femmes n'aiment pas à voir ces choses-là. Je croyais l'avoir remise au doigt; mais elle est à la maison, je m'en souviens. Je retourne la chercher; Henri le Forgeron et moi, nous y trotterons de compagnie.

— Nous allons tous trotter avec vous, » dit sir Patrice Charteris : « je pars moi-même pour Perth. Honnêtes bourgeois et bons voisins, vous avez pu me trouver difficile à émouvoir pour de légères plaintes et des violations insignifiantes de vos privilèges, de petits délits de chasse, des jeux de ballon dans vos rues, ou autres choses semblables. Mais, par l'âme de Thomas de Longueville! vous ne trouverez pas sir Patrice Charteris paresseux dans une affaire de cette importance. Cette main, » ajouta-t-il, en élevant le membre coupé, « appartient à quelqu'un qui n'a pas fait œuvre servile. Nous la mettrons dans un endroit où elle sera reconnue et réclamée par son propriétaire, si les compagnons de ses exploits ont en eux la moindre étincelle d'honneur. Gérard, fais à l'instant monter à cheval une dizaine d'hommes solides, et qu'ils prennent la jaque de mailles et la lance. Si une guerre naît de ceci, voisins, comme c'est fort probable, nous nous devons appui les uns aux autres. Au cas où ma maison serait attaquée, combien d'hommes enverrez-vous à mon aide? »

Les bourgeois regardèrent Henri Gow, vers qui ils se tournaient instinctivement quand des choses de ce genre étaient discutées. « Je réponds, » dit-il, « de cinquante rudes gaillards, qui seront rassemblés avant que la cloche de la ville n'ait sonné dix minutes ; je réponds de mille au bout d'une heure.

— C'est bien, » répondit le prévôt ; « et, en cas de besoin, je viens en aide à la belle ville avec autant d'hommes que j'en puis avoir. Maintenant, mes bons amis, à cheval ! »

CHAPITRE IX.

Cette affaire, en mes mains tombée à la malheure,
Si je sais le moyen d'en sortir, que je meure !
SHAKSPEARE. *Richard II.*

ERS le commencement de l'après-midi du jour de la Saint-Valentin, le prieur des Dominicains eut affaire, dans l'accomplissement de ses devoirs de confesseur, à un pénitent de non médiocre importance. C'était un homme âgé, l'air distingué, la joue florissante et pleine de santé, le bas du visage ombragé d'une vénérable barbe blanche qui descendait sur sa poitrine. Des yeux bleus, grands et brillants, de larges sourcils, exprimaient en lui la dignité, mais indiquaient plutôt l'habitude de recevoir des hommages volontairement apportés, que la volonté d'exiger ceux qu'on lui refuserait. L'expression de bonté était trop grande pour ne pas trahir l'indice d'une simplicité sans défense, ou d'une faiblesse de caractère incapable, on le devinait, de repousser l'envahissement ou de triompher de la résistance. Au milieu des cheveux gris de ce personnage était placé un petit cercle ou couronne d'or, posé sur un bandeau bleu. Son chapelet, grand et ostensiblement porté, était d'or pur, assez grossièrement travaillé, mais orné de perles d'Écosse, d'une dimension et d'une beauté rares. Tels étaient ses seuls ornements ; il avait pour vêtement une longue robe de soie cramoisie, retenue par une ceinture de même couleur. Sa

16

confession terminée, il se releva lourdement du coussin brodé sur lequel il s'était agenouillé durant l'acte sacramentel, et, à l'aide d'une canne d'ébène dont le manche était en béquille, se dirigea en boitant, d'une façon disgracieuse et avec une peine évidente, vers un siège d'apparat, surmonté d'un dais, qui, dans la pièce vaste et élevée, avait été disposé pour lui près de la cheminée.

C'était Robert, troisième du nom, et le second de la famille infortunée des Stuarts, par qui le trône d'Écosse était occupé. Il avait de nombreuses vertus, et n'était pas sans talent; mais son grand malheur fut, qu'ainsi qu'il arriva depuis à d'autres personnes de sa race prédestinée, ses mérites n'étaient pas appropriés au rôle qu'il était appelé à jouer dans la vie. A un peuple aussi fier que l'étaient alors les Écossais, il fallait un roi guerrier, prompt, actif, libéral à récompenser les services, sévère à punir les crimes; un de ceux qui, par leur conduite, se font craindre et aimer à la fois. Les qualités de Robert III étaient juste l'opposé. Il avait, dans sa jeunesse, assisté à des batailles; mais, sans encourir de déshonneur, il n'avait jamais montré l'amour chevaleresque de la guerre et du danger, ou l'ardent désir de se distinguer par les périlleux exploits attendus, en cette époque, de quiconque était de naissance noble et avait prétentions ou droits à l'autorité.

Sa carrière militaire avait d'ailleurs été courte. Dans le tumulte d'un tournoi, le jeune comte de Carrick (tel était alors son titre) reçut, du cheval de sir James Douglas de Dalkeith, un coup de pied qui le rendit boiteux pour le reste de ses jours, et absolument hors d'état de prendre part à un combat, ou aux jeux militaires et aux tournois qui en étaient l'image. Robert n'ayant jamais témoigné beaucoup de prédilection pour les exercices violents, il n'eut probablement pas grand regret de se voir exempté, par son infirmité, de prendre part à ces scènes actives. Mais son accident, ou plutôt, les conséquences de cet accident, l'abaissèrent aux yeux d'une noblesse altière et d'un peuple belliqueux. Il fut obligé de s'en reposer, pour la plupart de ses affaires, tantôt sur l'un, tantôt sur l'autre des membres de sa famille, quelquefois avec le rang effectif, et toujours avec le pouvoir, de lieutenant général du royaume. Son affection paternelle l'aurait porté à employer l'assistance de son fils aîné, jeune homme d'intelligence et de talent, qu'il avait, dans sa tendresse, créé duc de Rothsay, pour le mettre de suite en possession d'une dignité voisine du trône (K). Mais le jeune prince avait une tête trop légère, une main trop faible, pour porter dignement le sceptre qui lui aurait été délégué. Bien qu'aimant le pouvoir, le prince faisait du plaisir son occupation favorite; et la cour était troublée, le pays scandalisé, par le nombre des amours fugitives et des extravagantes débauches auxquelles se livrait celui qui aurait dû être, pour la jeunesse du royaume, un exemple d'ordre et de régularité.

L'incorrection et la licence de la conduite du duc de Rothsay étaient, aux yeux du public, d'autant plus répréhensibles qu'il était marié. Quelques-uns cependant, qu'avaient disposés favorablement pour lui sa jeunesse, sa gaieté, sa bonne grâce et son caractère agréable, estimaient que son libertinage pouvait trouver une excuse dans les circonstances même de son mariage. Ils se disaient entre eux que cette affaire avait été entièrement conduite par son oncle, le duc d'Albany, dont les conseils avaient, à cette époque, puissamment gouverné le timide et infirme monarque, et qu'on savait capable de diriger les pensées de son maître et souverain dans le sens le plus préjudiciable aux intérêts et à l'avenir du jeune héritier. Grâce aux machinations d'Albany, la main de l'héritier apparent avait été pour ainsi dire mise aux enchères : c'était chose connue et publique que le gentilhomme d'Écosse qui donnerait à sa fille le plus large douaire pourrait aspirer à l'élever au lit du duc de Rothsay.

Dans la lutte qui s'ensuivit, Georges, comte de Dunbar et de March, fut préféré aux autres compétiteurs; il possédait, par lui ou par ses vassaux, la plus grande partie de la frontière de l'Est, et sa fille, du consentement mutuel des deux jeunes gens, fut promise, en termes formels, au duc de Rothsay.

Il restait à consulter une tierce personne, qui n'était autre que le terrible Archibald, comte de Douglas, également redouté pour l'étendue de ses possessions, pour les nombreux offices et juridictions dont il était investi, et pour ses qualités personnelles d'habileté et de valeur, mêlées à un indomptable orgueil, et à un amour de vengeance plus que féodal. Le comte, d'ailleurs, touchait au trône par une très proche alliance, ayant épousé la fille aînée du monarque régnant.

Après les fiançailles du duc de Rothsay avec la fille du comte de March, Douglas, comme s'il n'avait tardé à prendre part à la négociation que pour montrer qu'elle ne pouvait se conclure qu'avec lui, entra dans la lice pour briser le contrat. Il offrit, avec sa fille Marjory, un douaire plus considérable que celui qu'avait proposé le comte de March. Poussé par sa cupidité personnelle et par la peur que lui inspirait Douglas, Albany usa de son influence auprès du timide monarque, et finit par le décider à rompre le contrat avec le comte de March, et à marier son fils à Marjory Douglas, femme que Rothsay ne pouvait aimer. On ne présenta nulle excuse au comte de March, sinon que les fiançailles entre le prince et Élisabeth de Dunbar n'avaient pas été approuvées par le Parlement, et qu'aussi longtemps que les États ne l'avaient pas ratifié, le contrat était sujet à résiliation. Le comte ressentit profondément l'injure faite à sa fille et à lui, et l'on crut généralement qu'il préparait une vengeance, que semblait lui rendre possible sa grande influence sur les frontières anglaises.

En même temps le duc de Rothsay, irrité de voir sacrifier à cette intrigue sa main et ses inclinations, donna cours à son déplaisir en négligeant son épouse, traitant avec dédain son formidable et dangereux beau-père, montrant peu de respect pour l'autorité même du roi, et n'ayant absolument aucun égard pour les remontrances de son oncle Albany, qu'il considérait comme un ennemi déclaré.

Au milieu des dissensions intérieures de sa famille, qui s'étendaient jusque dans ses conseils et dans son administration, et qui faisaient ressentir partout les funestes effets de l'incertitude et de la désunion, le faible monarque avait été quelque temps soutenu par les avis de la reine Annabella, son épouse, issue de la noble maison de Drummond. Douée d'une sagacité rare et d'une grande fermeté d'esprit, la reine avait imposé quelques limites aux légèretés d'un fils qui la respectait, et avait soutenu, dans mainte occasion, la résolution chancelante de son royal époux. Mais, après la mort d'Annabella, le souverain sans énergie avait tout à fait l'air d'un vaisseau qui a perdu ses ancres, et va ballottant à la dérive au gré des courants qui se combattent. A considérer isolément chacune des impressions de Robert, on pouvait dire qu'il aimait son fils à la folie; que le caractère de son frère d'Albany, infiniment plus décidé que le sien, le pénétrait à la fois de respect et de crainte; que Douglas lui inspirait une terreur presque instinctive, et qu'il avait des soupçons sur la fidélité du comte de March, non moins changeant que hardi. Mais les sentiments qu'il éprouvait pour ces diverses personnes se mêlaient et se compliquaient à tel point que, de temps à autre, ils se montraient tout à fait différents de ce qu'ils étaient en réalité; et, suivant l'influence qui avait agi le plus récemment sur son esprit flexible, d'un père indulgent, le roi devenait un père sévère, et même cruel; d'un frère confiant, un frère jaloux; d'un souverain benin et généreux, un maître trop attaché à son pouvoir et trop enclin à la cupidité et à la tyrannie. Semblable au caméléon, son faible esprit réfléchissait la couleur du caractère plus ferme sur lequel il s'appuyait dans le moment pour y trouver aide et conseil. Et, quand il abandonnait l'avis d'une des personnes de son entourage, et recourait au conseil d'un autre, il n'était pas rare de voir un changement total de mesures, également préjudiciable au caractère du roi et dangereux pour la sûreté de l'État.

Il s'ensuivait naturellement que le clergé catholique acquérait de l'influence sur un homme dont les intentions étaient si excellentes, et les résolutions si peu solides. Robert était hanté, non seulement par un sentiment juste des erreurs qu'il avait réellement commises, mais par la pensée et le tourment de ces menus péchés qui assiègent un esprit superstitieux et timide. Est-il nécessaire d'ajouter que les hommes d'Église, de tous habits et de tous ordres, n'avaient pas une faible influence sur ce prince facile à manier? En ce siècle-là, très peu de personnes échappaient à cette influence; nul, peut-être, ne s'y savait soustraire, quelque résolu qu'il fût, d'ailleurs, et ferme de dessein dans les affaires purement temporelles. Il est temps de sortir de cette longue digression, sans laquelle ce que nous avons à raconter risquerait de n'être pas bien compris.

D'une marche disgracieuse et difficile, le roi avait gagné le siège garni de coussins préparé pour lui sous un dais ou baldaquin; il s'y jeta avec satisfaction, comme un homme indolent qui a dû garder quelque temps une position incommode. Les regards doux et vénérables du vieillard exprimaient la bienveillance.

Debout en face du siège royal, le prieur témoignait une déférence profonde, sous laquelle se cachait la hauteur naturelle de son maintien. C'était un homme entre quarante et cinquante ans, mais dont pas un cheveu n'avait cessé d'être noir. Des traits fins, un regard pénétrant attes-

taient les talents à l'aide desquels il avait acquis sa haute situation dans la communauté qu'il gouvernait, et, nous devons ajouter, dans les conseils du royaume, au service desquels ils étaient souvent employés. Les principaux objets que son éducation et ses habitudes lui avaient appris à avoir en vue, étaient l'extension du pouvoir et des richesses de l'Église, et l'extirpation des hérésies, deux choses qu'il s'efforçait de poursuivre par tous les moyens que sa situation lui fournissait. Il faisait cependant honneur à sa religion par la sincérité de sa foi, et par la moralité qui guidait sa conduite dans tous les cas ordinaires. Les défauts du prieur Anselme, bien qu'ils le conduisissent à de graves erreurs, et même à la cruauté, étaient plutôt ceux de son siècle et de sa profession ; ses vertus étaient à lui.

« Cela fait, » dit le roi, « et les terres susdites une fois assurées à ce monastère par une donation, vous estimez, mon père, que je suis assez dans les bonnes grâces de notre sainte mère l'Église pour pouvoir m'appeler son fils obéissant?

— Assurément, mon seigneur lige, » dit le prieur; « plût à Dieu que tous ses enfants apportâssent au sacrement efficace de la confession un sentiment aussi profond de leurs erreurs, et autant de bon vouloir pour les effacer. Mais, ô mon seigneur et maître, ces paroles d'encouragement, je ne les adresse pas à Robert, roi d'Écosse, je les adresse seulement à mon humble et dévot pénitent, Robert Stuart de Carrick.

— Vous me surprenez, mon père, » répondit le roi; « ma conscience a peu de reproches à se faire pour ce que j'ai accompli dans mes fonctions royales, vu qu'en cela j'agis moins d'après mon opinion propre que d'après l'avis des conseillers les plus sages.

— Là est le danger, mon seigneur lige, » répliqua le prieur. « Le Saint-Père reconnaît chez Votre Grâce, en toutes ses pensées, ses paroles et ses actions, un vassal obéissant de la sainte Église. Mais il y a des conseillers pervers, qui obéissent aux instincts de leur cœur coupable, en abusant de la bonté et de la docilité de leur monarque, et qui, sous prétexte de servir ses intérêts temporels, prennent des mesures préjudiciables aux intérêts qui durent pour l'éternité. »

Le roi Robert se redressa sur son siège, et prit un air d'autorité dont habituellement il n'usait guère, et qui, pourtant, lui convenait bien.

« Prieur Anselme, » dit-il, « si vous avez découvert quoi que ce soit dans ma conduite, comme roi, ou comme simple particulier, qui puisse appeler des censures semblables à celles qu'impliquent vos paroles, c'est votre devoir de parler clairement, et je vous commande de le faire.

— Mon seigneur lige, vous serez obéi, » répondit le prieur en s'inclinant. Puis se relevant, et prenant la dignité du rang qu'il occupait dans l'Église, il dit : « Écoutez de ma bouche les paroles de notre saint-père le pape, successeur de saint Pierre, à qui les clefs sont échues : Pourquoi, ô Robert d'Écosse, n'as-tu pas reçu au siège de Saint-André, Henri de Wardlaw, que le pontife a recommandé pour remplir ce siège? Pourquoi fais-tu, des lèvres, profession de fidèle service envers l'Église, quand tes actions proclament au dedans de ton âme perversité et désobéissance? L'obéissance vaut mieux que le sacrifice.

— Sire prieur, » dit le monarque de l'air qui convenait à son rang, « nous pouvons nous dispenser de vous répondre sur ce sujet, s'agissant d'une matière qui ne concerne que nous et les États de notre royaume, sans affecter notre conscience en tant que particulier.

— Hélas! » dit le prieur, « et quelle sera la conscience qui répondra de cet acte au dernier jour? De vos lords portant l'épée, ou de vos riches bourgeois, quel sera celui qui se placera entre le roi et la pénalité qu'il aura encourue pour avoir suivi, en matière ecclésiastique, leur politique séculière? Sache bien, puissant roi, que, toute la chevalerie de ton royaume fût-elle rangée en bataille pour te servir de bouclier contre les traits enflammés de la foudre, elle serait consumée comme brûle un parchemin devant le feu d'une fournaise.

— Bon père prieur, » dit le roi, sur la consience timorée duquel cette sorte de langage manquait rarement de faire impression, « vous êtes assurément trop rigide sur ce point-là. Ce fut durant ma dernière maladie, alors que le comte de Douglas exerçait comme lieutenant général l'autorité royale en Écosse, que s'éleva, par malheur, l'obstacle à la réception du primat. Ne m'accusez donc pas de ce qui est arrivé à un moment où j'étais incapable de conduire les affaires du royaume, et forcé de déléguer mon pouvoir à un autre.

— Si vous vous adressez à moi, Sire, comme à l'un de vos sujets, vous en avez dit assez, » répliqua le prieur. « Mais, encore que la difficulté soit survenue durant la lieutenance du comte de Douglas, le légat de Sa Sainteté demandera pourquoi elle n'a pas été écartée de suite dès que le roi a repris en ses mains les rênes de l'autorité? Douglas le Noir peut faire beaucoup, plus peut-être qu'un sujet ne devrait avoir le pouvoir de faire dans le royaume de son souverain ; mais il ne saurait s'interposer entre votre conscience et vous, ou relever Votre Grâce des devoirs que sa situation de roi lui impose envers la sainte Église.

— Sur cet objet, mon père, vous êtes par trop exigeant, » repartit Robert avec un peu d'impatience ; « vous devriez attendre, au moins, une occasion raisonnable, et me laisser le temps d'aviser à quelque remède. De pareils incidents se sont présentés bien des fois sous les règnes de nos prédécesseurs ; et notre royal et bienheureux ancêtre, saint David, n'abandonna pas sans les défendre ses priviléges comme monarque, et s'engagea dans une dispute avec le saint-père lui-même.

— En cela, » dit le prieur, « ce grand et bon roi ne se montra ni pieux ni saint, et fut, en conséquence, livré à ses ennemis, mis en déroute et dépouillé quand, dans la guerre qu'on appelle encore la guerre de l'Étendard, il leva l'épée contre les bannières de saint Pierre, de saint Paul et de saint Jean de Beverley. Ce fut heureux pour lui que, comme son homonyme le fils de Jessé, il ait eu sur la terre la punition de son péché, et ne l'ait pas trouvé contre lui au jour terrible de la reddition des comptes.

— C'est bien, bon prieur, c'est bien ; en voilà assez pour le moment. Le saint-siége n'aura pas sujet, Dieu aidant, de se plaindre de moi. Notre-Dame m'en soit témoin ! je ne voudrais pas, pour la couronne que je porte, prendre sur moi le fardeau d'une injure envers notre mère l'Église. Nous avons toujours craint que le comte de Douglas, les yeux trop fixés sur la renommée et les fragilités temporelles de la vie, ne ressentît pas comme il le devait ce qui se rapporte au monde futur.

— Hier encore, » dit le prieur, « il a pris de force ses quartiers dans le monastère d'Aberbrothock, avec mille hommes de suite ; et l'abbé est forcé de fournir à tous les besoins pour les hommes et les chevaux, ce que le comte appelle exercer le droit d'hospitalité qui lui appartiendrait par suite d'une fondation à laquelle ses ancêtres ont contribué. Mieux vaudrait assurément rendre leurs terres aux Douglas que de se soumettre à des exactions pareilles, qui ressemblent plus à la licence despotique de brigands et de ravageurs de montagne qu'à la conduite d'un baron chrétien.

— Les Douglas, » dit le roi avec un soupir, « sont une race qui n'admet pas de contradiction. Mais je pourrais bien, père prieur, être moi-même un intrus de cette espèce, car mon séjour a été long parmi vous, et ma suite, quoique beaucoup moindre que celle de Douglas, suffit cependant pour vous charger par sa subsistance journalière. Malgré l'ordre donné par nous d'envoyer au dehors nos pourvoyeurs pour diminuer vos charges autant que possible, si vous aviez à souffrir de notre présence, il conviendrait que nous partissions à temps.

— Nous en préserve Notre-Dame! » dit le prieur, qui, s'il aimait le pouvoir, n'avait en lui aucune étroite avarice et se montrait large, au contraire, en sa généreuse munificence; « le couvent des Dominicains peut, sans aucun doute, fournir à son souverain cette hospitalité qu'il offre à tout voyageur, de quelque condition qu'il soit, qui la veut recevoir de la main des humbles serviteurs de notre patron. Non, mon royal lige; venez avec une suite dix fois plus grande, elle ne manquera ni du grain d'avoine, ni de la bottelée de paille, ni du morceau de pain, ni de l'once de nourriture, que notre couvent peut lui donner. Autre chose est employer les revenus de l'Église, qui dépassent les besoins et les désirs de moines comme nous, à la réception convenable et légitime de votre royale Majesté; autre chose nous les voir arracher par les mains d'hommes rudes et violents, animés d'un esprit de rapine qui n'a pour limite que l'étendue de leur pouvoir.

— C'est bien, bon prieur, » dit le roi; « et maintenant, pour détourner un instant nos pensées des affaires de l'État, Votre Révérence peut-elle me dire comment les bons citoyens de Perth ont commencé la Saint-Valentin? Galamment et dans la joie; et aussi, je l'espère, dans la paix.

— L'ont-ils fait galamment, mon seigneur lige? je ne m'y connais guère en ces choses. Quant à l'avoir fait paisiblement, trois ou quatre hommes, dont deux cruellement blessés, sont venus ce matin, avant le jour, réclamer privilège de sanctuaire et d'asile. Ils étaient poursuivis par les clameurs de citoyens à peine vêtus, armés de bâtons, de hallebardes, de haches d'armes et d'épées à deux mains, et poussant à l'envi les cris de : Tue et assomme. Les citoyens furent mal satisfaits quand notre garde portier leur dit que ceux qu'ils poursuivaient avaient pris refuge dans la *galilée* de l'église (L); ils restèrent quelques minutes à crier et à frapper à la porte, demandant qu'on leur rendît les hommes dont ils prétendaient avoir à se plaindre. J'avais peur que tout ce bruit ne troublât le repos de Votre Majesté, et que Votre Grâce n'en éprouvât quelque fâcheuse surprise.

— Mon repos, » dit le monarque, « aurait pu être troublé; mais comment les bruits de la violence auraient-ils amené la surprise? Hélas! révérend père, il n'y a en Écosse qu'un lieu où ne s'entendent pas les cris de la victime et les menaces de l'oppresseur, et ce lieu, mon père, c'est le tombeau. »

Le prieur garda un respectueux silence, compatissant aux sentiments d'un monarque dont le cœur sensible s'accordait si mal avec l'état et les mœurs de son peuple.

« Que sont devenus les fugitifs? » demanda Robert, au bout d'un instant.

« Ils ont été, sire, renvoyés avant le jour, ainsi qu'ils le désiraient, » répondit le prieur; « et, après que l'on se fut assuré qu'aucune embûche de leurs ennemis ne les attendait dans le voisinage, ils allèrent en paix leur chemin.

— Vous ne savez pas, » demanda le roi, « qui étaient ces hommes, ou la cause pour laquelle ils prenaient refuge chez vous?

— La cause, » dit le prieur, « était une bataille avec les hommes de la ville; mais comment avait-elle commencé? nous n'en savons rien. La coutume de notre maison est de donner vingt-quatre heures de séjour non interrompu dans le sanctuaire de Saint-Dominique, sans poser aucune question aux infortunés qui y ont cherché protection. S'ils désirent rester plus longtemps, la cause pour laquelle ils ont eu recours au sanctuaire doit être inscrite sur le registre du couvent. Loué soit notre vénéré saint! par cette protection temporaire, peuvent échapper à la force des lois bien des gens que, si nous avions su le caractère de leurs crimes, nous nous serions trouvés obligés de rendre à ceux qui les poursuivaient. »

Comme le prieur parlait, il vint confusément à l'esprit du monarque que le privilège du sanctuaire, exercé d'une façon aussi absolue, pouvait devenir, dans son royaume, un grand obstacle au cours de la justice. Mais il repoussa cette pensée comme une suggestion de Satan, et prit soin de ne pas laisser échapper un seul mot qui pût indiquer à l'homme d'église qu'un sentiment aussi profane avait un instant pénétré dans son sein ; il se hâta, au contraire, de changer de sujet.

« Le soleil, » dit-il, « se meut lentement sur le cadran. D'après la fâcheuse information que vous venez de me donner, j'aurais cru que les lords de mon conseil seraient venus prendre mes ordres sur les difficultés de cette malheureuse querelle. Dure a été la fortune, qui m'a donné à gouverner un peuple chez lequel je semble être seul à désirer le repos et la tranquillité !

— L'Église désire toujours la paix et la tranquillité, » ajouta le prieur, ne permettant pas même à une proposition si générale de s'échapper de l'esprit oppressé du pauvre roi, sans insister pour une clause qui sauvât l'honneur de l'Église.

« Nous ne l'entendions pas autrement, » dit Robert. « Mais, père prieur, vous admettrez que l'Église, en apaisant la querelle, comme, sans nul doute, c'est son intention, ressemble à la ménagère diligente, qui met en mouvement la poussière qu'elle veut balayer. »

A cette remarque, le prieur n'aurait pas manqué de répliquer, mais la porte de la salle s'ouvrit, et un huissier annonça le duc d'Albany.

CHAPITRE X.

> En blâmant sa gaîté l'on serait inhumain :
> Hier elle était triste, et peut l'être demain.
>
> JOANNA BAILLIE.

E nom de Robert était porté par le duc d'Albany aussi bien que par le roi son frère. Ce dernier avait pour nom de baptême Jean, sous lequel on le désigna jusqu'au moment où il fut appelé au trône. Mais alors on remarqua (car la superstition était puissante à cette époque) qu'au nom de Jean le malheur s'était associé dans les vies et les règnes de Jean d'Angleterre, Jean de France et Jean Baliol d'Écosse. Il fut donc convenu que, pour écarter le mauvais présage, le nouveau roi prendrait le nom de Robert, rendu cher à l'Écosse par les souvenirs de Robert Bruce. Nous mentionnons cette circonstance pour expliquer l'existence dans une famille de deux frères du même nom, ce qui n'était pas plus ordinaire en ce temps-là qu'en celui-ci.

Albany, arrivé lui aussi à un certain âge, ne passait pas pour être beaucoup plus disposé que le roi aux entreprises guerrières. Mais, si le courage n'était pas son fait, il avait le talent d'en déguiser l'absence, qui, une fois soupçonnée, aurait ruiné tous les plans que son ambition avait formés. Il avait assez d'orgueil pour suppléer, en un cas extrême, à la valeur vraie qui lui faisait défaut, et pour commander à ses nerfs de façon à n'en pas laisser voir le trouble et l'agitation. Sous d'autres rapports, il avait l'expérience des cours ; il était calme, froid, et fin, fixant de loin le but qu'il voulait atteindre, et ne le perdant jamais de vue, quoique les sentiers sinueux par lesquels il marchait parussent tendre quelquefois vers une direction différente. Physiquement, il ressemblait au roi, car il était noble et majestueux de taille et de visage ; mais il avait sur son aîné l'avantage de n'être affligé d'aucune infirmité, et d'être, à tous points de vue, moins lourd et plus actif. Son vêtement était riche et grave, comme il convenait à son âge et à son rang, et de même que le roi son frère, il ne portait aucune espèce d'armes ; un étui, contenant de petits couteaux, occupait, à sa ceinture, la place où, à défaut d'épée, une dague se montrait d'ordinaire chez les autres.

A l'entrée du duc, le prieur fit une révérence, et se retira respectueusement dans un renfoncement de la salle, à quelque distance du siège royal, pour ne pas déranger, par la présence d'une tierce personne, la conversation des deux frères. Il ne sera pas inutile de remarquer que ce renfoncement était formé par une fenêtre, placée à la façade intérieure de la portion des bâtiments du monastère qu'on appelait le palais : ainsi nommée parce qu'elle était souvent la résidence des rois d'Écosse, elle n'en était pas moins, sauf en ces occasions, l'habitation du prieur ou abbé. La fenêtre était au-dessus de l'entrée principale des appartements royaux, et avait vue sur la cour intérieure du couvent, cour quadrangulaire, formée à main droite par le mur longitudinal de la magnifique église, à gauche par un bâtiment qui contenait les cellules, le réfectoire, la salle du chapitre, et, au-dessus, d'autres dépendances conventuelles, le tout complètement indépendant de la partie qu'occupaient le roi Robert et sa suite. La quatrième rangée de bâtiments, montrant au soleil levant sa noble façade extérieure, consistait en un vaste *hospitium* pour la réception des étrangers et des pèlerins, et en plusieurs offices accessoires, magasins, salles destinées à l'aménagement des provisions abondantes qu'exigeait l'hospitalité magnifique des pères dominicains. Une voûte élevée conduisait, à travers la façade orientale, à la cour quadrangulaire, et était précisément en face de la fenêtre où se tenait le prieur Anselme ; celui-ci pouvait donc voir au-dessous de la sombre ouverture, et observer la lumière qui y pénétrait par la porte orientale alors ouverte; mais, à raison de la hauteur à laquelle il se trouvait, et de la profondeur du passage voûté, son œil n'atteignait qu'imparfaitement le vaste portail qui s'ouvrait à la façade extérieure du bâtiment placé devant lui. Il importe de retenir cette disposition des lieux. Revenons à la conversation des deux princes.

« Mon cher frère, » dit le roi, en relevant le duc d'Albany, qui s'était incliné pour lui baiser la main, « mon bien cher frère, pourquoi ce cérémonial? Ne sommes-nous pas tous deux fils du même Stuart d'Écosse et de la même Élisabeth More?

— Je ne l'ai pas oublié, » dit Albany en se relevant; « mais la familiarité du frère ne doit pas me faire omettre le respect dû au roi.

— C'est vrai, Robin, c'est vrai, » répondit le roi. « Le trône est comme un rocher escarpé et stérile, où la fleur et l'arbuste ne prennent jamais racine. Tous les doux sentiments, toutes les affections tendres, sont refusés à un monarque. Un roi ne doit pas serrer un frère contre son cœur; il n'ose donner un libre cours à sa tendresse pour un fils!

— Tel est, sire, à quelques égards, le destin de la grandeur, » répliqua Albany; « mais le ciel, qui a tenu les membres de votre famille à quelque distance de la sphère de Votre Majesté, vous a donné pour enfants un peuple tout entier.

— Hélas! Robert, » répondit le monarque, « votre cœur est mieux fait que le mien pour les devoirs d'un souverain. Du lieu élevé où le sort m'a placé, je vois cette multitude que vous appelez mes enfants; je les aime et leur veux du bien; mais ils sont nombreux et éloignés de moi. Hélas! le plus humble d'entre eux n'a-t-il pas un être bien aimé qu'il peut presser contre son sein, et sur lequel il peut répandre la tendresse d'un père? Tout ce qu'un roi peut donner à son peuple, c'est un sourire, comme celui que dispense le soleil aux pics neigeux des Grampians, aussi lointain, aussi impuissant. Oh, Robin! notre père nous caressait, et, quand il nous adressait un reproche, c'était avec l'accent de la tendresse; il était monarque, cependant, aussi bien que moi; pourquoi ne me serait-il pas permis, comme à lui, de ramener au devoir mon pauvre jeune étourdi par l'affection autant que par la sévérité?

— Si jamais, seigneur lige, l'affection n'avait été essayée, » répliqua

Albany, du ton d'une personne qui exprime des sentiments qu'elle ne laisse échapper qu'à regret, « les moyens les plus doux seraient assurément ceux qu'il faudrait employer d'abord. Y a-t-on assez longtemps persévéré? la contrainte et l'obstacle seront-ils un correctif plus efficace? Votre Grâce en est le meilleur juge. C'est à votre royal pouvoir qu'il appartient exclusivement de prendre, vis-à-vis du duc de Rothsay, les mesures que vous jugerez, en définitive, les plus utiles pour son véritable bien et pour celui du royaume.

— C'est mal, mon frère, » dit le roi, « de m'indiquer le sentier pénible que vous voudriez me voir suivre, sans m'offrir en même temps votre appui pour y marcher.

— Mon appui sera toujours aux ordres de Votre Grâce, » répliqua Albany; « mais, de tous les hommes qui sont sur terre, ne suis-je pas celui auquel il conviendrait le moins de pousser Votre Grâce à des mesures sévères contre son fils et son héritier? moi vers qui, au cas où (le ciel nous en préserve!) la famille de Votre Grâce viendrait à manquer, descendrait cette fatale couronne? Le fier March et l'altier Douglas ne penseraient et ne diraient-ils pas qu'Albany avait semé la dissension entre le roi son frère et l'héritier du trône d'Écosse, pour frayer peut-être à sa propre famille le chemin de la succession? Non, seigneur lige; je puis, pour votre service, sacrifier ma vie, mais je ne mettrai pas mon honneur en danger.

— Vous dites vrai, Robin, très vrai, » répliqua le roi, se hâtant d'interpréter à sa manière les paroles que son frère avait prononcées. « Nous ne devons pas permettre à ces puissants et dangereux seigneurs de s'apercevoir qu'il y ait dans la famille royale rien qui ressemble à la discorde. Évitons cela par-dessus tout. Nous essayerons donc encore des mesures d'indulgence, dans l'espoir de corriger les folies de Rothsay. Je vois en lui de temps à autre, Robin, des étincelles d'espérance qui méritent qu'on les entretienne. Il est jeune, très jeune; il est prince, et dans l'exaltation de son sang. Nous serons patients avec lui, comme un bon cavalier avec un cheval ardent. Laissons-le épuiser les folles humeurs de sa jeunesse, et nul mieux que vous ne sera satisfait de lui. Votre amitié m'a reproché de vivre trop paisible et trop isolé; Rothsay n'a pas ces défauts-là.

— Je gagerais ma vie, » répliqua sèchement Albany, « qu'il ne les a pas.

— Il n'est dépourvu ni de réflexion ni d'esprit, » continua le pauvre roi, plaidant auprès de son frère la cause de son fils. « Je l'ai fait quérir pour assister au conseil de ce jour, et nous verrons comment il s'acquittera de son devoir. Vous reconnaissez vous-même, Robin, que le prince ne manque ni de finesse ni de capacité pour les affaires, quand il est en humeur de s'en occuper.

— Assurément, seigneur lige, il n'en manque pas, » répliqua Albany, « lorsqu'il est en humeur de s'en occuper.

— Je le trouve, » répondit le roi ; « et je suis heureux, Robin, que vous soyez d'accord avec moi pour admettre ce jeune homme à une nouvelle épreuve. Il n'a plus de mère, maintenant, pour plaider sa cause auprès d'un père irrité! Il faut nous en souvenir, Albany.

— Je suis assuré, » dit Albany, « que le parti le plus agréable aux sentiments de Votre Grâce sera aussi le plus sage et le meilleur. »

Le duc vit le stratagème mal déguisé au moyen duquel le roi s'efforçait d'échapper aux conséquences du raisonnement présenté, et d'adopter, en invoquant l'assentiment de son frère, une marche contraire à celle que celui-ci jugeait à propos de recommander. Tout en s'apercevant qu'il ne parvenait pas à amener le monarque à la ligne de conduite désirée, il n'abandonna pas les rênes, mais résolut d'attendre une occasion plus favorable pour obtenir les funestes avantages auxquels, pensait-il, de nouveaux dissentiments entre le roi et le prince devaient bientôt donner naissance.

Cependant, le roi Robert, craignant que son frère ne reprît le sujet pénible auquel il venait d'échapper, appela à haute voix le prieur des Dominicains : « J'entends un bruit de chevaux. Votre poste commande la cour, révérend père ; regardez par la fenêtre, et dites-moi qui arrive. N'est-ce pas Rothsay?

— C'est le noble comte de March avec sa suite, » dit le prieur.

« Est-il fortement accompagné? » dit le roi. « Ses gens ont-ils passé la porte intérieure?

— Ne craignez rien, » dit Albany à voix basse ; « les Brandanes de votre maison sont sous les armes (M). »

Le roi fit un signe de remercîment, pendant que, de la fenêtre, le prieur répondait à la question.

« Le comte est accompagné de deux pages, deux gentilshommes et quatre domestiques. Un page monte derrière lui le grand escalier, portant l'épée de sa seigneurie. Les autres font halte dans la cour ; et (*Benedicite,* qu'est-ce que cela veut dire?) voilà une chanteuse ambulante, avec sa viole, qui se prépare à chanter, sous les fenêtres du roi et dans le cloître des dominicains, comme elle le ferait dans la cour d'une hôtellerie ! Je vais la faire mettre à la porte.

— Non, vraiment, mon père, » dit le roi. « Laissez-moi demander grâce pour la pauvre vagabonde. La joyeuse science (puisqu'on l'appelle ainsi), la joyeuse science que ces gens professent se mêle avec une harmonieuse tristesse aux souffrances auxquelles le besoin et le malheur condamnent une race errante. En cela, ils ressemblent à un roi, à qui tout le monde crie : *vivat et salut !* alors qu'il manque des respects et de l'affectueuse obéissance que reçoit de sa famille le plus pauvre roturier. Qu'on ne trouble pas cette femme, mon père ; et laissez-la chanter, si elle veut, pour les hommes d'armes et les serviteurs qui sont dans la cour ; cela les empêchera de se quereller entre eux, étant comme ils le sont, à des maîtres hostiles et turbulents. »

Ainsi parla ce prince, si rempli de bonnes intentions et de faiblesse ; le prieur fit un salut d'assentiment. Comme il parlait, le comte de March entra dans la salle d'audience, vêtu du costume de cheval ordinaire à cette époque, et le poignard à la ceinture. Il avait laissé dans l'antichambre le page d'honneur qui portait son épée. Le comte était un bel homme bien fait, le teint frais avec une chevelure blonde abondante, et des yeux bleu clair brillaits comme ceux d'un faucon. Son visage, agréable d'ailleurs, indiquait un tempérament vif et irritable, que sa situation de haut et puissant seigneur féodal ne lui avait donné que trop d'occasions de satisfaire.

« Je suis heureux de vous voir, milord de March, » dit le roi, en s'inclinant avec bienveillance. « Vous avez été longtemps absent de nos conseils.

— Seigneur lige, » répondit March, avec un profond salut pour le roi, une inclination fière et cérémonieuse pour le duc d'Albany, « si j'ai été absent des conseils de Votre Grâce, c'est parce que ma place a été remplie par des conseillers plus agréables, et, je n'en doute point, plus capables. Je ne reviens aujourd'hui que pour dire à Votre Altesse que les nouvelles de la frontière anglaise m'obligent à retourner sans retard dans mes possessions. Votre Grâce a, pour se consulter avec elle,

son sage et habile frère, milord d'Albany; elle a le puissant et belliqueux comte de Douglas pour porter à effet ce que vous aurez décidé. Je ne puis être utile que dans la contrée même qui m'est propre, et c'est là qu'avec la permission de Votre Altesse, j'ai dessein de retourner à l'instant, pour y accomplir ma charge de gardien des Marches de l'Est.

— Vous n'en agirez pas, cousin, si brusquement avec nous, » répliqua le monarque bénin. « Il y a dans l'air de mauvaises nouvelles. Un mouvement général éclate de nouveau parmi ces malheureux clans des hautes terres, et la sécurité de notre cour demande les plus sages de notre conseil pour délibérer, et les plus braves de nos barons pour exécuter ce qui sera résolu. Le descendant de Thomas Randolph n'abandonnera pas assurément, dans un moment comme celui-ci, le petit-fils de Robert Bruce?

— Je laisse avec lui le descendant de l'illustre Jacques de Douglas, » répondit March. « Sa Seigneurie se vante de ne mettre jamais le pied dans l'étrier sans avoir avec elle mille cavaliers pour gardes du corps, et les moines d'Aberbrothock déclareront, je crois, sous serment, que le fait est vrai. Avec toute sa chevalerie, Douglas est plus à même, sans doute, de réprimer un essaim désordonné de vagabonds des hautes terres, que moi de résister aux archers de l'Angleterre, et aux forces d'Henri Hotspur? N'y a-t-il pas aussi Sa Grâce le duc d'Albany, si jaloux du soin de la personne de Votre Altesse qu'il fait prendre les armes à vos Brandanes lorsqu'un fidèle sujet comme moi approche avec une dizaine de cavaliers, escorte qui conviendrait au plus humble petit baron possédant une tour et mille acres de bruyères stériles. Si de telles précautions sont prises quand il n'y a pas le moindre danger, car je ne sache pas que de moi l'on en ait à craindre, votre royale personne sera, sans nul doute, convenablement gardée au cas d'un véritable péril.

— Milord de March, » dit le duc d'Albany, « les plus modestes des barons dont vous parlez mettent leurs hommes en armes, alors même qu'ils reçoivent leurs amis les plus chers et les plus proches dans l'enceinte fortifiée de leur château ; et, s'il plaît à Notre-Dame, je ne prendrai pas pour la personne du roi moins de soin qu'ils n'en prennent pour la leur. Les Brandanes sont la suite immédiate du roi, sa maison et ses serviteurs, et une centaine d'entre eux n'est qu'une faible garde autour de Sa Grâce, quand vous-même, aussi bien que le comte de Douglas, vous marchez souvent avec un nombre dix fois plus grand.

— Milord duc, » répliqua March, « lorsque le service du roi le demande, je puis marcher avec dix fois plus de cavaliers que Votre Grâce ne l'a indiqué ; mais je ne l'ai jamais fait ou par trahison pour influencer le roi, ou par ostentation pour inspirer crainte à d'autres nobles.

— Mon frère Robert, » dit le roi, jaloux toujours d'exercer le rôle de pacificateur, « lorsqu'il s'agit de milord de March, ce serait mal d'insinuer le moindre soupçon. Et vous, cousin de March, vous n'interprétez pas comme il faut les ordres que mon frère a donnés. Mais, écoutez; car, pour mettre terme à l'âpreté de ces paroles, j'entends les sons d'une musique qui n'est pas sans agrément. Vous connaissez la gaie science, Milord de March, et vous l'aimez. Allez à cette fenêtre, à côté du vénéré prieur, auquel nous n'adresserons pas de question sur des plaisirs séculiers; vous nous direz, vous, si la musique et le lai sont dignes qu'on les écoute. C'est, je crois, un air de France. Le jugement de mon frère d'Albany n'a pas, en ces matières-là, la valeur d'une coquille. Je saurai par vous, mon cousin, si la chanteuse mérite récompense. Notre fils et Douglas seront ici tout à l'heure; nous traiterons de choses plus graves, quand notre conseil sera rassemblé. »

Une espèce de sourire passa sur le front altier du comte de March; il se rendit à l'embrasure de la fenêtre, et s'y tint en silence à côté du prieur. Tout en obéissant à l'ordre du roi, il était clair qu'il apercevait avec dédain la timide prudence qui avait essayé par là de prévenir une dispute entre Albany et lui. L'air, joué sur une viole, était gai et vif dans ses commencements; il avait la touche alerte et naïve de la musique des troubadours. Mais, à mesure qu'il continuait, les sons de l'instrument et ceux de la voix de femme qui l'accompagnait, allaient s'affaiblissant, devenaient plaintifs, et semblaient par instant s'interrompre étouffés sous les pénibles pensées du ménestrel.

Quel que pût être, en ces matières, le savoir dont le roi l'avait complimenté, le comte offensé prêta probablement peu d'attention à cette musique. Il y avait dans son cœur orgueilleux une lutte entre la fidélité qu'il devait à son roi, l'amour qui restait encore au fond de son âme pour un souverain excellent, et, d'autre part, le désir de vengeance né des déboires de son ambition, né de l'insulte qu'on lui avait infligée en faisant de Marjory Douglas l'épouse de l'héritier du trône, dont la propre fille de March avait été la fiancée. Le comte avait les vices et les vertus d'un caractère prompt et incertain, et, même en ce moment où il venait dire adieu au souverain avec le dessein de renoncer à l'allégeance royale dès qu'il aurait atteint son territoire féodal, il lui répugnait, il lui semblait presque impossible de prendre une résolution aussi criminelle et aussi pleine de danger. Ces graves réflexions l'agitaient au commencement du lai de la chanteuse ; mais, pendant qu'elle continuait, des incidents se présentèrent, qui appelèrent fortement son attention, détournèrent le cours de ses pensées, et les attachèrent à ce qui se passait dans la cour du monastère. Le chant était en dialecte provençal, dialecte qu'on comprenait bien, car il était, dans toutes les cours de l'Europe, et particulièrement en Écosse, le langage de la poésie. Le tour en était plus simple que ne l'est généralement celui des sirventes, et avait plus de ressemblance avec le lai d'un ménestrel normand. Nous le traduisons ainsi :

LAI DE LA PAUVRE LOUISE.

C'est Louise que j'aperçois,
Voyageant par tous les endroits
Avec sa viole et sa voix.
Ah! prends garde au chemin des bois,
Fille, et songe à Louise.

Le soleil brillait ardemment,
Sur elle il tombait lourdement ;
Le bois était frais et charmant,
Les oiseaux y chantaient gaîment
Pour appeler Louise.

Du joli bois hospitalier
L'ours n'habite pas le hallier ;
Point de loups en si doux sentier :
Mieux eût valu pareil gibier
Pour la pauvre Louise.

Elle y rencontra tout d'abord
Un beau chasseur qui lui plut fort ;
Il avait un baudrier d'or,
Un doux parler plus riche encor
Pour la pauvre Louise.

Ah! dis-moi ce qui te manquait
Quand ton pas libre cheminait?
La paix divine t'escortait,
Et l'innocence souriait
    A la pauvre Louise.

Hélas! il n'est plus, son trésor;
Et, n'eût-elle qu'à moitié tort,
La misère (plaignez son sort!)
Est le seul bien qui reste encor
    A la pauvre Louise.

Le passant qui lui donnera
Jamais plus ne la reverra.
Bientôt le ciel pardonnera,
La terre bientôt s'ouvrira
    Pour la pauvre Louise.

Le chant ne fut pas plutôt terminé que, craignant de voir se ranimer la dispute entre son frère et le comte de March, le roi Robert adressa la parole à ce dernier : « Que pensez-vous de cela, Milord? Quoique je l'aie entendu d'un peu loin, ce lai m'a paru naïf et agréable.

— Mon jugement, Milord, n'a pas beaucoup d'autorité; mais la chanteuse peut se passer de mon approbation, car elle paraît avoir celle de Sa Grâce de Rothsay, le meilleur juge d'Écosse.

— Comment! » dit le roi alarmé; « mon fils est en bas?

— A cheval à côté de la chanteuse, » dit March avec un malicieux sourire; « ayant l'air de ne pas s'intéresser moins à sa conversation qu'à sa musique.

— Qu'y a-t-il, père prieur? » dit le roi. Mais le prieur s'éloigna du treillis de la fenêtre.

« Je ne veux pas voir, Milord, ce que je serais affligé de répéter.

— Que veut dire tout ceci? » répliqua le roi, dont le visage se colora vivement. Il allait se lever de son siège, mais il changea d'idée, ne voulant pas voir peut-être une inconvenante folie qu'il n'aurait pas eu le courage de punir avec la sévérité nécessaire. Le comte de March sembla prendre plaisir à informer le roi de ce que celui-ci, sans doute, eût mieux aimé ne pas savoir.

« Seigneur lige, » s'écria-t-il, « c'est de mieux en mieux. La chanteuse n'a pas seulement séduit l'oreille du prince d'Écosse, comme aussi de tous les serviteurs et hommes d'armes qui sont dans la cour, elle a captivé l'attention de Douglas le Noir, que nous ne connaissions pas pour un admirateur passionné de la gaie science. Son étonnement ne me surprend pas, car le prince vient d'honorer la gracieuse adepte du chant et de la viole d'un baiser d'approbation.

— Comment? » s'écria le roi ; « David de Rothsay badinant avec une chanteuse, sous les yeux du père de son épouse? Mon bon père abbé, allez dire au prince de venir ici à l'instant. Allez aussi, mon cher frère. » Et, quand ils eurent tous deux quitté la chambre, le roi ajouta : « Allez-y pareillement, mon bon cousin de March; cela va mal tourner, j'en suis sûr. Allez, je vous prie, cousin, appuyer de mes ordres formels les prières du Père abbé.

— Vous oubliez, seigneur lige, » dit le comte de March, d'une voix profondément offensée, « que le père d'Élisabeth de Dunbar n'est pas fait pour servir de médiateur entre Douglas et son royal gendre.

— Je vous demande pardon, cousin, » dit le bon vieillard. « Vous avez à vous plaindre, je l'avoue; mais mon Rothsay sera assassiné. J'y vais moi-même. »

En se levant de son fauteuil avec trop de rapidité, le pauvre roi manqua une marche, glissa, et tomba pesamment à terre, d'une façon telle que, sa tête frappant le coin du siège qu'il venait de quitter, il resta un instant sans connaissance. La vue de cet accident calma le ressentiment et adoucit le cœur de March. Il courut au roi et le replaça sur son siège, employant, de la manière la plus respectueuse et la plus dévouée, tous les moyens qui pouvaient le rappeler à lui. Robert ouvrit les yeux, portant autour de lui un regard incertain.

« Que vient-il d'arriver? Sommes-nous seul? Qui est avec nous?

— March, votre fidèle sujet, » répliqua le comte.

« Seul avec le comte de March? » répéta le roi; son intelligence encore troublée s'alarmant au nom d'un chef puissant, qu'il avait sujet de considérer comme mortellement offensé.

« Oui, mon gracieux lige, avec Georges de Dunbar; plusieurs ont poussé Votre Majesté à penser mal de lui, encore qu'il se flatte d'être, à la fin, reconnu plus fidèle qu'eux à votre royale personne.

— C'est vrai, cousin; vous avez eu à vous plaindre; nous essaierons de réparer cela.

— Si telle est la pensée de Votre Grâce, le mal peut encore être redressé, » dit vivement le comte, saisissant au vol les espérances que lui suggérait son ambition ; « le prince et Marjory Douglas sont proches parents ; la dispense de Rome n'a pas été donnée dans les formes ; leur mariage ne saurait être légitime ; le pape, qui fera beaucoup pour un si excellent prince, peut mettre de côté cette union peu chrétienne, par respect pour le contrat qui l'avait précédée. Souvenez-vous, seigneur lige, » ajouta le comte, sentant s'allumer à nouveau ses ambitieuses pensées, en cette occasion inattendue de plaider lui-même sa cause ; « souvenez-vous comment vous avez choisi entre Douglas et moi. Il est puissant et fort, j'en conviens. Mais Georges de Dunbar porte à son ceinturon les clefs de l'Écosse, et amènerait une armée anglaise aux portes d'Édimbourg, avant que Douglas n'eût quitté, pour lui résister, les confins de Cairntable. Votre royal fils aime ma pauvre fille délaissée, et n'a que de la haine pour l'altière Marjory de Douglas. Votre Grâce jugera du peu de cas qu'il fait d'elle par le jeu auquel il se livre avec une femme de plaisir, en présence même du père de Marjory. »

Jusque-là, le roi avait écouté parler le comte avec l'air effaré d'un timide cavalier, emporté par un coursier impétueux dont il ne peut arrêter ni diriger la course. Les derniers mots réveillèrent en lui le sentiment du danger auquel son fils était exposé.

« Oh, oui, c'est vrai ; mon fils ! Douglas ! Oh ! mon cher cousin, prévenez l'effusion du sang, et tout sera comme vous voudrez. Entendez ce tumulte : c'est un bruit d'armes !

— Par ma couronne de comte ! par ma foi de chevalier ! c'est vrai, » dit March, regardant, par la fenêtre, la cour intérieure du couvent. Elle était pleine, en ce moment, d'hommes armés, d'instruments de guerre brandis, et résonnant au choc des armures. La voûte d'entrée était, jusqu'au bout, remplie de combattants, et les coups semblaient s'échanger entre des gens qui voulaient fermer la porte et d'autres qui se battaient pour entrer.

« J'y vais à l'instant, » dit le comte de March ; « et j'aurai bientôt fait d'apaiser ce tumulte. Je prie humblement Votre Majesté de songer à ce que j'ai eu la hardiesse de lui indiquer.

— J'y songerai, cousin, j'y songerai, » dit le roi, sachant à peine à quoi il s'engageait. « Mais empêchez le tumulte et le sang. »

CHAPITRE XI.

Belle et gente est la demoiselle;
De loin, son sourire vermeil
Est brillant comme le soleil;
Mais davantage approche d'elle :
Des soucis le voile brumeux
Voltige et tremble dans ses yeux.

LUCINDE, *ballade*.

Nous devons retracer ici, d'une façon plus exacte, les événements incomplètement aperçus de la fenêtre de l'appartement du roi, et rapportés plus incomplètement encore par ceux qui en avaient été témoins. La chanteuse dont il a déjà été parlé, s'était établie à un endroit où deux marches larges et élevées, donnant accès à la porte principale des appartements royaux, lui faisaient gagner un pied et demi de hauteur sur les gens qui se trouvaient dans la cour et dont elle espérait faire son auditoire. Elle portait le vêtement de sa profession, plus voyant que riche, et qui la livrait aux regards avec moins de réserve que l'habillement des autres femmes. Elle avait déposé près d'elle un manteau et un panier contenant le bagage léger des objets à son usage; un petit épagneul de France était assis à côté pour les protéger. Un corsage bleu d'azur, brodé d'argent, serrant la taille de près, s'ouvrait par devant, laissant voir plusieurs autres corsages en soies de différentes couleurs, dont l'agencement était calculé de façon à faire valoir les proportions heureuses des épaules et de la poitrine, et à s'ouvrir un peu à l'endroit de la gorge. Une petite chaîne d'argent s'enroulait autour du cou, se perdait sous les étoffes brillantes des corsages de dessous, et s'en échappait ensuite pour offrir aux regards une médaille du même métal : au nom d'une cour ou corporation de ménestrels, cette médaille indiquait le degré que la chanteuse avait conquis dans le domaine de la gaie science. Une petite sacoche, retenue aux épaules de la chanteuse par un ruban de soie bleue, pendait à son côté gauche.

Son teint bruni par le soleil, ses dents blanc de neige, ses yeux noirs et vifs, ses cheveux brillants comme le plumage d'un corbeau, lui assignaient une patrie lointaine dans le midi de la France ; son sourire malicieux et son menton à fossette dénotaient la même origine. Son abondante chevelure noire, enroulée autour d'une petite aiguille d'or, était maintenue par un filet soie et or. Un jupon court, amplement galonné d'argent pour correspondre au corsage, des bas rouges, visibles presque aussi haut que le mollet, et des brodequins de cuir d'Espagne, complétaient l'ajustement. Il était loin d'être neuf, mais avait été ménagé comme un habit de fête, qu'un soin attentif a garanti des taches et gardé en bon état. La chanteuse paraissait avoir environ vingt-cinq ans; mais peut-être la fatigue et la vie errante avaient-elles devancé les atteintes du temps, en effaçant la fraîcheur d'une jeunesse plus tendre encore.

Nous avons dit qu'elle avait l'air vif et alerte, et nous devons ajouter qu'elle avait le sourire facile et la répartie prompte. N'était-ce qu'une gaieté d'emprunt, indispensable en un métier dont l'une des misères est d'obliger ceux qui le pratiquent à couvrir d'un sourire contraint un cœur que le chagrin assiège? Tel semblait être le cas de Louise : soit qu'elle fût l'héroïne de sa romance, soit qu'il y eût pour elle quelque autre cause de tristesse, elle trahissait par instants un courant profond de mélancoliques pensées, se mêlant, pour le contenir, à l'élan de vivacité qu'exigeait d'une façon toute particulière l'exercice de la gaie science. Ajoutons que, même en ses saillies les plus heureuses, elle manquait de la hardiesse décidée et de l'effronterie des femmes de sa confrérie, rarement au dépourvu pour rétorquer une plaisanterie vigoureuse, et pour tourner le rire contre ceux qui entraient avec elles en lutte de propos et de gaieté.

Remarquons ici que cette classe de femmes, très nombreuse en ces temps-là, ne pouvait pas avoir, en général, un caractère bien recommandable. Elles étaient protégées cependant par les mœurs de l'époque ; et telles étaient les immunités que leur conféraient les lois de la chevalerie, que rien n'était plus rare que d'entendre parler d'injure ou dommage causé à des demoiselles errantes de cette espèce ; elles passaient et repassaient en sûreté, là où des voyageurs armés auraient couru risque de rencontrer de sanglants obstacles. Bien que ménagés et protégés en l'honneur de leur mélodieuse vocation, les ménestrels voyageurs, hommes ou femmes, participaient cependant du caractère ordinaire des ministres de l'amusement du public : comme les musiciens ambulants, et les comédiens en tournée de nos jours, ils avaient une vie trop irrégulière, trop précaire, pour qu'on vît en eux une partie de la société à laquelle on pût donner crédit. Parmi les plus stricts des catholiques, la profession était considérée comme illicite.

Telle était la demoiselle qui, la viole en main, et postée sur la légère élévation dont nous avons parlé, s'adressait aux assistants et s'annonçait comme une maîtresse de la gaie science, dûment pourvue d'un brevet délivré par une cour d'amour et de musique tenue à Aix, en Provence, sous l'appui du galant comte Aymer, la fleur de la chevalerie. Elle priait les cavaliers de la joyeuse Écosse, bien connus dans le monde entier pour leur bravoure et leur courtoisie, de permettre à une pauvre étrangère d'essayer, par son art, de leur procurer quelque amusement. A cette époque, l'amour de la musique, aussi bien que celui des combats, était une passion générale ; tous, du moins, s'en piquaient, qu'ils en fussent ou non véritablement possédés ; il y eut donc acquiescement unanime à la proposition de Louise. En même temps, un vieux moine au regard sombre, qui se trouvait parmi les assistants, jugea nécessaire de rappeler à la chanteuse que, puisqu'on la tolérait dans cette enceinte (ce qui n'était pas une grâce ordinaire), il espérait bien que rien ne serait chanté ni dit qui fût contraire au caractère sacré du lieu.

La chanteuse courba humblement la tête, secoua les boucles de ses cheveux noirs, et se signa respectueusement, comme pour repousser la possibilité même d'une pareille transgression. Elle commença alors le chant de la Pauvre Louise, donné par nous à la fin du chapitre précédent.

Juste au moment où elle se mettait à chanter, elle fut interrompue par un cri de : « Gare, gare! place au duc de Rothsay!

— Ne maltraitez personne à cause de moi, » dit un jeune et galant cavalier, entrant sur un superbe cheval arabe qu'il manœuvrait avec une exquise élégance; la main était si légère, la pression des jambes et le mouvement du corps si imperceptibles, que, pour tout autre œil que celui d'un cavalier expérimenté, l'animal semblait cadencer ses pas pour son propre amusement, et faire cheminer avec grâce un cavalier trop indolent pour se donner la peine de s'en occuper.

Le duc de Rothsay.

Le costume du prince était fort riche, mais négligemment porté. Bien que sa taille fût petite et ses membres grêles, sa tournure était on ne peut plus élégante, et ses traits n'étaient pas moins agréables. Il y avait cependant sur son visage un genre de pâleur qui semblait le résultat du souci, de la dissipation, ou de la combinaison de ces deux sources funestes. Ses yeux étaient creux et ternes, comme s'il s'était attardé longtemps dans les plaisirs de la nuit précédente; ses joues étaient enflammées d'une rougeur qui n'était pas naturelle, soit que les bacchanales et les débauches de la nuit ne fussent pas encore dissipées, soit que, le matin, il eût eu recours à une rasade pour en effacer les vestiges.

Tel était le duc de Rothsay, héritier de la couronne d'Écosse, fait pour exciter à la fois l'intérêt et la compassion. Tous se découvrirent et lui firent place, tandis qu'avec négligence, il répétait ces paroles : « Allons, allons, je ne suis pas pressé ; j'arriverai assez tôt où je vais. Qu'est ceci? une demoiselle de la gaie science? Oui, par saint Gilles! et une fille bien tournée. Arrêtons-nous, mes amis ; je ne fais pas fi de l'art des ménestrels. Par la messe! une jolie voix. Recommence-moi ce lai, ma petite belle. »

Louise ne connaissait pas le personnage qui lui adressait la parole ; mais le respect général que tous avaient pour lui, et l'air aisé et indifférent dont il le recevait, ne lui permirent pas de douter que celui qui l'interpellait ne fût un homme de haute qualité. Elle recommença le lai, et chanta de son mieux ; le jeune duc parut pensif et un peu ému à la fin de la chanson. Mais ce n'était pas son habitude d'entretenir les impressions mélancoliques. « C'est une chanson plaintive, ma petite brunette, » dit-il en frappant de légers coups sous le menton de la chanteuse qui se reculait, et en la prenant par le col de son vêtement, ce qui n'était pas difficile, car le prince était à cheval tout près des marches sur lesquelles elle se tenait. « Je suis sûr que quand vous le voulez, vous avez des notes plus vives, *mia bella tenebrosa;* que vous savez chanter dans une chambre aussi bien qu'à ciel ouvert, et la nuit aussi bien que le jour.

— Je ne suis pas un rossignol, Milord, » dit Louise, essayant d'échapper à une nature de galanteries mal appropriées au lieu et aux circonstances. Son interlocuteur ne semblait avoir pour cet ordre de considérations qu'indifférence et mépris.

« Qu'as-tu là, mignonne? » ajouta-t-il, lâchant le col du vêtement pour la sacoche que portait la ménestrelle.

Louise parvint à lui échapper en défaisant le nœud du ruban, et laissant le petit sac dans la main du prince. Reculant hors de sa portée, elle répondit : « Des noisettes de la saison dernière, Milord. »

Le prince en tira une poignée. « Des noisettes, mon enfant? Elles casseront tes dents d'ivoire et gâteront ta jolie voix, » dit Rothsay, en cassant une avec les dents, comme un écolier de village.

« Ce ne sont pas, Milord, les noisettes de mon climat visité du soleil, » dit Louise. « Mais celles-ci descendent bas vers la terre, et sont à la portée du pauvre.

— On te mettra à même, petit singe voyageur, d'avoir de meilleures provisions, » dit le duc, d'un ton plus humain et plus sensible que n'en avaient eu les galanteries affectées et méprisantes qu'il avait jusque-là adressées à la chanteuse.

En ce moment, et comme il se retournait pour demander sa bourse à l'un de ceux qui l'accompagnaient, le prince rencontra le regard sévère et perçant d'un grand homme noir, monté sur un superbe cheval gris de fer : cet homme était entré dans la cour avec sa suite pendant que le duc de Rothsay était occupé avec Louise ; à ce spectacle malséant, il restait stupéfait et comme pétrifié de surprise et de colère. Celui-là même qui n'avait jamais vu Archibald, comte de Douglas, surnommé le Malplaisant, l'aurait reconnu à son teint basané, à sa taille gigantesque, à son justaucorps en cuir de taureau, comme aussi à son air d'intrépidité, de fermeté, d'intelligence, mêlé d'un orgueil indomptable. Il avait perdu un œil dans une bataille : on ne s'en apercevait pas d'abord, le globe de l'organe endommagé demeurant semblable à l'autre ; mais cela donnait à toute sa personne quelque chose de dur et d'inflexible.

La rencontre du royal gendre et de son terrible beau-père en de pareilles circonstances captiva l'attention de toutes les personnes présentes ; les assistants en attendaient silencieusement l'issue, retenant leur haleine pour ne rien perdre de ce qui allait arriver.

Quand le duc de Rothsay vit l'expression qui se peignait sur les traits sévères de Douglas, et remarqua que le comte ne faisait pas, pour le saluer, le moindre mouvement indiquant le respect ou seulement la civilité, il parut décidé à lui montrer combien peu il faisait cas de son mécontentement. Il prit la bourse de la main de son chambellan.

« Tiens, petite, » dit-il, « je te donne une pièce d'or pour la chanson que tu m'as chantée, une autre pour les noisettes que je t'ai volées, et une troisième pour le baiser que tu vas me donner. Sache, en effet, ma

Le duc Rothsay embrasse la chanteuse.

petite, que quand de jolies lèvres (et les tiennes, à défaut d'autres, peuvent passer pour telles) me servent pour mon plaisir une agréable musique, j'ai fait serment à saint Valentin de les presser contre les miennes.

— Ma chanson est récompensée noblement, » dit Louise en se reculant; « mes noisettes sont vendues bon prix. Tout autre trafic, Milord, ne serait bienséant ni pour vous ni pour moi.

— Quoi, ma nymphe des grands chemins, vous faites la sucrée? » dit le prince d'un air dédaigneux. « Sachez, belle demoiselle, qu'on vous demande une grâce qu'on n'a pas accoutumé de se voir refuser.

— C'est le prince d'Écosse, le duc de Rothsay, » dirent à Louise terrifiée les courtisans qui l'entouraient, poussant en même temps vers lui la jeune femme tremblante; « vous ne sauriez vous refuser à son caprice.

— Je ne puis atteindre Votre Seigneurie, » dit-elle avec timidité; « vous êtes si haut sur votre cheval!

— S'il faut que je descende, » dit Rothsay, « la pénalité sera plus lourde. Pourquoi trembler? Mets le pied sur le bout de ma botte; donne-moi la main. Très bien. » Tandis qu'elle était ainsi suspendue en l'air, perchée sur le pied du prince et soutenue de sa main, celui-ci l'embrassa en disant : « Voici le baiser, et voilà ma bourse pour le payer; et, par faveur plus grande encore, Rothsay portera ta sacoche toute la journée. » Il permit alors à la jeune effarouchée de sauter à terre, et ses regards la quittèrent pour se fixer d'un air méprisant sur le comte de Douglas, comme pour lui dire : « Tout cela, je le fais en dépit de vous et des plaintes de votre fille.

— Par sainte Brigitte de Douglas! » dit le comte, rapprochant son cheval de celui du prince, « c'en est trop, jeune homme malappris, aussi dépourvu de sens que d'honneur! Vous savez ce qui retient la main de Douglas; sans quoi, vous n'auriez pas osé...

— Savez-vous jouer à la poucette, Milord? » dit le prince, posant une noisette sur la seconde jointure de son index, et la lançant par une forte application du pouce. La noisette frappa la large poitrine de Douglas; celui-ci poussa une terrible exclamation de fureur, inarticulée, mais ressemblant, par sa profondeur et sa férocité, au rugissement d'un lion. « J'implore votre pardon, très puissant lord, » dit le duc de Rothsay avec dédain tandis que tous tremblaient autour de lui ; « je ne croyais pas que ma bille pût vous blesser, avec votre justaucorps de buffle. J'espère que je ne vous ai pas attrapé l'œil ? »

Le prieur, dépêché par le roi, comme nous l'avons vu au chapitre précédent, avait pendant ce temps-là percé la foule, et s'emparant de la bride du cheval de Douglas de façon à ne pas lui permettre d'avancer, lui rappela que le prince était le fils de son souverain et le mari de sa fille.

« Ne craignez rien, sire prieur, » dit Douglas ; « je méprise trop cet enfant pour lever le doigt sur lui. Je rendrai cependant insulte pour insulte. Holà ! ceux qui sont amis de Douglas ; chassez-moi cette drôlesse du monastère à coups de pied ; et qu'on la fouette de façon qu'elle se souvienne amèrement, jusqu'au dernier jour de sa vie, de ce qu'il en coûte pour avoir fourni à un garçon malavisé l'occasion de faire affront à Douglas. »

Quatre ou cinq partisans s'avancèrent à l'instant pour exécuter des ordres rarement prononcés en vain, et Louise aurait cruellement expié l'offense dont elle n'avait été que l'instrument innocent, involontaire et forcé, si le duc de Rothsay ne s'était interposé.

« Chasser à coups de pied la pauvre chanteuse, » dit-il avec une vive indignation ; « la châtier pour avoir obéi à mes ordres ! Chasse à coups de pied, brutal comte, tes vassaux opprimés, fouette tes lévriers quand ils sont en défaut ; mais ne n'avise pas de toucher un chien dont Rothsay a caressé la tête, moins encore une femme dont il a baisé les lèvres ! »

Avant que Douglas ne pût faire une réponse qui eût été certainement un défi, s'éleva, à la porte extérieure du monastère, le grand tumulte que nous avons déjà signalé ; des hommes, à pied et à cheval, se précipitaient tête baissée dans la cour, sans combattre précisément ensemble, mais d'une manière qui n'avait rien de pacifique.

Un des partis en lutte semblait formé des adhérents de Douglas, reconnaissables au cœur sanglant qu'ils portaient sur leurs habits, l'autre parti se composait de citoyens de la ville de Perth. Il était clair qu'ils avaient eu ensemble, hors des portes, de sérieuses escarmouches, mais que, par respect pour le sol sanctifié, ils cessaient, en entrant, de se servir de leurs armes, et bornaient leur combat à un échange de paroles et d'injures.

Ce tumulte eut l'heureux effet de séparer, par le poids et la pression du nombre, le prince et Douglas, en un moment où la légèreté du premier et l'orgueil du second les allaient pousser tous deux aux dernières extrémités. De tous côtés alors s'interposèrent des pacificateurs. Le prieur et les moines se jetèrent au milieu de la multitude, commandant la paix au nom du ciel, et le respect pour les murs sacrés, sous peine d'excommunication. On commença d'écouter leurs remontrances. Dépêché par le roi son frère au commencement de la querelle, ce ne fut qu'à ce moment qu'Albany arriva sur le lieu de l'action. Il s'adressa de suite à Douglas, le conjurant, à voix basse, de tempérer sa colère.

« Par sainte Brigitte de Douglas, je serai vengé! » dit le comte. « Nul ne gardera vie après avoir fait affront à Douglas.

— Vous vous vengerez en temps convenable, » répliqua Albany; « mais qu'il ne soit pas dit que, comme une femme en colère, le grand Douglas n'a su choisir ni le temps ni le lieu de sa vengeance. Songez que tout ce que nous avons fait pourrait être renversé par un accident. Prenant avantage des circonstances, Georges de Dunbar vient d'avoir audience du vieillard; et, quoique cela n'ait duré que cinq minutes, je crains qu'il n'en résulte un danger de dissolution pour le mariage qu'avec tant de difficulté nous avons mené à fin. L'autorisation de Rome n'a pas encore été obtenue.

— Bagatelle! » répondit Douglas avec hauteur; « ils n'oseront pas le dissoudre.

— Non, aussi longtemps que Douglas garde sa liberté et la possession de son pouvoir, » répondit Albany. « Mais, noble comte, venez avec moi; je vous ferai connaître les conditions désavantageuses dans lesquelles vous vous trouvez. »

Douglas mit pied à terre, et suivit en silence son astucieux complice. Dans une salle basse, ils virent les Brandanes alignés en armes, avec capes d'acier et cottes de mailles. Leur capitaine salua le duc d'Albany, de l'air d'une personne qui désirait lui parler.

« Qu'y a-t-il, Mac Louis? » dit le duc.

« On nous a dit que le duc de Rothsay avait été insulté, et j'ai peine à retenir ici les Brandanes.

— Mon brave Mac Louis, » dit Albany, « mon neveu le duc de Rothsay se porte aussi bien que le gentilhomme le plus rempli d'espérance. Il y a eu quelque bagarre, mais tout est apaisé. » Il continua de pousser en avant le comte de Douglas. « Vous voyez, Milord, que, si le mot d'*arrestation* était une fois prononcé, on y aurait bientôt obéi; et vous savez votre suite peu nombreuse pour résister. »

Douglas parut reconnaître la nécessité de patienter. « Dussent les dents me traverser les lèvres à force de les mordre, je me tairai jusqu'à ce qu'il soit l'heure de parler. »

A Georges de March était échue, au même instant, la tâche plus facile de calmer le prince. « Milord de Rothsay, » dit-il en s'approchant de lui d'un air grave et cérémonieux, « la rupture qui a détruit la paix de ma famille, ce n'est pas à vous personnellement que j'en adresse le blâme; vous savez, cependant, sans que j'aie besoin de le dire, que vous me devez réparation d'honneur. Au nom de tous les égards que peut devoir Votre Altesse à un homme auquel injure a été faite, laissez-moi vous conjurer d'oublier, pour le moment, cette scandaleuse dispute.

— Milord, je vous dois beaucoup, » répliqua Rothsay; « mais ce hautain seigneur, qui se mêle de tout contrôler, m'a blessé dans mon honneur.

— J'ajouterai, Milord, que le roi votre père est malade, et s'est évanoui de terreur quand il a su Votre Altesse en danger.

— Malade! » répliqua le prince, « le cher bon vieillard! Il s'est évanoui, dites-vous, Milord de March? je vole auprès de lui. »

Le duc de Rothsay sauta à terre, et s'élançait dans le palais comme un lévrier, quand une main saisit son manteau, et d'une voix étouffée, une femme à genoux s'écria : « Protection, mon noble prince! protection pour une pauvre étrangère!

— Otez ces mains, vagabonde! » dit le comte de March, en repoussant la musicienne suppliante.

Le prince, plus bienveillant, s'arrêta. « C'est vrai, » dit-il, « sur cette créature sans défense, j'ai appelé la vengeance d'un démon qui ne pardonne jamais. O ciel! quelle vie est la mienne, si fatale à ceux qui m'approchent! Que faire? c'est pressé. Elle ne peut aller chez moi, et tous mes hommes ne sont que de francs réprouvés. Ha! te voilà à côté de moi, mon brave Harry le Forgeron? Que fais-tu ici?

— Il y a eu une espèce de bataille, Milord, » répondit notre connaissance le Forgeron, « entre les hommes de la ville et les hommes du sud qui suivent lord Douglas; nous nous sommes chamaillés avec eux jusqu'à la porte de l'abbaye.

— Tant mieux, tant mieux. Et vous les avez secoués comme il faut, les drôles?

— Comme il faut, dit Votre Altesse? » répliqua Henri. « Oui, jusqu'à un certain point : nous étions plus nombreux; mais il n'y a pas d'hommes qui, armés et à cheval, vaillent mieux que ceux du Cœur sanglant. Dans un sens, nous avons fait pour le mieux, car, comme le sait Votre Altesse, c'est le forgeron qui fait l'homme d'armes, et ceux qui ont de bons outils peuvent tenir tête à bien du monde. »

Tandis qu'ils parlaient ainsi, le comte de March, qui, vers la porte du palais, s'était entretenu avec quelques personnes, revint, l'air inquiet et en toute hâte. « Milord duc, Milord duc! Votre père est remis de son évanouissement, et si vous ne faites diligence, milord d'Albany et Douglas se seront emparés de son oreille royale.

— Si le roi mon père est remis de son accident, » répondit le jeune écervelé, « et s'il tient ou va tenir conseil avec mon gracieux oncle et le comte de Douglas, il ne conviendrait ni à Votre Seigneurie ni à moi d'entrer, en indiscrets, sans qu'on nous ait appelés. J'ai donc le temps de causer de ma petite affaire avec l'honnête armurier que voici.

— Dès que Votre Altesse le prend ainsi, » dit le comte, en qui les ardentes espérances d'un retour de faveur avaient trop promptement surgi, et s'étaient non moins vite évanouies, « ne comptez plus, Milord, sur Georges de Dunbar. »

Il disparut, l'air sombre et mécontent. Ainsi donc, en un temps où l'aristocratie exerçait sur le trône un si étroit contrôle, des deux nobles les plus puissants de l'Écosse, le téméraire héritier de la couronne s'était fait deux ennemis; l'un par un défi méprisant, l'autre par une impardonnable insouciance. Il ne fit pas attention au départ du comte de March, ou, plutôt, se sentit bien aise d'être débarrassé de son importunité.

Le prince engagea négligemment la conversation avec notre armurier, qui, grâce à l'habileté qu'il avait dans son art, était personnellement connu de beaucoup de grands seigneurs de la cour.

« J'avais quelque chose à te dire, Forgeron. Peux-tu me reprendre un chaînon qui s'est défait à mon haubert de Milan?

— Aussi facilement, s'il plaît à Votre Honneur, que ma mère aurait repris une maille aux filets qu'elle fabriquait. Le Milanais ne distinguera pas mon ouvrage du sien.

— Bon; mais ce n'était pas cela que j'avais à te dire, » reprit le prince, revenant à sa première pensée. « Cette pauvre chanteuse, brave Forgeron, il faut la mettre en sûreté. Tu es suffisamment homme pour être le champion de n'importe quelle femme, et il faut que tu la conduises en lieu sûr. »

Henri le Forgeron était, comme nous l'avons vu, aussi téméraire et audacieux qu'il le fallait quand les armes étaient en question. Mais il avait aussi l'orgueil d'un bourgeois ami des convenances, et ne voulait pas se mettre en une situation que les plus scrupuleux de ses concitoyens auraient pu croire équivoque.

« Sauf le bon plaisir de Votre Altesse, » dit-il, « je ne suis qu'un homme de métier. Mais, encore que mon bras et mon épée soient au service du roi et de Votre Altesse, je ne suis pas, soit dit avec révérence, l'écuyer des dames. Votre Altesse trouvera, parmi ceux de sa suite, des chevaliers et des lords assez disposés à jour le rôle de sir Pandarus de Troie. Cela est trop chevaleresque pour le pauvre Hal de la Ruelle.

— Holà! » dit le prince. « Ma bourse, Edgar. » Le serviteur lui dit quelques mots à voix basse. « C'est vrai, je l'ai donnée à la pauvre fille. Je connais assez les affaires, seigneur Forgeron, et ce que sont, en général, les hommes de métier, pour savoir qu'on ne leurre pas les faucons les mains vides. Mais ma parole, je suppose, peut valoir garantie pour le prix d'une bonne armure; je te le paierai pour ce petit service, avec mes compliments par-dessus le marché!

— Votre Altesse peut connaître d'autres hommes de métier, » dit le Forgeron; « mais, soit dit avec révérence, vous ne connaissez pas Henri Gow. Il vous obéira pour faire une arme, ou pour en manier une, mais les affaires de jupon, je n'y connais rien.

— Or ça, mule du Perthshire, écoute-moi bien, » dit le prince, en souriant de la scrupuleuse obstination de l'honnête bourgeois ; « cette fille n'est rien pour moi, pas plus que pour toi. Mais tout à l'heure, pour m'amuser (ceux qui sont là te le diront si tu ne l'as pas vu toi-même), je lui ai octroyé en passant une petite faveur qui pourrait coûter la vie à la pauvre malheureuse. Je n'ai ici personne à qui me fier pour la protéger contre la discipline des ceinturons et des cordes d'arc, avec les-

quels ne manqueraient pas de la battre à mort les brutes des frontières qui suivent Douglas, car tel est le bon plaisir de leur maître.

— En ce cas-là, seigneur lige, elle a droit à la protection de tout honnête homme ; et, du moment qu'elle porte un jupon, que je voudrais cependant plus long et moins historié, je lui assurerai protection autant qu'un homme seul peut le faire. Où faut-il la conduire?

— Ma foi, je n'en sais rien, » dit le prince. « Mène-la chez sir Jean Ramorny. Mais non, non. Il n'est pas bien portant, et, d'ailleurs, il y a des raisons .. Mène-là au diable si tu veux, mais qu'elle soit en sûreté, et rends service à David de Rothsay.

— Mon noble prince, » dit le Forgeron, « je crois, parlant toujours par révérence, que je ferais mieux de confier une femme sans défense aux soins du diable qu'à ceux de sir Jean Ramorny. Mais, encore que le diable fasse, ainsi que moi, son ouvrage dans le feu, je ne sais pourtant pas où il loge, et, avec l'aide de la sainte Église, j'ai l'espoir de rester en mauvais termes avec lui. Comment, aussi, sortir cette femme de la foule, et la conduire à travers les rues en cet habit de mascarade? cela peut bien faire question.

— Quant à sortir du couvent, ce bon moine, » dit le prince, en saisissant par son capuchon celui qui se trouvait le plus près de lui; « père Nicolas ou Boniface...

— L'humble frère Cyprien, aux ordres de Votre Altesse, » dit le moine.

« C'est cela, le frère Cyprien, » continua le prince, « le frère Cyprien te conduira vers quelque passage secret dont il a connaissance, et je le reverrai pour le remercier comme il sied à un prince. »

Le moine salua en signe d'assentiment, et la pauvre Louise, qui, durant ce colloque, avait porté les yeux de l'un à l'autre des interlocuteurs, dit vivement : « Je ne scandaliserai pas cet honnête citoyen par mon costume extravagant. J'ai un manteau que je porte d'habitude.

— Tu vois bien, Forgeron; tu as pour te couvrir un capuchon de moine et un manteau de femme. Je voudrais que toutes mes fautes fussent aussi bien couvertes! Adieu, mon brave; je te remercierai plus tard. »

Puis, comme s'il eût craint d'autres objections de la part du Forgeron, il se hâta d'entrer au palais.

Henri Gow resta stupéfait de ce qui s'était passé, et de se trouver engagé dans une mission impliquant beaucoup de dangers et un risque non moins grand de scandale. A ces deux choses se joignait la part principale qu'avec sa hardiesse ordinaire il avait prise à la dernière querelle. Tout cela, prévoyait-il, pouvait faire un tort sérieux à l'instance amoureuse qu'il poursuivait avec tant de sollicitude. Abandonner cependant une créature sans défense aux mauvais traitements des barbares du Galloway et des licencieux partisans de Douglas, c'était une pensée que son cœur d'homme ne pouvait supporter un instant.

Il fut tiré de sa rêverie par la voix du moine, qui, laissant tomber ses paroles avec l'indifférence que les saints pères avaient ou affectaient pour toutes les matières temporelles, l'invita à le suivre. Le Forgeron se mit en marche, avec un soupir qui ressemblait fort à un murmure de mauvaise humeur. Machinalement, et sans paraître prêter aux mouvements du moine une bien grande attention, il le suivit dans un cloître, et à travers une poterne, que le prêtre laissa entrebâillée après avoir regardé derrière lui. Louise marchait sur leurs pas ; elle avait repris à la hâte son mince bagage, et, appelant son petit compagnon à quatre pattes, avait suivi avec empressement le chemin qui s'ouvrait pour elle : elle échapperait ainsi au danger qui, quelques instants avant, paraissait aussi grand qu'inévitable.

CHAPITRE XII.

> Lors, soudain, se leva la vieille ménagère,
> Et dit d'un air mécontent :
> « Certes, il en eût cuit jadis à votre père
> S'il en avait fait autant. »
>
> LUCKY TRUMBULL.

ONDUITS par le moine, l'armurier et Louise furent alors introduits dans l'église. Habituellement ouvertes, les portes extérieures en avaient été fermées à tous lors du récent tumulte, durant lequel les perturbateurs des deux partis avaient failli s'y précipiter à d'autres fins que celles de la dévotion. On traversa les ailes sombres, dont les voûtes résonnaient au pas pesant de l'armurier, mais restaient silencieuses sous la sandale du moine, et sous la démarche légère de la pauvre Louise, toute tremblante de peur aussi bien que de froid. Elle s'apercevait que ni son conducteur spirituel, ni son conducteur temporel, ne la regardait favorablement. Le premier était un homme austère, témoignant par son air un certain degré d'horreur et de mépris pour la malheureuse aventurière ; le second, bien qu'il eût, nous le savons, le meilleur caractère du monde, était, en ce moment, grave jusqu'à paraître désagréable, car il ressentait un non médiocre déplaisir du rôle qui lui était imposé, bien que forcé de reconnaître qu'il ne pouvait s'y soustraire.

Le peu de goût qu'il avait pour cette tâche s'étendait à l'innocent objet de sa protection, et, au dedans de lui, il se disait, en regardant la chanteuse avec dédain : « Une belle reine de mendiants pour traverser avec elle les rues de Perth, moi bourgeois considéré? Cette mignonnette pimpante doit avoir à sa réputation autant d'accrocs que le reste de sa confrérie, et me voilà bien si ma conduite chevaleresque arrive aux oreilles de Catherine. Mieux aurait valu tuer un homme, fût-il le meilleur de Perth ; par l'enclume et les clous, je voudrais l'avoir fait, sur provocation, plutôt que de charrier pareil bagage à travers la cité. »

Louise soupçonnait sans doute la cause du mécontentement de son conducteur, car elle dit, timidement et avec hésitation : « Digne Monsieur, ne vaudrait-il pas mieux m'arrêter un instant dans cette chapelle pour mettre mon manteau?

— Par ma foi, ma belle amie, c'est une bonne idée, » dit l'armurier ; mais le moine s'interposa, levant le doigt en signe de défense.

« La chapelle Saint-Madox n'est pas une loge d'acteur, pour que les jongleurs et les coureuses y ajustent leurs parures. Je vais vous montrer tout à l'heure un vestiaire qui conviendra mieux à votre condition. »

La jeune femme baissa la tête, et s'éloigna de la porte de la chapelle avec un profond sentiment de confusion. Le petit épagneul semblait deviner, au visage et à l'attitude de sa maîtresse, qu'ils étaient des intrus, tolérés à regret sur le sol sacré que foulaient leurs pas ; les oreilles pendantes, et balayant les dalles de sa queue, il trottinait lentement, sur les talons de Louise.

Le moine marchait toujours, sans s'arrêter un instant. Ils descendirent un large escalier, et parcoururent un labyrinthe de passages souterrains faiblement éclairés. En passant devant une porte basse et voûtée, le moine se retourna, et, d'une voix non moins sévère qu'auparavant, dit à Louise : « Voici, fille de la folie, un cabinet de toilette où bien d'autres, avant vous, ont déposé leurs vêtements. »

Obéissant au moindre signe avec crainte et promptitude, Louise poussa la porte, mais, à l'instant, recula d'effroi. C'était un charnier, à moitié rempli de crânes et d'os desséchés.

« J'ai peur de m'habiller là et toute seule. Mais si vous me le commandez, mon père, qu'il en soit comme vous le voulez.

— Enfant de la vanité, les restes que tu aperçois ne sont que les parures terrestres de ceux qui, dans leurs jours, ont poursuivi les plaisirs du monde. C'est ainsi que tu seras en dépit de tes trottinements apprêtés et de tes minauderies, des roucoulades que tu fais et des cordes que tu pinces. Toi, et tous les ministres des plaisirs frivoles et mondains, vous deviendrez semblables à ces ossements, que ton impuissante faiblesse redoute et n'ose regarder.

— Ne parlez pas d'impuissante faiblesse, révérend père, » répondit la chanteuse; « car, le ciel le sait, je convoite le repos de ces ossements blanchis; et si, en y étendant mon corps, je pouvais, sans péché, rendre mon état semblable au leur, je choisirais ce charnier pour lieu de repos, plutôt que la couche la plus belle et la plus douce de l'Écosse.

— Sois patiente, et viens, » dit le moine d'un ton plus doux; « le moissonneur ne doit pas quitter la moisson que le coucher du soleil n'ait donné le signal, et n'ait dit : le travail du jour est terminé. »

Ils continuèrent leur route. Au bout d'une longue galerie, le frère Cyprien ouvrit la porte d'une petite pièce, d'une chapelle peut-être, car elle était ornée d'un crucifix, devant lequel brûlaient quatre lampes. Tous s'inclinèrent et firent le signe de la croix; le prêtre dit à la jeune femme, en lui montrant le crucifix : « Que veut dire cet emblème?

— Que celui qui est là invite à s'approcher de lui le pécheur aussi bien que le juste.

— Oui, si le pécheur a rejeté de lui le péché, » dit le moine, dont la voix, évidemment, avait un ton plus doux. « Fais, en cette pièce, tes préparatifs de voyage. »

Louise resta dans la chapelle une minute ou deux, et reparut hermétiquement enveloppée dans un grossier manteau de drap gris. Les plus éclatants de ses ornements, ceux-là du moins qu'elle avait eu le temps d'ôter, elle les avait mis dans le petit panier où était contenu jusque-là son vêtement ordinaire.

Un instant après, le moine ouvrit une porte conduisant au dehors. Ils se trouvaient dans le jardin qui entourait le monastère des dominicains. « La porte du sud n'est fermée qu'au loquet, et, par là, vous pouvez passer inaperçus, » dit le moine. « Sois béni, mon fils; sois bénie aussi, malheureuse enfant. Te souvenant du lieu où tu as ôté tes frivoles parures, puisses-tu penser à ne pas les reprendre comme autrefois!

— Hélas! père, » dit Louise; « si la pauvre étrangère pouvait pourvoir à ses besoins par une occupation plus en honneur, elle souhaiterait peu de continuer l'exercice de son art frivole. Mais... »

Le moine s'était évanoui; la porte même par laquelle la jeune femme venait de passer semblait aussi s'être évanouie, tant elle était ingénieusement cachée derrière un arc-boutant mobile, et sous une profusion d'ornements d'architecture gothique. « Une femme sort par cette porte secrète, » se dit Henri; « plaise au ciel que les bons pères n'en fassent jamais entrer aucune par le même chemin! L'endroit semble favorable à ces jeux de cache-cache. Mais, *benedicite*, que vais-je faire maintenant? Il faut me débarrasser de cette femme le plus tôt possible, il faut pourtant la mettre en sûreté! Quoi qu'elle puisse être au fond, elle a l'air trop modeste, depuis qu'elle a un vêtement décent, pour mériter le traitement que sont capables de lui infliger l'Écossais terrible de Galloway ou l'infernale légion du Liddell. »

Louise semblait attendre du bon plaisir d'Henri l'indication de la route à suivre. Le petit chien, heureux d'avoir échangé pour l'air libre la sombre voûte du souterrain, gambadait par le chemin, et sautait après sa maîtresse; il allait même, bien qu'avec plus de timidité, jusqu'à tourner autour des jambes de l'armurier pour lui exprimer, à lui aussi, sa satisfaction, et se concilier sa faveur.

« A bas, Charlot, à bas! » dit la chanteuse; « tu es content d'être au soleil, mais où nous abriterons-nous ce soir, mon pauvre Charlot?

— Or çà, demoiselle, » dit le Forgeron, sans brutalité, car ce n'était pas dans sa nature, mais brusquement, comme quelqu'un qui veut en finir avec une besogne désagréable, « quel est votre chemin? »

Louise regarda à terre sans répondre. Pressée de nouveau de dire où elle désirait être conduite, elle baissa de nouveau les yeux, et dit qu'elle n'en savait rien.

« Allons, allons, » répondit Henri; « je comprends. J'ai été un gaillard, et j'ai, à mon heure, aimé le plaisir; mais le mieux est de parler franc. Les choses, pour ce qui me concerne, se gouvernent maintenant d'une manière tout autre, et je suis, depuis bien des mois, un homme tout à fait changé. Nous devons donc, vous et moi, nous séparer plus tôt peut-être qu'un flambeau d'amour tel que vous ne l'aurait attendu d'un compagnon jeune et acceptable. »

Louise pleurait en silence, les yeux toujours baissés vers la terre, comme affligée d'une insulte dont elle n'avait pas le droit de se plaindre. S'apercevant enfin que son conducteur s'impatientait : « Noble sire..., » murmura-t-elle en tremblant.

« *Sire* se dit d'un chevalier, et *noble* d'un baron, » répliqua le bourgeois impatienté. « Je suis Harry de la Ruelle, honnête artisan, et maître en ma corporation.

— Bon artisan, » dit l'adepte de la gaie science, « vous me jugez sévèrement, sur de justes apparences. Je vous délivrerais sur-le-champ de ma compagnie, qui ne fait pas, je l'avoue, beaucoup d'honneur aux hommes bien posés, si je savais où aller.

— Où aller ? A la veillée ou à la fête la plus voisine, » dit Henri d'un ton dur, car il ne doutait pas que cet embarras ne fût simulé à dessein de l'empaumer, et peut-être craignait-il de se jeter dans la voie de la tentation. « C'est la fête de Saint-Madox, à Auchterarder. Je gage que vous en trouverez fort bien la route.

— Aftr..., Auchter...? » répéta la chanteuse, dont la langue méridionale essayait en vain d'articuler ce mot celtique. « On m'a dit que mes pauvres chants ne seraient plus compris si j'approchais davantage de cette terrible chaîne de montagnes.

— Voulez-vous, alors, aller à Perth ?

— Mais où loger ? » dit la voyageuse.

— Où avez-vous logé la nuit dernière? » répliqua le Forgeron. « Vous avez su par où venir, quoique vous ayez l'air de ne plus savoir par où vous en aller.

— J'ai passé la nuit à l'hospice du couvent ; mais je n'y ai été admise qu'à force d'importunités, avec ordre de n'y plus revenir.

— Avec le ban que Douglas a lancé contre vous, on ne vous y recevra plus, ce n'est que trop vrai. Mais le prince a parlé de sir Jean Ramorny ; je puis, par des rues détournées, vous conduire à son habitation, quoique ce ne soit guère l'office d'un honnête bourgeois, et que mon temps presse.

— J'irai n'importe où ; je sais que je suis un scandale et un embarras. Il fut un temps où il n'en était pas ainsi. Mais ce Ramorny, qui est-il ?

— Un chevalier de la cour, qui mène une joyeuse vie de garçon, premier écuyer du jeune prince, et l'un de ses intimes, comme on les appelle.

— Quoi! l'ami du méprisant étourdi qui a été cause de tout ce scan-

dale? Oh! ne me menez pas là, mon cher Monsieur? N'y aurait-il pas une femme chrétienne qui voulût, pour une seule nuit, abriter une pauvre créature dans son étable ou dans sa grange? Je serai partie au point du jour. Je la paierai richement. J'ai de l'or ; et, vous aussi, je vous paierai si vous me placez en un lieu où je sois à l'abri de ce jeune débauché, et des serviteurs de ce sombre baron, dans l'œil duquel était la mort.

— Gardez votre or, Demoiselle, pour ceux qui en ont besoin, » dit Henri; « et n'offrez pas à des mains honnêtes l'argent gagné en jouant de la viole et du tambourin, en marchant sur la pointe des pieds et peut-être à de pires exercices. Je vous le dis franchement, Demoiselle, je ne suis pas homme à me laisser enjôler. Je suis prêt à vous conduire en tel lieu de sûreté que vous me direz, car ma promesse est aussi ferme qu'une chaîne de fer. Mais vous ne me ferez pas croire que vous ne savez où aborder. Vous n'êtes pas si novice en votre métier que vous ignoriez qu'il y a des hôtelleries dans toutes les villes, et surtout dans une cité comme Perth, où des personnes telles que vous peuvent être logées pour de l'argent, à défaut de dupes, plus ou moins nombreuses, qui se laissent rogner les ongles. Si vous avez de l'argent, Demoiselle, ma peine en sera moindre à votre sujet ; et, vraiment, chez une personne de votre profession, je ne vois guère qu'une frime en toute cette grande douleur et cette crainte d'être laissée seule. »

Ayant ainsi, à ce qu'il pensait, signifié qu'il n'était pas homme à se laisser duper par des artifices de chanteuse, Henri s'éloigna brusquement de quelques pas, tâchant de se persuader qu'il faisait la chose la plus sage et la plus prudente du monde. Il ne put cependant s'empêcher de regarder en arrière pour voir comment Louise supporterait son départ. Il remarqua, non sans émotion, qu'elle s'était affaissée sur le bord du chemin, les bras appuyés sur les genoux, la tête dans les mains, en une attitude qui exprimait la désolation la plus profonde.

Le Forgeron essaya de s'endurcir le cœur « Ce n'est qu'un jeu, » se dit-il ; « la drôlesse sait son métier. J'en jurerais par saint Ringan. »

Au même instant, il se sentit tirer par le bord de son manteau ; et, tournant les yeux, il vit le petit épagneul, qui, sur-le-champ, comme pour plaider la cause de sa maîtresse, se dressa sur les jambes de derrière et se mit à danser, poussant en même temps de petits cris plaintifs, et regardant Louise, comme pour solliciter la compassion en faveur de sa maîtresse abandonnée.

« Pauvre bête, » dit le Forgeron ; « il y a peut-être aussi une ruse là-dedans, car tu ne fais que ce qu'on t'a appris. J'ai promis cependant de protéger cette pauvre créature, et je ne dois pas la laisser évanouie, si elle l'est, ne fût-ce que par humanité. »

Retournant donc sur ses pas, et s'approchant de l'embarrassante personne dont il avait la charge, au changement survenu dans la couleur du visage de la chanteuse, il reconnut de suite qu'elle était effectivement dans le chagrin le plus profond, ou qu'elle possédait un talent de dissimulation auquel un homme, auquel même une femme ne comprendrait rien.

« Jeune femme, » dit-il, d'un ton plus doux que celui qu'il avait eu jusque-là, « je vous dirai franchement ma position. C'est le jour de la Saint-Valentin, et, comme c'est l'usage, je le devais passer avec ma belle Valentine. Les coups et les querelles ont occupé toute la matinée, sauf une pauvre demi-heure. Vous comprendrez sans peine où sont, à présent, mon cœur et mes pensées, et en quel lieu, ne fût-ce que par courtoisie, je souhaiterais de me trouver. »

La chanteuse écouta ; et parut comprendre.

« Si vous êtes un véritable amant, attendu auprès d'une chaste Valentine, à Dieu ne plaise qu'une personne comme moi jette le trouble entre vous ! Ne pensez plus à moi. Je demanderai à ce grand fleuve d'être mon guide aux lieux où il rencontre l'Océan ; là, je crois, on dit qu'il y a un port ; je ferai voile pour la belle France, et, une fois encore, je me trouverai dans un pays où le plus grossier paysan ne voudrait pas faire tort à la plus pauvre des femmes.

— Vous ne sauriez aller à Dundee aujourd'hui, » dit le Forgeron. « Les gens de Douglas sont en mouvement des deux côtés de la rivière, car l'alarme de ce matin leur est déjà parvenue ; et tout le jour, demain encore, toute la nuit qui sépare ces deux journées, ils s'assembleront sous l'étendard de leur chef, comme les habitants des hautes terres autour de leur croix de feu. Voyez-vous ces cinq ou six hommes, dont les chevaux courent si rapidement de l'autre côté de la rivière ? Ce sont les Annandales ; je les reconnais à la longueur de leurs lances et à la façon dont ils les tiennent. Un Annandale n'a jamais sa lance inclinée en arrière ; il va toujours pointe en l'air et droite, ou pointe en avant.

— Qu'importent ces cavaliers ? » dit la chanteuse. « Ce sont des hommes d'armes et des soldats : ils respecteraient ma viole et ma faiblesse.

— Je ne veux pas les calomnier, » répondit le Forgeron. « Si vous étiez dans leurs vallons, ils vous donneraient l'hospitalité, et vous n'auriez rien à craindre ; mais ils sont, à cette heure, en expédition. Tout ce qui vient dans leurs filets est poisson. Tel d'entre eux prendrait votre vie pour la valeur de vos boucles d'oreilles d'or. Leur âme tout entière est dans leurs yeux pour voir la proie, dans leurs mains pour la saisir. Ils n'ont point d'oreilles pour entendre les lais et la musique, ou pour écouter les prières de la pitié. Il y a de plus, à votre sujet, un ordre de leur chef, et ces ordres-là sont sûrs d'être obéis. Les grands seigneurs sont plutôt écoutés quand ils disent : Brûlez l'église, que lorsqu'ils disent d'en bâtir une.

— Je ferai donc mieux, » dit la chanteuse, « de m'asseoir et de mourir.

— Ne parlez pas ainsi, » répliqua le Forgeron. « Si je pouvais seulement vous trouver un logement pour la nuit, je vous mènerais demain matin aux escaliers de Notre-Dame, d'où les vaisseaux descendent le fleuve par Dundee, et je vous mettrais à bord d'un navire à cette destination ; vous y seriez en sûreté, pourvue des choses nécessaires, et convenablement traitée.

— Homme de bien, homme excellent, homme généreux, » dit la chanteuse, « faites-le, et, si les prières et les bénédictions d'une pauvre infortunée peuvent jamais atteindre le ciel, elles y monteront pour vous. Quelle que soit l'heure du départ des bateaux, nous nous rencontrerons à cette poterne.

— Il partent à six heures du matin, quand le jour ne fait que commencer.

— Allez donc trouver votre Valentine, et, si elle vous aime, oh ! ne la trompez pas.

— Hélas, pauvre demoiselle ! Un amour trompé, sans doute, vous aura menée où vous êtes. Mais je ne saurais vous laisser ainsi sans ressource. Il faut que je sache où vous passerez la nuit.

— Ne vous en occupez pas, » répliqua Louise ; « le ciel est beau ; il y a, sur le bord du fleuve, assez de buissons et de fourrés ; Charlot et moi, nous pouvons bien, pour une nuit, nous faire une chambre à coucher d'un berceau de verdure ; et, avec l'aide que vous m'avez promise, le jour de demain me verra hors de portée de l'insulte et du malheur. Oh ! la nuit passe vite quand il y a l'espérance pour le lendemain. Tarderez-vous encore quand votre Valentine attend? Je vous tiendrais pour un amant paresseux, et vous savez ce que coûtent les reproches d'un ménestrel.

— Je ne puis vous abandonner, Demoiselle, » répondit l'armurier, tout à fait radouci. « Ce serait un véritable homicide de vous permettre de passer une nuit de février exposée à l'inclémence d'un vent d'Écosse. Je manquerais à ma parole. Si je dois encourir quelque blâme, ce sera ma juste punition pour avoir eu, à votre égard, une opinion et une conduite mieux d'accord, je le crois maintenant, avec mes idées préconçues qu'avec ce que vous valez. Venez avec moi, Demoiselle ; vous aurez pour la nuit un logement sûr et honnête, quelles qu'en puissent être les conséquences. Je rendrais à ma chère Catherine un hommage peu digne d'elle, en laissant une pauvre créature mourir de froid pour jouir une heure plus tôt de sa compagnie. »

Parlant ainsi, et s'endurcissant contre la pensée des conséquences fâcheuses et des médisances qui pourraient résulter d'une telle détermination, l'armurier au cœur viril résolut de mettre tout mauvais propos au défi, et de donner, pour la nuit, asile à l'aventurière dans sa propre maison. Il le fit, ajoutons-le, avec beaucoup de répugnance, et dans un élan d'humanité.

Avant que le vigoureux enfant de Vulcain n'eût fixé ses adorations sur la Jolie Fille de Perth, une certaine ardeur de tempérament l'avait placé sous l'influence de Vénus aussi bien que sous celle de Mars ; l'effet d'un attachement sincère avait pu seul l'arracher entièrement à ces licencieux plaisirs. Il était donc justement jaloux de la réputation de constance qu'il avait récemment acquise, et sentait que sa conduite envers la pauvre chanteuse l'exposerait au soupçon. Peut-être aussi craignait-il un peu de s'exposer trop témérairement à la tentation ; et ce qui le désespérait surtout, c'était de perdre une si grande partie de sa journée de Saint-Valentin, que l'usage lui permettait, et lui enjoignait même de passer auprès de sa conquête de l'année. Le voyage à Kinfauns, et les diverses aventures venues à la suite, avaient consumé les heures, et la chute du jour approchait.

Jaloux de réparer par une marche rapide le temps qu'il avait dû perdre pour un objet étranger à ce qu'il avait le plus à cœur, il traversa vivement le jardin des dominicains, entra dans la ville, et, couvrant de son manteau le bas de sa figure, renfonçant sa coiffure pour cacher le haut du visage, il garda la même célérité d'allure par les rues de traverse et les ruelles, espérant atteindre sa maison sans être observé. Après avoir marché de la sorte pendant dix minutes, il réfléchit qu'il allait peut-être trop vite pour que la jeune femme le suivît. Il regarda en arrière : sa vive impatience se transforma bien vite en regret, quand il reconnut que la ménestrelle était presque épuisée par la hâte qu'elle avait dû faire.

« Brute que je suis! » se dit Henri. « Quelque pressé que je puisse être, cela donne-t-il des ailes à cette pauvre créature? N'a-t-elle pas, d'ailleurs, un paquet à porter? Je suis (cela est certain) une bête malapprise toutes les fois que des femmes sont en question; toujours sûr de mal faire quand j'ai le meilleur désir de faire bien. Çà, Demoiselle, laissez-moi vous porter ce paquet. Nous n'en irons que plus vite. »

Louise aurait voulu refuser; elle était trop essoufflée pour parler, et elle laissa son bienveillant protecteur s'emparer du petit panier. Le chien n'eut pas plutôt vu cela qu'il alla de suite devant Henri, se dressa sur ses pattes, et secoua celles de devant, avec de petits cris bien doux, pour demander d'être porté.

« Allons, il va falloir que je te donne aussi un coup de main, » dit le Forgeron, voyant que le petit animal était fatigué.

« Fi! Charlot, » dit Louise, « tu sais bien que ce sera moi qui te porterai. »

Elle tâcha de prendre le petit épagneul, mais il lui échappa; et, allant de l'autre côté du Forgeron, renouvela sa demande d'être porté.

« Charlot a raison, » dit le Forgeron; « il sait qui est le plus capable de le porter. Cela me fait voir, ma petite, que vous n'avez pas toujours porté vous-même votre bagage. Charlot raconte des histoires. »

Comme il parlait, une pâleur telle s'empara du visage de la pauvre chanteuse, qu'Henri fut obligé de la soutenir pour l'empêcher de tomber. Au bout d'une ou deux minutes, elle se remit, et, d'une voix faible, demanda à son guide de continuer la route.

« Allons, » dit Henri en se remettant en marche; « prenez mon manteau, ou prenez mon bras si cela vous est plus commode. Un joli spectacle que nous donnons là ; il ne me manque qu'un rebec ou une guitare sur le dos, un singe sur l'épaule, et nous aurons l'air du plus joyeux couple de bohémiens qui ait jamais pincé une corde à la porte d'un château. Malepeste ! » ajouta-t-il intérieurement, « si des voisins me rencontraient, avec ce panier compromettant, le chien sous le bras, et la femme pendue à mon manteau, que pourraient-ils penser, sinon que, pour tout de bon, je suis devenu truand? Pour la meilleure armure qu'ait jamais touchée mon marteau, je ne voudrais pas qu'une des bonnes langues du voisinage me rencontrât en cet équipage ; ce serait plaisanterie à durer de la Saint-Valentin à la Chandeleur. »

Sous l'empire de ces réflexions, le Forgeron, au risque d'allonger beaucoup la route qu'il souhaitait de parcourir au plus vite, prit le chemin le moins direct et le plus écarté, pour éviter les rues principales encore remplies de monde grâce à la dernière scène de tumulte et d'agitation. Sa politique, par malheur, ne lui réussit pas : au tournant d'une allée, il rencontra un homme qui, désireux comme lui de passer inaperçu, avait mis son manteau sur sa figure ; mais la physionomie effilée et insignifiante du personnage, les jambes de fuseau qui apparaissaient sous le bas du manteau, le petit œil niais qui clignotait au-dessus des plis relevés sur le visage, annonçaient l'apothicaire aussi distinctement que s'il eût eu son enseigne attachée devant son bonnet. Cette rencontre inattendue et très désagréable couvrit de confusion notre ami le Forgeron. S'échapper rapidement, cela ne convenait guère à son caractère hardi et tout d'une pièce. Il connaissait cet homme pour un observateur curieux, un méchant colporteur de contes, dont les dispositions à son égard n'étaient pas précisément favorables. Ce qu'il eût pu espérer de mieux, c'eût été que le respectable apothicaire lui donnât prétexte de supprimer son témoignage et d'assurer sa discrétion, en se faisant tordre le cou.

Loin de rien faire ou de rien dire qui autorisât ces extrémités, l'apothicaire, se voyant si près de son vigoureux concitoyen qu'on ne pouvait éviter de se reconnaître, parut vouloir adoucir les choses autant que faire se pourrait. Sans avoir l'air de remarquer rien de particulier dans la nature ou les circonstances de la rencontre, sans jeter même un nouveau regard sur la personne qui accompagnait le Forgeron, il se contenta de glisser ces mots en passant : « Joyeuse fête encore pour vous, brave Henri ! Vous voilà ramenant du bord de l'eau votre jolie cousine, mistress Jacqueline Letham, avec sa malle. Toute fraîche de Dundee, ma foi? Chez le vieux cordonnier, j'avais ouï dire qu'on l'attendait. »

En parlant ainsi, il ne regardait ni à droite ni à gauche. Après avoir échangé avec le Forgeron un « bonsoir, » que ce dernier murmura plutôt qu'il ne le dit, l'apothicaire passa comme une ombre, et suivit sa route.

« Le diable m'emporte! » dit Henri ; « voilà une pilule difficile à avaler, quelque dorée qu'on la fasse. Le drôle a l'œil fin pour apercevoir un jupon court, et sait distinguer le canard sauvage du domestique aussi bien que n'importe quel homme de Perth. Il serait le dernier, dans la belle cité, à prendre des prunes vertes pour des poires, ou ma grosse cousine Jacqueline pour pareil morceau de fantaisie. C'est, j'imagine, comme s'il avait dit : Vous me voulez aveugle ; je ne verrai rien ; et il aura raison, car, en s'occupant de mes affaires, il ferait vite emplette d'une tête cassée. Dans son propre intérêt donc, il se taira. Mais qui est-ce que je vois là? Par saint Dunstan ! ce magot babillard, gasconnant, et poltron, Olivier Proudfute. »

C'était bien, en effet, le hardi bonnetier qu'ils rencontraient. Son chapeau sur l'oreille, le refrain qu'il chantait :

Tom, au cabaret, vraiment,
Tu t'attardes joliment,

montraient assez qu'à son repas il n'avait pas oublié de boire.

« Ha! mon brave Forgeron, » dit-il ; « je t'y prends. Le meilleur acier peut fléchir. Vulcain, comme dit le ménestrel, sait rendre à Vénus la monnaie de sa pièce. Tu seras, ma foi, un fameux Valentin cette année, si tu commences la fête si gaillardement.

— Écoutez, Olivier, » dit le Forgeron mécontent, « fermez les yeux, mon compère, et passez votre chemin. Encore un mot : n'exercez point votre langue sur ce qui ne vous regarde pas, si vous êtes curieux de garder une dent dans la mâchoire.

— Moi trahir un secret! Moi colporter des histoires, et contre mon frère d'armes! Fi donc! je ne le dirais pas même à mon soudan. Morbleu! l'ami, je suis capable, dans mon coin, d'être un rude gaillard aussi bien que toi. Mais, j'y pense; je vais aller avec toi n'importe où;

nous trinquerons, et ta Dalila nous chantera quelque chose. C'est bien dit, n'est-ce pas?

— Très bien, » répliqua Henri, tout rempli du désir d'assommer son frère d'armes, mais sagement désireux d'employer, pour se débarrasser de lui, un moyen plus pacifique. « On ne peut mieux! J'ai besoin de ton aide, d'ailleurs, car il y a devant nous cinq ou six hommes de Douglas; ils essaieront bien sûr d'enlever cette fille à un pauvre bourgeois comme moi; je serai donc heureux du secours d'un luron de ton espèce.

— Merci, merci, » répondit le bonnetier; « mais ne ferais-je pas mieux de courir faire sonner la cloche et chercher mon grand sabre?

— Oui, oui; cours chez toi bien vite, et ne dis rien de ce que tu as vu.

— Moi! n'aie pas peur. J'ai trop de mépris pour les bavards.

— Vite donc! J'entends le bruit des armes. »

Cela mit courage et vie aux talons du bonnetier; tournant le dos au péril supposé, il partit d'un pas qui, le Forgeron n'en douta point, le dut ramener chez lui très promptement.

« Un autre geai sur les bras, » pensa le Forgeron; « mais j'ai barre sur lui. Les ménestrels parlent, dans un fabliau, d'un corbeau qui avait emprunté des plumes; cet oiseau-là, c'est Olivier, et, par saint Dunstan, s'il laisse courir à mes dépens sa langue babillarde, je le plumerai comme jamais faucon n'a plumé une perdrix. Il le sait bien. »

Tandis que ces réflexions se pressaient dans son esprit, il avait presque atteint le terme de son voyage. Toujours avec la chanteuse accrochée à son manteau, et épuisée à la fois de crainte et de fatigue, il arriva enfin au milieu de la ruelle qui avait l'honneur de contenir son habitation, et à laquelle, vu l'incertitude qui régnait alors dans l'application des noms de famille, il avait emprunté l'une de ses appellations. C'était là que, les jours ordinaires, on voyait briller son fourneau, et que quatre gaillards à demi vêtus assourdissaient le voisinage des sons aigus de l'enclume et du marteau. Mais le jour de la Saint-Valentin avait été, pour ces hommes de fer, une excellente raison de fermer la boutique, et ils étaient absents alors, pour leurs affaires de dévotion ou de plaisir. La maison qui touchait à la forge avait Henri pour propriétaire; quoique petite, et située dans une rue étroite, elle avait, par derrière, un grand jardin garni d'arbres fruitiers, et constituait, après tout, une habitation agréable. Au lieu de frapper ou d'appeler, ce qui aurait attiré les voisins aux portes et aux fenêtres, le Forgeron tira de sa poche un passe-partout de sa propre fabrication (grande curiosité et objet d'envie à cette époque), et, ouvrant la porte de sa maison, y introduisit la personne qui l'accompagnait.

La pièce qui reçut Henri et la chanteuse n'était autre que la cuisine. Chez les gens de la condition du Forgeron, la cuisine était la pièce où se tenait la famille ; un ou deux bourgeois seulement avaient, comme Simon Glover, une salle à manger distincte de la pièce où se préparaient les aliments. Dans un coin de cette salle, tenue avec une propreté rare, une femme âgée était assise ; son vêtement soigné, la façon irréprochable dont son plaid écarlate était relevé sur sa tête, et descendait des deux côtés sur ses épaules, auraient indiqué un plus haut rang que celui de Lucie Shoolbred, la ménagère du Forgeron. Telle, et non autre, était son appellation ; n'ayant pas entendu la messe le matin, elle se reposait tranquillement au coin du feu : son chapelet, à moitié récité, pendait à son bras gauche ; ses prières, à moitié dites, allaient mourant sur sa langue ; ses yeux, à moitié fermés, s'abandonnaient au sommeil en attendant le retour de son nourrisson, sans deviner à quelle heure ce retour pourrait avoir lieu. Elle tressaillit au bruit qu'il fit en entrant, et fixa les yeux sur sa compagne avec un sentiment de surprise d'abord, qui se transforma par degrés en la plus vive expression de mécontentement.

« Les saints préservent mes yeux, Henri le Forgeron, » s'écria-t-elle dévotement.

« Amen, de tout mon cœur. Servez vite quelque chose, ma bonne nourrice, car je crains que cette voyageuse n'ait pas trop bien dîné.

— Je prie de nouveau Notre-Dame qu'elle préserve mes yeux des illusions coupables de Satan !

— Ainsi soit-il, vous dis-je, ma nourrice. Pourquoi marmotter tant de prières ? Ne m'entendez-vous pas, ou ne voulez-vous pas faire ce que je dis ?

— C'est lui, cependant ; mais on croirait plutôt que c'est le diable, à voir le bagage qui s'attache à son manteau. O Harry le Forgeron ! on vous a appelé fou pour de moindres choses ; mais qui jamais aurait eu la pensée qu'Henri amènerait une galante amoureuse sous le toit qui abrita sa digne mère, et où sa propre nourrice habite depuis trente ans ?

— Silence, femme, et soyez raisonnable, » dit le Forgeron. « Cette chanteuse n'est ni mon amoureuse, ni celle de personne, à ma connaissance. Elle part demain pour prendre les bateaux à Dundee, et nous devons la loger jusque-là.

— La loger! » dit la vieille. « Donnez à loger vous-même à ce bétail-là si cela vous plaît, Harry La Ruelle; mais la même maison n'abritera pas, soyez-en sûr, cette coureuse et moi.

— Votre mère est irritée contre moi, » dit Louise, se méprenant sur le lien qui les unissait. « Je ne resterai pas, dès qu'elle s'en trouve offensée. Si vous avez une écurie ou une étable, une stalle vide sera un lit suffisant pour Charlot et pour moi.

— Oui, c'est l'endroit qui vous convient le mieux, » dit dame Shoolbred.

« Écoutez, nourrice, » dit le Forgeron; « vous savez que je vous aime et pour vous et à cause de ma mère; mais par saint Dunstan, qui fut un saint de mon métier, ce sera moi qui commanderai dans ma maison; et si vous me quittez sans autre motif que des soupçons qui n'ont pas le sens commun, songez à la façon dont vous ouvrirez la porte pour rentrer; car je vous promets de ne pas vous y aider.

— N'importe, mon garçon! Je ne risquerai pas pour cela l'honneur d'un nom que j'ai porté pur depuis soixante ans. Ce n'était pas la coutume de votre mère, et ce ne sera pas la mienne, de frayer avec les vagabonds, les jongleurs et les chanteuses; et je ne suis pas à ce point embarrassée pour trouver un logement, que le même toit me doive couvrir, moi et une princesse errante comme celle-là. »

Sur ce, l'intraitable gouvernante commença à ajuster à la hâte son tartan pour sortir, le tirant en avant de façon à cacher le bonnet de linge blanc dant les bords encadraient sa figure un peu ridée, mais empreinte encore de fraîcheur et de santé. Cela fait, elle prit un bâton, fidèle compagnon de ses voyages, et se dirigeait bel et bien vers la porte, quand le Forgeron lui barra le passage.

« Attendez au moins, la vieille, que nous ayons fait nos comptes. Je vous dois gages et salaires.

— Un rêve encore de votre cervelle de fou. Quels gages et quels salaires ai-je à prendre du fils de votre mère, qui m'a nourrie, vêtue, choyée, comme si j'avais été sa sœur?

— Vous l'en payez bien, nourrice, en quittant son fils unique au moment où il a le plus besoin de vous. »

Cette observation sembla frapper de repentir la vieille obstinée. Elle s'arrêta, regarda successivement son maître et la ménestrelle; puis secoua la tête, et parut vouloir reprendre sa marche vers la porte.

« Je ne reçois sous mon toit cette pauvre voyageuse, » dit alors le Forgeron, « que pour la sauver de la prison et du fouet.

— Pourquoi l'en sauver? » dit l'inexorable dame Shoolbred. « Elle a dû mériter l'un et l'autre, comme un voleur un collier de chanvre.

— L'a-t-elle mérité ou non, je n'en sais rien. Mais elle n'a pu mériter d'être fouettée ou emprisonnée jusqu'à ce que mort s'en suive; et c'est le lot de ceux à qui s'attache le déplaisir de Douglas le Noir.

— Vous allez, pour une chanteuse, braver Douglas le Noir? Ce sera la pire de toutes vos extravagances. Oh! Henri Gow! il y a autant de fer dans votre tête que dans votre enclume!

— Je l'ai pensé quelquefois moi-même, mistress Shoolbred; mais au cas où, dans cette occasion nouvelle, j'attraperais une blessure ou deux, je ne sais trop qui les soignera si vous vous sauvez ainsi comme une oie sauvage effarouchée? Et je ne sais pas davantage qui recevra ma douce fiancée, que j'espère bien, quelqu'un de ces jours, amener à la Ruelle.

— Ah, Harry, Harry! » dit la vieille femme en hochant la tête, « ce n'est pas le moyen de préparer, pour une jeune fiancée, la maison d'un honnête homme. Il faudrait prendre pour guides la décence et la sagesse, et non les sens et l'étourderie de la jeunesse.

— Je vous le répète, cette pauvre créature n'est rien pour moi. Je désire seulement qu'elle soit en sûreté et qu'on en prenne soin; le plus hardi faquin des frontières qui se puisse trouver dans Perth respectera, je pense, le seuil de ma demeure autant que la porte du château de Carlisle. Je vais chez Simon Glover. J'y passerai peut-être la nuit, car cet animal des hautes terres est retourné aux montagnes comme un louveteau qu'il est; il y a un lit vacant, et le père Simon me permettra bien de m'en servir. Vous resterez avec cette pauvre femme; donnez-lui à manger, protégez-la pendant la nuit, et je la viendrai prendre avant le jour; vous pourrez venir avec elle jusqu'au bateau, pour ne la perdre des yeux qu'au moment où je la quitterai moi-même.

— Il y a là-dedans quelque chose de raisonnable, » dit dame Shoolbred ; « mais, que vous ayez mis en jeu votre réputation à propos d'une créature qui, pour deux pence d'argent, pour moins que cela peut-être, aurait trouvé un logement, c'est un mystère pour moi.

— Croyez ce que je vous dis, la vieille, et soyez bonne pour cette fille.

— Meilleure qu'elle ne le mérite, je vous le garantis ; et vraiment, quoique j'aime peu la compagnie d'une pareille engeance, je me crois moins exposée à en recevoir du mal que vous ne l'auriez été vous-même ; à moins qu'elle ne soit sorcière, ce qui pourrait être, car le diable est bien puissant sur toute cette clique-là.

— Elle n'est pas plus sorcière que moi, » dit l'honnête Forgeron ; « une pauvre désolée, qui, si elle a mal fait, a cédé à un fameux magicien. Soyez bonne pour elle. Et vous, musicale demoiselle, je vous viendrai prendre demain matin pour vous mener au rivage. Cette dame vous traitera bien, si vous ne lui dites rien que ce qui convient à des oreilles honnêtes. »

La pauvre ménestrelle avait assisté à ce dialogue sans en saisir autre chose que le sens général. Elle parlait bien anglais, mais c'était en Angleterre même qu'elle avait appris la langue, et le dialecte du nord avait, en ce temps-là comme aujourd'hui, un caractère plus rude et plus accentué. Elle comprit, cependant, qu'elle devait rester avec la vieille dame, et, croisant d'un air soumis les bras sur la poitrine, baissa la tête humblement. Elle regarda ensuite le Forgeron avec une expression de reconnaissance ; puis, levant les yeux au ciel, elle prit la main que celui-ci lui abandonna, et dont elle baisa les doigts nerveux, en signe de profonde et affectueuse gratitude. Il ne convenait pas à dame Shoolbred de permettre à l'étrangère une pareille démonstration de ses sentiments. Elle se plaça entre eux, et, repoussant la pauvre Louise : « Non, non, » dit-elle ; « pas de cela. Allez dans le coin de la cheminée, demoiselle; et, quand Harry le Forgeron sera parti, si vous avez besoin de baiser des mains, vous baiserez les miennes aussi longtemps que vous voudrez. Quant à vous, Harry, allez chez Simon Glover ; si la jolie mistress Catherine entend parler de la compagnie que vous avez amenée ici, elle pourrait ne pas la goûter plus que je ne le fais moi-même.

Eh bien! avez-vous perdu l'esprit? Allez-vous sortir sans bouclier, dans l'état où est la ville?

— Vous avez raison, » dit l'armurier; et, jetant le bouclier sur ses larges épaules, il quitta la maison sans attendre d'autres questions.

CHAPITRE XIII.

Du pibroch, à minuit, c'est la voix qui s'élance !
Entendez-vous vibrer sa sauvage cadence?
Le souffle dont s'emplit le chalumeau criard,
C'est la fière patrie au cœur du montagnard,
Qui de siècles nombreux de bravoure et de gloire
Devant lui fait surgir et marcher la mémoire.

BYRON.

UITTONS maintenant les personnages les plus modestes de notre drame historique, pour nous occuper des incidents survenus à ceux d'un rang plus élevé et d'une plus grande importance.

Nous passerons de l'humble demeure d'un armurier à la chambre du conseil d'un roi, et nous reprendrons notre histoire juste au moment où, le tumulte apaisé au dehors, les chefs irrités furent appelés en la présence du monarque. Ils entrèrent mécontents et la menace au visage, chacun si exclusivement rempli des injures qu'il estimait avoir reçues, qu'il n'avait ni la volonté ni le pouvoir d'écouter la sagesse et la raison. Albany seul, calme et adroit, semblait en état de mettre leur déplaisir au service de ses desseins, et de tourner à l'avancement de ses fins obliques tout incident qui se présenterait.

L'irrésolution du roi, bien que poussée jusqu'à la pusillanimité, ne l'empêchait pas de prendre, à l'extérieur, le maintien qui convenait à son rang. Ce n'était que dans les choses qui le touchaient de trop près, que, comme dans la scène précédente, il arrivait à perdre l'apparence même du sang-froid. On parvenait, en général, à lui enlever ses idées, rarement à lui ôter la dignité de sa personne. Il accueillit Albany, Douglas, March et le prieur, ces membres mal assortis de son conseil hétérogène, avec un mélange de courtoisie et de majesté, fait pour rappeler à chacun de ces pairs altiers qu'il était en présence de son souverain, et à les disposer au respect que demandaient les bienséances.

Après avoir reçu leurs saluts, le roi les invita à s'asseoir ; ils obéissaient à ses ordres, quand Rothsay entra. Le prince s'avança gracieusement vers son père, et, s'agenouillant devant son trône, lui demanda sa bénédiction. D'un visage où la tendresse et le chagrin se déguisaient mal, Robert essaya de prendre un air de reproche, tandis qu'élevant la main au-dessus de la tête du jeune homme, il disait avec un soupir : « Que Dieu te bénisse, enfant étourdi, et te rende plus sage dans la suite de tes jours !

— *Amen*, mon très cher père ! » dit Rothsay, d'un ton ému que souvent il avait dans ses plus heureux moments. Il baisa la main royale avec le respect d'un fils et d'un sujet, et, au lieu de prendre place parmi les membre du conseil, resta debout derrière le fauteuil du roi, placé de façon à pouvoir, s'il le voulait, glisser une parole à l'oreille de son père.

Le roi fit signe au prieur de Saint-Dominique de prendre place à la table où se trouvait tout ce qu'il fallait pour écrire ; de tous les sujets présents, Albany excepté, l'homme d'église était seul capable d'en faire usage. Le roi exposa alors l'objet de la réunion, en disant, avec beaucoup de dignité :

« Nous avons à nous occuper, Milords, de ces dissensions malheureuses des hautes terres, qui, nous l'avons appris par nos derniers messagers, menacent d'occasionner, à quelques milles seulement de notre cour, la dévastation et la ruine du pays. Mais, si proches que soient ces agitations, notre mauvais destin, et les instigations d'hommes coupables, en ont suscité une plus proche encore, en jetant le désordre et la lutte entre les citoyens de Perth et ceux qui suivent vos seigneuries ou d'autres de nos nobles et de nos chevaliers. C'est à vous, d'abord, que je dois m'adresser, Milords, pour savoir d'où vient que notre cour est troublée par d'aussi malséantes querelles, et par quels moyens elles doivent être réprimées. Mon frère d'Albany, dites-nous, le premier, vos sentiments à ce sujet.

— Sire, mon frère et mon roi, » dit le duc, « j'étais auprès de la personne de Votre Grâce quand la querelle a commencé, et je n'en sais pas l'origine.

— Quant à moi, » dit le prince, « je n'ai pas entendu de cris de guerre plus terribles que la ballade d'une chanteuse, ni vu voler de projectiles plus dangereux que des noisettes.

— Et moi, » dit le comte de March, « j'ai pu voir seulement que les braves citoyens de Perth donnaient la chasse à quelques drôles qui avaient mis le cœur sanglant sur leurs épaules. Ces gens-là couraient trop vite pour être vraiment les hommes du comte de Douglas. »

Douglas comprit le sarcasme ; il n'y répondit que par un regard foudroyant, l'expression ordinaire, chez lui, d'un mortel ressentiment. Sa parole fut altière, mais calme.

« Mon seigneur lige, » dit-il, « sait évidemment que c'est Douglas qui doit répondre à cette grave accusation ; car quand est-ce qu'il y a, en Écosse, bataille ou effusion de sang, sans qu'une langue malveillante ne déverse sur Douglas ou sur un homme de Douglas le reproche d'en avoir été cause? Nous avons ici de bons témoins. Je ne parle pas de milord d'Albany, qui s'est borné à dire qu'il était aux côtés de Votre Grâce, ainsi d'ailleurs que cela lui convient. Je ne dis rien non plus de milord de Rothsay, qui, comme il sied à son rang, à son âge et à son intelligence, s'occupait à casser des noisettes avec une musicienne ambulante. Il sourit. Il peut dire ici ce que bon lui semblera. Je n'oublierai pas un lien qu'il semble avoir oublié. Mais voici milord de March, qui a vu fuir mes hommes devant les manants de Perth! Je puis lui dire que les hommes du cœur sanglant avancent ou reculent quand leur chef l'ordonne ou que le bien de l'Écosse le demande.

— Et je puis répondre... » s'écria le comte de March, non moins fier que son rival : le sang lui montait au visage quand le roi l'interrompit.

« Silence, impétueux seigneurs, » dit le roi, « et songez devant qui vous êtes! Milord de Douglas, dites-nous, si vous le pouvez, quelle est la cause de ce désordre, et pourquoi vos serviteurs, dont nous reconnaissons très volontiers les bons services habituels, ont été si actifs en cette querelle privée.

— J'obéis, Milord, » dit Douglas, inclinant légèrement une tête qui ne pliait pas souvent. « J'avais quitté le couvent des chartreux où je suis logé, et je suivais la grande rue de Perth, avec un petit nombre de ceux qui marchent d'ordinaire avec moi, quand j'ai vu quelques citoyens, de la plus basse classe, assemblés autour de la croix, à laquelle on avait cloué cette affiche, et l'objet que voici. »

D'une des poches du haut de son justaucorps de buffle, il sortit une main d'homme et un morceau de parchemin. Le roi fut ému et agité.

« Lisez, » dit-il, « bon père prieur, et cachez ce hideux spectacle. »

Le prieur lut une affiche, ainsi conçue :

« Attendu que la maison d'un citoyen de Perth a été attaquée la nuit dernière, veille de la Saint-Valentin, par une bande de rôdeurs de nuit sans foi ni loi, appartenant à quelqu'une des compagnies d'étrangers qui résident présentement en la belle cité; vu que, dans la bataille qui s'en est suivie, cette main a été coupée à l'un des insolents malfaiteurs; le prévôt et les magistrats ont décidé qu'elle serait clouée à la croix, en signe de mépris pour ceux qui ont occasionné ce tumulte. Et si quelqu'un, ayant rang de chevalier, ose dire que notre présent acte a été fait à tort, moi, Patrice Charteris de Kinfauns, chevalier, justifierai ce cartel en armes de chevalerie et en champ clos; ou, si quelqu'un de moindre naissance ose dénier ce qui est dit ici, il aura à se présenter contre un citoyen de la belle cité de Perth, conformément à son rang. Sur ce, Dieu et saint Jean protègent la belle cité!

— Vous ne vous étonnerez pas, Milord, » reprit Douglas, « si, quand mon chapelain m'a eu donné lecture du contenu de cet insolent écrit, j'ai ordonné à l'un de mes écuyers d'arracher un trophée aussi injurieux pour la noblesse et la chevalerie d'Écosse. Sur quoi, quelques-uns de ces impertinents bourgeois prirent la liberté de huer et d'insulter les derniers rangs de mon escorte; ceux-ci tournèrent leurs chevaux contre les gens de la ville, et auraient de suite engagé le combat, sans l'ordre positif que je leur donnai de me suivre aussi tranquillement que le pourrait permettre cette troupe de coquins. C'est ainsi que mes hommes sont arrivés ici ayant l'air de fuir, alors que, s'ils avaient eu de moi l'ordre de repousser la force par la force, ils auraient mis le feu aux quatre coins de ce malheureux bourg, et étouffé les rustres insolents, comme de méchants renardeaux dans un feu de bruyère. »

Il se fit un silence quand Douglas cessa de parler, jusqu'au moment où le duc de Rothsay, s'adressant à son père, répondit :

« Puisque le comte de Douglas a le pouvoir de brûler la ville en laquelle Votre Grâce tient sa cour aussitôt que le prévôt et lui diffèrent d'opinion sur une échauffourée nocturne, ou sur les termes d'un cartel, nous lui devons tous, assurément, de la reconnaissance, pour n'avoir pas eu la volonté de le faire.

— Le duc de Rothsay, » répondit Douglas, qui paraissait résolu à demeurer maître de lui, « peut avoir raison de remercier le ciel, plus sérieusement qu'il ne le fait en ce moment, de ce que Douglas est aussi fidèle qu'il est puissant. Nous vivons en un temps où, dans tous les pays, les sujets s'élèvent contre la loi. Nous avons entendu parler, en France, des révoltes de la Jacquerie; au sud de notre île, de Jack Straw, de Hob Miller et de Parson Ball (N) ; et nous pouvons être sûrs qu'il y a assez de matériaux pour alimenter ici la flamme si elle atteint nos frontières. Quand je vois des paysans adresser aux nobles des cartels, et clouer des mains de gentilshommes à la croix de leur cité, je ne dis pas que je crains la révolte (ce ne serait pas exact), mais je la prévois et je me prépare contre elle.

— Pourquoi milord de Douglas, » répondit le comte de March, « dit-il que ce cartel a été fait par des manants? J'y vois le nom de sir Patrice Charteris, qui, lui, je pense, n'a pas le sang d'un manant. Douglas lui-même, puisqu'il prend si chaudement la chose, peut, sans souillure pour son honneur, relever le gantelet de sir Patrice.

— Milord de March, » répliqua Douglas, « ne devrait parler que de ce qu'il sait. Je ne fais pas injure au descendant du Corsaire rouge en disant qu'il ne pèse pas assez pour un Douglas. A l'héritier de Thomas Randolph, il faudrait meilleur appel pour l'engager à répondre.

— Sur mon honneur, si vous ne répondez pas, ce ne sera pas

faute par moi d'en avoir sollicité la grâce, » dit le comte de March en jetant son gant.

« Halte là! Milord, » dit le roi. « Ne nous faites pas la grossière

injure de lancer ici ce défi mortel; offrez plutôt au noble comte, en gage d'amitié, votre main qui n'a plus de gant, et embrassez-le en témoignage de votre féauté mutuelle envers la couronne d'Écosse.

— Non, vraiment, seigneur lige, » répondit March ; « Votre Majesté peut me commander de remettre mon gantelet, car lui et toute l'armure dont il fait partie sont à vos ordres, aussi longtemps que je tiens mon comté de la couronne d'Écosse ; mais quand je saisis Douglas, ce doit être avec une main couverte de fer. Adieu, seigneur lige. Mes conseils ici ne prévalent pas ; ils sont reçus même avec si peu de faveur qu'un plus long séjour peut-être serait mauvais pour ma sûreté. Puisse Dieu garder Votre Altesse des ennemis déclarés et des perfides amis ! Je pars pour mon château de Dunbar, d'où bientôt, je crois, vous aurez des nouvelles. Recevez mes adieux, Milords d'Albany et de Douglas ; vous jouez gros jeu, tâchez de bien jouer. Adieu, Prince ; adieu, pauvre écervelé, qui folâtrez comme un faon près du tigre qui vous guette ! Adieu, tous. Georges de Dunbar voit le mal auquel il ne peut porter remède. Adieu. »

Le roi voulut parler, mais la parole expira sur ses lèvres, au signe d'Albany dont le regard l'invitait au silence. Le comte de March quitta la salle, recevant les salutations muettes des membres du conseil, à chacun desquels il avait individuellement adressé les siennes ; Douglas seul ne le salua pas, et répondit à ses adieux par un regard de dédain et de défi.

« Le traître, » dit Douglas, « va nous livrer aux hommes du Sud ; son orgueil repose sur la possession de ce château battu par la mer qui peut conduire les Anglais dans le Lothian. Ne craignez rien, seigneur lige ; ce que je dis, je le ferai, mais il n'est que temps. Dites un mot, Sire ; dites : *Qu'on l'arrête !* et le traître, dans son voyage, ne traversera pas l'Earn.

— Vaillant comte, » dit Albany, qui désirait plutôt voir les deux comtes se contrebalancer l'un l'autre, que d'en voir un obtenir une supériorité complète, « ce serait une résolution trop précipitée. Le comte de March est venu ici sous un sauf-conduit, dont la violation s'accorderait mal avec l'honneur du roi mon frère. Si cependant Votre Seigneurie peut apporter quelque preuve précise... »

Une sonnerie de trompettes les interrompit.

« Sa Grâce d'Albany est extraordinairement scrupuleuse aujourd'hui, » dit Douglas ; « mais à quoi bon ces paroles ? Le temps se passe ; ce sont les trompettes de March, et je gage qu'il ira bon train aussitôt qu'il aura passé la porte du Sud. Nous entendrons parler de lui plus tard ; et, si ma supposition est juste, nous le reverrons, avec toute l'Angleterre pour appuyer sa trahison.

— Espérons mieux du noble comte, » dit le roi, à qui il ne déplaisait pas que la querelle de March et de Douglas parût effacer les traces de la mésintelligence du duc de Rothsay et de son beau-père. « Il est fier, mais n'a pas un caractère méchant. Sur certains sujets, il a éprouvé, non de l'injustice sans doute, mais du désappointement ; et il faut passer quelque chose au ressentiment d'un noble sang, armé d'un grand pouvoir. Mais, grâce au ciel, nous tous qui restons ici, nous sommes du même sentiment, et, je puis le dire, de la même maison ; et nos conseils, du moins, ne sauraient être, maintenant, traversés par la désunion. Père prieur, prenez, je vous prie, tout ce qu'il vous faut pour écrire, car vous serez, comme d'habitude, le secrétaire de notre conseil. Aux affaires donc, Milords : l'agitation des hautes terres sera le premier objet de nos délibérations.

— Lutte entre le clan Chattan et le clan Quhele, » dit le prieur ; « les derniers avis de nos frères de Dunkeld nous informent que la guerre est sur le point d'éclater, entre ces fils de Bélial, d'une façon plus formidable que jusqu'à présent ; ces deux clans ne parlent de rien moins que de se détruire l'un l'autre d'une manière complète. Les forces se rassemblent des deux côtés, et pas un homme, jusqu'au dixième degré de parenté, qui ne doive se rendre sous l'étendard de sa tribu, ou encourir le châtiment du feu et de l'épée. La croix de feu a volé comme un météore dans toutes les directions, et éveillé des tribus étranges et inconnues, au delà même du lointain détroit de Murray. Que le ciel et saint Dominique nous protègent ! Si vos seigneuries ne peuvent trouver remède à ce mal, il s'étendra loin et sans limites, et le patrimoine de l'Église sera exposé de toutes parts à la furie de ces Amalécites, qui n'ont guère plus de dévotion envers le ciel que d'amour ou de pitié pour leurs voisins. Que Notre-Dame soit notre refuge ! On nous dit que certains d'entre eux sont encore complètement païens, et adorent Mahomet, le diable et Termagant.

— Milords et parents, » dit Robert, « vous avez entendu combien le cas est urgent, et vous désirerez peut-être savoir mes sentiments avant d'exprimer ce que vous suggèrera votre propre sagesse. Le meilleur remède qui se présente à mon esprit serait d'envoyer deux commissaires, avec plein pouvoir de nous pour régler les différends qui peuvent exister entre ces clans, et de les sommer en même temps, sous peine d'en répondre devant la loi, de déposer les armes et de s'abstenir de toute violence les uns contre les autres.

— J'adhère à la proposition de Votre Grâce, » dit Rothsay ; « et je pense que, pour cette mission de paix, le bon prieur ne refusera pas le poste honorable d'envoyé. Son révérend frère, l'abbé du couvent des chartreux, aspirera sans doute aussi à un honneur qui ne saurait manquer d'ajouter deux très éminentes recrues à la nombreuse armée des martyrs; car, dans les ambassadeurs que vous leur envoyez, les habitants des hautes terres font peu de distinction entre les clercs et les laïques.

— Mon royal lord de Rothsay, » dit le prieur, « si je suis destiné à la couronne bénie du martyre, je serai dirigé sans doute vers le chemin par lequel je dois l'atteindre. Si c'est en plaisantant que vous parlez, puisse le ciel vous pardonner, et vous accorder la lumière pour apercevoir qu'il serait mieux de ceindre vos armes à l'effet de défendre les possessions de l'Église, si gravement menacées, que d'employer votre esprit à railler ses ministres et ses serviteurs.

— Je ne raille personne, père prieur, » dit le jeune homme, en laissant échapper un bâillement ; « quant à prendre les armes, je n'y ai pas d'objection, sauf que c'est un costume un peu gênant, et qu'en février, un manteau fourré est mieux approprié à la saison qu'un corselet d'acier. Cela me contrarierait d'autant plus de mettre un vêtement froid en cette saison rigoureuse, que si l'Église voulait envoyer un détachement de ses saints (il y en a plusieurs, des hautes terres, bien connus dans ce district, et parfaitement accoutumés au climat), ils livreraient les batailles qui les intéressent, à l'exemple du fameux Saint-Georges d'Angleterre. Je ne sais pas comment cela se fait, mais nous entendons parler de leurs miracles quand ils réussissent, de leurs vengeances si quelqu'un empiète sur leur patrimoine; ce sont même raisons invoquées pour étendre leurs terres par de grandes largesses; et cependant, s'il descend une bande de vingt montagnards, cloches, livre et cierge ne se pressent pas de venir, et c'est le baron portant l'épée qui doit maintenir l'Église en possession des terres qu'il lui a données, absolument comme s'il avait encore lui-même la jouissance des fruits.

— Mon fils David, » dit le roi, « vous donnez à votre langue plus de liberté qu'il ne faut.

— Je suis muet, Sire, » répliqua le prince. « Je n'avais pas l'intention de contrarier Votre Altesse, ni de déplaire au père prieur, qui, avec tant de miracles à sa disposition, ne peut pas faire face, paraît-il, à une poignée de maraudeurs.

— Nous savons, » dit le prieur avec une indignation contenue, « de quelle source dérivent ces tristes doctrines, que nous entendons avec effroi sortir de la bouche qui les prononce en ce moment. Quand les princes ont commerce avec les hérétiques, leurs esprits et leurs mœurs sont également corrompus. Ils se montrent dans les rues en compagnie de masques et de prostituées, et sont, dans le conseil, les contempteurs de l'Église et des choses saintes.

— Silence, mon bon père, » dit le roi; « Rothsay réparera le tort qu'il a eu de parler si légèrement. Tenons conseil, hélas! comme des amis, au lieu de ressembler à un équipage de matelots en révolte dans un vaisseau qui sombre, quand chacun s'occupe plus de ses querelles avec les voisins que de prêter secours, pour sauver le navire, au capitaine éploré. Milord de Douglas, rarement votre maison a fait défaut, quand la couronne d'Écosse a eu besoin de sages conseils ou d'actes virils; vous nous aiderez, j'en ai confiance, en la difficulté présente?

— Ce qui m'étonne, Milord, c'est que la difficulté existe, » répondit l'altier Douglas. « Au temps où la lieutenance du royaume me fut confiée, plusieurs de ces clans sauvages descendirent des Grampians. Je ne dérangeai pas le conseil à ce sujet, mais je fis monter à cheval le shériff, lord Ruthven, avec les forces du pays plat, les Hay, les Lindsay, les Ogilvy, et d'autres gentilshommes. Par sainte Brigitte! quand le vêtement d'acier atteignit le manteau de drap, les brigands surent à quoi les lances sont bonnes, et si les épées ont ou non des tranchants. Plus de trois cents de leurs meilleurs bonnets, sans compter celui de leur chef, Donald Cormac, sont restés sur le marais de Thorn et dans la forêt de Rochinroy; et autant furent pendus aux échelles du bourreau, nom qui reste encore à l'endroit où l'ouvrage a été fait. C'est le moyen, dans mon pays, de se débarrasser des voleurs; si des façons d'agir plus douces peuvent réussir avec ces brigands, ne blâmez cependant pas Douglas pour avoir dit ce qu'il pense. Vous riez, Milord de Rothsay. Puis-je vous demander comment j'ai pu devenir une seconde fois votre jouet, avant même d'avoir répondu à votre premier badinage?

— Ne vous fâchez pas, mon cher lord de Douglas, » répondit le prince; « je riais en songeant combien votre suite princière diminuerait, si tous les brigands étaient traités comme l'ont été les montagnards aux escaliers du bourreau. »

Le roi intervint de nouveau, pour prévenir, de la part du comte, une réponse qu'aurait dictée la colère. « Votre Seigneurie, » dit-il à Douglas, « nous conseille avec sagesse de recourir aux armes quand ces hommes viendront attaquer nos sujets sur les terrains de la plaine; mais le plus difficile à obtenir, et aussi le meilleur, serait d'arrêter leurs désordres tandis qu'ils sont encore à l'intérieur de leurs montagnes. Vous savez que le clan Chattan et le clan Quhele sont de grandes confédérations, composées l'une et l'autre de diverses tribus, alliées ensemble, à l'effet, pour chacune des deux ligues individuellement, de soutenir ceux qui en font partie. Les dissensions de ces clans ont depuis longtemps fait couler le sang partout où leurs membres se sont rencontrés, soit homme à homme, soit en troupes. Tout le pays est déchiré sans pitié par leurs combats incessants.

— Je n'y vois pas de mal, » dit Douglas; « les bandits se détruiront les uns les autres, et les daims augmenteront dans la montagne à mesure que les hommes diminueront. Nous gagnerons comme chasseurs l'exercice que nous perdons comme guerriers.

— Dites plutôt, » répliqua le roi, « que les loups augmenteront quand diminueront les hommes.

— Tant mieux, » dit Douglas; « mieux valent les loups que les maraudeurs d'Écosse. Placez des forces imposantes au long des frontières des hautes terres, pour séparer le pays tranquille du pays agité. Enfermez dans les montagnes le feu de la guerre civile ; que sa furie s'y dépense sans être arrêtée par rien, et bientôt il s'éteindra faute d'aliments. Les survivants, abattus, seront plus obéissants au moindre mot de Votre Grâce que leurs pères, ou les drôles d'à présent, à vos commandements les plus formels.

— Ce conseil est sage, mais n'est pas dans l'ordre de Dieu, » dit le prieur en secouant la tête ; « je ne saurais prendre sur ma conscience de l'appuyer. C'est de la sagesse, mais c'est la sagesse d'Achitophel, adroite et cruelle à la fois.

— Mon cœur me le dit, » répliqua le bon roi, en mettant la main sur sa poitrine, « mon cœur me dit qu'au jour solennel, cette question me sera faite : Robert Stuart, où sont les sujets que je t'ai donnés ? Il me dit que j'aurai des comptes à rendre pour tous, Saxon et Gaël, homme des basses terres ou des hautes, homme des frontières aussi; qu'il ne me sera pas demandé seulement de répondre pour ceux qui ont la richesse et le savoir, mais pour ceux-là même qui ont été voleurs parce qu'ils étaient pauvres, et rebelles parce qu'ils étaient ignorants.

— Votre Altesse parle comme un roi chrétien, » dit le prieur ; « mais vous portez l'épée aussi bien que le sceptre, et le mal présent est de nature à se guérir par l'épée.

— Écoutez, Milord, » dit le prince, comme frappé soudain d'une idée plaisante. « Si nous enseignions à ces montagnards sauvages un peu de chevalerie ? Ce ne serait pas bien difficile d'amener deux grands guerriers, le capitaine du clan Chattan, et le chef de la race non moins vaillante du clan Quhele, à se défier l'un l'autre en combat mortel. Ils combattraient ici, à Perth ; nous leur prêterions des chevaux et des armes : de cette façon, leur querelle serait vidée par la mort de l'un de ces mécréants ; des deux, même, probablement ; car tous les deux, je suppose, se casseraient le cou à la première passe. Le charitable désir qu'a mon père d'épargner le sang serait satisfait, et nous aurions le plaisir de contempler ce combat entre deux sauvages chevaliers, portant des culottes pour la première fois, et montés sur des chevaux, ce dont on n'a pas entendu parler depuis les jours du roi Arthur.

— Honte à vous, David ! » dit le roi. « Du malheur de votre pays natal, et des embarras de notre conseil, pouvez-vous faire un sujet de bouffonnerie ?

Douglas le Noir.

— Si vous me pardonnez, mon royal frère, » dit Albany, « je crois que, bien que le prince mon neveu n'ait lancé cette idée que sous forme de badinage, on pourrait en tirer quelque chose pour apporter au mal qui nous presse un remède sérieux.

— Mon bon frère, » répliqua le roi, « ce n'est pas bien d'appuyer sur la folie de Rothsay en poussant plus loin sa plaisanterie déplacée. Nous savons que les clans des hautes terres n'ont pas nos habitudes de chevalerie, ni la façon de se battre que ces habitudes requièrent.

— C'est vrai, Majesté, » répondit Albany ; « je ne parle cependant pas par ironie, mais très sérieusement. Les montagnards n'ont point, pour combattre dans la lice, les mêmes formes et la même manière que nous, mais ils en ont de non moins efficaces pour la destruction de la vie humaine. Du moment que le jeu mortel est joué, et l'enjeu gagné et perdu, qu'importe que ces Gaëls combattent avec l'épée et la lance, comme il convient à des chevaliers, qu'ils luttent à coups de sacs à sable comme les grossiers goujats de l'Angleterre, ou qu'ils se charcutent l'un l'autre, suivant leur mode barbare, avec des couteaux et des épées courtes ? Leurs habitudes, comme les nôtres, défèrent à la décision du combat toutes les prétentions et tous les droits débattus. Ils ont autant de vanité que d'orgueil ; et l'idée que ces deux clans seraient admis à combattre en présence de Votre Grâce et de sa cour, les amènerait facilement à remettre leur différend au sort des armes, bien que ce rude arbitrage leur soit moins familier qu'à nous. Ils y viendraient au nombre qui serait jugé convenable ; nous devrons veiller à ce qu'ils n'approchent de la cour qu'en un nombre et dans des conditions qui ne leur permettent pas de nous surprendre. Le point bien réglé en ce sens, plus on en admettra à combattre de l'un et de l'autre côté, plus sera grand le massacre des plus braves et des plus remuants de leurs hommes, et plus il y aura chance de rendre les hautes terres tranquilles pour quelque temps.

— Ce serait une sanglante politique, mon frère, » dit le roi ; « et, je le dis encore, ma conscience répugne à approuver le massacre de ces rudes guerriers, à demi plongés dans les ténèbres de l'idolâtrie.

— Leurs vies sont-elles plus précieuses, » demanda Albany, « que celles des nobles et des gentilshommes, auxquels Votre Grâce permet si fréquemment de combattre dans la lice, soit pour vider un procès, soit même simplement pour acquérir de l'honneur? »

Ainsi serré de près, le roi n'avait que peu de chose à dire contre l'épreuve du combat, coutume si fortement entrée dans les lois du royaume et les usages de la chevalerie. « Dieu sait, » se borna-t-il à répondre, « que ce n'a jamais été qu'avec la plus grande répugnance que j'ai accordé des permissions semblables à celle sur laquelle vous insistez. Je n'ai jamais vu des hommes combattre entre eux jusqu'à l'effusion du sang, sans souhaiter de pouvoir apaiser la querelle au prix de mon propre sang.

— Mon gracieux maître, » dit le prieur, « si nous n'employons pas le moyen qu'indique milord d'Albany, nous serons forcés, il me semble, d'avoir recours à celui de milord de Douglas. Risquant le hasard des batailles, et avec la certitude de perdre beaucoup de sujets excellents, nous ferons, avec les épées des basses terres, ce que, dans l'autre cas, les farouches montagnards accompliraient de leurs propres mains. Que dit milord de Douglas de la proposition de Sa Grâce d'Albany?

— Douglas, » dit le hautain seigneur, « n'a jamais conseillé de faire par adresse politique ce qui peut s'obtenir à force ouverte. Il persiste dans son opinion, prêt à marcher, à la tête de ses hommes, avec ceux des barons du Perthshire et du plat pays ; à amener les montagnards à raison et soumission, ou à laisser le corps d'un Douglas dans leurs sauvages solitudes.

— C'est noblement parler, Milord de Douglas, » dit Albany, « et le roi pourrait à bon droit compter sur votre cœur que rien n'ébranle et sur le courage de vos intrépides adhérents. Mais ne voyez-vous pas que, bientôt, vous pouvez être appelé ailleurs, où votre présence et vos services seront absolument indispensables à l'Écosse et à son roi ? N'avez-vous pas remarqué l'air menaçant avec lequel l'altier March a fixé les limites de son allégeance et de sa fidélité envers notre souverain ici présent ? Ne les a-t-il pas renfermées, ces limites, dans l'espace du temps durant lequel il restera le vassal du roi Robert? Et n'avez-vous pas soupçonné vous-même qu'il méditait de transférer son allégeance à l'Angleterre? D'autres chefs, d'un pouvoir secondaire et d'une moindre renommée, pourront combattre les montagnards; mais si Dunbar admet en nos frontières les Percy et leurs Anglais, qui les repoussera si Douglas est ailleurs?

— Mon épée, » répondit Douglas, « est également au service de Sa Majesté sur la frontière, ou dans les coins les plus éloignés des hautes terres. J'ai vu déjà le dos du fier Percy et celui de Georges de Dunbar ; je puis le revoir encore. Si le bon plaisir du roi est que je prenne des mesures contre cette jonction probable de l'étranger et du traître, plutôt que de confier à une main inférieure ou plus faible la tâche importante d'apaiser les montagnards, je serais disposé, j'en conviens, à me ranger à l'opinion de milord d'Albany, et à laisser ces sauvages se tailler en morceaux les uns les autres, sans donner à vos barons et à vos chevaliers la peine d'aller à cette chasse.

— Milord de Douglas, » dit le prince, qui semblait déterminé à ne pas manquer une occasion de blesser son orgueilleux beau-père, « ne trouve pas même à propos de nous laisser, à nous autres modestes gentilshommes des basses terres, les quelques miettes d'honneur qui pourraient être ramassées aux dépens des vagabonds des hautes terres, tandis que lui, avec sa chevalerie des frontières, il récolte sur les Anglais toute la moisson des victoires. Mais Percy, aussi bien que Douglas, a vu des hommes fuir devant lui, et celui qui va chercher la laine pourrait revenir tondu : j'ai vu des choses plus étonnantes.

— Propos bien digne, » répliqua Douglas, « d'un prince qui parle d'honneur ayant à sa toque, comme marque de distinction, la sacoche d'une coureuse.

— Excusez-moi, Milord, » dit Rothsay ; « les gens mal mariés deviennent très indifférents dans le choix de leurs amours. Le chien enchaîné happe les os qui sont le plus près de lui.

— Rothsay, malheureux enfant ! » s'écria le roi ; « êtes-vous fou? Voulez-vous donc attirer sur vous la tempête du déplaisir d'un père et d'un roi?

— Je me tais si Votre Grâce me l'ordonne, » répondit le prince.

« Milord d'Albany, » dit le roi, « puisque tel est votre avis, et puisqu'il faut voir couler le sang écossais, comment amener ces fiers montagnards à remettre, comme vous le proposez, leur querelle au sort d'un pareil combat ?

— Seigneur lige, » dit Albany, « cela demandera plus mûre délibération. Mais la tâche ne sera pas difficile. Il faudra de l'or pour gagner quelques-uns de leurs bardes, et plusieurs de leurs principaux orateurs ou conseillers. On fera comprendre, d'ailleurs, aux chefs des deux ligues que, s'ils n'acceptent pas cet arrangement presque pacifique...

— Pacifique, mon frère! » s'écria le roi.

« Oui, pacifique, seigneur lige, » repartit Albany; « puisqu'il vaut mieux voir le pays retrouver la paix par la perte de deux ou trois douzaines de vauriens, que rester en armes jusqu'à ce qu'autant de milliers d'hommes aient été détruits par le fer, le feu, la famine, et toutes les extrémités d'une guerre de montagne. Pour en revenir à ce projet, je pense que celui des deux partis auquel la proposition en sera faite en premier la saisira avec ardeur; que le second aurait honte de repousser l'offre de confier la cause aux épées des plus braves; que la vanité nationale, et la haine que se portent les deux factions, les empêcheront d'apercevoir la raison qui nous dirige lorsque nous adoptons une décision de ce genre, et qu'ils seront plus empressés à se tailler mutuellement en pièces que nous ne le sommes à les y pousser. A présent donc que, dans la mesure de ce que j'y puis apporter, notre conseil est terminé, je me retire.

— Restez encore un moment, » dit le prieur; « j'ai à signaler un autre grief, d'une nature si noire et si horrible, que le cœur pieux de Votre Grâce pourra à peine y croire. Je ne l'expose qu'avec douleur, car, aussi vrai que je suis un serviteur indigne de saint Dominique, ce que je vais dire est la cause de la colère du ciel contre cet infortuné pays. De là vient que nos victoires sont changées en défaites, notre joie en tristesse; que vos conseils sont troublés par la désunion, et notre pays dévoré par la guerre civile.

— Parlez, révérend prieur, » dit le roi; « et si la cause de tous ces maux est en moi, ou en ceux de ma maison, je prendrai soin de l'écarter sans retard. »

Il prononça ces mots d'une voix émue, et attendit avec inquiétude la réponse du prieur, craignant, sans aucun doute, qu'elle ne fit peser sur Rothsay quelque accusation nouvelle de folie ou de méfait. Ses appréhensions le trompaient sans doute, quand il crut voir le prieur fixer le prince du regard, avant de dire d'un ton solennel : « L'hérésie, noble et gracieux lige, l'hérésie est parmi nous. Elle arrache, l'une après l'autre, les âmes de la communauté des fidèles, comme le loup enlève les agneaux du bercail.

— Il y a assez de bergers pour garder le bercail, » dit le duc de Rothsay. « Quatre couvents de moines réguliers dans le petit hameau de Perth, sans compter le clergé séculier. Une ville qui a si bonne garnison devrait être en état de repousser l'ennemi.

— Un traître dans une garnison, Milord, » répondit le prieur, « peut faire beaucoup pour détruire la sécurité d'une ville gardée par des légions; et si, par légèreté, par amour de la nouveauté, ou par tout autre motif, ce traître unique est protégé et soutenu par ceux qui devraient être les plus ardents à le chasser de la forteresse, ses chances de mal faire s'accroîtront d'une façon incalculable.

— Vos paroles, père prieur, semblent viser l'un de ceux qui assistent à cette royale audience, » dit Douglas; « si c'est moi, elles tombent à faux. Je sais bien que l'abbé d'Aberbrothock a mal à propos dirigé des plaintes contre moi, parce que je n'aurais pas permis à ses bœufs de devenir trop nombreux pour ses pâturages, ou à ses provisions de faire crever les greniers de son monastère, pendant que ceux qui me suivaient manquaient de viande et leurs chevaux de grain. Mais je vous prie d'observer que les pâturages et les champs qui produisent ces choses n'ont pas été donnés sans doute, par mes ancêtres à la maison d'Aberbrothock, pour que leur descendant mourût de faim au milieu de tout cela; ce que, par sainte Brigitte! il ne fera pas. Pour ce qui est d'hérésie et de fausse doctrine, » ajouta-t-il, en frappant avec force la table du conseil de sa large main, « qui oserait en accuser Douglas? Je ne veux pas voir brûler de pauvres gens pour des idées en l'air; mais ma main et mon épée sont prêtes toujours à soutenir la foi chrétienne.

— Je n'en doute pas, Milord, » dit le prieur; « ainsi l'a fait toujours votre très noble maison. Les plaintes de l'abbé peuvent être remises à un autre jour. Ce que nous demandons en ce moment, c'est que commission soit donnée à un noble lord, auquel seraient adjoints quelques membres de la sainte Église, pour seconder, au besoin, par la force du bras séculier, l'enquête que le révérend official du lieu, et d'autres graves prélats, parmi lesquels figure ma très indigne personne, sont sur le point d'ouvrir au sujet de doctrines nouvelles, qui trompent aujourd'hui les simples, et dépravent la foi pure et précieuse qu'ont approuvée le saint père et ses vénérables prédécesseurs.

— Que le comte de Douglas ait commission royale à cet effet, » dit Albany ; « et que nul, sauf la personne royale, ne soit excepté de sa juridiction. Pour ma part, bien que j'aie la conscience de n'avoir, ni par acte ni par pensée, reçu ou encouragé une doctrine que la sainte Église n'aurait pas sanctionnée, je rougirais de me prévaloir du sang royal d'Écosse pour réclamer une immunité, de peur d'avoir l'air d'y chercher refuge contre un crime aussi odieux.

— Je ne saurais m'en charger, » dit Douglas. « Aller contre les Anglais et contre March, le traître du sud, c'est pour moi tâche suffisante. Je suis, de plus, un franc Écossais, et je ne me prêterais à rien qui pût courber davantage l'Église d'Écosse sous le joug de Rome, ou abaisser la couronne du baron sous la mitre ou le capuchon. Veuillez donc, très noble duc d'Albany, insérer en cette commission votre propre nom ; et je prie Votre Grâce de retenir assez le zèle des hommes de la sainte Église qui vous seront adjoints, pour qu'aucun acte trop vif ne soit accompli : l'odeur d'un fagot sur le Tay ramènerait Douglas des murs d'York ! »

Le duc s'empressa de donner au comte l'assurance que la commission serait exercée avec douceur et modération.

« Sans aucun doute, » dit le roi Robert, « la commission doit avoir de larges pouvoirs ; et, si cela s'accordait avec la dignité de la couronne, nous ne déclinerions pas nous-même sa juridiction. Mais nous avons confiance que, tandis que les foudres de l'Église seront dirigées contre les vils auteurs de ces détestables hérésies, il sera pris des mesures d'indulgence et de miséricorde en faveur des infortunées victimes de leurs séductions.

— Telle est toujours, Milord, la conduite de la sainte Église, » dit le prieur de Saint-Dominique.

« Que la commission donc soit expédiée, avec la diligence voulue, au nom de notre frère d'Albany et de tels autres qu'il sera jugé convenable, » dit le roi. « Le conseil est levé. Venez avec moi, Rothsay, et prêtez-moi votre bras. J'ai quelque chose à vous dire en particulier.

— Ho, la ! ho, la ! » s'écria le prince, du ton dont il se serait adressé à un cheval pour le calmer.

« Que signifie cela, jeune homme? » dit le roi ; « ne connaîtrez-vous jamais la raison et les convenances?

— Ne croyez pas, mon seigneur lige, » dit le prince, « que j'aie la pensée de vous offenser ; mais nous nous séparons sans savoir que faire dans cette étrange aventure de la main coupée que Douglas a si vaillamment conquise. Notre séjour à Perth ne sera pas bien agréable si nous restons en querelle avec les habitants.

— Laissez-m'en le soin, » dit Albany. « Avec quelque concession de terres et d'argent, et quantité de belles paroles, les bourgeois seront satisfaits pour le moment. Il serait bon cependant que les barons qui suivent la cour, et les gens qui leur appartiennent, fussent avertis de respecter la paix du bourg.

— Assurément, » dit le roi. « Que des ordres formels soient donnés à ce sujet.

— C'est faire trop d'honneur à ces manants, » dit Douglas ; « mais qu'il en soit suivant le bon plaisir de Votre Altesse. Je prends la liberté de me retirer.

— Pas avant d'avoir goûté, Milord, un flacon de vin de Gascogne? » dit le roi.

« Pardonnez-moi, » répliqua le comte ; « je n'ai pas soif, et je ne bois pas par manière d'acquit, mais quand j'en ai besoin ou en signe d'amitié. » Ces mots prononcés, il partit.

Comme soulagé par ce départ, le roi se tourna vers Albany, et dit : « Nous devrions à présent, Milord, gronder ce mal appris de Rothsay ; mais il nous a si bien servi dans le conseil que nous devons voir en ses mérites l'expiation de ses folies.

— Je suis heureux de l'apprendre, » répondit Albany d'un air d'incrédulité et de compassion, comme si les services auxquels le roi faisait allusion eussent été pour lui chose inconnue.

« Frère, » dit le roi, « vous êtes peu pénétrant, car je sais bien que vous n'êtes pas envieux. N'avez-vous pas remarqué que Rothsay a été le premier à suggérer, pour rendre la tranquillité aux hautes terres, le moyen auquel votre expérience a donné une forme meilleure, et qui a obtenu l'approbation générale? Et, tout à l'heure encore, nous nous serions séparés laissant une affaire importante sans examen et sans décision, s'il ne nous avait remis en mémoire la querelle avec les bourgeois.

— Je ne doute pas, seigneur lige, » dit le duc d'Albany, en donnant l'assentiment qu'attendait de lui le monarque, « que mon royal neveu ne soit bientôt l'émule de la sagesse de son père.

— Je pourrais encore, » dit le duc de Rothsay, « trouver plus facile d'emprunter à un autre membre de ma famille cet heureux et commode manteau d'hypocrisie qui couvre tous les vices, de telle sorte qu'il importe peu s'ils existent ou non.

— Milord prieur, » dit le duc d'Albany, s'adressant au dominicain, « nous prierons Votre Révérence de s'absenter un instant. Le roi et moi, nous avons à parler au prince de choses qui ne doivent être entendues d'aucun autre, pas même de vous. »

Le dominicain salua, et se retira.

Quand le roi, son frère et le prince furent laissés ensemble, le roi parut embarrassé et malheureux, au plus haut degré ; Albany était sombre et pensif ; Rothsay lui-même s'efforçait de couvrir sous son apparence ordinaire de légèreté une certaine préoccupation. Il y eut une minute de silence. Albany, enfin, prit la parole.

« Mon royal frère, » dit-il, « le prince mon neveu accueille avec tant de défiance tout avertissement qui sort de ma bouche, que je dois prier Votre Grâce elle-même de prendre la peine de lui dire ce qu'il est fort à propos qu'il sache.

— Il faut que la communication soit vraiment désagréable, » dit le prince, « pour que milord d'Albany ne sache pas l'envelopper du miel de ses paroles.

— C'est trop d'effronterie, jeune homme, » répliqua le roi avec colère. « Vous avez parlé tout à l'heure de la querelle avec les bourgeois. Qui en a été cause, David ? Quels étaient les hommes qui escaladaient la fenêtre d'un citoyen paisible, d'un bourgeois fidèle ; les hommes qui ont provoqué, la nuit, la lueur des torches et les cris d'alarme, et semé parmi nos sujets la terreur et le danger ?

— Plus de peur que de danger, j'imagine, » répondit le prince ; « mais comment puis-je, moi plus qu'un autre, indiquer les auteurs de ce tumulte nocturne ?

— Il y avait là un gentilhomme de votre suite, » ajouta le roi ; « un homme de Bélial, à qui j'infligerai la punition qu'il mérite.

— Je n'ai pas, à ma connaissance, » répondit le prince, « de serviteur capable de mériter le déplaisir de Votre Altesse.

— Point d'évasions, jeune homme! Où étiez-vous la nuit d'avant la Saint-Valentin?

— Il est à espérer, » répondit négligemment le jeune prince, « que je servais le bon saint, comme doit le faire tout homme jeté au moule ordinaire.

— Mon royal neveu voudrait-il nous dire à quoi son premier écuyer était occupé durant cette sainte nuit? » Telle fut la question que fit le duc d'Albany.

« Parlez, David ; je vous l'ordonne, » dit le roi.

« Ramorny était occupé à mon service. Je pense que cette réponse satisfera mon oncle.

— Elle ne me satisfera pas, moi, » dit le père irrité. « Dieu le sait! je n'ai jamais désiré le sang d'un homme, mais la tête de Ramorny, je l'aurai, si la loi me la peut donner. Il a encouragé, il a partagé tous vos vices et toutes vos folies. J'aurai soin qu'il ne le fasse pas plus longtemps. Appelez Mac-Louis et des gardes!

— Ne soyez pas injuste envers un innocent, » dit le prince en s'interposant, résolu à tout sacrifice pour préserver son favori du danger qui le menaçait. « Je donne ma parole que Ramorny était occupé à mes affaires, et ne pouvait, en conséquence, être dans cette échauffourée.

— Trève à vos misérables équivoques! » dit le roi, présentant une bague au prince; « voyez le cachet de Ramorny, perdu dans cette infâme bagarre! Il est tombé aux mains d'un des serviteurs de Douglas, et le comte l'a remis à mon frère. Ne parlez pas pour Ramorny; il mourra! Et vous, sortez de ma présence, et repentez-vous de la complicité perverse qui vous amène devant moi le mensonge à la bouche. Honte à toi, David, honte à toi! comme fils, tu as menti à ton père; comme chevalier, tu as menti à ton ordre! »

Le prince resta muet, condamné par sa conscience, et convaincu de sa faute. Il donna cours alors aux sentiments d'honneur qu'il possédait vraiment au fond du cœur, et se jeta aux pieds de son père.

« Le chevalier félon, » dit-il, « mérite la dégradation, le sujet déloyal mérite la mort; mais, hélas! permettez au fils d'implorer de son père le pardon pour un serviteur qui ne l'a pas conduit au crime, mais qui s'y est plongé à regret sur l'ordre seul de son maître. Que je porte moi-même le poids de ma folie! Épargnez ceux qui ont été plutôt mes instruments que mes complices. Souvenez-vous que Ramorny a été mis à mon service par ma sainte mère.

— Ne la nommez pas, David, je vous le défends! » dit le roi; « elle est heureuse de n'avoir jamais vu devant elle l'enfant de son amour déshonoré deux fois par le crime et par le mensonge.

— C'est vrai, » répondit le prince; « je suis indigne de la nommer. Et cependant, mon cher père, c'est en son nom que je demande la vie de Ramorny.

— S'il m'était permis d'offrir mon avis, » dit le duc d'Albany, voyant qu'une réconciliation allait bientôt avoir lieu entre le père et le fils, « je proposerais que Ramorny fût chassé de la maison et de la société du prince, et soumis en outre à telle peine que son imprudence paraîtrait mériter. Le public sera satisfait de sa disgrâce, l'affaire facilement arrangée ou étouffée, sans que Son Altesse ait besoin de couvrir son serviteur.

— Voulez-vous, par égard pour moi, David, congédier cet homme dangereux? » dit le roi, d'une voix tremblante et les larmes aux yeux. « Le ferez-vous pour moi, moi qui, pour votre bien, m'arracherais le cœur?

— Je vais le faire, mon père, je vais le faire à l'instant, » répliqua le prince; et, saisissant une plume, il écrivit à la hâte le renvoi de Ramorny, et le mit aux mains d'Albany. « Que ne puis-je, mon père, accomplir aussi aisément tous vos désirs! » ajouta-t-il, en se jetant de nouveau aux pieds du roi. Celui-ci le releva, et le serra tendrement dans ses bras.

Albany fronça le sourcil, mais garda le silence. Ce ne fut qu'après une minute ou deux qu'il dit: « Cette affaire si heureusement terminée, permettez-moi de demander si Votre Majesté a l'intention d'assister, dans la chapelle, aux prières du soir?

— Certainement, » dit le roi. « N'ai-je pas des remercîments à adresser à Dieu, qui a rétabli l'union dans ma famille? Vous viendrez avec nous, mon frère?

— Que Votre Grâce me permette de m'absenter. Je n'y puis aller, » dit le duc. « J'ai à me concerter avec Douglas et d'autres sur le moyen d'attirer à notre leurre les vautours des hautes terres. »

Albany se retira pour penser à ses projets ambitieux; pendant que le père et le fils assistaient au service divin, pour remercier Dieu de leur heureuse réconciliation.

CHAPITRE XIV.

Lizzy, vers les hautes terres
Veux-tu venir avec moi,
Pour être, dans nos bruyères,
Mon épouse sous mon toit ?

Vieille Ballade.

Un précédent chapitre s'est ouvert au confessionnal du roi; nous devons présenter maintenant à nos lecteurs une situation à peu près semblable, quoique la scène et les personnages y soient très différents. Au lieu d'une salle gothique et sombre dans un monastère, une des plus belles vues de l'Écosse s'étend au-dessous de la hauteur de Kinnoul, et, au pied d'un rocher d'où le regard plonge dans toutes les directions, la Jolie Fille de Perth est assise, écoutant, dans une attitude de dévote attention, les instructions d'un moine chartreux, revêtu de sa robe blanche et de son scapulaire. Le moine terminait son discours par une prière, à laquelle sa prosélyte se joignait pieusement.

Quand ils eurent achevé leurs dévotions, le prêtre resta assis quelques minutes, les yeux fixés sur la perspective admirable, dont la saison et le froid ne parvenaient pas à cacher les beautés. Quelque temps se passa avant qu'il n'adressât la parole à sa compagne attentive.

« Quand je vois, » dit-il enfin, « ce pays riche et varié, avec ses châteaux, ses églises, ses couvents, ses magnifiques palais et ses champs fertiles, ces vastes forêts, ce noble fleuve, je ne sais, ma fille, qu'admirer le plus de la bonté de Dieu ou de l'ingratitude de l'homme. Dieu nous a donné la beauté et la fertilité de la terre, et, du théâtre de ses bienfaits, nous avons fait un charnier et un champ de bataille. Il nous a donné pouvoir sur les éléments; il nous a donné l'art d'élever des maisons pour notre bien-être et notre défense, et nous les avons changées en des cavernes de voleurs et de brigands.

— En ce spectacle même que nous contemplons, n'y a-t-il pas place, mon père, pour la consolation? » répliqua Catherine. « Ces quatre beaux couvents, avec leurs églises et leurs tours, qui, de leur voix d'airain, disent aux citoyens de penser à leurs devoirs religieux ; les habitants de ces couvents, qui se sont séparés du monde, de ses occupations, de ses plaisirs, pour se vouer au service du ciel ; tout rend témoignage que si l'Écosse est une terre de péché et de sang, elle est encore vivante et sensible à ce que la religion demande de la race humaine.

— Oui, ma fille, » répondit le prêtre ; « ce que vous dites semble être la vérité ; et, vues de près, cependant, de ces consolations que vous indiquez, combien seront trouvées trompeuses! Dans le monde chrétien, il y eut un temps, cela est vrai, où des hommes de bien, pourvoyant à leurs besoins par le travail de leurs mains, se réunissaient, non pour vivre à l'aise et dormir dans la mollesse, mais pour se fortifier mutuellement dans la foi chrétienne, et se mettre à même d'être pour les peuples les initiateurs de la parole. Sans doute on en trouve encore de semblables dans les édifices sacrés que nous contemplons maintenant. Mais il est à craindre que, chez beaucoup, l'amour divin ne soit refroidi. Nos hommes d'église sont devenus riches, et par les dons des personnes pieuses, et par ceux aussi qu'ont faits des hommes coupables, s'imaginant, dans leur ignorance, pouvoir acheter, par des libéralités envers l'Église, le pardon que le ciel n'a promis qu'aux pénitents sincères. A mesure que l'Église devenait opulente, ses doctrines sont, hélas! devenues obscures et confuses, comme une lumière qui se voit moins dans une lampe enchâssée d'or, qu'à travers un pur cristal. Si j'aperçois ces choses et si je les signale, ce n'est pas, Dieu le sait, par un désir de me singulariser ou de me faire docteur en Israël; c'est parce que le feu brûle en mon sein, et ne me permet pas le silence. J'obéis aux règles de mon ordre et je ne m'écarte pas de ses austérités. Qu'elles soient essentielles à notre salut, ou qu'elles ne soient que de pures formalités, adoptées pour suppléer à la pénitence vraie et à la dévotion sincère, j'ai promis, j'ai fait vœu de les observer. Je les respecterai d'autant plus que, si je faisais autrement, je serais accusé de ne songer qu'au bien-être de mon corps. Tout au contraire, cependant (j'en prends le ciel à témoin), combien peu j'estimerais ce que je serais appelé à faire ou à souffrir, s'il était possible par là de rétablir la pureté de l'Église, ou de replacer la discipline des prêtres dans sa simplicité primitive.

— C'est pour ces opinions, mon père, » dit Catherine, « qu'on vous appelle un Lollard et un Viclefiste, et qu'on dit que votre désir est de détruire les églises et les cloîtres, et de rétablir le paganisme.

— Aussi suis-je forcé, ma fille, de chercher refuge dans les montagnes et les rochers, et dois-je me résigner maintenant à diriger ma fuite parmi les rudes habitants des hautes terres, plus en état de grâce que ceux que je laisse derrière moi ; car ce sont crimes d'ignorance chez les premiers, de présomption chez les autres. Je ne négligerai pas d'employer pour ma sûreté, et pour échapper à leur cruauté, tels moyens que m'ouvrira le ciel ; tant que ces moyens s'offriront à moi, j'y verrai le signe que j'ai encore un service à rendre. Mais quand ce sera le plaisir de mon maître, il sait combien Clément Blair abandonnera volontiers une vile existence sur la terre, dans l'humble espoir de l'échanger ailleurs contre les bénédictions de Dieu. Pourquoi, mon enfant, votre regard se porte-t-il vers le nord avec tant d'anxiété? Vos jeunes yeux sont plus perçants que les miens. Voyez-vous venir quelqu'un?

— Mes yeux cherchaient, mon père, le jeune habitant des hautes terres qui doit être votre guide vers les montagnes, où son père vous procurera une retraite sévère, mais sûre. Il me l'a souvent promis quand nous parlions de vous et de vos enseignements. Je crains qu'avec ceux qu'il fréquente aujourd'hui, il ne les ait bientôt oubliés.

— Ce jeune homme a en lui des étincelles de grâce, » dit le père Clément, « quoique ceux de sa race soient trop attachés d'ordinaire à leurs coutumes fières et sauvages, pour endurer avec patience les entraves de la religion ou des lois sociales. Vous ne m'avez jamais dit, ma fille, comment, contrairement à tous les usages soit du bourg soit des montagnes, ce jeune homme est venu résider dans la maison de votre père.

— Tout ce que je sais à ce sujet, » dit Catherine, « c'est que son père est un homme important parmi les montagnards, et que, comme une faveur, il a demandé au mien, qui se trouve en rapport avec les gens de la montagne pour les marchandises dont il a besoin, de garder ce jeune homme un certain temps. Il n'y a que deux jours qu'ils se sont séparés, et que Conachar est retourné dans ses montagnes.

— Pourquoi, mon enfant, » demanda le prêtre, « avez-vous conservé avec ce jeune homme des intelligences, qui vous permettent de l'avertir quand vous désirez l'employer pour moi ? C'est avoir, pour une jeune fille, beaucoup d'influence sur un jeune montagnard comme celui-là. »

Catherine rougit, et répondit en hésitant : « Si j'ai eu quelque influence sur Conachar, je ne m'en suis servie, le ciel m'en soit témoin, que pour faire entrer en ce caractère altier la soumission aux règles de la vie sociale. Depuis longtemps, je l'avoue, je m'attendais, mon père, à vous voir obligé de prendre la fuite, et j'étais convenue avec lui qu'il me viendrait trouver en ce lieu aussitôt qu'il aurait reçu de moi un message, gage entre nous réglé, que je lui ai envoyé hier. J'ai eu pour messager un agile garçon de son clan, qu'il employait souvent lui-même pour des commissions dans les hautes terres.

— Je dois donc penser, ma fille, que ce jeune homme, si agréable aux yeux, ne vous était cher que dans la mesure seulement du désir que vous aviez d'éclairer son esprit et de réformer ses mœurs?

— Oui, mon père ; rien de plus, » répondit Catherine ; « et peut-être n'ai-je pas bien fait d'avoir avec lui quelque intimité, même pour l'instruire et l'améliorer. Mais jamais mes paroles ne sont allées plus loin.

— Alors, ma fille, je me suis trompé ; j'avais cru voir en vous, depuis quelque temps, un changement d'intention et des regards de désir lancés vers ce monde, qu'à une autre époque vous aviez résolu de quitter. »

Catherine baissa la tête, et rougit plus fort que jamais, en disant : « Vous-même, mon père, vous me détourniez de prendre le voile.

— Maintenant encore, mon enfant, je ne vous y pousse pas, » dit le prêtre. « Le mariage est un état honorable, marqué par le ciel comme le moyen régulier de perpétuer la race humaine ; et je ne lis rien dans les Écritures de ce que les inventions de l'homme ont avancé, depuis, touchant la supériorité du célibat. Mais j'ai de vous, mon enfant, un soin jaloux, comme un père de sa fille unique, et je crains que vous ne vous donniez à un être indigne de vous. Votre père, je le sais, moins scrupuleux à votre sujet que je ne le suis moi-même, appuie les demandes de ce fier et turbulent personnage qu'on appelle Henri de la Ruelle. Il est riche, cela se peut ; mais il est l'habitué des compagnies frivoles et débauchées ; coureur vulgaire de brutales victoires, il a versé le sang humain comme de l'eau. Un tel homme peut-il convenir pour époux à Catherine Glover? On dit, cependant, qu'ils seront unis bientôt. »

Le visage de la Jolie Fille de Perth passa du rouge à la pâleur, et de la pâleur à l'incarnat, lorsqu'elle répliqua précipitamment : « Je ne pense pas à lui ; bien qu'il soit vrai que, ces jours-ci, quelques politesses ont eu cours entre nous, car il est l'ami de mon père, et, d'après l'usage aussi, mon Valentin.

— Votre Valentin, mon enfant? » dit le père Clément. « Votre modestie et votre prudence ont-elles pu risquer à ce jeu la délicatesse de votre sexe, au point d'établir des relations semblables avec un homme comme ce Forgeron? Pensez-vous que Valentin, saint vénérable et évêque chrétien comme il paraît l'avoir été, eût jamais approuvé une sotte et inconvenante coutume, dont l'origine est empruntée plutôt aux cultes de Flore et de Vénus, du temps où les mortels donnaient des noms de déités à leurs passions, qu'ils s'étudiaient à exciter au lieu de les réprimer?

— Mon père, » dit Catherine, d'un ton où se lisait plus de mécontentement qu'elle n'en avait jamais témoigné au chartreux, « je ne sais pas pourquoi vous me réprimandez si sévèrement pour m'être conformée à une pratique générale, autorisée par l'usage universel, et sanctionnée par l'autorité de mon père. Je trouve peu obligeante l'interprétation que vous donnez à ce que j'ai fait.

— Pardonnez-moi, ma fille, » répondit le prêtre avec douceur, « si je vous ai offensée. Mais cet Henri Gow, ou le Forgeron, est un homme hardi, licencieux, auquel vous ne pouvez accorder un degré particulier d'intimité et d'encouragement sans vous exposer à des interprétations plus mauvaises encore ; à moins que votre dessein ne soit de l'épouser, et au plus tôt.

— Ne me parlez plus de cela, mon père, » dit Catherine. « Vous me faites plus de peine que vous ne m'en

voudriez faire, et je pourrais arriver à vous répondre autrement qu'il ne me conviendrait. Si je me suis conformée à une coutume peu raisonnable, certes, je n'ai eu déjà que trop sujet de m'en repentir. Soyez sûr, dans tous les cas, que Henri le Forgeron n'est rien pour moi ; et que les rapports insignifiants qui naissaient des usages de la Saint-Valentin sont eux-mêmes complètement rompus.

— Je suis heureux de l'apprendre, ma fille, » répliqua le chartreux. « J'ai à vous entretenir maintenant d'un autre sujet, qui m'inquiète fort pour vous. Vous ne pouvez l'ignorer, et je souhaiterais pourtant que, même devant les rochers et les pierres qui nous entourent, il ne fût pas nécessaire de parler d'une chose aussi dangereuse. Mais il faut le dire. Vous avez un amant, Catherine, au plus haut rang des fils de l'Écosse?

— Je le sais, mon père, » répondit Catherine avec calme. « Combien je voudrais qu'il en fût autrement!

— Je le voudrais aussi, » dit le prêtre, « si je ne voyais en vous, ma fille, que l'enfant de la frivolité et du plaisir, comme le sont, à votre âge, beaucoup de jeunes personnes, alors surtout qu'elles possèdent le don fatal de la beauté. Mais de même que vos charmes, pour parler le langage insensé du monde, ont attaché à vous un amant d'un si haut rang, de même je sais que vos vertus et votre sagesse conserveront sur l'esprit du prince l'influence qu'y a conquise votre beauté.

— Mon père, » répliqua Catherine, « le prince est un libertin sans scrupules, et l'attention qu'il m'a donnée ne tend qu'à mon déshonneur et à ma ruine. Vous qui sembliez craindre tout à l'heure que je n'eusse imprudemment agi en entrant, avec un homme de mon rang, dans un échange ordinaire de courtoisies, pouvez-vous parler sans indignation du genre de rapports que l'héritier de l'Écosse ose rêver d'avoir avec moi? Sachez que deux nuits seulement se sont écoulées depuis qu'avec une troupe des gens débauchés de sa suite, il m'aurait enlevée de force de la maison de mon père, si je n'avais été secourue par l'homme courageux dont vous parliez à l'instant, cet Henri le Forgeron, qui, s'il est trop prompt à courir au danger en des occasions futiles, est toujours prêt à risquer sa vie pour défendre l'innocence ou résister à l'oppression. Ce n'est que mon devoir de lui rendre cette justice.

— J'en dois savoir quelque chose, » dit le moine, « puisque c'est ma voix qui l'a envoyé à votre aide. J'avais vu cette troupe en passant devant votre porte, et je me hâtais d'aller demander secours aux autorités de la ville, quand j'ai aperçu un homme venant à pas lents vers moi. Craignant que ce ne fût l'un des gens de l'embuscade, je me cachai derrière les arcs-boutants de la chapelle Sainte-Anne, et voyant, de plus près, que c'était Henri le Forgeron, je devinai de quel côté il allait, et j'élevai la voix pour prononcer quelques mots, qui lui firent à l'instant précipiter son allure.

— Je vous en suis obligée, mon père, » dit Catherine; « mais tout cela, et le langage même que m'a tenu le duc de Rothsay, prouve que le prince n'est qu'un jeune homme dissolu, qui ne reculera devant aucune extrémité pour arriver à satisfaire une capricieuse passion, sans souci de ce qu'il en coûtera. Son émissaire, Ramorny, a même eu l'insolence de me dire que mon père en souffrira si j'ose être l'épouse d'un honnête homme, plutôt que la maîtresse avilie d'un prince marié. Je ne vois donc d'autre remède que de prendre le voile, ou de courir risque de ma propre ruine et de celle de mon pauvre père. N'y eût-il d'autre raison, la terreur qu'inspirent ces menaces, de la part d'un homme si capable de tenir parole, doit m'empêcher de devenir l'épouse d'un honnête homme, quel qu'il soit, car ce serait ouvrir sa porte pour introduire chez lui des assassins. Oh, mon bon père, quel lot est le mien! et faut-il que je sois ainsi fatale et à mon affectionné père, et à toute existence à laquelle je pourrais allier mes destins infortunés!

— Courage encore, ma fille, » dit le moine; « il est une consolation pour vous, même en ce malheur qui paraît extrême. Ramorny est un scélérat et séduit l'oreille de son maître. Le jeune prince est, par malheur, dissipé et sans mœurs; mais, à moins qu'une étrange erreur ne s'impose à mes cheveux gris, son caractère commence à se modifier. Il a reconnu la bassesse de Ramorny, et a un regret profond d'avoir suivi ses mauvais conseils. Je crois, je suis convaincu, que sa passion pour vous a pris un caractère plus noble et plus pur, et que les leçons qu'il a reçues de moi sur les corruptions de l'Église et des temps présents, pourront, si votre voix les appuie, s'enfoncer en son cœur, et produire des fruits, peut-être, qui deviendraient pour le monde un objet d'étonnement et de joie. De vieilles prophéties ont dit que Rome tombera à la parole d'une femme.

— Ce sont des rêves, mon père, » dit Catherine; « les visions d'un homme dont les pensées sont trop portées vers les améliorations désirables, pour qu'il puisse penser juste sur les affaires ordinaires de la terre. Quand on a longtemps regardé le soleil, on ne peut plus voir le reste qu'indistinctement.

— Vous êtes trop prompte, ma fille, » dit Clément, « et je vais vous en convaincre. Les perspectives que je vais ouvrir devant vous, il ne faudrait pas les offrir à une femme d'une vertu moins ferme ou d'un esprit plus ambitieux. Peut-être, même à vous, serait-il mieux de ne pas les exposer ; mais ma confiance est forte en votre sagesse et en vos principes. Sachez donc qu'il est très probable que l'Église de Rome dissoudra l'union qu'elle a elle-même formée, et dégagera le duc de Rothsay de son mariage avec Marjory Douglas. »

Ici, il s'arrêta.

« Et si l'Église a le pouvoir et la volonté de le faire, » répliqua la jeune fille, « quelle influence le divorce du prince et de sa femme exercera-t-il sur le sort de Catherine Glover? »

D'un œil inquiet, en parlant ainsi, elle regardait le prêtre. Il parut embarrassé pour formuler sa réponse, car ce fut les yeux fixés vers le sol qu'il répliqua :

« Qu'a fait la beauté pour Catherine Logie? A moins que nos pères ne nous aient menti, elle l'éleva jusqu'à partager le trône de David Bruce.

— A-t-elle vécu heureuse, mon bon père? Est-elle morte regrettée? » demanda Catherine du même ton calme et ferme.

« Elle a contracté cette alliance par une ambition temporelle, et criminelle peut-être, » répliqua le père Clément ; « et trouvé sa récompense dans la vanité et les chagrins de l'esprit. Si elle s'était mariée afin que l'épouse croyante convertît l'époux incrédule ou fortifiât sa foi chancelante, alors, quelle eût été sa récompense? L'amour et l'honneur sur la terre, et, dans le ciel, une part d'héritage avec la reine Marguerite et toutes ces héroïnes qui ont été les mères nourricières de l'Église. »

Catherine était assise sur une pierre aux pieds du prêtre, et, les yeux fixés sur lui, lui parlait ou l'écoutait. Soudain, et comme animée d'un sentiment de désapprobation, calme mais résolue, elle se leva, et, le bras tendu, l'index dirigé vers le moine, elle lui adressa la parole, de l'air et de la voix d'un ange qui verserait la pitié, et dans la mesure possible, l'indulgence, aux mortels dont il a mission de réprimander les erreurs.

« Est-ce donc vrai? » dit Catherine ; « les souhaits, les espérances, les préjugés de ce méprisable monde peuvent-ils affecter à ce point celui qui, demain peut-être, donnera sa vie pour s'opposer aux corruptions d'un siècle coupable et d'un clergé qui décline? Est-ce le vertueux, l'inflexible père Clément qui conseille à son enfant d'aspirer, de songer seulement à la possession d'un trône et d'un lit, qui ne deviendraient vacants que par une cruelle injustice pour celle qui les possède aujourd'hui? Est-ce bien le sage réformateur de l'Église qui veut édifier un dessein, aussi injuste en lui-même, sur un fondement aussi précaire? Depuis quand, mon bon père, ce prince libertin a-t-il si bien transformé ses mœurs qu'on puisse avec vraisemblance songer à le voir recherchant, par une voie honorable, la fille d'un artisan de Perth? Deux jours auraient fait ce changement, car il n'y a pas plus longtemps qu'il forçait, de nuit, la maison de mon père, méditant un pire méfait que celui d'un voleur vulgaire. Et, si le cœur de Rothsay pouvait lui dicter une union aussi modeste, croyez-vous qu'il pourrait accomplir un pareil dessein sans mettre en danger ses droits au trône et sa vie, que Douglas et March attaqueraient à la fois? Un tel acte, à leurs yeux, serait pour leurs deux maisons et le mépris et l'insulte. Oh! père Clément, où étaient vos principes, où était votre prudence, quand ils vous ont permis de vous égarer ainsi dans un rêve étrange, et quand ils ont donné au plus humble de vos disciples le droit de vous adresser ces reproches? »

Les yeux du vieillard se remplirent de larmes, lorsque Catherine, visiblement et douloureusement affectée de ce qu'elle avait dit, vint à garder le silence.

« Par la bouche des enfants et de ceux qui sont encore à la mamelle, » dit-il, « Dieu a réprimandé ceux qui semblaient sages en leur génération. Je remercie le ciel, qui, par l'intermédiaire d'un si gracieux moniteur, m'a donné de meilleures pensées que ne m'en suggérait ma vanité. Oui, Catherine, je ne devrai plus m'étonner ni m'indigner désormais, si je vois ceux que, jusqu'à ce jour, j'ai trop sévèrement jugés, s'efforcer de saisir le pouvoir temporel en tenant le langage du zèle religieux. Je vous remercie, ma fille, de votre avertissement salutaire, et je remercie le ciel qui me l'a envoyé par vos lèvres, et non par celles d'un censeur plus rigoureux. »

Catherine avait levé la tête pour répliquer; elle eût voulu consoler le vieillard, dont l'humiliation la chagrinait, lorsque, tout près d'elle, un objet captiva ses regards. Parmi les escarpements et les rochers qui entouraient cette solitude, il y en avait deux tout rapprochés l'un de l'autre : on eût dit les fragments d'un même roc, qui, fendu par la foudre ou par un tremblement de terre, laissait voir maintenant, entre les masses de pierre, une ouverture d'environ quatre pieds de large. Là avait poussé un chêne, par un de ces caprices bizarres que la végétation offre quelquefois. Chétif et mal nourri, l'arbre avait, pour chercher un aliment, dirigé en tous sens, le long du rocher, les sinuosités de ses racines ; c'étaient comme des lignes de communication militaires, contournées, tordues, noueuses, à la façon des serpents immenses de l'archipel indien. Tandis que le regard de Catherine tombait sur cette complication curieuse de branches et de racines, elle s'aperçut soudain que deux grands yeux y apparaissaient, fixés sur elle et l'épiant comme ceux d'une bête sauvage en embuscade. Elle tressaillit, et, sans parler, montra l'objet à son compagnon ; regardant elle-même avec plus d'attention, elle put enfin distinguer la chevelure rouge et touffue, et la barbe hérissée, que lui avaient cachées jusque-là les branches rabougries et les racines tortueuses de l'arbre.

Quand il se vit découvert, le montagnard (car c'en était un) sortit de sa cachette, et, s'avançant fièrement, laissa voir un colosse, vêtu d'un plaid à carreaux violets, rouges et verts, sous lequel il portait une jaquette de peau de taureau. Son arc et ses flèches étaient sur son dos ; il avait la tête nue, et une grande profusion de cheveux entrelacés, comme les tresses des Irlandais, formaient un couvre-chef propre à satisfaire à tous les offices d'un bonnet. Une épée et une dague étaient à son ceinturon ; il tenait à la main une hache d'armes danoise. Par cet étrange portique s'avancèrent, un à un, quatre autres personnages de même taille, vêtus et armés de la même façon.

Catherine était trop accoutumée à l'aspect des habitants des montagnes voisines de Perth, pour s'alarmer autant que l'aurait pu faire, en une occasion semblable, une autre jeune fille des basses terres. Elle vit avec assez de sang-froid ces formes gigantesques se disposer en demi-cercle devant elle et devant le moine, et attacher sur eux, en silence, de grands yeux, où se lisait, autant qu'elle en put juger, une sauvage admiration de sa beauté. Elle fit vers eux un léger mouvement de tête, et murmura à demi la formule ordinaire du salut des hautes terres. Le chef et le plus âgé de la bande rendit la salutation, puis redevint silencieux et immobile. Le moine dit son chapelet, et Catherine commença à avoir elle-même d'étranges craintes pour sa sûreté personnelle, ne sachant plus s'ils devaient tous deux se considérer comme libres. Elle résolut d'en faire l'expérience, et s'avança comme pour descendre vers la plaine. Quand elle essaya de franchir la ligne des montagnards, ceux-ci barrèrent de leurs haches d'armes l'espace qui les séparait, de manière à fermer les ouvertures par lesquelles Catherine aurait pu passer.

La jeune fille fut un peu déconcertée; ce n'était pas encore de la frayeur, car elle ne comprenait pas quel mal on aurait pu lui vouloir. Elle s'assit sur un des fragments épars du rocher, et souhaita bon courage au moine qui se tenait à son côté.

« Si je crains, » dit le père Clément, « ce n'est pas pour moi. Que ces hommes sauvages me fassent sauter la cervelle avec leurs haches, comme au bœuf usé par le travail qu'on condamne à l'abattoir, ou que, me liant avec les cordes de leurs arcs, ils me livrent à ceux qui prendront ma vie avec des cérémonies plus cruelles, cela m'importe peu, s'ils vous laissent, ma chère enfant, vous échapper sans injure.

— Nous n'avons ni l'un ni l'autre, » répliqua la Fille de Perth, « sujet de craindre aucun mal; soyez-en sûr, car voici venir Conachar. »

En prononçant ces mots, elle doutait presque de ses yeux, tant s'étaient transformés la manière d'être et le costume du jeune homme, beau, majestueux, aux vêtements magnifiques, qui, s'élançant comme un chevreuil du sommet élevé d'un rocher, vint se placer devant elle. Il portait le même tartan que ceux qui avaient paru les premiers, mais entouré à la gorge et aux coudes d'un collier et de bracelets d'or. Son haubert était d'acier, si bien poli qu'il brillait comme de l'argent. Ses bras étaient parés d'une profusion d'ornements; sa toque, outre la plume d'aigle indiquant la qualité de chef, était ornée d'une chaîne d'or, s'y enroulant à plusieurs tours, et retenue par une grosse agrafe, tout étincelante de perles. La boucle par laquelle son manteau de tartan, ou son plaid, comme on l'appelle aujourd'hui, s'attachait à l'épaule, était également en or, forte et travaillée avec art; il n'avait d'autre arme à la main qu'une petite baguette à tête recourbée. Son air et sa démarche, qui n'avaient indiqué jusque-là que le sentiment d'une infériorité mécontente, étaient hardis, maintenant, fiers et altiers. C'était avec un sourire confiant qu'il se tenait devant Catherine, ayant pleine conscience des avantages qu'il avait gagnés, et attendant qu'elle le reconnût.

« Conachar, » dit Catherine, désireuse de rompre cet état d'incertitude et de silence, « sont-ce là les hommes de votre père?

— Non, belle Catherine, » répondit le jeune homme. « Conachar n'existe plus que pour le souvenir des torts qu'il a soufferts et pour la vengeance qu'ils demandent. Je suis Ian Eachin Mac Ian, fils du chef du clan Quhele. J'ai changé de plumes, vous le voyez, en même temps que de nom. Quant à ces hommes, ils ne sont point de la suite de mon père, mais de la mienne. Vous n'en voyez ici que la moitié; ils forment une troupe composée de mon père nourricier et de ses huit fils; ce sont mes gardes du corps et les enfants de mon ceinturon, qui ne respirent que pour faire ma volonté. Mais Conachar, » ajouta-t-il d'un ton plus doux, « renaît à la vie dès que Catherine a le désir de le revoir; et, s'il est, pour tous les autres, le jeune chef du clan Quhele, il est pour elle aussi humble et obéissant que lorsqu'il était l'apprenti de Simon Glover. Tenez, voici la baguette que j'ai reçue de vous, quand nous récoltions la noisette ensemble sur les coteaux de Lednoch éclairés du soleil, alors que naissait l'automne de l'an dernier. Je ne la changerais pas, Catherine, pour le bâton de commandement de ma tribu. »

Pendant qu'Eachin parlait ainsi, Catherine commença à se demander si elle avait agi prudemment en réclamant l'assistance d'un audacieux jeune homme, qu'une élévation soudaine avait fait passer d'un état de servitude à une situation qui lui donnait (c'était à craindre) une large autorité sur des adhérents contempteurs de toutes lois.

« Je ne vous fais pas peur, belle Catherine? » dit le jeune chef, en lui prenant la main. « J'ai permis à mes hommes de paraître devant vous quelques minutes, pour voir comment vous supporteriez leur présence, et vous les avez regardés, il me semble, comme si vous étiez née pour être l'épouse d'un chef.

— Je n'ai sujet de craindre aucun mal des habitants des hautes terres, » dit Catherine avec fermeté; « alors surtout que je savais Conachar avec eux. Conachar a bu à notre coupe et mangé notre pain; mon

Le jeune chef du clan Quhele et cinq de ses hommes, en présence de Catherine et du père Clément.

père a fréquemment eu commerce avec les hommes des hautes terres, et jamais, entre eux et lui, il n'y eut tort ni querelle.

— Jamais? » répliqua Hector, car tel est, en saxon, l'équivalent d'Eachin. « Pas même, n'est-ce pas, lorsqu'il a pris, contre Eachin Mac-Ian, le parti de ce Gow, le Forgeron aux jambes torses? Ne cherchez pas à l'excuser, et croyez que ce sera votre faute si jamais, à l'avenir, j'y fais allusion. Mais vous aviez un commandement à me faire : parlez ; vous serez obéie. »

Catherine se hâta de répondre ; il y avait quelque chose dans la manière d'être et le langage du jeune chef, qui lui faisait désirer d'abréger l'entrevue.

« Eachin, » dit-elle, « puisque Conachar n'est plus votre nom, vous savez qu'en demandant, comme je l'ai cru pouvoir faire, un service à un égal, je ne croyais pas m'adresser à une personne d'une autorité et d'une importance aussi hautes. Comme moi, vous avez reçu de cet homme excellent l'instruction religieuse. Il est en grand danger ; des méchants ont porté contre lui des accusations injustes, il lui faut un abri sûr jusqu'à ce que l'orage ait passé.

— Ah! le bon père Clément! Oui, vraiment, le digne clerc a fait beaucoup pour moi ; il en a fait plus que n'y pouvait profiter mon rude caractère. J'aurai plaisir à voir quelqu'un de la ville de Perth persécuter un homme qui a touché le manteau de Mac Ian!

— Il ne serait pas prudent de s'y fier trop, » dit Catherine. « Je ne doute pas de la puissance de votre tribu ; mais quand Douglas le Noir prend une querelle en main, il ne suffit pas, pour l'effrayer, d'agiter un plaid écossais. »

Le montagnard déguisa sous un rire forcé le mécontentement que lui causait cette parole.

« Le passereau, » dit-il, « placé tout près du regard, semble plus gros que l'aigle perché sur le Bengoile. Vous craignez fort les Douglas parce qu'ils sont près de vous. Pensez-en ce que vous voudrez. Vous ne savez pas combien loin nos hauteurs, nos vallées et nos forêts, s'étendent au delà de la barrière sombre de ces montagnes, et vous croyez que le monde entier est sur les rives du Tay. Le bon clerc verra des hauteurs qui le sauraient cacher quand tous les Douglas seraient à sa recherche ; il verra des hommes assez nombreux pour courir tous avec joie, une fois encore, jusqu'au sud des Grampians. Et vous, pourquoi ne viendriez-vous pas avec ce vieillard ? J'enverrai des hommes le mettre en sûreté loin de Perth, et nous reprendrons, au delà du Tay, notre commerce d'autrefois. Ce ne sera plus pour couper des gants. Au pays de votre père, je retrouverai des peaux, mais je ne les y taillerai que sur le dos de quelqu'un.

— Mon père, un jour, viendra visiter votre demeure, Conachar ; Hector, veux-je dire. Mais il faudra des temps plus tranquilles, car il y a guerre entre les gens de la ville et ceux qui suivent les nobles, et l'on parle aussi de guerre prête à éclater dans les hautes terres.

— Oui, par Notre-Dame, Catherine ! et, sans cette guerre, vous ne sauriez retarder ainsi, ma charmante maîtresse, votre visite aux hautes terres. Mais la race des montagnes ne restera pas plus longtemps divisée en deux nations. Ils combattront comme des hommes pour la suprématie, et celui qui l'obtiendra ne traitera plus avec le roi d'Écosse comme avec un supérieur, mais comme avec un égal. Priez, ma pieuse sainte Catherine, pour que la victoire échoie à Mac Ian ; ce sera prier pour un homme qui vous aime tendrement.

— Je prierai pour le bon droit, » dit Catherine ; « ou plutôt, je prierai pour la paix de tous. Adieu, bon et vertueux père Clément ; jamais, croyez-le bien, je n'oublierai vos leçons. Souvenez-vous de moi dans vos prières. Mais comment supporterez-vous les fatigues d'un tel voyage ?

— Au besoin, » dit Hector, « on le portera, si nous allons loin sans lui trouver un cheval. Mais vous, Catherine ; il y a loin d'ici à Perth. Laissez-moi vous accompagner, comme je le faisais autrefois.

— Si vous étiez le même qu'autrefois, je ne refuserais pas votre escorte. Mais des boucles et des bracelets d'or sont une compagnie périlleuse, quand les lances des vallées du Liddell et d'Annan chevauchent sur les chemins, aussi épaisses que les feuilles à la Toussaint ; quand la rencontre n'est pas sûre entre les tartans de la montagne et les jaquettes d'acier. »

Lorsqu'elle risquait cette remarque, elle soupçonnait un peu qu'en dépouillant sa peau de la veille, le jeune Eachin n'avait pas complè-

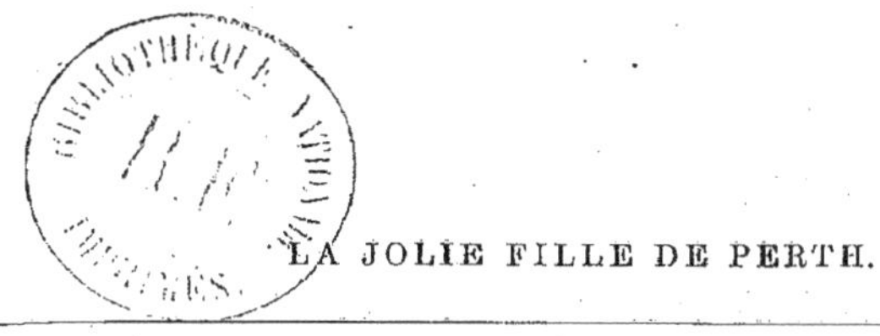

tement vaincu les habitudes contractées dans une situation plus humble, et que, tout en employant de grands mots, il ne serait pas assez hardi pour braver la supériorité du nombre, à laquelle l'exposerait probablement une descente dans le voisinage de la cité. La conjecture était exacte, car, après un adieu dans lequel, par transaction, elle obtint l'immunité pour ses lèvres en permettant au jeune homme de lui embrasser la main, Catherine reprit le chemin de Perth. De temps à autre, elle put jeter en arrière un regard fugitif vers les montagnards, qui, serpentant aux chemins les plus cachés et les plus impraticables, poursuivaient leur route vers le nord.

Elle se sentit un peu soulagée de l'anxiété qu'elle venait de ressentir quand elle vit grandir la distance entre elle et ces hommes, dont les actes n'étaient dirigés que par la volonté de leur chef, et dont le chef était jeune, impétueux, mobile. Elle ne craignait, pour son retour de Perth, aucune insulte de la part des soldats qu'elle rencontrerait, de quelque parti qu'ils fussent : les règles de la chevalerie étaient, en ces jours-là, pour une jeune fille de tournure décente, une protection plus sûre qu'une escorte d'hommes armés, en laquelle une autre troupe, accidentellement rencontrée, n'aurait pas reconnu des emblèmes amis. Des dangers plus lointains excitaient ses appréhensions. Les poursuites d'un prince débauché étaient rendues formidables par les menaces que son audacieux conseiller, Ramorny, n'avait pas craint de prononcer contre le père de Catherine, si celle-ci persévérait dans ses refus. Ces menaces, en un temps comme celui-là, et de la part d'un tel personnage, étaient une cause sérieuse d'alarme. Elle ne pouvait se dissimuler non plus que les aspirations de Conachar, à peine réprimées en lui durant son état de servitude, et qu'il semblait à présent déclarer avec hardiesse, ne présentaient pas un moindre péril ; il y avait eu, à plusieurs reprises, des incursions de montagnards dans la ville même de Perth, et des citoyens avaient, en plus d'une occasion, été faits prisonniers et emmenés de leurs maisons, ou étaient tombés sous la claymore dans les rues même de la cité. Elle craignait aussi les importunités de son père en faveur du Forgeron, sur la conduite duquel, au jour de la Saint-Valentin, d'indignes rapports avaient atteint Catherine. Eût-il eu, d'ailleurs, en la pensée de celle-ci, le caractère le plus intact, elle n'eût osé écouter sa demande, aussi longtemps que résonnaient à son oreille les paroles de vengeance de Ramorny contre son père. Elle songeait à ces divers dangers avec l'appréhension la plus grande, et le plus ardent désir d'y échapper, et d'échapper à elle-même en se réfugiant dans un cloître ; mais à la seule détermination d'où elle attendît paix et protection, elle ne voyait pas qu'il lui fût possible d'obtenir le consentement de son père.

Au milieu de ces réflexions, nous ne saurions dire avec certitude si elle regrettait absolument de devoir tous ces dangers au renom qu'elle avait d'être *la Jolie Fille de Perth*. Ce point douteux indiquait qu'elle n'était pas tout à fait un ange. Un second point, peut-être, le disait encore : c'est qu'en dépit des fautes réelles ou supposées d'Henri le Forgeron, un soupir s'échappa de son sein en pensant à l'aube de la Saint-Valentin.

CHAPITRE XV.

> Un breuvage, oh ! trouvez-le-moi, dont le pouvoir
> Jusque dans son sommeil verse le désespoir !
>
> BERTHA.

ous avons livré les secrets du confessionnal ; ceux de la chambre d'un malade ne seront pas cachés pour nous. Dans une pièce défendue contre la clarté du jour, où des onguents et des médicaments indiquaient que le médecin avait vaqué aux occupations de son art, une forme humaine, grande et mince, couverte d'une robe de nuit que retenait une ceinture, était couchée sur un lit ; la souffrance se peignait sur son visage, et mille passions orageuses agitaient son sein. Tout dans la chambre indiquait un homme habitué à la richesse et à la dépense. D'un pas silencieux, Henbane Dwining, l'apothicaire, à qui paraissait confié le soin du patient, se glissait comme un chat d'un coin de la pièce à l'autre, occupé à mêler des drogues et à préparer des pansements. Le malade gémit une fois ou deux ; le médecin, s'approchant du lit, demanda si ces gémissements étaient l'indice d'une souffrance corporelle, ou des angoisses de l'esprit.

« Des deux, empoisonneur, » dit sir Jean Ramorny ; « et du chagrin d'être embarrassé de ta maudite compagnie.

— Si c'est tout, je puis délivrer Votre Seigneurie de l'un de ces maux, et m'en aller de suite ailleurs. Grâce aux querelles de ces jours turbulents, j'aurais vingt mains au lieu de ces deux pauvres serviteurs de mon art, » dit-il, en montrant ses paumes décharnées, « que je trouverais pour elles assez d'emploi ; un emploi bien rétribué, où les remerciements et les écus combattent à qui paiera le mieux mes services ; tandis que vous, sir Jean, vous déchargez sur votre chirurgien la colère que vous devriez garder pour l'auteur de la blessure.

— Te répondre, drôle, serait au-dessous de moi, » dit le patient ; « chaque parole de ta langue méchante est un poignard, infligeant des blessures qui défient tous les médicaments de l'Arabie.

— Sir Jean, je ne vous comprends pas ; mais si vous donnez cours à ces accès de rage effrénés, il est impossible que la fièvre et l'inflammation n'en soient pas le résultat.

— Pourquoi, alors, parles-tu de façon à m'échauffer le sang? Pourquoi supposes-tu, en ta misérable personne, plus de mains que la nature ne t'en a donné, quand moi, chevalier et gentilhomme, je suis mutilé de la sorte?

— Sir Jean, » répliqua le chirurgien, « je ne suis pas un prêtre, ni un croyant bien déterminé de quelques unes des choses que nous disent les prêtres. Je puis vous rappeler, cependant, que vous avez été traité avec une certaine douceur ; car, si le coup qui vous a fait cette blessure avait atteint votre col, auquel il était destiné, il aurait ôté votre tête de vos épaules, au lieu d'amputer un membre moins important.

— Que n'en est-il ainsi, Dwining ; et que n'a-t-on pas atteint ce que l'on visait? Je n'aurais pas vu une trame aussi bien conçue que la mienne, brisée par la brutale violence d'un manant ivre. Je ne serais pas réservé à voir des chevaux que je ne peux plus monter, des lices où je n'entrerai plus, des splendeurs que je ne saurais espérer de partager, ou des batailles auxquelles je ne dois pas prendre part. Je ne serais pas réduit, avec les passions d'un homme pour le pouvoir et pour la lutte, à prendre place parmi les femmes, méprisé d'elles aussi comme un misérable impotent, incapable d'aspirer aux faveurs de leur sexe.

— En admettant tout cela, je prierais pourtant Votre Seigneurie, » répliqua Dwining, occupé à disposer les appareils pour la blessure, « de remarquer que vos yeux, que vous auriez perdus avec votre tête, peuvent, puisqu'ils vous sont laissés, vous offrir d'aussi riches perspectives de plaisir que celles qu'auraient su vous promettre l'ambition, la victoire dans la lice ou dans la bataille, ou l'amour même des femmes.

— Mon intelligence est trop épaisse, médecin, pour deviner ce que tu veux dire, » répliqua Ramorny. « Quel est, dans un pareil naufrage, le précieux spectacle qui m'est réservé?

— Le plus cher que connaisse la race humaine, » répliqua Dwining; et, de l'accent d'un amant qui prononce le nom de sa bien-aimée, et qui, par le ton même de sa voix, exprime sa passion pour elle, il ajouta ce mot : « La vengeance! »

Le patient s'était soulevé sur sa couche pour écouter, avec anxiété, la solution de l'énigme du médecin. Il reprit sa position première quand celui-ci se fut expliqué, et, un instant après, il lui posa cette question : « Dans quel collège chrétien, mon bon maître Dwining, avez-vous appris cette moralité?

— Ce n'est pas dans un collège chrétien, » répondit le médecin ; « car si, dans beaucoup d'entre eux, cela s'admet dans le for intérieur, cela n'est, dans aucun, ouvertement et résolument adopté. J'ai étudié parmi les sages de Grenade, où le Maure au cœur fier porte haut le poignard homicide d'où dégoutte le sang de l'ennemi, et avoue la doctrine que le pâle chrétien pratique, quoique trop lâche pour oser la proclamer.

— Tu as, pour un scélérat, l'âme plus haute que je ne le croyais, » dit Ramorny.

« Laissez faire, » répondit Dwining. « Les eaux les plus calmes sont aussi les plus profondes, et l'ennemi le plus redoutable est celui qui ne menace pas avant de frapper. Vous autres, chevaliers et hommes d'armes, vous allez, l'épée en main, droit à votre but. Nous, qui sommes clercs, nous nous approchons sans bruit, par des chemins détournés, sans atteindre pour cela le but avec moins de sûreté.

— Moi, » dit le chevalier, « qui marchais à la vengeance d'un pied de fer dont retentissaient les échos, je chausserai donc maintenant une pantoufle comme la tienne? Oh!

— Celui qui manque de force, » dit l'astucieux médecin, « doit arriver à ses fins par l'adresse.

— Dis-moi franchement, médecin, pourquoi tu me débites ces diaboliques leçons? Pourquoi veux-tu me pousser à la vengeance plus vite ou plus loin que je ne semble prêt à y aller de moi-même? Je suis vieux dans les chemins du monde ; et je sais que des gens comme toi ne laissent pas tomber en vain leurs paroles, et ne font de dangereuses confidences à des hommes qui me ressemblent que dans l'espoir de servir un dessein qui leur est propre. Quel intérêt as-tu dans la route, pacifique ou sanglante, que je pourrai suivre en cette occurrence?

— Pour parler net, seigneur chevalier, quoique je le fasse rarement, » répondit le médecin, « mon chemin vers la vengeance est le même que le vôtre.

— Que le mien? » dit Ramorny, d'un ton de mépris et de surprise. « J'aurais cru le mien fort au-dessus de ta portée. Aspirer, toi, à la même vengeance que Ramorny!

— Oui, vraiment, » répliqua Dwining, « car le Forgeron insolent par la main duquel vous avez souffert, m'a fait essuyer souvent ses dédains et ses injures. Il m'a contrecarré dans le conseil, et ses actes m'ont jeté le mépris. Sa grossièreté brutale, et qui n'hésite jamais, est un vivant reproche contre la subtilité de mes dispositions naturelles. Je le crains, et je le hais.

— Et tu espères trouver en moi un coadjuteur actif? » dit Ramorny, du même ton de hauteur qu'auparavant. « Sache bien que cet artisan est d'un degré trop bas pour être, à mes yeux, un objet de haine ou de crainte. Il ne m'échappera pas cependant. Nous ne haïssons pas le reptile qui nous a piqués ; mais nous l'arrachons de la blessure et nous l'écrasons du pied. De vieille date, je connais ce bandit pour un vigoureux homme d'armes, un prétendant, je l'ai ouï dire, aux faveurs de la poupée dédaigneuse dont les charmes, vraiment, nous ont poussés à cette entreprise si bien conçue et si pleine d'espoir. Démons, qui dirigez ce bas monde! par quelle malice avez-vous décidé qu'une main qui a couché la lance contre la poitrine d'un prince, serait abattue, comme un arbrisseau naissant, sous le coup d'un rustre et dans le tumulte d'une échauffourée de nuit! Allons, marchand de drogues, en cela du moins, nos visées sont les mêmes; et ce sera pour toi, je veux bien te le laisser croire, que j'écraserai ce reptile. Ne pense pas m'échapper, quand sera satisfaite cette partie de ma vengeance, qui s'accomplira aisément et vite.

— Ce ne sera pas si facile, » dit l'apothicaire ; « car, si Votre Seigneurie veut m'en croire, en ayant affaire à lui, on ne sera ni à son aise ni à l'abri du danger. C'est le plus vigoureux, le plus hardi et le plus habile des hommes d'épée de Perth et des environs.

— Ne crains rien ; on en viendra à bout, quand il aurait la force de Samson. Fais-y bien attention cependant. N'espère pas échapper toi-même à ma vengeance, si tu n'es mon agent passif dans la scène qui va

s'accomplir. Je te le dis encore, fais attention. Je n'ai étudié dans aucun collège moresque, et ta soif insatiable de ressentiment me fait en partie défaut ; j'aurai toutefois ma part de vengeance. Aussi loin qu'il me plaît de me découvrir à toi, drogueur, écoute-moi ; mais pas de trahison, car, si puissant que soit ton mauvais esprit, tu as pris les leçons d'un démon de moindre taille que le mien. Écoute bien. Le maître que j'ai suivi à travers le vice et la vertu, avec trop de zèle peut-être au point de vue de ma réputation, mais avec une inébranlable fidélité ; celui-là même pour l'assouvissement des folies duquel j'ai encouru cette perte irréparable, est sur le point, à la prière d'un père indulgent et nul, de me sacrifier, de me retirer ses faveurs, et de me laisser à la merci du parent hypocrite avec lequel il cherche, à mes dépens, une réconciliation précaire. S'il persiste en cette résolution pleine d'ingratitude, le More le plus féroce, eût-il le teint aussi basané que la fumée de l'enfer, rougira de voir à quel point je surpasserai sa vengeance! Je lui veux donner encore une chance d'honneur et de sécurité, avant de faire descendre sur lui mon courroux avec une fureur que rien ne saurait plus retenir ni modérer. Dans cette mesure donc, aie confiance en moi. Que, pour ce marché, nos mains se rencontrent... Nos mains? Qu'ai-je dit? Où est celle qui serait le garant et l'organe de la parole de Ramorny? Clouée au pilori, ou jetée comme un débris aux chiens impudents qui grondent maintenant autour d'elle. Mets donc le doigt sur ce membre mutilé, et jure d'être, dans ma vengeance, un acteur fidèle, comme je le serai dans la tienne. Qu'est-ce, seigneur médecin, vous êtes pâle? Vous qui dites à la mort de reculer ou d'avancer, pouvez-vous trembler rien qu'en pensant à elle ou en l'entendant nommer? Votre salaire, je n'en ai rien dit; car celui qui aime la vengeance pour elle-même, n'a pas besoin d'autre chose. Si cependant de vastes terres ou de grosses sommes peuvent, dans une bonne cause, augmenter votre zèle, elles ne vous manqueront pas.

— Dans mes humbles souhaits, » dit Dwining, « ces choses parlent bien un peu. En ce monde qui s'agite, l'homme pauvre est jeté à terre et foulé aux pieds comme un nain dans une foule; le riche et le puissant s'élèvent au-dessus des autres comme des géants, et sont à leur aise pendant que tout n'est que tumulte autour d'eux.

— Tu te dresseras au-dessus de la foule, fabricant de drogues, aussi haut que l'or pourra t'élever. Cette bourse est pesante; ce ne sont cependant que les arrhes de ta récompense.

— Et ce Forgeron? mon noble bienfaiteur, » dit le médecin en empochant le salaire, « cet Henri de la Ruelle, ou de quelque autre nom qu'on l'appelle, est-ce que la blessure de Votre Seigneurie ne serait pas soulagée par la nouvelle de son châtiment, mieux que par le baume de la Mecque avec lequel je l'ai pansée?

— Cet homme est au-dessous des pensées de Ramorny; je n'ai pas contre lui plus de ressentiment que je n'ai de rancune contre les armes dont il s'est servi. Mais il est juste que ta haine se satisfasse sur lui. Où aurait-on le plus de chances pour le rencontrer?

— J'y ai songé, » dit Dwining. « Tenter cela en plein jour, dans sa propre maison, serait trop osé et trop dangereux, car cinq ouvriers travaillent avec lui à la forge; quatre d'entre eux sont de robustes drôles, et tous aiment beaucoup leur maître. De nuit, cela ne vaudrait guère mieux; ses portes sont solidement garanties par des broches en chêne et des barres de fer, et, avant que les ouvertures de sa maison ne fussent forcées, les voisins se lèveraient à la rescousse, alarmés qu'ils sont déjà par l'affaire de la Saint-Valentin.

— Oh! oui, c'est vrai, médecin, » dit Ramorny; « la ruse est dans ta nature, même vis-à-vis de moi. Tu as reconnu ma main et ma bague (tu me l'as dit toi-même), quand cette main a été trouvée sur le pavé de la rue comme le rebut dégoûtant d'un étal. Le sachant, pourquoi aller avec ces lourdauds de citoyens consulter Patrice Charteris, qui, pour sa honteuse alliance avec des bourgeois, mériterait d'avoir ses éperons brisés; cet homme qu'en compagnie des stupides manants de la ville, tu as amené ici, pour déshonorer une main sans vie? Ah! si elle était restée à sa place, Patrice n'aurait été digne ni de la toucher durant la paix, ni de l'affronter à la guerre!

— Mon noble patron, aussitôt que j'ai su qui avait été lésé, j'ai, avec toute la force de persuasion qui était en moi, invité les bourgeois à ne pas poursuivre l'affaire; mais ce fier-à-bras de Forgeron, et une ou deux autres têtes chaudes, ont à grands cris demandé vengeance. Votre Seigneurie doit savoir que ce personnage s'intitule le prétendu de la Jolie Fille de Perth, et tient à honneur de pousser outre la querelle du père de sa bien-aimée; mais, sur le chapitre de ses amours, j'ai fait, au marché, mon emplette avant qu'il ne fît la sienne, et c'est toujours un à-compte qu'a prélevé ma vengeance.

— Que veux-tu dire par là, médecin? » repartit le patient.

« Votre Seigneurie comprendra, » dit l'homme de l'art, « que ce Forgeron ne vit pas dans les bornes de l'abstinence, et que c'est un gaillard qui travaille de plus d'un côté. Je l'ai rencontré le jour de la Saint-Valentin, peu après la bataille entre les gens de la ville et les suivants de Douglas. Oui vraiment, je l'ai rencontré serpentant par les ruelles et chemins détournés de la ville avec une chanteuse quelconque, portant lui-même, d'un bras, le bagage et la viole, et la donzelle pendue à l'autre. Qu'en pense Votre Honneur? Ne voilà-t-il pas un merveilleux personnage? Se mettre en travers de l'amour d'un prince pour la plus belle fille de Perth, couper la main d'un chevalier et baron, et devenir l'écuyer d'une chanteuse ambulante, tout cela dans l'espace de vingt-quatre heures.

— Ma foi, » dit Ramorny, « cela ne peut que me donner meilleure opinion de lui, puisque, tout rustre qu'il est, il se rapproche tant de l'humeur d'un gentilhomme. Je l'aurais plutôt voulu rangé que boute-en-train; cela m'aurait donné plus de cœur pour aider ma vengeance. Quelle vengeance, hélas! sur un forgeron, et dans la querelle d'un misérable artiste en chèvres pourries? Pouah! N'importe, cette vengeance, on la prendra tout entière. Tu l'as, je le vois, commencée par tes manœuvres.

— Faiblement encore, » dit l'apothicaire; « j'ai eu soin que deux ou trois des commères les plus en renom de la rue du Couvre-Feu, qui n'aiment pas à entendre appeler Catherine la Jolie Fille de Perth, fussent au courant de l'histoire de son fidèle Valentin. Elles ont si bien flairé la piste que, plutôt que de permettre aux gens de douter de l'aventure, elles auraient affirmé l'avoir vue de leurs propres yeux. L'amoureux, une heure après, est arrivé chez le père de sa belle, et Votre Seigneurie peut penser quel accueil il a reçu du Gantier courroucé; quant à la demoiselle, elle n'a pas voulu paraître. Votre Honneur voit donc que j'ai eu un avant-goût de ma vengeance. Mais je compte la boire tout entière des mains de Votre Seigneurie, avec qui je suis en ligue fraternelle, et...

— Fraternelle! » dit le chevalier avec mépris. « Mais soit : les prêtres disent que nous sommes tous du même limon. Je ne sais qu'en penser; j'y crois voir quelque différence; mais la meilleure argile restera fidèle à l'autre, et tu auras ta vengeance. Appelle mon page. »

Un jeune homme se tenait dans l'antichambre; il parut à l'appel du médecin.

« Éviot, » dit le chevalier, « Bonthron est-il là? et en état convenable?

— Aussi convenable que le sommeil peut le rendre après qu'il a bu beaucoup, » répondit le page.

« Fais-le venir, alors, et ferme la porte. »

Bientôt après, un pas pesant s'approcha de la chambre, et un homme entra ; il rachetait l'insuffisance de sa taille par la largeur de ses épaules et la force de son bras.

« Il y a quelqu'un avec qui tu auras affaire, Bonthron, » dit le chevalier.

Le nouveau venu dérida ses traits de brute, et grimaça un sourire de satisfaction.

« Ce médecin te montrera le personnage. Prends tes avantages de temps, de lieu et de circonstances, pour assurer le résultat ; et aie soin de ne pas mal faire, car l'homme en question est le fameux Forgeron de la Ruelle.

— Ce sera une besogne sérieuse, » grommela l'assassin ; « car si je manque mon coup, je suis mort. On ne parle, dans Perth, que de l'adresse et de la vigueur du Forgeron.

— Prends deux aides avec toi, » dit le chevalier.

« Non vraiment, » dit Bonthron. « Si vous doublez quelque chose, que ce soit le salaire.

— Tu peux y compter, » dit son maître ; « mais veille à ce que ton ouvrage soit exécuté complètement.

— Fiez-vous à moi pour cela, seigneur chevalier ; je manque rarement mon affaire.

— Profite des indications de cet homme habile, » dit le blessé en montrant le médecin. « Attends ses avis ; et ne bois pas que l'affaire ne soit faite.

— J'en aurai soin, » répondit le sombre satellite ; « le coup doit être ferme et sûr ; ma vie en dépend. Je sais à qui j'ai affaire.

— Retire-toi donc, jusqu'à ce que le médecin t'avertisse, et tiens prêts ta hache et ton poignard. »

Bonthron fit un signe de tête, et sortit.

« Votre Seigneurie ose-t-elle confier une tâche pareille à une seule main ? » dit Dwining quand l'assassin eut quitté la chambre. « Permettez-moi de vous rappeler qu'il y a deux nuits, ce Forgeron a mis bas six hommes armés.

— Pas de questions, médecin ; un homme comme Bonthron, sachant la valeur du temps et du lieu, vaut dix marauds qui vont pêle-mêle.

Appelle Éviot. Montre d'abord ton savoir dans l'art de guérir; et ne doute pas que, dans l'autre besogne, tu ne sois aidé par un homme qui te vaut dans l'art des destructions soudaines et inattendues. »

Le page Éviot parut de nouveau à l'appel du médecin, et, sur le signe de son maître, aida à retirer l'appareil du bras blessé de sir Jean Ramorny. Dwining contempla le moignon mis à nu avec une sorte de satisfaction professionnelle, rehaussée, sans nul doute, du triste plaisir que sa méchanceté prenait aux souffrances et aux chagrins de ses semblables. Le chevalier porta les yeux sur ce hideux spectacle, et, sous l'impression de la souffrance physique et des angoisses de l'esprit, laissa échapper un gémissement qu'il aurait voulu retenir.

« Vous gémissez, seigneur, » dit le médecin, de sa voix douce et insinuante, mais laissant courir sur ses lèvres un ricanement satisfait, où se mêlait un mépris que sa dissimulation habituelle ne parvint pas à déguiser tout à fait. « Vous gémissez, mais consolez-vous. Cet Henri le Forgeron connaît son affaire ; son épée est aussi fidèle au but que son marteau l'est à l'enclume. Si un manieur d'épée ordinaire avait frappé ce coup fatal, il eût endommagé l'os et les muscles d'une façon telle que mon art n'aurait pas été capable de les remettre en état. Le coup d'Henri le Forgeron a coupé net le membre, avec autant de sûreté que mon scalpel en aurait pu faire l'amputation. Dans peu de jours, avec des précautions, et en observant attentivement les ordonnances de la médecine, vous pourrez sortir.

— Mais ma main, la perte de ma main?

— On peut garder cela secret quelque temps, » dit le médecin ; « j'ai dit en confidence à deux ou trois babillards que la main trouvée était celle d'un serviteur de Votre Seigneurie, Black Quentin, qui, vous le savez, est parti pour Fife ; tout le monde le croira.

— J'admets aisément, » dit Ramorny, « que ce bruit pourra, pour un temps, étouffer la vérité. Mais à quoi sert ce léger retard?

— On peut cacher le fait jusqu'à ce que Votre Seigneurie se retire de la cour pendant un certain délai. Puis, quand de nouveaux événements auront obscurci le souvenir de l'échauffourée d'aujourd'hui, on attribuera la chose à une lance rompue ou à un coup d'arbalète. Votre humble serviteur en saura trouver une explication convenable, et en garantira la vérité.

— Cette pensée me rend fou, » dit Ramorny, avec un gémissement nouveau de souffrance mentale et physique. « Mais je n'y vois pas d'autre remède.

— Il n'y en a pas d'autre, » dit le médecin, dont la nature mauvaise trouvait dans le malheur de son patron un aliment délicieux. « On vous croit, en attendant, retenu chez vous par les suites de quelques contusions, sans compter votre déplaisir de ce que, sur les observations d'Albany, le prince a consenti à vous congédier de sa maison. Tout le monde sait cela.

— Tu me mets à la torture, misérable, » s'écria le patient.

« Après tout, » dit Dwining, « Votre Seigneurie l'a échappé belle, et, sauf la perte de votre main, mésaventure sans remède, vous devez plutôt vous réjouir que vous plaindre ; car nul chirurgien-barbier de France ou d'Angleterre n'aurait plus habilement accompli l'opération que ne l'a fait ce rustre, d'aplomb et net.

— Je comprends parfaitement ce que je lui dois, » dit Ramorny, luttant contre sa colère, et affectant un grand calme ; « et si Bonthron ne le paie pas d'un coup aussi d'aplomb que le sien, et qui rende inutile le secours du médecin, dis alors que Jean de Ramorny ne sait pas payer ses dettes.

— Ce sont paroles dignes de vous, noble chevalier ! » répondit le médecin. « Permettez-moi de vous dire encore que l'habileté de l'opérateur eût été stérile, et que l'hémorragie aurait épuisé vos veines et tari les sources de la vie, sans les bandages, les cautérisations et les astringents appliqués par les bons moines, et sans les modestes services de votre humble vassal, Henbane Dwining.

— Paix ! » s'écria le patient ; « épargne-moi ta voix funeste, et ton nom plus funeste encore, dont le son même ne verse à l'oreille que délabrement et que poison. Quand tu parles des tortures que j'ai subies, il me semble que mes nerfs frémissants se raidissent et se contractent, comme s'ils animaient encore les doigts qui serraient jadis une dague !

— Sauf le bon plaisir de Votre Seigneurie, c'est un phénomène bien connu dans notre profession, » expliqua le médecin. « Parmi les anciens savants, il en est qui ont pensé qu'il y a encore sympathie entre les nerfs séparés et ceux qui appartiennent au membre amputé, et qu'on voit les doigts trembler et tressaillir sous une impulsion procédant d'un rapport avec les énergies du système vivant. Si nous avions pu retirer la main de la croix de la ville, ou de la garde de Douglas le Noir, j'aurais eu plaisir à observer cette action merveilleuse des sympathies occultes. Mais, j'en ai bien peur, autant vaudrait essayer d'arracher la proie des serres d'un aigle affamé.

— Autant vaudrait aussi essayer tes railleries infâmes sur un lion blessé que sur Jean de Ramorny! » dit le chevalier, se soulevant dans une indignation qu'il ne pouvait plus réprimer. « Fais ton devoir, misérable, et souviens-toi que, si ma main ne peut plus étreindre une dague, il y en a cent auxquelles je commande.

— La vue d'une seule, tirée et brandie avec colère, serait suffisante, » dit Dwining, « pour anéantir les puissances vitales de votre chirurgien. Mais qui donc alors, » ajouta-t-il d'un ton moitié insinuant moitié moqueur, « pourrait soulager les ardentes et fougueuses souffrances que mon patron éprouve, ces souffrances qui vont jusqu'à l'exaspérer contre un modeste serviteur dont l'unique tort est de parler des règles de l'art de guérir? L'art de panser la blessure est bien méprisable sans doute, auprès du pouvoir de l'infliger. »

N'osant pas jouer davantage avec l'humeur de son dangereux malade, le médecin s'occupa sérieusement de soigner la blessure, appliquant une baume parfumé dont l'odeur se répandit dans la chambre : au lieu d'une chaleur brûlante, une douce fraîcheur se communiquait à la plaie. Ce changement fut si agréable pour le fiévreux patient, que, lui qui venait de gémir sous l'angoisse, ne put retenir des soupirs de soulagement, quand il s'étendit de nouveau sur sa couche pour jouir du bien-être que le pansement lui procurait.

« Votre Seigneurie sait maintenant qui est son ami, » dit Dwining; « si vous aviez cédé à un mouvement inconsidéré, et dit: Tuez-moi ce maudit charlatan! où auriez-vous trouvé, dans l'espace qu'enferment les quatre mers de Bretagne, l'homme capable de vous administrer un soulagement pareil?

— Oublie mes menaces, bon médecin, » dit Ramorny, « et veille à ne pas me pousser à bout. Je n'aime point qu'on plaisante sur mon désespoir. Garde tes moqueries pour les malheureux de l'hôpital. »

Dwining ne risqua pas d'en dire davantage, mais versa dans un petit verre de vin étendu d'eau, quelques gouttes d'une fiole qu'il avait tirée de sa poche.

« Ce breuvage, » dit l'homme de l'art, « est mélangé de façon à produire un sommeil qu'il ne faudra pas interrompre.

— Combien de temps durera ce sommeil? » demanda le chevalier.

« La durée de son action est incertaine. Peut-être jusqu'au matin.

— Peut-être pour toujours, » dit le patient. « Seigneur médecin, goûtez-moi de suite cette liqueur, ou elle ne franchit pas mes lèvres. »

Le médecin obéit avec un sourire dédaigneux. « Je la boirais volontiers tout entière; mais le jus de cette gomme des Indes agit sur l'homme bien portant tout comme sur le malade, et mes fonctions de médecin veulent que je reste éveillé.

— Je vous demande pardon, seigneur médecin, » dit Ramorny baissant les yeux, comme honteux du soupçon qu'il avait manifesté.

« Point de pardon, » répondit le médecin, « où il n'y a pas eu d'offense. L'insecte peut remercier le géant de n'avoir pas marché sur lui. Cependant, noble chevalier, les insectes ont leurs moyens de nuire aussi bien que les médecins. Que m'en aurait-il coûté, sauf un moment d'attention, pour mélanger cette drogue de façon à faire pourrir votre bras jusqu'à la jointure de l'épaule, corrompre et figer en vos veines le sang qui y entretient la vie! Qu'est-ce encore qui m'empêchait d'user de moyens plus subtils, d'imprégner votre chambre d'essences sous l'empire desquelles la lumière de la vie s'obscurcit de plus en plus, jusqu'à ce qu'elle expire comme une torche au milieu des vapeurs impures d'un donjon souterrain? Vous appréciez peu mon pouvoir si vous ne savez que ces voies de destruction, que de plus terribles encore, sont aux ordres de mon art. Mais un médecin ne tue pas le malade par la générosité duquel il vit, et moins encore détruira-t-il celui dont la respiration est l'espoir de sa vengeance, l'allié qui a fait vœu d'en favoriser la poursuite. Un mot encore : si, par quelque circonstance, il était nécessaire de vous réveiller (car qui pourrait, en Écosse, se promettre huit heures d'un repos ininterrompu?) qu'on vous fasse respirer alors l'essence énergique que contient cette cassolette. Adieu donc, seigneur chevalier; et, si vous ne pouvez voir en moi une conscience bien scrupuleuse, sachez y reconnaître du moins un homme de sens et de jugement. »

Parlant ainsi, le médecin quitta la chambre. Sa démarche, si humble et si hésitante d'ordinaire, devenait plus fière par la conscience d'une victoire sur son impérieux patient.

Sir Jean Ramorny resta plongé dans de tristes réflexions, jusqu'au moment où il commença à ressentir les premiers effets du breuvage soporifique. S'éveillant alors un instant, il appela son page.

« Éviot! holà, Éviot! J'ai mal fait de me découvrir autant à ce misérable empoisonneur. Éviot! »

Le page entra.

« Le médecin a-t-il quitté la maison?

— Oui, s'il plaît à Votre Honneur.

— Seul ou accompagné?

— Bonthron a eu avec lui un moment d'entretien, puis l'a suivi presque immédiatement. J'ai cru comprendre que c'était sur l'ordre de Votre Seigneurie.

— Hélas, oui! Il va chercher des médicaments. Il reviendra bientôt. S'il est ivre, qu'il n'approche pas de ma chambre, et veille à ce qu'il n'entre en conversation avec personne. Quand la boisson lui a touché la cervelle, il est comme fou. C'était un homme rare avant qu'une serpe du sud n'eût mis son crâne à nu; mais, depuis ce temps-là, il ne sait ce qu'il dit toutes les fois que le verre a passé sur ses lèvres. Le médecin ne t'a rien dit, Éviot?

— Rien, sinon qu'il a renouvelé l'ordre de ne pas déranger Votre Honneur.

— Tu y obéiras certainement, » dit le chevalier. « Je sens une envie de dormir dont j'ai été privé depuis cette malheureuse blessure. Ou du moins, si j'ai dormi, ce n'a été qu'un instant. Aide-moi à ôter ma robe, Éviot.

— Puissent Dieu et les saints vous envoyer un bon repos, Milord! » dit le page, en se retirant après avoir rendu à son maître le service demandé.

Comme Éviot quittait la chambre, le cerveau du chevalier devenait de plus en plus confus. Au souhait que le page lui adressait en partant, il murmura :

« Dieu! les saints! Il m'est arrivé de bien dormir sous cette bénédiction. Mais il me semble, maintenant, qu'à moins de m'éveiller pour l'accomplissement de mes espérances de pouvoir et de vengeance, le mieux à souhaiter pour moi serait que le sommeil qui s'appesantit en ce moment sur ma tête, fût l'avant-coureur de celui qui rendra les forces empruntées de mon être au néant d'où elles sont sorties. Je ne suis plus capable de suivre un raisonnement. »

Parlant ainsi, il tomba dans un sommeil profond.

CHAPITRE XVI.

Un jour de carnaval, lorsque nous étions fous.
Chanson écossaise.

LLE ne devait pas être tranquille, la nuit qui descendait sur le lit de souffrance de Ramorny. Deux heures s'étaient écoulées depuis la cloche du couvre-feu, qui sonnait à sept heures du soir, et, dans ces temps primitifs, tous étaient rentrés chez eux pour se livrer au repos, excepté ceux que faisait veiller la dévotion, un travail exceptionnel, ou la débauche. Ce soir-là étant celui du mardi gras, ou *veille du jeûne,* comme on l'appellait en Écosse, des trois occupations ci-dessus, la plus suivie était les vigiles de la gaieté.

Tout le long du jour, c'était au jeu de ballon que les gens du peuple avaient appliqué leur zèle et leurs efforts ; les nobles et les gentilshommes avaient eu des combats de coq, ou avaient prêté l'oreille à la musique facile des ménestrels ; les citoyens, de leur côté, s'étaient gorgés de crêpes sautées dans le saindoux, et de *brose* ou *brewis :* on appelle ainsi le bouillon gras, c'est-à-dire celui dans lequel le bœuf salé a été bouilli, versé sur du gruau d'avoine bien grillé ; c'est un mets qui, maintenant encore, n'est pas désagréable aux palais écossais restés fidèles à la simplicité des vieilles recettes. Ces exercices et ces régals convenaient parfaitement à la fête. Une solennité non moins importante consistait en ce que, le soir, tout dévot catholique bût autant de bonne *ale* et de vin que ses moyens lui permettaient de s'en procurer, et que, s'il était jeune et apte à le faire, il dansât dans la ronde, ou figurât parmi les danseurs moresques ; dans la cité de Perth comme ailleurs, ceux-ci portaient un costume des plus fantastiques, et se distinguaient par leur adresse et par leur agilité. Toute cette gaieté s'appuyait sur l'excellente raison que, la longue période du carême approchant, avec ses jeûnes et ses privations, il était prudent, pour des mortels, de consacrer, autant qu'ils le pourraient, aux satisfactions frivoles ou sensuelles, le court espace de temps qui devait s'écouler avant qu'elle ne commençât.

Les divertissements accoutumés avaient eu lieu, et c'était, en beaucoup d'endroits de la cité, le moment de repos qui, d'ordinaire, succède à ces joies. La noblesse avait pris des précautions particulières pour prévenir tout renouvellement de discorde entre ses hommes et les citoyens de la ville. Les réjouissances avaient, en conséquence, occasionné moins d'accidents que de coutume ; il n'y avait eu que trois morts et quelques membres cassés ; et, comme cela n'avait atteint que des individus de peu d'importance, on n'avait pas cru devoir s'en occuper. Presque partout, le carnaval se terminait paisiblement ; sur quelques points, les divertissements duraient encore.

Une troupe, qui avait été particulièrement remarquée et applaudie, ne paraissait pas disposée à terminer ses ébats. Le quadrille (on l'appelait ainsi) était composé de trente personnes habillées de même, ayant des pourpoints de chamois collant sur le corps, tailladés et galonnés avec élégance. Ils portaient des chapeaux verts à glands d'argent, des rubans rouges et des souliers blancs, avaient des grelots aux genoux et aux chevilles, et des épées nues à la main. Cette brillante compagnie, après avoir exécuté devant le roi la danse des épées, avec force cliquetis d'armes et grande variété de poses bizarres, alla galamment répéter sa représentation devant la porte de Simon Glover. Après y avoir de nouveau déployé leur agilité, ils firent servir du vin à la ronde pour eux et pour les assistants, et burent, avec de bruyantes acclamations, à la santé de la Jolie Fille de Perth. Cela appela le vieux Simon à la porte de son habitation, pour répondre à la courtoisie de ses concitoyens, et faire circuler le vin, à son tour, en l'honneur de la joyeuse danse moresque de la ville de Perth (O).

« Merci, père Simon, » dit une voix, qui s'efforçait de cacher sous un fausset emprunté la parole vive et capable d'Olivier Proudfute ; « mais la vue de votre charmante fille aurait été plus douce à nos sangs pleins de jeunesse que toute une récolte de malvoisie.

— Je vous rends grâce, voisins, de votre bienveillance, » répliqua le Gantier. « Ma fille n'est pas bien portante, et ne saurait s'exposer dehors sous l'air froid de la nuit ; mais si ce joyeux compagnon, dont il me semble reconnaître la voix, veut bien entrer chez moi, elle le chargera de ses remerciements pour le reste de la compagnie.

— Rapportez-nous les à l'hôtellerie du Griffon, » crièrent les autres acteurs du ballet à celui de leurs compagnons qui recevait cette faveur ; « c'est là que nous attendrons le carême, et que nous boirons une autre rasade à la santé de la belle Catherine.

— J'y serai dans une demi-heure, » dit Olivier ; « on verra qui boira le plus ferme et qui chantera le plus fort. Par ma foi, je serai joyeux pour tout ce qui reste du mardi gras, dût le carême me trouver la bouche close à jamais.

— Adieu donc, » crièrent ses amis de la danse moresque ; « adieu jusqu'au revoir, intrépide bonnetier. »

Le quadrille moresque alla donc à sa destination nouvelle, dansant et chantant le long du chemin, au son des instruments de quatre musiciens qui marchaient en tête de la joyeuse bande. Cependant Simon Glover introduisait le coryphée dans sa maison, et le faisait asseoir au feu de son parloir.

« Où est votre fille ? » dit Olivier. « Nous autres bonnes lames, elle est notre amorce et notre joie.

— Elle garde la chambre, voisin Olivier ; et, pour parler franchement, elle garde le lit.

— Je vais monter, alors, pour la visiter dans sa douleur. Vous me prenez mon temps, Gaffer Glover, et vous m'en devez réparation. Une lame comme la mienne, morbleu ! Je n'entends pas perdre à la fois la fille et le verre. Elle garde le lit, dites-vous ?

Pour faire aux filles malades
Aboutir nos promenades,
Mon chien et moi, tous les deux,
Avons un flair merveilleux.
Et quand de la dernière heure
La menace les effleure,
Chez elles alors tout droit
Nous allons, mon chien et moi.

Si, par hasard, il arrive
Que je passe en l'autre rive,
Enterrez-moi, s'il vous plaît,
Au-dessous du robinet
Par où s'écoule la bière;
Ce sera bien mon affaire.
Côte à côte, par ma foi,
Mettez-y mon chien et moi.

— Ne sauriez-vous, voisin Proudfute, être sérieux un moment? » dit le Gantier; « je voudrais avoir avec vous un mot de conversation.

— Sérieux? » répondit le visiteur; « j'ai été sérieux toute la journée. C'est à peine si je puis ouvrir la bouche sans qu'il en sorte quelque chose sur la mort, les enterrements, ou autres affaires du même genre; et ce sont bien les sujets les plus sérieux que je connaisse.

— Par saint Jean! » dit le Gantier; « êtes-vous *fey?* avez-vous le vertige, comme ceux qu'un sort mortel a frappés?

— Pas du tout. Ce n'est pas ma mort à moi que prédisent ces idées noires. Mon horoscope est solide, et j'ai encore cinquante ans à vivre. Mais ce qui me poursuit, c'est le sort de ce pauvre diable, l'homme de Douglas, à qui j'ai donné un si mauvais coup à l'affaire de la Saint-Valentin. Il est mort la nuit dernière; c'est cela qui me pèse sur la conscience, et éveille en moi des idées tristes. Ah! père Simon, nous autres hommes de guerre, qui, dans notre colère, avons répandu le sang, nous avons, de temps à autre, de sombres pensées. Je voudrais parfois que mon couteau n'eût jamais coupé que de la toile.

— Et moi, » dit Simon, « je voudrais que le mien n'eût jamais coupé que du chevreau, car il m'a quelquefois coupé les doigts. Mais vous pouvez, pour aujourd'hui, vous épargner ce remords; il n'y a eu, dans cette mêlée, qu'un homme blessé sérieusement; c'est celui dont Henri le Forgeron a coupé la main, et il est en bonne voie de guérison.

Son nom est Quentin le Noir, un des gens de sir Ramorny. Il a été, en secret, envoyé à Fife, dans son pays.

— Quentin le Noir? C'est bien celui, en effet, qu'Henri et moi (car nous sommes toujours restés l'un à côté de l'autre), nous avons frappé en même temps; seulement, mon coup est tombé un peu avant le sien. Je crains que l'affaire n'aille plus loin, et le prévôt le craint aussi. Il va bien, dites-vous? Alors, je redeviens gai; et, puisque vous ne voulez pas me laisser voir comment Catherine est faite dans son habillement de nuit, je retourne au Griffon trouver mes danseurs.

— Encore un instant. Vous êtes l'ami d'Henri de la Ruelle, et vous lui avez rendu le service de prendre à votre compte une ou deux des actions qu'il a commises, et notamment, la dernière. Je voudrais que vous le pussiez décharger d'autres accusations, que la renommée fait peser sur lui.

— Je jurerai, ma foi, par la garde de mon épée, qu'elles sont fausses comme l'enfer, père Simon. Lames et boucliers, morbleu! les hommes d'épée se doivent soutenir les uns les autres.

— Un peu de patience, voisin bonnetier; vous pouvez rendre un bon office au Forgeron, si vous prenez la chose par le côté vrai. Je vous ai choisi pour en causer avec vous; ce n'est pas que je vous tienne pour la tête la plus sage de Perth : si je disais cela, je mentirais.

— Oui, vraiment, » répondit le bonnetier content de lui; « je sais le défaut que vous me trouvez; vous autres, tempéraments mous, vous pensez que nous qui avons la tête chaude, nous sommes des fous. J'ai entendu vingt fois appeler ainsi Henri de la Ruelle.

— Un peu fou et un peu mou peuvent assez bien rimer ensemble, » dit le Gantier; « mais vous êtes bon enfant, et je vous crois de l'affection pour le vieil ami que voici. De nous à Henri Gow, cela va de travers pour le moment, » continua Simon. « Vous savez qu'on a parlé mariage entre ma fille Catherine et lui ?

— J'ai entendu quelque chanson de ce genre depuis le matin de la Saint-Valentin. Ah! celui qui fera la conquête de la Jolie Fille de Perth sera un homme heureux. Le mariage, cependant, a gâté plus d'un joyeux compagnon. Et, moi-même, je regrette un peu...

— Pour le moment, de grâce, trêve à vos regrets, » interrompit le Gantier, non sans humeur. « Vous devez savoir, Olivier, que quelques-unes de ces bavardes, qui font des affaires de tout le monde leur occupation personnelle, ont accusé Henri d'être en compagnie galante avec des chanteuses et autres femmes. Catherine a pris cela à cœur; et j'ai tenu mon enfant pour insultée de ce qu'au lieu de la venir voir comme son Valentin, il s'était jeté dans une société malséante, le jour même où, d'après la coutume, l'occasion s'offrait pour lui de pousser auprès de ma fille le soin de ses intérêts. Lors donc qu'à une heure tardive, il est arrivé ici le soir de la Saint-Valentin, je lui ai dit, comme un vieux fou qui va trop vite en besogne, de retourner à la compagnie qu'il venait de quitter, et je lui ai refusé l'entrée. Je ne l'ai pas revu depuis, et je commence à croire que j'ai été trop prompt. Catherine est ma fille unique, et j'aimerais mieux la donner à la tombe qu'à un débauché. Mais j'ai cru jusqu'ici connaître Henri Gow comme s'il était mon fils. Je ne saurais penser qu'il en use ainsi avec nous, et peut-être y aurait-il moyen d'expliquer le fait qu'on met à sa charge. J'ai pris le parti d'interroger Dwining, qui, dit-on, aurait salué le Forgeron, alors que celui-ci faisait route avec la compagne qu'il s'était choisie. Si j'en crois l'apothicaire, cette fille était Jacqueline Letham, la cousine du Forgeron. Mais vous savez que le pile-mortier dit toujours avec son visage autre chose qu'avec sa langue. Vous, Olivier, vous avez trop peu de malice (je veux dire, trop d'honnêteté) pour trahir la vérité ; et, Dwining ayant insinué que vous aussi aviez vu cette femme...

— Moi, Simon Glover! Dwining dit que j'ai vu cette femme?

— Pas précisément ; mais il prétend que vous lui avez dit avoir rencontré le Forgeron accompagné de la sorte.

— Il ment, et je le pilerai dans un de ses pots de faïence, » dit Olivier Proudfute.

« Qu'est-ce à dire? Ne lui avez-vous pas parlé de cette rencontre?

— Qu'importe? » dit le bonnetier. « Ne m'a-t-il pas juré qu'il ne répéterait jamais à être vivant ce que je venais de lui communiquer? En vous disant cela donc, il a menti.

— Avez-vous, en définitive, » continua Simon, « rencontré le Forgeron avec le compromettant bagage que la renommée lui reproche?

— Moi? peut-être oui, peut-être non. Songez-y bien, père Simon, je suis marié depuis quatre ans. Que je sache encore comment une chanteuse a les chevilles faites, la façon galante dont elle marche, comment sont les galons de son jupon, et autres choses semblables, ne vous y attendez pas de ma part. Je laisse cela aux gaillards qui ne sont pas mariés, comme mon compère Henri.

— La conclusion est donc, » dit Glover, contrarié au plus haut degré, « que vous l'avez rencontré, le jour de la Saint-Valentin, suivant les rues de la ville avec...

— Non, voisin, je l'ai rencontré dans la plus reculée et la plus noire de toutes les ruelles de Perth, se dirigeant vers sa maison, ayant, comme un galant bien appris, tout un bagage sur les bras, le petit chien sur l'un, et, pendue à l'autre, la demoiselle, qui, à ce que je crois, n'était pas mal.

— Par le bon saint Jean! » dit le Gantier, « de pareilles infamies mèneraient un chrétien à renoncer à sa foi, et à adorer, dans sa rage, Mahomet et le diable! C'est fini; ma fille est à jamais perdue pour lui! Plutôt la voir aller dans les déserts de la montagne avec un maraudeur nu-jambes, que de la marier à un homme qui a pu, en un pareil moment, oublier ainsi l'honneur et la décence. Arrière! qu'il n'en soit plus question!

— Fi! père Simon, » dit le bonnetier, très partisan de la liberté; « vous ne songez pas à la chaleur du sang quand on est jeune. Ils ne se sont pas tenu compagnie longtemps, car, pour dire la vérité, j'ai eu un peu l'œil sur lui. Je l'ai rencontré, avant le lever du soleil, conduisant sa demoiselle errante aux escaliers de Notre-Dame, pour lui faire quitter Perth en l'embarquant sur le Tay; et je tiens pour certain (car je m'en suis informé) qu'elle a fait voile pour Dundee sur une gabare. Ce n'a donc été, vous le voyez bien, qu'une petite erreur de jeunesse.

— Et il venait ici, » dit amèrement Simon, « me suppliant de l'admettre auprès de ma fille, pendant qu'une courtisane l'attendait chez lui! Je lui pardonnerais plutôt la mort de soixante hommes! Que sert-il de parler, et surtout devant vous, Olivier Proudfute, qui, si vous n'êtes pas comme lui, voudriez bien le paraître? Mais...

— Ne prenez pas tant cela au sérieux, » dit Olivier. Il commençait à réfléchir au tort que son bavardage allait probablement faire à son ami, et aux conséquences que pourrait avoir le mécontentement d'Henri Gow, venant à apprendre la révélation, plutôt étourdie que malintentionnée, qu'avait faite le bonnetier. « Considérez, » ajouta-t-il, « qu'il y a des folies inévitables dans la jeunesse. L'occasion provoque les hommes à ces fredaines, que la confession efface. Je ne vois pas pourquoi je vous cacherais que, bien que mon épouse soit aussi excellente que n'importe quelle femme de la cité, moi-même, cependant...

— Silence, vantard imbécile, » dit le Gantier ; « tes amours et tes combats ne sont pas plus vrais les uns que les autres. S'il faut absolument que tu mentes (ce qui, je crois, est dans ta nature), ne saurais-tu du moins inventer des mensonges qui te fassent honneur? Crois-tu que je ne vois pas à travers ton individu comme à travers la corne d'une lanterne de pacotille? Ne sais-je pas, pauvre débitant de fils de rebut, que tu n'oserais pas plus passer le seuil de ta porte si ta femme t'entendait parler comme tu fais, que croiser des armes nues avec un garçon de douze ans qui tirerait l'épée pour la première fois de sa vie? Par saint Jean, pour te punir de tes bavardages, tu mériterais que ta Madelon sût un mot de tes hâbleries. »

Le bonnetier, à cette menace, tressaillit comme si, au moment où il s'y attendait le moins, une décharge d'arbalète avait sifflé sur sa tête. Ce fut d'une voix tremblante qu'il répliqua : « Vous abusez de vos cheveux gris, bon père Glover. Considérez, mon cher voisin, que vous êtes trop âgé pour avoir querelle avec un homme d'épée aussi jeune que moi. Quant à Madelon, je puis me fier à vous ; car je sais qu'il n'y a personne moins disposé que vous à troubler la paix des familles.

— Ne fais pas plus longtemps le fat avec moi, » dit Glover irrité ; « mets hors de ma portée ta personne et ce que tu appelles ta tête, de peur que je ne retrouve cinq minutes de jeunesse pour te caresser les oreilles.

— Vous avez bien fait le mardi gras, voisin, » dit le bonnetier ; « et je vous souhaite bon repos. Nous serons meilleurs amis demain.

— Ce soir, va-t-en, » dit le Gantier. « J'ai honte qu'une langue aussi sotte que la tienne ait eu le don de m'émouvoir ainsi. Idiot, bête, langue folle, fat! » s'écria-t-il en se jetant dans un fauteuil dès que le bonnetier eut disparu ; « faut-il qu'un homme si plein de mensonges n'ait pas eu l'esprit d'en fabriquer un pour couvrir la honte de son ami! Et moi, que suis-je, pour avoir en secret désiré que l'on colorât d'une explication acceptable l'insulte révoltante faite à ma fille et à moi? J'avais d'Henri une opinion telle que j'aurais cru volontiers la plus grossière fable qu'aurait inventée ce baudet. Allons! n'y pensons plus.

Gardons l'honneur de notre nom, dût tout le reste tomber en ruines. »

Tandis qu'à la confirmation fâcheuse du récit qu'il aurait voulu croire faux, le Gantier se faisait cette morale, le danseur expulsé avait le loisir, sous l'atmosphère calmante d'une froide nuit de février, de méditer sur les conséquences de la colère que le Gantier n'avait pas retenue.

« Ce n'est rien, » pensait-il en lui-même, « auprès de la colère d'Henri la Ruelle. Lui avoir valu une brouille avec Catherine et son bouillant vieux père! c'est que, pour moins que cela, il vous a tué un homme. J'aurais mieux fait de nier tout. Le désir d'avoir l'air de m'y connaître aux choses galantes (ce qui est vrai, d'ailleurs) m'a terriblement entraîné. Ferai-je bien d'aller finir la fête au Griffon? A mon retour, Madelon fera du tapage. Mais c'est jour de fête, et j'ai droit à un privilège. J'y suis : je n'irai pas au Griffon; j'irai chez le Forgeron. Il doit être chez lui puisque personne aujourd'hui ne l'a vu aux divertissements. Je tâcherai de faire la paix avec lui, et d'offrir mon intercession auprès du Gantier. Harry est simple et ouvert; et si, dans une bataille, il vaut peut-être mieux que moi, je puis, dans une conversation, le retourner à ma guise. Les rues sont tranquilles; la nuit est noire, et je me mettrai à l'écart si je rencontre des tapageurs. Je vais donc chez le Forgeron, et, sûr une fois de son amitié, je me soucierai peu du vieux Simon. Que saint Ringan me protège cette nuit, et je m'arracherai la langue avant qu'elle n'appelle sur ma tête un nouveau péril! Ce vieux Simon, quand il était comme cela, avait plutôt l'air d'un coupeur de collets de buffle que d'un rogneur de gants de chevreau. »

Sur ces réflexions, le valeureux Olivier se dirigea prestement, mais avec le moins de bruit possible, vers la ruelle où, comme le savent nos lecteurs, le Forgeron avait son habitation. Mais son mauvais destin n'avait pas cessé de le poursuivre. Comme il arrivait au coin de la grande rue, il entendit, tout près de lui, un bruit de musique, suivi de fortes clameurs.

« Ce sont, » pensa-t-il, « mes joyeux compagnons les danseurs moresques; je reconnaîtrais entre cent le rebec du vieux Jérémie. Traversons la rue avant qu'ils n'arrivent; si je suis aperçu, j'aurai l'air occupé d'une affaire secrète, ce qui me fera honneur en qualité de chercheur d'aventures. »

Rempli du désir de se distinguer parmi les amis de la joie et de la galanterie, intérieurement combattu par des considérations plus prudentes, le bonnetier tenta de traverser la rue. Mais la joyeuse bande, quelle qu'elle pût être, était accompagnée de torches, dont la lumière tomba sur Olivier, d'autant plus facile à voir que ses habits étaient de couleur claire. Le cri général de : « Une prise, une prise! » couvrit la musique du ménestrel; et, avant que le bonnetier n'eût décidé s'il valait mieux s'arrêter ou fuir, deux jeunes gens agiles s'étaient emparés de lui. Vêtus de travestissements bizarres, ils ressemblaient à des sauvages, et tenaient de grandes massues. D'un ton tragique, ils lui dirent : « Rends-toi, l'homme aux grelots et aux fanfreluches; rends-toi, sans condition, ou c'en est fait de la vie du danseur more.

— Me rendre à qui? » dit le bonnetier d'une voix tremblante. Il voyait bien qu'il n'avait affaire qu'à des masques, debout seulement pour le plaisir; mais il remarquait en même temps que ces masques étaient de classe très supérieure à la sienne, et il cessait d'avoir l'audace nécessaire pour soutenir son rôle, en un jeu où l'inférieur n'aurait probablement pas le dessus.

« Tu oses faire des questions, malheureux? » dit un des masques; « faut-il te montrer que tu es un captif, en te donnant de suite la bastonnade?

— Pas le moins du monde, puissant homme des Indes, » répondit le bonnetier; « je suis prêt, vous le voyez, à me conformer à votre bon plaisir.

— Alors donc, » dirent ceux qui l'avaient arrêté, « viens rendre hommage à l'empereur des mimophiles, roi des cabrioleurs et grand duc des heures sombres, et explique de quel droit tu es assez présomptueux pour faire le fringant, pour faire sonner tes grelots et pour user dans ses États le cuir de tes souliers, sans lui payer tribut. Ne sais-tu pas que tu as encouru la peine de haute trahison?

— Ce serait dur, il me semble, » dit le pauvre Olivier, « puisque je ne savais pas que Sa Grâce exerçât ce soir le gouvernement. Mais je ne demande pas mieux que de racheter mon forfait, si la bourse d'un modeste bonnetier le peut faire, par l'amende d'un gallon de vin ou autre chose semblable.

— Menez-le devant l'empereur, » tel fut le cri général ; et le danseur more fut conduit devant un jeune homme de frêle apparence, mais élégant et beau, magnifiquement vêtu, ayant une ceinture et une tiare de plumes de paon, chose alors qu'on apportait de l'Inde comme une rareté merveilleuse. Une jaquette courte et une peau de léopard serraient de près sa taille ; le reste de sa personne était couvert d'une soie couleur de chair : le tout répondant assez bien à l'idée qu'on se fait vulgairement d'un prince indien. Il avait des sandales attachées avec des rubans de soie écarlate, et tenait en main une espèce d'éventail, semblable à ceux dont se servaient alors les dames, fait, comme sa coiffure, de plumes de paon, rassemblées en bouquet ou touffe.

« Quel maître drôle avons-nous là, » dit le chef indien, « qui ose attacher des grelots de More à des jambes de baudet? Or çà, l'ami, votre costume fait de vous un de nos sujets, puisque notre empire s'étend sur toute la terre de la Joyeuseté, y compris les bouffons et ménestrels de toutes sortes. Eh bien! il n'a pas de langue? Il lui faut du vin ; servez-lui notre coquille de noix pleine de vin d'Espagne. »

Une énorme calebasse, remplie de vin d'Espagne, fut présentée aux lèvres du suppliant, pendant que le prince de la fête l'exhortait en ces termes :

« Croque-moi cette noix ; comme il faut, et sans grimace. »

Olivier aurait bu volontiers une mesure raisonnable de ce bon vin, mais il fut terrifié de la quantité qu'on le requiérait d'absorber. Il but un coup, et demanda merci.

« Sauf le bon plaisir de votre personne princière, j'ai encore loin à aller, et si je devais avaler votre générosité tout entière, je ne serais pas capable d'aller plus loin que le prochain ruisseau. Je supplie donc Votre Grâce d'accepter mes humbles remerciements.

— Es-tu en état de te comporter comme un gaillard? Allons, fais-moi une cabriole. Une, deux, trois! Très bien! Encore. Donnez-lui de l'éperon. » Ici, l'un des satellites de l'Indien toucha légèrement Olivier de son épée. « Parfait! c'est de mieux en mieux. Il a bondi comme un chat dans une gouttière. Qu'on lui donne encore la noix. Assez ; ne lui faites pas violence ; il a payé l'amende, et mérite non seulement libre congé, mais récompense. A genoux! tu te relèveras chevalier de la

Calebasse. Quel est ton nom? et qu'un de vous me prête une épée.

— Olivier, s'il plaît à Votre Honneur; s'il plaît, veux-je dire, à Votre Majesté.

— Olivier? Tu es donc déjà l'un des douze pairs, et le destin avait d'avance indiqué la promotion que nous allons faire. Relève-toi, gracieux sire Olivier Tête de Chaume, chevalier de l'ordre honorable de la

Citrouille. Relève-toi, au nom de la Folie; va à tes affaires, et que le diable soit avec toi. »

Parlant ainsi, le prince de ces réjouissances donna, du plat de son arme, un coup bien appliqué sur les épaules du bonnetier, qui se remit sur ses pieds avec plus de vivacité de mouvements qu'il n'en avait montré jusque là. Stimulé par le rire et les huées qui s'élevèrent derrière lui, il arriva, sans s'arrêter, jusqu'à la maison du Forgeron, aussi lestement que regagne sa tanière un renard suivi par les chasseurs.

Ce ne fut qu'après avoir frappé un coup sur la porte que le bonnetier épouvanté se dit qu'il aurait dû songer d'avance à la manière dont il se présenterait devant Henri, et dont il obtiendrait le pardon des communications indiscrètes par lui faites à Simon Glover. Personne ne répondit à son premier coup; et peut-être, après les réflexions que cette trêve momentanée lui avait permises, le bonnetier perplexe aurait-il abandonné son projet et battu en retraite vers sa demeure, sans risquer l'entrevue. Mais une musique, entendue à quelque distance, raviva son appréhension de tomber une fois encore aux mains des masques joyeux auxquels il venait d'échapper, et, d'une main pressée quoique tremblante, il renouvela son appel sur la porte du Forgeron. Il entendit alors avec terreur la voix d'Henri Gow, forte sans manquer d'harmonie, lui répondre, de l'intérieur : « Qui frappe à cette heure? et que voulez-vous?

— C'est moi, Olivier Proudfute, » répliqua le bonnetier; « j'ai de bonnes plaisanteries à vous dire, compère Henri.

— Porte tes folies à un autre marché. Je ne suis pas en humeur de rire, » dit Henri. « Va-t-en; je ne veux voir personne ce soir.

— Compère, mon bon compère, » répondit du dehors le vaillant homme de guerre; « je suis assailli par des scélérats, et je demande abri sous votre toit.

— Sot que tu es, » répliqua Henri, « pas un coq à fumier, fût-ce le plus lâche de ceux qui se sont battus aujourd'hui, ne dressera ses plumes pour un poltron comme toi. »

A ce moment, d'autres accords de musique, et beaucoup plus proches à ce que crut le bonnetier, aiguillonnèrent ses craintes au plus haut

degré ; et, d'une voix qui ne déguisait plus l'expression d'une terreur profonde, il s'écria :

« Par égard pour notre vieille amitié, et pour l'amour de la sainte Vierge, laissez-moi entrer, Henri, si vous ne voulez pas trouver à votre porte un cadavre sanglant, l'œuvre des féroces Douglas !

— Ce serait une honte pour moi, » pensa le brave Forgeron, « et, à vrai dire, le péril peut être réel. Il va rôdant des faucons qui frapperaient un moineau tout aussi bien qu'un héron. »

Sur ces réflexions, moitié marmottées, moitié dites, Henri dégagea les défenses de sa porte bien verrouillée, se proposant de reconnaître la réalité du danger avant de permettre à cet hôte importun l'entrée de sa maison. Mais, pendant qu'il regardait au dehors pour s'assurer de l'état des choses, Olivier s'élança comme un daim effaré qui se jette dans un fourré ; il s'était réfugié au feu de la cuisine, avant qu'Henri n'eût eu le temps de parcourir la ruelle du regard, et de s'assurer qu'aucun ennemi ne poursuivait ce fugitif agité de tant de craintes. Le Forgeron ferma donc la porte et rentra dans la cuisine, mécontent d'avoir laissé troubler la tristesse de sa solitude en prêtant l'oreille à des inquiétudes auxquelles (il aurait dû le deviner) son timide concitoyen se laissait aller trop aisément.

« Qu'y a-t-il donc? » dit-il, d'un air assez froid, quand il vit le bonnetier tranquillement assis à son foyer. « Quelle folie est cela, maître Olivier? Je n'aperçois personne qui vous veuille du mal ?

— Donnez-moi à boire, mon bon compère, » dit Olivier ; « j'étouffe, tant je me suis hâté pour venir ici.

— J'ai juré, » dit Henri, « que cette soirée ne sera pas, dans ma maison, une soirée de plaisir. Je suis, comme vous le voyez, dans mes vêtements de travail, et c'est pour moi (j'en ai sujet) un jour de pénitence, et non de fête. Vous avez eu déjà, ce soir, assez de boisson, car votre parole est épaisse. Si vous voulez encore de l'*ale* ou du vin, allez ailleurs.

— La boisson, » dit le pauvre Olivier, « je n'en ai eu que trop, et il ne s'en faut guère que je n'y aie été noyé. La maudite calebasse ! Un peu d'eau, mon compère ; vous ne me laisserez pas, j'espère, vous en demander vainement? Ou, si vous le voulez bien, un verre de petite *ale* fraîche.

— Si c'est tout, » répondit Henri, « ce ne sera pas refusé. Mais il faut de grosses raisons pour vous amener à ne demander que cela. »

Parlant ainsi, il emplit un verre à un baril qui se trouvait près de lui, et le présenta à son hôte. Olivier le reçut avec empressement, l'éleva à sa bouche d'une main tremblante, et y trempa ses lèvres toutes tressaillantes d'émotion. Quelque modeste que fût le breuvage qu'il avait demandé, le bonnetier était si épuisé par le mélange de ses inquiétudes et des plaisirs qui les avaient précédées, qu'en replaçant le verre sur la table de chêne, il laissa échapper un profond soupir de satisfaction, et demeura sans rien dire.

« Maintenant que vous avez bu, compère, » dit Henri ; « que vous faut-il? Où sont ceux qui vous menaçaient? Je n'ai vu personne.

— Personne? Il y en avait vingt à mes trousses, » dit Olivier, « quand je suis entré dans la ruelle. Mais, lorsqu'il nous ont vus ensemble, ils ont perdu le courage qu'ils avaient tous contre un seul.

— Pas de plaisanterie, ami Olivier, » répliqua le maître du logis ; « je n'y suis pas disposé.

— Par saint Jean de Perth, je ne plaisante pas. J'ai été retenu sur ma route et scandaleusement outragé, » dit le bonnetier, passant la main sur l'endroit sensible, « par ce fou de David de Rothsay, cet affreux Ramorny et tous les autres. Ils m'ont fait boire le quart d'une barrique de malvoisie.

— Vous dites des absurdités. Ramorny est malade, presque à l'extrémité ; le gratte-mortier colporte cela de tous les côtés. Ramorny ne saurait assurément se lever à minuit pour faire avec eux de pareilles fredaines.

— Je n'en sais que dire, » répliqua Olivier ; « mais j'ai vu leur troupe à la lumière des torches, et j'en puis faire serment par les bonnets que j'ai confectionnés pour eux depuis les Innocents de décembre dernier. Ces bonnets là sont composés d'une façon fort ingénieuse, et ce n'est pas étonnant que je reconnaisse mon ouvrage.

— C'est possible, » répondit Henri. « Si vous êtes vraiment en danger, je ferai faire ici un lit pour vous. Mais il faut vous y mettre tout de suite, car je ne suis pas d'humeur à causer.

— J'accepterais volontiers l'asile que vous m'offrez pour la nuit, mais Madelon s'en fâcherait. C'est-à-dire, non ; elle s'en fâcherait, que je m'en soucierais fort peu ; mais la vérité est qu'un soir de réjouissance comme celui-ci, elle est fort inquiète, connaissant mon caractère ; car je suis comme vous, et j'ai bientôt fait de lancer une parole ou un coup.

— Alors, allez chez vous, » dit le Forgeron ; « et faites-lui voir, maître Olivier, que son trésor est en sûreté. Les rues sont tranquilles, et, pour vous le dire net, je voudrais être seul.

— J'ai à vous parler de choses importantes, » répliqua Olivier ; car, s'il avait peur de rester, il n'avait pas envie de s'en aller. « On s'est occupé, dans notre conseil de ville, des affaires de la nuit d'avant la Saint-Valentin. Le prévôt m'a dit, il n'y a pas quatre heures, que Douglas et lui étaient convenus que l'affaire serait décidée par un *yeoman* de chacun des deux partis, que notre connaissance Dick du Diable devait soutenir la cause de Douglas et des nobles, et vous ou moi, combattre pour la belle cité. Quoique le plus ancien bourgeois de nous deux, je veux cependant, à cause de la bienveillance et de l'amitié que nous avons toujours eues l'un pour l'autre, vous céder la préséance, et me contenter modestement de la baguette blanche que porte en main le second. »

Henri le Forgeron, tout irrité qu'il était, put à peine retenir un sourire.

« Si c'est cela qui trouble votre repos, et qui vous empêche, à minuit, d'aller retrouver votre lit, je vais vous mettre à votre aise. Vous ne serez pas privé de l'avantage qu'on vous a offert. J'ai eu une vingtaine de duels ; et c'est trop, beaucoup trop. Vous n'avez eu, je crois, d'autre rencontre qu'avec votre soudan de bois. Ce serait injuste, peu honorable, peu généreux de ma part, d'abuser de ce que me propose ici votre amitié. Retournez donc chez vous, mon cher compagnon, et que la crainte de perdre l'honneur ne trouble pas votre sommeil. Restez assuré que vous pourrez répondre au cartel, comme c'est votre droit, ayant reçu une injure de cet arrogant cavalier.

— Mille grâces, je vous en remercie de tout mon cœur, » dit Olivier, fort embarrassé de la politesse inattendue de son ami ; « vous êtes un véritable ami, comme je l'ai toujours pensé ; mais j'ai pour Henri le Forgeron autant d'amitié qu'il en a pour Olivier Proudfute. Je jure par saint Jean que je ne combattrai pas, en cette querelle, à votre préjudice. Me voici donc, maintenant, à l'abri de la tentation, car vous ne voudriez pas, dussiez-vous vous battre vingt fois, me faire commettre un parjure.

— Or çà, Olivier, » dit le Forgeron, « reconnaissez que vous avez peur. Dites franchement la vérité ; sinon, je vous laisse vous tirer de votre querelle ainsi que vous le pourrez.

— Mon bon compère, » dit le bonnetier, « vous savez que je n'ai jamais peur. Mais cet homme-là, franchement, est un effroyable scélérat ; et, comme j'ai une femme, la pauvre Madelon que vous connaissez, et une petite famille, tandis que vous...

— Tandis que moi, » dit vivement Henri, « je n'en ai pas, et je n'en aurai jamais.

— Cela étant, j'aimerais mieux que le combat fût pour vous que pour moi.

— Par Notre-Dame, compère, » répondit le Forgeron, « vous êtes facile à attraper ! Sachez, nigaud que vous êtes, que sir Patrice Charteris aime à rire, et qu'il s'est moqué de vous. Pensez-vous qu'il aventurerait sur votre tête l'honneur de notre cité? ou que je vous céderais la préséance, là où une pareille chose serait en jeu? Allez chez vous, morbleu ! Que Madelon vous mette sur la tête un bonnet de nuit bien réconfortant ; déjeunez chaud, buvez de l'eau distillée, et vous serez capable, demain, de combattre votre *dromond* de bois, ou votre soudan, comme vous l'appelez, la seule chose sur laquelle vous puissiez jamais frapper comme il faut.

— Que dites-vous, camarade? » répondit Olivier, fort soulagé, mais jugeant nécessaire de paraître offensé. « Que signifie cette humeur-là? C'est heureux pour vous que vous n'ayez pas éveillé ma patience jusqu'à me mettre en colère. Il suffit; nous sommes compères, et cette maison est à vous. Faudrait-il voir se croiser ensemble les deux meilleures épées de Perth? Je connais vos lubies, et je sais pardonner. Mais est-ce que, vraiment, la querelle est arrangée?

— Aussi complètement que jamais marteau ait rivé un clou, »

dit le Forgeron. « La ville a donné au Johnstone une bourse d'or, pour le remercier de ne l'avoir pas délivrée d'un gênant personnage qui se nomme Olivier Proudfute, alors qu'il avait le gaillard à sa merci. Cette bourse d'or achète, pour le prévôt, l'île de Sleepless, que le roi lui accorde ; car, en fin de compte, c'est le roi qui paie tout. De cette façon, sir Patrice obtient le terrain, très à sa convenance, qui est en face de sa demeure, et l'honneur est sauf des deux côtés, car ce qu'on donne au prévôt est donné à la ville, comme vous le comprenez bien. De plus, Douglas a quitté Perth pour marcher contre les gens du Sud,

qui, dit-on, sont appelés en nos frontières par le perfide comte de March. La belle cité se débarrasse ainsi de lui et de son monde.

— Mais, au nom de saint Jean, » dit Olivier, « comment cela s'est-il fait sans qu'on en ait parlé à personne?

— Voici, je crois, ami Olivier, comment les choses se sont passées. L'individu dont j'ai fauché la main, on dit à présent que c'est l'un des serviteurs de sir Jean Ramorny; le blessé s'est enfui dans son pays, à Fife, où sir Jean va être banni pareillement, sans qu'aucun honnête homme y trouve à redire. De plus, tout ce qui concerne Ramorny touche à un personnage beaucoup plus élevé que lui ; c'est, du moins, ce que Simon Glover aurait dit à sir Patrice Charteris. Si c'est comme je le suppose, j'ai sujet de remercier le ciel et tous les saints de ce que je ne l'ai pas poignardé sur l'échelle quand je l'ai fait prisonnier.

— Moi aussi, j'en remercie très dévotement le ciel et les saints, » dit Olivier. « J'étais derrière vous, vous le savez, et...

— N'en parlez plus, l'ami, si vous avez la moindre sagesse. Il y a des lois contre ceux qui frappent les princes, » dit le Forgeron, « et le mieux est de ne pas toucher au fer du cheval qu'il ne soit refroidi. Voilà donc l'affaire étouffée.

— S'il en est ainsi, » dit Olivier, un peu déconcerté, mais plus soulagé encore, par la nouvelle que lui donnait son ami mieux informé, « j'ai à me plaindre de sir Patrice, pour s'être joué de l'honneur d'un bourgeois recommandable, étant, comme il l'est, le prévôt de notre ville.

— Appelez-le en champ clos, Olivier, pour qu'il dise à ses gens de lâcher ses chiens sur vous. Mais la nuit s'avance ; voulez-vous partir?

— Je n'ai plus qu'un mot à vous dire, mon bon compère. Avant cela, cependant, un autre verre de votre *ale* fraîche.

— La peste soit du fat! Je voudrais vous voir en un lieu moins bien garni de rafraîchissements. Videz le baril si vous voulez. »

Olivier prit le second verre, et le but, ou plutôt fit mine de le boire, très lentement, à l'effet de gagner du temps, et de voir comment il introduirait un second sujet de conversation, fort délicat en apparence, vu l'irritabilité présente du Forgeron. En définitive, il ne trouva rien de mieux que de s'y plonger tout d'un coup, en disant : « J'ai vu Simon Glover aujourd'hui, compère.

— Eh bien, » dit le Forgeron, d'une voix basse, sourde et sévère, « si vous l'avez vu, qu'est-ce que cela me fait?

— Rien, » dit le bonnetier en pâlissant, « rien du tout. Je croyais seulement que vous aimeriez à savoir qu'il m'a beaucoup questionné sur la rencontre que j'ai faite de vous le jour de la Saint-Valentin, après l'échauffourée des Dominicains, et qu'il m'a demandé en quelle compagnie vous étiez.

— Vous lui aurez dit, je gage, m'avoir rencontré avec une chanteuse et dans un endroit obscur?

— Vous savez, Henri, que je n'ai pas le don de mentir; mais je lui ai arrangé cela comme il faut.

— Comment encore, je vous prie? » dit le Forgeron.

« Voici : Père Simon, lui ai-je dit, vous êtes vieux, et vous ne savez pas de quelle façon nous sommes faits, nous qui sommes jeunes et qui avons du vif argent dans les veines. Vous croyez peut-être qu'Henri se soucie de cette fille, et qu'il la garde ici à Perth dans quelque coin? Pas du tout; il est à ma connaissance, et j'en ferai serment, que le lendemain matin, de bonne heure, elle a quitté sa maison pour aller à Dundee. Hein? n'est-ce pas un bon secours que je vous ai prêté?

— En effet; et si quelque chose pouvait ajouter, en ce moment, à mon chagrin et à mon dépit, ce serait de voir, quand je suis déjà si bien embourbé, un baudet comme vous me mettre sur la tête son sabot maladroit, pour me couler complètement à fond. Allons, sortez; puissiez-vous avoir les profits que vous méritez pour vous mêler de tout, et être trouvé, la tête cassée, dans le prochain ruisseau. Sortez, ou je vous jette à la porte la tête la première.

— Ha, ha! » s'écria Olivier Proudfute d'un rire contraint; « vous êtes drôle. Mais, sérieusement, Henri mon compère, ne ferez-vous pas un tour avec moi jusqu'à ma demeure dans la Venelle des Franches Repues?

— Non, par ma foi! » répondit le Forgeron.

« Je vous servirai du vin, si vous venez, » dit Olivier.

« Je te sers une bastonnade, si tu restes, » dit Henri.

« Alors, je vais mettre votre habit de buffle et votre coiffure d'acier, prendre votre démarche crâne et siffler votre air des *Os cassés de Loncarty*. S'ils me prennent pour vous, fussent-ils quatre, ils n'oseront pas m'approcher.

— Prends tout ce que tu voudras, au nom du diable! mais va-t-en.

— Allons, Henri, allons; quand nous nous retrouverons, vous serez de meilleure humeur, » dit Olivier, qui s'était revêtu des objets indiqués.

« Va, et puissé-je ne revoir jamais ta figure de faquin! »

Olivier fit enfin à son hôte le plaisir de partir. Il était superbe à voir, imitant, autant qu'il le pouvait, la démarche ferme et les allures de son redouté compagnon, sifflant un air de pibroch composé sur la défaite des Danois à Loncarty : c'était l'air favori du Forgeron, et Olivier, jaloux de copier en tout son ami, l'avait attrapé de lui. Mais, au moment où l'innocent et glorieux personnage tournait l'entrée de la ruelle, à l'endroit où elle donnait dans la grande rue, il reçut par derrière un coup dont son casque ne put le défendre, et tomba mort sur la place. Une tentative pour prononcer le nom d'Henri, à la protection duquel il recourait toujours, trembla sur sa lèvre mourante.

CHAPITRE XVII.

Je vais vous enseigner votre rôle de prince.
FALSTAFF, *dans le Henri IV de* SHAKSPEARE.

ETOURNONS aux joyeux personnages qui, une demi-heure plus tôt, assistaient, avec de si bruyants applaudissements, aux exercices d'agilité d'Olivier, les derniers que le pauvre bonnetier dût jamais faire, et à la retraite rapide qui les avait suivis, et qu'avaient animée les folles clameurs des masques. Après en avoir ri tout leur soûl, ces derniers continuèrent leur route insensée, s'ébattant et se livrant à la joie, arrêtant et effrayant ceux qu'ils rencontraient ; mais sans leur faire, reconnaissons-le, aucune sérieuse injure en leur personne ou en leur honneur. Las enfin de ces promenades, le chef fit signe à ses compagnons de plaisir de se réunir autour de lui.

« Braves amis et sages conseillers, » dit-il, « notre gracieuse personne est le seul roi véritable de tout ce qui, en Écosse, est digne qu'on lui commande. Notre sceptre régit les heures où la coupe de vin circule, où la beauté devient complaisante, où la folie se réveille, où la gravité ronfle sur son oreiller. Laissons à notre vice-gérant, le roi Robert, la tâche ennuyeuse de gouverner une noblesse ambitieuse, de satisfaire un clergé rapace, de soumettre des montagnards farouches, ou de concilier des querelles mortelles. Puisque notre empire est un empire de joie et de plaisir, il est juste que nous nous hâtions d'aller avec toutes nos forces au secours de ceux qui reconnaissent notre autorité, s'il advient, par chance fâcheuse, qu'ils soient prisonniers des soucis ou de maladies hypocondriaques. Ce que je dis se réfère principalement à sir Jean, que le vulgaire appelle Ramorny. Nous ne l'avons pas vu depuis l'assaut de la rue du Couvre-feu, et bien que nous sachions qu'il a été un peu maltraité dans cette occurrence, nous ne voyons pas pourquoi il ne nous rendrait pas hommage en forme loyale et due. Avancez, vous, notre roi d'armes de la calebasse; avez-vous légalement appelé sir Jean au rôle qu'il devait jouer dans les cérémonies de ce soir?

— Oui, Milord.

— Lui avez-vous fait connaître que nous avons, pour ce soir, suspendu sa sentence de bannissement; entendant que, puisque la chose était ainsi réglée par des pouvoirs plus élevés, nous pussions du moins prendre joyeusement congé de notre ancien ami?

— C'est ainsi, Milord, que j'ai délivré la sommation, » répondit le héraut de la mascarade.

« N'a-t-il pas répondu par un mot d'écrit, lui qui se pique d'être un si grand clerc?

— Il était au lit, Milord, et je n'ai pu le voir. Autant que je l'aie pu savoir, il a vécu très retiré, fort souffrant de contusions qu'il a reçues, affligé du déplaisir de Votre Altesse, et craignant d'être insulté dans les rues, car il n'a échappé qu'avec peine aux bourgeois, quand ces rustres le poursuivaient, lui et ses deux serviteurs, jusqu'au couvent des Dominicains. Ces serviteurs, même, ont été envoyés à Fife, de peur qu'ils ne bavardassent.

— Ç'a été sagement fait, » dit le prince. Sans qu'il soit besoin d'en informer notre intelligent lecteur, il avait à être appelé ainsi, un titre meilleur que celui qui pouvait naître des folies de la soirée. « Ç'a été prudemment fait d'écarter du chemin des compagnons à langue légère. Mais l'absence de sir Jean lui-même en ces solennités, décrétées depuis si longtemps, est mutinerie manifeste et refus d'allégeance. Ou si, au contraire, ce chevalier est, réellement, le prisonnier de la souffrance et de la mélancolie, nous devons nous-même le favoriser d'une visite, vu qu'il ne saurait y avoir, pour ces maladies, meilleur remède que notre présence et un gentil baiser de la calebasse. En avant, huissiers, ménestrels, gardes et suivants! Tenez haut le glorieux emblème de notre dignité. Haut et ferme, la calebasse! Dans le choix des hommes qui portent les barils dont le sang remplira nos verres, consultez bien la solidité. Le fardeau est lourd et précieux, et, si ce n'est pas la faute de nos yeux, les porteurs semblent festonner et chanceler plus qu'il ne serait désirable. En marche, Messieurs, et que nos ménestrels soufflent ce qu'ils ont de plus gai et de plus hardi. »

Ils se mirent donc en route avec la joie et les amusements de l'ivresse. Les torches nombreuses frappaient de leur lumière rouge les petites fenêtres des rues étroites ; et, par ces fenêtres, des habitants en coiffure de nuit, leurs femmes aussi quelquefois, jetaient un furtif coup d'œil pour voir quelle extravagante orgie pouvait troubler la voie publique à cette heure insolite. Le joyeux cortège s'arrêta enfin devant la porte de la maison de sir Jean Ramorny, qu'une petite cour séparait de la rue.

Ils y frappèrent, tempêtèrent, hurlèrent, avec mille vociférations de vengeance contre ceux qui n'ouvriraient pas. La moindre punition dont on les menaçât était d'être emprisonnés dans un tonneau vide, au sein du donjon principal du palais féodal du prince des menus plaisirs, ce qui veut dire à la cave.

Eviot, page de Ramorny, savait ce qu'étaient les intrus qui frappaient si hardiment, et, vu la situation de son maître, jugea meilleur de ne pas répondre du tout, dans l'espoir que l'orgie passerait son chemin : il savait qu'il ne servirait à rien de les vouloir détourner de leur dessein. La chambre de Ramorny donnait sur un petit jardin, et le page espérait que son maître ne serait pas dérangé par le bruit; il avait confiance aussi dans la solidité de la porte extérieure, sur laquelle il résolut de les laisser frapper jusqu'à ce qu'ils s'en fatiguassent, ou qu'un changement survînt dans le cours de leurs humeurs avinées. Les tapageurs semblaient donc destinés à s'épuiser en poussant des cris et en frappant sur la porte, quand leur prince pour rire (il ne méritait que trop bien ce titre) leur reprocha de n'être que de lâches et paresseux serviteurs du dieu du vin et de la gaieté.

« Apportez-nous notre clé, » dit-il ; « la voilà par terre ; qu'on l'applique à cette porte rebelle! »

La clé qu'il montrait n'était autre qu'une grosse poutre, laissée sur un des côtés de la rue, avec une négligence bien digne d'un bourg écossais de cette époque.

En moins d'un instant, les bruyants habitants de l'Inde eurent soulevé la poutre de leurs bras, et, la maintenant, par leurs forces réunies, à quelque hauteur de terre, coururent contre la porte avec une telle violence que verrous, gonds et panneau retentirent au choc, en promettant de céder bientôt. Eviot ne crut pas devoir attendre la fin de cette vigoureuse attaque ; il sortit dans la cour, et, après de courtes questions posées pour la forme, il dit au portier d'ouvrir, comme s'il venait seulement de reconnaître quels étaient les visiteurs nocturnes.

« Esclave perfide d'un maître infidèle, » dit le prince ; « où est notre déloyal sujet, sir Jean Ramorny, qui s'est montré sans respect pour nos sommations ?

— Milord, » dit Eviot, s'inclinant à la fois devant la dignité vraie et devant la dignité d'emprunt du chef de la bande ; « mon maître est, en ce moment, fort malade ; il a pris une boisson soporifique, et Votre Altesse m'excusera si je m'acquitte de mon devoir en vous informant qu'on ne saurait lui parler sans danger pour sa vie.

— Bah ! laisse-moi tranquille avec tes dangers, maître Teviot, Cheviot, Eviot... Comment est-ce donc qu'on t'appelle ? Montre-moi la chambre de ton maître, ou, plutôt, ouvre-moi la porte de la maison, et je saurai bien, tout seul, trouver sa chambre. Portez haut la calebasse, mes braves amis, et veillez à ne pas répandre une goutte de la liqueur envoyée par don Bacchus pour guérir toutes les maladies du corps et tous les chagrins de l'esprit. Avancez, vous dis-je, et faites-nous voir la sainte écorce qui renferme ce précieux liquide. »

Le prince entra dans la maison. Il en connaissait l'intérieur. Il monta l'escalier en courant, suivi d'Éviot qui implorait en vain le silence, et, traînant après lui toute sa bande désordonnée, il fit irruption dans la chambre du maître de ce logis.

Celui que deux sensations cruelles ont tour-à-tour visité, qu'un fort narcotique est venu contraindre au sommeil, en dépit des douleurs corporelles qui le torturaient ; que le bruit et la violence ont ensuite brusquement arraché à l'insensibilité factice en laquelle l'avait plongé la puissance du remède; celui-là seul, peut concevoir la confusion et l'agitation d'esprit de sir Jean Ramorny, les souffrances cruelles de son corps, l'action et la réaction réciproques du physique sur le moral. Si nous y ajoutons la conscience d'un ordre criminel, donné par lui, et qui, en ce moment, allait s'exécuter, nous aurons l'idée de son réveil : mieux eût valu pour lui être condamné à un sommeil éternel. Tel fut le premier symptôme de son retour au sentiment de la vie, le gémissement qu'il poussa eut quelque chose, en soi, de si terrifiant, que ces hommes d'ivresse et de plaisir furent eux-mêmes réduits au silence. Et lorsqu'à moitié couché, dans la posture en laquelle le sommeil l'avait saisi, il porta ses regards autour de la chambre, remplie de figures bizarres à l'étrangeté desquelles ajoutait encore le trouble de son intelligence, « Il en est ainsi, malgré tout, » murmura-t-il, « et la légende dit vrai! Ce sont des démons, et je suis condamné pour toujours! Le feu ne brûle pas au dehors, mais je le sens, je le sens dans mon cœur, brûlant comme si la fournaise, sept fois chauffée, accomplissait en moi son œuvre infernale! »

Tandis que Ramorny jetait autour de lui des regards effrayants, et faisait effort pour recouvrer un peu les sens et le souvenir, Eviot s'approcha du prince, et, tombant à genoux, le supplia de faire évacuer la salle.

« Cette scène, » dit-il, « peut coûter la vie à mon maître.

— N'aie donc pas peur, Cheviot, » répliqua le duc de Rothsay; « fût-il aux portes de la mort, voilà qui forcerait les démons à abandonner leur proie. Faites avancer la calebasse, mes maîtres.

— Goûter à cela dans l'état où il est, c'est la mort pour lui, » dit Eviot; « s'il boit du vin, c'en est fait.

— Quelque autre en boira pour lui, et Ramorny sera guéri par procuration. Puisse don Bacchus, notre noble souverain, prodiguer à sir Jean les faveurs les plus exquises qu'il accorde à ses disciples! puisse-t-il le soulager, lui élever le cœur, lui lubrifier les poumons, et lui rendre l'imagination légère! Et pendant ce temps-là, le serviteur fidèle qui va boire en ses lieu et place aura en partage les hésitations du cœur, les dispositions mauvaises, les crispations de nerfs, les palpitations du cerveau, agréments dont notre grand maître assaisonne des bienfaits qui, sans cela, nous rendraient trop semblables aux dieux. Qu'en dis-tu, Eviot? Seras-tu le bon serviteur qui va s'enivrer pour son maître en qualité de représentant? Fais-le et nous ne serons pas fâché de partir, car, notre sujet ici présent a l'air un peu trop lugubre.

— Je ferais, » dit Eviot, « tout ce qui peut être en mon pouvoir pour sauver mon maître d'un breuvage qui, pour lui, serait la mort, et pour épargner à Votre Grâce le regret d'en avoir été la cause. Mais voici quelqu'un prêt à remplir cet office de son plein gré, et à en remercier Votre Altesse.

— Qui donc est-ce qui arrive là? » dit le prince; « un boucher, et qui, je pense, vient à l'instant de remplir ses fonctions. Est-ce que, la veille de l'ouverture du carême, les bouchers vaquent aux opérations de leur métier? Pouah! quelle odeur de sang! »

Ces paroles s'appliquaient à Bonthron, qui, moitié surpris du tumulte de la maison où il ne croyait trouver qu'obscurité et silence, moitié abruti par le vin que le misérable avait bu en quantité considérable, se tenait au seuil de la porte, fixant d'un œil effaré la scène qui s'offrait à lui, son justaucorps de buffle éclaboussé de sang, une hache sanglante à la main; spectacle odieux et dégoûtant pour les masques, qui, sans savoir pourquoi, éprouvaient, en sa présence, de la répugnance et de la crainte.

Au moment où les masques approchaient la calebasse de ce sauvage disgracieux et farouche, où la main de celui-ci, qui semblait souillée de sang, s'étendait pour la saisir : « Poussez-le, » s'écria le prince, « en bas des escaliers! Ne laissez pas ce coquin boire en notre présence; qu'on lui trouve un autre vaisseau que notre sainte calebasse, emblème de nos plaisirs. Une auge à cochons serait le mieux si l'on pouvait en rencontrer une. Qu'on l'emmène dehors, et qu'on l'abreuve comme il faut en expiation de la sobriété de son maître! Laissez-moi seul avec sir Jean Ramorny et son page; sur mon honneur, je n'aime pas la mine de ce bandit.

Les compagnons du prince sortirent de la chambre; Eviot seul resta.

« Je crains, » dit le prince, en s'approchant du lit d'un air tout différent de celui qu'il avait eu jusque là; « je crains, mon cher sir Jean, que cette visite ne vous soit désagréable ; mais c'est votre faute. Bien que connaissant nos anciens usages, et ayant pris part vous-même à nos projets de ce soir, vous n'êtes pas venu près de nous depuis la Saint-Valentin. Nous sommes au mardi-gras, et la désertion constitue désobéissance manifeste et trahison envers notre royaume de la joie et les statuts de la calebasse. »

Ramorny leva la tête, et tourna vers le prince un œil incertain ; puis il fit signe à Eviot de lui donner à boire. Un grand verre de tisane lui fut présenté par le page ; le malade l'avala avec promptitude et avidité, quoique en tremblant. Il fit usage, à plusieurs reprises, de l'essence stimulante laissée à cet effet par le médecin, et parut retrouver ses esprits égarés.

« Laissez-moi vous tâter le pouls, mon cher Ramorny, » dit le prince ; « je m'y connais un peu. Comment? Vous m'offrez la main gauche, sir Jean? Ce n'est conforme ni aux règles de la médecine ni à celles de la courtoisie.

— La droite a accompli son dernier acte au service de Votre Altesse, » murmura le patient, d'une voix basse et abattue.

« Que voulez-vous dire? » répliqua le prince. « J'ai su qu'un de vos hommes, Quentin Le Noir, a perdu une main ; mais, avec l'autre, il en peut encore voler assez pour mériter la corde, et, de cette façon, son destin n'est guère changé.

— Ce n'est pas l'homme dont vous parlez qui a subi cette perte au service de Votre Grâce, c'est moi, Jean de Ramorny.

— Vous? » dit le prince; « vous vous moquez de moi, ou le narcotique agit encore sur votre raison.

— Le jus de tous les pavots de l'Égypte, eût-il été mêlé en une seule boisson, » dit Ramorny, « perdrait son influence quand je regarde ceci. » Et dégageant son bras droit des couvertures sous lesquelles il était caché, il l'étendit vers le prince, enveloppé comme il était de bandages et d'appareils. « Si ces linges étaient enlevés, » dit-il, « Votre Altesse verrait qu'un moignon sanglant est tout ce qui reste d'une main toujours prête à dégainer au plus léger signe de Votre Grâce. »

Rothsay recula d'horreur. « C'est chose, » dit-il, « qu'il faudra venger!

— C'est déjà commencé, » dit Ramorny ; « ou, du moins... J'avais cru voir Bonthron tout à l'heure ; ou bien ce songe d'enfer, qui a surgi tout d'abord dans mon esprit au moment de mon réveil, aurait-il évoqué cette image si en rapport avec mes pensées? Eviot, appelle-le, ce misérable ; appelle-le, du moins, s'il est en état d'entrer. »

Eviot sortit, et rentra bientôt avec Bonthron. Il l'arrachait à une punition qui n'était pas désagréable à un pareil homme, l'absorption d'une seconde calebasse de vin, cette brute ayant avalé la première sans qu'il se trahît en lui de changement bien apparent.

« Eviot, » dit le prince, « ne laisse pas venir près de moi cet animal. Mon âme s'en éloigne avec crainte et dégoût ; il y a quelque chose en lui qui répugne à ma nature, et qui me fait frissonner comme un serpent venimeux dont se révolteraient mes instincts.

— D'abord, Milord, écoutez-le parler, » répondit Ramorny. « A moins de faire parler une outre à vin, nul ne saurait employer moins de paroles. Est-ce fait, Bonthron? »

Le sauvage éleva la hache qu'il tenait encore à la main, et la replaça la pointe en bas.

« Bon. Comment as-tu reconnu ton homme? La nuit est sombre, me dit-on.

— A la vue, la voix, l'habillement, la démarche, et à sa façon de siffler.

— Il suffit, va-t-en! Qu'il ait de l'or, Eviot, et du vin à la satisfaction de ses appétits bestiaux. Va-t-en! Et toi, Eviot, va avec lui.

— De quelle mort s'agit-il? » dit le prince, soulagé du dégoût et de l'horreur dont l'avait pénétré la présence de l'assassin. « Ce n'est pas sérieux, assurément, ou ce serait un acte abominable et sauvage. A qui serait échu le lot fatal d'être égorgé par ce sanglant et brutal esclave?

— A un homme qui ne vaut guère mieux que lui, » dit le patient ; « un misérable artisan, à qui cependant le destin a donné le pouvoir de faire de Ramorny un impotent mutilé. Malédiction sur lui et sur sa basse nature! Sa misérable vie n'est pour ma vengeance qu'une goutte d'eau dans une fournaise. Je serai bref, car mes idées commencent à s'égarer de nouveau ; ce n'est que la nécessité du moment qui les peut rassembler, comme une courroie unit une poignée de flèches. Vous êtes

« Ne laissez pas ce coquin boire en notre présence, » dit Rothsay à ses compagnons.

en danger, Milord, je le dis avec certitude ; vous avez bravé Douglas et offensé votre oncle ; vous avez aussi mécontenté votre père, ce qui, sans le reste, ne serait qu'une bagatelle.

— Avoir mécontenté mon père, j'en suis fâché, si cela est vrai, » dit le Prince. Le sujet plus important que venait de toucher son interlocuteur avait suffi pour le distraire complètement d'une chose aussi insignifiante que le meurtre d'un artisan. « Si je vis, » ajouta-t-il, « la force de Douglas sera abattue, et Albany ne tirera guère profit de ses artifices.

— Si, si? Milord, » dit Ramorny ; « avec les adversaires que vous avez, on ne peut se reposer sur des *si* ou des *mais;* il faut se résoudre à tuer ou à être tué.

— Que voulez-vous dire, Ramorny? La fièvre vous fait délirer, » répondit le duc de Rothsay.

« Non, Milord, » dit Ramorny ; « mon égarement fût-il à son comble, les pensées qui, à cette heure, traversent mon esprit, suffiraient pour l'apaiser. Il se peut que les regrets de la perte que j'ai subie m'aient poussé au désespoir; que mes inquiétudes pour la sûreté de Votre Altesse m'aient fait nourrir d'audacieux desseins; mais j'ai tout le jugement dont le ciel m'a fait don quand je vous dis que, si vous voulez jamais porter la couronne d'Écosse, bien plus, si vous souhaitez de voir une autre Saint-Valentin, il faut...

— Que faut-il que je fasse, Ramorny? » dit le prince, d'un air de noblesse et de grandeur ; « rien, je l'espère, qui soit indigne de moi?

— Rien, assurément, qui ne convienne à un prince d'Écosse et qui ne soit digne de lui, si les annales sanglantes de notre pays nous racontent la vérité ; mais des choses qui pourraient choquer les nerfs d'un prince de mascarade et de débauche.

— Vous êtes sévère, sir Jean Ramorny, » dit le prince d'un air mécontent; « mais, par la perte que vous avez faite en notre cause, vous avez acheté cher le droit de nous censurer.

— Milord de Rothsay, » dit le chevalier, « le chirurgien qui a soigné ce membre mutilé m'a dit que plus je sentirais la douleur que m'infligeraient sa lame tranchante et son fer chaud, plus j'aurais chance de guérir. Je n'hésiterai donc pas à blesser vos sentiments, puisqu'en faisant ainsi, je puis vous faire comprendre ce qu'exige votre sûreté. Votre

Grâce a été trop longtemps le disciple de la joie et de la folie ; vous devez revêtir maintenant les qualités de l'homme et du politique, ou périr écrasé comme un papillon, au sein de la fleur sur laquelle vous voltigez.

— Je crois savoir, sir Jean, la portée de votre morale. Vous vous lassez d'une gaieté frivole, que les prêtres appellent un péché, et vous souhaitez maintenant un petit crime sérieux. Un meurtre, ou un massacre, rehausserait l'arôme de la débauche, comme le goût de l'olive donne du piquant au vin. Mes pires actions n'ont été que de joyeuses malices ; je n'ai pas de goût pour les trafics sanglants, et je n'aime pas à voir ou à savoir qu'on les pratique, même à l'égard du moindre des misérables. Si je dois occuper le trône, je perdrai mon nom, je le suppose, comme mon père l'a fait avant moi, et l'on m'appellera Robert, en l'honneur de Bruce. Si donc cela arrive, tout jeune garçon de l'Écosse tiendra sa bouteille d'une main, et passera l'autre autour de la taille de sa mie ; le genre humain sera purifié par les baisers et les rasades, au lieu de l'être par les poignards et les chaînes, et, sur mon tombeau, je veux qu'on écrive : « Ci-gît Robert, quatrième du nom. Il n'a pas été, « comme Robert Ier, victorieux dans les batailles. De comte il n'est « pas devenu roi, comme Robert II. Il n'a pas bâti d'églises comme « Robert III ; mais il s'est contenté de vivre et de mourir comme le roi « des bons enfants ! » Des deux siècles d'ancêtres que j'ai devant moi, je ne serai l'émule que d'une seule renommée, celle de

Coul, ce vieux roi tolérant
Dont le verre était si grand.

— Mon gracieux seigneur, » dit Ramorny, « permettez-moi de vous rappeler que vos joyeux plaisirs amènent des maux sérieux. Si j'avais perdu cette main en combattant pour obtenir à Votre Grâce quelque important avantage sur de trop puissants ennemis, la perte ne m'aurait pas attristé. Mais du casque et du vêtement d'acier, être réduit au béguin et à la robe par une échauffourée de nuit...

— Vous y revenez encore, sir Jean ? » dit en l'interrompant l'incorrigible étourdi. « Comment êtes-vous assez déplaisant pour me lancer toujours à la face votre main sanglante, comme le spectre de Gaskhall jetait sa tête à sir Guillaume Wallace? Vous êtes, par ma foi, plus déraisonnable que Fawdyon; car Wallace lui avait coupé la tête avec un peu trop de laisser-aller, tandis que, si c'était possible, je remettrais votre main en place avec le plus grand plaisir (P). Ne le pouvant faire, j'aviserai à lui donner un remplaçant dans le genre de la main d'acier du vieux chevalier de Carselogie, avec laquelle il saluait ses amis, caressait sa femme, bravait ses antagonistes, et faisait, pour l'attaque et pour la défense, tout ce qu'on peut faire avec une main en chair et en os. Croyez-moi, Jean Ramorny, nous avons en nous beaucoup de superflu. On peut voir avec un seul œil, entendre avec une seule oreille, toucher avec une seule main, percevoir les odeurs avec une seule narine. Pourquoi aurions-nous deux organes pour chaque fonction? je serais, pour ma part, bien embarrassé pour le dire, si cela n'avait pour objet de pourvoir aux accidents et aux pertes. »

Sir Jean Ramorny se retourna de l'autre côté avec un gémissement sourd.

« Sir Jean, » dit le duc, « je parle très sérieusement. Quant à la légende de la main d'acier de Carselogie, vous savez mieux que moi ce qu'il en peut être, puisqu'il habitait votre voisinage. De son temps, ce curieux instrument ne pouvait se faire qu'à Rome ; mais je parierais contre vous cent marcs d'argent que si l'armurier de Perth, Henri de la Ruelle, peut avoir cette main pour modèle, il en exécutera l'imitation aussi bien que le pourraient faire tous les ouvriers de Rome, avec le secours des cardinaux au complet pour jeter sur l'ouvrage leurs bénédictions.

— Je pourrais accepter le pari, Milord, » répondit Ramorny avec amertume, « mais ce n'est pas le temps de plaisanter. Sur l'ordre de votre oncle, vous m'avez congédié de votre service?

— Sur l'ordre de mon père, » répondit le prince.

« De votre père, pour qui les ordres de votre oncle sont impératifs, » répliqua Ramorny. « Je suis un disgracié, mis au rebut, de la même façon que je pourrais rejeter aujourd'hui mon gant droit comme chose inutile. Ma tête, cependant, pourrait vous aider, quoique ma main ait disparu. Votre Grâce est-elle disposée à entendre de moi un mot de sérieuse importance? Un seul; car je suis épuisé, et je sens que mes forces m'abandonnent.

— Parlez à votre aise, » dit le prince; « ce que vous avez perdu m'oblige à vous écouter; ce membre sanglant vous est un sceptre pour me gouverner. Parlez donc, mais soyez clément dans l'usage de ce privilège.

— Dans mon intérêt comme dans le vôtre, je serai bref; j'ai, d'ailleurs, peu de chose à dire. Douglas se met, en ce moment même, à la tête de ses vassaux. Il va rassembler, au nom du roi Robert, trente mille hommes des frontières, que, bientôt après, il conduira dans l'intérieur du pays, pour demander que le duc de Rothsay reçoive, ou plutôt rétablisse sa fille aux rang et privilèges de duchesse. Le roi Robert cèdera à toutes conditions qui pourront procurer la paix. Que fera le duc?

— Le duc de Rothsay aime la paix, » dit le prince avec hauteur, « mais il ne craint pas la guerre. Avant que, sur l'ordre de son père, il n'ait repris cette orgueilleuse pécore à sa table et dans son lit, il faudra que Douglas soit roi d'Écosse.

— Soit. Mais c'est encore là le péril qui presse le moins; ce n'est, d'ailleurs, qu'une menace à force ouverte, car Douglas ne travaille pas en secret.

— Qu'y a-t-il donc qui presse, et qui nous tient éveillés à cette heure tardive? Je suis las, vous êtes blessé, et les flambeaux eux-mêmes semblent vaciller et s'endormir, comme s'ils s'ennuyaient de notre conférence.

— Dites-moi qui gouverne le royaume d'Écosse? » dit Ramorny.

« Robert, troisième du nom, » répondit le prince, élevant sa toque en parlant; « puisse-t-il longtemps porter le sceptre!

— C'est vrai, et *amen*, » répliqua Ramorny. « Mais quel est celui qui dirige le roi Robert, et qui dicte presque toutes les mesures que prend ce bon souverain?

— Mon oncle d'Albany, voulez-vous dire, » repartit le prince. « Oui, mon père, en effet, est guidé, presque entièrement, par les conseils de son frère. En conscience, sir Ramorny, nous ne pouvons guère l'en blâmer, car il n'a trouvé chez son fils qu'une aide assez médiocre.

— Aidons-le maintenant, Milord, » dit Ramorny. « Je suis en

possession d'un secret terrible. Albany a négocié avec moi, pour que je me joignisse à lui dans ses desseins contre la vie de Votre Grâce! Il m'offre pardon entier pour le passé, haute faveur pour l'avenir.

— Contre ma vie, dites-vous? Vous voulez seulement dire, je pense, contre mon royaume. Ce serait infâme! il est le frère de mon père; ils se sont assis sur les genoux du même père, ils ont reposé sur le sein de la même mère. Taisez-vous, Ramorny; à quelles folies étranges, votre lit de malade vous fait croire!

— Me fait croire! » dit Ramorny. « C'est une nouveauté pour moi d'être appelé crédule. Celui par l'intermédiaire duquel Albany m'a communiqué ses ouvertures, est un homme à la sincérité duquel tous doivent croire dès qu'il s'agit de mal faire. Les médicaments même que préparent ses mains ont une saveur de poison.

— Baste! un coquin de cette espèce mènerait à mal, » répliqua le prince, « la réputation d'un saint. Cette fois, Ramorny, tout rusé que vous soyez, vous êtes dupe. Mon oncle d'Albany est ambitieux, et voudrait assurer à lui et à sa maison une part de pouvoir et de richesse plus large qu'il n'en devrait raisonnablement désirer. Mais, supposer qu'il veuille détrôner et tuer le fils de son frère... Taisez-vous, Ramorny, et ne me forcez pas à vous citer ce vieux dicton : Ceux qui font le mal, le craignent. Ce qui parle en vous, c'est le soupçon, et non la connaissance des choses.

— Votre Grâce est le jouet d'une illusion fatale. J'irai jusqu'au bout. Le duc d'Albany est généralement haï pour sa convoitise et sa rapacité. Votre Altesse est plus aimée, peut-être, qu'elle n'est... »

Ramorny s'arrêta; le prince, d'un air calme, remplit la lacune. « Je suis plus aimé qu'estimé. N'est-ce pas cela, Ramorny?

— Tout au moins, » dit Ramorny, « on vous aime plus qu'on ne vous craint, et ce n'est pas, pour un prince, une condition sûre. Donnez-moi cependant votre parole d'honneur et votre parole de chevalier que vous ne m'en voudrez pas des bons offices que je vous rendrai, confiez-moi votre sceau pour engager des amis en votre nom, et le duc d'Albany ne prendra plus autorité dans cette cour, jusqu'au jour où la main détruite qui terminait autrefois ce membre s'unira de nouveau à mon corps pour obéir aux ordres que lui dictera ma pensée.

— Vous n'oseriez plonger vos mains dans le sang royal? » dit sévèrement le prince.

« Fi! Milord; à aucun prix : il n'est pas besoin de répandre le sang; c'est d'elle-même que la vie peut, que la vie doit s'éteindre. Faute d'y verser l'huile fraîche, ou de l'abriter contre un souffle de vent, la lumière tremblante peut mourir au bec de la lampe. Permettre à un homme de mourir, ce n'est pas le tuer.

— C'est juste, et je l'oubliais. Supposons donc que mon oncle Albany ne continue pas à vivre. C'est cela, je crois, que vous voulez dire. Qui donc alors conduit la cour d'Écosse?

— Robert III, avec le consentement, l'avis et l'autorité du très puissant David, duc de Rothsay, lieutenant du royaume, et *alter ego*. En sa faveur, le bon roi, dégoûté des fatigues et des inquiétudes de la souveraineté, sera, je l'imagine, bien disposé à abdiquer. Vive donc notre jeune et brave monarque, le roi David III!

Ille manu fortis,
Anglis ludebit in hortis.

Il jouera, d'une main fière,
Aux jardins de l'Angleterre.

— Ainsi donc, » dit Rothsay, « notre père et prédécesseur continuera de vivre à l'effet de prier et de dire le chapelet pour nous; il tiendra de notre faveur le privilège de porter au tombeau ses cheveux gris, aussitôt qu'il voudra, pas plus tard que ne le permet le cours ordinaire de la nature? Ne pourrait-il pas rencontrer même quelqu'un de ces accidents par l'effet desquels on cesse de continuer à vivre, et l'on échange les limites d'une prison, ou d'un couvent qui y ressemble, pour la sombre et tranquille cellule où les prêtres disent que les coupables ne sont plus gênants, et que les gens fatigués se reposent?

— Vous parlez en plaisantant, Milord, » répliqua Ramorny; « faire le moindre mal au bon vieux roi, serait aussi impolitique que contraire à la nature.

— Pourquoi reculer là-devant, » répondit le prince d'un ton sévère, « quand votre projet tout entier n'est qu'une leçon de crime contre nature, mêlée d'ambition à courte vue? Si le roi d'Écosse peut à peine tenir tête à ses nobles, aujourd'hui qu'il porte devant eux une bannière d'honneur que rien n'a souillée, qui donc suivrait un prince noirci de la mort d'un oncle et de l'emprisonnement d'un père? Votre politique, Ramorny, révolterait un Divan d'infidèles, pour ne pas nommer ici le conseil d'une nation chrétienne. Vous avez été mon guide, Ramorny, et pour quelques-unes, peut-être, des folies dont on me blâme, je pourrais vous reprocher justement vos leçons et votre exemple. Sans vous, peut-être, » dit-il en regardant son costume, « je ne serais pas ici, sous ce déguisement insensé, à écouter, à minuit, un ambitieux sans pudeur qui me propose de tuer un oncle et de détrôner le meilleur des pères. C'est ma faute, aussi bien que la vôtre, qui m'a précipité si profondément dans le gouffre de l'infamie, et il serait injuste que, vous seul, dussiez mourir pour cela. Mais, au péril de votre vie, n'osez plus reprendre jamais ce sujet-là devant moi. Je vous dénoncerais à mon père, à Albany, à l'Écosse aussi loin qu'elle se peut étendre! Des croix nombreuses qui s'élèvent en toutes les places publiques du royaume, chacune aura un morceau de la carcasse du traître qui oserait conseiller de telles horreurs à l'héritier de l'Écosse! C'est, je le crois, la fièvre occasionnée par votre blessure, c'est la capiteuse influence des cordiaux sur votre cervelle affaiblie, qui ont opéré sur vous, cette nuit; bien plutôt, à coup sûr, qu'aucun dessein arrêté.

— En vérité, Milord, » dit Ramorny, « si j'ai dit quoi que ce soit qui ait pu vous irriter à ce point, ç'a été par un excès de zèle, mêlé à l'imperfection de l'intelligence. De tous les hommes, assurément, je suis le dernier qui proposerait d'ambitieux projets en vue d'un avantage personnel. Hélas! mon seul avenir est d'échanger la lance et la selle pour le bréviaire et le confessionnal. Le couvent de Lindores recevra le chevalier de Ramorny, estropié, appauvri, trouvant là d'amples loisirs pour méditer sur ce texte : Ne mets pas ta confiance dans les princes.

— C'est un louable dessein, » dit le prince, « et nous ne manquerons pas de vous y encourager. Notre séparation, je le croyais, ne devait durer qu'un temps; il faut, maintenant, qu'elle soit éternelle. Après l'entretien que nous venons d'avoir, nous devons vivre séparés. Mais le couvent de Lindores, ou tout autre qui vous pourra recevoir, sera par nous richement doté et tenu en haute faveur. Dormez à présent, sir Jean Ramorny ; dormez, et oubliez cette conversation funeste, en laquelle les vapeurs de la fièvre et du vin ont eu, je l'espère, plus de part que vos pensées. Eviot! je pars ; éclairez-moi. »

A l'appel d'Eviot s'assembla la suite du prince, dont les personnages divers, épuisés par les débauches de la soirée, s'étaient endormis dans l'escalier ou dans la grand'salle.

« Personne de vous n'est-il dans son bon sens? » dit le duc de Rothsay, que dégoûtait l'aspect de ses compagnons.

« Pas un, pas un, » répondirent-ils, d'une acclamation avinée ; « aucun de nous n'est traître à l'empereur des joyeux vivants.

— Vous êtes tous des brutes? » dit le prince.

« Par obéissance, et à l'imitation de Votre Grâce, » répondit l'un d'eux; « ou, si nous sommes un peu en arrière de Votre Altesse, il suffit de remuer la cruche...

— Paix, animal! » dit le duc de Rothsay ; « quelqu'un de vous, je le répète, a-t-il encore sa raison?

— Oui, noble lige, » répondit quelqu'un ; « voici un faux frère, Watkins, l'Anglais.

— Viens ici, Watkins, et éclaire-moi. Donne-moi un manteau, une autre coiffure, et débarrasse-moi de cette friperie, » dit-il en jetant à terre sa couronne de plumes ; « que ne puis-je aussi aisément me dépouiller de toutes mes folies! Watkins l'Anglais, accompagne-moi, toi seul ; et, vous autres, assez de débauche, et quittez vos habits de masques. Le carnaval est fini, le carême commence.

— Notre monarque a, cette nuit, abdiqué plus tôt qu'à l'ordinaire, » dit l'un des gens de la troupe. Le prince n'ayant nullement encouragé ces paroles, tous ceux auxquels manquait la vertu de sobriété s'efforcèrent de la reprendre de leur mieux ; les débauchés de tout à l'heure prirent les airs d'une société de personnes convenables, qui, surprises dans un état d'ébriété, tâchent de le déguiser par une double dose de bonnes manières et de politesse. Pendant ce temps, le prince, ayant exécuté dans son vêtement une réforme rapide, était éclairé vers la porte par le seul des gens de la compagnie qui ne fût pas ivre. Peu s'en fallut qu'en s'y rendant, il ne trébuchât sur le corps de Bonthron endormi.

« Qu'est ceci ? » dit-il avec colère et dégoût ; « cette vile brute est encore dans notre chemin? Çà, quelqu'un; et qu'on jette ce brigand dans l'auge à boire des chevaux, pour qu'une fois en sa vie il soit lavé proprement. »

Tandis que, mettant à profit une fontaine de la cour extérieure, la bande exécutait ses ordres, tandis que Bonthron subissait un traitement auquel il ne pouvait opposer que des grognements inarticulés et des ronflements, assez semblables à ceux d'un porc qui se meurt, le prince se dirigeait vers sa demeure, en un manoir appelé les Logements du Connétable parce qu'il appartenait aux comtes d'Errol. En route, et pour détourner sa pensée de choses plus déplaisantes, le prince demanda à son compagnon comment il avait pu rester maître de lui, alors que la boisson avait si bien triomphé de tous les autres.

« N'en déplaise à la grâce de Votre Honneur, » répliqua Watkins l'Anglais, « je confesse qu'il m'est arrivé souvent de rester ainsi quand c'était le bon plaisir de Votre Grâce que tous ceux de votre suite fussent soûls à outrance. Tous étant Écossais, excepté moi, j'ai pensé qu'il ne serait pas prudent d'être ivre en leur compagnie : c'est à peine s'ils me supportent quand nous sommes tous à jeun ; si le vin donc faisait des siennes, je pourrais leur dire un brin de ce que j'ai dans l'esprit, et m'en faire payer d'autant de coups qu'il y a de poignards en leur aimable société.

— C'est donc ton intention de ne te joindre jamais aux orgies de notre maison ?

— Avec votre permission, oui ; à moins que ce ne soit un jour le bon plaisir de Votre Grâce que les autres restent sobres, pour permettre à Will Watkins de se soûler sans rien craindre pour sa vie.

— Cela pourra arriver. Quel genre de service fais-tu ?

— Celui de l'écurie, si Votre grâce veut bien le permettre.

— Je veux que le chambellan te fasse passer à l'appartement, et au service de nuit. Tu me conviens, et c'est quelque chose d'avoir dans sa maison un serviteur sobre, encore qu'il ne soit tel que par crainte de la mort. Tu seras donc attaché à notre personne, et tu t'apercevras ainsi que la tempérance est une vertu qui profite. »

Dans le même temps, un poids nouveau de soucis et de craintes s'ajoutait aux tristesses de la chambre de malade de sir Jean Ramorny. Dès que le prince eut quitté la pièce, les réflexions du chevalier, troublées comme elles l'avaient été par le narcotique, tombèrent en la confusion la plus grande ; ce n'était que par de violents efforts qu'en présence de Rothsay, il en avait pu dominer les effets. Parfaitement conservée durant l'entrevue, la conscience qu'il avait eue de lui-même commença d'être étrangement troublée. Il eut un sentiment vague qu'il venait de courir un grand danger ; qu'il s'était fait du prince un ennemi, et lui avait livré un secret qui pouvait compromettre sa propre vie. En cet état de l'esprit et du corps, il n'était pas étonnant qu'il eût des rêves, ou que ses organes inquiets devinssent sujets à cette espèce de fantasmagorie que provoque l'usage de l'opium. Il lui sembla que l'ombre de la reine Annabella était à côté de son lit, et l'interrogeait sur le jeune homme qu'elle avait confié à ses soins simple, vertueux, gai et innocent.

« Tu l'as rendu libertin, dissolu et vicieux, » disait l'ombre pâle de la majesté défunte. « Je te remercie cependant, Jean Ramorny, toi qui fus ingrat envers moi, traître à ta parole, menteur à mes espérances. L'horreur qu'il aura de toi sera le contre-poison du mal que ton amitié lui a fait. Et, je l'espère bien, maintenant que tu n'es plus son conseiller, une amère pénitence sur la terre achètera le pardon de mon fils infortuné pour le faire accepter dans un monde meilleur. »

Ramorny étendit les bras vers sa bienfaitrice, et voulut exprimer son repentir et ses excuses ; mais l'apparition devint de plus en plus sombre et sévère, jusqu'au moment où, cessant d'être la feue reine, elle offrit aux regards du malade l'aspect hautain et ténébreux de Douglas le Noir ; puis la timide et douloureuse figure du roi Robert, semblant pleurer sur la destruction prochaine de sa royale maison. Ce fut ensuite un mélange de traits bizarres, moitié hideux, moitié grotesques, envahis par la tristesse, agités par le babil, se contournant en des formes surnaturelles et extravagantes, comme pour se moquer des efforts que le patient faisait à dessein d'obtenir une idée exacte de leurs étranges contours.

CHAPITRE XVIII.

Terre de pourpre, terre au poignard asservie,
Terre, hélas ! où la loi n'assure pas la vie.

BYRON.

Le matin du mercredi des Cendres se leva pâle et froid, ainsi que c'est l'habitude en Écosse, où les temps les plus mauvais et les plus incléments arrivent souvent aux premiers mois du printemps. Il gelait dur, et les citoyens avaient à se refaire par le sommeil des suites des débauches de la veille. Le soleil était donc levé depuis une heure avant qu'il n'y eût apparence de vie parmi les habitants de Perth; ce ne fut qu'après la pointe du jour qu'un citoyen, allant de bonne heure à la messe, aperçut le corps du malheureux Olivier Proudfute; le cadavre était gisant face contre terre, en travers du ruisseau, ainsi qu'il était tombé (nos lecteurs le savent déjà) sous le coup d'Antoine Bonthron, « l'enfant du baudrier, » c'est-à-dire l'exécuteur à gages des bons plaisirs de Jean de Ramorny.

Le citoyen matinal était Alain Griffon, ainsi appelé parce qu'il était le maître de l'auberge du Griffon; l'alarme donnée par lui rassembla d'abord quelques voisins, puis, peu à peu, un grand concours de citoyens. Au premier instant, grâce au justaucorps de buffle que l'on connaissait bien, à la plume cramoisie qui se dressait sur le casque, le bruit courut que c'était le robuste forgeron qui avait été tué. Cette fausse nouvelle persista quelque temps ; car l'hôte du Griffon, qui lui-même avait été magistrat, ne voulut pas permettre de toucher ou remuer le corps avant que le bailli Craigdallie ne fût arrivé : la figure donc ne se voyait pas.

« Mes amis, » disait-il ; « céla regarde la belle cité ; et, si c'est le brave Forgeron de la Ruelle qui est gisant ici, il n'y a pas un homme à Perth qui, pour le venger, ne risque son avoir et sa vie. Voyez, les scélérats l'ont frappé derrière le dos, car, à dix mille autour de Perth, il n'y en a pas un, gentilhomme ou roturier, des hautes terres ou des basses, qui, dans ce mauvais dessein, l'aurait rencontré face à face. O braves citoyens de Perth, la fleur de vos guerriers vient d'être abattue par la main lâche d'un traître ! »

Un cri de fureur s'éleva de la foule, qui s'était vite assemblée.

« Nous le prendrons sur nos épaules, » dit un boucher vigoureux, « et nous le porterons devant le roi, au couvent des Dominicains.

— Oui, oui, » répondit un forgeron ; « ni verrou ni barre de fer ne nous empêchera l'accès du roi ; ni moine ni messe n'arrêtera notre dessein. Jamais meilleur armurier n'a fait tomber le marteau sur l'enclume !

— Aux Dominicains ! aux Dominicains ! » cria la foule.

« Habitants du bourg, » dit un autre citoyen, « notre roi est un bon roi, et nous aime comme ses enfants. C'est Douglas, c'est le duc d'Albany, qui ne laissent pas le roi Robert écouter les malheurs de son peuple.

— Hé ! » s'écria le boucher, « parce que le cœur du roi est doux, faut-il que nous soyons assassinés dans nos rues ? Bruce faisait autrement. Si le roi ne peut pas nous garder, nous nous garderons nous-mêmes. Sonnez les cloches *à rebours ;* sonnez-les toutes, toutes celles qui sont en métal. Poussez, poussez hardiment le cri de la ville : la chasse de Saint-Johnston commence (Q) !

— Oui, » ajouta d'une voix haute un second citoyen, « empoignons Albany et Douglas pour les réduire en cendres. Que les feux disent, auprès et au loin, que Perth a su venger son vaillant Henri Gow ! Il a combattu vingt fois pour les droits de la belle cité ; montrons que nous savons combattre pour châtier ses meurtriers. Holà, ho ! braves citoyens, la chasse de Saint-Johnston commence ! »

Ce cri, mot de ralliement bien connu parmi les habitants de Perth, et qu'on entendait rarement ailleurs qu'en un tumulte populaire, trouva mille voix pour écho. Un ou deux clochers du voisinage, dont les citoyens furieux s'étaient emparés du consentement des prêtres ou malgré eux, commencèrent à sonner les notes sinistres de l'alarme, et comme, en cette sonnerie, la succession ordinaire des accords était renversée, on appelait cela sonner les cloches *à rebours*.

Pendant que la foule s'amassait, et que la clameur croissait, plus universelle et plus haute, Alain Griffon, gros homme à voix forte, et très respecté de tous, restait à son poste sur le cadavre, criant à la multitude de s'écarter et d'attendre l'arrivée des magistrats.

« Il faut procéder avec ordre dans cette affaire, mes maîtres; il faut avoir à notre tête nos magistrats. Ils sont dûment choisis et élus dans notre salle de ville, tous hommes bons et fidèles; on ne nous appellera pas émeutiers, ou perturbateurs imprudents de la paix du roi. Du calme, et faites place, car voici le bailli Craigdallie qui vient, et avec lui l'honnête Simon Glover, à qui la belle cité a tant d'obligations. Hélas, hélas, chers concitoyens! hier, sa fille était fiancée; ce matin, la Jolie Fille de Perth est veuve avant d'avoir été femme. »

Ce nouvel ordre de pensées accrut encore la rage et la douleur de la foule. Des femmes s'y étaient mêlées, et répétèrent le cri de ralliement et d'alarme que les hommes avaient jeté.

« Oui, oui, la chasse de Saint-Johnston commence! Debout pour la Jolie Fille de Perth et pour le brave Henri Gow! Debout tout le monde, et que nul n'épargne sa peau! Aux écuries! aux écuries! Quand le cheval n'y est plus, l'homme d'armes ne sert à rien. En pièces les valets et les garçons d'écurie! Estropiez, mutilez, poignardez les chevaux. A mort les écuyers et les pages! Que ces fiers chevaliers nous attaquent à pied, s'ils l'osent!

— Ils n'oseront pas, ils n'oseront pas, » répondirent les hommes; « leur force est dans leurs chevaux et leur armure; et ces misérables, non moins ingrats qu'orgueilleux, ont tué un homme dont l'adresse comme armurier n'avait pas d'égale à Milan ou à Venise. Aux armes, aux armes, braves bourgeois! La chasse de Saint-Johnston commence! »

Au milieu de ces clameurs, ce ne fut pas sans difficulté que les magistrats et les principaux habitants parvinrent à se faire faire place pour procéder à l'examen du corps ; ils avaient avec eux le clerc de ville pour dresser acte officiel, ou, comme cela s'appelle encore, procès-verbal descriptif des conditions dans lesquelles le corps avait été trouvé. La multitude se soumit à ces retards avec une patience et un ordre où se montrait fermement le caractère national d'un

peuple dont les ressentiments ont toujours été d'autant plus dangereux qu'ils savent, sans rien perdre de leur énergie, se soumettre avec patience aux ajournements nécessaires pour en assurer la satisfaction. Les magistrats furent donc accueillis avec un cri puissant, expression à la fois de la soif de la vengeance, et de la déférence avec laquelle étaient salués les chefs sous la direction desquels on comptait l'obtenir par la voie juste et légale.

Pendant que ces accents de bienvenue s'élevaient encore de la foule, dont étaient maintenant remplies toutes les rues avoisinantes, et qui se passait de bouche en bouche mille récits des plus variés, les pères de la Cité faisaient relever le corps, et se livraient à un plus strict examen. Il fut à l'instant reconnu, et publiquement annoncé, que ce n'était pas l'armurier de la Ruelle, si populaire parmi ses concitoyens, comme il était bien juste vu la nature des qualités qu'on estimait le plus en ce temps ; que c'était une personne beaucoup moins haut placée dans l'appréciation générale, sans manquer cependant de quelque valeur dans la société ; qu'enfin l'homme assassiné était Olivier Proudfute, le fringant bonnetier. L'opinion générale que la victime était leur brave et loyal champion Henri Gow avait à ce point surexcité le ressentiment de la multitude, que le démenti donné à cette nouvelle eut pour effet de refroidir l'indignation. Si le pauvre Olivier avait été reconnu tout d'abord, le cri de vengeance, moins furieux peut-être, n'aurait pas été sans doute moins unanime que pour Henri La Ruelle (R). Toutefois, aux premiers instants où circula ce renseignement inattendu, il y eut dans la foule une sorte de sourire, tant sont proches l'un de l'autre les confins du ridicule et du terrible.

« Les meurtriers l'auront pris pour Henri le Forgeron, » dit Griffon ; « et ç'aura été pour lui, dans la circonstance, une grande consolation. »

L'arrivée d'autres personnages rendit bientôt à la scène tout son caractère tragique.

CHAPITRE XIX.

Qui peut sonner la cloche? Oh, diable! à cette voix,
La ville sera prompte à se lever, je crois.

SHAKSPEARE, *Othello*, acte 2, scène 3.

LES rumeurs étranges qui couraient par la ville, bientôt suivies du son des cloches d'alarme, répandirent partout la consternation. Les nobles et les chevaliers, avec les gens de leurs maisons, s'assemblèrent en différents lieux de rendez-vous, où la défense pourrait le mieux s'établir; et l'alarme atteignit la résidence royale, où le jeune prince fut l'un des premiers à se présenter pour défendre le vieux roi, s'il était nécessaire. La scène de la nuit précédente lui traversa la mémoire, et, rappelant à son souvenir l'image souillée de sang de Bonthron, il conçut vaguement la pensée que l'action du brigand devait se lier à ce tumulte. Plus intéressant à ses yeux, l'entretien qui avait suivi avec sir Jean Ramorny, l'avait impressionné cependant de façon à effacer toutes traces du peu qu'il avait ouï de l'acte sanglant de l'assassin; il ne lui restait que le souvenir confus qu'une personne quelconque avait été tuée. C'était surtout dans l'intérêt de son père qu'il avait pris les armes avec toute sa maison. Vêtus de brillantes armures et lances en main, ses compagnons faisaient à présent tout autre figure que lorsqu'ils apparaissaient, la nuit précédente, dans l'ivresse des bacchanales. Le bon vieux roi eut des larmes de reconnaissance pour cette marque d'attachement filial, et présenta fièrement son fils à son frère Albany, entré peu de temps après. Il les prit tous deux par la main.

« Nous sommes trois Stuarts, » dit-il, « aussi inséparables que le saint Trèfle ; et, de même que celui qui porte cette herbe sacrée se rit, à ce qu'on assure, des séductions de la magie, de même nous, tant que nous nous serons fidèles l'un à l'autre, nous pouvons mettre au défi la malveillance et l'inimitié ! »

Le frère et le fils baisèrent la main bénigne qui pressait les leurs, tandis que Robert III leur exprimait sa confiance en leur affection. A cette heure, le baiser du fils était sincère ; celui du frère était le salut de Judas l'apostat.

Pendant ce temps, la cloche de l'église Saint-Jean alarmait comme les autres les habitants de la rue du Couvre-Feu. Dans la maison de Simon Glover, la vieille Dorothée Glover (c'est ainsi qu'on l'appellait, car, elle aussi, empruntait son nom au métier qu'elle pratiquait sous les auspices de son maître) fut la première à en entendre le son. Quoiqu'un peu sourde d'ordinaire, son oreille n'était pas moins fine pour les mauvaises nouvelles que l'odorat d'un faucon pour la charogne. Créature laborieuse, fidèle, et même dévouée, Dorothée n'en avait pas moins ce goût prononcé qu'on remarque souvent dans les classes inférieures pour recueillir les renseignements sinistres, et les repasser aux autres en détail. Peu accoutumées à être écoutées, ces personnes sont flattées de l'attention qu'une nouvelle. tragique assure à celui qui l'apporte, et trouvent peut-être du plaisir à l'égalité à laquelle un événement malheureux réduit momentanément ceux qui passaient d'ordinaire pour leurs supérieurs. Dorothée ne fut pas plutôt en possession d'une légère récolte des rumeurs qui voltigeaient au dehors, qu'elle s'élança avec bruit dans la chambre à coucher de son maître, lequel avait profité de la fête et du privilège de l'âge pour dormir plus longtemps que de coutume.

« Il est couché, le pauvre homme ! » dit Dorothée, d'une voix qui tenait à moitié du cri, à moitié d'une lamentation compatissante ; « il est couché, et son meilleur ami est tué, et il n'en sait pas plus là-dessus que l'enfant qui vient de naître, et qui ne sait pas encore distinguer la vie de la mort.

— Hein! » dit le Gantier, en sautant hors de son lit : « Que dis-tu, vieille femme? Ma fille va bien?

— Vieille femme! » dit Dorothée, qui, ayant fait mordre le poisson, était bien aise de le laisser fretiller un peu; « je ne suis pas si vieille, » dit-elle en quittant brusquement la chambre, « que je reste là quand un homme sort du lit de cette façon. »

Un instant après on l'entendait, dans le parloir au-dessous, chanter mélodieusement en travaillant du balai.

« Dorothée! Oh! la chouette, la diablesse! Dis-moi seulement si ma fille va bien.

— Je vais bien, mon père, » répondit de sa chambre la Jolie Fille de Perth; « parfaitement bien. Mais qu'y a-t-il donc, par Notre-Dame? Les cloches sonnent à rebours, et l'on entend dans les rues du tumulte et des cris.

— Je vais le savoir. Conachar! viens m'attacher mes aiguillettes. Ah! le drôle, je n'y pensais plus, a depuis longtemps dépassé Fortingall. Patience, fille, je vais aux nouvelles.

— Il n'y a pas besoin de vous presser pour cela, Simon Glover, » dit la vieille endurcie; « on peut vous en dire le fort et le faible avant que vous n'ayez clopiné jusqu'au pas de la porte. J'ai su dehors toute l'histoire; car, me suis-je dit, notre brave homme est si entêté qu'il voudra courir à la bataille, quelle qu'en puisse être la cause; il faut que je remue les jambes et que j'apprenne la raison de tout, ou il ira fourrer son vieux nez là-dedans, et se le fera couper avant de savoir seulement de quoi il s'agit.

— Quelle est-elle donc, cette nouvelle, vieille femme? » dit Glover avec impatience, occupé toujours aux cent aiguillettes ou lacets à l'aide desquels on attachait alors le pourpoint aux hauts-de-chausses.

Dorothée le laissa continuer son travail, jusqu'au moment où elle le supposa presque terminé; puis, prévoyant que si elle ne lui disait elle-même le secret, son maître allait être dehors pour rechercher en personne la cause du désordre. « Or çà, » lui cria-t-elle, « vous ne pourrez pas dire que c'est ma faute si vous apprenez de mauvaises nouvelles avant la messe du matin. Je vous l'aurais tenu caché jusqu'à ce que vous eûssiez ouï la parole du prêtre; mais, puisqu'il faut que vous le sachiez, vous avez perdu l'ami le plus sincère qui ait jamais donné la main à un autre, et Perth a à pleurer le plus brave bourgeois qui ait mis jamais l'épée à la main.

— Harry le Forgeron ! Harry ! » s'écrièrent à la fois le père et la fille.

« Oh ! vraiment, oui, vous y êtes à la fin, » dit Dorothée ; « et à qui la faute, si ce n'est à vous ? Parce qu'il était en compagnie d'une chanteuse, vous avez fait autant d'histoires que si ç'avait été une Juive ! »

Dorothée aurait continué longtemps encore, mais son maître cria à sa fille, qui était encore dans sa chambre. « Cela n'a pas le sens commun, Catherine ; ce sont des radotages ; cela n'est pas. Je vous apporterai dans un moment les véritables nouvelles. » Et, saisissant sa canne, le vieux bourgeois laissa là Dorothée, et se précipita dehors, où le courant de la foule se portait vers la grande rue. Dorothée, pendant ce temps, murmurait entre les dents : « Il est raisonnable, votre père ; c'est lui qui le dit. Il nous reviendra de là dedans avec quelque horion ; Dorothée, de la charpie ; Dorothée, un emplâtre. Mais, c'est égal, voilà que, pour l'instant, cela n'a pas le sens commun ; c'est un mensonge, c'est impossible, parce que cela sort de la bouche de Dorothée. Impossible ! Le vieux Simon croit-il donc la tête d'Harry le Forgeron aussi dure que son enclume ? Alors, d'ailleurs, que tout un clan des hautes terres tapait dessus. »

Son monologue, à ce moment, fut interrompu. Une créature angélique s'approchait d'elle, l'œil égaré, la joue d'une pâleur mortelle, les cheveux épars, et semblant ne pas avoir la conscience de ses actes. La vieille femme, terrifiée, oublia sa mauvaise humeur.

« Que Notre-Dame bénisse mon enfant ! » dit-elle. « Qu'avez-vous ?

— N'avez-vous pas dit que quelqu'un était mort ? » repartit Catherine, avec une incertitude de prononciation effrayante, comme si les organes de la parole et de l'ouïe ne l'eussent qu'imparfaitement servie.

« Mort, ma chérie ? Hélas oui, vraiment ! bien mort. Il ne jettera plus de regards sombres à personne.

— Mort ! » répéta Catherine, toujours avec la même incertitude de voix et d'aspect. « Mort ! assassiné ! et par les montagnards !

— Par les montagnards, c'est sûr. Les scélérats, les brigands! Qui est-ce donc qui tue plus de monde qu'eux, excepté quand les bourgeois se prennent de querelle et se tuent les uns les autres, ou quand les chevaliers et les nobles versent le sang? Mais je garantis, cette fois-ci, que ç'a été les montagnards. Pas un homme à Perth, seigneur ou coquin, n'aurait osé attaquer face à face Henri le Forgeron. Ils ont dû

se mettre beaucoup contre lui ; on le verra bien quand on examinera la chose.

— Les montagnards! » répéta Catherine, comme poursuivie d'une idée qui jetait le trouble dans ses sens. « Les montagnards! Oh! Conachar, Conachar!

— Oui, Catherine, et j'ose dire que vous avez deviné juste : ce doit être lui. Ils se sont querellés, vous savez, la veille de la Saint-Valentin, et se sont battus. Un montagnard a la mémoire longue pour ces choses-là. Donnez-lui un soufflet à la Saint-Martin, la joue lui cuira à la Pentecôte. Mais par quel hasard est-ce dans le bourg que toutes ces longues jambes ont fait leur sanglant ouvrage!

— Malheur à moi! » dit Catherine; « c'est ma faute. C'est moi qui suis cause de la descente des montagnards; moi qui avais envoyé un message à Conachar. Ils se seront mis en embuscade; c'est moi qui les ai fait venir à portée de leur proie. J'en veux juger par mes yeux; et puis... et puis, nous prendrons un parti. Dis à mon père que je reviendrai bientôt.

— Êtes-vous folle, ma fille? » s'écria Dorothée, tandis que Catherine, passant à côté d'elle, gagnait la porte de la rue. « Vous n'allez pas sortir dans la rue avec les cheveux pendants comme cela sur la figure, vous, connue pour être la Jolie Fille de Perth? Par la messe! la voilà partie. Advienne que pourra! Le vieux Glover va être furieux. Je ne pouvais cependant pas, de force, l'empêcher de se sauver. Voilà une belle matinée pour un mercredi des Cendres! Que faire? Si j'allais chercher mon maître dans la foule, je serais capable d'être écrasée sous leurs pieds, et on ne se désolerait pas beaucoup pour une vieille femme. Courir après Catherine? On ne la voit déjà plus, et elle a le pied plus leste que le mien. Je vais à côté, chez Nicolas le Barbier, lui conter tout cela. »

Tandis que la fidèle Dorothée mettait à exécution sa résolution prudente, Catherine courait à travers les rues de Perth, en des conditions qui, à tout autre moment, auraient attiré sur elle l'attention de tout le monde. Qu'aurait-on dit en la voyant pousser, sans souci des usages, son impétueuse carrière, l'air effaré, oublieuse à ce point des convenances ordinaires et du calme accoutumé de sa tenue et de sa démarche, n'ayant pas revêtu le plaid, l'écharpe ou le manteau que les « femmes de bien », de caractère et de rang honorables, ne manquaient pas de porter quand elles allaient dehors. Mais tous étaient si éperdus, si occupés à demander ou à dire la cause du tumulte, et à la raconter de tant de manières différentes, que le costume négligé de Catherine et le trouble de sa personne, ne firent impression sur personne. Elle put suivre le chemin qu'elle avait choisi sans plus attirer l'attention que les autres femmes qui, poussées par l'inquiétude, la curiosité ou la crainte, étaient sorties pour savoir le motif d'une alarme aussi générale; pour chercher, peut-être, des amis à la sécurité desquels elles s'intéressaient.

A mesure que Catherine avançait, elle subissait toutes les influences, tous les entraînements de cette scène émouvante; elle dut se retenir pour ne pas répéter les cris de lamentation et d'effroi que l'on poussait autour d'elle. Elle se précipitait, rapide, comme dans la confusion d'un rêve, avec un sentiment étrange de calamité et de terreur. Elle n'aurait pu, au juste, en définir la nature; mais il y avait en elle une impression formidable : l'homme qui l'aimait avec une si vive tendresse, dont elle estimait tant les qualités excellentes, plus cher à son cœur (elle le sentait maintenant) qu'elle-même peut-être ne l'avait soupçonné jusque-là, était assassiné, et, probablement, par sa faute. C'était sous le coup d'une émotion extrême, bien faite pour grossir les choses, qu'elle avait cru voir un rapport entre la mort supposée d'Henri et la descente de Conachar et des siens; mais cette pensée était suffisamment probable pour que Catherine eût pu la prendre pour une vérité, au cas même où son intelligence aurait eu le loisir d'en examiner la vraisemblance. Sans savoir elle-même ce qu'elle cherchait, mue seulement par un vague désir d'aller jusqu'au fond de la terrible nouvelle, elle arriva au lieu même que ses sentiments de la veille auraient dû lui faire éviter plus qu'à aucune autre.

Qui donc, le soir du mardi gras, aurait fait croire à la fière, à la timide Catherine Glover, cette fille pleine de réserve, cette rigide esclave des convenances, qu'avant la messe du mercredi des Cendres, elle courrait les rues de Perth, au milieu du tumulte et de la confusion, les cheveux épars, les vêtements en désordre, pour chercher la maison de cet amant qui (elle le devait croire), avec une grossière indélicatesse, lui avait fait l'injure et l'affront de poursuivre un vil et licencieux amour!

Il en était cependant ainsi; et, dans son empressement, prenant, comme par instinct, la route la plus libre, elle évita la grande rue, où la foule se pressait le plus, et arriva à la ruelle par les passages étroits du nord de la ville, ceux à travers lesquels Henri le Forgeron avait précédemment escorté Louise. L'alarme était si générale que, même en ces lieux relativement solitaires, les passants ne manquaient pas. Catherine Glover n'en poursuivit pas moins sa route; ceux qui l'observaient se regardaient l'un l'autre, et secouaient la tête en compatissant à son malheur. Enfin, sans avoir elle-même une idée bien nette de ce qu'elle voulait faire, elle se trouva devant la porte de son amant, et frappa pour y demander entrée.

Le silence succéda au bruit des coups précipités qu'elle avait donnés ; cela ne fit qu'augmenter l'effroi qui l'avait conduite à prendre ce parti désespéré.

« Ouvrez, ouvrez, Henri! » s'écria-t-elle. « Ouvrez, si vous vivez encore! Ouvrez, si vous ne voulez trouver Catherine Glover morte à votre seuil! »

Tandis qu'elle adressait ces cris éperdus à des oreilles qu'elle devait croire fermées par la mort, l'amant qu'elle invoquait ouvrit lui-même la porte, juste à temps pour empêcher Catherine de tomber à la renverse. En une rencontre inattendue à ce point, la violence de la joie qu'éprouvait Henri ne se manifesta d'abord que par une stupéfaction, qui ne lui permettait pas de croire à la réalité de ce qu'il voyait ; quelle inquiétude ensuite, en apercevant ces yeux fermés, ces lèvres blanchies et entrouvertes, ces joues décolorées, et la cessation apparente de toute respiration.

Henri était resté chez lui, en dépit des sons alarmants qui, depuis assez longtemps, avaient frappé ses oreilles, bien déterminé à ne pas se jeter en des querelles s'il le pouvait éviter. En conformité seulement d'un appel des magistrats, auxquels, comme bourgeois, il était tenu d'obéir, il venait de prendre au mur son épée, et un bouclier de réserve, et allait, en ce moment, sortir pour accomplir son service : c'était la première fois qu'il ne le faisait pas en volontaire, mais sur ordre et par devoir.

« C'est dur, » se disait-il, « d'être mis en avant dans tous les démêlés de la ville, quand les œuvres de combat sont si détestées de Catherine. Je suis sûr qu'il y a, à Perth, bien des filles qui disent à leurs galants : Allez, faites votre devoir bravement, et méritez d'obtenir les bonnes grâces de votre dame. Qui envoie-t-on chercher, cependant? Ce ne sont pas les amants de ces filles-là, c'est moi ; moi, à qui il n'est pas permis de remplir les devoirs d'un homme qui protège une femme, ou ceux d'un bourgeois qui combat pour l'honneur de sa ville, sans que cette fantasque Catherine ne me traite comme si j'étais un tapageur ou un débauché! »

Telles étaient les idées qui occupaient son esprit, quand, au moment où il ouvrait la porte pour sortir, la personne la plus chère à sa pensée, mais celle qu'assurément il s'attendait le moins à voir, s'offrit à ses yeux, et tomba dans ses bras.

Le mélange de surprise, de joie, d'inquiétude qui l'envahit en ce moment, ne le priva pas de la présence d'esprit que demandait la circonstance. Mettre Catherine Glover en sûreté et la rappeler à elle, il y fallait songer avant de faire obéissance aux ordres des magistrats, quelque pressants que fussent les termes en lesquels ils avaient été donnés. Il porta son doux fardeau, aussi léger qu'une plume, plus précieux cependant qu'un volume égal de l'or le plus pur, dans une petite chambre à coucher qui avait été celle de sa mère. C'était la meilleure pour une malade ; elle donnait sur le jardin, et était plus éloignée du tumulte de la ville.

« A moi, nourrice ; accourez, dame Shoolbred ; au nom de la vie, au nom de la mort, venez. Voici quelqu'un qui a besoin de votre aide ! »

La vieille dame monta vivement l'escalier. « Si ce pouvait être quelqu'un qui vous empêchât d'aller dans la bagarre. » Elle aussi avait été réveillée par le bruit. Quel fut son étonnement lorsque, posée avec amour et respect sur le lit de sa défunte maîtresse, et soutenue par les bras athlétiques de celui qu'elle avait nourri, elle aperçut, inanimée en apparence, la Jolie Fille de Perth. « Catherine Glover ! » dit-elle ; « Sainte mère de Dieu ! elle est morte ?

— Non, » dit le Forgeron ; « son cœur bat ; son souffle charmant s'élève et s'abaisse. Venez, vous qui pouvez la secourir plus convenablement que moi. Apportez de l'eau, des essences, tout ce que votre expérience vous indiquera de mieux. Si le ciel l'a mise en mes bras, ce n'est pas pour qu'elle meure, mais afin qu'elle vive pour elle et pour moi. »

Avec une activité qu'on n'aurait pas attendue de son âge, la nourrice Shoolbred réunit ce qu'il fallait pour ranimer Catherine. Comme beaucoup de femmes de ce temps-là, elle savait ce qu'il y avait à faire en pareilles circonstances ; elle possédait même quelques notions pour traiter les blessures ordinaires, et les dispositions guerrières de son nourrisson la maintenaient, d'une façon assez constante, dans l'exercice de son savoir.

« Maintenant, » dit-elle, « mon fils Henri, détachez vos bras de ma malade, quoiqu'elle vaille bien la peine qu'on y touche; et ayez les mains libres, pour me donner ce dont j'aurai besoin. Je ne vous obligerai pas cependant à lâcher sa main, si vous voulez en frotter doucement la paume pour détendre les doigts qui se sont crispés.

— Moi, frotter sa jolie main! » dit Henri; « autant vaudrait me dire de frapper sur un verre de vin avec mon marteau d'enclume! Comment ferais-je pour appliquer à sa paume délicate la vilaine corne de mes doigts? Voici ses doigts qui se détendent; et nous trouverons, pour y aider, un meilleur moyen que de frapper. » Et il appliqua ses lèvres sur la jolie main, où un mouvement léger indiquait le retour de la sensibilité. Un ou deux profonds soupirs vinrent ensuite, et la Jolie Fille de Perth ouvrit les yeux, les fixa sur son amant à genoux à côté du lit, et retomba sur son oreiller. Comme elle ne retirait pas sa main de celle d'Henri, nous devons croire, pour la justifier, que son retour à la vie n'était pas assez complet pour qu'elle pût s'apercevoir qu'il abusait de ses avantages en portant tour à tour cette main à ses lèvres et sur son cœur. Nous sommes en même temps forcés d'avouer que le sang revenait aux joues de la jeune fille, et que, durant cette rechute, sa respiration fut, une minute ou deux, très calme et très régulière.

Le bruit qui se faisait à la porte devint alors beaucoup plus fort, et Henri fut appelé par tous ses noms différents : Forgeron, Gow, Hall de la Ruelle, de la même façon que les païens invoquaient leurs divinités sous des épithètes diverses. A la fin, comme les catholiques portugais quand ils sont fatigués de prier leurs saints, la foule du dehors eut recours aux exclamations injurieuses.

« Allons donc, Henri! Vous n'êtes qu'un félon, qui manque à son serment de bourgeois; un traître à la belle cité, si vous ne sortez tout de suite! »

Il faut croire que les remèdes de la nourrice Shoolbred réussissaient maintenant si bien, que Catherine avait à peu près retrouvé ses sens; car, tournant son visage vers celui de son amant plus que ne l'aurait permis sa position précédente, elle fit tomber sa main droite sur l'épaule de celui-ci, laissant encore la gauche en la possession d'Henri, et semblant le retenir en murmurant ces mots : « N'y allez pas, Henri; restez avec moi. Ils vous tueront, ces hommes de sang. »

Elle avait trouvé vivant celui dont elle s'attendait à ne contempler que le cadavre, et de là cette douce prière. Bien que dite si bas qu'à peine Henri avait pu l'entendre, l'invocation parut plus efficace pour le retenir dans l'attitude qu'il avait alors, que ne l'étaient les appels réitérés des voix nombreuses de la rue pour lui faire descendre l'escalier.

« Morbleu, camarades, » cria à ses compagnons un audacieux citoyen, « le Forgeron n'est qu'un effronté qui se moque de nous. Entrons dans la maison, et faisons-le sortir de force et par les oreilles.

— Prenez garde à ce que vous faites, » dit un assaillant plus circonspect. « Celui qui force les retranchements d'Henri Gow a pu y entrer les os en bon état, mais n'en sortira qu'avec une besogne toute prête pour le chirurgien. Voici venir quelqu'un fort à même de lui porter notre commission, et d'amener ce traître à entendre raison. »

La personne en question n'était autre que Simon Glover. Il était arrivé à l'endroit fatal où gisait le malheureux bonnetier, au moment même où l'on relevait le corps sur l'ordre du bailli Craigdallie, juste à temps pour voir retourner le visage de la victime, et pour reconnaître, à son grand soulagement, les traits du faux brave Proudfute, alors que la foule s'attendait à voir ceux d'Henri le Forgeron, son champion favori. Un rire, ou quelque chose qui y ressemblait, courut parmi ceux qui se souvenaient de toutes les peines que s'était données Olivier pour acquérir la réputation d'un homme de guerre, quelque étranger que fût ce caractère à sa nature et à ses dispositions ; on remarquait qu'il avait rencontré un genre de mort beaucoup plus en rapport avec ses prétentions qu'avec son tempérament. Cette disposition à une gaieté hors de saison, indice de la rudesse des temps, fut subitement étouffée par la voix, les cris, les exclamations d'une femme, qui fendait la foule en criant : « Oh ! mon mari ! mon mari ! »

On fit place à l'infortunée, que suivaient deux ou trois femmes de ses amies. Madeleine Proudfute n'avait été notée jusque-là que comme une personne à cheveux noirs, de bonne apparence, réputée fière et dédaigneuse à l'égard de ceux qu'elle croyait ses inférieurs ou moins riches qu'elle ; on la disait reine et maîtresse de son défunt mari, à qui elle faisait lestement baisser la crête quand il venait à chanter hors de propos. Elle prenait aujourd'hui, sous l'impression d'une puissante douleur, un caractère beaucoup plus imposant.

« Indignes bourgeois de Perth, » dit-elle, « pourquoi riez-vous? Est-ce parce que le sang d'un de vos concitoyens coule dans un ruisseau? Ou riez-vous parce que la mort est tombée sur mon mari? Comment aurait-il mérité cela? N'a-t-il pas soutenu par son travail une honnête maison? N'a-t-on pas trouvé chez lui un seuil honorable, où le malade était bien reçu, où le pauvre avait des secours? N'a-t-il pas prêté à ceux qui étaient dans le besoin? N'a-t-il pas, comme magistrat, donné conseil et rendu justice?

— C'est vrai, c'est vrai, » répondit l'assistance; « son sang est notre sang, comme si ç'eut été celui d'Henri Gow.

— Vous dites la vérité, voisins, » ajouta le bailli Craigdallie; « et cette affaire ne saurait se replâtrer comme la précédente. Le sang d'un citoyen ne doit pas couler sans vengeance dans nos ruisseaux comme l'eau bourbeuse d'un fossé; ou nous en verrions empourprées bientôt les larges ondes du Tay. Mais ce coup n'était pas destiné à l'homme sur lequel il est si malheureusement tombé. Tout le monde connaissait Olivier Proudfute pour ce qu'il était, fort pour parler, moindre pour agir. Il a le vêtement de buffle, le bouclier et le casque d'Henri le Forgeron : toute la ville les connaît comme moi; il n'y a là dessus aucun doute. Olivier avait, vous le savez, la manie de tâcher, en toutes choses, d'imiter le Forgeron. L'innocent bonnetier n'était pour personne un objet de haine ou de crainte, et nul ne faisait beaucoup attention à lui; quelque individu, aveuglé par la rage, troublé peut-être par la boisson, l'a frappé à la place du vigoureux Forgeron, qui a vingt querelles sur les bras.

— Que faut-il faire, bailli? » cria la multitude.

« C'est, mes amis, ce que vos magistrats vont décider pour vous; nous nous réunirons de suite, aussitôt l'arrivée de sir Patrice Charteris, qui ne tardera guère. Le chirurgien Dwining va faire l'examen du pauvre morceau d'argile, pour nous dire comment a eu lieu cette mort fatale; qu'on enveloppe ensuite honorablement le corps dans un beau linceul blanc, comme il convient pour un honnête citoyen, et qu'on le place devant le grand autel de l'église de Saint-Jean, le patron de la belle cité. Cessez toutes clameurs et tout bruit ; et, au nom du bien que vous voulez à notre ville, que chaque homme en état de porter les armes prépare tout ce qu'il faut pour combattre, et soit en mesure de se réunir dans la grande rue au premier son de la cloche de la maison de ville : nous vengerons la mort de notre concitoyen, ou nous suivrons telle fortune que le ciel nous enverra. Évitez, en attendant, toutes querelles avec les chevaliers et les gens de leur suite, jusqu'à ce que nous ayons pu discerner l'innocent et le coupable. Mais que fait-il donc, ce maudit Forgeron? Il n'est prêt que trop tôt dans les batailles où l'on ne voudrait pas de lui, et il n'en finit pas aujourd'hui que sa présence servirait la belle cité? Que lui peut-il arriver? Quelqu'un le sait-il? A-t-il fait quelque folie la veille du carême?

— Il est plutôt indisposé ou de mauvaise humeur, Monsieur le bailli, » dit l'un des officiers ou sergents de la cité ; « car, bien qu'il soit chez lui, à ce que disent ses ouvriers, il ne veut cependant ni nous répondre ni nous ouvrir.

— S'il plaît à Votre Honneur, Monsieur le bailli, » dit Simon Glover, « j'irai moi-même chercher Henri le Forgeron. J'ai un petit mot à lui dire. Bénie soit Notre-Dame, qui a permis que je pusse le trouver vivant, ce à quoi, il y a un quart d'heure, je ne m'attendais guère!

— Amenez le Forgeron au conseil de ville, » dit le bailli, tandis qu'un cavalier perçant la foule, lui glissait à l'oreille : « Voici un brave homme qui dit que le chevalier de Kinfauns entre en ville. »

Ce fut en ces circonstances qu'au moment que nous avons déjà marqué, Simon Glover se présenta devant la maison d'Henri Gow.

A l'abri des hésitations et des doutes qui avaient retenu les autres, il se rendit au parloir. Ayant entendu le bruit que faisait dame Shoolbred, il usa du privilège de l'intimité pour monter à la chambre à coucher ; et, sans autre précaution qu'un léger : « Pardon, cher voisin, » il entra dans la chambre, où l'attendait un spectacle singulier et imprévu. Au son de sa voix, Catherine éprouva une résurrection beaucoup plus prompte que ne l'avaient pu produire les restauratifs de dame Shoolbred ; et sa pâleur se changea en de vives couleurs, du rouge le plus ravissant. Jusqu'à ce moment, faute d'avoir conscience de ce qui se passait, ou grâce aux sentiments éveillées par les événements du matin, ses deux mains étaient restées presque abandonnées aux caresses de son amant; toutes deux, alors, le repoussèrent vivement. Henri, dont nous

connaissons la timidité, manqua de tomber en se relevant; nul, enfin, de ceux qui étaient là ne fut exempt de confusion, excepté dame Shoolbred, qui saisit un prétexte de tourner le dos aux autres pour pouvoir rire à leurs dépens. C'était une envie qu'elle n'aurait pu retenir; en quoi le Gantier, dont la surprise fut grande, mais courte et agréable, se joignit franchement à elle.

« Par le bienheureux saint Jean, » dit-il, « je croyais avoir vu ce matin une chose faite pour m'empêcher de rire, au moins jusqu'à la fin du carême ; mais ceci me ferait remuer les joues, même si j'étais agonisant. Le brave Henri, qu'on pleurait comme mort, et pour qui sonnaient tous les clochers de la ville, il est en vie, ma foi, tout gaillard, et, à en croire sa mine vermeille, aussi content d'être de ce monde que n'importe quel homme de Perth. Et ma précieuse fille, qui, hier, ne parlait que de la scélératesse des hommes qui fréquentent les distractions profanes et qui protègent les filles de plaisir, la voici. Elle défiait à la fois saint Valentin et saint Cupidon. A ce que je vois, cependant, elle-même, à cette heure, ne déteste pas le culte de ces saints-là. Je suis heureux vraiment de reconnaître que vous, ma bonne dame Shoolbred, qui ne passez pas pour favoriser le mal, vous ayez été de ce rendez-vous amoureux.

— Vous n'êtes pas juste envers moi, mon bien cher père, » dit Catherine, sur le point de pleurer. « Je suis venue ici m'attendant à tout autre chose que ce que vous supposez. Je suis venue parce que... parce que...

— Parce que, » dit le père, « vous vous attendiez à trouver mort celui que vous aimez. Vous l'avez trouvé vivant, en état de recevoir les marques de votre estime, et d'y répondre. De bon cœur vraiment, si ce n'est pas un péché de ma part, je remercierai le ciel de ce qu'on vous a surprise enfin avouant que vous étiez femme. Simon Glover n'est pas digne d'avoir pour fille une personne tout à fait sainte. N'ayez pas l'air si affligé, et n'attendez pas de moi des consolations. Je ne cesserai d'en rire que si l'on arrête ses larmes, et si l'on avoue qu'elles sont des larmes de joie.

— Dussé-je mourir, » dit la pauvre Catherine, « je serais incapable de dire comment il faut les appeler. Croyez seulement, mon cher père, et qu'Henri le sache bien, que je ne serais jamais venue en ce lieu si... si... si...

— Si vous n'aviez su qu'Henri ne pouvait plus aller chez vous, » dit le père en l'interrompant. « Donnez-vous la main, à présent, en signe de paix et de concorde, ainsi qu'il convient à des Valentins. C'était hier le mardi gras, Henri. Nous tenons pour accordé que tu as confessé tes folies, que tu as obtenu l'absolution, et que tu es relevé de tous les crimes dont tu étais chargé.

— Oh! là-dessus, père Simon, » dit le Forgeron, « maintenant que vous êtes assez calme pour m'écouter, je puis jurer sur l'évangile, et prendre à témoin dame Shoolbred, ma nourrice, que...

— Non, » dit le Gantier. « Pourquoi réveiller des querelles qui sont oubliées?

— Simon! » cria-t-on du dehors ; « Simon Glover!

— Mon fils, ils m'appellent, et ils ont raison, » dit le Gantier d'un ton sérieux ; « nous avons sur les bras une autre besogne. Vous et moi, l'on nous attend sur l'heure au conseil. Catherine restera ici avec dame Shoolbred, qui aura soin d'elle jusqu'à notre retour. Alors, Henri, vu le désordre de la ville, nous la reconduirons à la maison tous les deux : ceux-là seront bien hardis qui nous barreront le passage.

— En vérité, mon cher père, » dit Catherine en souriant, « vous voilà qui prenez le rôle d'Olivier Proudfute. Ce vaillant bourgeois est le frère d'armes d'Henri. »

Le visage du père s'assombrit.

« Vous avez dit, ma fille, un mot cruel ; mais vous ne savez pas ce qui est arrivé. Embrassez-le, Catherine, en signe de pardon.

— Non pas, » dit Catherine ; « j'en ai déjà trop fait pour lui. Quand il aura remis, saine et sauve, la demoiselle errante en sa maison, il sera bien assez temps de demander sa récompense.

— En attendant, » dit Henri, « je réclame, en qualité d'hôte, ce que vous ne voulez pas m'accorder à un autre titre. »

Il serra dans ses bras la belle jeune fille : il lui fut permis de prendre le salut qu'elle avait refusé de donner.

Comme ils descendaient ensemble l'escalier, le vieillard mit la main sur l'épaule du Forgeron. « Henri, » dit-il, « mes vœux les plus chers sont accomplis ; c'est toutefois le bon plaisir des saints que cela arrive à une heure de difficultés et de périls.

— C'est vrai, » dit le Forgeron ; « mais vous savez, père, que, si les désordres sont fréquents à Perth, il est rare, en revanche, qu'ils durent longtemps. »

Ouvrant alors la porte qui, de la maison, conduisait à la forge : « Ici, camarades, » cria-t-il ; « Anton, Cuthbert, Dingwell et Ringan! Que personne ne bouge jusqu'à mon retour. Soyez aussi fidèles que les armes que je vous ai appris à forger. Une couronne d'argent de France et une joyeuse fête d'Écosse, si vous obéissez bien à mes ordres. Je laisse à votre garde un précieux trésor. Veillez bien aux portes. Que le petit Jannekin aille en reconnaissance d'un bout de la ruelle à l'autre, et soyez prêts si quelqu'un approche de la maison. N'ouvrez à personne, jusqu'au retour du père Simon ou de moi ; il y va de ma vie et de mon bonheur.

— Mort à celui qui tenterait quelque chose! » répondirent les robustes géants basanés auxquels il s'adressait.

« Ma Catherine est en sûreté, » dit le Forgeron à Glover, « autant que si vingt hommes de garnison défendaient pour elle un château royal. Nous irons plus à notre aise au conseil de ville en passant par le jardin. »

Il ouvrit la route, en conséquence, à travers un petit verger, où, quelque peu avancée que fût la saison, les oiseaux que le bon artisan avait abrités et nourris pendant l'hiver, saluaient les sourires de février des essais interrompus d'une mélodie encore faible.

« Écoutez ces ménestrels, père, » dit Henri; « ce matin, dans l'amertume de mon cœur, je me moquais d'eux, parce qu'ils chantaient, les pauvres diables, ayant devant eux encore une si grosse part de l'hiver. J'accepterais maintenant le plus joyeux de leurs concerts, car j'ai ma Valentine comme ils ont les leurs ; et, quelque mal qui me puisse arriver demain, je suis aujourd'hui le plus heureux homme de Perth, ville ou comté, bourg ou campagne.

— Je suis forcé, cependant, de tempérer ta joie, » dit le vieux Gantier, « quoique je la partage, Dieu le sait. Le pauvre Olivier Proudfute, cet inoffensif personnage que toi et moi connaissions si bien, a été, ce matin, trouvé mort dans la rue.

— Ivre-mort, je pense? » dit le Forgeron ; « un bon chaudeau, et une dose suffisante d'exhortation conjugale le ramèneront à la vie.

— Non, Henri, non. On l'a tué ; tué avec une hache d'armes, ou quelque chose du même genre.

— Ce n'est pas possible! » répliqua le Forgeron ; « il courait assez bien; et, se fût-il agi du salut de Perth tout entier, il n'aurait pas voulu se fier à ses mains s'il avait pu s'en tirer avec ses talons.

— Il n'aura pas eu le choix. Le coup a été donné sur la tête, et par derrière. Il faut que celui qui a frappé ait été plus petit que lui, habitué à manier la hache d'armes des cavaliers ou quelque instrument pareil, car la hache de Lochaber aurait frappé le haut de la tête. Mais, enfin, il est mort, et le plus terrible des coups lui a fait, je puis dire, sauter la cervelle.

— C'est inconcevable, » dit Henri La Ruelle. « Il était chez moi à minuit, en habit de danseur moresque; il paraissait avoir bu, mais pas à l'excès. Il m'a raconté une histoire de gens en liesse qui l'auraient assailli, et d'un danger qu'il pouvait courir; mais, hélas! vous connaissez l'homme; j'ai cru que c'était pour se vanter, comme il le faisait souvent quand il avait du vin. Que la bonne Vierge me pardonne! je l'ai laissé partir sans l'accompagner, en quoi j'ai eu tort. J'en prends à témoin le grand saint Jean; je serais allé avec n'importe quelle personne qui aurait eu besoin de secours, et surtout avec lui, avec qui je me suis si souvent assis à la même table et j'ai bu dans le même verre. Quel homme au monde a pu songer à faire du mal à une créature aussi simple, aussi inoffensive, en dépit de ses ridicules vanteries!

— Il portait, Henri, ton casque, ton vêtement de buffle et ton bouclier. Comment les avait-il eus?

— Il m'avait demandé de s'en servir pour la nuit; j'étais mal disposé, et très désireux de me débarrasser de sa compagnie. Je n'avais pas fait la fête, et j'étais bien décidé à ne pas la faire, à cause de notre malentendu.

— L'opinion du bailli Craigdallie, et des plus sages de notre conseil, est que le coup t'était destiné à toi-même, et que c'est à toi qu'il appartient de poursuivre la vengeance due à notre concitoyen : il a reçu la mort que l'on voulait te donner. »

Le Forgeron garda quelque temps le silence. Ils étaient sortis du jardin, et suivaient un petit chemin solitaire par lequel ils arriveraient au conseil de ville, sans être observés ni en butte aux questions indiscrètes.

« Tu te tais, mon fils; nous avons cependant, tous les deux, à parler de bien des choses, » dit Simon Glover. « Songe que si Madeleine, la pauvre veuve, a une accusation à diriger contre quelqu'un à raison du tort fait à elle et à ses enfants orphelins, elle devra, selon la loi et la coutume, soutenir son dire par un champion. Quel que puisse être le meurtrier, nous en savons assez sur les gens de la suite des nobles pour être assurés que la partie soupçonnée demandera le combat, ne fût-ce qu'en dérision de ceux qu'ils appellent : ces poltrons de bourgeois. Tant que nous serons des hommes, et que nous aurons du sang dans les veines, cela ne se passera pas ainsi, Henri de la Ruelle.

— Je vois, père, où vous voulez en venir, » répondit Henri, d'un air abattu ; « et, saint Jean le sait bien, j'ai entendu un appel au combat aussi volontiers que jamais cheval de bataille ait prêté l'oreille à la trompette. Mais songez, père, combien de fois j'ai perdu la faveur de Catherine, et j'ai été chassé presque sans espoir de la reconquérir jamais, pour avoir été, si je puis parler ainsi, un homme dont les mains sont toujours trop prêtes. Voici nos querelles terminées ; l'espérance, qui semblait ce matin écartée au delà de toute perspective terrestre, est devenue plus proche et plus brillante que jamais ; faut-il, quand j'ai sur les lèvres encore le baiser de son pardon, m'engager dans une nouvelle scène de violence, qui, soyez-en sûr, sera à ses yeux le plus affreux de tous les crimes.

— Il est dur pour moi de te donner conseil, Henri, » repartit Simon ; « mais j'ai une question à te faire. As-tu ou n'as-tu pas sujet de penser que le malheureux Olivier a été pris pour toi?

— Je ne le crains que trop, » dit Henri. « Il me ressemblait un peu, disait-on ; et le pauvre diable s'était étudié à singer mes gestes et ma façon de marcher ; il allait jusqu'à imiter les airs que j'ai l'habitude de siffler, à dessein d'augmenter une ressemblance qui lui a coûté cher. Il y a, dans le bourg et dehors, assez de gens qui m'en veulent pour me jouer un mauvais tour; et lui, je suppose, personne ne lui en voulait.

— Je ne puis t'assurer, Henri, que ma fille ne s'en offensera pas. Elle a conversé beaucoup avec le père Clément, et a reçu de lui, sur la paix et le pardon, des notions qui me paraissent convenir mal à un pays où les lois ne nous protègent point quand nous n'avons pas la force de nous protéger nous-mêmes. Si tu te décides pour le combat, je ferai de mon mieux pour lui persuader de considérer la chose comme le feront les autres femmes de bien qui sont dans le bourg. Si, au contraire, tu te résous à abandonner l'affaire, l'homme qui a perdu la vie à ta place restant sans vengeance, la veuve et les orphelins sans réparation pour la perte d'un époux et d'un père, je serai assez juste à ton égard pour me souvenir que, moi du moins, je ne dois pas prendre opinion mauvaise de toi à cause de ta patience, puisque tu ne l'auras eue que par amour pour mon enfant. Mais, Henri, nous devrons, en ce cas, nous éloigner de la bonne ville de Saint-Jean, où nous ne serions plus qu'une famille déshonorée. »

Henri poussa un profond soupir, puis, après un silence, il répondit : « J'aimerais mieux être mort que déshonoré, dussé-je ne la revoir jamais! Hier soir, je serais allé au-devant de la meilleure lame que peuvent porter des hommes de guerre avec autant de plaisir que s'il se fût agi de danser autour du mai. Mais aujourd'hui que, pour la première fois, elle a été assez bonne pour me dire : Henri, je t'aime! père Glover, ce serait trop dur. C'est ma faute, cependant! Ce pauvre Olivier! J'aurais dû lui prêter l'abri de mon toit, quand il m'en suppliait dans l'affolement de ses craintes; si j'étais, du moins, sorti avec lui, j'aurais prévenu son destin ou je l'aurais partagé. Mais je l'ai raillé, tourné en ridicule, chargé de malédictions; et cependant, les saints le savent, ce n'était dit que par mauvaise humeur et par impatience. J'ai chassé de ma demeure celui que je savais sans défense, pour qu'il rencontrât un destin préparé peut-être pour moi. Je dois le venger, ou je suis déshonoré pour toujours. Voyez, père : on a dit que j'étais dur comme l'acier que je travaille. L'acier a-t-il jamais versé des larmes comme celles-ci! Honte à moi de les répandre!

— Il n'y a pas de honte à cela, mon cher fils, » dit Simon ; « tu es aussi bon que tu es brave, et je l'ai toujours pensé. Il y a cependant encore une chance pour nous : on ne trouvera peut-être personne à qui s'attache le soupçon; et, alors, pas de combat. C'est triste de souhaiter qu'un sang innocent ne soit pas vengé; mais, si l'auteur de ce meurtre odieux reste caché quant à présent, cela t'épargne le soin de rechercher une vengeance, que le ciel, sans doute, saura prendre à l'heure qui lui conviendra le mieux. »

Parlant ainsi, ils arrivèrent à l'endroit de la grande rue où était situé le conseil de ville. Comme ils en atteignaient la porte, et se frayaient un passage à travers la foule qui encombrait la rue, ils trouvèrent les abords gardés par une troupe choisie de bourgeois en armes, et soixante lances environ appartenant au chevalier de Kinfauns, qui, avec ses alliés les Gray, les Blair, les Moncrieff et d'autres, avait amené un nombre de chevaux considérable, dont ceux-ci faisaient partie. Aussitôt que le Gantier et le Forgeron se présentèrent, ils furent introduits dans la salle où les magistrats étaient assemblés.

CHAPITRE XX.

A la porte une femme arriva tout à l'heure,
Et demande justice : elle est veuve, elle pleure.

BERTHA.

C'ÉTAIT un singulier spectacle que la chambre du conseil de Perth. Dans une pièce sombre, où deux fenêtres de forme différente et de dimension inégale jetaient une lumière insuffisante et mal distribuée, un certain nombre d'hommes étaient réunis autour d'une grande table de chêne : aux sièges les plus élevés étaient des marchands, c'est-à-dire des membres de corporations ou boutiquiers, décemment vêtus, ainsi qu'il convenait à leur condition, mais portant, pour la plupart, comme le régent York dans le *Richard III* de Shakspeare,

Des emblèmes de guerre autour de leurs vieux cous ;

en d'autres termes, des hausse-cols, et des baudriers où pendaient leurs armes. Les places au bas bout de la table étaient occupées par des ouvriers et des artisans, présidents ou doyens (c'est ainsi qu'on les appelait) des classes laborieuses ; ces derniers vêtus de leurs habits ordinaires, un peu plus soignés que de coutume dans leur tenue, et portant aussi des armes défensives de différentes sortes. Les uns avaient la jaque noire, pourpoint couvert de petites plaques de fer en forme de losange, qui, attachées par l'angle supérieur, pendaient en rangée les unes sur les autres : dociles aux mouvements de celui qui les portait, ces plaques étaient pour le corps une excellente défense. D'autres avaient des vêtements de buffle, qui, comme nous l'avons déjà dit, pouvaient résister à un coup d'épée, ou même à la pointe d'une lance quand elle n'était pas poussée avec une très grande force. Tout à fait à l'extrémité inférieure de la table qu'entourait cette assemblée disparate, était assis sir Louis Lundin : ce n'était pas un homme de guerre, mais un prêtre, le curé de Saint-Jean, dans son costume de chanoine, une plume et un encrier devant lui. Il était clerc ou secrétaire du bourg, comme tous les prêtres de ce temps (qu'on appelait, à cause de cela, les chevaliers du pape) ; le clerc recevait le titre honorable de *Dominus*, transformé par abrévation, en celui de *Dom* ou *Dan*, ou bien encore traduit par l'appellation de *Sir*, marque de respect dont la chevalerie séculière était en possession.

Sur un siège élevé, à l'extrémité supérieure de la table du conseil, était sir Patrice Charteris, en armure complète et toute brillante ; singulier contraste avec le mélange bigarré des vêtements guerriers ou pacifiques qu'offraient aux regards les bourgeois, appelés seulement à prendre les armes en des occasions exceptionnelles. La tenue et les manières du prévôt convenaient parfaitement aux rapports que des intérêts mutuels avaient créés entre lui, le bourg et ses magistrats ; elles étaient propres, en même temps, à ne pas laisser oublier la supériorité qu'en vertu de son sang de gentilhomme et de son rang de chevalier, les opinions de cette époque donnaient au prévôt sur les membres de l'assemblée qu'il présidait. Deux écuyers se tenaient derrière lui, l'un portant le pennon du chevalier, l'autre son bouclier, chargé de ses armoiries : une main tenant une dague ou épée courte, avec cette fière devise : *Ceci est ma charte.* A un beau page était confiée la longue épée du maître, à un autre sa lance. Ces emblèmes et ces instruments de chevalerie étaient déployés avec d'autant plus de soin que le dignitaire auquel ils appartenaient accomplissait en ce moment l'office de magistrat d'une cité. Le chevalier de Kinfauns semblait affecter une solennité et une raideur qui n'étaient pas l'apanage naturel de son caractère franc et joyeux.

« Vous voilà enfin arrivés, Henri le Forgeron et Simon Glover, » dit le prévôt. « Sachez que vous nous avez fait attendre. Si cela se produisait encore quand nous occuperons cette place, nous vous infligerions une amende qu'il ne vous serait pas agréable de payer. Il suffit ; pas d'excuses : on ne vous en demande pas aujourd'hui, et, une autre fois, on ne voudrait pas en admettre. Sachez, Messieurs, que notre révérend clerc a mis en écrit, tout au long, ce que nous allons vous dire en abrégé, pour que vous voyiez, Henri le Forgeron, ce qu'on requiert de vous en particulier. Feu notre concitoyen, Olivier Proudfute, a été trouvé mort dans la Grande Rue, tout près de l'entrée de la Ruelle. Il semble avoir été tué d'un coup violent, donné avec une hache d'armes, par derrière et à l'improviste ; l'acte auquel il a succombé constitue évidemment un meurtre par trahison et avec préméditation. Voici pour la nature du crime. Quant au criminel, les circonstances seules pourront l'indiquer. Il est mentionné au procès-verbal du révérend sir Louis Lundin, que divers témoins digne de foi ont vu notre défunt citoyen Olivier Proudfute jusqu'au moment où il a accompagné le quadrille des danseurs moresques dont il faisait partie, devant la maison de Simon Glover, rue du Couvre-feu, lieu où lesdits danseurs ont donné de leurs exercices une représentation nouvelle. Il est établi, en outre, qu'en cet endroit, Olivier, après quelques mots échangés avec Simon Glover, s'est séparé du reste de la troupe, et a donné rendez-vous à ceux de sa compagnie à l'enseigne du Griffon, pour y terminer la fête. Je vous demande donc, Simon, si, à votre connaissance, ces constatations sont vraiment exactes? Et, en outre, quel a été l'objet de la conversation qu'a eue avec vous feu Olivier Proudfute?

— Milord prévôt et très honorable sir Patrice, » répondit Simon Glover, « vous et ce très respecté conseil, vous saurez que, par suite de certains rapports qui avaient été faits sur la conduite d'Henri le Forgeron, quelques différends s'étaient élevés entre moi et une autre personne de ma famille, d'une part, et, le Forgeron ici présent, d'autre part. Or notre pauvre concitoyen Olivier Proudfute s'étant activement employé à propager ces rapports, vu que les commérages étaient comme son élément, nous avons, lui et moi, échangé quelques paroles à ce sujet ; autant que je le puis croire, il est parti de chez moi avec l'intention d'aller faire visite à Henri le Forgeron, bien qu'il eût quitté les danseurs moresques en promettant, comme l'a dit Votre Honneur, de les rejoindre à l'enseigne du Griffon pour y finir la soirée. Ce qu'il a réellement fait, je n'en sais rien, ne l'ayant pas revu vivant.

— Cela suffit, » dit sir Patrice, « et concorde avec tout ce qui nous a été dit. Nous trouvons ensuite, dignes Messieurs, notre pauvre concitoyen entouré, dans la Grande Rue, d'une bande de débauchés et de masques ; il est odieusement maltraité par eux, forcé de se mettre à genoux dans la rue, et d'y absorber, contre sa volonté, des quantités de liquide considérables, jusqu'au moment où il leur échappe enfin par la fuite. Cette violence fut accomplie épées en main, avec de grands cris et des imprécations, qui ont attiré l'attention de plusieurs personnes ; effrayées d'un pareil tumulte, ces personnes ont regardé aux fenêtres ; de même, un ou deux passants, restés à distance de la lumière des torches pour ne pas être maltraités à leur tour, ont vu comment on en usait, dans la Grande Rue du bourg, vis-à-vis de notre concitoyen. Bien que ces gens-là fussent déguisés et masqués, leurs déguisements ont été parfaitement reconnus pour être un assortiment d'élégants habits de mascarade, préparés il y a quelques semaines sur la commande de Jean Ramorny, premier écuyer de Son Altesse le duc de Rothsay, prince royal d'Écosse. »

Un léger murmure parcourut l'assemblée.

« Oui vraiment, braves bourgeois, il en est ainsi, » continua sir Patrice ; « nos investigations nous ont conduits à de tristes et terribles conclusions. Personne ne regrette plus que moi ce qu'elles semblent indiquer ; personne aussi n'en redoute moins les conséquences. C'est un fait certain ; divers artisans employés pour la fabrication des articles d'habillement ont fait des objets commandés pour la mascarade de sir Jean Ramorny une description parfaitement semblable à celle des vêtements portés par les hommes que l'on a vus maltraitant Olivier Proudfute. Un ouvrier, Wingfield le plumassier, qui a observé ces personnes pendant que notre concitoyen était en leur pourvoir, a remarqué qu'elles portaient les ceintures et les coiffures de plumes peintes qu'il avait faites lui-même sur l'ordre du premier écuyer du prince.

« Après le moment où il s'est échappé des mains de ces débauchés, nous perdons toutes traces d'Olivier; mais nous avons la preuve que les masques sont allés chez sir Jean Ramorny, où ils furent admis après un semblant de refus. Le bruit court, Henri le Forgeron, que vous auriez vu notre malheureux concitoyen après qu'il était sorti des mains de cette bande. Qu'y a-t-il de vrai là-dedans?

— Il est venu chez moi, dans la Ruelle, » dit Henri, « une demi-heure environ avant minuit; je l'y ai reçu un peu malgré moi : il avait fait le carnaval tandis que j'étais resté à la maison; et la conversation n'est pas bonne, dit le proverbe, entre un homme soûl et un homme à jeun.

— Dans quel état était-il quand vous l'avez reçu? » dit le prévôt.

« Il semblait tout essoufflé, » répondit le Forgeron, « et a parlé à plusieurs reprises du danger qu'il avait couru de la part des gens de la mascarade. Je n'y ai fait que peu attention, car c'était toujours un homme fort accessible à la crainte; du courage comme un poulet, quoiqu'ayant de bons sentiments; et je voyais dans ce qu'il disait plus d'imagination que de réalité. Je considérerai toujours, néanmoins, comme un grand tort de ma part, de ne pas lui avoir fait compagnie, comme il le demandait; et, si je garde vie, je fonderai des messes pour le repos de son âme, en expiation de ma faute.

— A-t-il décrit les personnes dont il avait eu à se plaindre? » dit le prévôt.

« Des gens qui se divertissaient en habits de mascarade, » répliqua Henri.

« A-t-il exprimé la crainte d'avoir de nouveau affaire à eux en retournant chez lui? » demanda encore sir Patrice.

« Il a fait tout particulièrement allusion aux embûches qu'on pourrait lui dresser, et je l'ai traité de visionnaire, m'étant assuré qu'il n'y avait personne dans la ruelle.

— N'a-t-il eu alors de vous aucun secours, de quelque espèce que ce fût?

— Si vraiment, Votre Honneur, » répliqua le Forgeron; « il a échangé son travestissement moresque contre mon heaume, mon justaucorps de buffle et mon bouclier, qui, à ce que j'ai ouï dire, ont été trouvés sur lui. J'ai chez moi sa coiffure, ses clochettes et sa jaquette de danseur more, avec d'autres accessoires. Il devait me rendre aujourd'hui mon armure et reprendre son déguisement, si les saints l'avaient permis.

— Vous ne l'avez pas vu depuis?

— Non, Milord.

— Un mot encore, » dit le prévôt. « Avez-vous sujet de penser que le coup qui a tué Olivier Proudfute fût destiné à un autre?

— Oui, » répondit le Forgeron ; « mais cela est douteux ; et il y aurait danger à rien ajouter sur ce point, qui n'est, après tout, qu'une supposition.

— Sur vos foi et serment de bourgeois, dites-le. A qui pensez-vous que le coup fût destiné?

— S'il faut parler, » répliqua Henri ; « je crois qu'Olivier Proudfute a eu le sort qu'on me réservait à moi-même, d'autant plus qu'au milieu de toutes ses extravagances, Olivier parlait de prendre ma démarche aussi bien que mon vêtement.

— Avez-vous querelle avec quelqu'un, pour concevoir cette idée? » dit sir Patrice Charteris.

« A ma honte, et pour mes péchés, j'ai querelle avec les hautes tertes et les basses, avec l'Anglais et l'Écossais, avec Perth et Angus. Je ne crois pas qu'Olivier eût querelle avec qui que ce soit, fût-ce avec un poulet nouvellement sorti de sa coquille. Nul, hélas! n'était mieux préparé pour répondre à un appel subit.

— Écoutez, Forgeron, » dit le prévôt ; « répondez-moi nettement. Y a-t-il sujet de querelle entre la maison de sir Jean Ramorny et vous?

— Assurément, Milord. On dit communément aujourd'hui que Quentin Le Noir, qui s'est, il y a quelques jours, embarqué sur le Tay pour aller dans le comté de Fife, est le propriétaire de la main trouvée rue du Couvre-feu la veille de la Saint-Valentin. C'est moi qui, d'un coup de ma bonne lame, ai détaché cette main. Comme ce Quentin Le Noir était chambellan de sir Jean, et fort en faveur, il est vraisemblable qu'il peut y avoir querelle entre moi et les serviteurs de son maître.

— Rien n'est plus vraisemblable, Forgeron, » dit sir Patrice Charteris. « Bons frères et sages magistrats, deux suppositions conduisent l'une et l'autre à la même conclusion. Les masques qui se sont emparés de notre concitoyen, et qui se sont permis à son égard des mauvais traitements dont son corps conserve des marques légères, peuvent avoir rencontré, dans son retour à la maison, leur prisonnier de tantôt, et avoir mis terme à leurs mauvais traitements en lui ôtant la vie. Il a exprimé lui-même à Henri Gow la crainte qu'il n'en fût ainsi. Si cela est vrai, un ou plusieurs des serviteurs de sir Jean Ramorny ont été les assassins. Je considère comme plus probable qu'un ou deux des gens de la mascarade seront restés sur le lieu de la première scène, ou y seront retournés, ayant quitté peut-être leur déguisement. Pour ces hommes, je le crois, Olivier Proudfute, s'il eût été reconnu, n'eût été qu'un simple sujet de plaisanteries ; mais ils l'ont vu paraître sous les habits d'Henri le Forgeron, dont sans doute, comme il s'était proposé de le faire, il imitait la démarche ; animés contre le Forgeron d'une haine profonde, et le voyant seul, ils auront saisi l'occasion, facile et sûre en apparence, de se débarrasser d'un ennemi réputé dangereux pour ceux qui ne sont pas bien avec lui. Ce second raisonnement, comme le premier, fait retomber la culpabilité sur la maison de sir Jean Ramorny. Qu'en pensez-vous, Messieurs? Ne pouvons-nous pas, en conscience, les accuser de ce crime? »

Les magistrats parlèrent entre eux à voix basse quelques minutes, et répondirent ensuite, par la voix du bailli Craigdallie : « Noble chevalier, notre honorable prévôt, nous sommes en complet accord avec ce qu'a dit votre prudence sur cette sombre et sanglante affaire ; nous ne mettons pas en doute la sagacité de votre jugement quand vous attribuez à l'entourage de sir Jean Ramorny l'acte odieux qui a été accompli sur notre concitoyen défunt, soit par dessein conçu contre lui personnellement, soit qu'on l'ait pris pour notre brave ami Henri de la Ruelle. Mais sir Jean, par ses propres ressources, et en sa qualité de premier écuyer du prince, entretient une maison considérable ; et comme, évidemment, l'accusation sera repoussée par une dénégation, nous ferions bien de nous demander comment nous agirons en cette occurrence. Si nous pouvions trouver une loi qui nous permît de mettre le feu à la maison, et de passer au fil de l'épée tout ce qu'il y a dedans, ce serait le cas d'appliquer le vieux proverbe : *Vite fait, bien fait;* car on n'a jamais vu nulle part plus que dans la bande de Ramorny une maisonnée propre à braver Dieu, tuer les hommes et débaucher les femmes; mais je doute fort que ce mode d'exécution sommaire pût être trouvé suffisamment d'accord avec les lois, et je n'ai ouï citer aucune preuve qui tende à imputer le crime à un ou plusieurs individus déterminés. »

Avant que le prévôt pût répondre, le clerc de ville se leva, et, caressant sa barbe vénérable, demanda la permission de parler, qui lui fut donnée sur-le-champ. « Mes frères, » dit-il, « aussi bien du temps de nos pères que du nôtre, Dieu a daigné parfois, lorsqu'on a fait à sa justice un appel convenable, condescendre à rendre manifestes les crimes des méchants, et l'innocence de ceux qu'on aurait témérairement accusés. Demandons à notre souverain maître, le roi Robert, qui, lorsque les méchants ne viennent pas pervertir ses bonnes intentions, est un prince aussi juste et aussi clément qu'en puisse montrer la longue suite de nos annales ; demandons-lui, au nom de la belle cité, et de toutes les communes d'Écosse, de nous donner, conformément à la coutume de nos ancêtres, le moyen d'en appeler au ciel pour obtenir la lumière sur ce meurtre mystérieux. Nous demanderons au roi la preuve *par le droit du cercueil*, souvent accordée aux jours des ancêtres de notre souverain, approuvée par des bulles et des décrétales, et appliquée par le grand empereur Charlemagne en France, par le roi Arthur en Bretagne, par Grégoire le Grand, et par le puissant Achaius dans notre propre terre d'Écosse.

— Le droit du cercueil ne m'est pas inconnu, sir Louis, » dit le prévôt, « et je sais que nous l'avons dans nos chartes de la belle cité ; mais je ne connais qu'imparfaitement les lois anciennes, et je vous prierais de nous en exposer la nature d'une façon plus complète.

— Nous demanderons au roi, » dit sir Louis Lundin, « si mon avis est adopté, que le corps de notre concitoyen assassiné soit transporté dans la grande église de Saint-Jean, et que des messes, en nombre convenable, soient dites pour le salut de son âme et pour la découverte du meurtrier. Nous obtiendrons en même temps l'ordre que sir Jean Ramorny fournisse la liste de ceux de sa maison qui étaient à Perth dans le cours de la nuit du mardi gras au mercredi des cendres actuellement courant, et s'engage à les présenter, aux jour et heure qui seront indiqués à courte échéance, dans la grande église de Saint-Jean ; ils passeront tous, un à un, devant le cercueil de notre concitoyen assassiné, et, en la forme prescrite, chacun devra prendre à témoin Dieu et les saints qu'il est innocent de toute action, de tout artifice, de toute participation se référant au meurtre en question. Et croyez bien, ainsi qu'il a été prouvé par des exemples nombreux, que, si le meurtrier veut s'abriter sous une déclaration pareille, l'antipathie existante entre le corps mort et la main dont le coup fatal l'a séparé de l'âme, éveillera chez le cadavre une vie imparfaite, sous l'influence de laquelle les veines du défunt laisseront échapper de la blessure le sang qui, longtemps, y était resté stagnant. Pour parler avec plus de certitude, c'est la volonté du ciel de

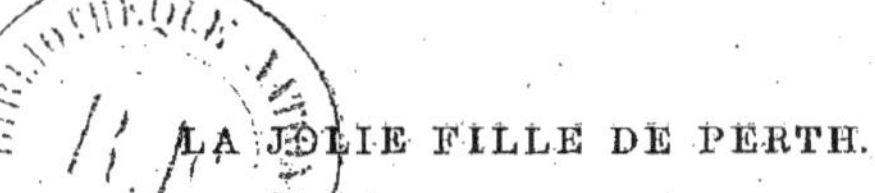

nous ouvrir, par une action secrète que nous ne pouvons comprendre, ce moyen de découvrir la culpabilité de celui qui a défiguré l'image de son Créateur.

— J'ai entendu parler de cette loi, » dit sir Patrice ; « et elle a été appliquée du temps de Bruce. Ce ne serait pas assurément hors de propos qu'on chercherait aujourd'hui, par cette mystérieuse procédure, la vérité, à laquelle les moyens ordinaires n'ouvrent pas accès ; car une accusation, formée en termes généraux contre la maison de sir Jean, rencontrerait à coup sûr aussi, en termes généraux, une dénégation. J'ai à demander cependant encore à notre révérend clerc, comment, jusqu'à l'heure fixée, nous empêcherons le coupable de s'échapper?

— Les bourgeois feront au mur d'enceinte une garde vigilante, on lèvera les ponts-levis, on baissera les herses depuis le coucher jusqu'au lever du soleil, et de fortes patrouilles auront lieu durant la nuit. Les bourgeois s'y prêteront volontiers, pour empêcher l'évasion du meurtrier de leur concitoyen. »

Les autres membres du conseil donnèrent à cette proposition l'acquiescement de leurs paroles, de leurs gestes ou de leurs regards.

« Un mot encore, » dit le prévôt. « Qu'arrivera-t-il si l'un de ceux de la maison qui nous est suspecte, refuse de se soumettre à l'épreuve du droit du cercueil?

— Il peut demander l'épreuve du combat, » dit le révérend scribe de la cité, « contre un opposant de rang égal ; car, en cas d'appel au jugement de Dieu, c'est à l'accusé qu'appartient le choix du genre d'épreuve qu'il devra soutenir. S'il les refuse l'une et l'autre, il est tenu pour coupable et puni comme tel. »

Les sages du conseil adoptèrent à l'unanimité l'opinion de leur prévôt et de leur clerc, et résolurent de réclamer du roi, dans toutes les formes voulues, et comme droit leur appartenant, que la recherche sur le meurtre de leur concitoyen se fît d'après cet ancien usage. On y voyait une manifestation de la vérité ; elle a continué d'ailleurs, en cas de meurtre, d'être reçue comme preuve légale, jusque vers la fin du dix-septième siècle. Avant que la séance fût levée, le bailli Craigdallie jugea à propos de demander quel serait le champion de Madelon ou Madeleine Proudfute, et de ses deux enfants.

« Il n'est guère besoin de s'en enquérir, » dit sir Patrice Charteris ; « nous sommes des hommes, et nous portons des épées, qui seraient brisées sur la tête de quiconque, entre nous, ne voudrait pas la tirer en faveur de la veuve et des orphelins de notre concitoyen assassiné, et pour venger bravement sa mort. Au cas où sir Jean Ramorny refuserait personnellement de se soumettre à l'épreuve, Patrice Charteris de Kinfauns lui offrira bataille à outrance, tant que cheval et homme seront debout, tant que lance et épée tiendront encore. Que si l'adversaire était d'autre degré, Madeleine Proudfute pourra, j'en ai l'assurance, choisir elle-même son champion parmi les plus braves bourgeois de Perth. Honte et déshonneur à jamais à la belle cité, si Madeleine rencontrait un homme assez traître et assez lâche pour lui répondre non ! Qu'elle entre et choisisse. »

Henri le Forgeron entendit ces paroles avec un triste pressentiment. Il se dit que le choix de la pauvre femme tomberait sur lui, et que sa réconciliation toute récente avec sa maîtresse serait encore rompue parce qu'il se serait engagé dans une querelle nouvelle. Il n'y avait, cependant, aucun moyen honorable d'y échapper, et, en toute autre circonstance, il aurait salué cet événement comme une occasion favorable de se distinguer sous les yeux de la cour et de la cité. Il savait bien que, grâce aux enseignements du père Clément, Catherine voyait dans l'épreuve du combat une insulte à la religion plutôt qu'un appel à la divinité ; qu'elle ne considérait pas comme raisonnable de recourir à la supériorité de la force physique, ou à l'habileté dans le maniement des armes, pour la preuve morale du crime ou de l'innocence. Il avait donc, sur ce point, beaucoup à craindre des opinions de son amante, fort au-dessus de celles du siècle où elle vivait.

Tandis que ces sentiments se débattaient en lui, Madeleine, la veuve de l'assassiné, entra dans l'assemblée, enveloppée d'un épais voile de deuil ; cinq ou six femmes de bien (c'est-à-dire, d'un rang respectable) la suivaient ou la soutenaient, vêtues elles-mêmes d'un habillement semblable. L'une d'elles portait dans ses bras un enfant, dernier gage de l'affection conjugale du pauvre Olivier. Une autre femme tenait par la main une petite créature d'environ deux ans, qui s'en allait trottinant, et regardant avec étonnement et avec crainte, tantôt le vêtement noir dont on l'avait affublée, tantôt la scène qui l'entourait.

L'assemblée se leva pour recevoir le triste cortège, et le salua avec l'expression d'une profonde sympathie. Madeleine n'était rien de plus que la compagne du pauvre Olivier, mais elle rendit le salut avec une dignité qu'elle empruntait peut-être à l'immensité de son malheur. Sir Patrice Charteris fit quelques pas vers elle; et, avec la courtoisie d'un chevalier pour une femme, d'un protecteur pour une veuve qu'ont frappée l'injustice et la douleur, il prit la main de l'infortunée, et lui expliqua brièvement par quel moyen la cité avait résolu de poursuivre la vengeance due pour le meurtre de son mari.

Après s'être assuré, avec une politesse et une douceur qui, d'habitude, n'étaient pas dans ses manières, que la pauvre femme comprenait parfaitement ce dont il s'agissait : « Bons citoyens de Perth, » dit-il à l'assemblée, « hommes libres des corporations et des métiers, faites attention à ce qui va se passer, car cela concerne vos droits et vos privilèges. Ici est présente Madeleine Proudfute, désireuse de poursuivre la vengeance due pour la mort de son mari, méchamment assassiné, dit-elle, par sir Jean Ramorny, chevalier, ainsi qu'elle offre de le prouver par l'exercice du droit du cercueil, ou par champion. Moi donc, Patrice Charteris, chevalier portant l'épée et gentilhomme, je m'offre pour faire combat en sa juste querelle, aussi loin qu'homme et cheval le pourront faire, si quelqu'un de mon rang relève le gant. Madeleine Proudfute, m'acceptez-vous pour champion? »

Non sans peine, la veuve répondit : « Je n'en saurais souhaiter un plus noble. »

Sir Patrice, alors, lui prit la main, et, embrassant Madeleine au front comme le voulait le cérémonial, dit solennellement : « Ainsi Dieu et saint Jean me bénissent, en mon besoin, comme je ferai mon devoir, en champion, en chevalier, en fidèle tenant, et en homme. Maintenant, Madeleine, parmi les bourgeois de la belle cité, présents ou absents, choisissez, ainsi que bon vous semblera, quelqu'un que vous veuilliez charger de votre défense, si celui contre qui vous portez plainte était d'un rang inférieur au mien. »

Tous les yeux étaient tournés vers Henri le Forgeron, que la voix générale avait déjà désigné comme le plus propre, à tous égards, à agir en qualité de champion. La veuve n'avait pas attendu les indications de leurs regards. Aussitôt que sir Patrice eut cessé de parler, elle traversa la salle jusqu'à l'endroit où, vers le bas bout de la table, l'armurier se tenait au milieu des hommes de son rang, et le prit par la main.

« Henri Gow, » dit-elle, « Henri le Forgeron, bon bourgeois et homme de métier, mon... mon... »

Elle voulait dire : mon mari, mais le mot ne pouvant sortir, elle fut obligée de changer l'expression.

« Celui qui n'est plus vous aimait et vous estimait au-dessus de tous les autres hommes ; c'est à vous qu'il appartient de poursuivre la cause de sa veuve et de ses orphelins. »

Y eût-il eu possibilité pour Henri (chose interdite dans ce siècle) de rejeter ou d'esquiver la mission que tous semblaient lui destiner, tout désir et toute idée de retraite lui auraient été coupés après que la veuve se fut adressée à lui. C'est à peine si un commandement du ciel aurait fait sur lui une impression plus forte que n'en fit l'appel de l'infortunée Madeleine. L'allusion qu'elle faisait à l'intimité d'Henri avec le défunt toucha le Forgeron jusqu'au fond de l'âme. Durant la vie d'Olivier, sans doute, et vu la grande différence entre le caractère des deux hommes, il y avait eu dans l'extrême prédilection que le bonnetier avait pour Henri, quelque chose d'extravagant et de risible. Tout cela, maintenant, était oublié, et, donnant un libre cours à son ardeur naturelle, Henri se souvenait seulement qu'Olivier avait été son ami et son intime ; que cet homme avait eu pour lui tous les sentiments d'amitié et d'estime qu'il était capable d'avoir pour quelqu'un ; et, par-dessus tout, qu'il y avait grand sujet de soupçonner que le défunt était tombé victime d'un coup destiné à Henri lui-même.

Ce fut donc avec un zèle qu'une minute avant il aurait eu grand peine à montrer, et qui semblait exprimer maintenant une satisfaction réfléchie, qu'après avoir pressé de ses lèvres le front glacé de l'infortunée Madeleine, l'armurier répliqua :

« Moi, Henri le Forgeron, habitant en la Ruelle de Perth, homme de bien et fidèle, libre de naissance, j'accepte l'office de champion de la veuve ici présente Madeleine, et de ses orphelins ; je livrerai, dans leur cause, à quiconque sera de mon rang, bataille jusqu'à la mort, aussi longtemps que j'aurai souffle pour respirer. Ainsi m'aident, en mon besoin, Dieu et le bon saint Jean! »

Un cri, à moitié retenu, s'éleva de l'auditoire, expression de l'intérêt

que les personnes présentes prenaient à la poursuite de l'affaire, et de leur confiance en son résultat.

Sir Patrice Charteris prit alors les mesures nécessaires pour se rendre en présence du roi, et lui demander la permission de procéder, sur le meurtre d'Olivier Proudfute, par enquête d'après la coutume du droit du cercueil, et, s'il était nécessaire, par le combat.

Après que le conseil se fut séparé, le chevalier accomplit ce devoir dans une entrevue particulière entre le roi et lui. Le monarque apprit ce nouveau désordre avec beaucoup d'affliction, et fixa le lendemain matin, après la messe, pour, par sir Patrice et les parties intéressées, ouïr ce qu'il aurait décidé en son conseil. En même temps, un sergent royal était dépêché aux Logements du Connétable, pour demander la liste des personnes de la suite de sir Jean Ramorny, et le sommer, lui et toute sa maison, sous de hautes pénalités, d'avoir à demeurer à Perth jusqu'à intimation ultérieure du bon plaisir du roi.

CHAPITRE XXI.

Pour le combat de Dieu qu'on prépare la lice ;
Puis, après, en avant ! et Dieu fera justice.
SHAKSPEARE. *Henri* IV, 2e partie.

DANS la chambre du conseil du palais conventuel des dominicains, celle-là même dont nous avons déjà parlé, le roi Robert était assis avec son frère Albany; par l'austère vertu qu'il affectait, non moins que par l'habileté et la dissimulation dont il était vraiment doué, celui-ci gardait sa haute influence sur le faible monarque. Il était naturel, en effet, qu'un esprit qui voyait rarement les choses sous leur véritable forme et avec leurs lignes précises, les appréciât à la lumière sous laquelle les lui présentait un homme astucieux et hardi, en faveur de qui parlaient des relations de parenté aussi étroites.

Toujours inquiet sur le compte de son pauvre fils égaré, le roi s'efforçait en ce moment de ramener à la sienne l'opinion d'Albany, et de disculper Rothsay de toute participation à la mort du bonnetier : sir Patrice Charteris avait touché ce point, pour le livrer aux réflexions de Sa Majesté.

« C'est une triste affaire, mon frère Robin, » disait le roi, « une très fâcheuse occurrence ; et il y aurait presque de quoi soulever ici lutte et querelle entre la noblesse et les gens de la commune, comme il est arrivé dans tant d'autres pays. Une seule chose me console, c'est que sir Jean Ramorny ayant été congédié de la maison du duc de Rothsay, on ne saurait dire que lui, ou tel de ses gens qui aurait accompli cette action sanglante (si c'est en effet par eux qu'elle a été commise), y ait été encouragé ou poussé par mon pauvre enfant. Assurément, mon frère, nous sommes témoins, vous et moi, de la facilité avec laquelle il a consenti, sur mes instances, à renvoyer Ramorny de son service pour cette échauffourée de la rue du Couvre-feu.

— Je m'en souviens, » dit Albany, « et j'ai bien l'espoir que les relations entre le prince et Ramorny ne se sont pas renouvelées depuis que le premier a paru céder aux désirs de votre Grâce

— Paru céder? les relations renouvelées? » dit le roi; « que voulez-vous dire, mon frère, par ces expressions? Assurément, quand David m'a promis que, si cette malheure affaire de la rue du Couvre-feu était étouffée, il se séparerait de Ramorny, comme d'un conseiller capable de l'entraîner en de semblables folies; qu'il consentait à nous voir infliger à cet homme ou l'exil ou tout autre châtiment qu'il nous plairait; vous ne sauriez douter, je pense, qu'il ne fût sincère en ce qu'il disait, et qu'il ne tînt parole? Ne vous souvenez-vous pas que, lorsque vous avez dit qu'au lieu de bannir Ramorny, on pourrait lever, dans le comté de Fife, une forte amende sur ses propriétés, le prince a paru reconnaître lui-même que, pour Ramorny comme pour lui, l'exil serait préférable?

— Je m'en souviens parfaitement, mon royal frère. Je n'aurais vraiment pas soupçonné qu'après avoir contribué à mettre le prince en une situation aussi fâcheuse, Ramorny eût pu conserver sur lui tant d'influence; il a fallu pour m'en convaincre la propre confession de mon royal neveu, à laquelle Votre Grâce fait allusion, que si l'on permettait à Ramorny de rester à la cour, cet homme continuerait d'influer sur sa conduite. J'ai eu regret, alors, d'avoir conseillé l'amende au lieu de l'exil. C'est chose passée; mais de nouveaux méfaits sont survenus, pleins de périls pour Votre Majesté, comme aussi pour votre royal héritier et pour le royaume tout entier.

— Que voulez-vous dire, Robin? » dit le pauvre roi. « Par la tombe de nos parents! par l'âme de Bruce, notre immortel ancêtre! je vous supplie, mon cher frère, d'avoir pitié de moi. Dites-moi quel est le mal qui menace mon fils ou mon royaume? »

L'inquiétude imprimait un tremblement aux traits du roi, et ses yeux, remplis de larmes, étaient fixés sur son frère, qui semblait, avant de répondre, prendre le temps de réfléchir.

« Milord, voici le danger. Votre Grâce croit que le prince n'est pour rien dans cette seconde agression contre les habitants de Perth, dans le meurtre de ce bonnetier, qui les fait crier comme des mouettes alors qu'un des membres de leur bande tumultueuse a été abattu par la flèche d'un enfant.

— Robin, » dit le roi, « leurs vies leur sont chères, à eux et à leurs amis.

— C'est vrai, seigneur lige ; et ils nous les rendront chères à nous-mêmes s'il nous faut traiter avec eux pour la moindre goutte de sang. Donc, comme je le disais, Votre Majesté croit que le prince n'a eu aucune part à ce dernier meurtre : je ne tenterai pas, sur ce point délicat, d'ébranler votre conviction ; je m'efforcerai, au contraire, de le croire avec vous. Vos pensées sont une règle pour moi. Robert d'Albany ne pensera pas autrement que Robert d'Écosse.

— Merci, merci, » dit le roi, prenant la main de son frère. « Je savais pouvoir compter sur votre affection pour rendre justice à cet étourdi de Rothsay ; il s'expose à tant de suppositions fâcheuses que c'est à peine s'il mérite les sentiments que vous avez pour lui. »

Albany avait, en ses desseins, une si inébranlable constance, qu'il eut le courage de répondre à la pression de la main de son frère, en même temps qu'il déchirait par la racine les espérances du tendre et indulgent vieillard.

« Mais, hélas! » ajouta le duc avec un soupir, « ce faiseur d'embarras, cet intraitable chevalier de Kinfauns et son bruyant troupeau de bourgeois, ne verront pas la chose de la même façon que nous. Ils ont la hardiesse de dire que celui qui est mort avait été maltraité par Rothsay et ses compagnons, qui couraient les rues, masqués et se livrant au plaisir, arrêtant les hommes et les femmes, les forçant à danser, ou à boire des quantités de vin considérables, avec d'autres folies qu'il est inutile de raconter. Ils disent que la troupe tout entière s'est rendue chez sir Jean Ramorny, s'introduisant de force dans la maison pour y terminer ses débauches, et donnant ainsi de bonnes raisons de croire que le renvoi de sir Jean du service du prince n'était qu'une feinte, un stratagème pour tromper le public. De là ils concluent que, si quelque mal a été fait, cette nuit-là, par sir Jean Ramorny ou par ses gens, il est fort à penser que le duc de Rothsay a dû tout au moins en avoir connaissance, s'il ne l'a pas autorisé.

— Albany, cela est terrible! » dit le roi; « voudraient-ils faire de mon fils un meurtrier? prétendraient-ils que mon David aurait souillé ses mains de sang écossais, sans même avoir été provoqué, et sans but? Non, non; ils n'inventeront pas des calomnies aussi fortes que celles-là, car elles sont flagrantes et incroyables.

— Pardonnez-moi, seigneur, » répondit le duc d'Albany; « ils disent que la cause de la bataille de la rue du Couvre-feu et ses conséquences, intéressent plus le prince que sir Jean; car nul ne soupçonne, nul surtout ne pense que cette entreprise, dont on attendait tant de résultats, eût pour objet l'agrément personnel du chevalier de Ramorny.

— Vous me rendez fou, Robin! » dit le roi.

— Je suis muet, » répondit son frère; « c'était seulement sur vos ordres que je donnais ma faible opinion.

— Vous avez raison, je le sais, » dit le roi; « mais, au lieu de me déchirer l'âme en m'exposant des calamités inévitables, ne serait-il pas plus charitable, Robin, de m'indiquer le moyen d'y échapper?

— C'est vrai, seigneur lige; mais comme la seule route pour en sortir est rude et difficile, il est nécessaire qu'avant même qu'on vous l'indique, Votre Grâce soit bien assurée d'abord de la nécessité absolue d'en faire usage. Le chirurgien doit commencer par convaincre son patient de l'état incurable d'un membre gangrené, avant de se risquer à parler d'amputation, encore bien que ce soit le seul remède. »

A ces mots, le roi fut saisi d'une émotion et d'un courroux qui dépassaient de beaucoup les sentiments que son frère avait cru pouvoir éveiller.

« Un membre compromis, gangrené, Milord d'Albany? L'amputation est le seul remède! Ce sont, Milord, des paroles que je ne comprends pas. Si vous les appliquez à notre fils Rothsay, il faut les justifier à la lettre, ou vous aurez cruellement sujet d'en regretter les conséquences.

— Vous donnez à ce que je dis, mon royal frère, un sens trop littéral, » repartit Albany. « Je n'ai point parlé du prince en termes aussi malséants ; car je prends le ciel à témoin qu'en sa qualité de fils d'un frère bien-aimé, il m'est plus cher que s'il était mon propre fils. Je n'ai parlé que de le séparer des folies et des vanités de la vie, qui, au dire de saints personnages, sont semblables à des membres gangrenés, et doivent, comme eux, être retranchées et jetées loin de nous, parce qu'elles s'opposent à notre progrès en de meilleures voies.

— Je comprends. Vous voudriez, » dit le monarque un peu calmé, « que ce Ramorny, qu'on a considéré comme l'instrument des folies de mon fils, fût exilé de la cour, jusqu'à ce que ces fâcheux scandales soient oubliés, et nos sujets disposés à regarder notre fils d'un œil plus favorable et plus confiant.

— Cet avis serait sage, mon seigneur lige ; mais le mien irait un peu plus loin. Je voudrais que, pour un court espace de temps, le prince lui-même fût écarté de la cour.

— Que dites-vous, Albany ! me séparer de mon enfant, mon premier-né, la lumière de mes yeux, et (tout insensé qu'il est) le Benjamin de mon cœur. Oh ! je n'en aurais, Robin, ni la force ni la volonté !

— C'est une idée, Milord, que je ne faisais qu'indiquer. Je ne sens que trop la blessure qu'une mesure pareille doit infliger au cœur d'un père. Moi aussi, je suis père. » Et il baissa la tête, comme un homme profondément abattu.

« Je n'y survivrais point, Albany. En quels périls ne se précipiterait-il pas, quand je pense qu'en suivant votre plan, cette influence, que nous avons sur lui, souvent oubliée en notre absence, toujours efficace quand il est avec nous, disparaîtrait tout entière? Quand il ne serait plus là, je ne saurais dormir ; dans chaque souffle du vent, j'entendrais le gémissement de sa mort. Et vous-même, Albany, quoique vous cachiez mieux vos sentiments, vous seriez presque aussi inquiet. »

Ainsi parlait le naïf monarque, voulant ramener son frère et le tromper, en faisant semblant de croire qu'une affection, que nulle trace ne révélait, devait subsister entre l'oncle et le neveu.

« Vos appréhensions paternelles se laissent, Milord, trop facilement alarmer, » dit Albany. « Ce que je propose, ce n'est pas de laisser au bon plaisir désordonné du prince la libre disposition de ses mouvements. J'entendrais que le prince fût placé, pour quelque temps, sous les restrictions jugées nécessaires ; qu'il fût soumis aux soins de quelque sage conseiller, qui répondrait de sa conduite et de sa sûreté, comme un tuteur répond de son pupille.

— Un tuteur! » s'écria le roi; « à l'âge de Rothsay? Il a passé de deux ans les limites légales de la minorité.

— Plus sages que nous, » dit Albany, « les Romains l'avaient étendue quatre ans plus loin que nous ne l'avons fixée. D'après les règles du bon sens, le contrôle doit durer jusqu'à ce qu'il cesse d'être nécessaire, et le temps doit varier avec la manière d'être des personnes. Voici le jeune Lindsay, le comte de Crawford, qui, dit-on, dans cette affaire, prête son patronage à Ramorny. C'est un garçon de quinze ans, avec les fortes passions et les desseins arrêtés d'un homme de trente; tandis que mon royal neveu, bien qu'ayant à la tête et au cœur beaucoup de qualités plus aimables et plus nobles, montre quelquefois, à vingt-trois ans, le caprice irréfléchi d'un enfant, pour qui un frein serait un bienfait. Ne soyez pas découragé, seigneur, de ce qu'il en est ainsi, ni fâché contre votre frère parce qu'il dit la vérité : les meilleurs fruits sont ceux qui sont le plus longs à mûrir, et les meilleurs chevaux ceux qui donnent le plus de peine à l'écuyer qui les dresse pour la lice ou pour les combats. »

Le duc s'arrêta; et après avoir laissé, une minute ou deux, le roi Robert livré à une rêverie qu'il n'essaya pas d'interrompre, il ajouta, d'un ton plus dégagé : « Prenez courage, mon noble lige; l'affaire se terminera peut-être sans luttes ni difficultés. La veuve est pauvre, car son mari, quoique fort occupé, avait des habitudes de dépense. Cela pourra donc se racheter pour de l'argent, et l'amende due pour réparation du meurtre se lèvera sur les biens de Ramorny.

— Je la paierai moi-même, » dit le roi Robert, saisissant avec empressement l'espoir d'une terminaison pacifique de ce fâcheux débat. « Renvoyé de la cour, et privé de son emploi dans la maison de Rothsay, Ramorny verra disparaître toutes ses espérances ; et il ne serait pas généreux d'imposer un fardeau à un homme qui tombe. Mais voici notre secrétaire, le prieur, qui vient nous dire que l'heure du conseil approche. Bonjour, mon vénéré père.

— Dieu vous bénisse, mon royal lige, » répondit l'abbé.

Le duc d'Albany.

« Mon bon père, » ajouta le roi, « sans attendre Rothsay, dont nous garantissons nous-même l'acquiescement à nos résolutions, occupons-nous des affaires de notre royaume. Quelle nouvelle avez-vous de Douglas?

— Il est arrivé, seigneur lige, à son château de Tantallon, et a fait annoncer par un courrier que, bien que le comte de March s'obstine à rester enfermé dans sa forteresse de Dunbar, ses amis et ses partisans se rassemblent et forment un camp dans le voisinage de Coldingham, où l'on suppose qu'ils ont dessein d'attendre l'arrivée des forces anglaises considérables qu'Hotspur et sir Ralph Percy réunissent vers les confins de l'Angleterre.

— Ce sont de tristes nouvelles, » dit le roi. « Que Dieu pardonne à Georges de Dunbar! » Comme il parlait, le prince entra. « Vous voilà enfin, Rothsay, » dit le roi ; « je ne vous ai pas vu à la messe.

— J'ai été paresseux ce matin, » dit le prince, « j'ai passé la nuit sans dormir, et j'ai eu la fièvre.

— Pauvre fou! » répondit le roi ; « si vous aviez dormi davantage le mardi gras, vous n'auriez pas eu la fièvre la nuit du mercredi des Cendres.

— Que je n'interrompe pas vos prières, mon père, » dit le prince à demi souriant. « Votre Grâce invoquait le ciel en faveur de quelqu'un ; d'un ennemi, sans doute, car ils ont fréquemment la faveur de vos oraisons.

— Asseyez-vous, et sachez vous taire, jeune étourdi, » dit le père, dont l'œil restait en même temps fixé sur le beau visage et la gracieuse tournure de son enfant bien-aimé. Rothsay poussa un coussin vers les pieds de son père, et s'y assit négligemment.

« J'exprimais mon regret, » reprit le roi, « de ce que le comte de March, qui, la main chaude encore du contact de la mienne, venait de me quitter avec pleine assurance de recevoir satisfaction pour toute injure dont il aurait eu à se plaindre, a été cependant capable de comploter avec le Northumberland contre son propre pays. A-t-il pu mettre en doute notre intention de tenir parole?

— Je réponds pour lui, » répliqua le prince, « et je dis : Non, March n'a pu douter de la parole de Votre Altesse. Mais il a pu se demander si vos savants conseillers laisseraient à Votre Majesté le pouvoir de l'observer. »

Robert III avait adopté, et poussait loin, la politique timide de ne pas entendre les expressions qui, s'il les avait ouïes, auraient, même à ses yeux, exigé qu'il se montrât mécontent. Il poursuivit donc son discours, sans faire attention à ce qu'avait dit son fils; mais, intérieurement, cette inconvenance de langage augmenta le déplaisir que le père commençait à concevoir.

« Il est heureux que Douglas soit sur les frontières, » dit le roi. « Sa poitrine, comme celle de ses ancêtres, a toujours été le meilleur boulevard de l'Écosse.

— Que devenir, alors, s'il tourne le dos à l'ennemi? » dit l'incorrigible Rothsay.

« Osez-vous attaquer le courage de Douglas? » répliqua le roi, fort échauffé.

« Nul n'oserait mettre en question le courage de Douglas, » dit Rothsay; « il est aussi certain que son orgueil; mais il est permis de douter de son succès.

— Par saint André, David! » s'écria le père, « vous êtes comme une orfraie; chaque mot que vous dites ne présage que querelle et calamité.

— Je me tais, mon père, » répondit le jeune homme.

« Quelles nouvelles de nos agitations des hautes terres? » ajouta le roi, en s'adressant au prieur.

« Elles semblent prendre une tournure favorable, » répondit l'homme d'Église. « Le feu qui menaçait le pays tout entier va probablement s'éteindre par le sang de quarante à cinquante individus : les deux grandes confédérations sont convenues, par un traité solennel, de décider leurs querelles le 30 mars prochain, dimanche des Rameaux, avec telles armes qu'indiquera Votre Majesté, en votre royale présence, et en tel lieu qui sera désigné. Le nombre des combattants est limité à trente de chaque côté, et le combat sera soutenu jusqu'à la dernière extrémité : ils adressent, avec la plus vive instance, demande et supplication à Votre Majesté, pour qu'elle daigne, en sa bonté paternelle, condescendre à renoncer, pour ce jour-là, à son royal privilège d'arrêter le combat en jetant dans l'arène son bâton de commandement, ou en criant : Ho! avant que la bataille n'ait été livrée, tout entière, jusqu'à la fin.

— Indomptables sauvages! » s'écria le roi; « limiter le meilleur et le plus cher de nos privilèges royaux, celui d'arrêter la lutte, d'imposer un terme à la bataille? Veulent-ils m'ôter le seul motif qui me puisse porter à être spectateur de cette boucherie? Veulent-ils combattre comme des hommes, ou comme les loups de leurs montagnes?

— Milord, » dit Albany, « le comte de Crawford et moi, nous avons pris sur nous, sans vous consulter, de ratifier ces préliminaires, pour l'adoption desquels nous avons aperçu de nombreuses et pressantes raisons.

— Comment, » dit le roi, « le comte de Crawford? C'est, il me semble, un jeune conseiller pour d'aussi graves affaires.

— Il est, malgré sa jeunesse, » répondit Albany, « en si haute estime parmi ses voisins des hautes terres, que j'aurais mal réussi auprès d'eux sans son aide et son influence.

— Écoutez cela, Rothsay! » dit, d'un ton de reproche, le roi à son héritier.

« Je plains Crawford, Sire, » répliqua le prince. « Il a trop tôt perdu son père, dont les conseils auraient mieux valu en ce moment-ci. »

A cette réponse, empreinte de tant d'affection filiale, le roi se tourna vers Albany d'un air de triomphe.

Albany continua sans s'émouvoir. « Ce n'est pas la vie de ces montagnards, c'est leur mort, qui doit profiter à l'Écosse; et, vraiment, il nous a paru fort désirable, au comte de Crawford et à moi, que ce combat fût un combat d'extermination.

— Par ma foi, » dit le prince, « si telle est la politique de Lindsay dans sa jeunesse, il sera, dans dix ou douze années, un maître très bienveillant! Honte à l'enfant qui a le cœur dur avant d'avoir de barbe au menton! Il eût mieux fait d'aller voir battre des coqs le mardi gras, que de dresser des plans pour faire massacrer des hommes le dimanche des Rameaux, comme dans ces combats d'animaux du pays de Galles où il faut que tout meure jusqu'au dernier.

— Albany, » dit le roi, « Rothsay a raison; il ne convient pas à un monarque chrétien de céder sur ce point-là. Je ne saurais consentir à voir des hommes se battre jusqu'à ce qu'ils soient hachés tous comme des bestiaux dans un étal. Cela me rendrait malade de voir pareille chose, et le bâton me tomberait des mains faute de force pour le tenir.

— Il tomberait sans qu'on y fît attention, » dit Albany. « Je supplie Votre Majesté de se souvenir que le privilège royal dont on sollicite l'abandon, ne vous obtiendrait aucun respect; l'exercice que vous en voudriez faire ne rencontrerait pas d'obéissance. Si Votre Majesté jetait son bâton de commandement au plus fort de la bataille, et lorsque le sang de ces hommes est chaud, cela n'aurait pas plus d'effet que si un passereau laissait tomber, au milieu d'une bande de loups qui se battent, la paille qu'il porte à son nid. Rien ne les séparera que l'épuisement du carnage ; et mieux vaut qu'ils le continuent de leurs mains que de voir achever ces gens-là par le fer des troupes qui, sur l'ordre de Votre Majesté, essaieraient de les séparer. Une tentative pour les contraindre de force à garder la paix serait considérée par eux comme une embûche ; les deux partis s'uniraient pour y résister ; le carnage serait le même, et les résultats espérés d'une paix future seraient absolument trompés.

— Il n'y a que trop de vérité dans ce que vous dites, mon frère Robin, » répliqua le roi, trop docile à céder aux conseils. « Que servirait de donner un ordre que je ne pourrais faire observer? C'est ce que je fais malheureusement, je le sais, tous les jours de ma vie ; mais il serait inutile de donner un exemple aussi public de l'impuissance royale, devant la foule assemblée pour ce spectacle. Que ces hommes sauvages assouvissent donc, jusqu'à la fin, les uns sur les autres, leur sanglante volonté ; je ne défendrai pas de faire ce que je ne puis empêcher. Que le ciel secoure ce malheureux pays! Je vais prier pour lui dans mon oratoire, puisqu'il m'est également refusé de l'aider de la main et de la tête. Veuillez me prêter, père prieur, l'appui de votre bras.

— Pardonnez-moi, cependant, mon frère, » dit Albany, « de vous rappeler que nous avons à entendre l'affaire d'entre les citoyens de Perth et Ramorny, au sujet de la mort d'un habitant.

— C'est vrai, c'est vrai, » dit le monarque en se rasseyant ; « encore une violence, encore un combat! Oh, Écosse, Écosse! si le sang de tes enfants pouvait enrichir ton sol stérile, quelle contrée sur la terre te dépasserait en fertilité? Quand vit-on un poil blanc sur la barbe d'un de tes habitants, si ce n'est sur la barbe d'un misérable, comme ton souverain, protégé contre le meurtre par son impuissance, pour assister aux scènes de carnage auxquelles il ne peut mettre fin? Qu'ils entrent! ne les retardons pas. Ils sont pressés de tuer, pressés de se disputer l'un à l'autre un souffle béni de l'air embaumé du Créateur. Le démon de la lutte et du carnage possède le pays tout entier! »

Tandis que le prince débonnaire se rejetait sur son siège d'un air d'impatience et d'irritation bien étranger à ses habitudes, la porte de l'extrémité inférieure de la pièce s'ouvrit. Dans la galerie sur laquelle elle donnait, on apercevait en perspective un peloton en armes d'hommes de l'île de Bute ou Brandanes, et l'on voyait s'avancer un triste cortège. Sir Patrice Charteris conduisait vers le roi la veuve du pauvre Olivier, avec autant de respect que si elle eût été une dame du plus haut rang. Derrière eux venaient deux femmes honorables, épouses de deux magistrats de la cité, toutes deux en vêtements de deuil, l'une portant le plus petit des deux enfants, la seconde tenant le plus grand par la main. Le Forgeron suivait dans son plus beau costume, avec une écharpe de crêpe par-dessus son habit de buffle. Le bailli Craigdallie et l'un de ses collègues fermaient la marche, portant aussi des signes de deuil.

Le courroux passager du bon roi fut dissipé dès qu'il eut aperçu le visage pâle de la veuve affligée, et contemplé la naïve ignorance des innocents orphelins qui venaient de faire une si grande perte. Lorsque sir Patrice eut aidé Madeleine Proudfute à s'agenouiller, et que, la tenant encore par la main, il posa lui-même un genou sur le sol, ce fut d'un ton compatissant que le roi Robert demanda le nom de cette femme, et quelle était son affaire. Elle ne fit pas de réponse, mais murmura quelque chose, en regardant celui qui la conduisait.

« Parlez pour cette pauvre femme, sir Patrice Charteris, » dit le roi; « et faites-nous savoir la cause en vue de laquelle elle demande audience.

— Si tel est votre bon plaisir, seigneur lige, » répondit sir Patrice en se relevant, « cette femme et ces malheureux orphelins portent plainte devant Votre Altesse contre sir Jean Ramorny de Ramorny, chevalier, a raison de ce que, par lui ou par quelqu'un de sa maison, le mari de la susdite, Olivier Proudfute, homme libre et bourgeois de Perth, a été tué dans les rues de la cité, le mardi gras au soir ou le mercredi des cendres au matin.

— Femme, » répliqua le roi avec beaucoup de bonté, « vous méritez l'intérêt par votre sexe, et votre affliction seule vous donnerait droit à la pitié; car nos propres malheurs doivent nous rendre, et nous rendent en effet, nous le croyons, compatissant pour les autres. Votre époux n'a fait que suivre le sentier qui nous est assigné à tous.

— En cette occurrence, » dit la veuve, « que mon seigneur lige se souvienne que le chemin a été court et sanglant.

— Je sais que des menées coupables ont été dirigées contre lui. Mais, puisque j'ai été incapable de le protéger, ainsi que ç'aurait été, j'en conviens, mon devoir de roi, je veux, en expiation de ce tort, vous faire vivre, vos enfants et vous, aussi bien, et mieux même, que vous n'avez vécu quand vous aviez votre mari. Retirez cette accusation, et ne donnez pas lieu encore à la destruction d'une autre vie. Songez que je mets devant vous le choix entre la pratique du pardon et la poursuite de la vengeance, le choix aussi entre l'aisance et la pauvreté.

— C'est vrai, Milord, nous sommes pauvres, » répondit la veuve avec fermeté ; « mais, mes enfants et moi, nous partagerons notre nourriture avec les animaux des champs, plutôt que de vivre avec le prix du sang de mon mari. Je demande combat par champion, tout comme vous êtes chevalier portant l'épée, et roi couronné.

— Je savais qu'il en serait ainsi ! » dit, à part, le roi à Albany. « En Écosse, les premiers mots bégayés par un enfant, les derniers que murmure un mourant à barbe grise, sont ceux de combat, de sang et de vengeance. Raisonner davantage ne servirait à rien. Introduisez les défendeurs. »

Sir Jean Ramorny entra dans la salle. Il était vêtu d'une longue robe fourrée, comme en portaient les hommes de qualité quand ils n'étaient pas en armes. Caché sous les plis de la draperie, son bras blessé était soutenu par une écharpe de soie cramoisie ; du bras gauche, il s'appuyait sur un jeune homme, qui, à peine sorti de l'enfance, portait au front la forte impression des pensées précoces et des passions prématurées. C'était ce célèbre Lindsay, comte de Crawford, qui fut connu, plus tard, sous la désignation de *comte Tigre*, et qui gouverna la grande et riche vallée de Strathmore avec le pouvoir absolu et l'inflexible cruauté d'un tyran féodal. Deux ou trois gentilshommes, amis du comte, ou amis personnels de Jean Ramorny, assistaient ce dernier de leur présence. L'accusation fut alors formulée, et rencontra, de la part de l'accusé, une dénégation formelle ; les demandeurs offrirent, en réplique, de prouver leur assertion par un appel à l'épreuve du droit du cercueil.

— Je ne suis pas tenu, » répondit sir Jean Ramorny, « de me soumettre à cette épreuve, puisque je peux prouver, par le témoignage de mon ancien et royal maître, que j'étais en ma demeure, au lit, et malade, au moment où ce prévôt et ce bailli prétendent que je commettais un crime, dont je n'ai jamais eu, d'ailleurs, la volonté ni l'envie. Je ne saurais donc être justement l'objet d'un soupçon.

— Je puis affirmer, » dit le prince, « que j'ai vu sir Jean Ramorny, et que je me suis entretenu avec lui de choses qui concernaient ma maison, la nuit même où ce meurtre se commettait. Je sais donc que sir Ramorny était mal portant, et hors d'état de commettre en personne le fait en question. Mais je ne sais rien de ce qu'ont pu faire les gens à son service, et je ne prendrai pas sur moi de dire qu'aucun d'eux ne se soit rendu coupable du crime dont on les accuse maintenant. »

Durant le commencement de ces paroles, sir Jean Ramorny avait jeté les yeux autour de lui d'un air de défi, que déconcerta un peu la dernière phrase de Rothsay. « Je remercie Votre Altesse, » dit-il en souriant, « du témoignage prudent et limité qu'elle a présenté pour moi. Celui-là fut sage qui écrivit : Ne mettez pas votre confiance dans les princes.

— Si vous n'avez pas d'autre preuve de votre innocence, sir Jean Ramorny, » dit le roi, « nous ne pouvons, à l'égard des personnes de votre suite, refuser aux plaignants, à la veuve et aux orphelins qui ont subi l'offense, la preuve par l'épreuve du cercueil, à moins que l'un des vôtres ne préfère celle du combat. En ce qui vous concerne vous-même, vous êtes, par le témoignage du prince, dégagé de toute imputation.

— Seigneur lige, » répondit sir Jean, « je me porte moi-même garant de l'innocence de ma maison et de mes serviteurs.

— C'est ainsi que pourrait parler un moine ou une femme, » dit sir Patrice Charteris. « En langage de chevalier, veux-tu, sir Jean de Ramorny, faire bataille avec moi au soutien de tes serviteurs ?

— Le prévôt de Perth n'aurait pas eu le temps de prononcer le mot combat, » dit Ramorny, « avant que je ne l'eusse accepté. Mais je ne suis pas, à présent, en état de tenir une lance.

Sir Jean Ramorny se défend, devant le roi, contre l'accusation portée contre lui.

— J'en suis heureux vraiment, sir Jean. Il s'en versera moins de sang, » dit le roi. « Vous devrez donc faire comparaître les personnes qui composent votre suite, conformément au livre de l'intendant de votre maison, dans la grande église de Saint-Jean, pour qu'en présence de tous ceux qui peuvent avoir intérêt dans l'affaire, ils se purgent de cette accusation. Veillez à ce que chacun d'eux s'y présente à l'heure de la grand'messe, sans quoi votre honneur serait fortement atteint.

— Ils y seront tous, » dit sir Jean Ramorny. Puis, après s'être respectueusement incliné devant le roi, il se dirigea vers le jeune duc de Rothsay, et, faisant un profond salut, parla de façon à n'être entendu que de lui seul. « Vous vous êtes conduit généreusement envers moi, Milord ! Un seul mot de vos lèvres pouvait finir ces difficultés, et vous avez refusé de le dire.

— Sur ma vie, » répondit le prince à voix basse, « je suis allé aussi loin que me le pouvaient permettre ma conscience et la limite extrême de la vérité. Vous n'attendiez pas de moi, je pense, que je forgeasse des mensonges en votre faveur ; et, en vérité, Jean, au milieu des souvenirs incomplets de cette nuit-là, il me revient en mémoire un muet, aux airs de boucher, portant une hache courte, et ressemblant fort aux personnages qui font, la nuit, de pareilles besognes. Ha ! chevalier, je vous ai touché ? »

Ramorny ne répondit rien, mais se retourna avec autant de précipitation que si quelqu'un avait, tout à coup, heurté son membre blessé, et regagna sa demeure avec le comte de Crawford. Il n'était rien à quoi Ramorny fût moins disposé qu'à une fête ; il fut obligé cependant d'offrir une splendide collation au comte de Crawford, pour témoigner ainsi sa reconnaissance de l'appui que le jeune noble lui avait prêté.

CHAPITRE XXII.

> En pharmacie, il eut de merveilleux agents;
> En médecine, il a tué beaucoup de gens.
>
> DUNBAR.

ORSQUE après un repas, dont la prolongation fut un supplice pour le chevalier blessé, le comte de Crawford monta enfin à cheval pour regagner ses lointains quartiers au château de Dupplin, où il résidait en qualité d'hôte, le chevalier de Ramorny se retira dans sa chambre à coucher, dévoré par les souffrances du corps et les préoccupations de l'esprit. Il y trouva Henbane Dwining : c'était le sort cruel de Ramorny de dépendre à la fois de cet homme pour les consolations physiques et morales. Avec l'extrême humilité qu'il affectait, le médecin exprima l'espérance de voir son illustre malade heureux et content.

« Joyeux comme un chien enragé! » dit Ramorny; « et heureux comme l'homme que le chien a mordu, et qui commence à sentir l'approche dévorante du mal. Ce garçon sans pitié, ce Crawford, voyait ma souffrance, et ne m'a pas épargné un seul toast. Il fallait lui faire justice! Justice! si je l'avais faite à l'humanité et sur lui, j'aurais jeté Crawford par la fenêtre, et tranché net une carrière, qui, si elle continue comme elle a commencé, deviendra une source de misère pour toute l'Écosse, pour les rives du Tay surtout. Prends garde, chirurgien, en défaisant les ligatures; le contact d'une aile de mouche sur ce moignon à vif, sur ce moignon brûlant, serait pour moi comme un poignard.

— Ne craignez rien, mon noble patron, » dit le médecin, avec un ricanement de plaisir, qu'il s'efforçait en vain de déguiser sous un ton de sensibilité. « Nous y appliquerons du baume frais, et nous soulagerons Votre Honneur de l'irritation que vous supportez (n'est-il pas vrai? hi, hi, hi!) avec tant de fermeté.

— De fermeté? » dit Ramorny, grimaçant de douleur; « je supporte cela comme je supporterais les flammes ardentes du purgatoire : l'os semble fait de fer chauffé à blanc; ton onctueux onguent crépite en coulant sur la blessure. Et cependant c'est la glace de décembre, si je le compare à la fièvre de mon esprit!

— Nous allons d'abord, mon noble patron, faire usage, sur le corps, de nos émollients, » répondit Dwining; « puis ensuite, avec la permission de Votre Honneur, votre serviteur essaiera son art sur les troubles de l'esprit. J'espère bien, cependant, que la souffrance mentale tient, en une certaine mesure, à l'irritation de la blessure, et que, les douleurs du corps une fois diminuées, comme bientôt, je le pense, elles vont l'être, les sentiments orageux de l'esprit s'apaiseront d'eux-mêmes.

— Henbane Dwining, » dit le patient, quand il sentit se calmer la souffrance de sa blessure, « tu es un médecin rare et inappréciable, mais il y a des choses qui sont au-dessus de ton pouvoir. Tu peux engourdir la sensation physique de ces effroyables douleurs, mais tu ne saurais m'apprendre à supporter les mépris de l'enfant que j'ai élevé; que j'ai aimé, Dwining, car je l'aimais, je l'aimais avec tendresse! Le pire de mes méfaits a été de flatter ses vices, et il m'a refusé un mot de sa bouche, alors qu'un mot faisait tomber tous mes embarras! Il a souri, je l'ai vu sourire, quand ce maudit prévôt, le compère et le patron de ces misérables bourgeois, m'a défié, moi que ce prince sans cœur savait incapable de porter les armes. Avant que j'aie oublié cela, ou que je le lui aie pardonné, tu auras prêché toi-même le pardon des injures. Et, pour demain, quel souci! Penses-tu, Henbane Dwining, que, vraiment, les blessures de l'assassiné puissent se rouvrir, et verser, à l'approche du meurtrier, de nouvelles larmes de sang?

— On le prétend, Milord, » dit Dwining; « je n'en peux pas dire davantage.

— Cette brute de Bonthron, » dit Ramorny, « s'en épouvante beaucoup; et semble plutôt disposé à offrir le combat. Qu'en penses-tu? C'est un homme d'acier.

— C'est le métier de l'armurier de manier l'acier à sa guise, » répliqua Dwining.

« Si Bonthron venait à succomber, cela me chagrinerait peu, » dit Ramorny; « bien que j'y dûsse perdre une main utile.

— Je crois que Votre Seigneurie perdrait cette main-là avec moins de douleur que celle de la rue du Couvre-Feu. Excusez la plaisanterie. Hi, hi, hi! mais quelles sont les qualités utiles de ce Bonthron?

— Celles d'un boule-dogue, » répondit le chevalier; « il déchire sans aboyer.

— Vous ne craignez pas un aveu, » dit le médecin.

« A l'approche de la mort, qui dira ce que peut faire la crainte? » répliqua le patient. « Il a déjà montré une pusillanimité tout à fait étrangère à la sauvagerie de sa nature; lui qui songeait à peine à se laver les mains après avoir tué un homme, il a peur, maintenant, de voir saigner un corps mort.

— Eh bien, » dit le médecin, « je ferai, si je peux, quelque chose pour lui, puisque ç'a été pour servir ma vengeance qu'il a frappé ce fameux coup, qui n'est pas allé, par malheur, où il était destiné.

— A qui la faute, poltron, » dit Ramorny, « sinon à toi, qui as indiqué un daim de rebut à la place d'un cerf dix cors?

— Dieu me bénisse, noble seigneur, » répliqua le médecin, « voudriez-vous que moi, qui ne sais guère travailler que dans les chambres, je fûsse aussi habile veneur que vous, pour distinguer dans une percée, à minuit, un cerf d'une biche, ou une chevrette d'un chevreuil? J'ai eu quelque doute quand j'ai vu le personnage, habillé en danseur moresque, passer près de nous pour se rendre, dans la ruelle, à l'habitation du Forgeron, et cependant je ne croyais pas trop que ce fût notre homme, car il me semblait plus petit. Mais quand il est ressorti, après le temps nécessaire pour changer de vêtement, et qu'il s'est avancé crânement, avec son habit de buffle et son heaume d'acier, sifflant à la façon de l'armurier, je me suis trompé, je l'avoue, *super totam materiem,* et j'ai lancé sur lui le boule-dogue de Votre Seigneurie, qui a très exactement fait son devoir, tout en abattant le daim qu'il ne fallait pas. A moins donc que ce maudit Forgeron ne tue raide notre pauvre ami sur la place, je veux faire en sorte, si c'est dans le pouvoir de l'art, que ce mauvais chien de Bonthron ne s'en tire pas trop mal.

— Ton art sera mis là à une cruelle épreuve, médecin, » dit Ramorny; « car sache bien que, malheureux dans le combat, si notre champion n'est pas tué raide sur la lice, il sera traîné dehors par les

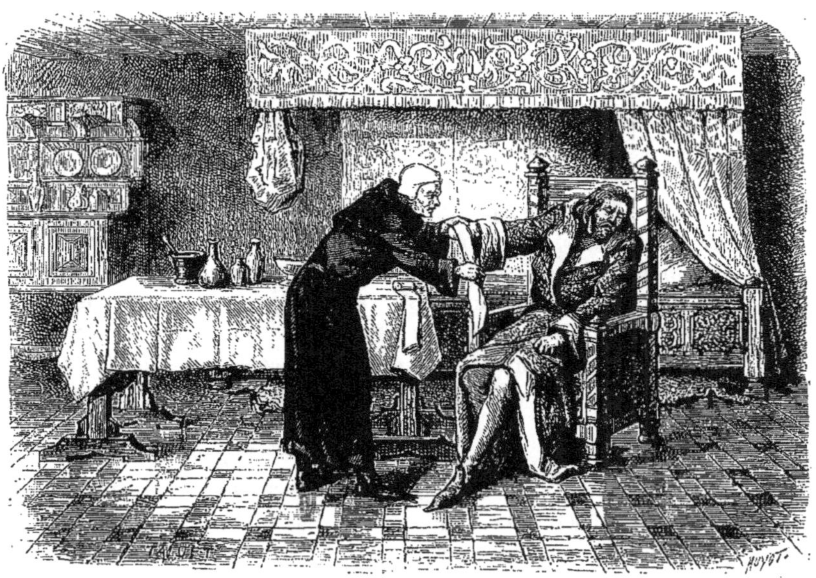

talons, et, sans plus de cérémonies, accroché au gibet comme convaincu du meurtre; et, quand il aura brandillé là une heure environ, comme un gland de rideau, tu auras peine, je pense, à entreprendre la guérison de son cou brisé!

— Je suis d'un autre avis, s'il plaît à Votre Seigneurie, » répondit Dwining, d'un air caressant. « Je l'ôterai du pied même du gibet pour le transporter au pays des fées, comme le roi Arthur, sir Huon de Bordeaux ou Ogier le Danois; ou je le laisserai, si bon me semble, pendiller à la potence un certain nombre de minutes ou d'heures, et je le ferai disparaître aux yeux de tous, avec autant de facilité que le vent peut emporter les feuilles sèches.

— Pure fanfaronnade, seigneur médecin, » répliqua Ramorny. « Toute la populace de Perth l'escortera au gibet, plus curieux les uns que les autres de voir mourir le poursuivant d'un noble, pour l'assassinat d'un de leurs piètres citoyens. Il y en aura mille au pied du gibet.

— Quand il y en aurait dix mille, » repartit Dwining, « ne serais-je pas capable, moi qui suis grand clerc et qui ai étudié en Espagne et même en Arabie, de tromper les yeux de ce troupeau de citoyens, alors que le plus petit jongleur qui se soit jamais exercé aux tours de passe-passe, peut jouer l'observation clairvoyante des plus intelligents de vos chevaliers? Je vous dis que je leur donnerai le change, comme si j'étais en possession de l'anneau de Keddie.

— Si tu dis la vérité, » répondit le chevalier, « (et tu n'oserais pas, je pense, badiner avec moi sur un tel sujet), tu dois avoir l'aide de Satan, et je ne veux en rien avoir affaire avec lui. Je le renie et le défie. »

Dwining fut repris de son ricanement interne quand il entendit son patron donner un défi au diable, et le vit appuyer ce défi d'un signe de croix. Il se retint cependant, remarquant que l'air de Ramorny devenait fort menaçant; et avec une gravité convenable, quoiqu'un peu gênée par l'effort qu'il faisait pour réprimer ses dispositions à la gaieté, il dit :

« Les alliances, très dévot seigneur, les alliances sont l'âme de la jonglerie, mais, hi, hi, hi! je n'ai pas l'honneur, hi, hi! d'être l'allié du gentilhomme dont vous parlez. Je n'ai pas même, hi, hi! une foi bien profonde en son existence, encore que Votre Seigneurie, sans doute, ait eu, mieux que moi, occasion de le connaître.

— Continue, drôle; mais cesse ce ricanement, que tu pourrais payer cher.

— J'obéis, redoutable chevalier, » répliqua Dwining. « Sachez que j'ai aussi mon allié, sans quoi mon talent servirait peu.

— Et cet allié, je te prie, qui peut-il être?

— Étienne Smotherwell, s'il plaît à Votre Honneur, qui prélève sa cuillerée sur tous les sacs du marché, Smotherwell, bourreau de la belle cité. Je m'étonne que Votre Seigneurie ne le connaisse pas.

— Je m'étonne, moi, » répliqua Ramorny, « que ta scélératesse ne te l'ait pas fait connaître dans l'exercice de sa profession. Mais tu n'as pas le nez fendu, tes oreilles ne sont pas encore raccourcies, et, si tes épaules ont quelque cicatrice ou quelque brûlure, tu as la sagesse de porter un collet haut à ton justaucorps.

— Hi, hi! Votre Honneur veut rire, » dit le médecin. « Si je suis entré dans l'intimité d'Étienne Smotherwell, ce n'est pas à raison de circonstances qui me soient personnelles, mais à cause d'un certain trafic entre nous, dans lequel, sauf votre bon plaisir, j'échange contre quelques sommes d'argent les corps, les têtes et les membres de ceux qui meurent avec l'aide de mon ami Étienne.

— Misérable! » s'écria le chevalier avec horreur; « c'est pour composer des charmes et pour d'autres œuvres de sorcellerie, que tu fais commerce des restes affreux d'une créature mortelle?

— Hi, hi, hi! non vraiment, sous le bon plaisir de Votre Seigneurie, » répondit le médecin, qui s'amusait beaucoup de l'ignorance de son patron; « mais nous autres chevaliers du scalpel, nous avons coutume de pratiquer un minutieux dépècement des diverses parties du corps des personnes défuntes; nous appelons cela disséquer, et nous découvrons ainsi, par l'examen de ce qui est mort, comment il faut traiter ce qui appartient aux vivants, lorsque ceux-ci sont malades d'une blessure ou autrement. Ah! si Votre Honneur voyait mon laboratoire, je lui montrerais des têtes et des mains, des pieds et des poumons qu'on suppose moisis et pourris depuis longtemps : le crâne de Wallace, dérobé au Pont de Londres; le cœur de sir Simon Fraser, le chevalier qui n'a jamais craint un homme; le crâne charmant de Catherine Logie, la belle maîtresse de David II. Oh! que n'ai-je eu la bonne fortune de conserver la main chevaleresque de mon honoré patron!

— Malheur à toi, scélérat! Crois-tu pouvoir impunément me dégoûter avec ton catalogue d'horreurs? Dis-moi vite à quoi tend tout ce discours. A quoi peut me servir ton trafic avec ce chien de bourreau, soit pour mon propre usage, soit pour venir en aide à mon serviteur Bonthron?

— C'est chose, » répliqua Dwining, « que je ne recommanderai à Votre Seigneurie que dans la dernière extrémité. Mais supposons la bataille livrée, et notre coq battu. Nous pouvons lui donner, à l'avance, la certitude que, s'il n'est pas le vainqueur de la journée, nous le sauverons au moins du bourreau, pourvu qu'il n'avoue rien qui puisse porter préjudice à Votre Seigneurie.

— Ah! une idée me frappe, » dit Ramorny. « Nous pourrions faire mieux que cela; nous pourrions mettre dans la bouche de Bonthron quelque chose de fort embarrassant pour celui que j'ai sujet de maudire comme la cause de mon malheur. Allons à la niche du boule-dogue, et expliquons-lui ce qu'il y a à faire à tous les points de vue de la question. Si nous lui persuadons de supporter l'épreuve du cercueil, ce peut n'être qu'un épouvantail, et nous sommes sauvés. S'il choisit le combat, il est féroce comme l'ours harcelé par les chiens, et saura, peut-être, surmonter son adversaire; en ce cas, nous ne sommes pas seulement sauvés, nous sommes vengés. Si Bonthron est vaincu, nous mettons à exécution ton projet, et, si tu trouves moyen de conduire cela comme il faut, nous pouvons lui dicter sa confession, en prendre avantage, comme je te l'expliquerai plus tard, et faire un pas de géant vers la réparation de mes injures. Reste cependant un danger. Suppose notre mâtin mortellement blessé dans la lice, qui l'empêchera d'aboyer une déclaration toute différente de celle que nous lui aurions recommandée?

— Son médecin, ma foi, saurait l'en empêcher, » dit Dwining. « Que je le soigne, que j'aie seulement l'occasion de poser un doigt sur sa blessure, et, fiez-vous à moi, il ne trahira pas votre confiance.

— Voici, par ma foi, un démon plein de bon vouloir, qu'on n'a besoin ni de pousser ni d'exciter! » dit Ramorny

« Pour le service de Votre Seigneurie, l'on n'aura besoin, je le crois, ni de l'un ni de l'autre.

— Allons endoctriner notre homme, » ajouta le chevalier. « Nous le trouverons maniable; car, tout chien qu'il est, il sait distinguer ceux qui lui donnent à manger de ceux qui le malmènent, et tient en haine profonde un certain royal maître que j'ai eu, pour de mauvais traitements et des termes de mépris dont il lui est redevable. Il faut aussi nous concerter mieux sur ce que tu veux faire pour sauver le boule-dogue des mains de ce troupeau de citoyens. »

Laissons cette digne paire d'amis à ses pratiques secrètes, dont nous verrons plus tard les résultats. Bien que doués de qualités différentes, ils étaient aussi bien accouplés pour concevoir et exécuter de criminels projets, que le chien courant pour tuer le gibier que lève le chien quêteur, ou le chien quêteur pour suivre à la trace la proie que le lévrier a découverte avec ses yeux. L'orgueil et l'égoïsme étaient, chez l'un et chez l'autre, le caractère principal; mais, grâce à la différence du rang, de l'éducation et des talents, ces défauts avaient pris aussi, dans les deux individus, des dehors tout différents.

Rien ne ressemblait moins au courtisan en faveur et gonflé d'ambition, au galant à succès, au hardi guerrier, que le médecin humble et timide, qui semblait chercher l'insulte et s'y complaire; le médecin, cependant, dans le secret de son âme, se sentait en possession d'une supériorité de connaissances, d'une richesse de science et d'intelligence, qui mettait bien au-dessous de lui les nobles ignorants de ce temps-là. Henbane Dwining en avait si bien conscience que, comme un gardien de bêtes féroces, il s'aventurait quelquefois, pour son amusement, à provoquer, en des hommes comme Ramorny, les orages de la passion, se flattant d'échapper, avec son humilité, aux tourbillons qu'il avait soulevés, ainsi que le jeune Indien, confiant en la fragilité même de son léger canot, le lance sur des brisants où la chaloupe d'un vaisseau serait sûre d'être mise en pièces. Que le baron féodal méprisât l'humble praticien, cela allait de soi; mais Ramorny n'en sentait pas moins l'influence que Dwining exerçait sur lui, et, dans le choc de leurs esprits, il était souvent maîtrisé par lui, comme les plus extravagants efforts d'un cheval fougueux sont surmontés par un garçon de douze ans, si celui-ci a été instruit aux arts du manège. Bien autre était le mépris de Dwining que celui du cavalier pour sa monture. S'il se comparait à Ramorny, il regardait celui-ci comme s'élevant à peine au-dessus de la créature brute; capable, il est vrai, de détruire, de même que le taureau avec ses cornes le loup avec ses crocs, mais dominé par de vils préjugés, et esclave des supercheries de prêtres, expression sous laquelle Dwining renfermait toute religion quelle qu'elle fût. En définitive, Ramorny n'était pour lui qu'un être que la nature lui avait donné comme serf, pour creuser la mine dans laquelle il puiserait l'or, l'or qu'il adorait, l'or dont le sordide amour était la plus grande de ses faiblesses, bien que ce ne fût pas le pire de ses vices. Il justifiait à ses propres yeux cette disposition basse, en se persuadant qu'elle avait pour source l'amour de la puissance.

« Henbane Dwining, » se disait-il, en contemplant avec délices les trésors qu'il avait amassés, et qu'il visitait de temps en temps, « n'est pas un stupide avare, éperdûment amoureux de ces pièces parce qu'elles sont en or et qu'elles brillent ; ce qui fait qu'il les adore, c'est la puissance qu'elles donnent à celui qui les possède. Quelle est, en effet, la chose qu'elles ne mettent pas à vos ordres? Vulgaire, difforme, infirme, vieux, aimez-vous la beauté? Ces écus sont un leurre sur lequel s'abattra le plus brillant de tous les faucons. Êtes-vous faible, débile, soumis à l'oppression des puissants? Voici qui armera pour votre défense ceux dont le pouvoir est plus haut que celui du tyranneau que vous craignez. Êtes-vous magnifique dans vos souhaits, et désirez-vous les marques extérieures de l'opulence? Ce coffre sombre contient une large étendue de collines et de vallées, mainte grande forêt remplie de gibier, l'obéissance de mille vassaux. Voulez-vous la faveur des cours, temporelles ou spirituelles? Les sourires des rois, le pardon des papes et des prêtres pour les crimes anciens, l'indulgence pour encourager à en commettre de nouveaux les faibles humains que les prêtres gouvernent, tous ces pieux stimulants du vice peuvent s'acheter pour de l'or. La vengeance elle-même, que les dieux, dit-on, se sont réservée, enviant sans doute à l'humanité un aussi friand morceau, la vengeance elle-même peut s'acheter de la sorte. On la peut conquérir encore par la supériorité du talent, et c'est là le plus noble moyen d'y arriver. Je garderai donc mon trésor pour d'autres usages, et j'accomplirai ma vengeance gratis ; ou plutôt, j'ajouterai le luxe d'un accroissement de richesses au triomphe de la réparation des torts. »

Ainsi pensait Dwining, tandis qu'en revenant de la visite faite à sir Jean de Ramorny, il ajoutait l'or qu'il avait reçu pour ses divers services au monceau de son trésor. Après avoir, une ou deux minutes, couvé des yeux tout cela, il tourna la clé sur sa précieuse cachette, et partit pour aller visiter ses malades, cédant le pavé à tous ceux qu'il rencontrait, donnant le salut et ôtant son bonnet au plus pauvre bourgeois possesseur d'une modeste boutique, et même aux artisans qui devaient un pain précaire au travail de leurs mains calleuses.

« Êtres chétifs, » pensait-il en son cœur, tandis qu'il faisait ces politesses, « pauvres esprits, viles machines! si vous saviez ce que cette clef pourrait ouvrir, quel est le mauvais temps qui vous empêcherait d'ôter vos bonnets devant moi? Quel ruisseau puant de votre misérable hameau serait si dégoûtant que vous hésitâssiez à tomber à genoux pour honorer le possesseur d'une telle richesse? Je vous ferai sentir ma puissance, bien qu'il soit dans mes vues de vous en cacher la source. Vous m'avez repoussé comme magistrat, je veux être un démon pour votre cité. Je vous poursuivrai comme un cauchemar, mais en restant invisible. Lui aussi ce Ramorny, ce misérable qui, en perdant la main, a, comme un pauvre artisan, perdu la seule partie de son corps qui fût bonne à quelque chose, il entasse sur moi les insultes de son langage, comme si rien de ce qu'il peut dire était capable de troubler un esprit aussi ferme que le mien! Qu'il m'appelle drôle, scélérat, esclave, il agit avec

Henbane Dwining, le médecin.

autant de sagesse que s'il s'amusait à m'arracher des cheveux de la tête, tandis que j'ai dans la main les fibres même de son cœur. Chaque insulte, j'ai le pouvoir de la lui payer à l'instant par une souffrance du corps ou par une angoisse de l'esprit. Hi, hi, hi! il ne me faudrait pas longtemps pour régler mes comptes avec sa seigneurie. »

Pendant que, se livrant à ces méditations diaboliques, le médecin se glissait par les rues en sa façon ordinaire, des parlers féminins se firent entendre derrière lui.

« Ah! le voici ; Notre-Dame en soit louée! voici l'homme le plus secourable de Perth, » dit une voix.

« On parle de chevaliers et de rois pour redresser les torts : c'est le mot qu'en emploie. Mais donnez-moi plutôt pour cela, mes commères, » répondit une autre voix, « maître Dwining, le digne apothicaire. »

Au même instant, le médecin fut entouré et saisi par les deux parleuses, femmes de bien de la belle cité.

« Qu'y a-t-il? » dit Dwining, « et quelle est celle dont la vache a vêlé?

— Il ne s'agit pas de vêler, » dit l'une des femmes, « mais d'un pauvre enfant qui n'a plus de père et qui se meurt. Venez avec nous, car notre confiance en vous est entière, comme disait Bruce à Donald des Iles.

— *Opiferque per orbem dicor,* » dit Henbane Dwining. « De quoi meurt-il, cet enfant?

— Le croup, le croup, » s'écria l'une des commères ; « le pauvre innocent crie comme un corbeau.

— *Cynanche trachealis!* cette maladie travaille vite. Indiquez-moi la maison sur le champ, » ajouta le médecin, qui avait l'habitude d'exercer sa profession libéralement malgré son avarice naturelle, et humainement en dépit de la méchanceté qui lui était propre. Faute d'en pouvoir soupçonner en lui de meilleur principe, donnons-en pour motifs probables la vanité et l'amour de l'art.

Il aurait cependant, au cas présent, refusé son secours si, en temps suffisant pour fabriquer une excuse, il avait su où les bonnes commères le conduisaient. Mais avant d'avoir pu deviner où il allait, le médecin était poussé dans la maison de feu Olivier Proudfute, où il entendait le chant des femmes, enveloppant et préparant le cadavre du susdit bonnetier pour la cérémonie du lendemain matin. On peut considérer les vers suivants comme une imitation moderne de leur chant :

Essence invisible, essence légère,
Prête à te confondre avec l'atmosphère,
Mais qu'auprès du corps qui fut ton séjour
Fait encor flotter un reste d'amour;

Que ta course doive être triste ou belle,
Retiens un instant le coup de ton aile :
Avant l'humble chute ou le noble essor,
Encore un moment reste sur le bord.

Pour venger l'affront qui de ta demeure
Osa te forcer de fuir avant l'heure,
Que, par un mystère étrange et puissant,
Ton cerveau sommeille ainsi que ton sang.

Et vienne à passer cette créature
Dont ton pauvre corps a subi l'injure;
Et que ton oreille entende ce pas,
Pour elle dernier des bruits d'ici bas :

Le cadavre alors s'éveille et s'agite,
Les nerfs sont émus et la chair palpite,
La blessure s'ouvre, et du sang tari
En un jet nouveau s'élève le cri.

Tout endurci qu'il était, le médecin répugnait à passer le seuil de l'homme à la mort duquel il avait contribué si directement, bien qu'avec une erreur sur l'individualité.

« Femmes, laissez-moi continuer ma route, » dit-il ; « mon art n'est bon que pour les vivants ; les morts sont en dehors de notre domaine.

— Votre malade est en haut, c'est le dernier des petits orphelins. »

Dwining fut forcé d'entrer dans la maison. Quelle ne fut pas sa surprise lorsqu'au moment où il en passait le seuil, les femmes occupées autour du cadavre interrompirent tout à coup leur chant.

« Ah! grand Dieu, » disait l'une d'elle à ses compagnes, « qui vient d'entrer? Avez-vous vu cette grosse goutte de sang?

— Non, » dit une autre voix ; « c'est une goutte de baume.

— C'était du sang, commère. Qui est-ce, je le répète, qui vient d'entrer dans la maison? »

De la chambre, on regarda dans le petit vestibule, où Dwining, sous prétexte de ne pas bien voir l'escalier en échelle par lequel il devait monter à l'étage supérieur de cette maison de douleur, arrêtait sa marche à dessein, déconcerté par ce qu'il entendait de la conversation.

« Hé, vraiment, » répondit une des sibylles, « ce n'est que le digne maître Henbane Dwining.

— Maître Dwining? » répliqua, d'un ton approbateur, celle qui avait parlé la première ; « notre meilleur secours en cas de détresse? il faut nécessairement, alors, que ç'ait été du baume.

— Il se peut, malgré cela, que ç'ait été du sang, » répondit l'autre ; « car le médecin, quand on a trouvé le corps, a reçu ordre des magistrats de visiter la blessure avec ses instruments ; et comment le pauvre cadavre pourrait-il savoir que cela s'est fait à bonne intention?

— C'est vrai, commère ; et, puisque le pauvre Olivier prenait souvent, de son vivant, des amis pour des ennemis, on ne peut supposer que son jugement soit devenu meilleur aujourd'hui. »

Dwining n'en entendit pas davantage; on le fit monter dans une espèce de grenier, où Madeleine était assise sur son lit de veuve, serrant sur son sein un enfant, qui, la face déjà noire, et rendant le sifflement difficile et brusque qui a donné à la maladie son appellation populaire, semblait sur le point d'abandonner sa courte existence. Un dominicain était assis près du lit, tenant l'autre enfant dans ses bras, et plaçant de temps à autre une ou deux paroles de consolation spirituelle, ou quelque observation sur l'état de l'enfant.

Le médecin jeta sur le bon père un coup d'œil rapide, rempli de cet inexprimable dédain qu'ont les hommes de science pour ceux qui empiètent sur leurs privilèges. Son secours fut prompt et efficace; il arracha l'enfant des bras de la mère au désespoir, mit à nu la gorge, et ouvrit une veine; le sang coula librement, et le petit malade fut à l'instant soulagé. Au bout de peu de temps, tout symptôme dangereux avait disparu; Dwining banda la blessure qu'il avait faite, et remit l'enfant aux bras de sa mère éperdue.

La douleur de la pauvre femme pour la perte de son mari, s'était comme suspendue durant l'extrême danger que l'enfant avait couru; elle retomba sur Madeleine avec la force accrue d'un torrent, emportant la digue qui, pour un temps, avait arrêté ses flots.

« Homme savant, » dit-elle, « vous voyez pauvre, maintenant, une femme que vous avez connue plus riche. Mais les mains qui m'ont rendu

mon enfant ne sortiront pas vides de cette maison. Généreux et bon maître Dwining, acceptez son chapelet; il est d'ébène et d'argent; le cher défunt voulait toujours avoir tout aussi beau qu'un gentilhomme; en toutes choses, il ressemblait plus à un gentilhomme qu'à une personne de sa classe, et voilà ce qu'il y a gagné. »

En disant ces mots, dans un muet accès de douleur, elle pressa contre son sein et sur ses lèvres le chapelet d'Olivier, et voulut le mettre aux mains de Dwining.

« Prenez-le, » dit-elle, « pour l'amour d'un homme qui vous aimait bien. Ah! il disait toujours que si quelqu'un pouvait être ramené du bord du tombeau, ce ne pouvait être qu'en ayant pour guide maître Dwining. Et, dans ce jour béni, son enfant en est ramené, pendant que, lui, il est là raide et glacé, sans rien savoir de la maladie ni de la guérison. Oh, malheur, malheur! Mais prenez le chapelet, et songez à sa pauvre âme, quand les grains seront sous vos doigts. Il sera plus tôt délivré du purgatoire, si de bonnes gens prient pour son salut.

— Gardez ce chapelet, chère dame; je ne sais pas trop m'en servir, et je n'entends rien aux conjurations et aux jongleries, » dit le médecin, qui, plus ému peut-être qu'on n'aurait pu l'attendre de son inflexible nature, voulait éviter de recevoir un présent de mauvais présage. Ses dernières paroles froissèrent l'homme d'église, à la présence duquel il n'avait plus songé en les prononçant.

« Que dites-vous, seigneur médecin? » repartit le dominicain; « appelez-vous jongleries les prières qu'on dit pour les morts? Je n'ignore pas que Chaucer, le poète anglais, dit de vous autres médecins que vos études ne sont guère dans la Bible. Notre mère l'Église a sommeillé longtemps, mais, aujourd'hui, ses yeux sont ouverts pour distinguer ses amis de ses ennemis; et soyez assuré...

— Révérend père, » dit Dwining, « vous avez trop beau jeu contre moi. Je disais que je ne savais pas faire de miracles, et j'allais ajouter que, comme l'Église, assurément, y peut arriver, ce serait en vos mains qu'il faudrait déposer ce riche chapelet, pour l'appliquer le mieux possible au bénéfice de l'âme du défunt. »

Il glissa le chapelet dans la main du dominicain, et s'échappa de cette maison de deuil.

« Voilà une visite faite dans un singulier moment, » se disait-il à lui-même, quand il eut franchi sain et sauf la porte de la demeure. « Autant que personne, je tiens ces choses-là pour ce qu'elles valent; et cependant, si sot que cela paraisse, je suis bien aise d'avoir sauvé la vie de ce pauvre enfant. Mais allons trouver mon ami Smotherwell; je l'amènerai à mes fins dans l'affaire de Bonthron, je n'en doute pas. Ainsi donc, en cette occasion, je sauverai deux vies, sans en détruire une seule. »

CHAPITRE XXIII.

> Sur ce lit teint de sang, son cadavre incolore
> Parle silencieux ;
> Et le gouffre béant de sa blessure implore
> La vengeance des cieux.
>
> *Uranus et Psyché.*

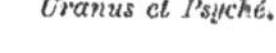

A grande église dédiée à saint Jean, patron de Perth, avait été choisie par les magistrats comme celle où il conviendrait le mieux à la commune de déployer les solennités de l'épreuve. Les églises et les couvents des dominicains et des chartreux, et d'autres encore, appartenant au clergé régulier, avaient été richement dotées par le roi et les nobles; un cri universel s'éleva dans le conseil de la cité pour que leur bon vieux saint Jean, des bonnes grâces duquel les habitants se croyaient sûrs, eût toute leur confiance, et fût préféré aux nouveaux patrons, pour lesquels les dominicains, les chartreux, et autres, avaient fondé des sanctuaires plus récents autour de la belle cité. Les disputes entre le clergé régulier et le clergé séculier entraient là-dedans pour quelque chose ; et la rivalité eut sa place parmi les sentiments qui dictèrent le choix du lieu où, sur appel à la divinité dans un cas douteux, le ciel devait opérer une espèce de miracle : le clerc de la ville tenait à ce que la préférence fût donnée à l'église Saint-Jean, autant que si les saints avaient été divisés en deux factions, l'une pour et l'autre contre les intérêts de la belle ville de Perth.

Il y eut pour la fixation de l'église, quelques petites intrigues tentées et déjouées. Mais les magistrats, voyant là un point qui touchait de près à l'honneur de la cité, résolurent, avec une sage confiance en la justice et l'impartialité de leur patron, de livrer la décision à l'influence de saint Jean.

Ce fut après que la grand'messe eut été célébrée avec toute la solennité que comportaient les circonstances, après que les prières les plus multipliées et les plus ferventes eurent été adressées au ciel par les fidèles qui se pressaient dans l'église, que les préparatifs furent faits pour soumettre directement au jugement du ciel le meurtre mystérieux de l'infortuné bonnetier.

La scène avait cette solennité imposante, que sont si bien faits pour produire les rites de l'Église catholique. La fenêtre orientale, chargée de peintures riches et variées, sillonnait le grand autel du torrent de sa lumière. Devant l'autel on avait placé la bière, sur laquelle étaient étendus les restes mortels de l'homme assassiné, les bras pliés sur la poitrine, les mains jointes, les doigts élevés, comme si le limon insensible en appelait lui-même au ciel, demandant vengeance contre ceux qui avaient violemment séparé l'esprit immortel de son habitation mutilée.

Tout près de la bière on avait dressé le trône, où étaient assis Robert d'Écosse et son frère d'Albany. Le prince était sur un siège plus bas, à côté de son père. Cette disposition aurait pu donner lieu à quelques remarques ; car le siège d'Albany se distinguait peu de celui du roi, tandis que l'héritier apparent, bien que pleinement majeur, semblait abaissé au-dessous de son oncle à la vue des habitants de Perth. La bière était placée de façon que le corps qu'elle supportait pût être vu de la plus grande partie de la multitude assemblée dans l'église.

A la tête du cercueil se tenait le chevalier de Kinfauns, qui avait jeté le défi; au pied, le jeune comte de Crawford, comme représentant de celui qui, nominalement, y défendait. Le témoignage expurgatoire du duc de Rothsay (c'était le mot) avait exempté sir Jean Ramorny de la nécessité d'assister à l'épreuve en qualité de partie, et sa maladie lui servait de raison pour rester chez lui. Sa maison, y compris ceux qui, quoique immédiatement sous les ordres de sir Jean, étaient les domestiques du prince, non encore relevés de ce service spécial, montait à huit ou dix personnes ; la plupart passaient pour des gens de mœurs mauvaises, bien capables d'avoir, en un soir de débauche, commis le meurtre du bonnetier. Ils étaient rangés en file du côté gauche de l'église, et portaient une espèce de casaque blanche, ressemblant au costume d'un pénitencier. Tous les yeux étaient fixés sur eux, et quelques-uns de la bande semblaient si déconcertés que les spectateurs en concevaient contre eux de puissants soupçons. Le véritable assassin n'avait rien qui le pût trahir ; c'était un visage sombre et dur, que ne savaient animer ni les fêtes ni le vin, où le péril d'être découvert et de mourir ne pouvait mettre l'abattement.

Nous avons indiqué déjà la position du cadavre. La face était à nu, comme aussi la poitrine et les bras. Le reste du corps était couvert d'un linceul de la toile la plus fine, de telle sorte que le sang qui viendrait à couler à l'un des endroits revêtus du linceul ne saurait manquer d'être aperçu sur le champ.

La grand'messe, terminée, fut suivie d'une invocation à la divinité, pour qu'elle daignât protéger l'innocent et faire connaître le coupable. Puis Eviot, page de sir Jean Ramorny, fut appelé pour subir l'épreuve. Il s'avança d'un pas mal assuré. Que Bonthron était l'assassin, Eviot en avait conscience; et peut-être pensait-il en lui-même que cela suffirait pour l'impliquer dans le crime, quoiqu'il n'y eût pas directement participé. Il s'arrêta devant la bière; et sa voix tremblait quand il jura par tout ce qui a été créé en sept jours et en sept nuits, par le ciel, l'enfer, sa part de paradis, et par le Dieu et l'auteur de toutes choses, qu'il était libre et exempt de l'acte sanglant accompli sur le cadavre devant lequel il était debout, et sur la poitrine duquel il faisait le signe de la croix, à l'appui de sa déclaration. Nul accident ne se produisit. Le corps resta raide comme auparavant; les blessures figées ne donnèrent pas la moindre apparence de sang.

Les citoyens se regardèrent les uns les autres d'un air désappointé. Ils s'étaient persuadés qu'Eviot était le coupable; et leurs soupçons avaient été confirmés par l'irrésolution de son attitude. Leur surprise fut donc extrême quand ils le virent se tirer d'affaire. Cela donna du cœur aux autres serviteurs de Ramorny; ils s'avancèrent pour le serment avec une hardiesse toujours croissante, à mesure que, l'un après l'autre, ils accomplissaient l'épreuve, et étaient déclarés, par la voix des juges, libres et innocents de tout soupçon à eux inhérent au sujet de la mort d'Olivier Proudfute.

Mais il y avait un personnage qui ne partageait pas cet accroissement de confiance. Le nom de « Bonthron, Bonthron! » résonna trois fois par les voûtes de l'église ; celui auquel il appartenait ne répondait à l'appel que par un mouvement de pied incertain, comme s'il eût été pris tout à coup d'un accès de paralysie.

« Parle, chien, » murmura Eviot, « ou sois prêt à mourir comme un chien. »

La cervelle du meurtrier était si troublée par le spectacle qui s'offrait à lui, que les juges, à son attitude, se demandèrent s'ils devaient ordonner qu'on le traînât de force devant la bière, ou prononcer jugement par défaut. Interrogé pour savoir s'il voulait se soumettre à l'épreuve, ce ne fut qu'après avoir été averti qu'on lui posait la question pour la dernière fois, qu'avec son laconisme ordinaire, il répondit :

« Je ne veux pas. Que sais-je des jongleries qu'on peut faire pour prendre la vie d'un pauvre homme? J'offre le combat à quiconque dira que j'ai fait du mal à ce mort. »

Et, selon la forme accoutumée, il jeta son gant sur les dalles de l'église.

Henri le Forgeron s'avança, au milieu des murmures approbateurs de ses concitoyens, murmures qu'une présence auguste ne put entièrement étouffer. Relevant le gant du scélérat, et le plaçant en son propre couvre chef, à son tour, selon l'usage, il jeta son gant comme gage de combat. Bonthron ne le releva pas.

« Il n'est pas un égal pour moi, ni digne de relever mon gant, » dit en grondant le farouche personnage. « J'appartiens à la suite du prince d'Écosse, au service de son premier écuyer. Cet homme n'est qu'un chétif artisan. »

Le prince l'interrompit. « De ma suite, toi, bête brute! Je te renvoie, sur l'heure, de mon service. Empoigne-le, Forgeron, et bats-le comme tu n'as jamais frappé ton enclume! Le misérable est à la fois coupable et lâche. Rien que de le regarder, cela me fait mal; si mon royal père veut accepter mes avis, il donnera aux adversaires deux bonnes haches écossaises, et nous verrons quel est le meilleur des deux avant que la journée n'ait vieilli d'une demi-heure. »

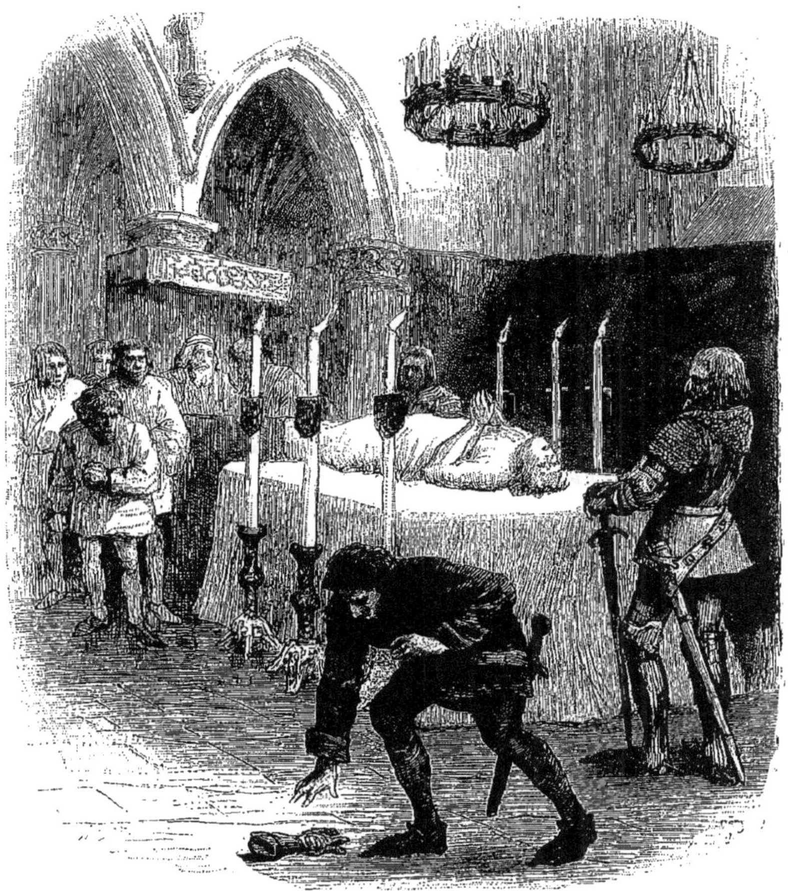

Cette proposition eut le prompt assentiment du comte de Crawford et de sir Patrice Charteris, parrains des deux parties. Les adversaires étant de condition inférieure, on convint qu'ils combattraient avec des haches, en heaume d'acier et jaque de buffle, aussitôt qu'ils auraient eu le temps de se préparer.

On indiqua pour lieu du combat la cour des Pelletiers, terrain voisin, occupé par la corporation de laquelle il tenait son nom, et qui fournirait à l'instant aux adversaires un espace de trente pieds environ sur vingt-cinq. Là se pressèrent les nobles, les prêtres, le menu peuple, tous excepté le vieux roi, qui, détestant ces scènes sanglantes, se retira dans sa demeure, laissant la présidence du champ de bataille au lord grand connétable, à l'office duquel elle appartenait plus particulièrement. Le duc d'Albany surveillait d'un œil observateur et prudent. Son neveu donnait à la scène le degré d'attention que comportait la légèreté de son caractère.

Quand les combattants parurent sur la lice, rien de plus frappant que le contraste entre l'attitude mâle et franche du Forgeron, dont les yeux étincelants semblaient déjà darder les rayons d'une victoire espérée, et l'air sombre et abattu du brutal Bonthron, qu'on eût pris pour un oiseau de mauvais présage, poussé de son repaire obscur à la clarté du soleil. L'un et l'autre fit, à plusieurs reprises, serment que sa querelle était juste : Henri Gow accomplit cette cérémonie avec une confiance sereine et ferme ; Bonthron avec une brutale résolution, qui amena le duc de Rothsay à dire au grand connétable : « Avez-vous jamais vu, mon cher Errol, un mélange de méchanceté, de cruauté, et, je crois aussi, de peur, pareil à celui qu'on aperçoit en cet homme?

— Il n'est pas beau, » dit le comte, « mais, autant que j'en ai pu voir, ce doit être un fameux coquin.

— Je gage avec vous un muid de vin, mon cher lord, qu'il va perdre la partie. Henri l'armurier est aussi fort que lui, et beaucoup plus agile. Voyez sa tenue hardie! Il y a dans l'autre quelque chose qui dégoûte. Ordonnez-leur, connétable, d'en venir aux mains tout de suite, car cela me fait mal de regarder cet homme-là. »

Le grand connétable s'adressa alors à la veuve, qui, dans ses habits de deuil, et ayant toujours ses enfants avec elle, occupait un siège dans l'intérieur de la lice. « Femme, acceptez-vous de plein gré cet homme, Henri le Forgeron, pour faire bataille en cette cause en qualité de champion?

— Oui, oui ; de plein gré, » répondit Madeleine Proudfute ; « et puisse la bénédiction de Dieu et de saint Jean lui donner force et succès, puisqu'il combat pour la cause de l'orphelin !

— Alors donc, » dit à haute voix le connétable, « je déclare qu'il y a champ clos. Que nul, au péril de sa vie, n'ose interrompre ce combat par parole, discours, ou regard. Sonnez, trompettes ; combattants, en avant ! »

Une fanfare se fit entendre, et, s'avançant d'un pas ferme et égal, des deux extrémités de la lice, les deux combattants se mesurèrent attentivement du regard, habiles à juger, au mouvement des yeux, la direction dans laquelle un coup était médité. Ils s'arrêtèrent l'un en face de l'autre et à portée, et firent, tour à tour, plus d'une feinte, pour mettre à l'épreuve l'activité et la vigilance de l'adversaire. Enfin, ou fatigué de ces manœuvres, ou craignant que, dans une lutte ainsi conduite, sa vigueur un peu lourde ne fût surpassée par l'agilité du Forgeron, Bonthron leva sa hache pour donner un coup perpendiculaire, ajoutant toute la vigueur de ses bras robustes au poids de l'arme qui s'abattait. Le Forgeron évita le coup en se jetant de côté : quelque défense qu'on eût tenté d'y opposer, ce coup était trop terrible pour être paré. Avant que Bonthron ne se remît en garde, Henri le frappa, de côté et sur le casque, d'un coup qui le renversa sur le sol.

« Confesse ou meurs, » dit le vainqueur, mettant le pied sur le corps du vaincu, et lui tenant sur la gorge le bout de la hache, qui se terminait en pointe ou poignard.

« Je confesserai, » dit le scélérat, regardant le ciel d'un air farouche. « Laisse-moi me relever.

— Pas avant que tu ne te sois rendu, » dit Harry le Forgeron.

« Je me rends, » murmura de nouveau Bonthron. Henri proclama à haute voix que son antagoniste était vaincu.

Les ducs de Rothsay et d'Albany, le grand connétable et le prieur des dominicains, entrèrent alors dans la lice, et, s'adressant à Bonthron, lui demandèrent s'il se reconnaissait vaincu.

« Oui, » répondit le mécréant.

« Et coupable du meurtre d'Olivier Proudfute ?

— C'est vrai, mais je l'ai pris pour un autre.

— Qui donc avais-tu l'intention de tuer? » dit le prieur. « Confesse-le, mon fils, et mérite ton pardon dans l'autre monde; car, dans celui-ci, tu n'as plus grand chose à faire.

— L'homme tué, » répondit le mal chanceux combattant, « je l'ai pris pour celui dont la main vient de me renverser, pour celui de qui le pied me presse en ce moment.

— Bénis soient les saints! » dit le prieur; « que ceux qui pouvaient douter de la vertu sacrée de l'épreuve, ouvrent les yeux maintenant, et reconnaissent leur erreur. Le voilà pris au piège qu'il tendait à l'innocent.

— J'avais à peine vu cet homme, » dit le Forgeron: « Je n'ai jamais fait tort ni à lui ni aux siens. Demandez-lui, si c'est le bon plaisir de Votre Révérence, pourquoi il a songé à me tuer par trahison.

— La question est pertinente, » répondit le prieur « Rends gloire à qui elle est due, mon fils, quand cela devrait tourner à ta propre honte. Pour quelle raison as-tu dressé des embûches à cet armurier, qui dit ne t'avoir fait aucun tort?

— Il a fait tort à celui que je servais, » répondit Bonthron; « et c'est par l'ordre de celui-ci que je méditais cette action.

— Par l'ordre de qui? » demanda le prieur.

Après un instant de silence: « Il est trop puissant pour que je le nomme, » murmura Bonthron.

« Prête l'oreille, mon fils, » dit l'homme d'Église; « un instant encore, et les puissants comme les humbles de la terre ne seront tous pour toi que de vaines paroles. La claie se prépare à cette heure pour te traîner au lieu de l'exécution. Une fois donc encore, mon fils, je te somme de consulter le bien de ton âme en glorifiant le ciel, et de dire la vérité. Est-ce sir Jean Ramorny, ton maître, qui t'a poussé à une action si noire?

— Non, » répondit le scélérat gisant encore sur le sol; « ç'a été un plus puissant que lui. » Et du doigt, en même temps, il montra le prince.

« Misérable! » dit avec surprise le duc de Rothsay; « oses-tu donner à entendre que je serais ton instigateur?

— Vous, Milord, vous-même, » répondit le brigand qui ne rougissait de rien.

« Esclave maudit, » s'écria le prince, « meurs dans ton mensonge! » Et, tirant son épée, il en aurait percé son calomniateur, si le lord grand connétable ne s'était interposé de parole et d'action.

« Votre Grâce me pardonnera si je remplis mon office; ce malheureux doit être remis aux mains du bourreau. Il n'est pas digne de passer par les mains d'un autre, bien moins encore par celles de Votre Altesse.

— Quoi! noble comte, » dit Albany à haute voix, et avec une vive émotion, vraie ou simulée; « laisserez-vous ce chien sortir d'ici vivant pour empoisonner les oreilles du peuple d'accusations fausses contre le prince d'Écosse? Taillez-le plutôt en pièces sur place!

— Votre Altesse me pardonnera, » dit le comte d'Errol; « je dois le protéger jusqu'au moment de l'exécution.

— Qu'on le bâillonne tout de suite, alors, » dit Albany. « Et vous, mon royal neveu, pourquoi rester immobile et muet? Du courage donc, de l'énergie! Parlez au prisonnier; jurez, protestez par tout ce qu'il y a de plus sacré, que vous n'avez rien su de cet acte de félonie. Voyez comme le peuple se regarde, comme ils murmurent entre eux! Je jurerais ma vie que ce mensonge se répand plus vite qu'une vérité de l'Évangile. Parlez-leur, mon royal parent; peu importe ce que vous direz, mais soyez ferme en vos dénégations.

— Quoi, Seigneur, » dit Rothsay, sortant de son état de surprise et de stupéfation, et se tournant avec fierté vers son oncle, « voudriez-vous me voir engager ma parole royale contre celle d'un abject scélérat? Ceux qui peuvent croire le fils de leur souverain, le descendant de Bruce, capable de dresser des embûches à la vie d'un pauvre artisan, laissez-les goûter le plaisir de supposer vraie la fable de ce brigand.

— Quant à moi, » dit hardiment le Forgeron, « je ne le croirai pas. A l'égard de Sa Royale Grâce le duc de Rothsay, je n'ai jamais agi que conformément à l'honneur; jamais, en parole, regard ou action, je n'ai reçu de lui rien de désobligeant; et je ne saurais penser qu'il ait pu autoriser une action aussi basse.

— Est-ce conformément à l'honneur que vous avez jeté Son Altesse en bas de l'échelle dans la rue du Couvre-Feu, la veille de la Saint-Valentin? » dit Bonthron; « et pensez-vous ou non que le prince ait trouvé cela obligeant? »

Ces paroles furent dites si hardiment, et paraissaient si plausibles, que l'opinion de l'armurier sur l'innocence du prince en fut ébranlée.

« Hélas, Milord, » dit-il, en jetant vers Rothsay un regard douloureux, « Votre Altesse a-t-elle pu en vouloir aux jours d'un innocent, parce qu'il avait fait son devoir auprès d'une fille sans défense? J'aurais mieux aimé mourir sur la lice, que d'entendre dire cela de l'héritier de Bruce!

— Tu es un brave homme, Forgeron, » dit le prince; « mais je ne puis attendre de toi un jugement plus sage que celui des autres. Conduisez cet assassin au gibet, et pendez-le vivant, si vous voulez, pour qu'il puisse prononcer contre moi des mensonges, et répandre la calomnie jusqu'au dernier moment de son existence! »

Parlant ainsi, le prince quitta la lice, sans daigner faire attention aux regards jetés sur lui par la foule qui, lentement et à regret, lui livrait passage; sans exprimer ni surprise ni indignation du murmure sourd qui accompagnait sa retraite. Un petit nombre seulement de ceux qui formaient sa suite immédiate l'escorta hors du champ du combat, où diverses personnes de distinction étaient entrées avec lui. Les citoyens de la plus basse classe cessèrent eux-mêmes de suivre le malheureux prince : la réputation douteuse qu'il s'était précédemment faite l'avait exposé à mille accusations d'inconvenance et de légèreté; autour de lui s'amoncelaient, à présent, les soupçons les plus odieux.

Pensif, il prit à pas lents la route du couvent des dominicains; mais les mauvaises nouvelles, qui volent rapidement, comme dit le proverbe, avaient atteint, avant qu'il n'y parût lui-même, le lieu de retraite de son père. En entrant au palais, et en y demandant le roi, le duc de Rothsay apprit avec surprise que le monarque était en conférence secrète avec le duc d'Albany, qui, montant à cheval dès que le prince avait quitté la lice, était arrivé au couvent avant lui. Rothsay allait user du privilège du rang et de la naissance pour entrer dans la salle royale, quand Mac Louis, le commandant de la garde des Brandanes, lui donna à entendre, dans les termes les plus respectueux, qu'il avait des instructions spéciales qui défendaient de l'y admettre.

« Entrez du moins, Mac Louis, et faites leur savoir que j'attends leur bon plaisir, » dit le prince. « Si mon oncle aspire à l'honneur de

Le grand connétable empêche le duc de Rothsay de percer Bonthron de son épée.

fermer au fils la chambre de son père, il aura plaisir à savoir que j'attends dans l'antichambre comme un laquais.

— S'il plaisait à Votre Altesse, » dit Mac Louis avec hésitation, « de consentir à se retirer, et d'attendre quelques instants avec patience, je l'enverrai prévenir quand le duc d'Albany sera sorti. Je ne doute pas qu'alors Sa Majesté n'admette Votre Grâce en sa présence. Maintenant (que Votre Altesse me pardonne), il est impossible que vous ayez accès.

— Je vous comprends, Mac Louis; mais allez, néanmoins, et obéissez à mes ordres. »

L'officier entra dans la salle, et revint avec ce message que le roi était indisposé et sur le point de se retirer dans ses appartements particuliers; mais que le duc d'Albany se rendrait dans un instant auprès du prince d'Écosse.

Il s'écoula cependant une grande demi-heure avant que le duc d'Albany ne parût. Rothsay passa ce temps partie dans un silence chagrin, partie à parler de choses indifférentes avec Mac Louis et les Brandanes, selon que prenaient le dessus la légèreté ou l'irritabilité de son caractère.

Le duc vint enfin, et, avec lui, le lord grand connétable, dont le visage annonçait la tristesse et l'embarras.

« Beau neveu, » dit le duc d'Albany, « j'ai le regret de vous dire que l'opinion du roi mon frère est que, pour l'honneur de la famille royale, le mieux sera que Votre Altesse consente à se retirer pour un temps dans l'habitation du connétable, et accepte pour principal, sinon pour unique compagnon, le noble comte ici présent, jusqu'à ce que les calomnies qui se sont répandues aujourd'hui soient réfutées ou oubliées.

— Que veut dire ceci, Milord d'Errol? » dit le prince étonné. « Votre maison doit-elle être ma prison, et votre seigneurie mon geôlier?

— Les saints me pardonnent, Milord, » dit le comte d'Errol; « mais c'est pour moi un douloureux devoir d'obéir aux ordres de votre père, et de considérer pour un temps Votre Altesse royale comme placée sous ma garde.

— Le prince, l'héritier de l'Écosse sous la garde du grand connétable! Quelle raison peut-on en donner? L'injurieuse parole d'un lâche criminel a-t-elle force suffisante pour ternir mon écusson royal?

— Aussi longtemps, neveu, que de telles accusations ne sont pas niées et réfutées, » dit le duc d'Albany, « elles souilleraient l'écusson d'un monarque.

— Niées, Milord! » s'écria le prince; « par qui sont-elles affirmées? sauf par un misérable, trop infâme, de son propre aveu, pour avoir crédit un instant, quand celui qu'il accuse serait un mendiant et non un prince. Amenez-le ici, montrez-lui le chevalet de la torture; vous le verrez bientôt rétracter la calomnie qu'il a osé proférer.

— Le gibet a trop bien accompli son œuvre pour laisser Bonthron sensible à la torture, » dit le duc d'Albany. « Il y a une heure qu'il a été exécuté!

— Pourquoi tant de hâte, Milord? » dit le prince; « savez-vous que, là-dedans, on croirait voir une manœuvre pour faire tache à mon nom?

— C'est la coutume partout; le combattant vaincu dans l'épreuve de la bataille est conduit, à l'instant, de la lice à la potence. Cependant, beau neveu, » continua le duc d'Albany, « si vous aviez hardiment et fermement repoussé cette imputation, il m'aurait paru juste de garder vivant le scélérat pour plus ample investigation; mais, comme Votre Altesse ne disait rien, j'ai pensé que le mieux était d'étouffer la calomnie dans le gosier de celui qui la prononçait.

— Sainte Marie! Milord; c'est par trop insultant! Vous, mon parent et mon oncle, pouvez-vous me supposer coupable d'avoir suggéré une action aussi absurde et aussi indigne, que celle accomplie par ce malheureux?

— Ce n'est pas à moi à faire des questions à Votre Altesse; autrement, je demanderais si vous entendez nier l'attaque, à peine moins indigne, quoique moins sanglante, contre la maison de la rue du Couvre-feu? Ne vous fâchez pas contre moi, neveu; mais, en vérité, vous tenir éloigné de la cour pour un certain temps, ne fût-ce que pendant le séjour du roi dans une ville où tant d'offenses ont été commises, c'est une mesure impérieusement demandée. »

En entendant ces mots, Rothsay réfléchit; et, regardant le duc d'un air tout particulier, il répliqua :

« Vous êtes bon chasseur, mon oncle. Vous avez tendu vos toiles avec beaucoup d'adresse ; mais vous auriez, malgré cela, manqué votre coup, si le cerf ne s'était, de lui-même, précipité dans les filets. Dieu vous conduise, et puissiez-vous avoir, en cette affaire, les profits que vous méritez. Dites à mon père que j'obéis à son ordre d'arrestation. Milord grand connétable, pour vous suivre en votre demeure, je n'attends plus que votre bon plaisir. Puisque je dois avoir un gardien, je ne pouvais en souhaiter un plus bienveillant et plus courtois. »

L'entrevue ainsi terminée entre l'oncle et le neveu, le prince et le comte d'Errol se rendirent à la demeure de ce dernier. Les citoyens qu'ils rencontraient dans la rue, passaient, en apercevant le duc de Rothsay, le plus loin de lui qu'il était possible, pour ne pas avoir à saluer l'homme en qui ils avaient appris à voir un libertin sans pitié aussi bien que sans principes. L'habitation du grand connétable reçut et son propriétaire et le prince qui en devenait l'hôte, heureux tous les deux de ne plus être dans les rues, ne se trouvant pas non plus à leur aise, cependant, dans la situation qu'ils occupaient, l'un vis à vis de l'autre, à l'intérieur de la maison.

Retournons à la lice après que le combat eut cessé, et que les nobles se furent retirés. La foule, alors, se sépara en deux groupes distincts. Le plus faible en nombre, et, en même temps, le plus recommandable par son caractère, consistait dans la classe la plus élevée des habitants de Perth, qui félicitaient l'heureux champion, et se félicitaient les uns les autres de la conclusion triomphante à laquelle ils avaient amené leur querelle avec les courtisans. Les magistrats étaient si fiers de ce résultat, qu'ils supplièrent sir Patrice Charteris d'accepter une collation dans l'hôtel de ville. Henri, le héros du jour, y fut nécessairement invité, ou plutôt il lui fut enjoint d'y assister. Il accueillit cette convocation avec un grand embarras, car, on le croira sans peine, son cœur était avec Catherine Glover. L'avis du père Simon le décida. Le vieux citoyen avait une déférence innée et complète pour la magistrature de la belle cité ; il professait une haute estime pour tous les honneurs qui découlaient d'une pareille source, et pensait que son gendre futur aurait tort de ne pas les recevoir avec reconnaissance.

Son avis se formula comme suit : « Tu ne saurais songer, mon fils Henri, à te tenir à l'écart dans une circonstance aussi solennelle. Sir

Patrice Charteris y assistera lui-même, et ce sera pour toi, je pense, une rare occasion de conquérir sa bienveillance. Il se pourrait qu'il te commandât une armure neuve ; et j'ai ouï dire moi-même au digne bailli Craigdallie qu'on parlait de fourbir toutes les armes de la cité. Tu ne dois pas négliger ton métier, maintenant que tu vas prendre sur toi les dépenses d'une famille.

— Bah ! père Glover, » répondit le vainqueur embarrassé, « je ne manque pas de pratiques ; et vous savez qu'il se pourrait que Catherine s'étonnât de mon absence, et qu'on lui jetât encore aux oreilles des contes de chanteuses, ou autres.

— Ne crains pas cela, » dit le Gantier ; « mais, comme un bourgeois obéissant, va où les notables de la cité ont le désir de te posséder. Il pourra, je n'en disconviens pas, t'en coûter quelque peine pour faire ta paix avec Catherine au sujet de ce duel ; car elle se croit plus sage en ces matières que le roi et son conseil, l'Église et ses canons, le prévôt et ses baillis. Mais j'engagerai moi-même la dispute avec elle, et je travaillerai si bien pour toi, que, si elle te reçoit le matin avec quelques reproches, cela se fondra en larmes et en sourires, ainsi qu'une matinée d'avril qui commence par une douce rosée. Va donc, mon fils, et sois exact à l'heure, demain matin après la messe. »

Le Forgeron, bien qu'à regret, fut obligé de déférer au raisonnement de son beau-père en espérance, et, une fois décidé à accepter l'honneur qui lui était fait par les doyens de la cité, il se dégagea de la foule, et se rendit à la hâte chez lui pour changer de costume. Ce fut sous son plus beau vêtement que, bientôt après, il se rendit à la salle du conseil, où la lourde table de chêne semblait fléchir sous les plats immenses des saumons du Tay les plus excellents, et des délicieux poissons de mer venus de Dundee, le seul régal que permît le carême ; ni le vin, d'ailleurs, ni *l'ale*, ni l'hydromel, ne manquaient pour les arroser. Les *waits*, ou ménestrels du bourg, jouèrent des instruments pendant le repas, et, dans les intervalles de la musique, l'un d'eux déclama, avec beaucoup d'énergie, un long récit poétique de la bataille de Blackearn-side, livrée par sir Guillaume Wallace et son redouté capitaine et ami, Thomas de Longueville, au général anglais Seward. C'était un sujet parfaitement familier à tous les convives, qui, néanmoins, plus tolérants que leurs descendants, l'écoutèrent comme s'il avait eu tout le piquant de la nouveauté. Le récit contenait, pour l'ancêtre du chevalier de Kinfauns, et pour d'autres familles de Perth, force compliments, en des passages que l'assistance applaudit à grands cris, échangeant de larges rasades à la mémoire des héros qui avaient combattu aux côtés du champion de l'Écosse. La santé d'Henri de la Ruelle fut portée aussi avec des acclamations prolongées, et le prévôt annonça publiquement que les magistrats se consultaient entre eux pour l'investir de quelque privilège ou récompense honorifique, à l'effet de montrer quel cas ses concitoyens faisaient de sa courageuse conduite.

« Ne prenez pas la chose comme cela, s'il plaît à vos seigneuries, » dit le Forgeron, de la manière franche et décidée qui lui était ordinaire, « de peur qu'on ne dise que la valeur est rare à Perth, si l'on y récompense un homme qui a combattu pour le droit d'une pauvre veuve. Je suis sûr qu'on compterait par vingtaines les braves bourgeois de la ville qui auraient fait la besogne de ce jour aussi bien ou mieux que moi. Car, vraiment, j'aurais dû casser le casque de ce drôle comme une cruche de terre, si ce n'avait été un casque que j'ai trempé moi-même pour sir Jean Ramorny. Si la belle cité pense que mes services valent quelque chose, je me trouverais payé au-delà de leur mérite par le secours, quel qu'il soit, que vous voudriez accorder, sur les biens de la commune, à Madeleine, la veuve, et à ses pauvres orphelins.

— Cela pourra se faire, » dit sir Patrice Charteris, « et laisser encore la belle cité assez riche pour payer ses dettes envers Henri de la Ruelle ; chacun de nous en est meilleur juge que lui, aveuglé comme il l'est par un scrupule qui sera sans valeur à nos yeux, et qu'on appelle la modestie. Si le bourg n'est pas assez riche pour cela, le prévôt en portera sa part. Les angelots d'or du Corsaire ne se sont pas tous envolés. »

Les verres alors furent mis en circulation, sous le nom de coup de consolation pour la veuve, puis circulèrent, une fois encore, au bon souvenir du pauvre Olivier, si bravement vengé maintenant. Bref, ce fut une fête si joyeuse que tous convinrent que, pour la rendre parfaite, rien ne manquait, sauf la présence même du bonnetier dont le malheur avait amené la réunion, et qui, dans des assemblées de ce genre, avait été, d'habitude, le point de mire des plaisanteries. « S'il eût été possible de l'inviter, » observa malicieusement le bailli Craigdallie, « il aurait certainement réclamé pour lui le succès du jour, et se serait déclaré le vengeur de sa propre mort. »

Au son de la cloche de vêpres, la compagnie se sépara. Les plus graves d'entre eux allèrent aux prières du soir, et, les yeux à moitié fermés, le visage brillant, constituèrent une partie très orthodoxe et très édifiante d'un auditoire de carême. D'autres rentrèrent chez eux, pour raconter à leur cercle de famille les incidents du combat et de la fête ; et certains, sans doute, allèrent à quelque taverne, dont le carême n'avait pas aussi bien fermé la porte que l'auraient requis les prescriptions de l'Église. Henri retourna à la Ruelle, échauffé par le bon vin et par les applaudissements de ses concitoyens, et s'endormit pour rêver de bonheur parfait et de Catherine Glover.

Nous avons dit que, lorsque le combat fut terminé, les spectateurs se divisèrent en deux troupes. Pendant que la partie la plus respectable suivait en joyeuse procession le vainqueur, un nombre beaucoup plus grand, que nous pourrions appeler la populace, restait à la suite de Bonthron, le vaincu, le condamné, qui faisait route dans une autre direction et pour un objet tout différent. Quoi qu'on puisse penser, en d'autres circonstances, des attractions comparées de la maison de douleur et de la maison de fête, nul doute que la première n'attire plus de visiteurs, lorsqu'il s'agit de choisir entre des misères dont on n'aura rien à porter, et des réjouissances dont on n'aura pas sa part. Ceux des habitants de Perth qui suivirent le tombereau dans lequel le criminel était conduit à l'exécution formaient, de beaucoup, la majorité.

Un moine était assis dans la même charrette que le meurtrier. Bonthron n'hésita pas à lui répéter, sous le sceau de la confession, la fausse déclaration qu'il avait déjà faite sur le lieu même du combat, imputant au duc de Rothsay d'avoir dirigé l'embuscade dont avait été victime l'infortuné bonnetier. Le même mensonge, il le sema par la foule, affirmant, avec une imperturbable effronterie, à ceux qui étaient le plus près de la charrette, qu'il mourait pour avoir exécuté les ordres du duc de Rothsay. Pendant quelque temps, il répéta ces paroles d'un air impudent et sombre, à la manière d'une personne qui récite une leçon ou d'un menteur s'efforçant d'obtenir pour ses paroles, en les redisant plusieurs fois, un crédit qu'intérieurement il sait qu'elles ne méritent point. Mais lorsqu'en levant les yeux, il vit, dans le lointain, la silhouette noire de la potence, d'au moins quarante pieds de haut, avec son échelle et sa corde fatale, soudain il devint silencieux, et le moine put remarquer qu'il tremblait beaucoup.

« Prenez courage, mon fils, » dit le bon prêtre ; « vous avez confessé la vérité, et reçu l'absolution. Votre pénitence sera acceptée en proportion de votre sincérité. Vous avez vécu les mains sanglantes et le

cœur cruel ; mais, par les prières de l'Église, vous serez délivré, en temps voulu, des flammes expiatrices du purgatoire. »

Ces encouragements étaient plutôt faits pour augmenter les terreurs du coupable que pour les diminuer. Des doutes s'agitaient dans son esprit : ce qu'on lui avait suggéré pour se préserver de la mort serait-il vraiment efficace? et avait-on eu réellement dessein de le faire servir en sa faveur? Il connaissait assez son maître pour savoir avec quelle indifférence celui-ci sacrifiait un homme qui pourrait, en une future occasion, être un témoin dangereux.

Sa condamnation, cependant, était signée, et il n'y avait pas à y échapper. On approchait lentement de l'arbre fatal, dressé sur un tertre au bord de la rivière, à un demi-mille environ des murs de la ville ;

endroit choisi pour que le corps du scélérat, qui devait demeurer en pâture aux oiseaux de proie, se vît de loin dans toutes les directions. En ce lieu, le prêtre remit Bonthron à l'exécuteur; celui-ci prêta son secours au patient pour gravir l'échelle, et parut le dépêcher dans toutes les formes voulues par la loi. Bonthron se débattit une minute contre la mort, puis on le vit, bientôt, pendre immobile et inanimé. L'exécuteur, après être resté à son poste plus d'une demi-heure, comme pour permettre de s'éteindre à la dernière étincelle de vie, annonça aux amateurs des spectacles de ce genre que les fers pour la suspension permanente du cadavre n'ayant pas été préparés, la cérémonie finale, consistant à enlever les boyaux et à attacher définitivement le corps au gibet, serait différée jusqu'au lendemain, au lever du soleil.

Malgré l'heure matinale qu'il avait indiquée, maître Smotherwell trouva au lieu de l'exécution une assistance populaire assez raisonnable, venue là pour contempler les derniers actes de la justice à l'égard de sa victime. Mais grands furent l'étonnement et l'irritation de ces amateurs, en reconnaissant que le corps avait été enlevé du gibet. Ils ne furent pas toutefois longtemps embarrassés pour deviner la cause de sa disparition. Bonthron avait fait partie de la suite d'un baron ayant ses propriétés dans le comté de Fife; il était lui-même natif de cette province. Que quelques hommes de ce comté, dont les bateaux naviguaient fréquemment sur le fleuve, eûssent clandestinement enlevé de ce lieu de déshonneur le corps de leur concitoyen, quoi de plus naturel? La foule déchargea sa fureur sur Smotherwell, pour n'avoir pas achevé sa besogne la veille; et si son aide et lui ne s'étaient échappés sur une barque de l'autre côté du Tay, ils auraient couru risque d'être lapidés. L'événement, toutefois, était trop conforme à l'esprit du temps pour qu'on s'en étonnât beaucoup. Nous en expliquerons la véritable cause dans le chapitre suivant.

CHAPITRE XXIV.

Le chien à le gibet ; l'homme, la liberté !
SHAKSPEARE. *Henri V.*

ANS un récit de ce genre, il faut que les incidents s'adaptent les uns aux autres, aussi exactement que les encoches d'une clef aux gardes de la serrure à laquelle elle appartient. Le lecteur, quelque complaisant qu'il soit, ne croira pas devoir se contenter de cette indication pure et simple que tels et tels faits se sont accomplis : c'est, en général, dans la vie ordinaire, tout ce qu'il peut savoir de ce qui se passe autour de lui ; mais, lorsqu'il lit pour son plaisir, il veut être initié aux mouvements intérieurs qui ont déterminé le cours des événements. Cette curiosité est légitime et raisonnable ; car chacun a le droit d'ouvrir et d'examiner le mécanisme de sa propre montre, organisé pour son usage personnel, quoiqu'il ne lui soit pas permis de pénétrer dans l'intérieur de l'horloge appliquée au beffroi de la ville pour renseigner le public.

Il serait donc peu courtois de laisser mes lecteurs dans le doute sur la manière dont l'assassin Bonthron fut enlevé de la potence ; accident que plusieurs des citoyens de Perth attribuèrent au diable lui-même. D'autres se contentaient d'en trouver la cause dans la contrariété bien naturelle que les habitants de Fife éprouvaient de voir leur compatriote pendu sur le bord de l'eau, spectacle qui n'était pas à l'honneur de leur pays.

Le jour où l'exécution avait eu lieu, vers minuit, pendant que les habitants de Perth étaient ensevelis dans un sommeil profond, trois hommes, enveloppés dans leurs manteaux, et portant une lanterne sourde, descendaient les allées d'un jardin qui, de la maison occupée par sir Jean Ramorny, conduisaient aux rives du Tay, où un petit bateau était amarré à un lieu d'embarquement ou petite jetée. A voix basse et mélancolique, le vent gémissait à travers les arbrisseaux et les buissons sans feuilles ; une lune pâle émergeait au milieu de nuages flottants, qui semblaient menacer de pluie.

Les trois personnages entrèrent dans le bateau avec beaucoup de précaution, comme des gens qui veulent échapper aux regards. Le premier était grand et robuste ; le second, petit et courbé en avant ; le troisième, de taille moyenne, bien fait et actif, semblait plus jeune que ses compagnons. C'est tout ce que l'on pouvait voir à cette lumière imparfaite. Ils s'assirent dans le bateau, et le détachèrent de la jetée.

« Nous le laisserons aller à la dérive jusqu'à ce que nous ayons passé le pont, où les bourgeois sont encore de garde. Vous savez le proverbe : « Flèche de Perth vole à merveille. » Ainsi parla le plus jeune des trois, qui avait pris l'office de timonier, et qui écartait la barque de la jetée, tandis que les autres prenaient les rames qu'on avait eu soin d'assourdir, et nageaient avec toutes sortes de précautions jusqu'au moment où ils eurent atteint le milieu du fleuve. Ils cessèrent alors leurs efforts, laissèrent dormir les rames, et se fièrent au timonier pour garder l'embarcation au fil de l'eau.

De cette manière, ils passèrent inaperçus, ou sans qu'on s'occupât d'eux, sous les grandes arches gothiques du vieux pont, élevé en 1329, sous le glorieux patronage de Robert Bruce, et emporté par une inondation en 1621. Ils entendirent les voix des hommes de la garde civique, entretenue chaque nuit dans cet important passage depuis le commencement des troubles, mais aucun « qui vive ! » ne leur fut adressé. Quand ils eurent descendu le courant assez loin pour ne pouvoir plus être entendus de ces gardiens nocturnes, ils commencèrent à ramer, toujours avec précaution, et conversèrent à voix basse.

« Vous avez trouvé un nouveau métier, camarade, depuis que je ne vous ai vu, » dit l'un des rameurs à l'autre. « Je vous ai laissé occupé à soigner un chevalier malade, et je vous retrouve en devoir de dérober un corps mort à la potence.

— Un corps vivant, maître Buncle ; un corps vivant, s'il vous plaît, monsieur l'écuyer ; où mon habileté serait en défaut.

— On me l'a dit, maître apothicaire ; mais tant que vous ne m'aurez pas, monsieur le clerc, expliqué votre recette, je prendrai la liberté de douter qu'elle ait réussi.

— Ce n'est qu'une bagatelle, maître Buncle, qui n'aura guère chance de plaire à un génie aussi subtil que celui de votre vaillance. Voici l'affaire. La suspension du corps humain, que le vulgaire appelle pendaison, produit la mort par apoplexie ; ce qui veut dire que le sang, ne pouvant plus retourner au cœur à cause de la compression des veines, se précipite au cerveau, et que l'homme meurt. De plus, et, comme cause additionnelle de dissolution, grâce à la ligature de la corde autour du thorax, les poumons ne reçoivent plus la provision nécessaire d'air vital, et, par suite, le patient périt.

— Je comprends bien cela. Mais comment prévient-on, seigneur médecin, ce refoulement du sang vers le cerveau? » dit le troisième personnage, qui n'était autre qu'Eviot, le page de Ramorny.

« Or çà, » répliqua Dwining, « pendez-moi le patient de façon que les artères carotides ne soient pas comprimées et que le sang n'aille pas au cerveau ; l'apoplexie n'aura pas lieu. De plus, s'il n'y a pas de ligature autour du thorax, les poumons seront alimentés d'air, que l'homme soit pendu en plein ciel ou debout sur la terre ferme.

— Je conçois toutes ces choses, » dit Eviot ; « mais comment ces précautions peuvent se concilier avec l'exécution d'une sentence de pendaison, voilà ce que mon épais cerveau ne parvient pas à concevoir.

— Ah! bon jeune homme, ta vaillance a gâté le mérite de ton esprit. Si tu avais étudié avec moi, tu aurais appris des choses plus difficiles que cela. Mon procédé, le voici. Je me procure certaines bandes, faites de la même substance que la sangle du cheval de votre seigneurie, et j'ai un soin tout particulier qu'elles ne soient pas de nature à s'allonger à la pression, ce qui ferait manquer mon expérience. Une bride de cette substance est placée sous chacun des pieds, et remonte, de chaque côté de la jambe, jusqu'à une ceinture à laquelle elle est unie ; cette ceinture se joint, par diverses courroies, à la poitrine et au dos, pour diviser le poids, avec plusieurs autres dispositions tendant à soulager le patient; mais la principale est celle-ci : les courroies ou ligatures sont attachées à un large collier d'acier, recourbé en dehors, et muni d'un ou deux crochets pour la plus sûre adaptation de la hart, que l'exécuteur complaisant passe autour de cette partie de la machine, au lieu de l'appliquer à la gorge nue du patient. Ainsi, quand il est rejeté loin de l'échelle, le supplicié se trouve suspendu, non par le cou, s'il vous plaît, mais par le cercle d'acier qui supporte les brides sur lesquelles sont posés ses pieds, et sur lesquelles repose véritablement son poids, un peu diminué par des supports du même genre disposés sous chaque bras. De cette façon, ni les veines ni le conduit de la respiration ne se trouvant comprimés, l'homme peut respirer aussi librement, et son sang coule, abstraction faite de l'épouvante et de la nouveauté de la situation, aussi régulièrement que celui de vos vaillances quand elles se dressent sur leurs étriers pour contempler un champ de bataille.

— Par ma foi, » dit Buncle, « voilà une jolie invention, et très remarquable!

— N'est-ce pas? » poursuivit le médecin; « et fort digne d'être connue par des esprits aussi bien faits que les vôtres pour les choses élevées, car il est impossible de savoir à quelle hauteur n'arriveront pas les élèves de sir Jean Ramorny; et, si vous montez si haut, si haut qu'on n'en pourra plus descendre qu'avec une corde, vous trouverez peut-être mon arrangement plus de votre goût que la pratique ordinaire. Il faudra que votre pourpoint ait le collet haut, pour cacher l'anneau d'acier; et, par-dessus tout, un *bonus socius* comme Smotherwell pour ajuster le nœud.

— Vil vendeur de poisons, » dit Eviot, « les gens de notre espèce meurent sur le champ de bataille!

— Je retiendrai la leçon, cependant, » répliqua Buncle, « en un mauvais cas. Mais quelle nuit il a eu ce chien de Bonthron, à danser un branle en plein air, avec ses chaînes pour musique, pendant que le vent de nuit le balance de ci de là!

— Ce serait œuvre charitable de l'y laisser, » dit Eviot; « car, s'il descend du gibet, ce ne sera pour lui qu'un encouragement à de nouveaux meurtres. Il ne connaît que deux éléments : la boisson et le sang.

— Peut-être sir Jean Ramorny aurait-il été de votre avis, » dit Dwining ; « mais il aurait fallu d'abord couper la langue à ce coquin, pour que, de son poste aérien, il ne dît pas d'étranges choses. Il y a aussi d'autres raisons, que vos vaillantes personnes n'ont pas besoin de savoir. Moi-même, vraiment, je suis bien généreux de lui rendre service ; cet homme-là est bâti aussi solidement que le château d'Édimbourg, et ç'eût été, comme anatomie, un sujet égal aux meilleurs de la salle de chirurgie de Padoue. Mais dites-moi, maître Buncle, quelles nouvelles apportez-vous du valeureux Douglas?

— Ceux-là le diront qui le savent, » répondit Buncle « Je suis l'âne qui porte le message, et qui ne sait rien de ce qu'il y a dedans. Cela, peut-être, n'en vaut que mieux pour moi. J'ai porté à Douglas des lettres du duc d'Albany et de sir Jean Ramorny, et, en les ouvrant, il a eu l'air aussi noir qu'une tempête du nord. Je leur ai rapporté les réponses du comte, et ils ont souri comme le soleil quand l'orage le vient attaquer au plus chaud de la moisson. Consultez vos éphémérides, médecin, et dites-nous ce que cela veut dire.

— Je pourrais le faire, je crois, sans grande dépense d'esprit, » dit le chirurgien ; « mais voici qu'à la pâle lumière de la lune, j'aperçois notre mort vivant. S'il avait poussé des cris au passage fortuit de quelque voyageur, ç'eût été curieux incident, dans une promenade de nuit, de s'entendre héler du sommet d'un pareil instrument. Écoutez ; il me semble entendre ses gémissements au milieu du sifflement du vent et du craquement des chaînes du pendu. C'est bien cela. Doucement, doucement : amarrez le bateau avec le grappin, et prenez la cassette où sont tous mes affiquets. Mieux vaudrait avoir un peu de feu, mais la lumière attirerait l'attention sur nous. Allons, mes braves, marchons prudemment, car nous allons être au pied du gibet. Suivez avec la lanterne. Je crois qu'on a laissé l'échelle.

Jaloux tous trois de bien faire,
Tous trois chantons, s'il vous plaît ;
Moi sur l'herbe, toi par terre,
Et Jacques sur le gibet. »

En approchant du gibet, ils purent distinctement entendre de faibles gémissements. Dwining se risqua à tousser doucement deux ou trois fois, par manière de signal ; il ne reçut pas de réponse : « Nous ferons bien de nous hâter, » dit-il à ses compagnons ; « car notre ami doit être *in extremis*, puisqu'il ne répond pas au signal qui annonce l'arrivée du secours. Vite, à notre affaire. Je vais monter le premier à l'échelle et couper la corde. Suivez tous les deux, l'un après l'autre, et saisissez le corps solidement, pour qu'il ne tombe pas quand la hart sera défaite. Empoignez-le bien ; les bandes qui le garnissent vous seront commodes pour cela. Songez que, s'il joue, cette nuit, le rôle d'un hibou, il n'a cependant pas d'ailes, et qu'il est aussi dangereux de tomber de la hart que d'entrer dedans. »

Tandis qu'il parlait ainsi d'un air de sarcasme et de mépris, il monta à l'échelle, et, s'étant assuré que les hommes d'armes qui le suivaient avaient fortement agrippé le corps, il coupa la corde, et prêta ensuite son aide pour soutenir le criminel presque inanimé.

Par un heureux emploi de force et d'adresse, le corps de Bonthron fut, sans accident, placé sur le sol. S'étant assuré qu'il avait un reste d'existence, faible mais certain, on le transporta sur la rive, où, abrité par la berge, le groupe échapperait mieux à l'observation, tandis que, pour rappeler le sentiment, le médecin recourrait aux moyens voulus, en vue desquels il s'était pourvu du nécessaire.

A cet effet, il délivra d'abord le patient de ses fers, que l'exécuteur avait, à dessein, négligé de fermer à clef, et défit les enveloppes et les bandages compliqués à l'aide desquels il avait été suspendu. Quelque temps se passa avant que les efforts de Dwining ne réussissent ; car, en dépit du soin avec lequel sa machine avait été construite, les brides destinées à supporter le corps s'étaient étirées de façon à occasionner une suffocation qui devenait extrêmement grave. Mais l'adresse du médecin triompha de tous les obstacles ; après avoir éternué, après s'être détendu avec un ou deux soubresauts, Bonthron donna des preuves évidentes de son retour à la vie : saisissant la main de l'opérateur pendant qu'elle versait de fortes essences sur sa poitrine et sur sa gorge, et dirigeant vers ses lèvres la bouteille qui les contenait, il se gratifia, presque par force, d'une non médiocre gorgée de son contenu.

« C'est de l'essence spiritueuse deux fois distillée, » dit l'opérateur ; « qui écorcherait la gorge et brûlerait l'estomac de tout autre individu. Mais ce prodigieux animal est si différent des autres créatures humaines, que je ne m'étonnerais pas si cela lui rendait la possession complète de ses facultés. »

Bonthron parut confirmer cette idée ; par une secousse violente, il se redressa, s'assit sur son séant, jeta autour de lui des regards étonnés, et indiqua une certaine conscience de la vie.

« Du vin, du vin, » tels furent les premiers mots qu'il articula.

Le médecin lui donna un verre de vin mélangé de substances médicinales, et coupé d'eau. Il le rejeta, en lui appliquant l'épithète peu honorable de « lavures de chenil », et murmura de nouveau : « Du vin, du vin.

— Eh bien, prends-en, au nom du diable, » dit le médecin ; « il n'y a que lui, après tout, qui puisse connaître sa constitution. »

Un coup de vin assez vigoureux et assez long pour troubler la raison de toute autre personne, fut chose très efficace pour rappeler à un état meilleur la raison de Bonthron. Où il était, cependant, ce qui lui était arrivé, il n'en montrait aucun souvenir ; et, à sa façon brève et brutale, il demanda pourquoi on l'avait, à cette heure de nuit, amené au bord de la rivière.

« Un autre tour de ce maudit prince, pour me tromper comme il l'a fait déjà. Ongles et sang ! je saurai bien... »

Eviot l'interrompit. « Tais-toi, et sois reconnaissant, si tu en es capable, de ce que ton corps n'est pas la nourriture des corbeaux, et de ce que ton âme n'est pas dans un endroit où l'eau est trop rare pour qu'on t'y jette.

— Je commence à me rappeler, » dit le misérable ; et, portant le flacon à la bouche, il le salua d'un baiser cordial et prolongé, puis jeta à terre le récipient vide, laissa tomber sa tête sur son sein, et sembla rêver pour remettre en ordre ses souvenirs confus.

« Nous ne saurions attendre plus longtemps la fin de ses méditations, » dit Dwining ; « il sera mieux après qu'il aura dormi. Debout, Monsieur ! Voici quelques heures que vous chevauchez dans les airs ; essayons si l'eau ne sera pas un plus agréable véhicule. Prêtez-moi la main, vaillants guerriers. Il me serait aussi impossible de remuer cette masse, que de soulever dans mes bras un bœuf assommé.

— Tiens-toi debout, Bonthron, maintenant que nous t'avons mis sur tes jambes, » dit Eviot.

« Je ne peux pas, » répondit le patient. « Chaque goutte de sang me cuit dans les veines comme si c'étaient des pointes d'épingles, et mes genoux refusent de me porter. Qu'est-ce que cela veut dire ? C'est quelqu'une de tes manigances, chien de médecin ?

— Oui, vraiment, c'en est une, mon brave Bonthron, » dit Dwining ; « une manigance dont tu me remercieras quand tu viendras à la connaître. En attendant, couche-toi à l'arrière du bateau, et laisse-moi mettre ce manteau sur toi. » On aida donc Bonthron à entrer dans le bateau, où il fut déposé aussi commodément que les circonstances le permettaient. Il répondit à leurs attentions par un ou deux ronflements, ressemblant au grognement d'un sanglier qui a découvert une nourriture à lui particulièrement agréable.

« Maintenant, Buncle, » dit le chirurgien, « vous savez, vaillant écuyer, ce que vous avez à faire. Vous devez conduire, par la rivière, cette cargaison vivante jusqu'à Newburgh, où vous en disposerez de la façon que vous savez ; en même temps, voici ses fers et ses sangles, marques de sa condamnation et de sa délivrance. Attachez-les ensemble, et jetez-les dans le plus profond des eaux par lesquelles vous passerez ; car, trouvées en votre possession, elles parleraient contre nous tous. Ce souffle de vent léger et bas qui vient de l'ouest, vous permettra de faire usage de la voile aussitôt qu'on verra clair et que vous serez fatigué de ramer. L'autre vaillant, monsieur le page Eviot, devra s'arranger de retourner à pied à Perth avec moi, car c'est ici que se sépare notre honorable compagnie. Prenez avec vous la lanterne, Buncle, vous en aurez plus besoin que nous ; et ayez soin de me renvoyer ma cassette. »

Pendant que les deux piétons retournaient à Perth, Eviot exprima la pensée que l'intelligence de Bonthron ne se remettrait jamais du choc que la terreur lui avait infligé, et qui semblait avoir troublé toutes les facultés de cet homme, et, en particulier, sa mémoire.

« Non vraiment, s'il vous plaît, seigneur page, il n'en sera pas ainsi, » dit le médecin. « Tel qu'il est, l'intellect de Bonthron est d'un caractère solide : il ne fera que balancer de droite à gauche comme un pendule qu'on a mis en mouvement, pour se reposer ensuite en son centre de gravité. Notre mémoire est de toutes les facultés de notre esprit celle qui est le plus particulièrement sujette à demeurer en suspens. Une forte ivresse, un profond sommeil la détruisent, et cependant, elle revient quand l'ivrogne est dégrisé, ou le dormeur réveillé. La terreur produit quelquefois le même effet. J'ai connu, à Paris, un criminel condamné à mourir par pendaison, et qui subit sa sentence, sans montrer sur l'échafaud un degré de faiblesse particulier, se conduisant et s'exprimant comme les hommes ont coutume de le faire en pareille condition. Un accident fit pour lui ce qu'un peu d'habileté a fait pour le charmant ami de qui nous venons de nous séparer. On coupa la corde, on le rendit à ses amis avant que la vie ne se fût éteinte, et j'eus la bonne fortune de l'aider à se remettre. Mais, quoique rétabli sous d'autres rapports, il ne se rappela que fort peu son procès et sa condamnation. De la confession qu'il avait faite le matin de son exécution, hi, hi, hi! » fit Dwining, avec son ricanement ordinaire, « il ne lui restait pas un mot dans la mémoire. Sa sortie de la prison, son arrivée à la Grève, où il subit sa peine, les pieuses paroles, hi, hi! dont il édifia, hi, hi, hi! tant de bons chrétiens; son ascension à l'arbre funeste; la façon dont il fit le saut fatal, mon revenant n'en avait pas le plus léger souvenir. Mais nous voici à l'endroit où nous devons nous séparer; car il ne conviendrait pas, si nous rencontrions quelqu'un des hommes de garde, qu'on nous trouvât ensemble, et il serait prudent aussi de rentrer dans la ville par des portes différentes. Ma profession me fournit une excuse pour aller et venir à toute heure. Quant à vous, vaillant page, vous donnerez l'explication la plus vraisemblable que vous pourrez.

— Ma volonté devra, si l'on m'interroge, paraître une excuse suffisante, » dit l'altier jeune homme. « S'il est possible, cependant, j'éviterai les rencontres. La lune est tout à fait cachée, et la route est noire comme la gueule d'un loup.

— Fi! » dit l'homme de science, « que votre valeur ne fasse pas attention à cela. Nous marcherons par des sentiers plus sombres avant qu'il ne soit longtemps. »

Sans demander le sens de ces paroles de mauvais présage, sans que sa nature insouciante et fière les eût, pour ainsi dire, écoutées, le page de Ramorny se sépara de son habile et dangereux compagnon, et chacun des deux prit sa direction particulière.

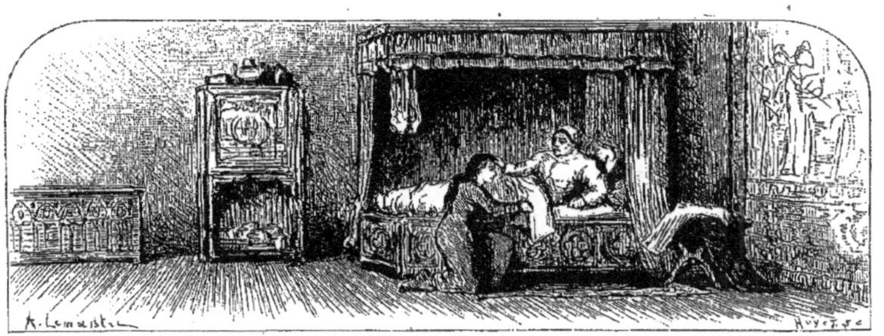

CHAPITRE XXV.

L'onde de l'amour vrai ne coule pas sans vagues.
SHAKSPEARE.

Dans ses préoccupations fâcheuses, l'armurier ne s'était pas trompé. Quand le bon Glover eut quitté son futur gendre, après le combat judiciaire terminé, il trouva (comme, d'ailleurs, il l'avait prévu) que sa fille n'était pas, vis-à-vis de l'amoureux, dans une disposition favorable. Bien qu'il s'aperçût que Catherine était froide, retenue, réservée; qu'elle avait rejeté loin d'elle jusqu'à l'apparence des passions de l'humanité; que la description la plus magnifique qu'il pouvait lui faire du combat judiciaire de la cour des Pelletiers n'était écoutée qu'avec une indifférence dédaigneuse, il résolut de ne pas faire la moindre attention au changement survenu dans la manière d'être de la demoiselle, et de parler du mariage de sa fille avec Henri comme d'une chose entendue et qui allait avoir lieu. Mais lorsqu'enfin Catherine, ainsi qu'elle l'avait déjà fait une autre fois, commença à donner à entendre que son attachement pour l'armurier n'allait pas au delà des limites de l'amitié, qu'elle était décidée à ne se marier jamais, que le prétendu combat judiciaire n'était qu'une dérision, faisant un jeu de la volonté divine aussi bien que des lois humaines, le Gantier se fâcha, comme il était naturel.

« Je ne puis lire dans vos pensées, ma fille; et je ne saurais deviner par quelle séduction coupable vous embrassez l'homme qui aspire à votre amour, vous le laissez vous embrasser, vous courez à sa demeure sur le bruit de sa mort, et vous vous précipitez dans ses bras quand vous l'y trouvez seul. Tout cela est fort bien de la part d'une jeune fille prête à obéir à ses parents et à accomplir un mariage sanctionné par son père; mais de pareilles marques d'intimité, accordées à un homme qu'on ne saurait estimer, et qu'on est décidée à ne pas épouser, sont inconvenantes et compromettantes pour une fille. Vous avez été déjà, pour Henri le Forgeron, plus prodigue de vos faveurs, que votre mère (Dieu lui pardonne!) ne le fut jamais pour moi avant notre mariage. Je vous le dis, Catherine, cette façon de badiner avec l'amour d'un honnête homme est une chose que je ne peux pas, que je ne veux pas, que je ne dois pas supporter. J'ai donné mon consentement au mariage; j'entends qu'il ait lieu sans retard, et que vous receviez demain Henri de la Ruelle comme un homme dont vous serez la femme le plus tôt possible.

— Il est un pouvoir, mon père, plus grand que le vôtre, et qui dira non, » répliqua Catherine.

« C'est ce que nous verrons. Mon pouvoir est légitime; c'est celui d'un père sur un enfant, sur un enfant qui s'égare, » répondit Glover, « Dieu et l'homme sont avec moi.

— Que le ciel donc nous soit en aide! » dit Catherine; « car si vous êtes obstiné dans votre dessein, nous sommes tous perdus.

— Nous n'avons pas d'aide à attendre du ciel, » dit le Gantier, « quand nous agissons d'une manière indiscrète. Je suis assez grand clerc pour savoir cela; la résistance que, sans aucun motif, vous opposez à ma volonté, est un péché : tous les prêtres vous le diront. Bien plus encore : vous avez parlé d'un ton méprisant de l'appel sacré qu'on fait à Dieu dans l'épreuve du combat. Prenez garde! car la sainte Église est éveillée pour garder son troupeau, et pour extirper l'hérésie par le fer et le feu. Tenez-vous-en pour avertie. »

Catherine ne retint qu'à demi une exclamation; et, se contraignant avec peine à paraître calme, promit à son père que, s'il voulait lui épargner jusqu'au lendemain matin toute autre discussion sur ce sujet, elle s'entretiendrait alors avec lui, décidée à lui découvrir ses sentiments tout entiers.

Cette promesse, Simon Glover fut obligé de s'en contenter, quoique fort inquiet sur l'explication ajournée. Ce ne pouvait être ni la légèreté ni le caprice qui amenaient sa fille à agir d'une façon aussi versatile en apparence vis-à-vis de celui que Glover avait choisi, et que, tout récemment encore et d'une façon si peu équivoque, Catherine elle-même avait avoué pour l'homme de son choix. Quelle force étrangère pouvait exister, assez puissante pour changer des résolutions que, vingt-quatre heures avant, elle avait si nettement exprimées? c'était vraiment un mystère.

« Je serai aussi obstiné qu'elle, » pensa le Gantier ; « elle épousera Henri sans plus tarder, ou l'on fera connaître au vieux Glover une raison excellente en sens contraire. »

Le sujet ne fut pas abordé de nouveau dans la soirée ; mais le lendemain, de grand matin, juste au lever du soleil, Catherine était à genoux devant le lit où Glover sommeillait encore. Son cœur se gonflait sous les sanglots comme s'il allait éclater, et ses larmes tombaient abondantes sur le visage de son père. Le bon vieillard s'éveilla, leva les yeux, fit le signe de la croix sur le front de son enfant, et l'embrassa tendrement.

« Je vous comprends, Catherine, » dit-il ; « vous venez à confesse, désireuse, je l'espère, d'échapper à une grosse pénitence en étant sincère. »

Catherine garda le silence un instant.

« Je n'ai pas besoin de vous demander, mon père, si vous vous souvenez du moine chartreux, le père Clément, de ses prédications et de ses leçons ; vous y avez si souvent assisté que vous n'ignorez pas qu'on vous appelait un de ses convertis, et que, plus justement encore, on me donnait le même nom.

— Je le sais, » dit le vieillard en s'appuyant sur le coude ; « mais je défie les mauvaises langues d'établir que je l'aie jamais suivi dans aucune proposition hérétique : j'aimais à l'entendre parler des corruptions de l'Église, du dérèglement des nobles, de l'ignorance grossière des pauvres ; ce qui prouvait, à mon avis, que la seule vertu de notre gouvernement, sa force, ce qui fait sa valeur, se trouve parmi les bourgeois de la classe la plus élevée, et je recevais cela comme une doctrine convenable, toute au profit de la ville. S'il prêchait autre chose que la bonne doctrine, pourquoi ses supérieurs du couvent des Chartreux l'ont-ils permis? Si les bergers jettent dans le troupeau un loup déguisé en mouton, ils ne sauraient blâmer les moutons d'être dévorés.

— Ils ont supporté ses prédications, » dit Catherine, « ils les ont même encouragées, aussi longtemps que les opinions des laïques, les disputes des nobles, et l'oppression des pauvres ont été l'objet de ses attaques ; ils se réjouissaient de voir la foule attirée à l'église des Chartreux, et désertant les autres couvents. Mais les hypocrites (car ils le sont) se sont joints aux autres confréries pour attaquer Clément, leur prédicateur, lorsque, cessant de faire la censure des crimes civils ou politiques, celui-ci a commencé à signaler l'orgueil, l'ignorance, les mauvaises mœurs des hommes d'Église eux-mêmes, leur soif de pouvoir, leurs usurpations sur la conscience des hommes, et le désir qu'ils ont d'augmenter leurs richesses temporelles.

— Pour l'amour de Dieu, Catherine, parlez plus bas, » dit le père ; « votre voix s'élève, votre parole est amère, vos yeux étincellent. C'est à cause de ce zèle pour des choses qui ne vous regardent pas plus que les autres, que de méchantes gens vous appliquent le nom odieux et périlleux d'hérétique.

— Vous savez que je ne dis rien de plus que la vérité, » répliqua Catherine, « et ce que vous-même vous avez avoué souvent.

— Par l'aiguille et la peau, non! » répondit vivement le Gantier ; « voulez-vous me faire avouer ce qui me coûterait la vie et les biens! Une commission en règle a été délivrée pour arrêter et juger les hérétiques, auxquels on attribue les tumultes et les désordres de ces derniers temps. Ainsi donc, ma fille, moins on en dit, mieux cela vaut. J'ai toujours été de l'avis du vieux poète :

> Esclave est la parole, et libre est la pensée ;
> Crois-moi donc : qu'au repos ta langue soit laissée.

— Le conseil vient trop tard, mon père, » répondit Catherine, tombant sur un siège à côté du lit de son père. « Les paroles ont été dites et entendues ; il y a accusation formulée contre Simon Glover, bourgeois de Perth, comme ayant tenu des discours irrévérencieux pour les doctrines de la sainte Église...

— Aussi vrai que je vis de l'aiguille et du couteau, c'est un mensonge! » s'écria Simon. « Je n'ai pas été assez sot pour parler de ce que je ne comprenais point.

— Et comme ayant calomnié les oints du Seigneur, réguliers et séculiers, » ajouta Catherine.

« Je ne renierai jamais la vérité, » dit le Gantier ; « je peux avoir dit un mot en l'air au banc des buveurs d'*ale*, ou en prenant une bouteille de vin, ou en compagnie de personnes sûres ; mais, autrement, ma langue n'est pas capable de mettre ma tête en danger.

— Vous le croyez, mon cher père; mais vos moindres paroles ont été épiées, vos discours les plus innocents ont été dénaturés, et vous êtes signalé comme un homme qui prodigue à l'Église et aux hommes d'église les insultes les plus grossières, qui tient des propos, contre elle et contre eux, avec des personnes d'habitudes douteuses ou débauchées, tels que feu Olivier Proudfute, le Forgeron Henri de la Ruelle, et d'autres, dénoncés comme favorisant les doctrines du père Clément. On accuse ce dernier lui-même de sept grosses hérésies, et on le recherche à main armée pour le condamner à mort. Mais, » dit Catherine, en s'agenouillant et levant les yeux de l'air d'une de ces admirables saintes que les catholiques ont données aux beaux arts, « c'est une chose qu'ils ne pourront faire. Il s'est échappé du filet de l'oiseleur ; et, j'en remercie le Ciel, c'est grâce à moi.

— Grâce à vous, mon enfant! Êtes-vous folle? » dit le Gantier tout abasourdi.

« Je ne nierai pas ce dont je me glorifie, » répondit Catherine ; « c'est grâce à moi que Conachar est venu de ce côté avec une troupe d'hommes, et a emmené le bon vieillard, qui est maintenant loin au-delà des confins des hautes terres.

— O téméraire! » dit Glover; « malheureuse enfant! As-tu osé venir en aide à l'évasion d'une personne accusée d'hérésie, et faire intervenir les montagnards en armes dans ce qui touche à la justice du bourg? Hélas! tu as offensé à la fois les lois de l'Église et celles du royaume. Que deviendrions-nous, si la chose était connue?

— Elle l'est, mon bon père, » dit la jeune fille avec fermeté ; « elle est connue de ceux-là même qui voudront en être les vengeurs les plus acharnés.

— Vous vous trompez, Catherine, ou c'est quelque tour de ces prêtres enjôleurs et de ces nonnes. Cela ne s'accorde pas avec ce consentement d'épouser Henri, que vous exprimiez tantôt si volontiers.

— Hélas! mon cher père, souvenez-vous de la terrible surprise que m'avait causée la nouvelle de sa mort, de ma joie immense de le retrouver vivant ; et vous ne vous étonnerez pas que, sous votre protection, j'en aie dit plus que la réflexion ne l'aurait permis. Alors aussi je ne savais pas tout, et je croyais m'exagérer le danger. Mais, hier, j'ai été cruellement détrompée, quand l'abbesse elle-même est venue ici, et, avec elle, le dominicain. Ils m'ont montré la commission, donnée sous le grand sceau d'Écosse, pour rechercher et punir l'hérésie ; sur une liste de personnes suspectes, ils m'ont fait lire votre nom et le mien ; et ç'a été avec des larmes, de vraies larmes, que l'abbesse m'a conjurée de détourner un destin terrible par une prompte retraite dans le cloître ; et que le moine m'a donné sa parole que vous ne seriez pas inquiété si j'y consentais.

— Le diable les emporte avec leurs pleurs, les deux crocodiles! » dit le Gantier.

« Hélas! » répliqua Catherine, « la plainte ou la colère seront d'un faible secours ; mais, vous le voyez, les craintes que j'ai conçues avaient une cause réelle.

— Des craintes! c'est une ruine complète. Hélas, ma pauvre enfant, où était votre prudence quand vous avez couru tête baissée dans un semblable panneau?

— Écoutez-moi, mon père, » dit Catherine; « il reste encore un moyen de salut. C'en est un dont j'ai parlé souvent, et pour lequel je vous ai supplié en vain de donner votre permission.

— Je vous comprends; le couvent, » dit le père. « Mais, Catherine, quelle abbesse, quelle prieure oserait...?

— Je vais vous l'expliquer, mon père, et vous indiquer les circonstances qui m'ont fait paraître si variable en mes résolutions, et m'ont attiré votre censure et celle des autres. Notre confesseur, le vieux père François, que j'ai choisi d'après vos ordres, au couvent des dominicains...

— Oui, vraiment, » interrompit le Gantier; « j'ai donné ce conseil et cet ordre pour écarter le reproche d'avoir mis votre conscience sous la direction du père Clément.

— Eh bien donc, le père François m'a poussée et provoquée à converser avec lui des matières sur lesquelles il supposait que j'avais appris quelque chose du prédicateur des chartreux. Le ciel me pardonne mon aveuglement! Je tombai dans le piège, je parlai librement, et, comme il discutait avec douceur, ainsi qu'une personne disposée à se laisser convaincre, j'ai parlé avec chaleur pour la défense de ce que je croyais avec sincérité. Le confesseur ne se montra point sous son véritable aspect, et ne trahit point son dessein secret, tant qu'il n'eut pas appris tout ce que j'avais à lui dire. Ce fut alors qu'il me menaça du châtiment temporel et de l'éternelle condamnation. Si ses menaces m'avaient seule atteinte, j'aurais pu rester ferme : leur cruauté sur la terre, j'aurais pu l'endurer ; leur pouvoir au-delà de cette vie, je n'y crois pas.

— Pour l'amour du ciel! » dit le Gantier, presque hors de lui en voyant grandir à chaque mot le danger que courait sa fille, « garde-toi de blasphêmer la sainte Église, dont les bras sont aussi prompts pour frapper que les oreilles fines pour entendre.

— Moi, » dit la Fille de Perth, en levant de nouveau ses regards vers le ciel, « moi personnellement, les dénonciations dont on me menace ne m'auraient pas ébranlée beaucoup ; mais quand ils ont parlé, mon père, de vous envelopper avec moi dans l'accusation, j'ai tremblé, je l'avoue, et j'ai senti le désir d'entrer en arrangement. L'abbesse Marthe, du couvent d'Elcho, étant la parente de ma mère, je lui ai conté mes angoisses, et j'ai obtenu la promesse qu'elle me recevrait si, renonçant à l'amour terrestre et aux pensées de mariage, je voulais prendre le voile dans sa communauté. Elle en avait causé, je n'en doute pas, avec le dominicain François, et tous deux se sont mis à chanter la même antienne. Restez dans le monde, disaient-ils, vous serez, votre père et vous, mis en jugement comme hérétiques ; prenez le voile, et les erreurs de tous deux seront oubliées et effacées. Abjurer des erreurs de doctrine, ils n'en parlèrent même pas ; tout serait en paix, pourvu seulement que j'entrasse au couvent.

— Je n'en doute pas, je n'en doute pas, » dit Simon ; « le vieux Glover passe pour riche, et son avoir suivrait sa fille au couvent d'Elcho, sauf ce que les dominicains réclameraient pour leur part. C'est donc là votre vocation pour prendre le voile? Ce sont là vos objections contre Henri de la Ruelle?

— En vérité, mon père, j'étais pressée de toutes parts, et je n'ai pas su résister. Sir Jean Ramorny m'a menacée de la vengeance du jeune prince si je continuais à repousser ses coupables poursuites ; et, quant au pauvre Henri, ce n'est que depuis peu que j'ai découvert, à ma propre surprise, que... que... que j'aime ses vertus plus que je ne désapprouve ses fautes. Hélas! la découverte n'a été faite que pour rendre ma séparation d'avec le monde plus difficile qu'au temps où je pensais n'avoir que vous à regretter! »

Elle appuya la tête sur sa main, et pleura amèrement.

« Tout cela ne signifie rien, » dit le Gantier. « Il n'est pas d'extrémité si pressante contre laquelle un homme de sens ne puisse trouver quelque chose à faire, s'il est assez hardi pour le vouloir. Il n'y a jamais eu de pays ni de peuple que les prêtres aient gouverné au nom de Rome, sans que leurs usurpations n'aient rencontré un frein. S'ils doivent punir tout honnête bourgeois qui dit que les moines aiment l'or, et que la vie de certains d'entre eux fait honte aux doctrines qu'ils enseignent, Étienne Smotherwell, par ma foi, ne manquera pas d'occupation ; et si toutes les jeunes filles écervelées doivent être séparées du monde parce qu'elles suivent les doctrines erronées d'un prédicateur populaire, il faudra agrandir leurs couvents et en recevoir les locataires à des conditions plus douces. Nos privilèges ont été souvent, dans les anciens temps, défendus contre le pape lui-même par nos bons rois, et, quand il prétendait intervenir dans le gouvernement temporel du royaume, un parlement écossais n'a pas manqué pour lui indiquer son devoir dans une lettre qui aurait mérité d'être écrite en caractères d'or. J'ai vu moi-même la pièce d'écriture, et, quoique je ne pusse pas la lire, la vue seule des sceaux y apposés, sceaux de vénérables prélats, de nobles et de loyaux barons, faisait battre mon cœur de joie. Vous n'auriez pas dû, mon enfant, garder cela secret ; mais ce n'est pas le moment de vous reprocher votre faute. Descendez ; préparez-moi quelque nourriture. Je monte à cheval tout à l'heure, et vais trouver notre lord prévôt, pour avoir son avis, et, je le crois, sa protection, comme aussi celle d'autres cœurs généreux de la noblesse d'Écosse, qui ne voudront pas voir, pour une parole en l'air, fouler aux pieds un homme de bien.

— Hélas, mon père ! » dit Catherine, « c'était cette impétuosité que je redoutais. Je savais qu'en vous adressant mes plaintes, la flamme et la querelle s'allumeraient bientôt, comme si la religion à nous envoyée par Celui qui est le père de la paix, n'était faite que pour être la mère de la discorde ; et c'est pour cela que maintenant, maintenant encore, je saurais quitter le monde, me retirer avec ma douleur au milieu des sœurs d'Elcho, si vous vouliez me permettre d'accomplir ce sacrifice. Consolez le pauvre Henri, mon père, quand nous serons séparés pour toujours ; et tâchez, tâchez, de grâce, qu'il ne porte pas sur moi de jugements trop rigoureux. Dites-lui que Catherine ne l'ennuiera plus de ses remontrances, mais que jamais, dans ses prières, elle ne l'oubliera.

— Elle a une langue qui ferait pleurer un Sarrasin, » dit le père, dont les yeux s'associaient à ceux de sa fille. « Mais, je ne céderai pas à cette coalition de la religieuse et du moine pour me voler mon unique enfant. Retirez-vous, ma fille ; laissez-moi m'habiller ; et soyez prête à m'obéir en ce que j'aurai à vous prescrire pour votre sûreté. Rassemblez quelques vêtements, et ce que vous avez d'objets de valeur ; prenez les clefs du coffre-fort que le pauvre Henri le Forgeron m'a donné, et divisez en deux parts l'or que vous y trouverez ; mettez l'une dans une bourse pour vous, et l'autre dans la ceinture piquée que je me suis faite à dessein de la porter en voyage. Nous serons ainsi pourvus tous les deux, au cas où le destin nous séparerait ; et, si cela arrive, Dieu veuille que le tourbillon emporte la feuille sèche et épargne la feuille naissante ! Dites qu'on apprête à l'instant mon cheval, et la haquenée blanche que je venais d'acheter pour vous ; j'espérais vous voir aller sur elle à Saint-Jean, entourée des jeunes filles et des matrones, la fiancée la plus heureuse qui jamais eût franchi le seuil du saint lieu. Mais que sert de parler? Allez, et souvenez-vous que les saints viennent en aide à ceux qui ont la volonté de s'aider eux-mêmes. Ne me répondez pas un mot ; sortez, vous dis-je, et sans raisonner. En temps calme, le pilote laissera le mousse s'amuser au gouvernail ; mais quand le vent souffle et que les flots s'élèvent, c'est lui-même, sur mon âme, qui se tient au timon. Allez donc, et pas de réplique. »

Catherine quitta la chambre pour exécuter de son mieux les ordres de son père. Doux de caractère, et passionnément attaché à son enfant, celui-ci semblait souvent la laisser à sa propre direction, et s'y abandonner lui-même ; il savait cependant (et elle en avait conscience) réclamer l'obéissance filiale et exercer l'autorité paternelle avec une fermeté suffisante, quand l'occasion paraissait demander une vigueur exceptionnelle du gouvernement domestique.

Pendant que la belle Catherine était occupée à satisfaire aux prescriptions de son père, et que le bon vieux Gantier s'habillait à la hâte comme une personne qui va partir en voyage, dans la rue étroite, le pas d'un cheval se fit entendre. Le cavalier était drapé dans son manteau, dont le collet était relevé pour cacher le bas de la figure ; le bonnet était rabattu sur les yeux, et une large touffe de plumes cachait le haut du visage. Le nouveau venu quitta vivement la selle, et Dorothée, répondant à sa demande, avait à peine eu le temps de lui dire que le Gantier était dans sa chambre à coucher, que l'étranger, montant l'escalier, entrait dans la pièce indiquée. Étonné, inquiet, disposé à voir dans ce matinal visiteur un huissier ou un sergent venu pour l'arrêter lui et sa fille, Simon fut très soulagé lorsque, l'étranger ôtant son bonnet et rejetant le collet de son manteau, il reconnut le noble prévôt de la belle cité. A quelque moment que ce fût, une semblable visite était une faveur tout exceptionnelle; faite à pareille heure, elle avait quelque chose d'extraordinaire, et même d'alarmant, vu les circonstances.

« Sir Patrice Charteris! » dit le Gantier ; « cet insigne honneur au pauvre artisan...

— Paix! » dit le chevalier ; « ce n'est pas le moment des civilités stériles. Je suis venu ici parce que, dans les circonstances graves, un homme est lui-même son meilleur page. Je ne saurais rester plus longtemps que pour vous dire, mon bon Glover, de vous enfuir, des mandats ayant été délivrés aujourd'hui, au conseil, pour l'arrestation de votre fille et la vôtre, sous l'accusation d'hérésie ; un retard vous coûterait à tous deux la liberté bien sûr, et peut-être la vie.

— J'en ai ouï déjà quelque chose, » dit le Gantier, « et j'allais à l'instant partir pour Kinfauns, à l'effet de me déclarer innocent de cet odieux reproche, de demander conseil à Votre Seigneurie, et d'implorer votre protection.

— Votre innocence, ami Simon, ne vous servira guère devant des juges prévenus; mon avis, en un mot, est de fuir, et d'attendre des temps meilleurs. Quant à ma protection, pour qu'elle puisse avoir quelque utilité pour vous, il faut patienter jusqu'à ce que le courant tourne. Si vous pouvez rester caché quelques jours ou quelques semaines, je ne doute guère que le clergé n'éprouve un échec : en s'alliant avec le duc d'Albany dans une intrigue de cour, en alléguant que la décadence de la pureté de la doctrine catholique est la seule cause des malheurs actuels de la nation, ils ont sur le roi, à l'heure présente, une irrésistible autotorité. Sachez aussi que le roi Robert n'a pas seulement laissé passer ces ordres généraux d'inquisition contre l'hérésie, mais a confirmé, en outre, la nomination, faite par le pape, d'Henri Wardlaw comme archevêque de Saint-André et primat d'Écosse ; sacrifiant ainsi à Rome ces libertés et immunités de l'Église d'Écosse que ses ancêtres, depuis les jours de Malcolm Canmore, ont si hardiment défendues. Ses nobles prédécesseurs auraient plutôt signé un pacte avec le diable que de céder, sur un pareil point, aux prétentions de Rome.

— Hélas! quel remède à cela?

— Aucun, mon ami, » dit sir Patrice, « sauf un soudain changement qui se produirait à la cour. Le roi n'est qu'un miroir qui, n'ayant pas de lumière propre, réfléchit avec la même promptitude tout ce qui, pour le moment, est placé devant lui. Douglas est, à cette heure, l'allié d'Albany ; le comte, cependant, n'est pas favorable aux prétentions hautaines de ces prêtres ambitieux : il a querelle avec eux au sujet des exactions que les gens de sa suite ont exercées sur l'abbé d'Arbroath. Il reviendra avec un grand crédit, car on dit que le comte de March a fui devant lui. A son retour, nous verrons changer le monde, et sa présence tiendra Albany en respect ; d'autant plus que beaucoup de nobles, au nombre desquels je suis (je vous le dis en confidence), ont résolu de se liguer avec lui pour défendre les droits de tous. Votre exil finira donc avec son retour à la cour. Vous n'avez qu'à chercher, pour un temps, un endroit où vous cacher.

— Je ne serai pas, Milord, embarrassé pour cela, » dit le Gantier, « ayant un juste titre à la protection du chef montagnard Gilchrist Mac Ian, qui commande au clan Quhele.

— Si vous pouvez tenir son manteau, vous n'avez besoin du secours d'aucun autre. Ni clerc, ni laïque des basses terres ne saurait trouver libre cours pour sa justice au delà des confins des hautes terres.

— Mais ma fille, noble seigneur? ma Catherine? » dit le Gantier.

« Qu'elle aille avec vous. Le gâteau de grain grillé entretiendra la blancheur de ses dents, le lait de chèvre lui fera remonter aux joues le sang que ces alarmes en avaient chassé; et la Jolie Fille de Perth peut, elle aussi, dormir doucement sur le lit de fougère des montagnes.

— Ce ne sont pas, Milord, des bagatelles de ce genre qui me font hésiter, » dit le Gantier. « Catherine est fille d'un simple bourgeois, et ne connaît pas les raffinements de la nourriture et du logement. Mais le fils de Mac Ian a été, plusieurs années, l'hôte de ma maison, et, je suis obligé de le dire, j'ai remarqué qu'il regardait ma fille (presque fiancée aujourd'hui) d'une façon qui m'inquiétait peu dans ma demeure de la rue du Couvre-feu, mais dont je craindrais les conséquences dans une vallée des hautes terres, où je n'ai pas d'ami, et où Conachar en a beaucoup. »

Le prévôt, en réponse, fit claquer plusieurs fois sa langue. « En ce cas, » ajouta-t-il, « je vous conseille de l'envoyer au couvent d'Elcho, dont l'abbesse, si je ne me trompe, est un peu votre parente. Elle me l'a dit elle-même; ajoutant qu'elle aimait beaucoup votre fille, comme aussi, Simon, tout ce qui vous appartient.

— C'est vrai, Milord ; je crois que l'abbesse a tant d'affection pour moi qu'elle recevrait volontiers en dépôt, dans sa communauté, ma fille et tous mes biens, meubles et immeubles. Son affection, à coup sûr, est d'un caractère tenace, et, si une fois on entrait chez elle, il ne serait facile de lui faire lâcher ni la fille ni l'argent. »

Nouveau claquement de la langue du chevalier de Kinfauns. « Par la croix du Thane, » dit-il encore, « voilà une bobine qui n'est pas facile à dévider. Il ne sera pas dit cependant que la plus jolie fille de la belle cité aura été enfermée dans un couvent, comme une poule sous une mue, au moment même de se marier avec le brave Henri de la Ruelle. Cela ne se fera pas, aussi longtemps que je porterai l'épée et les éperons, et qu'on m'appellera prévôt de Perth.

— Mais quel remède, Milord? » demanda le Gantier.

« Nous prendrons tous notre part de risque. Montez de suite à cheval, votre fille et vous. Vous partirez avec moi, et nous verrons qui osera vous inquiéter. Les avertissements de justice ne vous ont pas encore touché, et si l'on s'avise d'envoyer à Kinfauns un huissier sans un mandat signé de la main même du roi, je jure, par l'âme du Corsaire Rouge, de lui faire avaler son acte tout entier, cire et parchemin. A cheval, à cheval! et, » s'adressant à Catherine qui entrait à ce moment, « vous aussi, ma belle enfant,

A cheval, et sans crainte! Aujourd'hui, par ma foi!
Vos biens, je les défends; votre chartre, c'est moi. »

En une ou deux minutes, le père et la fille furent en selle, marchant tous deux à une portée de flèche devant le prévôt, ainsi qu'il l'avait prescrit, pour qu'ils ne parussent pas être de la même compagnie. Ils franchirent avec quelque hâte la porte de l'Est, et poussèrent rondement en avant jusqu'à ce qu'ils fussent hors de vue. Sir Patrice suivait sans se presser; mais lorsqu'il eut cessé d'être à portée des regards des gardiens de la porte, il donna de l'éperon à son coursier plein de feu, et eut bientôt rejoint le Gantier et Catherine. Ils entamèrent alors une conversation, qui jettera la lumière sur quelques-uns des événements antérieurs de ce récit.

CHAPITRE XXVI.

O terre des archers, salut ! noble semence
Des héros qui de Rome ont bravé la puissance.
O moitié d'Albion, moitié du sol puissant
Qu'enserre comme un mur le flot de l'Océan !

ALBANIA (1737).

Je viens, » dit le prévôt, tout plein du désir de bien faire, « d'imaginer un moyen de vous mettre l'un et l'autre, une semaine ou deux, à l'abri de la malice de vos ennemis, après quoi j'ai grand espoir de voir un changement à la cour. Mais, pour que je puisse mieux juger de ce qu'il y a à faire, dites-moi franchement, Simon, la nature de ces rapports avec Gilchrist Mac Ian, qui vous amènent à placer en lui une si entière confiance. Vous êtes un scrupuleux observateur des règles de la cité, et vous connaissez les pénalités sévères qu'elles prononcent contre les bourgeois ayant collusion et alliance avec les clans des hautes terres.

— Oui, Milord ; mais vous n'ignorez pas non plus que, dans notre profession à nous qui travaillons les peaux du bétail et du gibier à cornes, et toutes autres espèces de cuirs, nous avons un privilège, et qu'il nous est permis de traiter avec ces montagnards, comme avec les hommes les plus à même de nous fournir les moyens d'exercer notre métier au plus grand profit du bourg. C'est ainsi qu'il m'est arrivé d'avoir avec eux des affaires considérables ; je puis affirmer, sur mon salut, qu'on ne trouve nulle part des négociants plus honnêtes et plus équitables, ou avec lesquels on puisse plus aisément faire un profit raisonnable. J'ai, sur la foi de leurs chefs, fait, dans mon temps, plusieurs voyages fort avant dans les hautes terres ; et je n'ai jamais rencontré de gens plus fidèles à leur parole lorsqu'une fois on est parvenu à s'en procurer le bénéfice. Quant au chef Gilchrist Mac Ian, à cela près qu'il est prompt à l'homicide et terrible comme la flamme vis-à-vis de ceux avec lesquels il a une querelle mortelle, je n'ai vu nulle part un homme qui suive une voie plus juste et plus élevée.

— C'est plus que je n'en ai ouï dire jusqu'ici, » repartit sir Patrice « et, sur les vagabonds des hautes terres, j'en sais cependant beaucoup.

— Ils sont tout autres avec leurs amis qu'avec leurs ennemis, comme Votre Seigneurie le comprendra, » dit Glover. « Quoi qu'il en puisse être, d'ailleurs, j'ai eu occasion de rendre service à Gilchrist Mac Ian dans une affaire de haute importance. Il y a environ dix-huit ans, il advint que le clan Quhele et le clan Chattan étant en guerre (et, par le fait, il est rare qu'ils n'y soient pas), le premier subit une défaite telle que peu s'en fallut qu'elle n'amenât la destruction complète de la famille de leur chef Mac Ian. Sept de ses fils furent tués dans la bataille ou après, il fut lui-même mis en fuite, et son château pris et livré aux flammes. Sa femme, sur le point alors de donner naissance à un enfant, s'enfuit dans la forêt, accompagnée d'un fidèle serviteur et de la fille de celui-ci. En proie aux soucis et à la douleur, elle y accoucha d'un garçon; et comme la mère, dans sa triste position, était peu capable d'allaiter, l'enfant fut nourri du lait d'une biche, que le forestier qui accompagnait la pauvre femme parvint à prendre vivante dans un piège. Peu de temps après, dans une seconde rencontre de ces clans belliqueux, Mac Ian battit à son tour ses ennemis, et reprit possession du district qu'il avait perdu. Ce fut avec un ravissement inattendu qu'il apprit que sa femme et son enfant vivaient encore; il n'avait plus l'espoir de revoir d'eux autre chose que des ossements blanchis, reste des loups et des chats sauvages.

« Mais un préjugé puissant, invincible, comme il en existe souvent chez ce peuple sauvage, empêcha leur chef de jouir du grand bonheur qu'il éprouvait en retrouvant ainsi son fils unique. Une ancienne prophétie avait cours parmi eux, d'après laquelle la puissance de la tribu périrait par le fait d'un garçon né sous un buisson de houx, et nourri par une biche blanche. Malheureusement pour le chef, cela se rapportait exactement à la naissance du fils qui lui restait, et les anciens du clan lui demandèrent que l'enfant fût mis à mort, ou, tout au moins, écarté du territoire de la tribu, et élevé dans l'obscurité. Gilchrist Mac Ian fut obligé d'y consentir; il choisit le dernier parti, et l'enfant, sous le nom de Conachar, fut élevé dans ma famille, à dessein, comme on se le proposait d'abord, de lui cacher complètement qui il était et d'où il venait, et les prétentions qu'il pourrait avoir à commander à un peuple nombreux et guerrier. Mais, à mesure que le temps marchait, les anciens de la tribu, qui avaient exercé une si grande autorité, furent écartés par la mort, ou rendus par l'âge incapables de s'occuper des affaires publiques; tandis que, d'un autre côté, l'influence de Gilchrist Mac Ian s'accroissait par ses luttes heureuses contre le clan Chattan, luttes par lesquelles il rétablit, entre les deux confédérations rivales, l'égalité qui avait existé avant la désastreuse défaite dont j'ai parlé à Votre Honneur. Se sentant donc fermement assis, il fut naturellement repris du désir d'avoir son fils unique auprès de lui et dans sa famille; plus d'une fois, en conséquence, il me demanda de lui envoyer dans les hautes terres le jeune Conachar, puisque c'était ainsi qu'on l'appelait. Ce garçon était vraiment bien fait, par son visage et sa tournure, pour gagner le cœur d'un père. A la fin, je le suppose, il devina le secret de sa naissance, ou quelque chose lui en fut communiqué, et le dégoût que l'altier apprenti des hautes terres avait toujours montré pour mon honnête profession devint plus manifeste; je n'osai pas, cependant, lui donner de mon bâton sur la tête, de peur de recevoir un coup de poignard, façon de répondre en langue gaélique à une remarque faite en saxon. Je conçus alors le désir d'en être débarrassé, d'autant plus qu'il montrait trop de dévouement pour Catherine, qui, par ma foi, avait entrepris de laver cet Éthiopien, et d'enseigner à un montagnard farouche la pitié et la morale. Elle sait elle-même, maintenant, comment cela a fini.

— Ç'a été assurément, mon père, un acte de charité, » dit Catherine, « d'essayer d'ôter le tison du feu.

— Mais ce n'a pas été un acte de sagesse, » dit le père, « de risquer de se brûler les doigts pour cela. Qu'en dites-vous, Milord?

— Milord ne voudrait pas blesser la Jolie Fille de Perth, » dit sir Patrice; « car il sait parfaitement la pureté et la sincérité de ses intentions. Je suis forcé de dire cependant, que si le nourrisson de la biche avait été ratatiné, laid, mal bâti, et avait eu les cheveux rouges, comme certains montagnards que j'ai connus, je doute que la Jolie Fille de Perth eût montré autant de zèle pour sa conversion; et si Catherine avait été aussi ridée et aussi courbée par les années que la femme qui m'a ouvert la porte ce matin, je gagerais mes éperons d'or contre une paire de souliers des hautes terres que ce chevreuil sauvage n'aurait jamais écouté une seconde leçon. Vous riez, Glover; Catherine se fâche et rougit. N'importe; ainsi va le monde.

— Ainsi va, Milord, la langue du monde à l'égard du prochain, » répondit Catherine avec assez d'à propos.

« Pardonnez une plaisanterie, ma belle enfant, » dit le chevalier; « et vous, Simon, dites-nous comment la chose a fini. Conachar, je suppose, se sera esquivé dans les hautes terres?

— Il y est retourné, » dit le Gantier. « Il y avait, depuis deux ou trois ans, à Perth, un certain garçon, une espèce de messager, qui allait et venait sous différents prétextes, mais qui était, en réalité, le moyen de communication entre Gilchrist Mac Ian et son fils, le jeune Conachar, ou Hector, comme on l'appelle maintenant. J'ai su par lui que la question du bannissement du *Dault an Neigh Dheil*, ou nourrisson de la biche blanche, était soumise à nouveau aux délibérations de la tribu. Le père nourricier, Torquil du Chêne, le vieux forestier, se présenta avec ses huit fils, les plus beaux hommes du clan, et demanda que la sentence de bannissement fût révoquée. Il parla avec d'autant plus d'autorité qu'il était lui-même *Taishatar* ou Voyant, et passait pour être en communication avec le monde invisible. Il affirma qu'il avait accompli une cérémonie magique appelée *Tine-Egan* (S), au moyen de laquelle il avait évoqué un démon, de qui il avait arraché l'aveu que Conachar, maintenant appelé Eachin, ou Hector Mac Ian, était le seul homme qui, du prochain combat entre les deux clans ennemis, dût sortir sans blessure et sans tache. Torquil du Chêne en concluait que la présence de la personne indiquée par le destin était nécessaire pour assurer la victoire. « J'en suis si convaincu, » dit le forestier, « qu'à moins

« qu'Eachin ne combatte à la place voulue dans les rangs du clan « Quhele, ni moi, son père nourricier, ni aucun de mes huit fils, « nous ne lèverons une arme dans cette querelle. »

« Ce discours causa beaucoup d'inquiétude ; car la défection de neuf hommes, les plus vigoureux de la tribu, eût été chose sérieuse, surtout si la querelle, comme le bruit commençait à en courir, devait se décider par un petit nombre d'hommes de chaque côté. La superstition ancienne concernant le nourrisson de la biche blanche était contrebalancée par une autre, bien plus récente, et le père saisit l'occasion de présenter au clan le fils si longtemps caché. Jeune, mais beau et la figure expressive, fier de tournure, leste en ses mouvements, celui-ci excita l'admiration des hommes du clan, qui le reçurent avec joie comme l'héritier et le descendant de leur chef, en dépit du présage funeste de sa naissance et de son allaitement.

« Par ce récit, noble lord, » dit en terminant Simon Glover, « Votre Seigneurie peut aisément comprendre pourquoi je serais moi-même assuré d'une bonne réception au clan Quhele ; et vous jugerez sans doute aussi qu'il serait très imprudent de ma part d'y mener Catherine. C'est de tous mes ennuis, Milord, celui qui me pèse le plus.

— Nous en diminuerons le poids, » dit sir Patrice ; « par amitié pour vous, mon bon Glover, et pour votre fille, j'en prendrai le risque à ma charge. Mon alliance avec Douglas me donne quelque crédit auprès de sa fille Marjory, duchesse de Rothsay, l'épouse négligée du fantasque héritier du trône. Comptez pour certain, mon bon Glover, qu'à sa suite votre fille sera aussi en sûreté que dans un château-fort. La duchesse tient en ce moment séjour à Falkland, château que le duc d'Albany, auquel il appartient, a mis à sa disposition. Je ne vous y promets pas du plaisir, ma belle enfant; car la duchesse Marjory de Rothsay est malheureuse, et, par suite, triste, hautaine et exigeante ; sachant que les qualités attrayantes lui font défaut, elle est jalouse des femmes qui en possèdent. Mais elle est ferme en sa promesse, noble en ses sentiments, et jetterait dans le fossé de son château le pape ou le prélat qui viendrait pour arrêter une personne placée sous sa protection. Vous aurez donc sécurité entière, bien que manquant peut-être un peu d'agrément.

— Je n'ai pas le droit d'en demander plus, » dit Catherine ; « et j'ai un sentiment profond de la bienveillance qui daigne m'assurer une protection aussi honorable. Si la princesse est hautaine, je me souviendrai qu'elle est une Douglas, et qu'elle peut avoir, à ce titre, autant d'orgueil qu'il est permis à une mortelle d'en avoir ; si elle est d'humeur chagrine, je me rappellerai qu'elle est malheureuse; et, si elle est capricieuse plus que de raison, je n'oublierai pas qu'elle est ma protectrice. Ne vous inquiétez plus de moi, Milord, quand vous m'aurez placée sous la garde de cette noble dame. Mais mon pauvre père, comme il sera exposé au milieu de ces hommes farouches et dangereux!

— Ne vous occupez pas de cela, Catherine, » dit le Gantier ; « je suis aussi familiarisé avec les souliers et la fougère des montagnes que si j'avais moi-même foulé la seconde avec les premiers. J'ai à craindre seulement que la bataille décisive ne soit livrée avant que je n'aie quitté le pays ; et que si le clan Quhele la perd, je n'aie à souffrir de la ruine de mes protecteurs.

— Nous y prendrons garde, » dit sir Patrice ; « vous y pouvez compter, je veillerai à votre sûreté. Mais quel parti l'emportera? qu'en pensez-vous?

— Franchement, Milord prévôt, je crois que le clan Chattan ne sera pas le plus fort. Les neuf fils du forestier forment presque le tiers de la troupe qui entourera le chef du clan Quhele, et sont des champions redoutés.

— Et votre apprenti, tiendra-t-il ferme? Qu'en pensez-vous?

— Il est ardent comme le feu, sir Patrice, » répondit le Gantier; « mais aussi peu solide que l'eau. Cependant, s'il s'en tire, il est capable de devenir un jour courageux.

— En d'autres termes, il garde encore caché dans son foie un peu du lait de la biche blanche? Hein, n'est-ce pas, Simon?

— Il a peu d'expérience, Milord, » dit le Gantier ; « et ce n'est pas à un guerrier respecté comme vous que j'aurai besoin de dire qu'il faut que le danger nous soit devenu familier pour que nous puissions badiner avec lui comme avec une maîtresse. »

En conversant ainsi, ils arrivèrent bientôt au château de Kinfauns. Après une légère collation, le père et la fille durent se séparer pour chercher leurs lieux de refuge respectifs. Ce fut alors pour la première fois que Catherine, s'apercevant que l'inquiétude que son père éprouvait pour elle avait noyé en lui tout souvenir de son ami, laissa échapper, comme dans un rêve, le nom d' « Henri Gow. »

« C'est vrai, très vrai, » dit le père ; « il faut le mettre au courant de nos projets.

— Laissez-moi ce soin, » dit sir Patrice. « Je n'en chargerai pas un messager ; je ne lui écrirai pas de lettre, parceque, si je pouvais en écrire une, je pense qu'il ne pourrait pas la lire. Il va être inquiet en attendant ; mais demain, de bonne heure, je pousserai mon cheval jusqu'à Perth, et je ferai connaître vos desseins au Forgeron. »

Le moment de la séparation approchait. Il fut cruel ; mais le caractère mâle du vieux bourgeois et la pieuse résignation de Catherine à la volonté de la Providence, le rendirent plus calme qu'on n'aurait pu s'y attendre. Le bon chevalier pressa, de la manière la plus affable, le départ de Glover ; il alla même jusqu'à lui offrir de lui prêter des pièces d'or, ce que, dans un pays où les espèces étaient si rares, l'on pouvait considérer comme le *nec plus ultra* de l'obligeance. Mais le Gantier l'assura qu'il était amplement pourvu, et partit pour son voyage dans la direction du nord-ouest. La protection hospitalière de sir Patrice Charteris ne se manifesta pas d'une façon moins marquée vis-à-vis de sa belle hôtesse. Celle-ci fut placée sous les soins particuliers d'une duègne, qui conduisait la maison du bon chevalier ; elle fut forcée de rester quelques jours à Kinfauns, grâce aux obstacles et aux retards imputables à un batelier du Tay, nommé Kitt Henshaw, à la garde duquel Catherine devait être commise, et en qui le prévôt avait la confiance la plus entière.

Ainsi furent séparés l'un de l'autre la fille et le père, en un moment de grandes difficultés et de grands dangers, qu'augmentaient encore des circonstances ignorées alors de tous deux, et faites pour diminuer beaucoup les chances de salut qui leur restaient.

CHAPITRE XXVII.

> Austin l'a fait. — Austin l'a fait? Alors, ma foi,
> Austin le pourra bien refaire aussi pour moi.
>
> POPE. *Prologue des Contes de Cantorbéry de Chaucer.*

E que nous avons de mieux à faire pour suivre le cours de notre histoire, c'est de nous occuper de celle de Simon Glover. Notre dessein n'est pas d'indiquer les limites exactes des deux clans opposés, d'autant plus qu'elles ne nous sont pas clairement signalées par les historiens qui ont transmis le récit de cette mémorable querelle. Il suffira de dire que le territoire du clan Chattan s'étendait fort loin, comprenant le Caithness et le Sutherland, et ayant pour chef suprême le puissant comte de ce dernier comté, qu'on appelait, pour ce motif, *Mohr ar Chat* ou le grand chat (T). Dans ce sens général, les Keith, les Sinclair, les Gim, d'autres familles et d'autres clans d'une grande importance, étaient renfermés dans la confédération. Ces derniers, cependant, n'étaient pas engagés dans la présente querelle, qui se limitait à la partie du clan Chattan occupant les vastes districts montagneux des comtés de Perth et d'Inverness, lesquels forment une large portion de ce qu'on appelle les hautes terres du Nord-Est. C'est chose bien connue que deux grandes familles, appartenant incontestablement l'une et l'autre au clan Chattan, les Mac Pherson et les Mac Intosh, sont restées en dispute

jusqu'à ce jour sur le point de savoir si c'était le chef de l'une ou le chef de l'autre qui était à la tête de la branche Badenoch de la confédération ; chacune des deux familles a pris, dans ces derniers temps, le titre de capitaine du clan Chattan. *Non nostrum inter vos.* Mais, quoi qu'il en puisse être, Badenoch doit avoir été le centre de la confédération, en tant qu'elle se trouvait engagée dans la querelle dont nous nous occupons ici.

Sur la ligue rivale du clan Quhele, nos renseignements sont bien moins complets encore, pour des raisons que l'on verra dans la suite. Quelques auteurs l'ont identifié avec la nombreuse et puissante famille de Mackay. Si cela repose sur de sérieuses autorités, ce dont on peut douter, il faut que les Mackay aient singulièrement changé le lieu de leur établissement depuis le règne de Robert III, puisqu'on les trouve maintenant (à l'état de clan) à l'extrémité nord de l'Écosse, dans les comtés de Ross et de Sutherland. Nous ne saurions donc être aussi clair que nous l'aurions souhaité dans la géographie de notre histoire. Qu'il suffise de savoir que, poussant sa course vers le nord-est, le Gantier voyagea tout un jour dans la direction du pays de Breadalbane, d'où il espérait atteindre le château où Gilchrist Mac Ian, capitaine du clan Quhele et père de son apprenti Conachar, tenait d'habitude résidence, avec une pompe barbare, une escorte et un cérémonial en rapport avec ses hautes prétentions.

Nous ne nous arrêterons pas à décrire la fatigue et les terreurs d'un pareil voyage, où, parmi les déserts et les montagnes, on devait suivre un chemin tantôt montant par des ravins escarpés, tantôt se plongeant dans d'inextricables fondrières, entrecoupé souvent de larges ruisseaux, et même de rivières. Mais tous ces périls, Simon Glover les avait rencontrés à d'autres époques, à la recherche d'un gain honnête ; il n'était pas à supposer qu'il songeât à les éviter ou à les craindre, alors que la liberté, et la vie même, étaient en jeu.

Le danger qu'on pourrait rencontrer de la part des habitants guerriers et peu civilisés de ces pays sauvages, aurait été, aux yeux d'une autre personne, aussi formidable au moins que les difficultés physiques du voyage. Mais la connaissance que Simon avait des mœurs et du langage de ces peuplades le rassurait sur ce point. Un appel à l'hospitalité du plus farouche des Gaëls n'était jamais fait en vain, et le rustre qui, dans d'autres circonstances, aurait pris la vie d'un homme pour avoir le bouton d'argent de son manteau, saurait se priver d'un repas pour assister le voyageur implorant l'hospitalité à la porte de sa chaumière. L'art de voyager dans les hautes terres consistait à paraître, autant que possible, confiant à la fois et sans défense ; le Gantier, en conséquence, ne portait aucune arme, voyageait sans la moindre précaution apparente, et prenait soin de ne rien laisser voir qui pût exciter la cupidité. Une autre règle qu'il jugeait prudent d'observer, c'était d'éviter toutes conversations avec les passants qu'il pouvait rencontrer, excepté pour l'échange des salutations accoutumées, qu'omettent rarement les habitants des hautes terres. Peu d'occasions se présentèrent de faire, même en passant, un échange de politesses. Solitaire en tous temps, le pays semblait maintenant tout à fait abandonné ; et même, dans les petits vallons que le voyageur avait à traverser, les hameaux étaient déserts, et les habitants s'étaient retirés dans les bois et dans les cavernes. Cela s'expliquait sans peine, vu les dangers imminents d'une guerre, qui, tous s'y attendaient, deviendrait le signal de l'un des plus grands pillages, de l'une des destructions les plus générales qui eussent désolé jamais cet infortuné pays.

Simon commençait à s'alarmer de cet état de désolation. Depuis son départ de Kinfauns, il avait fait une halte pour donner un peu de repos à son bidet ; et l'inquiétude le prenait sur la manière dont il passerait la nuit. Il avait compté la passer dans la cabane d'une vieille connaissance, un montagnard nommé Niel Booshalloch, ou le vacher, parce qu'il avait la garde de nombreux troupeaux de bétail appartenant au capitaine du clan Quhele. Niel Booshalloch était établi, à cet effet, sur les bords du Tay, non loin du lieu où le fleuve quitte le lac qui porte le même nom que lui. C'était de cet ancien hôte et ami, avec qui il avait fait bien des marchés de cuirs et de pelleterie, que le vieux Gantier espérait apprendre l'état présent du pays, les perspectives de paix ou de guerre, et ce qu'il aurait lui-même de mieux à faire pour sa sûreté personnelle. On se souviendra que la nouvelle des conventions relatives à la bataille qui devait diminuer l'étendue des désastres, avait été communiquée au roi Robert la veille seulement du jour où le Gantier avait quitté Perth, et ne devait devenir publique que quelque temps après.

« Si Niel Booshalloch a, comme tous les autres, quitté son habitation, je serai bien embarrassé, » pensait Simon ; « car j'ai besoin non seulement de ses bons avis, mais aussi de son appui auprès de Gilchrist Mac Ian ; et, de plus, d'un abri pour la nuit et d'un souper. »

Au milieu de ces réflexions, il atteignit le sommet d'une colline couverte de verdure, et découvrit au-dessous de lui la vue splendide du lac Tay; on eût dit une surface immense d'argent poli; les sombres bruyères des montagnes, et les bouquets de chênes non couverts de feuilles dessinaient de leurs arabesques le cadre de ce magnifique miroir.

Peu sensible, dans tous les temps, aux beautés de la nature, Simon Glover y était, à ce moment, particulièrement indifférent ; et, dans ce splendide paysage, le seul point vers lequel il tourna les yeux fut l'angle d'une prairie où le Tay, majestueusement enflé, se précipite avec dignité du lac où il prend naissance, et, serpentant au milieu d'une belle vallée d'un mille environ de largeur, commence, comme un conquérant et un législateur, sa large course vers le sud-est, pour soumettre et enrichir des districts éloignés. En ces lieux écartés, si merveilleusement situés entre le lac, la montagne et le fleuve, s'est élevé plus tard le château féodal de *la Décharge*, qu'a remplacé, de nos jours, le splendide palais des comtes de Breadalbane.

Les Campbells, bien qu'ils eussent acquis déjà une grande puissance dans le comté d'Argyle, ne s'étaient pas encore étendus à l'est aussi loin que le lac Tay. Les bords de ce lac étaient, soit en vertu d'un droit, soit par l'effet d'une simple occupation, possédés alors par le clan Quhele, dont les troupeaux de choix s'engraissaient sur le rivage du lac. Dans cette vallée donc, entre le fleuve et le lac, au milieu de vastes forêts de chênes, de coudriers, de bouleaux et de mélèzes, s'élevait l'humble cabane de Niel Booshalloch, un Eumée du village ; ses cheminées hospitalières apparurent lançant la fumée avec abondance, à la grande satisfaction de Simon Glover, qui aurait eu, sans cela, le désagrément de passer la nuit en plein air.

Il atteignit la porte de la cabane, et fit connaître son approche par des sifflets et des cris. Des aboiements de chiens de chasse et de chiens de berger se firent entendre, et, bientôt après, le maître lui-même parut. La préoccupation se lisait sur son visage, et il eut l'air surpris à la vue de Simon Glover; le berger, cependant, cacha de son mieux ces deux impressions, car rien, dans ce pays, ne passait pour plus incivil, de la part d'un chef de maison, que de laisser échapper, sur son visage ou dans sa manière d'être, rien qui portât le visiteur à penser que son arrivée fût un incident peu agréable, ou même inattendu. Le bidet du voyageur fut conduit à une écurie presque trop basse pour le recevoir, et le Gantier lui-même fut introduit dans la demeure du Booshalloch, où, conformément à la coutume du pays, du pain et du fromage furent placés devant le voyageur, pendant qu'on lui préparait une nourriture plus solide. Simon, qui connaissait toutes les habitudes du pays, ne fit pas attention aux marques évidentes de tristesse qui se lisaient sur le visage de son hôte et des personnes de sa famille, jusqu'au moment où il eut, pour la forme, mangé quelque chose. Cette formalité remplie, il fit la question ordinaire : « Y a-t-il des nouvelles dans le pays ?

— Les nouvelles les plus mauvaises qu'on ait jamais eues, » dit le pâtre ; « notre père n'est plus.

— Quoi ? » dit Simon fort alarmé ; « le capitaine du clan Quhele est-il mort ?

— Le capitaine du clan Quhele ne meurt jamais, » répondit le Booshalloch ; « mais Gilchrist Mac Ian est mort il y a vingt heures, et son fils, Eachin Mac Ian, est maintenant capitaine.

— Eachin ? mais c'est Conachar, mon apprenti.

— Parlez de cela le moins que vous pourrez, père Simon. Il faut vous rappeler, l'ami, que votre métier, fort excellent pour vivre dans la douce cité de Perth, est chose trop servile pour qu'on en fasse grand cas au pied du Ben Lowers et sur les rives du lac Tay. Nous n'avons pas, en langue gaélique, un mot par lequel nous puissions seulement désigner l'homme qui fait des gants.

— Ce serait étrange si vous en aviez, l'ami Niel, » dit sèchement Simon, « puisque vous savez si peu ce que c'est que de porter des gants. Il n'y en a pas une seule paire, je crois, dans tout le clan Quhele, excepté celle que j'ai donnée moi-même à Gilchrist Mac Ian (Dieu veuille avoir son âme !) qui l'avait considérée comme un présent merveilleux. Je regrette très profondément sa mort, car j'allais auprès de lui pour une affaire importante.

— Vous feriez mieux, » dit le pâtre, « de tourner demain matin vers le sud la tête de votre bidet. Les funérailles vont avoir lieu tout de suite, et la cérémonie sera courte ; car une grande bataille va être livrée entre le clan Quhele et le clan Chattan, trente champions de chaque côté, pas plus tard que le dimanche des Rameaux qui vient, et nous n'avons que peu de temps pour pleurer le mort et rendre honneur au vivant.

— Mes affaires sont si pressantes qu'il faut, de toute nécessité, que je voie le jeune chef, ne fût-ce qu'un quart d'heure, » dit le Gantier.

« Écoutez, l'ami, » répliqua son hôte, « votre affaire consiste, je le suppose, à toucher de l'argent ou à faire le commerce. Or, si le chef vous doit quelque chose pour son apprentissage ou pour tout autre motif, ne lui demandez pas de le payer au moment où tous les trésors de la tribu sont mis à contribution pour préparer comme il faut les armes et l'équipement de ses combattants, afin de rencontrer avec avantage ces orgueilleux chats de montagne. Si vous venez pour faire commerce avec nous, le temps est plus mal choisi encore. Vous savez que vous êtes déjà en butte à l'envie de plusieurs des hommes de notre tribu, pour avoir été chargé de l'éducation du jeune chef, qui n'est confiée, d'habitude, qu'au meilleur personnage du clan.

— Par sainte Marie! » s'écria le Gantier; « ils devraient se souvenir que cet office ne m'a pas été conféré comme une faveur que j'aurais sollicitée, mais que je ne l'ai accepté qu'après importunités et prières, et à mon très véritable détriment. Ce Conachar, celui que vous appelez Hector, ou n'importe comment, m'a gâté des peaux de daim pour la valeur de bien des livres écossaises.

— Voilà encore, » dit le Booshalloch, « que vous avez prononcé un mot qui vous coûterait la vie. Toute allusion aux peaux et aux cuirs, et spécialement aux daims et aux chevreaux, n'expose pas à moins que cela. Le chef est jeune et jaloux de son rang ; personne mieux que vous, l'ami Glover, n'en sait la raison. Il souhaitera, naturellement, que tout ce qui se rapporte à son exil et pourrait s'opposer à ce qu'il succède à son père, soit totalement oublié; et il n'aura pas en affection celui qui rappellera à son peuple, ou qui lui rappellera à lui-même, des choses dont peuple et souverain ne se souviendraient qu'avec peine. Songez donc de quel œil ils verront, en un tel moment, le vieux Glover de Perth,

dont leur chef a été l'apprenti! Allons, allons, mon vieil ami, vous vous êtes trompé. Vous êtes par trop pressé d'adorer le soleil levant quand il n'est encore qu'à l'horizon. Venez après qu'il aura monté haut dans le ciel, et vous aurez, à son midi, votre part de chaleur.

— Niel Booshalloch, » dit le Gantier, « vous l'avez dit, nous sommes de vieux amis; et, comme je vous crois fidèle, je vous parlerai librement, encore qu'il y eût péril, peut-être, à répéter ce que je vais dire devant d'autres individus de votre clan. Vous croyez que je viens ici pour tirer profit de mes rapports avec votre jeune chef, et il est naturel que vous ayez cette pensée. Mais je ne voudrais pas, à mon âge, quitter mon foyer de la rue du Couvre-feu pour me chauffer aux rayons du soleil le plus brillant qui ait lui jamais sur la bruyère des hautes terres. La vérité est que je viens ici dans une dure extrémité ; mes ennemis l'emportent sur moi, et ont mis à ma charge des choses dont je suis incapable, même en pensée. Il est néanmoins probable qu'il y aura jugement contre moi ; la chose est sans remède : il faut quitter la place et s'enfuir, ou rester et périr. Je vais à votre jeune chef comme à une personne qui a trouvé refuge chez moi dans son malheur, a mangé mon pain et bu à mon verre. Je lui demande un abri dont, je l'espère, je n'aurai besoin que peu de temps.

— Le cas est différent, » répliqua le pâtre; « si différent que, vinssiez-vous à minuit à la porte de Mac Ian, la tête du roi d'Écosse à la main, et mille hommes à votre poursuite pour la vengeance du sang, je ne croirais pas de son honneur de vous refuser protection. Que vous soyez innocent ou coupable, peu importe ; ou plutôt, si vous êtes coupable, il doit vous abriter d'autant plus que votre besoin et son risque en seraient plus grands. Je vais de ce pas auprès de lui, pour qu'aucune langue empressée ne lui parle de votre arrivée ici sans lui en dire la cause.

— Je suis désolé de votre peine, » dit le Gantier ; « où est le chef?

— Il est établi à environ dix milles, occupé à préparer les funérailles et le combat : le mort au tombeau, les vivants à la bataille!

— C'est un long voyage, qui vous prendra toute la nuit pour aller et pour revenir, » dit le Gantier; « et je suis bien sûr que Conachar, quand il saura que c'est moi qui...

— Oubliez Conachar, » dit le pâtre, posant son doigt sur ses lèvres. « Et quant aux dix milles, c'est moins que rien pour un montagnard, quand il porte à son chef un message de son ami. »

Parlant ainsi, et confiant le voyageur aux soins de son fils aîné et de sa fille, le pâtre actif quitta sa demeure deux heures avant minuit, et n'y revint que longtemps après le lever du soleil. Il ne dérangea pas son visiteur fatigué, mais, quand le vieillard se fut levé le matin, il lui fit savoir que les funérailles du chef défunt allaient avoir lieu le jour même, et que, bien qu'Eachin Mac Ian ne pût y inviter un Saxon, il serait heureux de le recevoir au banquet qui suivrait.

« Il faut obéir à sa volonté, » dit le Gantier, souriant à-demi du changement de rapports entre son ancien apprenti et lui. « C'est lui qui est le maître maintenant, et je pense qu'il se souviendra que, lorsqu'il en était autrement, je n'ai pas mal usé de mon autorité.

— Chut! chut! l'ami, » s'écria le Booshalloch; « moins vous en direz là-dessus, mieux cela vaudra. Vous serez le bienvenu auprès d'Eachin; du diable si, sur le sol où il commande, quelqu'un ose vous tourmenter. Cependant, portez-vous bien, car il faut que j'aille, comme c'est mon devoir, à l'enterrement du meilleur chef que le clan ait jamais eu, du plus sage capitaine qui ait jamais attaché à son bonnet une branche de myrte de marécage. Adieu pour un temps, et si vous voulez monter, derrière la maison, au sommet du Tom-an-Lonach, vous verrez un beau spectacle, et vous entendrez des lamentations capables d'atteindre la cime du Ben Lawers. Un bateau vous attendra, dans trois heures d'ici, à un demi-mille environ à l'ouest de la tête du Tay. »

Sur ces paroles, il se mit en route, suivi de ses trois fils, vers le bateau où il devait rejoindre le reste de ceux qui se rendaient aux funérailles, dont deux filles à lui, sur la voix desquelles on comptait pour prendre part aux lamentations chantées, ou plutôt criées, en ces occasions d'affliction générale.

Simon Glover, se trouvant seul, se rendit à l'écurie auprès de son bidet, et reconnut que l'animal avait été parfaitement servi de *graddan*, ou pain d'orge grillé. Il fut très sensible à cette attention, sachant que, probablement, les personnes même de la famille n'avaient pour elles qu'une faible provision de cet aliment recherché, jusqu'au moment où la moisson prochaine leur apporterait son modeste renfort. En nourriture vivante, les habitants de ce lieu étaient mieux pourvus : le lac leur fournissait en abondance du poisson pour le jeûne du carême, qu'ils n'observaient pas d'ailleurs fort strictement; mais le pain était, dans les hautes terres, une friandise fort rare. Les marais fournissaient une espèce de foin qui n'était pas des meilleurs ; mais les chevaux écossais, de même que leurs cavaliers, étaient accoutumés alors à un régime un peu dur. Gantelet (tel était le nom du bidet) avait sa stalle bien garnie d'une litière de fougère sèche, et était, sous tous les rapports, aussi bien pourvu que pouvait le permettre l'hospitalité des hautes terres.

Ainsi abandonné à ses pénibles réflexions, Simon Glover, après avoir veillé au bien-être du muet compagnon de son voyage, n'avait plus rien de mieux à faire que de suivre l'avis du pâtre ; montant donc vers une éminence qu'on appelait Tom-an-Lonach, ou la colline des Ifs, après une demi-heure de marche, il en atteignit le sommet, et put contempler la large étendue du lac, sur lequel, de cet endroit, on avait une vue superbe. Quelques vieux ifs épars et de grande taille revendiquaient encore pour la belle et verdoyante colline le nom qu'on lui avait donné. Un nombre beaucoup plus grand avait été sacrifié pour la confection des arcs, fort en demande dans cet âge guerrier, et d'un fréquent usage chez les montagnards, bien que les arcs et les flèches dont ils se servaient fussent, par leur aspect, leur forme, leur efficacité surtout, fort inférieurs à ceux des archers de la joyeuse Angleterre. Les ifs sombres et rares qui restaient encore, étaient comme les vétérans d'une armée dont l'harmonie a été brisée, occupant en désordre un poste avantageux, avec la détermination arrêtée de résister jusqu'à la fin. Derrière cette éminence, mais détachée d'elle, s'élevait une colline plus haute, partie couverte de taillis, partie s'ouvrant en clairière, où les bestiaux paissaient dispersés, trouvant, en cette saison de l'année, une maigre subsistance auprès des filets d'eau et des endroits marécageux où l'herbe nouvelle poussait en premier.

L'autre côté du lac offrait, vers le nord, une perspective beaucoup plus alpestre que le côté sur lequel le Gantier était posté. Des bois et des halliers couraient aux flancs des montagnes, et disparaissaient dans les sinuosités des ravins accidentés qui les séparaient les unes des autres. Bien au-dessus de ces œuvres de la nature dont l'aspect et les proportions n'avaient rien d'extraordinaire, s'élevaient les montagnes elles-mêmes, sombres et nues, avec la teinte grisâtre et désolée que comportait la saison.

Les unes se relevaient en pics, les autres avaient une large crête, certaines n'étaient que rocs et précipices, d'autres encore présentaient de plus gracieux contours; ce clan de Titans semblait commandé par des chefs dignes de lui, la sourcilleuse hauteur du Ben Lawers, et le sommet plus altier encore du Ben Mohr, s'élevant bien au-dessus des autres, et dont, fort avant dans la saison d'été et quelquefois toute l'année, les pics conservent un casque éblouissant de neige. A l'endroit cependant où les montagnes descendaient vers le lac, les limites de cette région sauvage et couverte de bois laissaient voir, même en ces temps éloignés, de nombreuses traces d'habitations humaines. On découvrait, surtout à la rive nord du lac, des hameaux à demi cachés au milieu des petits vallons qui versaient dans le lac Tay leurs ruisseaux tributaires. Comme beaucoup de choses en ce monde, ces hameaux, qui faisaient fort bien à distance, n'auraient excité de plus près que répulsion et dégoût, tant ils manquaient, dans leur saleté hideuse, du confortable que l'on trouve aux wigwams même des Indiens. Ils étaient habités par une race qui ne s'adonnait pas à la culture de la terre, et ne se préoccupait nullement des jouissances que l'industrie procure. Les femmes, traitées d'ailleurs avec affection, et même avec un véritable respect, accomplissaient tous les travaux domestiques absolument nécessaires. Les hommes ne se décidaient que rarement à faire usage d'une charrue informe, ou plutôt d'une bêche; c'était besogne faite à contre-cœur et comme fort au-dessous d'eux; ils n'avaient guère d'autre occupation que le soin du gros bétail, dans lequel consistait leur avoir. Le reste du temps, ils allaient à la chasse, à la pêche ou à la maraude, pour occuper leurs loisirs durant les rares intervalles de paix; prêts à piller et saccager avec plus de hardiesse et de liberté, à combattre avec une animosité plus cruelle, dès que survenait la guerre. Or la guerre, publique ou privée, sur une échelle plus large ou plus restreinte, était la grande affaire de leur vie, et la seule qu'ils estimassent digne d'eux.

La surface magnifique du lac était elle-même un spectacle à contempler avec ravissement. Sa noble étendue, se terminant par un beau et large cours d'eau, était rendue plus pittoresque encore par une de ces petites îles, situées souvent d'une façon si heureuse dans les lacs de l'Écosse. Les ruines qu'on voit sur cette île, informes maintenant et recouvertes d'arbres et de feuillage, étaient, au temps dont nous parlons, les tours et les toits d'un prieuré où dormaient les restes de Sibille, fille d'Henri Ier d'Angleterre, et épouse d'Alexandre Ier d'Écosse. Ce lieu saint avait paru de dignité suffisante pour qu'on y déposât la dépouille du capitaine du clan Quhele, jusqu'au temps, du moins, où aurait disparu le danger si imminent à l'heure présente, et où les circonstances permettraient de transporter son corps à un célèbre couvent du nord, où il devait reposer plus tard avec tous ses ancêtres.

Un grand nombre de bateaux partaient des points rapprochés ou lointains du rivage, plusieurs déployant des bannières noires, d'autres portant à l'avant des joueurs de cornemuse, qui, de temps en temps, laissaient échapper quelque note d'un caractère aigu, plaintif, lamentable, indice, pour le Gantier, que la cérémonie allait bientôt commencer. Ces tristes sons n'étaient guère qu'un prélude, une manière d'accorder les instruments, si l'on devait les comparer aux lamentations générales qui s'élèveraient bientôt.

Un son lointain se fit entendre au bout le plus éloigné du lac, semblant venir des vallons reculés par lesquels le Dochart et le Lochy versent leurs eaux dans le lac Tay. C'était en un lieu sauvage et inaccessible, où, à une époque ultérieure, les Campbells fondèrent leur puissante forteresse de Finlayrigg, que le commandant redouté du clan Quhele avait rendu le dernier soupir ; pour donner la pompe voulue à ses funérailles, son corps allait être transporté, à travers le lac, à l'île marquée pour lieu temporaire de son repos. La flottille funéraire, en tête de laquelle naviguait le bateau du chef, surmonté d'une large bannière noire, avait fait plus des deux tiers de sa route, avant d'être visible de l'éminence sur laquelle se tenait le Gantier pour contempler la cérémonie. Dès l'instant où se fit entendre le gémissement du *coronach* ou chant de deuil, poussé par ceux qui montaient cette embarcation principale, tous les accents secondaires de lamentation se turent à la fois, ainsi que le corbeau cesse de croasser et le faucon de siffler, quand le cri de l'aigle a retenti. Les bateaux, qui avaient flotté çà et là sur le lac comme un essaim d'oiseaux aquatiques dispersés sur sa surface, semblèrent alors se grouper avec ordre pour laisser passer la flottille funèbre, et pour arriver eux-mêmes à la place qu'ils devaient occuper. En même temps, le bruit perçant des cornemuses guerrières devenait de plus en plus élevé, et les cris lancés des embarcations innombrables qui suivaient celle où se déployait la bannière noire du chef, montaient, à l'unisson et sauvages, jusqu'au Tom-an-Lonach, d'où le Gantier assistait à ce spectacle. Le navire de parade qui voguait en tête de la procession portait à la poupe une espèce d'estrade, sur laquelle, vêtu de linges blancs, et le visage découvert, se montrait aux regards le corps du chef défunt. Son fils et ses plus proches parents remplissaient l'embarcation, tandis qu'un grand nombre de bateaux de toutes sortes, tout ce qu'on avait pu rassembler dans le lac Tay lui-même, ou amener, par un portage sur terre, du lac Earn ou d'ailleurs, suivaient à l'arrière. Quelques-uns étaient des matériaux les plus frêles ; il y avait même des *curraghs*, composés de cuirs de bœufs étendus sur des cerceaux de saule, à la manière des anciens Bretons. Quelques-uns s'étaient confiés à des radeaux, construits, pour la circonstance, avec les premiers matériaux qu'on avait rencontrés, si imparfaitement unis ensemble qu'il était à craindre qu'avant la fin du parcours, quelques-uns des hommes du clan du défunt ne fussent envoyés pour servir leur chef dans le royaume des esprits.

Quand la flottille principale fut en vue du groupe, relativement moindre, des bateaux partis de l'autre bout du lac, et qui, de la petite île, se dirigeaient à la rencontre du cortège, ils se saluèrent les uns les autres d'un cri si universel et si terrible, terminé par une cadence sauvage si prolongée, que non seulement les daims s'élancèrent à plusieurs milles de leur retraite pour chercher l'abri lointain des montagnes, mais le bétail domestique lui-même, accoutumé à la voix de l'homme, fut atteint de la panique dont les cris humains frappent des races d'animaux naturellement plus farouches, et s'enfuit comme eux de ses pâturages dans les marais et les vallons.

Appelés par ces sons hors de leur couvent, les moines qui habitaient la petite île commencèrent à sortir du portique surbaissé de leur église, avec leur croix et leur bannière, et toute la pompe sacerdotale qu'ils pouvaient déployer. Leurs cloches, en même temps (leur monastère en possédait trois) firent résonner, le long du lac, le tintement du glas mortuaire, frappant les oreilles de la multitude devenue silencieuse, et se mêlant au chant solennel de l'Église catholique qui s'élevait de la procession des moines. Diverses cérémonies furent accomplies, tandis que les parents du défunt portaient le corps sur le rivage, et, le plaçant sur une petite élévation depuis longtemps consacrée à cet usage, faisaient le *Deasil* autour de celui qui les avait quittés (U).

Quand le corps fut levé pour être porté dans l'église, un nouveau cri universel éclata parmi la multitude assemblée, cri dans lequel les voix puissantes des guerriers et les gémissements aigus des femmes joignirent leurs notes à la voix tremblante des vieillards et aux frêles accents de l'enfance. Le *coronach* fut chanté de nouveau, et pour la dernière fois, lorsque le corps fut porté dans l'intérieur de l'église, dont l'entrée ne fut permise qu'aux plus proches parents du mort et aux principaux chefs du clan. Ce dernier cri de douleur fut si éclatant et si terrible, et tant d'échos y répondirent, qu'instinctivement, le Gantier porta les mains à ses oreilles, pour éviter d'entendre ou, du moins, pour amortir un son aussi perçant. Il resta dans cette attitude jusqu'au moment où les faucons, les hiboux, et d'autres oiseaux que cette sauvage clameur avait épouvantés, commencèrent à rentrer dans leurs retraites. Quand il retira les mains, une voix, tout à côté de lui, disait : « Pensez-vous que ce soit, Simon Glover, l'hymne de pénitence et de louange par lequel il convient d'accompagner en présence de son Créateur l'homme chassé de sa demeure d'argile ? »

Le Gantier se retourna, et, dans le vieillard à longue barbe blanche qui se tenait debout auprès de lui, il n'eut pas de peine à reconnaître, à son œil pur et doux, et à l'expression bienveillante de ses traits, le moine chartreux, le père Clément. Il ne portait plus son costume monastique, mais, drapé dans un manteau grossier, il avait sur la tête une toque de montagnard.

On se souviendra que le Gantier avait, pour cet homme, un mélange de respect et d'antipathie ; respect que son jugement ne pouvait refuser à la personne et au caractère du moine ; antipathie naissant de ce que les doctrines particulières du père Clément étaient la cause de l'exil de sa fille et de sa propre infortune. Ce ne fut donc pas avec une satisfaction sans mélange qu'il rendit le salut au père, et qu'il répondit à la question que celui-ci lui posait une seconde fois au

La flottille funèbre s'approche de l'île habitée par les moines.

sujet de ces rites funèbres si sauvagement accomplis. « Je ne sais trop qu'en penser, mon bon père; mais ces hommes s'acquittent de leur devoir envers leur chef défunt conformément aux usages de leurs ancêtres ; ils veulent exprimer leurs regrets de la perte de leur ami, et adresser au ciel leurs prières en sa faveur ; ce qui est fait à bonne intention doit, à mon avis, être accueilli favorablement. S'il en était autrement, ils auraient depuis longtemps, je pense, reçu la lumière pour mieux faire.

— Vous vous trompez, » reprit le moine. « Dieu nous a envoyé la lumière à tous, bien qu'en des proportions différentes ; mais l'homme ferme obstinément les yeux, et préfère l'obscurité. Ce peuple plongé dans les ténèbres, mêle avec le rituel de l'Église romaine les vieilles cérémonies païennes de ses pères, unissant ainsi aux abominations d'une église corrompue par la richesse et par la puissance, les rites cruels et sanglants de sauvages idolâtres.

— Père, » dit brusquement Simon, « il me semble que vous feriez mieux d'aller en cette chapelle, aider vos frères dans l'accomplissement de leurs fonctions ecclésiastiques, que de tourmenter et d'embarrasser ici la foi d'un chrétien humble et ignorant comme moi.

— Pourquoi dites-vous, mon cher frère, que je voudrais ébranler vos principes et votre foi? » répondit Clément. « Si mon sang était nécessaire pour cimenter l'âme d'un homme, quel qu'il soit, à la religion sainte qu'il professe, fasse le ciel qu'à cette fin il soit librement versé !

— Ce que vous dites est fort beau, mon père, j'en conviens, » repartit le Gantier ; « mais, si je dois juger la doctrine par les fruits, le ciel m'a puni, par la main de l'Église, pour y avoir prêté l'oreille jusqu'ici. Avant que je ne vous eûsse entendu, mon confesseur ne s'émouvait guère quand je lui avouais que, sur le banc des buveurs d'*ale*, j'avais fait un joyeux récit, un moine ou une nonne en eûssent-ils été l'objet. Si j'avais dit, dans un temps, que le père Hubert était meilleur chasseur de lièvres que d'âmes, je me confessais au vicaire Vinesauf, qui en riait, et, pour pénitence, me faisait payer un petit régal ; si j'avais dit que le vicaire Vinesauf était plus fidèle à son verre qu'à son bréviaire, je me confessais au père Hubert, et un gant de fauconnerie neuf remettait tout en bon état ; de cette façon, ma conscience, la mère Église et moi, nous vivions ensemble en termes de paix, d'amitié et de mutuelle indulgence. Mais depuis que je vous ai écouté, père Clément, cette heureuse union est brisée, et rien ne résonne plus à mon oreille que le purgatoire dans le monde futur, les fagots et le feu dans celui-ci. Éloignez-vous donc, père Clément, et ne parlez qu'à ceux qui peuvent comprendre votre doctrine. Je n'ai pas le cœur d'un martyr; jamais de la vie je n'ai eu seulement assez de courage pour moucher une chandelle avec les doigts; et pour parler franc, j'aurais bon désir de retourner à Perth, d'implorer mon pardon auprès de la cour spirituelle, de porter mon fagot au pied de la potence en signe de rétractation, et de racheter pour moi le nom de bon catholique, fût-ce au prix de la richesse temporelle qui me peut rester.

— Vous vous fâchez, mon très cher frère, » dit Clément; « et, pour une petite parcelle de danger ou de perte terrestre, vous vous repentez des bonnes pensées que vous avez eues autrefois.

— Vous en parlez à votre aise, père Clément, vous qui avez renoncé depuis longtemps aux richesses et aux biens de ce monde, et qui êtes disposé à donner votre vie, quand elle sera demandée, pour la doctrine que vous prêchez et que vous croyez. Vous êtes aussi prêt à mettre la chemise de poix et la coiffure de soufre, qu'un homme tout nu à s'aller coucher, et l'on dirait que vous n'avez pas plus de répugnance pour l'une des deux cérémonies que pour l'autre. Je ne suis pas, pour ma part, aussi détaché des choses. Mon bien est encore à moi, et c'est (j'en remercie le ciel) pitance convenable pour vivre. Ma vie est celle d'un homme de soixante ans, bien portant, qui n'est pas pressé de la mener à fin; et, quand je serais pauvre comme Job, et sur le bord de la tombe, ne dois-je pas encore me rattacher au monde pour ma fille, à qui vos doctrines ont déjà coûté si cher?

— Votre fille, ami Simon, » dit le chartreux, « on peut l'appeler, à coup sûr, un ange sur la terre.

— Grâce à vos doctrines, mon père, elle est bien près, maintenant, de mériter le nom d'ange dans le ciel, et d'y être transportée dans un char de feu.

— Cessez mon bon frère, » dit Clément, « de parler de ce que vous entendez peu. Puisque c'est perdre le temps que de vous montrer une lumière contre laquelle vous vous irritez, écoutez du moins ce que j'ai à vous dire au sujet de votre fille ; sa félicité temporelle, bien que je ne la mette pas un instant en balance avec sa félicité spirituelle, est cependant, à son rang, aussi chère à Clément Blair qu'au propre père de Catherine. »

Le vieillard, en parlant, avait des larmes dans les yeux, et ce fut d'un ton un peu radouci que Simon Glover lui adressa de nouveau la parole.

« On vous croirait, père Clément, le plus aimable et le plus bienveillant des hommes. Comment se fait-il qu'un mécontentement général marche sur vos pas partout où vous venez à les porter? Je gagerais ma vie que vous êtes déjà venu à bout de blesser cette dizaine de pauvres moines dans leur cage entourée des ondes, et qu'on vous a fait défense d'assister aux funérailles?

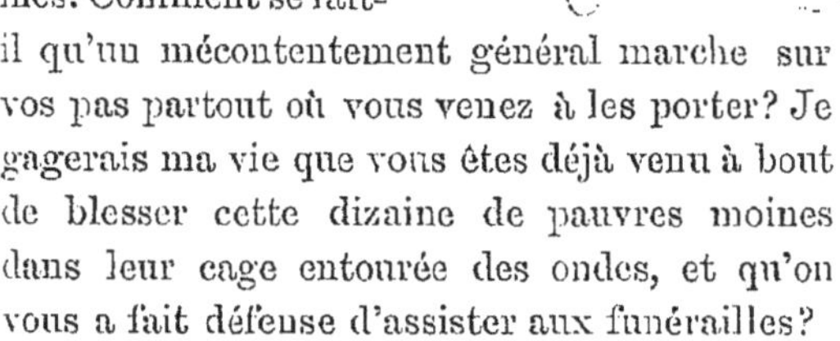

— Cela est vrai, mon fils, » dit le chartreux; « et je doute que leur malice me permette de rester en ce pays. Je n'ai fait que dire quelques mots de deux superstitions absurdes : aller à l'église de Saint-Fillian, pour découvrir un vol au moyen de sa cloche; baigner dans la mare de cette église les gens atteints de folie pour les guérir de leur infirmité d'esprit. Et, soudain, ces persécuteurs m'ont chassé de leur communion, comme, bientôt, ils me chasseront de la vie.

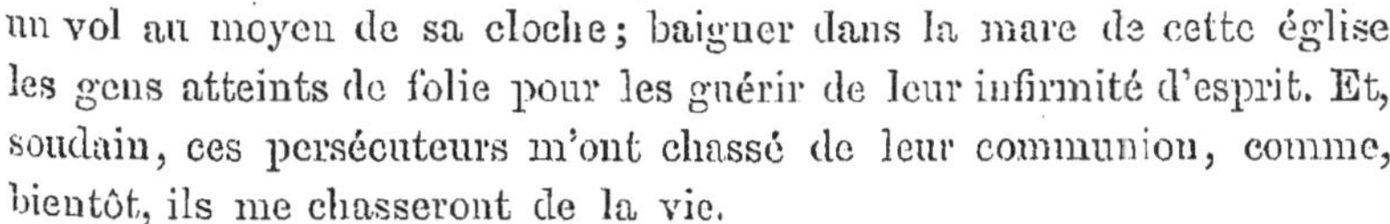

— Voyez donc un peu, » dit le Gantier, « ce que c'est qu'un homme qui ne veut pas recevoir un avertissement? Eh bien, père Clément, on n'aura, quant à moi, nul sujet de m'exclure, à moins que ce ne soit pour avoir été votre compagnon. Je vous prie donc de me dire ce que vous avez à me communiquer au sujet de ma fille, et soyons, à l'avenir, moins voisins que nous ne l'avons été.

— Voici donc, père Simon, ce dont j'ai à vous informer. Ce jeune chef, si enflé de sa puissance et de sa gloire, il est une chose qu'il aime mieux encore que tout cela, et, cette chose, c'est votre fille.

— Lui! Conachar! » s'écria Simon. « Mon apprenti fugitif lèverait les yeux sur ma fille!

— Hélas! » dit Clément, « l'orgueil du monde s'attache à nous aussi étroitement que le lierre à la muraille, et ne peut plus en être séparé! Veillez sur votre fille, mon bon Simon! Hélas! le capitaine du clan Quhele, grand comme il l'est, plus grand surtout comme il s'attend à l'être bientôt, ne lève pas les yeux, mais les abaisse, sur la fille du bourgeois de Perth, et croit s'amoindrir en le faisant. Mais, pour me servir de l'expression profane qu'il a lui-même employée, Catherine lui est plus chère que la vie en ce monde et que le ciel dans l'autre. Il ne saurait vivre sans elle.

— Qu'il meure, alors, si bon lui semble, » dit Simon Glover; « car elle est fiancée à un honnête bourgeois de Perth; et je ne manquerais pas à ma parole, quand il s'agirait de faire de ma fille l'épouse du prince d'Écosse.

— Je pensais que telle serait votre réponse, » répliqua le moine; « je souhaiterais, mon digne ami, que vous pussiez apporter dans les choses spirituelles un peu de cet esprit hardi et résolu avec lequel vous savez diriger vos affaires temporelles.

— Silence, père Clément, silence! » répondit le Gantier; « lorsque vous tombez dans cet ordre de raisonnements, vos paroles sentent le goudron enflammé; et c'est une odeur que je n'aime pas. Quant à Catherine, je mènerai les choses comme je pourrai, pour ne pas mécontenter le jeune dignitaire; mais c'est heureux pour moi qu'elle soit loin de sa portée.

— Il est bon, en effet, qu'elle soit à distance, » dit le chartreux. « Et maintenant, mon frère Simon, puisque vous jugez périlleux de m'avouer, moi et mes opinions, je vais partir seul avec mes doctrines et les dangers qu'elles attirent sur moi. Mais si votre œil, moins aveuglé qu'il ne l'est aujourd'hui par les espérances et par les craintes du monde, tourne jamais en arrière un regard vers celui qui pourrait bientôt être arraché de cette vie, souvenez-vous que rien, rien absolument, sauf un sentiment profond de la vérité et de l'importance de la doctrine enseignée par lui, n'aurait déterminé Clément Blair à subir, à provoquer même, l'animosité des puissants et des endurcis, à éveiller les craintes des jaloux et des timides, à marcher dans le monde comme s'il n'y appartenait pas, à être réputé fou parmi les hommes, pour pouvoir, s'il était possible, conquérir à Dieu quelques âmes. Le ciel me soit témoin qu'en tout ce qui est légitime, j'aimerais à me soumettre, pour me concilier l'amour et la sympathie de ceux qui sont mes frères! Ce n'est pas peu de chose d'être évité par les gens de bien comme un malade contagieux ; d'être persécuté par les pharisiens du jour comme un hérétique incrédule; d'être regardé avec horreur et mépris par la multitude, considéré par elle comme un fou qui peut devenir dangereux. Mais, dussent toutes ces misères se multiplier au centuple, le feu qui m'anime ne sera pas étouffé, la voix qui me dit au-dedans : Parle, sera obéie. Malheur à moi si je ne prêche l'Évangile, dussé-je finir par le prêcher au milieu d'un bûcher! »

Ainsi parlait ce hardi témoin de la vérité, l'un de ceux que le ciel suscita de temps à autre pour conserver, au milieu des siècles les plus ignorants, et pour transmettre à ceux qui devaient les suivre, les manifestations d'un christianisme vrai; pour servir de témoins, depuis le temps des apôtres jusqu'aux jours où, favorisée par l'invention de l'imprimerie, la réforme éclata dans toute sa splendeur. La politique égoïste du Gantier frappait les yeux de celui-là même qui la professait : il se sentait méprisable en contemplant le chartreux, qui s'éloignait de lui dans la majesté sainte de la résignation. Il se sentit même, un instant, une disposition soudaine à suivre l'exemple que lui donnaient la philanthropie, le zèle, le désintéressement du confesseur ; mais ce fut comme un éclair, traversant une voûte sombre où il n'y a rien qui puisse prendre feu, et il descendit lentement la colline, dans une direction autre que celle du chartreux, oubliant le moine et sa doctrine, enseveli en des pensées inquiètes sur le sort de son enfant et sur le sien (V).

CHAPITRE XXVIII.

Quel besoin avaient-ils, ces proscrits conquérants,
D'une page où l'histoire eût dit : Ils étaient grands,
Ou d'un tombeau dont l'art eût réglé l'ordonnance ?
Vivants, n'ont-ils pas eu l'espoir et la vaillance?

BYRON.

LES funérailles terminées, la même flottille qui avait traversé le lac en ordre lugubre et solennel, se prépara à regagner les rives, bannières déployées, avec des démonstrations de satisfaction et d'allégresse. On n'avait que peu de temps pour célébrer des fêtes, alors que devenait si proche le jour de l'imposant conflit entre le clan Quhele et ses redoutables rivaux; il avait été convenu, en conséquence, qu'à la fête des funérailles, serait jointe celle donnée d'habitude pour l'installation du nouveau chef.

On fit à cet arrangement quelques objections, comme s'il eût été de mauvais présage. Mais, d'autre part, il puisait une sorte de recommandation dans les habitudes et les sentiments des montagnards, qui, jusqu'à ce jour, ont mêlé à leurs deuils un certain degré de joie solennelle, et à leurs joies quelque chose qui ressemble à la tristesse. La répugnance à porter ses discours ou ses pensées vers ceux qu'on a aimés et perdus, est moins connue de cette race grave et enthousiaste qu'elle ne l'est chez d'autres peuples. Non seulement on y entend (ce qui est d'usage partout) ceux qui sont jeunes rappeler les mérites et la manière d'être de parents morts avant eux d'après la loi de la nature; mais le veuf ou la veuve parle, dans la conversation ordinaire, de l'époux qu'il a perdu, et, ce qui est encore plus à remarquer, les parents font allusion fréquemment à la beauté ou à la valeur de l'enfant qu'ils ont dû confier à la terre. Les montagnards écossais semblent considérer la séparation d'avec leurs amis par la mort, comme chose moins définitive et moins complète qu'on ne le comprend généralement ailleurs; ils parlent des êtres chéris descendus avant eux dans la tombe comme de gens partis pour un long voyage, où bientôt eux-mêmes ils les suivront. Ainsi donc la fête des funérailles, coutume générale scrupuleusement pratiquée dans toute l'Écosse, pouvait, dans l'opinion de ceux qui y prenaient part, se mêler sans inconvenance, en l'occasion présente, aux fêtes qui saluaient l'avènement du successeur.

Le navire qui venait de porter le mort au tombeau, conduisait à présent le jeune Mac Ian à son commandement nouveau; les ménestrels faisaient entendre leurs notes les plus joyeuses pour féliciter Eachin de son élévation, de même qu'ils avaient jeté leurs accents les plus douloureux en menant Gilchrist à la tombe. De la flottille dont le navire était suivi sortaient des notes de triomphe et de joie, au lieu des lamentations et des cris qui avaient si récemment troublé les échos du lac Tay. Mille voix saluaient le jeune chef, qui se tenait debout sur la poupe, armé de toutes pièces, dans la fleur naissante de la virilité, de la beauté, de la force, à la place même où venait d'être étendu le cadavre de son père; entouré d'amis triomphants, comme son père l'avait été, tout à l'heure, du cortège de la douleur. Un bateau marchait plus près que tous les autres de l'embarcation d'honneur. Torquil du Chêne, un géant à cheveux gris, en était le timonnier; et ses huit fils, tous au-dessus de la taille ordinaire de l'homme, en maniaient les rames. Comme un gros chien favori, délivré de sa laisse, et qui gambade autour d'un maître indulgent, le bateau des frères de lait passait tantôt d'un côté de l'embarcation du chef, tantôt de l'autre, et même en faisait complètement le tour dans les élans d'une joie extravagante. Avec la vigilance jalouse de l'animal auquel nous l'avons comparé, le bateau du père nourricier n'aurait pas non plus permis sans danger aux autres embarcations de s'approcher autant que lui du navire du chef; on ne l'eût fait qu'au risque d'être coulé par les manœuvres impétueuses que Torquil exécutait. Élevés dans le clan à un rang éminent par l'avènement d'Eachin, telle était la manière turbulente, presque terrible, dont les frères de lait témoignaient la part qu'ils prenaient, plus encore que tous autres, au triomphe de leur chef.

Bien loin en arrière, et avec des sentiments différents, chez l'une du moins des personnes qui le montaient, venait le petit bateau dans lequel, conduit par le Booshalloch et par l'un de ses fils, Simon Glover était passager.

« S'il faut que nous allions jusqu'au bout du lac, » dit Simon à son ami, « il nous faudra des heures pour y arriver. »

Pendant qu'il parlait, à un signal de l'embarcation du chef, l'équipage du bateau des frères de lait ou gardes du corps, fit force de rames jusqu'à ce qu'il eût atteint la barque du Booshalloch; jetant à bord une amarre en cuir, que Niel attacha fortement à l'avant de son esquif, les frères de lait se remirent à leurs rames, et, bien qu'ils eussent à leur remorque le petit bateau, coururent sur le lac avec presque autant de rapidité qu'auparavant. La barque était entraînée avec une vitesse qui semblait menacer de la couler à fond, ou de séparer la proue du reste de l'embarcation.

Simon Glover vit avec inquiétude la témérité furieuse de cette course, et l'avant du bateau qui n'était plus, par instants, qu'à un pouce ou deux du niveau de l'eau. Son ami Niel Booshalloch avait beau l'assurer que cela ne se faisait que pour l'honorer particulièrement, il souhaitait de tout son cœur que le voyage se terminât sans encombre. Ce fut ce qui arriva, et beaucoup plus tôt qu'il ne le supposait; car le lieu de la fête n'était pas à quatre milles de distance de l'île où le corps avait été déposé : on avait choisi cette place comme convenant aux desseins du chef, qui partait pour le sud-est aussitôt que le banquet serait terminé.

Du côté du lac Tay, une baie présentait une belle plage de sable brillant, où les bateaux pouvaient prendre terre aisément, et une prairie dont le sol était sec et couvert d'un gazon verdoyant pour la saison; derrière et autour, s'élevaient de hautes collines garnies de bois taillis. Là se déployaient les préparatifs immenses que l'on avait faits pour la fête.

Les montagnards, bien connus pour leur habileté à manier la hache, avaient construit un long berceau, ou salle de banquet d'un caractère forestier, capable de recevoir deux cents personnes ; autour, un certain nombre de cabanes, plus petites, semblaient destinées à servir de chambres à coucher. Les montants, les poutres et les supports du toit de la salle temporaire étaient formés de pins de montagne, encore recouverts de leur écorce; les murailles extérieures étaient de planches ou membrures de mêmes matériaux, étroitement enlacées avec les rameaux feuillus du sapin et d'autres arbres verts qui croissaient dans les bois voisins; les hauteurs avaient, pour former le toit, fourni la bruyère en abondance. Dans ce palais improvisé, les plus considérables des personnages présents étaient invités à un grand festin. D'autres, de moindre importance, devaient célébrer la fête en différents hangars, de forme longue, et construits avec moins de soin. Des tables de gazon, ou des planches brutes en plein air étaient livrées à la multitude. A distance, on pouvait voir des fourneaux de charbons embrasés ou de bois enflammés, autour desquels d'innombrables cuisiniers s'évertuaient, s'agitaient, s'empressaient, comme autant de démons travaillant dans leur élément natal. Des trous, creusés au flanc de la colline, et garnis de pierres rougies au feu, servaient de fours pour faire cuire d'immenses quantités de bœuf, de mouton et de venaison; des broches de bois supportaient des moutons et des chèvres, qu'on rôtissait tout entiers; d'autres animaux étaient coupés en morceaux, et bouillaient dans des chaudrons faits des peaux même des victimes, cousues ensemble à la hâte et remplies d'eau; des légions nombreuses de brochets, de truites, de saumons et d'ombres ou *chars*, étaient grillées sur la braise avec plus de cérémonie. Le Gantier avait vu plus d'un banquet des hautes terres, mais jamais aucun dont les préparatifs fussent faits sur une pareille échelle et avec un déploiement tel de barbare profusion.

Il n'eut guère le temps d'admirer la scène qui se déployait autour de lui; car, aussitôt qu'ils eurent mis le pied sur le rivage, le Booshalloch lui fit observer, avec quelque embarras, que, comme ils n'avaient pas été invités à la table d'honneur, distinction à laquelle il avait paru s'attendre, ils feraient bien de s'assurer d'une place dans l'un des abris de qualité inférieure. Il ouvrait la marche dans cette direction, quand il fut arrêté par l'un des gardes du corps, qui, semblant agir comme maître des cérémonies, lui dit quelque chose à l'oreille.

« Je le pensais bien, » répondit le pâtre, fort soulagé; « je pensais que ni l'étranger, ni l'homme qui a l'emploi que j'occupe, ne seraient laissés en dehors de la grande table. »

Ils furent donc conduits dans la construction principale, où étaient de longues rangées de tables, déjà presque entièrement occupées; ceux qui faisaient office de domestiques plaçaient devant les convives les aliments grossiers, mais abondants, qui composaient le repas. Le jeune chef, bien qu'il eût certainement vu entrer le Gantier et le pâtre, ne leur adressa personnellement aucun salut, et des places leur furent marquées dans un coin éloigné, bien au-dessous de la salière. Cette salière était une énorme pièce d'argenterie antique, le seul objet de valeur qui fût sur la table : elle était considérée par le clan comme une espèce de *palladium*, qu'on n'offrait aux regards et dont on ne se servait que dans les occasions les plus solennelles, comme celle-ci.

Le Booshalloch, un peu mécontent, dit à mi-voix à Simon, en prenant sa place : « Les temps sont changés, l'ami. Son père (Dieu veuille avoir son âme!) nous aurait parlé à tous les deux. Ce sont de mauvaises manières, qu'il a apprises chez vous autres Saxons des basses terres. »

Le Gantier ne jugea pas nécessaire de répondre à cette remarque; il préféra regarder les arbres verts, et surtout les peaux de bêtes et les autres ornements dont l'intérieur de la salle était décoré. La partie la plus remarquable de ces ornements était un certain nombre de cottes de mailles des hautes terres, chacune avec coiffure d'acier, hache d'armes, épée à deux mains, le tout suspendu autour de la partie supérieure de la pièce, comme aussi même nombre de boucliers richement relevés en bosse. Chaque cotte de mailles était appuyée sur une peau de cerf bien tendue, qui faisait voir l'armure à son avantage, et la défendait de l'humidité.

« Ce sont, » dit tout bas le Booshalloch, « les armes des champions désignés du clan Quhele. Il y a vingt-neuf armures, comme vous le voyez; Eachin lui-même est le trentième champion; il porte aujourd'hui son armure, sans quoi il y en aurait trente. Son harnois, après tout, aurait besoin d'être meilleur encore pour le dimanche des Rameaux. Ces neuf armures si grandes, sont pour les gardes du corps, sur lesquels on compte tant.

— Et ces belles peaux de daim, » dit Simon, dont l'esprit profes-

sionnel s'éveillait à la vue des marchandises qui faisaient l'objet de son négoce, « savez-vous si le chef serait disposé à les vendre? Elles sont aujourd'hui très demandées pour la confection des pourpoints que les chevaliers portent sous leur armure.

— Ne vous ai-je pas prié, » dit Niel Booshalloch, « de ne rien dire sur ce sujet?

— Parlons, alors, des cottes de mailles, » dit Simon. « Puis-je vous demander si quelqu'une d'elles a été faite par notre célèbre armurier de Perth, nommé Henri de la Ruelle?

— Vous êtes plus malheureux encore qu'auparavant, » dit Niel; « le nom de cet homme agit sur l'humeur d'Eachin comme un tourbillon sur le lac. Personne, cependant, ne sait pourquoi.

— Je le devine, » pensa le Gantier; mais il n'eut garde d'émettre sa pensée. Étant tombé deux fois de suite sur des sujets de conversation qui manquaient d'à-propos, il résolut de s'occuper, comme ceux qui l'entouraient, de ce qu'il avait à manger, sans s'attaquer à rien autre chose.

Nous en avons dit assez des préparatifs pour amener le lecteur à en conclure que le festin, quant à la qualité des mets, était de l'espèce la plus simple; il consistait surtout en grosses pièces de viande, que l'on consommait avec peu de respect pour le carême, quoique plusieurs moines du couvent de l'Ile honorassent et sanctifiassent la table de leur présence. Les plats étaient de bois; de bois aussi les coupes, ou gobelets cerclés, dans lesquels les convives buvaient les liquides qui leur étaient servis, et même le bouillon ou jus de viande, qu'on tenait pour un régal délicat. Il y avait en outre diverses préparations fort estimées, faites avec du laitage, et qu'on mangeait dans des vaisseaux du genre de ceux qu'on vient de décrire. Le pain était, à ce banquet, l'article le plus rare; mais le Gantier et son introducteur Niel en reçurent deux petites miches, par une attention toute spéciale. Suivant un usage alors général dans toute la Bretagne, les convives se servaient de leurs couteaux de chasse appelés *skenes*, ou de larges poignards ou dagues, sans s'amuser à réfléchir que ces instruments avaient pu, dans l'occasion, être employés à des usages différents et plus funestes.

Au plus haut bout de la table était un siège vacant, élevé au-dessus du sol d'une marche ou deux. Il était surmonté d'un dais en branches de houx et de lierre; une épée dans le fourreau et une bannière pliée y étaient placées. Ç'avait été le siège du chef défunt, et, en son honneur, il restait inoccupé. Eachin était sur un siège plus bas, à la droite de la place d'honneur.

Le lecteur qui veut bien suivre la description de ce festin, se tromperait grandement s'il supposait que les convives se comportaient comme une bande de loups affamés, se précipitant sur un régal qui leur est rarement offert. Le clan Quhele, au contraire, se conduisait avec cette sorte de réserve courtoise, et d'attention pour les besoins des autres, que l'on rencontre souvent chez les nations primitives, particulièrement chez celles qui sont toujours en armes ; car l'observation des règles de la courtoisie y est nécessaire pour prévenir les querelles, l'effusion du sang et la mort. Les convives avaient pris les places à eux assignées par Torquil du Chêne, qui, agissant comme maréchal *Tach*, c'est-à-dire écuyer de la table, touchait d'une baguette blanche, sans dire un mot, la place où chacun devait s'asseoir. Ainsi ordonnée, la compagnie attendait patiemment la portion revenant à chacun, que distribuaient les gardes du corps. Les hommes les plus braves ou les guerriers les plus distingués de la tribu étaient gratifiés d'une double part, appelée, dans un langage énergique, *bieyfir*, ou la portion d'un homme. Quand les écuyers ou distributeurs avaient vu tout le monde servi, ils reprenaient leur place au festin, et l'on mettait devant chacun d'eux une de ces parts de nourriture plus considérables. De l'eau était placée à la portée de chacun, et une poignée de mousse faisait office de serviette, si bien que, comme dans un banquet d'Orient, on se lavait les mains aussi souvent qu'on changeait de service. Comme délassement, le barde récitait les louanges du chef défunt, et exprimait la confiance du clan dans les vertus en fleur de son successeur. Le *Seanachie* récita, à son tour, la généalogie de la tribu, qu'on faisait descendre des Dalriades (X); les harpes jouaient à l'intérieur, pendant qu'au dehors les cornemuses réjouissaient la multitude. La conversation entre les convives était grave, réservée et polie ; pas une plaisanterie qui franchît les bornes des convenances, et l'on n'en faisait usage que pour exciter le sourire en passant. Pas de voix bruyantes, pas de discussions qui sentissent la dispute ; bien des fois à Perth, dans un repas de corporation, Simon Glover avait entendu plus de bruit que n'en faisaient, en cette occasion, deux cents montagnards à demi sauvages.

La boisson elle-même n'élevait pas le ton de la compagnie au delà de ce que comporte une gravité bienséante. Il y avait des boissons de plusieurs espèces : le vin ne s'y montrait qu'en très petite quantité, et n'était servi qu'aux principaux convives, parmi lesquels Simon Glover eut de nouveau l'honneur d'être compris. Le vin et les deux pains de froment furent, à la vérité, les seules marques d'attention que le Gantier reçut durant la fête ; mais Niel Booshalloch, jaloux de la réputation d'hospitalité de son maître, ne manqua pas de les faire valoir comme preuves de haute distinction. Les liqueurs distillées, devenues depuis d'un usage si général dans les hautes terres, y étaient alors comparativement inconnues. Le whisky circulait en quantité modeste, fortement relevé par une décoction de safran et d'autres herbes, de façon à ressembler à une potion médicinale plutôt qu'à un cordial pour animer une fête. On voyait au festin du cidre et de l'hydromel; mais l'*ale*, brassée largement pour la circonstance, et coulant sans restriction à la ronde, était le liquide dont on faisait généralement usage; on le buvait toutefois avec une modération que connaissent beaucoup moins les modernes habitants des hautes terres. Une coupe à la mémoire du chef défunt fut le premier toast solennellement proclamé après que le banquet fut fini, et un sourd murmure de bénédictions se fit entendre lorsque les moines seuls, élevant ensemble leurs voix, chantèrent : *Requiem æternam dona.* Un grand silence suivit, comme si l'on attendait quelque chose d'extraordinaire : Eachin se leva, d'un air mâle et fier, mêlé d'une grâce modeste, et, montant au siège vacant, ou trône, dit avec dignité et d'un ton ferme .

« Ce siège, et l'héritage de mon père, je les réclame comme mon droit. Ainsi me viennent en aide Dieu et saint Barr !

— Comment gouvernerez-vous les enfants de votre père? » dit un vieillard, oncle du défunt.

« Je les défendrai avec l'épée de mon père, et je leur rendrai la justice sous la bannière de mon père. »

Le vieillard, d'une main tremblante, sortit du fourreau l'arme pesante, et, la tenant par la lame, en offrit la poignée au jeune chef; en même temps, Torquil du Chêne déroula le pennon de la tribu, et l'agita à plusieurs reprises au-dessus de la tête d'Eachin, qui, avec une grâce et une adresse singulières, brandissait la large claymore comme pour défendre l'étendard. Les convives poussèrent une acclamation formidable, pour attester l'acceptation qu'ils faisaient du chef héréditaire qui réclamait leur allégeance : dans le svelte et beau jeune homme qui était là devant eux, pas un n'était disposé à retrouver en ses souvenirs l'objet de sinistres prédictions. Tandis que, dans sa brillante armure, appuyé sur sa large épée, il répondait par des gestes heureux aux acclamations qui fendaient les airs et dans la salle et dehors et partout, Simon Glover aurait presque douté que cette majestueuse figure appartînt au même garçon qu'il avait traité quelquefois avec peu de cérémonie, et il commençait à avoir quelques craintes sur les conséquences de sa conduite. Une explosion générale de la musique des ménestrels succéda aux acclamations, et les rochers et les bois retentirent du son des harpes et des airs joyeux des cornemuses, comme ils avaient précédemment retenti des gémissements funèbres et des cris de la douleur

Il serait fatigant de suivre trop avant la marche de la fête d'installation, les toasts qui furent portés aux anciens héros du clan, et, pardessus tout, aux vingt-neuf vaillants guerriers qui allaient combattre dans le prochain conflit, sous l'œil et la conduite de leur jeune chef. Les bardes, qui, dès les anciens temps, avaient joint à leur caractère de poètes le caractère de prophètes, ne craignirent pas d'assurer à leurs guerriers la plus éclatante victoire, et de peindre, en leurs prédictions, la furie avec laquelle le faucon bleu, emblème du clan Quhele, mettrait en pièces le chat de montagne, symbole bien connu du clan Chattan.

Le coucher du soleil approchait quand un vase, appelé la coupe de grâce, fait de chêne cerclé d'argent, fut passé de main en main autour de la table comme un signal pour se disperser, chacun restant libre d'ailleurs, s'il désirait festoyer encore, de battre en retraite vers quelqu'un des abris environnants. Quant à Simon Glover, le Booshalloch le conduisit à une petite cabane destinée à l'usage d'une seule personne : un lit de bruyère et de mousse y était disposé aussi bien que la saison le permettait, et un ample approvisionnement de tous les aliments délicats qui avaient figuré dans la fête, montrait qu'on avait veillé avec tout le soin possible au bien-être de l'habitant.

« Ne quittez pas cette cabane, » dit le Booshalloch, en prenant congé de son ami et protégé ; « c'est le lieu de votre repos. Mais les appartements sont faciles à perdre en une nuit de confusion pareille, et si le blaireau quitte son trou, le renard s'y glissera. »

La façon dont il était logé n'était nullement désagréable à Simon Glover. Il était fatigué du bruit de la journée, et avait besoin de repos. Après donc avoir mangé un morceau (ce que son appétit n'exigeait guère), et avoir bu un verre de vin pour chasser le froid, il marmotta sa prière du soir, s'enveloppa dans son manteau, et s'étendit sur un genre de lit qu'une vieille expérience lui avait rendu familier et commode. Le bourdonnement et le bruit, et même les cris que lançaient parfois ceux qui continuaient la fête au dehors, ne retardèrent pas longtemps son repos ; et, au bout de dix minutes, il fut aussi profondément endormi que s'il eût été couché dans son lit de la rue du Couvre-feu.

CHAPITRE XXIX.

Encore rêvant à ma fille.
SHAKSPEARE, *Hamlet*, acte II, scène 2.

DEUX heures avant le chant du coq des bruyères, Simon Glover fut éveillé par une voix bien connue, qui l'appelait par son nom.

« Hein, Conachar! » répliqua-t-il en sursaut; « est-il déjà si tard? »

Il leva les yeux; la personne à laquelle il rêvait se tenait devant lui. Au même moment, les événements de la veille lui revinrent en mémoire, et il reconnut avec surprise que la vision gardait la forme que le sommeil lui avait donnée. Ce n'était pas le chef montagnard, couvert de la cotte de mailles et la claymore à la main, tel qu'il l'avait vu le soir précédent, mais le Conachar de la rue du Couvre-feu, dans son humble vêtement d'apprenti, tenant en main une baguette de chêne. Une apparition n'aurait pas causé plus de surprise à notre bourgeois de Perth. Tandis qu'il lançait des regards étonnés, le jeune homme tourna vers lui un morceau de bois bitumineux des marécages qu'il portait allumé dans une lanterne, et à cette exclamation du réveil, il répliqua :

« C'est bien cela, père Simon ; c'est Conachar qui vient renouveler connaissance, au moment où notre entrevue attirera le moins l'attention. »

Parlant ainsi, il s'assit sur un tréteau qui faisait office de siège, et, posant la lanterne à côté de lui, du ton le plus amical, il dit :

« J'ai joui longtemps, père Simon, de votre bonne hospitalité. J'espère que, chez moi, vous n'aurez manqué de rien?

— De rien absolument, Eachin Mac Ian, » répondit le Gantier; car la simplicité des mœurs et du langage celtique repousse toute espèce de titres honorifiques. « Cela a même été trop bon pour cette époque de jeûne, et beaucoup trop bon pour moi, car je suis honteux de penser combien votre chère était maigre en la rue du Couvre-feu.

— Pour parler comme vous, » dit Conachar, « elle n'était que trop bonne pour les mérites d'un apprenti paresseux et pour les besoins d'un jeune montagnard. Mais, hier, s'il y avait, comme je le crois, une nourriture suffisante, n'avez-vous pas trouvé, mon bon Glover, qu'un accueil courtois vous a fait défaut? Ne vous en excusez point; je sais que vous l'avez pensé. Mais je suis, pour mon peuple, nouveau dans l'autorité, et je ne dois pas trop tôt attirer son attention sur le temps de ma résidence dans les basses terres, que, cependant, je n'oublierai jamais.

— J'en comprends parfaitement la cause, » dit Simon; « et c'est contre mon gré, c'est, pour ainsi dire, par force, que j'ai fait en ce lieu une aussi prompte visite.

— Taisez-vous, père Simon, taisez-vous! Il est bon que vous soyez venu contempler ma splendeur des hautes terres pendant qu'elle brille encore. Revenez après le dimanche des Rameaux, et qui sait quels hommes et quelles choses vous trouverez dans le territoire que nous possédons maintenant! Le chat sauvage peut avoir établi sa demeure aux lieux où s'élève aujourd'hui la salle de banquet de Mac Ian. »

Le jeune chef garda le silence, et posa sur ses lèvres l'extrémité de sa baguette, comme pour s'empêcher d'en dire davantage.

« Cela n'est pas à craindre, Eachin, » dit Simon, de cette façon vague dont se servent les tièdes donneurs d'assurance pour détourner d'un danger inévitable les réflexions de leurs amis.

« Cela est à craindre, » répondit Eachin. « Il y a danger de ruine complète, et certitude d'une grande perte. Je m'étonne que mon père ait consenti à cette proposition insidieuse d'Albany. Je souhaiterais que Mac Gillie Chattachan voulût s'entendre avec moi, et alors, au lieu de perdre, l'un contre l'autre, le meilleur de notre sang, nous descendrions ensemble à Strathmore, pour tuer et pour conquérir. Je gouvernerais Perth, et lui Dundee, et toute la grande vallée serait à nous jusqu'au détroit et jusqu'aux rives du Tay. C'est la politique que j'ai apprise de vos barbes grises, père Simon, pendant que, derrière vous, je tenais une assiette, et que je vous entendais causer, le soir, avec le bailli Craigdallie.

— On a bien raison, » pensa le Gantier, « d'appeler la langue un membre déréglé. J'ai tenu la chandelle au diable, pour lui montrer le chemin de mal faire.

« Ces plans viennent trop tard, » se borna-t-il à dire tout haut.

« Trop tard en effet! » répondit Eachin. « Le contrat de bataille est revêtu de nos croix et de nos seings ; la haine ardente du clan Quhele et du clan Chattan est devenue, par les forfanteries et les insultes, une flamme inextinguible. Il n'est plus temps. Mais, père Glover, parlons de vos affaires. C'est la religion qui vous a amené ici, comme je l'ai appris de Niel Booshalloch. Je connais trop votre prudence pour vous soupçonner d'une querelle avec notre mère l'Église. Quant à ma vieille connaissance, le père Clément, c'est un de ces hommes qui poursuivent la couronne du martyre, et qui estiment un poteau, entouré de fagots enflammés, plus digne de leurs embrassements que la fiancée la plus accomplie. C'est un vrai chevalier errant pour la défense de ses idées religieuses, livrant combat partout où il va. Il a déjà, pour un point de doctrine, une querelle avec les moines de notre île de Sibylle. L'avez-vous vu?

— Oui, » répondit Simon ; « mais nous n'avons pas beaucoup parlé ensemble ; le temps pressait.

— Il a pu vous dire qu'il y a une troisième personne (plus capable d'être, celle-là, une fugitive sincère en matière de foi religieuse, que vous bourgeois rusé, ou lui prédicateur obstiné); une troisième personne, qui, de grand cœur, serait la bienvenue pour avoir sa part de notre protection ? Vous avez la tête dure, et ne voulez pas me comprendre. Je veux parler de votre fille Catherine. »

Ces derniers mots, le jeune chef les dit en anglais. Il continua la conversation dans cette langue, comme s'il avait peur d'être entendu, et comme sous l'impression d'une hésitation involontaire.

« Ma fille Catherine, » dit le Gantier, se souvenant de ce que le chartreux lui avait dit, « est en lieu sûr.

— Mais où, et avec qui? » dit le jeune chef. « Pourquoi n'est-elle pas venue avec vous? Pensez-vous que le clan Quhele n'ait pas de vieilles femmes, aussi actives que Dorothée dont la main jadis m'a caressé les oreilles, pour servir la fille du maître de leur chef?

— Je vous remercie, » dit le Gantier, « et je ne doute ni de votre puissance, ni de votre bon vouloir pour protéger ma fille aussi bien que moi. Mais une honorable dame, amie de sir Patrice Charteris, lui a procuré un refuge assuré, sans les risques d'un voyage fatigant dans un pays troublé et désolé.

— Oh, oui ! sir Patrice Charteris, » dit Eachin d'un ton plus réservé et plus froid. « On doit, sans nul doute, le préférer à tous les autres. C'est votre ami, je crois ? »

Simon Glover aurait pris plaisir à redresser cette façon de parler chez un garçon qui s'était fait gronder quatre fois le jour pour avoir couru dans la rue voir passer à cheval sir Patrice Charteris. Il réprima cependant ses dispositions à la riposte, et dit simplement.

« Sir Patrice Charteris a été prévôt de Perth sept ans de suite, et l'est probablement encore, puisqu'on élit les magistrats, non en carême, mais à la Saint-Martin.

— Ah ! père Glover, » dit le jeune homme, d'une voix plus douce et plus familière, « vous êtes si habitué à voir les magnificences et les fêtes somptueuses de Perth, que vous ne goûtez guère, en comparaison, nos solennités barbares. Que pensez-vous de notre cérémonie d'hier?

— Elle a été noble et touchante, » dit le Gantier ; « et, plus particulièrement, pour moi, qui connaissais votre père. Quand vous étiez appuyé sur votre épée, et que vous regardiez autour de vous, il me semblait voir mon vieil ami Gilchrist Mac Ian, relevé de son cercueil et plus jeune d'années et de force.

— J'y ai, je crois, joué hardiment mon rôle; et je ne ressemblais plus guère à ce chétif apprenti, que vous aviez coutume de... de traiter comme il le méritait.

— Eachin, » dit le Gantier, « ne ressemble pas plus à Conachar qu'un saumon à un *par*, quoiqu'on dise que le second n'est que le frai du premier ; pas plus que le papillon ne ressemble à la chenille.

— Croyez-vous que, tandis que je prenais possession du pouvoir, du pouvoir que toutes les femmes aiment, l'œil d'une jeune fille se serait volontiers reposé sur moi? Pour parler net, qu'aurait pensé de moi Catherine à cette cérémonie?

— Nous approchons des bas-fonds, » se dit en lui-même Simon Glover; « et, sans un pilotage habile, nous allons droit à la côte.

« La plupart des femmes aiment les beaux coups d'œil, Eachin; mais ma fille Catherine est une exception. Elle se réjouirait de la bonne fortune de celui qui a partagé sa maison et ses jeux ; mais le superbe Mac Ian, capitaine du clan Quhele, ne serait pas plus, à ses yeux, que l'orphelin Conachar.

— Toujours généreuse et désintéressée, » répliqua le jeune chef. « Mais vous, père, vous avez vu le monde beaucoup plus longtemps qu'elle, et pouvez mieux vous former un jugement sur ce que le pouvoir et la richesse font pour ceux qui les possèdent. Réfléchissez, et dites sincèrement quelles seraient vos pensées, si vous voyiez votre Catherine debout sous le dais de la tribu, avec le commandement de cent montagnes et l'obéissance dévouée de dix mille vassaux ; et, comme prix de ces avantages, sa main dans la main de l'homme qui l'aime le plus au monde?

— Dans la vôtre, voulez-vous dire, Conachar? » répliqua Simon.

« Oui, appelez-moi Conachar : j'aime ce nom, puisque c'est celui sous lequel Catherine m'a connu.

— Bien franchement, » dit le Gantier, s'efforçant de donner à sa réponse la tournure la moins blessante, « au fond, mon souhait le plus vif serait de nous voir, Catherine et moi, bien tranquilles dans notre humble boutique de la rue du Couvre-feu, avec Dorothée pour seul vassal.

— Et aussi, je l'espère, avec le pauvre Conachar? Vous ne le laisseriez pas languir dans sa grandeur solitaire?

— Je ne souhaiterais pas assez de mal au clan Quhele, » répondit le Gantier, « assez de mal à mes anciens amis, pour les priver, en ce moment de crise, d'un brave jeune chef, et pour priver ce chef de la renommée qu'il est sur le point d'acquérir à leur tête dans le prochain combat. »

Eachin se mordit les lèvres pour réprimer sa colère, et répondit : « Ce sont des mots, père Simon, des mots vides. Vous craignez le clan Quhele plus que vous ne l'aimez, et vous supposez que leur indignation serait formidable si leur chef épousait la fille d'un bourgeois de Perth.

— Si j'avais cette crainte, Hector Mac Ian, n'aurais-je pas raison? Quelles suites n'ont pas eues des mariages mal assortis dans la maison de Mac Callanmore, dans celle des puissants Mac Lean, et jusque dans la maison des lords des Iles eux-mêmes? Qu'en est-il jamais sorti que le divorce et la perte de l'héritage; un pire destin, quelquefois, pour l'intrus ambitieux? Vous ne pourriez épouser ma fille devant un prêtre, vous ne pourriez vous marier à elle que de la main gauche; et je... » Il retint l'impétueux élan qu'une pensée pareille allait provoquer en lui, et ajouta : « Je suis un bourgeois de Perth honnête, quoique modeste, qui aimerait mieux voir son enfant l'épouse légitime et indiscutée d'un citoyen de son rang, que la concubine autorisée d'un monarque.

— J'épouserai Catherine devant le prêtre et devant le monde, devant l'autel et devant les pierres noires d'Iona! » dit l'impétueux jeune homme. « Elle est l'amour de ma jeunesse ; la religion et l'honneur n'ont pas de lien par lequel je ne veuille m'unir à elle ! J'ai sondé mon peuple. Si nous sommes vainqueurs dans ce combat (et, avec l'espoir d'obtenir Catherine, nous le serons, mon cœur me le dit), je serais maître à ce point de leurs affections que, si je voulais prendre ma femme dans une maison de charité, ils la salueraient comme si c'était la fille de Mac Callanmore. Mais vous rejetez ma demande? » dit Eachin d'un air sombre.

« Vous mettez dans ma bouche des paroles offensantes, » dit le vieillard, « et vous pouvez m'en punir, puisque je suis entièrement en votre pouvoir. Mais, de mon consentement, ma fille n'épousera jamais qu'une personne du même rang qu'elle. Son cœur se briserait au milieu des guerres constantes et des scènes de carnage qui se lient à votre destin. Si vous l'aimez véritablement, et si vous vous souvenez de sa terreur à l'endroit des querelles et des combats, vous ne sauriez souhaiter de la soumettre à la succession inévitable des horreurs guerrières, dans lesquelles vous, comme votre père, vous serez éternellement engagé. Choisissez une épouse, mon fils, parmi les filles des chefs de la montagne, ou dans la fière noblesse des basses terres.

Vous êtes beau, jeune, riche, de haute naissance et puissant, et ce ne sera pas en vain que vous les rechercherez. Vous aurez bientôt fait d'en trouver une qui se réjouira de vos conquêtes et qui vous donnera courage en vos défaites. Pour Catherine, la victoire serait aussi terrible que les revers. Un guerrier doit porter un gantelet d'acier ; en une heure, un gant de chevreau serait mis en pièces. »

Un brouillard épais passa sur le visage du jeune chef, que tant de feux venaient d'animer.

« Adieu, » dit-il, « la dernière espérance qui pouvait me conduire à la gloire ou au triomphe ! » Il resta quelque temps silencieux, absorbé dans ses pensées, les yeux baissés, l'air abattu, les bras croisés contre la poitrine. Élevant enfin les mains, il dit : « Père (car, pour moi, vous l'avez été), je vais vous dire un secret. La raison et l'orgueil me conseillent de me taire ; le destin me presse, et doit être obéi. Je vais déposer en vous le secret le plus intime et le plus précieux que jamais homme ait confié à un homme. Mais prenez garde : de quelque façon que finisse cette conférence, ayez soin de ne souffler jamais une syllabe de ce que je vais vous dire ; car sachez que, dussiez-vous le faire dans le coin le plus reculé de l'Écosse, j'ai des oreilles pour l'entendre d'ici, une main et un poignard pour percer le sein du traître. Je suis... Ce mot ne sortira jamais!

— Ne le dites pas, » répliqua le Gantier prudent ; « un secret n'est plus en sûreté dès qu'il a passé les lèvres de celui qui le possède ; et je ne désire pas une confiance aussi dangereuse que celle dont vous me menacez.

— Il faut cependant que je parle, et que vous m'écoutiez, » dit le jeune homme. « En ce siècle de batailles, père, vous-même avez dû combattre ?

— Une fois seulement, » répondit le Gantier; « quand les hommes du Sud attaquèrent la belle cité. Je fus convoqué pour prendre part à la défense, ainsi que le voulait mon devoir, aussi bien que celui des autres hommes de métier, tenus de faire garde et veille.

— Quel effet cela vous a-t-il fait? » demanda le jeune chef.

« Il n'importe guère pour ce dont nous parlons, » dit Simon, un peu surpris.

« Il importe beaucoup ; sans quoi, je n'aurais pas fait la question, » répondit Eachin, du ton de hauteur qu'il prenait de temps en temps.

« On amène aisément un vieillard à parler des temps anciens, » dit Simon, qui, après un instant de réflexion, n'était pas fâché de détourner de sa fille le cours de la conversation; « il faut l'avouer, mes dispositions étaient bien éloignées de la courageuse confiance, du plaisir même avec lequel j'ai vu d'autres hommes aller au combat. Mon genre de vie et ma profession étaient paisibles, et, bien que je n'aie jamais failli au courage qui sied à un homme quand les circonstances le demandent, rarement j'ai dormi plus mal que la nuit qui a précédé l'assaut. Mon imagination était agitée par tout ce qu'on racontait des archers saxons (ce qui, d'ailleurs, était presque vrai); de la façon dont ils lançaient des traits d'une aune de long, et se servaient d'arcs d'un tiers plus grands que les nôtres. Venais-je à m'endormir un peu, la moindre paille du matelas me piquait les flancs, je bondissais et je m'éveillais, pensant qu'une flèche anglaise m'avait transpercé le corps. Le matin, alors que, par excès de fatigue, je commençais à goûter quelque repos, je fus éveillé par le son de la cloche de ville, appelant les bourgeois aux murailles. Jamais, avant ou depuis, je n'ai entendu le son de cette cloche ressembler si bien au glas des morts.

— Et après? » demanda Eachin.

— J'endossai mon armure, tant bien que mal, » dit Simon; « et je reçus la bénédiction de ma mère, femme énergique, qui me parla de ce qu'avait fait mon père pour l'honneur de la belle ville. Cela me donna du cœur, et je me sentis plus hardi encore quand je me trouvai rangé parmi les hommes de métier, tous archers, car, vous le savez, les citoyens de Perth sont habiles à tirer de l'arc. Nous fûmes dispersés sur différents points des murailles; plusieurs écuyers et chevaliers, couverts d'armures à l'épreuve, se trouvaient mêlés à nous; ils faisaient bonne contenance, confiants peut-être dans leur harnois, et nous firent savoir, pour nous encourager, qu'ils abattraient, de leurs épées et de leurs haches, quiconque tenterait de quitter son poste. J'en fus gracieusement assuré moi-même par le vieux Kempe de Kinfauns, comme on l'appelait, père du bon sir Patrice, et notre prévôt dans ce temps-là. Il était petit-fils du Corsaire Rouge, Tom de Longueville, et très capable de tenir la parole qu'il m'avait donnée à moi en particulier parce qu'une fort mauvaise nuit m'avait rendu plus pâle qu'à l'ordinaire. Je n'étais d'ailleurs presque qu'un enfant.

— Cette exhortation a-t-elle ajouté à vos frayeurs, ou à votre résolution? » dit Eachin, qui paraissait fort attentif.

« A ma résolution, » répondit Simon; « rien ne rend un homme plus hardi pour faire face à un danger placé devant lui et à distance, que la connaissance d'un autre danger, placé tout près et derrière pour le pousser en avant. Je montai donc sur les murs avec assez de cœur, et, passant pour un bon archer, je fus placé avec d'autres sur la tour de Spey. Le frisson me saisit quand je vis les Anglais, en grand ordre, archers en tête, hommes d'armes derrière, marcher à l'attaque en trois fortes colonnes. Ils avançaient d'un pas ferme, et quelques-uns d'entre nous auraient volontiers tiré sur eux; mais c'était strictement défendu, et nous fûmes obligés de rester immobiles, nous abritant de notre mieux derrière les créneaux. Quand les hommes du Sud se formèrent en ligne, chacun à sa place comme par magie, et occupés à se couvrir des grands boucliers, appelés pavois, qu'ils plantaient devant eux, je sentis de nouveau une difficulté étrange pour respirer, et un certain désir d'aller à la maison boire un verre de liqueur. Mais, regardant de côté, je vis le digne Kempe de Kinfauns bandant une énorme arquebuse, et je pensai que ce serait pitié qu'il perdît un coup sur un loyal Écossais lorsque tant d'Anglais étaient en présence; je restai donc où j'étais, dans une assez bonne place, à l'angle de deux créneaux. Les Anglais mirent le pied en avant et tendirent leurs cordes, non pas sur la poitrine comme vos montagnards, mais à hauteur de l'oreille, et envoyèrent leurs volées de queues d'hirondelles avant que nous n'eussions eu le temps d'appeler saint André à notre aide. Je fermai les yeux quand je les vis tirer la corde, et je crois que je tressaillis quand les flèches commencèrent à battre le parapet. Mais regardant autour de moi, je vis que personne n'était blessé, excepté Jean Squallit, le crieur de ville, dont la mâchoire avait été traversée d'un trait long d'une aune; je pris donc courage, et je tirai à mon tour, voulant bien faire et visant bien. Un petit homme que j'avais ajusté, et qui venait de jeter un coup d'œil de derrière son bouclier, tomba l'épaule percée d'un flèche. « Bien touché, Simon Glover! » cria le prévôt. « Que saint Jean protège sa ville, mes amis des métiers! » m'écriai-je à mon tour, quoique je ne fusse qu'un apprenti. Et, si vous voulez m'en croire, durant le reste de la bataille, qui se termina par la retraite des ennemis, j'ai tendu mon arc et lancé ma flèche aussi tranquillement que si j'avais visé un but au lieu de viser des hommes. J'obtins un certain crédit, et j'ai toujours cru depuis qu'en cas de besoin (car jamais, chez moi, ce n'a été une affaire de goût), je ne l'aurais pas laissé perdre. C'est tout ce que je peux dire de mon expérience en fait de batailles.

J'ai eu d'autres dangers, que j'ai tâché d'éviter en homme prudent, auxquels j'ai fait bravement face quand ils étaient inévitables. On ne saurait, sans cela, vivre en Écosse, ou y marcher la tête haute.

— Je comprends ce que vous dites, » repartit Eachin ; « mais ce que j'ai moi-même à vous confier, il me sera difficile de vous le faire accepter, à vous qui savez la race dont je suis issu, et qui me connaissez pour le fils de l'homme que nous mettions hier au tombeau. C'est heureux qu'il dorme maintenant là où il n'apprendra jamais ce que vous allez entendre. Écoutez, mon père ; la lumière que je porte devient courte et pâle, quelques minutes suffiront pour l'éteindre; mais, avant qu'elle n'expire, le mot terrible sera prononcé. Je suis, mon père... Je suis lâche ! C'est dit, enfin; et le secret de mon déshonneur est à la garde d'un autre! »

Le jeune homme s'affaissa, comme évanoui, sous l'impression que la communication fatale avait produite en son esprit. Le Gantier, touché de crainte aussi bien que de compassion, s'appliqua à le rappeler à la vie; il y parvint, mais non à lui rendre le calme et le sang-froid. Eachin cacha sa figure dans ses mains, et ses larmes coulèrent abondantes et amères.

« Pour l'amour de Notre-Dame, calmez-vous, » dit le vieillard, « et retirez cette vile parole ! Je vous connais mieux que vous ne vous connaissez vous-même; vous n'êtes pas lâche, vous êtes seulement trop jeune, trop dépourvu d'expérience, trop vif aussi d'imagination pour avoir la ferme valeur d'un homme dont la barbe a poussé. Je n'entendrais pas un autre dire cela de vous, Conachar, sans lui donner un démenti. Vous n'êtes pas lâche ; j'ai vu s'élancer de vous des étincelles de courage, même sur des provocations assez légères.

— Des étincelles d'orgueil et de colère! » dit l'infortuné jeune homme; « mais quand avez-vous vu, après elles, la résolution qui pouvait les soutenir? Les étincelles dont vous parlez tombaient sur mon faible cœur comme sur un morceau de glace que rien ne saurait enflammer; si mon orgueil offensé me poussait à frapper, l'instant d'après, ma faiblesse me disait de fuir.

— Manque d'habitude, » dit Simon ; « c'est en grimpant aux murs que les enfants apprennent à escalader des précipices. Commencez par de petits combats ; exercez-vous tous les jours aux armes de votre pays dans des luttes avec ceux qui vous entourent.

— En ai-je le temps ? » s'écria le jeune chef, tressaillant comme si quelque chose d'horrible s'offrait à son imagination. « Combien de jours y a-t-il d'ici au dimanche des Rameaux, et, ce jour-là, qu'arrivera-t-il ? Un champ clos d'où nul ne peut sortir, pas plus que le pauvre ours attaché à son poteau. Soixante hommes pleins de vie, les meilleurs et les plus fiers (un seul excepté) que le nord d'Albion puisse envoyer de ses montagnes, tous mutuellement altérés de leur sang, pendant qu'un roi, ses nobles, des milliers de spectateurs hurlants, sont là, comme au théâtre, pour encourager leur furie infernale ! Les coups retentissent, le sang coule, toujours plus épais, plus rapide, plus rouge ; ils se précipitent les uns sur les autres, comme des forcenés ; ils se déchirent comme des bêtes sauvages ; les blessés meurent foulés sous les pieds de leurs compagnons ! Ce sont des flots de sang, les bras s'affaiblissent ; mais il n'y a ni paix, ni trêve, ni relâche, tant que la vie reste à quelqu'un des misérables mutilés ! L'on ne saurait ici se cacher derrière des créneaux, il ne s'agit pas de combattre avec des armes de jet ; on se bat corps à corps, jusqu'au moment où la main ne peut plus se lever pour l'effroyable bataille ! Si un champ clos pareil est si terrible à l'imagination, que pensez-vous qu'il doive être en réalité ? »

Le Gantier garda le silence.

« Je le répète, qu'en pensez-vous ?

— Je ne puis qu'avoir pitié de vous, Conachar, » dit Simon. « Il est dur d'être le descendant d'une grande race, le fils d'un noble père, d'être, par sa naissance, le chef de vaillants guerriers, et de manquer cependant de cette qualité brutale que possède tout coq de combat qui mérite une poignée de grain, et tout chien de chasse digne d'un débris de gibier ! D'en manquer, ai-je dit, ou, plutôt de croire qu'on en manque ; car j'estime encore que la faute de ceci n'est que dans la vivacité d'une imagination qui s'exagère le danger. Mais comment se fait-il qu'ayant ainsi conscience de votre insuffisance pour paraître en cette bataille, vous proposiez cependant, à l'heure présente, de partager avec ma fille votre souveraineté ? Votre pouvoir dépend de ce combat, et Catherine, en cela, ne peut pas vous aider.

— Vous vous trompez, vieillard, » répliqua Eachin ; « si Catherine regardait favorablement l'amour ardent que j'ai pour elle, cela m'emporterait contre le front ennemi avec la fougue d'un cheval de guerre. Quelqu'accablant que soit le sentiment de ma faiblesse, la pensée que Catherine est pour moi me donnerait de la force. Dites, oh! dites encore que Catherine sera mienne si je sors vainqueur du combat, et personne, pas même le *Gow Chrom* dont le cœur est tout d'une pièce comme son enclume, ne sera jamais allé à la bataille aussi résolu que moi. Un puissant mouvement de l'âme est vaincu par un autre.

— C'est de la folie, Conachar. Le sentiment de votre intérêt, de votre honneur, de votre famille, ne doit-il pas faire autant pour animer votre courage que la lueur chancelante des pensées d'une jeune fille? Fi, jeune homme, fi!

— Ce que vous me dites, je me le suis dit à moi-même, mais en vain, » répliqua Eachin en soupirant. « Ce n'est qu'en la saison où il s'accouple avec la biche, que le cerf timide est terrible et dangereux. Est-ce tempérament? Est-ce, comme le diront les vieilles femmes de nos montagnes, l'effet du lait de la biche blanche? Est-ce le résultat d'une éducation pacifique, ou de l'étroite contrainte où je me suis trouvé chez vous? Est-ce, comme vous le pensez, l'imagination surexcitée, qui me peint le danger plus grand et plus terrible qu'il n'est en réalité? Je ne saurais le dire. Mais je connais ma faiblesse, et (oui, je le dirai) je crains tant de ne pouvoir la vaincre que, si j'obtenais votre consentement à mes vœux, maintenant encore je m'arrêterais dans ma route, je renoncerais au rang que j'ai revêtu, pour rentrer dans une humble vie.

— Redevenir gantier, Conachar? » dit Simon ; « cela dépasse la légende de saint-Crépin. Non, non, votre main n'est pas faite pour cela ; vous ne me gâterez plus de chevreau.

— Ne plaisantez pas, » dit Eachin ; « je parle sérieusement. Si je ne puis travailler, j'aurais assez de richesses pour vivre sans cela. Ils me proclameront traître à cors et à cris! Laissons-les faire : Catherine ne m'en aimera que mieux, parce que j'aurai préféré les sentiers de la paix à ceux du carnage et du sang, et le père Clément nous apprendra la pitié et le pardon pour un monde prompt à nous accabler de reproches qui ne font pas de blessure. Je serai le plus fortuné des hommes ; Catherine jouira de tout ce que peut donner une affection sans bornes, et n'aura pas à subir la crainte des spectacles et des cris d'horreur qu'aurait préparés pour elle le mariage mal assorti que vous avez rêvé ; et vous, père Glover, au coin de votre cheminée, vous serez l'homme le plus heureux et le plus respecté qui jamais...

— Arrêtez, Eachin ; arrêtez, de grâce, » dit le Gantier ; « la lumière du sapin avec laquelle doit se terminer ce discours, tire à sa fin ; j'ai un mot à dire à mon tour, et la franchise est ce qui vaut le mieux. Au risque de vous blesser, de vous rendre furieux peut-être, laissez-moi mettre un terme à ces hallucinations, en vous disant tout net que jamais Catherine ne saurait être à vous. Le gant est l'emblème de la foi donnée ; un homme de mon métier y doit manquer moins qu'un autre encore. La main de Catherine est promise, promise à un homme que vous pouvez haïr, mais que vous devez estimer, à Henri l'armurier. Le mariage est convenable par la position, conforme à leurs désirs mutuels, et j'ai donné ma promesse. Je serai franc jusqu'au bout ; prenez mon refus comme vous le voudrez ; je suis entièrement en votre pouvoir. Mais rien ne me fera rompre ma parole. »

Le Gantier parla d'une manière aussi décidée, parce qu'il savait par expérience que les dispositions très irritables de son ancien apprenti cédaient, en bien des cas, à une résolution ferme et formelle. Se souvenant cependant du lieu où il était, ce fut avec inquiétude qu'il vit la flamme mourante s'élever, et lancer un éclat de lumière sur le visage d'Eachin, pâle comme le tombeau, et dont l'œil roulait comme celui d'un maniaque dans un accès de fièvre. Un instant après, la flamme tomba et mourut. Simon sentit un moment d'effroi : allait-il avoir à disputer sa vie à ce jeune homme que, sous une forte excitation, il savait capable d'actions violentes, bien que sa faible nature ne sût pas soutenir longtemps ce que sa colère avait commencé ? Il fut rassuré par la voix d'Eachin, qui, d'un ton rauque et altéré, murmurait ces mots :

« Que les choses que je vous ai dites cette nuit restent à jamais dans le silence. Si vous les réveliez, mieux vaudrait creuser votre tombeau. »

Il dit. La porte de la cabane s'ouvrit, laissant entrer un rayon de lune. Le chef, en sortant, y dessina son ombre un instant; puis la porte se ferma, et le réduit rentra dans l'obscurité.

Simon Glover se sentit soulagé, voyant ainsi terminée sans encombre une conversation si pleine de difficultés et de périls. Mais il demeurait péniblement affecté de la situation de cet Hector Mac Ian qu'il avait élevé lui-même.

Conachar.

« Pauvre enfant, » disait-il, « n'être appelé à ce rang élevé que pour en être chassé avec mépris! Ce qu'il m'a dit, je le savais en partie, ayant souvent remarqué que Conachar était plus porté à la querelle qu'au combat. Mais cette faiblesse de cœur irrésistible dont ne peuvent triompher ni la honte ni la nécessité, sans être sir William Wallace, je ne peux pas la comprendre. Se proposer pour être l'époux de ma fille, comme si la fiancée devait trouver du courage pour elle et pour son mari! Non, non; Catherine doit épouser un homme à qui elle puisse dire : Mon mari, épargnez votre ennemi! et non pas celui pour lequel elle devrait crier : Ennemi généreux, faites grâce à mon époux! »

Fatigué de ces réflexions, le vieillard finit par s'endormir. Le matin, il fut éveillé par son ami le Booshalloch, qui, d'un air visiblement décontenancé, lui proposa de retourner en sa demeure, à la prairie de Ballough. Il expliqua que le chef ne pouvait voir Simon Glover ce matin-là, occupé comme il l'était des affaires du prochain combat; qu'Eachin Mac Ian pensait que la résidence au Ballough serait la meilleure pour la santé de Simon Glover, et qu'il l'avait chargé de prendre toutes les précautions nécessaires pour la protection et le bien-être de son hôte.

Niel Booshalloch se rejeta sur les circonstances pour excuser l'impolitesse qu'il y avait, de la part du chef, à congédier son visiteur sans lui avoir donné une audience particulière.

« Son père aurait fait mieux, » dit le pâtre. « Mais où aurait-il appris à vivre, le pauvre garçon, élevé parmi vos bourgeois de Perth, lesquels, excepté vous, voisin Glover, qui parlez la langue gaélique aussi bien que moi, sont une race incapable de civilité? »

Simon Glover, on le croira sans peine, n'eut pas sur ce manque d'égards les mêmes sentiments que son ami. Il préférait, au contraire, beaucoup la tranquille résidence du bon pâtre à la tumultueuse hospitalité des fêtes quotidiennes du chef : telle eût été sa pensée au cas même où il n'aurait pas eu avec Eachin une entrevue sur un sujet qu'il n'était pas bon de reprendre.

Il se retira donc en paix au Ballough, où, s'il avait pu être rassuré sur le compte de Catherine, son temps se serait assez agréablement passé. Son amusement consistait à naviguer à la voile sur le lac, dans un petit esquif, qu'un jeune garçon des hautes terres dirigeait pendant que le vieillard pêchait à la ligne. Il prenait terre souvent sur la petite île, où il rêvait sur le tombeau de son vieil ami Gilchrist Mac Ian, et se faisait des amis des moines, en gratifiant le prieur de gants de martre fourrés, et chacun des principaux dignitaires d'une paire en peau de chat sauvage. Tailler et coudre ces petits présents lui servait à passer le temps après le coucher du soleil, pendant que la famille du pâtre se groupait autour de lui, admirant son adresse, et écoutant les récits et les chansons par lesquels le vieillard savait distraire une soirée lente à s'écouler.

Avouons ici que le Gantier prudent évita de mettre la conversation sur le père Clément, qu'il avait le tort de considérer plutôt comme l'auteur de ses malheurs que comme une victime innocente qui les partageait. « Je ne veux pas, » pensait-il, « pour satisfaire à ses fantaisies, perdre les bonnes grâces de ces braves moines, qui pourront un jour m'être utiles. J'ai déjà, ma foi, suffisamment souffert par ses prédications. Elles m'ont rendu plus savant de fort peu, et plus pauvre de beaucoup. Non, non; Catherine et Clément penseront ce qu'ils voudront; mais je saisirai la prochaine occasion de revenir à l'appel du maître comme un chien qu'on va châtier, de me soumettre à la haire et aux coups de corde, de débourser une grosse amende, et de me remettre avec l'Église tout à fait d'accord. »

Plus de quinze jours s'étaient écoulés depuis que le Gantier était arrivé au Ballough, et il commençait à s'étonner de n'avoir pas reçu de nouvelles de Catherine ou d'Henri la Ruelle, à qui il avait lieu de croire que le prévôt avait communiqué le plan et le lieu de sa retraite. Il savait que le vaillant Forgeron ne pouvait venir dans le pays du clan Quhele, à raison de diverses querelles avec les habitants, et avec Eachin lui-même lorsque celui-ci portait le nom de Conachar; mais le Gantier pensait qu'Henri aurait trouvé le moyen de lui envoyer un message, ou un signe de souvenir, par l'un des différents courriers qui passaient et repassaient de la cour au quartier général du clan Quhele pour se concerter sur les termes du combat, la marche des partis vers Perth, et d'autres détails pour lesquels des arrangements préalables étaient nécessaires. On était au milieu de mars, et le fatal dimanche des Rameaux venait à grands pas.

Pendant que le temps s'approchait ainsi, le Gantier exilé n'avait pas une seule fois aperçu son ancien apprenti. Le soin qu'on prenait de veiller, en tout, à ses besoins et à ses convenances, lui montrait qu'il n'était pas oublié; toutefois, quand il entendait la trompe du chef sonner dans les bois, il avait d'ordinaire grand soin de diriger sa promenade d'un autre côté. Un matin, cependant, il se trouva, à l'improviste, tout voisin d'Eachin, sans avoir presque le temps de l'éviter. Voici comment la chose arriva.

Tandis que Simon errait pensif à travers une petite clairière, entourée, des deux côtés, de grands arbres mêlés de sous-bois, une biche blanche s'élança hors du fourré, poursuivie de près par deux chiens courants : l'un la saisit à la hanche, l'autre à la gorge, et la biche s'abattit à très faible distance du Gantier, que fit tressaillir un peu la soudaineté de cet incident. Le son voisin et perçant d'une trompe de chasse et l'aboiement d'un limier apprirent à Simon que les chasseurs étaient proches et sur la trace du gibier. On entendit tout près les cris du *halloo* et le pas des hommes qui couraient dans le taillis. Un moment de réflexion aurait fait comprendre à Simon que ce qu'il avait de mieux à faire était de s'arrêter court, ou de s'éloigner lentement, laissant à Eachin le soin d'apprécier s'il devrait ou non s'apercevoir de sa présence. Mais son désir d'éviter le jeune homme était devenu comme instinctif; surpris et troublé de se trouver si près de lui, Simon se cacha dans un buisson de coudriers et de houx, qui le masquait complètement. A peine l'avait-il fait qu'Eachin, le teint coloré par l'exercice qu'il prenait, s'élança du fourré dans la clairière, accompagné de son père nourricier, Torquil du Chêne. Ce dernier, avec autant de force que d'adresse, retourna sur le dos la bête qui se débattait, et, le genou sur le corps de l'animal, dont il tenait de la main droite les pieds de devant, de la gauche il offrit sa dague au jeune chef, pour que celui-ci coupât la gorge de la biche.

« Non, Torquil; cela ne se peut. Fais ton office et expédie-la toi-même. Je ne saurais tuer celle qui ressemble tant à ma nourrice. »

Ces paroles furent dites avec un sourire mélancolique; une larme, en même temps, était dans les yeux du jeune homme. Torquil fixa un instant du regard son jeune chef, puis enfonça son couteau de chasse dans la gorge de l'animal, avec tant de rapidité et de force, que l'arme atteignit l'épine dorsale. Se relevant alors, et fixant de nouveau sur son chef un long regard perçant, il dit : « Ce que je viens de faire à cette bête, je le ferais à tout homme dont les oreilles auraient entendu mon nourrisson prononcer seulement le nom d'une biche blanche, et associer ce mot avec le nom d'Hector! »

Si, jusque-là, Simon, n'avait pas de bonne raison pour rester caché, les paroles de Torquil lui en fournissaient une excellente.

« Torquil, mon père, cela ne peut rester caché, » dit Eachin; « cela, bientôt, va paraître au grand jour.

— De quoi parles-tu? et qu'est-ce donc qui va paraître au grand jour? » demanda Torquil avec surprise.

« C'est le fatal secret, » pensa Simon; « et, si ce grand conseiller privé ne sait pas garder le silence, me voilà responsable, j'en ai bien peur, de la divulgation du déshonneur d'Eachin. »

Inquiet à cette pensée, il profita en même temps de sa position pour voir de son mieux ce qui se passerait entre le chef affligé et son confident. Il était poussé par ce sentiment de curiosité qui nous anime dans les circonstances les plus importantes de la vie aussi bien que dans les plus triviales, et qui tient quelquefois compagnie à de grandes craintes pour sa propre personne.

Pendant que Torquil écoutait ce que lui communiquait Eachin, le jeune homme tomba dans les bras du forestier, et, s'appuyant sur son épaule, acheva sa confession en lui parlant à l'oreille. Torquil paraissait écouter avec un étonnement tel qu'il n'en croyait pas ses oreilles. Comme pour s'assurer que c'était bien Eachin qui parlait, il releva peu à peu le jeune homme de sa position inclinée, et, le mettant presque droit en le saisissant par l'épaule, il fixa sur lui un œil que semblaient à la fois grandir et pétrifier les nouvelles surprenantes qu'il entendait. Le visage du vieux montagnard devint si terrible après qu'il eut ouï la communication à lui murmurée, que Simon Glover craignit qu'il ne repoussât le jeune homme loin de lui comme un être déshonoré, cas auquel Eachin serait tombé au milieu même des broussailles qui cachaient le Gantier, et l'aurait fait découvrir en des conditions aussi désagréables que dangereuses. Mais Torquil avait pour son nourrisson une double mesure de cette affection passionnée qui, dans les hautes terres, accompagne toujours un pareil lien : ses sentiments prirent un autre tour.

« Je ne crois pas cela, » s'écria-t-il ; « c'est faux ! De l'enfant de ton père, du fils de ta mère, de mon nourrisson, c'est faux ! Je jette mon gage au ciel et à l'enfer, et je soutiendrai le combat contre celui qui dira que c'est vrai ! Un mauvais œil t'a jeté un sort, mon chéri, et la défaillance que tu appelles lâcheté est l'œuvre de la magie. Je me souviens de la chauve-souris qui a fait tomber la torche à l'heure où tu es né, cette heure de tristesse et de joie. Prends courage, mon bien-aimé ! Tu viendras avec moi à Iona, et le bon saint Colomban, avec tout le chœur des saints et des anges qui ont toujours favorisé ta race, arrachera de ton sein le cœur de la biche blanche, pour te rendre celui qu'en ont ôté les enchantements de tes ennemis. »

Eachin écoutait, comme s'il eût voulu croire aux paroles de son consolateur.

« Mais, Torquil, » répliqua-t-il, « en supposant que cela nous puisse profiter, le jour fatal approche, et, si je parais sur la lice, je crains pour nous le déshonneur.

— Cela ne peut être, cela ne sera pas ! » dit Torquil. « L'enfer ne saurait prévaloir à ce point. Nous tremperons ton épée dans l'eau bénite ; dans le cimier de ton casque nous mettrons de la verveine, de l'herbe de Saint-Jean et du sorbier des oiseaux. Moi et tes huit frères, nous serons autour de toi ; tu seras en sûreté comme dans une citadelle. »

Le jeune homme accablé murmura de nouveau quelque chose, mais d'une voix si faible que Simon ne put l'entendre. Les fermes accents de la réponse de Torquil pénétrèrent tout entiers et distinctement dans son oreille.

« Oui, il y aurait un moyen de t'écarter du combat. Tu es le plus jeune de ceux qui doivent tirer l'épée. Écoute-moi, et tu comprendras ce qu'est l'affection d'un père nourricier, et combien elle dépasse l'affection même des parents. Le plus jeune sur le cartel du clan Chattan est Ferquhard Day. Son père a tué le mien, et entre nous le sang parle et s'élève, rouge et bouillant ; je considérais le dimanche des Rameaux comme le terme marqué pour le refroidir. Mais, écoute ! Le sang qui coule dans les veines de ce Ferquhard Day et mon propre sang, tu aurais pensé, n'est-ce pas ? que, versés dans le même vaisseau, ils ne voudraient pas seulement se mêler ensemble, et cependant c'est sur ma fille unique Eva, la plus belle de nos jeunes vierges, que ce Ferquhard a jeté les yeux de son amour. Songe avec quels sentiments j'ai reçu cette nouvelle ? Comme si un loup des lisières de Ferragon m'avait dit : Torquil, donne-moi ta fille en mariage. Ma fille n'a pas pensé de même ; elle aime Ferquhard, et, dans l'effroi de la bataille prochaine, elle perd, à force de pleurer, les couleurs de son visage et la vigueur de son corps. Qu'elle lui donne seulement une marque de sa faveur, et je suis sûr que l'amant oublie ses parents et ses amis, abandonne la bataille, et fuit avec elle au désert.

— En l'absence du plus jeune des champions du clan Chattan, moi, le plus jeune du clan Quhele, je serais dispensé du combat ? » dit Eachin, rougissant du honteux moyen de sécurité qui s'ouvrait ainsi pour lui.

« Vois maintenant, mon chef, » dit Torquil, « et juge de mes pensées pour toi. D'autres te donneront leur vie et celle de leurs fils ; je te sacrifie, moi, l'honneur de ma maison.

— Mon ami, mon père, » répliqua le chef, en serrant Torquil contre son sein; « quel vil misérable il faut que je sois pour avoir la faiblesse d'accepter ton sacrifice!

— N'en parlons plus : les feuillages des bois ont des oreilles. Retournons au camp; nous enverrons chercher le gibier par nos serviteurs. Ici, les chiens, et marchez derrière. »

Heureusement pour Simon, le limier avait trempé son museau dans le sang de la biche, sans quoi il aurait, dans le fourré, trouvé le gîte du Gantier; mais les qualités les plus exquises du flair de l'animal se trouvant perdues, il suivit tranquillement avec les chiens courants.

Quand les chasseurs furent assez loin pour ne plus voir et ne plus entendre, le Gantier sortit de sa cachette, fort soulagé par leur départ, et se mit à marcher dans la direction opposée, aussi vite que son âge le lui permettait. Sa première réflexion fut pour la fidélité du père nourricier.

« Le cœur sauvage du montagnard est fidèle et vrai. Cet homme ressemble plus aux géants qu'on voit dans les romans, qu'à un mortel jeté dans notre moule; et des chrétiens prendraient de lui un exemple de loyauté. C'est une invention bien naïve, cependant, d'ôter une pièce de l'échiquier de leurs ennemis, comme s'il n'y avait pas vingt chats sauvages tout prêts à la remplacer. »

Ainsi pensa le Gantier, ne sachant pas que les proclamations les plus expresses avaient défendu à qui que ce fût des deux clans adverses, à leurs parents, alliés, ou quiconque dépendait d'eux, de venir à une distance de cinquante milles de Perth, durant la semaine qui précéderait le combat ou la semaine qui le suivrait; règlement dont des hommes armés devaient assurer l'exécution.

Aussitôt que notre ami Simon arriva à l'habitation du pâtre, il trouva d'autres nouvelles qui l'attendaient. Elles étaient apportées par le père Clément, en habit de pèlerin, ou dalmatique, prêt à retourner vers le sud, et désireux de prendre congé de son compagnon d'exil, ou de l'accepter comme compagnon de route.

« Qu'est-ce donc, » dit le citoyen, « qui vous a si soudainement engagé à retourner au lieu du danger?

— N'avez-vous pas su, » dit le père Clément, « que March et ses alliés du Sud s'étant retirés en Angleterre devant le comte de Douglas, l'excellent comte a voulu remédier aux maux du royaume, et a écrit à la cour des lettres où il exprime le désir que l'ordre relatif à la commission contre l'hérésie soit retiré, comme un trouble à la conscience des citoyens ; qu'il en soit référé au parlement sur la nomination d'Henri de Wardlaw comme prélat de Saint-André; et qu'on fasse encore plusieurs autres choses en sens favorable aux communes? De plus, beaucoup des nobles qui se trouvent à Perth auprès du roi, et avec eux sir Patrice Charteris, notre digne prévôt, se sont déclarés pour les propositions de Douglas. Le duc d'Albany s'est mis d'accord avec eux ; de bon gré, ou par politique, je ne sais. Le bon roi se laisse aisément conduire aux mesures douces et bienveillantes. Ainsi donc, les dents avides des oppresseurs sont brisées en morceaux dans leurs alvéoles, et la proie est arrachée de leurs griffes ravissantes. Venez-vous avec moi dans les basses terres, ou restez-vous encore ici quelque temps? »

Niel Booshalloch épargna à son ami l'embarras d'une réponse.

« Il était autorisé, » dit-il, « par les instructions du chef, à dire que Simon Glover resterait jusqu'au moment où les champions descendraient pour la bataille. » En cette réponse, le citadin vit bien quelque chose qui n'était pas tout à fait d'accord avec la liberté complète de sa volonté ; mais il en eut peu de souci pour le moment, vu que cela lui fournissait une bonne excuse pour ne pas voyager avec le moine.

« C'est un homme exemplaire, » dit-il à son ami Niel Booshalloch aussitôt que le père Clément fut parti ; « un grand clerc et un grand saint. C'est presque fâcheux qu'il ne soit plus en danger d'être brûlé, car son sermon au poteau d'exécution aurait converti des milliers de personnes. O Niel Booshalloch ! le bûcher du père Clément serait un sacrifice de favorable odeur, et un phare pour tous dévots chrétiens. Mais à quoi servirait-il, de brûler un bourgeois grossier et ignorant comme moi ? On n'offre pas pour encens un vieux gant de cuir, et les phares ne s'alimentent pas, que je sache, avec des peaux non apprêtées? Pour dire vrai, j'ai trop peu de science et trop grande peur pour gagner rien en cette affaire, et je ne pourrais, comme on dit chez nous, qu'avoir le mal et la honte.

— C'est vrai pour vous, » répondit le pâtre.

CHAPITRE XXX.

Retournons aux personnages de notre récit par nous laissés à Perth, quand nous avons accompagné à Kinfauns le Gantier et sa fille, et que nous avons décrit, à la sortie de cette maison hospitalière, le voyage de Simon au lac Tay. Le plus élevé de tous, le prince, réclamera le premier notre attention.

Le jeune étourdi supportait avec impatience son ennuyeux séjour chez le lord grand connétable; cette compagnie, qui, en d'autres conditions, lui aurait plu à tous égards, lui devenait désagréable par la seule raison que ce seigneur avait, dans une certaine mesure, le caractère d'un geôlier. Irrité contre son oncle, mécontent de son père, il désirait, assez naturellement, la société de sir Jean Ramorny, auprès de qui il avait depuis si longtemps cherché ses distractions; tout en considérant d'ailleurs comme une insulte l'imputation dont il était l'objet, il souhaitait, sur ce point, la direction et le conseil de Ramorny. Il lui donna donc avis de le venir voir si sa santé le permettait, et l'invita à se rendre, par eau, à un petit pavillon du jardin du grand connétable, jardin qui, comme celui de l'habitation de sir Jean, aboutissait au fleuve. En renouvelant une aussi dangereuse intimité, Rothsay se souvint qu'il avait été l'ami généreux de sir Jean Ramorny; en recevant l'invitation, sir Jean n'eut d'autres souvenirs que les capricieuses insultes qu'il avait éprouvées de la part de son patron, la perte de sa main, la légèreté du prince à ce sujet, la facilité avec laquelle Rothsay avait abandonné sa cause dans l'affaire du bonnetier. Il eut un rire cruel en lisant le billet du prince.

« Eviot, » dit-il, « fais préparer un bateau solide avec six hommes sûrs ; des hommes sûrs, entends-tu ; ne perds pas un moment, et dis à Dwining de venir de suite. » Peu d'instants après : « Le ciel nous sourit, » disait-il au médecin. « Je me travaillais la cervelle pour trouver accès auprès de ce volage jeune homme, et le voici qui me fait inviter.

— Hem! je vois clairement les choses, » dit Dwining. « Le ciel sourit à certaines conséquences qui ne seront pas agréables pour tout le monde. Hi, hi, hi!

— N'importe, le traquenard est prêt ; et amorcé, mon ami, de façon à faire sortir notre homme du sanctuaire, quand une troupe, armes dégainées, l'attendrait dans le parvis. C'est à peine, d'ailleurs, si l'amorce était nécessaire. L'ennui qu'il a le talent de se donner à lui-même aurait suffi pour apprêter le coup. Prends ce qu'il te faut : tu viens avec nous. Écris-lui, puisque je ne le puis moi-même, que nous nous rendons à ses ordres à l'instant. Fais-le comme il faut ; s'il sait bien lire, c'est à moi qu'il le doit.

— Il devra à votre honneur beaucoup d'autres choses encore avant de mourir. Hi, hi, hi! Le marché que vous avez fait avec le duc d'Albany est-il ferme et sûr?

— Assez pour satisfaire mon ambition, ton avarice et notre vengeance à tous deux. Embarquons-nous vivement ; qu'Eviot se munisse de quelques flacons du meilleur vin, et de viandes froides.

— Mais votre bras, sir Jean, ne vous fait-il pas souffrir?

— Le battement de mon cœur fait taire les souffrances de ma blessure. Il bat comme s'il allait faire éclater mon sein.

— Le ciel nous en garde! » dit Dwining. A voix basse, il ajouta : « Si cela arrivait, ce serait curieux à voir. J'aimerais à le disséquer, si la pierre qui l'entoure ne devait pas gâter mes meilleurs instruments. »

En peu de minutes ils étaient dans le bateau, tandis qu'un messager rapide portait la réponse au prince.

Rothsay était assis avec le connétable après leur repas de midi. Il était chagrin et silencieux ; le comte venait de lui demander s'il souhaitait qu'on desservît, quand fut remis au prince un billet qui changea tout à coup l'air de son visage.

« Comme il vous plaira, » répondit-il ; « je vais au pavillon du jardin (toujours avec la permission du lord connétable) pour recevoir mon ancien premier écuyer.

— Milord ? » dit lord Errol.

« Eh bien, Milord? Faudra-t-il deux fois vous en demander la permission ?

— Non, assurément, Milord, » répondit le connétable ; « mais Votre Altesse Royale se souvient-elle que sir Jean Ramorny...

— J'espère qu'il n'a pas la peste, » répliqua le duc de Rothsay. « Vous voudriez, Errol, jouer le rôle du porte-clefs féroce ; mais ce n'est pas dans votre nature. Adieu pour une demi-heure.

— Une nouvelle folie ! » dit Errol, tandis que le prince, ouvrant un treillis de la pièce du rez-de-chaussée en laquelle ils se tenaient, sautait dans le jardin. « Une nouvelle folie de rappeler ce méchant homme en ses conseils. Mais il ne sait ce qu'il fait. »

Le prince, en même temps, se retournait, et disait précipitamment :

« Votre Seigneurie voudra-t-elle, en sa généreuse hospitalité, nous procurer une ou deux bouteilles de vin et une légère collation dans le pavillon? J'aime le *al fresco* de la rivière. »

Le connétable s'inclina, et donna les ordres nécessaires ; si bien que sir Jean trouva disposé ce qu'il fallait pour faire bonne chère, au moment où, descendant de son embarcation, il entra dans le pavillon.

« J'ai le cœur tout chagrin de voir Votre Altesse ainsi privée de la liberté, » dit Ramorny, avec une compassion bien jouée.

« Ton chagrin s'accorde avec le mien, » dit le prince. « Errol (parfait, d'ailleurs, et loyal gentilhomme) m'a si ennuyé avec ses airs graves, et aussi même avec ses graves leçons, qu'il m'a fait revenir à toi, qui n'es qu'un réprouvé, de qui je n'attends rien de bon, mais qui m'apporteras peut-être un peu de gaieté. Avant d'aller plus loin, toutefois, ç'a été une vilaine besogne, Ramorny, que celle du mardi gras. J'espère bien que tu n'y as pas poussé.

— D'honneur, Milord, une simple méprise de ce maudit Bonthron. Je n'avais fait que lui indiquer qu'une bonne râclée serait due à celui qui est cause de la perte de ma main; et voilà que le drôle fait une double bévue. Il prend un homme pour un autre, et se sert de la hache au lieu du bâton.

— Il est heureux que ce n'ait pas été pis. Le bonnetier, c'est peu de chose; mais je ne t'aurais jamais pardonné, si l'armurier était tombé. Il n'a pas son pareil en Bretagne. J'espère que le drôle a été pendu comme il faut.

— Comme il faut, si trente pieds peuvent suffire, » répliqua Ramorny.

« N'en parlons plus, » dit Rothsay; « son nom maudit donne au meilleur vin un goût de sang. Quelles nouvelles y a-t-il à Perth, Ramorny? Comment se portent nos belles amies et nos bons gaillards?

— La gaillardise est bien au repos, Milord, » répondit le chevalier. « Tous les yeux sont tournés vers les mouvements de Douglas le Noir, qui vient, avec cinq mille hommes de choix, pour redresser toutes choses, comme s'il avait à remporter une autre victoire d'Otterburn. On dit qu'il va, de nouveau, être lieutenant du royaume. Il est certain que beaucoup de nobles se sont déclarés pour lui.

— Il est temps, alors, que mes pieds soient libres, » dit Rothsay, « ou je pourrais trouver un pire gardien qu'Errol.

— Ah, Milord! si vous étiez une fois sorti de ce lieu, vous pourriez lever le front aussi hardiment que Douglas.

— Ramorny, » dit le prince d'un air grave, « je n'en ai plus qu'un souvenir confus, mais vous m'avez, une fois, proposé quelque chose d'horrible. Gardez-vous d'un tel conseil. Je voudrais être libre, et disposer de ma personne; mais je ne lèverai jamais le bras contre mon père, ou contre ceux dans lesquels il lui plaît de mettre sa confiance.

— Je ne veux pas parler d'autre chose, » répondit Ramorny, « que de la liberté de Votre Altesse Royale. Si j'étais à la place de Votre Grâce, je me mettrais dans le bateau qui se balance là sur le Tay, et je descendrais tranquillement jusqu'au comté de Fife; vous y avez beaucoup d'amis, et vous pourriez prendre possession de Falkland. C'est un château royal; il est bien vrai que le roi en a fait don à votre oncle;

mais, quand même la libéralité ne serait pas sujette à révocation, Votre Grâce, à coup sûr, pourrait ne se pas gêner, s'agissant de la résidence d'un aussi proche parent.

— Il ne s'est pas gêné envers moi, » repartit le duc, « comme peut le dire l'héritage des Stuarts, le domaine de Renfrew. Mais, un instant, Ramorny. N'ai-je pas entendu dire à lord Errol que lady Marjory Douglas, que l'on appelle duchesse de Rothsay, est à Falkland? Je ne voudrais ni habiter avec cette dame, ni lui faire insulte en la délogeant.

— Cette dame y était, Milord, » répliqua Ramorny ; « mais j'ai de sûrs avis qu'elle est allée à la rencontre de son père.

— Pour animer Douglas contre moi? Ou, peut-être, pour le prier de m'épargner, pourvu que j'aille à genoux jusqu'à son lit, comme sont obligés de le faire, à ce que disent les pèlerins, les émirs et les amiraux auxquels un soudan sarrasin donne en mariage une de ses filles? J'agirai, Ramorny, d'après le dicton même de Douglas : « Mieux vaut entendre chanter l'alouette que crier la souris. » Mieux vaut, en effet, la forêt que le château fort; et je garderai des fers mes pieds et mes mains.

— Nulle place n'est préférable à Falkland, » répliqua Ramorny. « J'ai assez d'hommes d'armes pour y tenir garnison ; et, si Votre Altesse voulait en sortir, une courte chevauchée permet d'atteindre la mer de trois côtés différents.

— Tu parles d'or ; mais nous y mourrons d'ennui. Ni plaisirs, ni musique, ni femmes. Fi donc! » dit le jeune étourdi.

« Pardonnez-moi, noble duc. Si lady Marjory Douglas est partie, comme une dame errante de roman, pour implorer le secours de son illustre seigneur, il y a, j'ose le dire, une personne plus aimable et plus jeune sans nul doute qui est maintenant à Falkland, ou qui sera bientôt en route pour y aller. Votre Altesse n'a pas oublié la Jolie Fille de Perth?

— Oublier la plus jolie personne qui soit en Écosse? Non ; pas plus que tu n'as oublié la main que tu avais, la veille de la Saint-Valentin, à l'assaut de la rue du Couvre-feu.

— La main que j'avais? Votre Altesse devrait dire : la main que j'ai perdue. Aussi vrai que je ne la reconquerrai jamais, Catherine Glover est, ou sera bientôt, à Falkland. Ce serait flatter Votre Altesse que de dire qu'elle s'attend à vous y trouver; ce qu'elle se propose en réalité, c'est de s'y mettre sous la protection de lady Marjory.

— La petite drôlesse, » dit le prince; « elle aussi se tournerait contre moi? Elle mérite un châtiment, Ramorny.

— Je crois que Votre Seigneurie lui fera la pénitence assez douce, » répliqua le chevalier.

« Il y a longtemps, ma foi, que j'aurais été son confesseur, si je l'avais trouvée moins prude.

— L'occasion manquait, Milord, » répliqua Ramorny; « et le temps presse aujourd'hui.

— Je ne suis que trop porté à des jeux de cette espèce; mais mon père...

— Sa personne est en sûreté, » dit Ramorny, « et est aussi libre qu'elle pourra l'être jamais; tandis que Votre Altesse...

— A des chaînes à subir, dans le sens conjugal ou littéral. Je le sais. Voici venir Douglas, sa fille à la main, aussi altière et aussi déplaisante que lui, sauf la différence d'âge.

— Et à Falkland, réside solitaire la plus jolie fille d'Écosse, » dit Ramorny. « Ici l'emprisonnement et la pénitence; là, la joie et la liberté.

— Tu l'emportes, sage conseiller, » répliqua Rothsay; « mais, sache-le bien, ce sera la dernière de mes folies.

— Je le crois, » répliqua Ramorny; « car, une fois en liberté, vous pourrez faire avec le roi votre père un excellent arrangement.

— Je lui écrirai, Ramorny. Prends ce qu'il faut pour cela. Non, je ne peux pas traduire mes pensées en mots. Écris toi-même.

— Votre Altesse Royale oublie... » dit Ramorny, montrant son bras mutilé.

« Ah, cette maudite main! Que faire, alors?

— S'il plaît à Votre Altesse, » répondit au prince son conseiller, « vous pourriez employer la main du médecin Dwining. Il écrit comme un clerc.

— Sait-il un peu où en sont les choses? Est-il au courant?

— Parfaitement, » dit Ramorny; et, allant à la fenêtre, il appela Dwining qui se trouvait au bateau.

L'apothicaire se présenta devant le prince d'Écosse avec les mêmes précautions que s'il avait marché sur des œufs, les yeux baissés, et toute sa personne presque réduite à rien par le sentiment de respect qui convenait à la circonstance.

« Voilà de quoi écrire, mon brave. Je vais éprouver ton talent. Tu sais la situation. Présente ma conduite à mon père sous le jour le plus favorable. »

Dwining s'assit, et, en quelques minutes, écrivit une lettre qu'il tendit à sir Jean Ramorny.

« Qui diable t'a aidé, Dwining? » dit le chevalier. « Écoutez, mon cher lord.

« Vénéré père et souverain, sachez que des considérations impor-
« tantes m'engagent à quitter votre cour pour aller fixer mon séjour à
« Falkland. Deux raisons m'y déterminent : c'est le château de mon
« très cher oncle Albany, avec qui, je le sais, Votre Majesté désire
« que j'en use avec la plus grande familiarité; c'est aussi la résidence
« d'une personne de qui je suis séparé depuis trop longtemps, et avec qui
« j'ai hâte d'échanger désormais les vœux de l'affection la plus étroite. »

Le duc de Rothsay, et Ramorny éclatèrent de rire; et l'homme de science, qui avait écouté lire son propre écrit comme si ç'avait été une sentence de mort, encouragé maintenant par leur approbation, leva les yeux, murmura faiblement sa note de ricanement ordinaire, et redevint grave et silencieux, comme s'il avait craint d'avoir dépassé les bornes du respect le plus profond.

« Admirable! » dit le prince; « admirable! Le bon vieillard appliquera tout cela à la personne qu'on appelle la duchesse de Rothsay. Dwining, tu mériterais d'être *a secretis* auprès de Sa Sainteté le Pape, auquel manque quelquefois, dit-on, un scribe capable de trouver un mot à double sens. Je vais, en signant cela, m'attribuer l'honneur de l'invention.

— Milord, » dit Ramorny, cachetant la lettre de la main gauche, et la laissant sur la table, « venez-vous au bateau?

— Pas avant que mon chambellan n'arrive, avec quelques vêtements et les choses les plus nécessaires. Faites appeler aussi mon écuyer tranchant.

— Milord, » dit Ramorny, « le temps presse, et les préparatifs ne feront qu'exciter les soupçons. Vos officiers vous suivront demain avec les malles. Pour aujourd'hui, je crois que mes faibles services pourront vous suffire à table et dans votre chambre.

— Cette fois-ci, c'est toi qui oublies, » dit le prince, touchant de sa badine le bras blessé. « Souviens-toi que tu ne peux ni découper un chapon, ni attacher une aiguillette. Tu n'es fameux ni comme écuyer tranchant ni comme valet de chambre. »

Ramorny grimaça de rage et de souffrance; car sa blessure, bien qu'en voie de guérison, était encore très sensible, et rien qu'à la montrer du doigt, on le faisait trembler.

« Votre Altesse veut-elle aller au bateau?

— Pas avant d'avoir pris congé du lord connétable. Rothsay ne doit pas s'évader de la maison de lord Errol, comme un voleur d'une prison. Fais-lui dire de venir.

— Milord duc, » dit Ramorny, « c'est dangereux pour notre plan.

— Au diable le danger, ton plan, et toi! Je veux et je dois agir vis-à-vis d'Errol comme il nous convient à tous deux. »

Sur l'avertissement du prince, le comte se présenta.

« Je vous ai causé ce dérangement, Milord, » dit Rothsay, avec la courtoisie pleine de dignité qu'il savait si bien prendre, « pour vous remercier de votre hospitalité et de votre bonne compagnie. Je n'en jouirai pas plus longtemps; des affaires pressantes m'appellent à Falkland.

— Milord, » dit le lord grand connétable, « j'espère que Votre Grâce se souviendra qu'elle est sous ma garde.

— Comment? sous votre garde? Si je suis prisonnier, dites-le nettement; sinon, je prendrai la liberté de m'en aller.

— Je voudrais, Milord, que, pour ce voyage, Votre Altesse demandât la permission de Sa Majesté. Cela peut avoir des conséquences fâcheuses.

— Des conséquences pour qui, Milord? Pour vous, ou pour moi?

— Votre Altesse, je l'ai déjà dit, est ici sous ma garde; si elle a résolu de s'y soustraire, je n'ai pas d'ordres, Dieu merci! pour opposer la force à ses désirs. Je ne puis que supplier Votre Altesse, dans son propre intérêt...

— Je suis le meilleur juge de mes intérêts. Au revoir, Milord. »

Persistant en son dessein, le prince monta dans le bateau avec Dwining et Ramorny, et, sans attendre aucune autre suite ou compagnie, Eviot éloigna du rivage l'embarcation, qui descendit rapidement le Tay, avec l'aide de la voile, des rames et de la marée.

Pendant quelque temps, le duc de Rothsay fut silencieux et rêveur, et ses compagnons ne troublèrent pas ses réflexions. Relevant enfin la tête, il dit : « Mon père aime assez les plaisanteries, et, quand cela sera fini, il prendra cette escapade pour ce qu'elle vaut, un accès de jeunesse dont il s'arrangera comme des autres. Voici, mes maîtres, qu'apparaît le vieux fort de Kinfauns, jetant sur le Tay son regard sourcilleux. Dis-moi donc, Jean Ramorny, comment tu as fait pour sortir la Jolie Fille de Perth des mains de ce prévôt obstiné; car, à ce que m'a dit Errol, le bruit courait qu'elle était sous sa protection.

— Elle y était en effet, Milord; et Charteris avait l'intention de la placer sous le patronage de la duchesse; je veux dire de lady Marjory de Douglas. Or donc, ce lourdaud de prévôt, qui n'est après tout qu'un vaillant et un sot, a parmi ses gens, comme cela arrive à maint individu de son espèce, un homme qui ne manque ni d'intelligence ni d'adresse ; il l'emploie dans toutes ses affaires, et considère généralement comme ses idées propres celles que ce gaillard lui a suggérées. Toutes les fois que je veux mettre dedans un baron de campagne, c'est à ce confident-là que je m'adresse : au cas présent, il s'appelle Kitt Henshaw; c'est un vieux patron de navire du Tay, et comme, dans son temps, il a navigué jusqu'à Campvere, il obtient de sir Patrice Charteris le respect dû à un homme qui a vu les pays étrangers. De son agent j'ai fait le mien; et, par ce canal, j'ai fait passer divers prétextes, à l'effet de retarder le départ de Catherine pour Falkland.

— A quelle fin?

— Je ne sais pas s'il est sage de le dire à Votre Altesse, de peur que vous ne désapprouviez mes vues. J'aurais été bien aise que les officiers de la commission pour la recherche des opinions hérétiques trouvassent la jolie fille à Kinfauns, car notre beauté fantasque s'éloigne de l'Église avec une certaine obstination ; et, certes, j'espérais bien que le chevalier aurait eu sa part des amendes et confiscations qui pourraient être infligées. Les moines auraient été prompts à agir contre lui, car il a eu de fréquentes disputes avec eux pour la dîme du saumon.

— Mais pourquoi aurais-tu ruiné le chevalier, et conduit, peut-être, cette belle jeune femme au bûcher?

— Fi, Milord duc! Les moines ne brûlent pas les jolies filles. Une femme vieille aurait seule couru des risques ; et quant au milord prévôt, comme on l'appelle, si on lui avait rogné quelques-uns de ses gros arpents, ce n'aurait été que l'expiation de la bravade déplacée qu'il s'est permise envers moi dans l'église Saint-Jean.

— Il me semble, Jean, que ce n'était pas une noble vengeance, » dit Rothsay.

« Ne vous fâchez pas, Milord. Celui qui ne peut se faire justice avec la main doit se servir de la tête. Cette chance de satisfaction a disparu grâce à Douglas, dont le cœur tendre s'est déclaré en faveur des consciences tendres ; et de ce moment-là, Milord, le vieux Henshaw n'a plus eu aucune objection pour transporter la Jolie Fille de

Perth à Falkland, non pour partager, comme sir Patrice Charteris et elle le pensent tous deux, la société fastidieuse de lady Marjory, mais pour empêcher Votre Altesse de s'ennuyer quand nous reviendrons de chasser dans le parc. »

Il y eut de nouveau un long silence, durant lequel le prince sembla rêver profondément. « Ramorny, » dit-il enfin, « j'ai un scrupule; mais si je t'en fais part, le démon de la subtilité, dont tu es possédé, me l'ôtera par ses arguments, ainsi qu'il l'a fait pour bien d'autres. Cette jeune fille est la plus belle, une exceptée, de toutes celles que j'aie jamais vues ou connues, et je l'aime d'autant plus qu'elle a quelque chose des traits d'Élisabeth de Dunbar. Mais elle (c'est de Catherine Glover que je parle), elle est fiancée, et sur le point d'être mariée à Henri l'armurier, un ouvrier d'une habileté sans égale, et, par-dessus le marché, un homme d'armes incomparable. Suivre jusqu'au bout cette intrigue, ce serait faire à un brave homme un trop grand tort.

— Votre Altesse ne peut s'attendre à me voir m'intéresser beaucoup à Henri le Forgeron, » dit Ramorny, jetant un regard sur son bras blessé.

« Par saint André et sa croix, voilà une corde que tu touches trop souvent, Jean Ramorny. D'autres se contentent de mettre le doigt dans le gâteau des autres ; tu y mets, toi, ta main sanglante tout entière. C'est fait, cela ne peut pas se défaire : oublions-le.

—Vous y faites allusion, Milord, plus souvent que moi, » répondit le chevalier ; « par dérision, c'est vrai ; tandis que moi... Mais je puis me taire, si je ne puis pas oublier.

— Je te dis donc que j'ai un scrupule au sujet de cette intrigue. Te souviens-tu, que, lorsqu'un jour de folie nous sommes allés entendre prêcher le père Clément, ou plutôt voir cette belle hérétique, le prédicateur, d'une façon aussi touchante qu'aurait pu le faire un ménestrel, parlait de l'homme riche enlevant au pauvre son unique brebis?

— Une grande affaire, vraiment, » répondit sir Jean, « que le fils aîné de la femme de ce manant ait le prince d'Écosse pour père! Combien de comtes, qui, pour leurs belles moitiés, convoiteraient un sort pareil, et combien, qui ont eu cette bonne fortune, n'en dorment pas plus mal pour cela?

— Si j'osais prendre la liberté de parler, » dit le médecin, « les anciennes lois de l'Écosse allouaient ce privilège à tout seigneur féodal sur ses vassales du sexe féminin, encore bien que le manque de courage et l'amour de l'argent aient amené beaucoup de personnes à échanger ce droit-là contre de l'or.

— Je n'ai pas besoin d'arguments qui me pressent d'avoir, pour une jolie femme, toutes les bontés possibles ; mais cette Catherine a toujours été froide pour moi, » dit le prince.

« Ma foi, Milord, » dit Ramorny, « jeune, beau, et prince, si vous ne savez pas comment vous faire accepter d'une jolie femme, ce n'est pas à moi à vous en dire davantage.

— Et si ce n'était pas, de ma part, une trop grande audace de parler encore, je dirais, » ajouta l'homme de l'art, « que Perth tout entier sait que le *Gow Chrom* n'a pas été du choix de la jeune fille, et que c'est son père qui le lui a imposé de force. Je tiens pour certain qu'elle l'a refusé plus d'une fois.

— Ah ! si tu peux m'assurer cela, le cas est bien différent, » dit Rothsay. « Vulcain était forgeron aussi bien qu'Henri la Ruelle; il a voulu épouser Vénus, et les chroniques nous disent ce qui en est advenu.

— Que longtemps donc lady Vénus prospère et soit honorée, » dit sir Jean Ramorny ; « et bon succès au galant chevalier Mars, qui va présenter ses vœux à cette divinité-là. »

La conversation prit, pendant quelques minutes, un tour alerte et dégagé, mais le duc de Rothsay la laissa bientôt tomber. « Il est loin derrière moi, » dit-il, « l'air de ma prison, et cependant, c'est à peine si la gaieté m'est revenue. J'éprouve cet assoupissement, mélancolique sans être désagréable, qui s'empare de nous après la fatigue des exercices du corps ou la satiété du plaisir. Un peu de musique, maintenant, glissant en mon oreille sans être assez forte pour m'obliger à lever les yeux, me serait un divin régal.

— Votre Grâce n'a qu'à formuler ses désirs, et les nymphes du Tay se montrent aussi favorables que le seraient les belles sur le rivage. Écoutez ! c'est un luth.

— Un luth ! » dit le duc de Rothsay prêtant l'oreille; « oui, vraiment, et fort bien touché. Cette chute qui s'en va mourant, il me semble m'en souvenir. Poussez vers le bateau d'où vient la musique.

— C'est le vieil Henshaw, » dit Ramorny, « qui remonte le courant. Holà, maître ! »

Le batelier répondit à l'appel, et vint se mettre à côté de l'embarcation du prince.

« Oh, oh, mon ancienne amie, » dit le prince, reconnaissant la tournure et l'équipage de Louise, la chanteuse française. « Je crois te devoir quelque chose, pour avoir été cause de la peur que tu as eue le jour de la Saint-Valentin. Aborde ici, femme, luth, petit chien, bagage et tout ; je vais te mettre au service d'une dame qui nourrira ton roquet lui-même de chapons et de vin des Canaries.

— J'espère que Votre Altesse songera... » dit Ramorny.

« Je ne songe à rien qu'à ce qui m'arrange, Jean. Sois assez complaisant, je t'y invite, pour y songer aussi.

— Est-ce vraiment au service d'une dame que vous voulez me faire entrer ? » dit la chanteuse. « Où habite-t-elle?

— A Falkland, » répondit le prince.

« Oh ! j'ai entendu parler de cette grande dame, » dit Louise ; « est-ce que, vraiment, vous me feriez entrer au service de votre royale et légitime épouse ?

— Oui, d'honneur, quand je la recevrai comme telle. Note bien cette réserve, Jean, » dit-il à part à Ramorny.

Les personnes qui étaient dans le bateau de Henshaw saisirent au vol cette nouvelle, et, en concluant qu'une réconciliation allait avoir lieu entre le couple royal, invitèrent Louise à profiter de sa bonne fortune, et à se joindre à la suite de la duchesse de Rothsay. Quelques-unes lui offrirent une gratification pour l'exercice qu'elle avait fait de ses talents.

Durant ce temps d'arrêt, Ramorny souffla à l'oreille de Dwining : « Trouve une objection, maraud. Ce supplément-là est de trop. Réveille un peu ta cervelle, pendant que je dis un mot à Henshaw.

— Si j'osais prendre la liberté de parler, » dit Dwining, « comme un homme qui a fait ses études en Espagne et en Arabie, je dirais, Milord, qu'une épidémie a fait son apparition à Édimbourg, et qu'il peut y avoir risque à recevoir cette aventurière dans le voisinage de Votre Altesse.

— Eh, que t'importe à toi, » dit Rothsay, « que je veuille être empoisonné par la peste ou par les apothicaires? Faut-il que, toi aussi, tu te mettes en travers de mes idées ? »

Pendant que le prince faisait taire ainsi les observations de Dwining, sir Jean Ramorny avait saisi le moment d'apprendre d'Henshaw que le départ de la duchesse de Rothsay du château de Falkland était encore gardé secret, et que Catherine Glover y arriverait ce soir-là ou le lendemain matin, avec la pensée d'y être mise sous la protection de la noble dame.

Le duc de Rothsay, profondément plongé dans ses réflexions, reçut cet avis si froidement que Ramorny prit la liberté de lui faire une observation. « C'est être, » dit-il, « Milord, l'enfant gâté de la fortune. Vous souhaitez la liberté; elle arrive. Vous souhaitez la beauté; elle vous attend, juste avec le délai nécessaire pour rendre la faveur plus précieuse. Vos plus légers désirs semblent une loi pour les filandières du destin : vous voulez de la musique, là où elle semble le plus éloignée; le luth et la voix sont à côté de vous. Il faut savoir jouir de choses ainsi envoyées, ou l'on serait comme les enfants gâtés, qui repoussent et brisent les jouets pour lesquels ils avaient le plus pleuré.

— Pour jouir du plaisir, Ramorny, » dit le prince, « il faudrait avoir souffert la peine, de même qu'il faut être resté sans manger pour avoir bon appétit. Nous qui pouvons avoir tout à volonté, nous en jouissons peu quand nous le possédons. Vois-tu cet épais brouillard sur le point de se résoudre en pluie? Il m'étouffe; les eaux me paraissent sombres et lugubres, les rivages ont perdu leur beauté...

— Que Votre Seigneurie me pardonne, » dit Ramorny. «Vous cédez à la puissance de votre imagination, comme un cavalier malhabile laisse un coursier fougueux se cabrer jusqu'à ce qu'il tombe à la renverse sur son maître et l'écrase. Secouez, de grâce, cette léthargie. Voulez-vous que cette fille vous fasse un peu de musique?

— Soit; mais il faut que ce soit triste; tout ce qui serait joyeux choquerait mon oreille en ce moment-ci. »

La jeune fille chanta, en français-normand, un air de tristesse et de mort; les paroles, dont nous allons donner une imitation, étaient associées à un rythme aussi lamentable qu'elles.

Pousse encore un soupir!
Laisse un dernier regard contempler la nature,
Le fleuve aux flots d'argent, la rive et sa parure,
La terre qui verdoie et le ciel qui s'azure :
Tu vas mourir!

Cependant que ta tête
Sur ton lit douloureux débile s'appuiera,
Qu'inégal et confus ton pouls s'agitera,
Pour toi priera le prêtre et le glas sonnera :
La mort est prête!

Sans peur prends ton essor!
Hors du monde, après tout, lorsque l'âme s'élance,
Si l'accès fut cruel et le frisson immense,
La douleur va se taire et le repos commence
Quand on est mort!

Le prince ne fit sur cette musique aucune observation. De temps à autre, sur un signe de Ramorny, la jeune fille exerça son office de ménestrel; jusqu'au moment où, le soir, la pluie se mit à tomber, douce et tempérée d'abord, puis en abondance, et accompagnée d'un vent froid. Le prince ne voulut ni manteau ni rien pour se couvrir, repoussant obstinément ce que lui offrait Ramorny.

« Ce n'est pas à Rothsay de porter tes vêtements de rebut, sir Jean. Cette neige fondue, qui me perce jusqu'à la moëlle des os, c'est par ta faute que je la subis à présent. Pourquoi m'as-tu fait monter en bateau sans mes gens et ma garde-robe? »

Ramorny n'essaya pas de se disculper, il connaissait le prince, et le voyait en l'un de ces accès où il fallait le laisser triste à son aise plutôt que d'essayer de lui fermer la bouche par des excuses raisonnables. Dans un maussade silence, ou parmi des reproches qui ne s'imposaient aucune contrainte, le bateau arriva au village de pêcheurs de Newburgh. On y descendit, et l'on y trouva prêts des chevaux dont Ramorny s'était pourvu à l'avance pour cette occasion. La qualité de ces montures provoqua les sarcasmes du prince, exprimés à Ramorny et par des paroles directes et, surtout, par des railleries amères. Ils partirent enfin, et chevauchèrent à nuit close et sous la pluie, le prince dirigeant

la course avec une rapidité effrénée. Pourvue d'un cheval sur l'ordre exprès du prince, la chanteuse les accompagnait ; ce fut heureux pour elle qu'accoutumée au mauvais temps et à prendre de l'exercice soit à pied soit à cheval, elle pût supporter aussi fermement que des hommes les fatigues de ce voyage nocturne. Ramorny fut forcé de rester toujours à côté du prince, non sans crainte de le voir, en un accès de mauvaise humeur, se dérober complètement à lui, et, prenant refuge en la maison de quelque loyal baron, échapper au piège qu'on avait tendu pour lui. En ce voyage donc il souffrit, et d'esprit et de corps, au delà de ce qu'on pourrait exprimer.

Ils entrèrent enfin dans la forêt de Falkland, et l'éclat passager de la lune leur montra la sombre et grande tour, dépendance royale, bien qu'accordée pour une saison au duc d'Albany. Au signal donné, le pont-levis s'abaissa. Des torches brillèrent dans la cour, des domestiques attendaient ; on aida le prince à mettre pied à terre, et on le conduisit dans un appartement, où Ramorny, avec le secours de Dwining, lui offrit ses services, le suppliant de prendre, pour sa santé, les avis du médecin. Le duc de Rothsay repoussa la proposition, ordonna avec hauteur que l'on préparât son lit, et après s'être tenu quelque temps, tout grelottant de froid, devant un grand feu flamboyant, se retira dans sa chambre sans prendre congé de personne.

« Tu vois l'humeur intraitable de ce puéril personnage, » dit Ramorny à Dwining ; « peux-tu t'étonner qu'un serviteur qui en a tant fait pour lui, soit las d'un pareil maître?

— Non, vraiment, » dit Dwining. « De telles choses, et la promesse du comté de Lindores, ébranleraient la fidélité de n'importe qui. Commencerons-nous ce soir ? Si ses yeux et ses joues disent vrai, il a des symptômes de fièvre ; cela rendra notre besogne plus facile, puisqu'elle semblera n'être que l'effet de la nature.

— C'est une occasion perdue, » dit Ramorny ; « mais retardons notre coup jusqu'à ce qu'il ait vu cette belle Catherine Glover. Ce sera plus tard un témoin ; elle pourra dire que, peu de temps avant, elle l'a vu bien portant et maître de ses mouvements. Tu me comprends ? »

Dwining fit un signe d'assentiment.

« Il n'y a pas de temps perdu, » ajouta-t-il ; « on flétrit aisément la fleur qui s'est épuisée en s'épanouissant trop tôt. »

CHAPITRE XXXI.

Oh oui, vraiment ! c'était un rude compagnon
Aux profanes plaisirs adonné tout de bon,
Et qui ne sut priser autre chose sur terre
Que les filles de joie et les buveurs de bière.

BYRON.

Un changement s'était opéré, le lendemain matin, dans l'humeur du duc de Rothsay. Il se plaignait d'un peu de malaise et de fièvre, mais cela semblait plutôt le stimuler que l'abattre. Il était très familier avec Ramorny ; et, tout en ne disant rien qui pût avoir trait à la soirée précédente, il était clair qu'il se souvenait de la mauvaise humeur qu'il avait montrée, et qu'il désirait la faire oublier. Il fut poli pour tout le monde, et plaisanta avec Ramorny sur l'arrivée de Catherine.

« La jolie prude sera bien surprise de se trouver en compagnie masculine, quand elle s'attendait à être reçue au milieu des bonnets et des coiffes de Madame Marjory. Tu n'as pas en main, je crois, Ramorny, beaucoup de personnes du sexe tendre?

— Pas une, excepté la ménestrelle ; sans compter une ou deux femmes de service qui nous sont indispensables. Soit dit en passant, la chanteuse s'enquiert avec anxiété de la maîtresse auprès de laquelle Votre Altesse a promis de la placer. Faut-il la renvoyer, pour qu'elle coure à son aise après sa nouvelle maîtresse ?

— Non vraiment; elle servira à amuser Catherine. Oh! une idée! si, pour recevoir cette petite sucrée, nous faisions une mascarade?

— Que voulez-vous dire, Milord?

— Tu as l'esprit obtus. Cela ne lui semblerait pas étonnant, puisqu'elle s'attend à trouver ici la duchesse de Rothsay. Je serai, à moi tout seul, le duc et la duchesse.

— Je ne comprends pas encore.

— Rien de si sot qu'un homme d'esprit, » dit le prince, « quand il ne saisit pas la piste du premier coup. La duchesse ma femme, comme on l'appelle, a été aussi pressée de s'enfuir de Falkland que moi d'y venir. Nous avons, l'un comme l'autre, laissé derrière nous notre garde-robe. Il y a, dans le cabinet attenant à ma chambre à coucher, autant de colifichets féminins qu'il en faudrait pour équiper tout un carnaval. Or ça, moi, je serai la dame Marjory, étendue sur le lit de repos que voici, avec un voile de deuil et une couronne de saule, témoignages de mon délaissement; toi, Jean, tu tâcheras d'être aussi empesé et aussi raide que sa demoiselle d'honneur du pays de Galway, la comtesse Hermigilde; et Dwining représentera la vieille Hécate, sa nourrice; seulement, elle a plus de poils à la lèvre supérieure que Dwining n'en a sur toute la figure, et sur le crâne pardessus le marché. Il lui faudrait une barbe postiche pour rivaliser comme il faut avec elle. Prends tes filles de cuisine, et ce que tu peux avoir avec toi de pages un peu passables, pour en faire mes femmes de chambre. Tu m'entends, et vite. »

Ramorny courut dans l'antichambre, et fit part à Dwining du projet du prince.

« Veille à occuper ce fou, » dit-il; « je me soucie peu de le voir, sachant ce qui va lui arriver.

— Fiez-vous à moi, » dit le médecin en haussant les épaules. « Étrange boucher que celui qui coupe la gorge à l'agneau, et qui a peur de l'entendre bêler!

— Ne crains pas que je faiblisse. Je ne saurais oublier qu'il m'aurait jeté dans un cloître avec autant d'indifférence que l'on mettrait au rebut le tronçon d'une lance brisée. Va. Non; un instant encore. Avant que tu n'ailles préparer cette ridicule comédie, il faut convenir de quelque chose pour en imposer à la cervelle épaisse de Charteris. Il est assez probable que, s'il reste dans la croyance que la duchesse de Rothsay est encore ici et que Catherine Glover fait partie de sa maison, il viendra avec des offres de service et autres choses semblables, alors que sa présence (est-il besoin de le dire?) serait tout à fait gênante. Il est fort à penser que quelques personnes auront donné un nom plus chaud au grand et affectueux patronage que ce chevalier à tête de fer a accordé à la demoiselle.

— Avec cette donnée, laissez-moi faire ; je me charge de lui. Je vais lui envoyer une lettre telle que, pendant un mois, il sera aussi disposé à faire un voyage en enfer qu'à en faire un à Falkland. Pouvez-vous me dire le nom du confesseur de la duchesse ?

— C'est un moine gris, du nom de Waltheof.

— Cela suffit : j'ai ce qu'il me faut. »

Dwining était un clerc d'une rapidité rare ; en peu de minutes, il eut achevé une lettre qu'il présenta à Ramorny.

« C'est admirable, et cela aurait fait ta fortune auprès de Rothsay. J'aurais été, je crois, très jaloux de te garder, pour te mettre dans sa maison, si ses jours n'étaient comptés.

— Lisez-le tout haut, » dit Dwining, « pour que nous puissions voir si cela marche bien. »

Ramorny lut ce qui suit :

« Par l'ordre de notre haute et puissante princesse Marjory, du-
« chesse de Rothsay, *et cætera,* nous Waltheof, frère indigne de l'or-
« dre de Saint-François, faisons connaître à toi, sir Patrice Charteris,
« chevalier de Kinfauns, que Son Altesse s'étonne beaucoup de la té-
« mérité avec laquelle tu t'es permis d'envoyer en sa présence une
« femme de la renommée de laquelle elle ne peut avoir qu'une fai-
« ble opinion, vu que la susdite a fait en ton château un séjour de plus
« d'une semaine, sans nécessité d'aucune sorte, et sans la compagnie
« d'aucune autre femme, sauf de simples domestiques ; cohabitation
« fâcheuse, dont le parfum s'est répandu dans les comtés de Fife,
« d'Angus et de Perth. Nonobstant quoi Son Altesse, considérant le
« cas comme un acte de fragilité humaine, n'a pas fait fouetter cette
« libertine avec des orties, et ne lui a infligé aucune autre pénitence :

« mais deux bons frères du couvent de Lindores, les Pères Thick-
« scull et Dundermore, ayant été appelés dans les hautes terres
« pour une mission spéciale, Son Altesse a confié à leurs soins ladite
« fille Catherine, avec charge de la remettre à son père, qu'elle
« déclare être en résidence du côté du lac Tay, et sous la protec-
« tion duquel elle trouvera une situation convenant mieux à ses
« qualités et habitudes qu'au château de Falkland durant le séjour
« qu'y fait Son Altesse la duchesse de Rothsay. Elle a enjoint aux-
« dits révérends frères de se conduire vis-à-vis de cette jeune femme
« de manière à lui faire comprendre la gravité du péché d'inconti-
« nence, et à toi-même elle recommande confession et pénitence.
« Signé Waltheof, par ordre de haute et puissante princesse, » *et cœtera.*

« Parfait, parfait! » s'écria Ramorny quand il eut fini sa lecture. C'est une rebuffade à laquelle Charteris ne s'attendait guère, et il y a de quoi le rendre fou. Il professe, de vieille date, une sorte d'admiration pour cette dame, et se voir soupçonné de dérèglement dans ses mœurs alors qu'il s'attendait à rencontrer, pour une action charitable, le crédit le plus complet, cela va le couvrir de confusion; ainsi donc que je le disais, il se passera du temps avant qu'il n'arrive ici pour savoir ce que devient la demoiselle ou pour rendre hommage à la châtelaine. Va à la comédie, pendant que je prépare ce qui la terminera pour toujours. »

Il était onze heures du matin lorsque Catherine, escortée du vieil Henshaw et d'un domestique du chevalier de Kinfauns, arriva devant la tour majestueuse de Falkland. La large bannière qui y était déployée portait les armes de Rothsay, les serviteurs qu'on apercevait portaient les couleurs de la maison du prince; tout enfin confirmait la croyance générale que la duchesse y résidait encore. Le cœur de Catherine battait, car elle avait ouï-dire qu'avec le fier courage de la maison de Douglas, la princesse en avait aussi l'orgueil, et elle se sentait inquiète de la réception qu'elle allait trouver. En entrant au château, elle remarqua que la suite était moins nombreuse qu'elle ne s'y serait attendue; mais comme la duchesse y menait une vie fort retirée, Catherine en fut peu surprise. Dans une espèce d'antichambre, elle fit la rencontre d'une petite vieille, toute courbée par les années, et s'appuyant sur un bâton d'ébène.

« Vraiment, la belle fille, tu es la bienvenue, » dit la vieille en saluant Catherine, « et dans une triste maison, je puis bien le dire. J'espère, » ajouta-t-elle, avec une salutation nouvelle, « que tu seras une consolation pour mon excellente et très royale fille la duchesse. Assieds-toi, mon enfant, jusqu'à ce que j'aie vu si Milady peut te recevoir. Ah, mon enfant, tu es assurément une aimable créature, si Notre-Dame t'a donné une âme à l'égal d'un aussi beau corps. »

Sur ce, la fausse vieille femme entra dans la pièce voisine, où elle trouva Rothsay dans son déguisement, et aussi Ramorny ; mais ce dernier s'était excusé de prendre part à la mascarade, et portait son habit ordinaire.

« Seigneur Docteur, » dit le Prince, « tu es un merveilleux drôle; d'honneur, je crois que tu trouverais en ton cœur de quoi jouer, à toi seul, la pièce tout entière, l'amoureux et le reste.

— S'il le fallait pour en épargner la peine à votre Altesse ? » dit le praticien, avec le rire contraint qui lui était familier.

« Non, non, » dit Rothsay ; « je n'ai pas besoin de ton aide. Dis-moi, comment me trouves-tu sur mon lit de repos ? J'ai bien, n'est-ce pas, les airs languissants et distingués d'une femme ? Ha !

— Vous avez un peu trop bonne mine, et les traits trop doux pour lady Marjory de Douglas, si j'ose prendre la liberté de le dire, » répliqua le médecin.

« Va-t-en, drôle, et fais entrer ce beau morceau de glace. Elle n'aura pas à se plaindre (sois-en sûr) de ce que je serai toujours femme. Et toi, Ramorny, va-t-en aussi. »

Pendant que le chevalier sortait par une porte, la vieille femme de contrebande introduisait par l'autre Catherine Glover. On avait eu soin de ne laisser pénétrer dans la chambre qu'un demi-jour, et Catherine aperçut, sans le moindre soupçon, la prétendue dame étendue sur le lit de repos.

« C'est la jeune fille ? » demanda Rothsay, d'une voix naturellement agréable, à laquelle il avait soin d'imprimer, en ce moment, des modulations douces. « Qu'elle approche, Griselda, et qu'elle me baise la main. »

La nourrice de circonstance conduisit auprès du lit de repos, la jeune fille toute tremblante, et lui fit signe de se mettre à genoux. Catherine le fit, et, avec beaucoup de respect et de simplicité, baisa la main gantée que la feinte duchesse lui tendait.

« N'ayez pas peur, » continua de dire la même voix harmonieuse. « Vous voyez en moi un triste exemple de la vanité des dignités humaines. Heureux ceux, mon enfant, que leur rang met au-dessous des orages de la grandeur. »

En parlant, il passa les bras autour du cou de Catherine, et l'attira à lui, comme pour lui donner une marque effective de bienvenue. Mais le baiser dépassa si fort en vivacité ce que promettait le rôle de l'honorable protectrice, que Catherine, pensant que la duchesse avait perdu l'esprit, poussa un grand cri.

« Paix, petite sotte! c'est moi, David de Rothsay. »

Catherine regarda autour d'elle : la nourrice n'y était plus ; le duc avait déchiré son voile, et elle se vit au pouvoir d'un libertin jeune et entreprenant.

« O ciel, sois avec moi ! » dit-elle ; « j'aurai ton secours, si je ne m'abandonne pas moi-même. »

Tandis que cette pensée jaillissait dans son esprit, elle retint les cris qu'elle eût été disposée à pousser, et s'efforça, autant qu'elle put, de cacher sa crainte.

« La plaisanterie a réussi, » dit-elle avec toute la fermeté qu'il lui fut possible de se donner; « puis-je supplier maintenant Votre Altesse de me lâcher? » Il la tenait encore par le bras.

« Ne vous débattez pas, ma jolie captive. De quoi auriez-vous peur?

— Je ne me débats pas, Milord. Comme il vous plaît de me retenir, je ne veux pas, par ma résistance, provoquer de votre part des actes fâcheux, qui vous chagrineraient vous-même quand vous aurez eu le temps d'y réfléchir.

— Traîtresse que tu es, » dit le prince, « pourquoi me tenir en captivité depuis plusieurs mois, et ne pas vouloir qu'à mon tour je t'y tienne un moment?

— Ce serait de la galanterie, Milord, si j'étais dans les rues de Perth,

Catherine échappe à l'étreinte du duc de Rothsay, déguisé sous les vêtements de la princesse Marjory.

où je pourrais, à mon gré, vous écouter ou m'enfuir; ici, c'est de la tyrannie.

— Et, si je te lâchais, où t'enfuirais-tu? » dit Rothsay. « Les ponts sont levés, la herse baissée, et les hommes de ma suite sont singulièrement sourds aux criailleries d'une fille dont l'humeur n'est pas avenante. Sois douce, et tu sauras ce que c'est que d'obliger un prince.

— Lâchez-moi, Milord, et veuillez m'entendre en appeler à vous-même, en appeler de Rothsay au prince d'Écosse. Je suis fille d'un citoyen modeste, mais honnête ; je puis presque dire que je suis l'épouse d'un homme brave et honorable. Si dans ce qu'a fait Votre Altesse, je lui ai donné quelque encouragement, ç'a été sans intention. Ainsi averti, je vous supplie de ne pas vous prévaloir des avantages que vous avez sur moi, et de me laisser partir. Votre Altesse ne saurait rien obtenir que par des moyens indignes et d'un chevalier et d'un homme.

— Vous êtes hardie, Catherine, » dit le prince ; « mais il n'est permis ni à un chevalier ni à un homme de ne pas relever un défi. Il faut vous apprendre ce qu'on risque à de semblables cartels. »

Tandis qu'il parlait, il essayait de nouveau de l'enlacer de ses bras ; mais échappant à son étreinte, du même ton ferme et décidé, elle ajouta :

« Ma force, Milord, est aussi grande pour me défendre dans une lutte honorable, que la vôtre pour m'attaquer en un dessein qui vous déshonore. Ne faites pas votre honte et la mienne en provoquant un tel combat. Vous pouvez m'étourdir en me frappant, ou appeler à l'aide pour triompher de ma résistance ; mais autrement, vous échouerez dans votre entreprise.

— Pour quel brutal personnage me prenez-vous? » dit le prince. « Je n'entends employer la force que dans la mesure nécessaire pour excuser les femmes qui cèdent à leur faiblesse. »

Il s'assit, en proie à quelque émotion.

« Gardez donc votre force, » dit Catherine, « pour les femmes qui souhaitent une pareille excuse. Ma résistance est celle de l'esprit le plus résolu qu'aient inspiré jamais l'amour de l'honneur et la crainte de l'opprobre. Hélas ! Milord, si vous deviez réussir, vous ne feriez que briser tous les liens qui m'attachent à la vie, et que briser ceux qui vous attachent à l'honneur. J'ai été attirée ici par artifice; au moyen de quelles manœuvres? je ne le sais; mais, si j'en devais sortir déshonorée, ce serait pour dénoncer à tous les pays de l'Europe celui qui a détruit mon bonheur. Je prendrais en main le bâton du pèlerin, et, partout où la chevalerie est honorée, partout où a été prononcé le nom de l'Écosse, je proclamerais que l'héritier de cent rois, le fils de l'excellent Robert Stuart, l'héritier de l'héroïque Bruce, est un homme sans loyauté et sans foi, indigne de la couronne qu'il attend et des éperons qu'il porte. Toutes les dames de l'Europe tiendraient votre nom trop odieux pour se trouver sur leurs lèvres, tout preux chevalier vous tiendrait pour un lâche voué au mépris, traître à son serment, infidèle au premier vœu de ceux qui portent les armes, la protection de la femme et la défense du faible. »

Rothsay, fixa sur elle un regard où le dépit se mêlait à l'admiration. « Vous oubliez, jeune fille, à qui vous parlez. Sachez que la distinction que je vous ai offerte remplirait de reconnaissance cent femmes dont vous êtes faite pour porter la queue.

— Une fois encore, Milord, » reprit Catherine, « gardez ces faveurs pour celles qui en font cas; ou plutôt, réservez votre temps et votre santé pour d'autres et de plus nobles entreprises, pour la défense de votre pays et le bonheur de vos sujets. Hélas, Milord, avec quel entraînement et quel orgueil on vous reconnaîtrait pour chef! Avec quelle joie les peuples se presseraient autour de vous, si vous montriez le désir de marcher à leur tête contre l'oppression des puissants, la violence des contempteurs de la loi, les séductions des partisans du vice, et la tyrannie des hypocrites! »

Le duc de Rothsay, en qui les bons sentiments savaient s'éveiller aussi facilement que s'évanouir, fut frappé de l'enthousiasme avec lequel elle parlait. « Pardonnez-moi, » dit-il, « jeune fille, de vous avoir alarmée; vous avez des sentiments trop nobles pour être le jouet des plaisirs passagers auxquels, par méprise, je vous avais destinée. Et moi, quand votre naissance serait digne de la noblesse de votre âme et de votre sublime beauté, je n'ai pas de cœur à vous donner; car ce n'est que par l'hommage du cœur que l'on peut aspirer à une personne comme vous. Mes espérances ont été stériles, Catherine; la seule femme que j'aie jamais aimée m'a été arrachée par les fluctuations de la politique, et l'on m'a imposé une épouse que je détesterai toujours; que, dans les conditions dans lesquelles on me l'a donnée, je ne saurais aimer, eût-elle cette grâce et cette douceur qui peuvent seules, à mes yeux, rendre une femme digne d'affection. Tout jeune encore, ma santé se flétrit; et la seule joie qui me reste, c'est de saisir brusquement les fleurs qui se présenteront à moi durant le court passage de la vie au tombeau. Voyez mes joues fébriles; sentez, si vous le voulez, les battements de mon pouls intermittent, et ayez pitié de moi; sachez m'excuser, si moi dont les droits comme prince et comme homme ont été foulés aux pieds et usurpés, je me sens quelquefois indifférent aux droits des autres, et je me livre au désir égoïste de satisfaire le souhait du moment.

— Oh, Milord! » s'écria Catherine, avec l'exaltation qui appartenait à son caractère; « laissez-moi dire : mon cher lord, car l'héritier de Bruce doit être cher à tous les enfants de l'Écosse, ne souffrez pas, de grâce, qu'on vous entende parler ainsi! Votre glorieux ancêtre a enduré l'exil, la persécution, la faim durant la nuit, les combats inégaux pendant le jour, pour rendre libre sa patrie; faites les mêmes sacrifices, ayez la même abnégation, pour vous rendre libre vous-même. Arrachez-vous à ceux qui, en nourrissant vos folies, aplanissent pour eux le chemin de la grandeur. Méfiez-vous de Ramorny! Vous ne le savez pas, j'en suis sûre, vous ne devez pas le savoir; mais l'homme qui ne craint pas de pousser la fille à la honte en menaçant la vie du vieux père, est capable de toutes les infamies, de toutes les trahisons!

— Ramorny a fait cela? » dit le prince.

« Il l'a fait, Milord, et n'oserait le nier.

— Je m'en assurerai, » répondit le duc de Rothsay. « Je n'ai plus d'amitié pour Ramorny; mais il a beaucoup souffert à cause de moi, et je dois veiller à ce que ses services soient honorablement récompensés.

— Ses services! Oh, Milord, si l'histoire dit la vérité, des services comme ceux-là ont fait la ruine de Troie, et donné aux infidèles la possession de l'Espagne.

— Fi! jeune fille; parlez, je vous prie, avec un peu plus de réserve, » dit le prince en se levant. « Là doit finir notre conférence.

— Un mot encore, Milord duc, » dit Catherine avec animation; et son beau visage ressemblait à celui d'un ange envoyé pour guide à l'humanité. « Je ne saurais dire ce qui me pousse à parler aussi hardiment; mais un feu intérieur me dévore, et j'irai jusqu'au bout. Quittez ce château sans retard! l'air en est malsain pour vous. Avant qu'il soit dix minutes, renvoyez Ramorny : sa compagnie est dangereuse.

— Quelle raison avez-vous de me dire cela?

— Aucune que je sache préciser, » répondit Catherine, confuse elle-même de la vivacité de son langage; « aucune peut-être, excepté mes craintes pour votre sûreté.

— Des craintes vagues ne seront pas écoutées par l'héritier de Bruce. Holà! quelqu'un. »

Ramorny entra; il salua profondément le duc, et aussi la jeune fille, qu'il considérait sans doute comme promue au poste de sultane favorite, et ayant droit, à ce titre, aux hommages les plus courtois.

« Ramorny, » dit le prince, « y a-t-il dans la maison une femme convenable, en état de tenir compagnie à cette jeune fille jusqu'à ce que nous puissions l'envoyer où elle jugera à propos d'aller?

— Je crains, » répliqua Ramorny, « s'il ne déplaît pas à Votre Altesse d'entendre la vérité, que votre maison ne soit assez mal pourvue sous ce rapport; et que, pour parler franc, la chanteuse ne soit ce qu'il y a parmi nous de plus décent.

— Qu'elle prenne soin de cette jeune fille, puisqu'on ne peut pas mieux faire. Et vous, » dit-il à Catherine, « prenez patience quelques heures. »

Catherine se retira.

« Eh bien, Milord, vous vous séparez bien vite de la Jolie Fille de Perth? Ce sont les caprices de la victoire.

— Il n'y a ici ni victoire ni défaite, » répliqua sèchement le jeune prince. « Cette fille ne m'aime pas, et je ne l'aime pas assez moi-même pour me créer des tourments en combattant ses scrupules.

— Le chaste Malcolm la Vierge a revécu dans l'un de ses descendants! » dit Ramorny.

« Trève d'esprit, Monsieur, s'il vous plaît; ou, si vous lui donnez carrière, que ce soit sur un autre sujet. Il est midi, je crois, et vous m'obligerez en donnant l'ordre de me faire dîner. »

Ramorny quitta la pièce; Rothsay crut voir un sourire sur son visage : avoir l'air ridicule aux yeux de cet homme, ce n'était pas pour lui une contrariété légère. Il invita cependant le chevalier à sa table, et admit même Dwining à partager cet honneur. La conversation prit un tour vif et licencieux ; le prince l'encouragea dans cette voie, comme pour contrebalancer sa sévérité de mœurs de la matinée, que Ramorny, versé dans les vieilles chroniques, ne craignit pas de comparer à la continence de Scipion.

Malgré le médiocre état de la santé du prince, le banquet se prolongea, en de frivoles badinages, bien au delà des règles de la tempérance. Soit grâce uniquement à la force du vin que buvait Rothsay, soit grâce à la faiblesse de sa constitution, soit encore, ce qui est plus probable, parce que le dernier vin qu'il avait bu avait été sophistiqué par Dwining, il arriva que le prince, vers la fin du repas, tomba dans un sommeil léthargique, d'où il semblait impossible de le tirer. Sir Jean Ramorny et Dwining le portèrent dans sa chambre, n'acceptant d'autre secours que celui d'une personne dont nous donnerons le nom plus loin.

Le lendemain matin, on annonça que le prince était atteint d'une maladie contagieuse ; et, pour empêcher le fléau de se répandre dans la maison, nul ne fut admis auprès de lui que son premier écuyer, le médecin Dwining, et le domestique déjà mentionné. L'un d'eux était toujours censé rester dans la chambre, tandis que les autres observaient, dans leurs rapports avec le reste des habitants du château, des précautions sévères, propres à maintenir la croyance que le prince était dangereusement affecté d'un mal contagieux.

CHAPITRE XXXII.

Va, quand les soirs, l'hiver, sont ennuyeux et lents,
Au coin du feu t'asseoir avec les vieilles gens.
Leurs voix emprunteront aux légendes antiques
Les sinistres récits et les scènes tragiques ;
Et toi, pour les payer de leur peine, dis-leur,
Avant de les quitter, ma chute et mon malheur.

SHAKSPEARE. *Richard II*, acte 5, scène 1.

L'HÉRITIER mal conseillé de la couronne d'Écosse avait un destin tout différent de celui qu'en la ville de Falkland, on faisait circuler dans le public. Son oncle ambitieux avait résolu sa mort, pour écarter la première et la plus formidable barrière entre la famille d'Albany et le trône. Jacques, le plus jeune fils du roi, n'était qu'un enfant, et l'on pourrait rêver à loisir aux moyens de l'écarter.

Les perspectives d'agrandissement de Ramorny et le ressentiment qu'il avait conçu depuis peu contre son maître, firent de lui l'agent presque spontané de la destruction du jeune Rothsay. L'amour de Dwining pour l'or, et sa méchanceté naturelle, le disposaient également à cette tâche. Il avait été convenu, avec la cruauté la mieux calculée, que tous moyens qui pourraient laisser après eux des marques de violence devaient être soigneusement évités, et qu'il fallait que la vie s'éteignît d'elle-même, par l'action qu'exerceraient des privations de toute sorte sur une constitution frêle et compromise. Le prince d'Écosse ne devait pas être assassiné, selon l'expression dont Ramorny s'était servi dans une autre occasion ; il devait seulement cesser d'exister.

La chambre à coucher de Rothsay dans la tour de Falkland convenait parfaitement pour l'exécution d'un aussi horrible projet. Un petit escalier étroit, dont l'existence était à peine connue, s'y ouvrait par une trappe, et conduisait aux donjons souterrains du château, à travers un passage par lequel le seigneur féodal, en secret et sous un déguisement, allait visiter les habitants de ces régions désolées. Par cet escalier, les scélérats portèrent le prince, en un état complet d'insensibilité, au donjon le plus bas du château, si profondément enfoncé dans les entrailles de la terre qu'à ce qu'on supposait ni cris ni gémissements n'en pouvaient sortir; telle était, d'ailleurs, la solidité de la porte et des fermetures, qu'elles auraient longtemps défié tous les efforts, au cas même où l'entrée aurait été découverte. Bonthron, sauvé à cette fin de la potence, était devenu volontiers l'agent de la cruauté inouïe dont Ramorny se montrait capable envers son patron abusé et trahi.

Ce misérable visita de nouveau le donjon au moment où la léthargie du prince commençait à disparaître, au moment où celui-ci s'éveillait à la vie, glacé d'un froid mortel, incapable de se mouvoir, retenu par des fers qui lui permettaient à peine de bouger sur la paille humide où il était couché.

La première idée de Rothsay fut qu'il subissait un rêve effroyable ; la seconde fut une notion confuse de la vérité. Il appela, cria, poussa enfin des hurlements frénétiques ; mais aucune aide ne lui vint, et les voûtes seules du donjon lui répondirent. L'agent infernal entendait ces cris déchirants, et, faisant froidement son compte, les rapprochait des railleries et des reproches par lesquels Rothsay avait exprimé sur lui son aversion instinctive. Lorsqu'épuisé et sans espoir, le malheureux jeune homme garda le silence, le barbare résolut de se présenter aux yeux du prisonnier. Le cadenas de la porte s'ouvrit, la chaîne qui la garnissait tomba ; le prince se redressa aussi haut que le lui permettaient ses fers. Une lueur rouge, qui le força de fermer les yeux, courut à travers la voûte ; et, quand ses paupières se rouvrirent, ce fut pour voir apparaître comme un spectre un individu qu'il avait sujet de croire mort. Il retomba sur le sol avec horreur. « Je suis jugé et condamné! » s'écria-t-il; « et c'est le plus abhorré des démons de l'enfer qu'on envoie pour me tourmenter!

— Je suis vivant, Milord, » dit Bonthron; « et, pour que vous puissiez vous-même garder la vie et en jouir, veuillez vous relever, et manger votre pitance.

— Délivre-moi de ces fers, » dit le prince. « Sors-moi de ce donjon; et, quoique tu ne sois qu'un chien, tu seras l'homme le plus riche de l'Écosse.

— Vous me donneriez le pesant d'or des entraves que vous portez, » dit Bonthron, « que j'aimerais mieux voir le fer sur vous que le trésor dans ma main! Vous aimez les mets délicats, n'est-ce pas? Voyez ce que je vous apporte. » Le misérable, avec une joie diabolique, enleva le morceau de peau crue qui recouvrait un paquet qu'il portait sous le bras, et, y passant et repassant la lumière, fit voir au malheureux prince une tête de bœuf, récemment détachée du tronc; objet connu, en Écosse, pour être le présage d'une mort certaine. Il posa cette chose à côté du lit, ou plutôt de la bauge du prince : « Soyez modéré, » dit-il, « dans votre nourriture; il se passera longtemps sans doute avant que vous n'en ayez d'autre.

— Un mot seulement, misérable, » répliqua le prince. « Ramorny sait-il ce qui se passe?

— Comment, sans cela, serais-tu tombé dans cette embuscade? Pauvre bécasse, te voilà prise! » répondit le meurtrier.

Sur ces paroles, la porte se ferma, les verrous résonnèrent, et le malheureux prince fut laissé dans l'obscurité, la solitude et le désespoir. « O mon père, mon père! tu as été prophète. Le bâton sur lequel je m'appuyais est devenu une lance! » Nous ne le suivrons pas durant les heures qui vinrent après, durant les jours qu'occupaient les agonies du corps et les désolations de l'esprit.

Ce ne fut cependant pas la volonté du ciel qu'un aussi grand crime s'accomplît impunément.

Catherine Glover et la chanteuse, négligées par les autres habitants du château qu'occupaient surtout les nouvelles de la maladie du prince, se virent refuser, toutefois, la permission de quitter le château, tant qu'on ne saurait pas comment se terminerait cette inquiétante maladie, et si elle avait vraiment un caractère contagieux. Forcées de se faire société l'une à l'autre, les deux femmes éplorées devinrent, sinon des amies, du moins des compagnes ; l'union fut un peu plus étroite lorsque Catherine eut découvert que c'était la personne même au sujet de

laquelle Henri la Ruelle avait encouru son déplaisir. Elle entendit alors la justification complète du Forgeron, et écouta avec ardeur les éloges que Louise prodiguait à son vaillant protecteur. De son côté, la ménestrelle, qui sentait la supériorité de la situation et du caractère de Catherine, s'appesantit volontiers sur un sujet qui semblait plaire à celle-ci. En témoignage de la reconnaissance qu'elle portait au brave Forgeron, elle chanta : *Fidèles et preux,* petite romance qui fut longtemps, en Écosse, un chant favori :

Fidèles et preux
Sous leurs bonnets bleus,
Sûrs en amour, forts à la guerre,
Les Écossais ont l'âme fière,
La parole haute et sincère;
En Europe il n'est rien de mieux
Que les bonnets bleus.
L'Allemagne a du caractère,
La France est galante et guerrière,
Nobles sont les fils d'Angleterre;
Pourtant, je ne sais rien de mieux
Que les bonnets bleus.

Bref, bien qu'en d'autres circonstances la profession peu honorée de Louise eût pu s'opposer à ce que Catherine en fît volontiers sa société, la force des choses aidant, la Jolie Fille de Perth trouva dans la chanteuse une compagne modeste, dont on pouvait s'accommoder.

Elles vivaient ainsi depuis quatre ou cinq jours, et, pour éviter autant que possible, dans l'office, les regards, et peut-être l'impolitesse des domestiques, elles préparaient leur nourriture dans leur chambre même. Dans les rapports absolument nécessaires qu'il fallait avoir avec les gens de service, Louise, plus accoutumée aux expédients, plus hardie par ses habitudes, et désireuse de plaire à Catherine, prenait vaillamment pour elle l'embarras d'obtenir du chef les éléments de leurs chétifs repas, comme aussi le soin de les accommoder avec le savoir-faire de son pays.

Le sixième jour, la chanteuse était sortie pour cet objet, un peu avant midi; le désir de respirer le bon air, ou l'espoir de trouver une salade ou des herbes potagères, de trouver, du moins, une fleur ou deux pour parer leur table, l'avaient conduite dans le petit jardin attenant au château. Elle rentra toute pâle dans la chambre, et tremblant comme une feuille. Sa terreur gagna à l'instant Catherine, qui put à peine trouver des paroles pour lui demander quel nouveau malheur était arrivé.

« Est-ce que le duc de Rothsay est mort?

— Bien pis que cela! il vit, et on le fait mourir de faim.

— C'est de la folie, ce que vous dites.

— Non, non, non! » répéta Louise, pouvant à peine respirer, et précipitant si bien ses mots les uns sur les autres, qu'il n'était pas aisé pour Catherine d'en saisir le sens. « Je cherchais des fleurs pour en parer votre table, car vous m'avez dit hier que vous les aimiez. Mon petit chien, qui s'était enfoncé dans un buisson d'if et de houx, sur de vieilles ruines tout près du mur du château, revint en pleurant et en aboyant ; je m'avançai pour voir quelle en pouvait être la cause. Oh! alors, j'entendis un gémissement comme celui d'une personne qui souffre beaucoup, mais si faible qu'il semblait sortir du fond même de la terre. Je vis enfin qu'il venait d'une petite fente du mur, recouverte de lierre ; et, quand j'appliquai mon oreille contre l'ouverture, je pus entendre distinctement la voix du prince, qui disait : « Cela ne pourra durer longtemps. » Puis la voix s'abaissa, comme pour dire une prière.

— Juste ciel! Lui avez-vous parlé ?

— J'ai dit : « Est-ce vous, Milord ? » Et il a répondu : « Qui se « moque de moi en m'appelant ainsi ? » Je lui ai demandé si je pourrais l'aider en quelque chose, et, d'une voix que je n'oublierai jamais : « A manger! » a-t-il répondu, « à manger! je meurs de « faim ! » Je suis venue vous le dire. Que faire ? Donner l'alarme dans la maison?

— Hélas! ce serait la perte plutôt que le secours, » dit Catherine.

« Que faire donc, alors ? » répliqua Louise.

« Je ne sais pas encore, » dit Catherine, prompte et hardie dans les occasions importantes, bien que, dans les occasions ordinaires, elle le cédât à sa compagne pour s'ingénier et trouver des ressources. « Je ne sais pas encore ; mais nous ferons quelque chose. Le rejeton de Bruce ne mourra pas sans qu'on l'aide. »

Parlant ainsi, elle saisit le petit vaisseau qui contenait leur soupe et la viande avec laquelle elle avait été faite, enveloppa dans un pli de son manteau quelques petits gâteaux qu'elle avait fait cuire, et faisant signe à sa compagne de la suivre avec un vase de lait, portion intégrante aussi de leurs provisions, elle se dirigea rapidement vers le jardin.

« Notre belle vestale va dehors, » dit l'un des domestiques, la seule personne qu'elles rencontrèrent. Catherine passa outre sans faire attention et sans répondre, et gagna le petit jardin sans autre incident.

Louise lui indiqua un monceau de ruines, qui, couvert de broussailles peu élevées, touchait au mur du château. Ç'avait été probablement, dans l'origine, une construction en saillie, et l'étroite ouverture qui communiquait avec le donjon, destinée à donner de l'air, devait correspondre à cette construction. Le temps avait un peu élargi l'ouverture, et un faible rayon de lumière pénétrait ainsi dans les profondeurs du donjon, bien qu'inaperçu de ceux qui y pénétraient avec une torche.

« Un silence de mort, » dit Catherine, après avoir écouté quelques instants avec attention. « Cieux et terre ! il a succombé !

— Essayons une chose, » dit sa compagne ; et Louise fit courir ses doigts sur les cordes de sa guitare.

Un soupir fut la seule réponse qui sortit du fond du donjon. Catherine, alors, s'aventura à parler. « Me voici, avec de quoi boire et de quoi manger.

— Ha ! Ramorny ? Cette plaisanterie vient trop tard. Je me meurs. » Telle fut la réponse.

« Son cerveau s'est dérangé, » pensa Catherine, « et ce n'est pas étonnant ; mais, tant qu'il y a vie, l'espoir reste.

« C'est moi, Milord ; c'est moi, Catherine Glover. J'ai des aliments, si je pouvais vous les faire passer.

— Le ciel te bénisse, jeune fille ! Je croyais que la souffrance était passée, mais elle renaît en moi au seul mot d'aliments.

— La nourriture, la voici ; comment vous la faire parvenir ? L'ouverture est si étroite, le mur si épais ! Il y a un moyen, cependant : je le tiens ! Vite, Louise ; coupez-moi une branche de saule, la plus longue que vous pourrez trouver. »

La chanteuse obéit ; et, fendant le bout de la baguette, Catherine put transmettre au prisonnier quelques morceaux de gâteau trempés dans du bouillon, faisant office à la fois de nourriture et de boisson.

L'infortuné jeune homme mangea peu et avec difficulté, mais appela mille bénédictions sur la tête de celle qui le soulageait. « Je t'avais destinée à être la victime de mes vices, » dit-il; « et cependant tu essayes de me conserver la vie! Mais va-t-en, sauve-toi.

— Je reviendrai avec de la nourriture quand j'en trouverai l'occasion, » dit Catherine, juste au moment où la chanteuse la tirait par la manche, et l'invitait à se taire et à se cacher.

Elles se blottirent toutes deux au milieu des ruines, et entendirent les voix de Ramorny et du médecin, engagés ensemble en une conversation secrète.

« Il est plus fort que je ne pensais, » dit le premier d'un ton bas et enroué. « Combien de temps a duré Dalwolsy, quand le chevalier de Liddesdale l'a tenu prisonnier dans son château de l'Hermitage ?

— Quinze jours, » répondit Dwining ; « mais il était vigoureux, et recevait quelque secours du grain qui tombait d'un grenier au-dessus de sa prison (Y).

— Ne serait-il pas mieux d'achever la chose plus vite ? Douglas le Noir vient de ce côté. Il n'est pas dans le secret d'Albany. Il demandera à voir le prince ; il faut que tout soit fini avant qu'il n'arrive. »

Ils s'éloignèrent, en poursuivant leur conversation sombre et fatale.

« Regagnons la tour, » dit Catherine à sa compagne, lorsqu'elle vit que les deux hommes étaient sortis du jardin. « J'avais un plan d'évasion pour moi ; je le changerai en un plan de délivrance pour le prince. La laitière entre au château vers le soir, et laisse ordinairement son manteau dans le couloir quand elle va à l'office avec son lait. Prenez-le, enveloppez-vous dedans, et passez hardiment devant le concierge ; il est presque toujours ivre à cette heure-là ; on vous prendra pour la laitière, et vous traverserez la porte et le pont sans qu'on vous demande rien, si vous vous comportez avec assurance. Hâtez-vous ensuite d'aller au-devant de Douglas le Noir ; il est notre plus proche et notre unique secours.

— Mais, » dit Louise, « n'est-ce pas le terrible seigneur qui m'a menacée du déshonneur et du châtiment ?

— Croyez-moi, » dit Catherine, « soit en bien soit en mal, des personnes comme vous et moi ne resteront pas une heure dans la mémoire de Douglas. Dites-lui que son gendre, le prince d'Écosse, se meurt dans le château de Falkland, privé de nourriture par des traîtres, et ce ne sera pas seulement un pardon que vous mériterez, mais une récompense.

— Je n'ai pas besoin de récompense, » dit Louise ; « l'acte se récompensera lui-même. Mais il me semble plus dangereux encore de rester que de sortir ; laissez-moi donc rester pour nourrir le malheureux prince, et vous, partez pour ramener du secours. S'ils me tuent avant que vous ne soyez revenue, je vous laisse mon pauvre luth, et je vous prie d'être bonne pour mon petit Charlot.

— Non, Louise, » répliqua Catherine, « vous avez, pour courir les routes, plus d'immunités et plus d'expérience que moi; allez, et si vous me trouvez morte à votre retour, comme cela pourrait bien être, donnez à mon pauvre père cette bague et une boucle de mes cheveux, et dites-lui que Catherine est morte en tâchant de sauver le sang de Bruce. Donnez aussi à Henri cette autre boucle de cheveux ; dites-lui que Catherine a pensé à lui jusqu'au dernier moment; et que, s'il l'a trouvée trop scrupuleuse lorsqu'il s'agissait du sang des autres, cela ne voulait pas dire qu'elle estimât trop haut la valeur du sien. »

Elles se jetèrent en sanglotant dans les bras l'une de l'autre. Les heures qui suivirent furent employées à chercher quelque moyen meilleur pour fournir des aliments au captif, et à construire un tube, composé de roseaux creux enchâssés les uns dans les autres, et par où des liquides pourraient lui être transmis. La cloche de l'église du village de Falkland sonna vêpres. La laitière, ou fermière, entra avec ses cruches pour livrer son lait, et pour apprendre et dire les nouvelles qui circulaient. A peine était-elle entrée dans la cuisine, que la ménestrelle, se jetant de nouveau dans les bras de Catherine et l'assurant de son inaltérable fidélité, descendait ensuite silencieusement l'escalier, son petit chien sous le bras. Un moment après, Catherine, respirant à peine, voyait Louise paraître, enveloppée dans le manteau de la laitière, et traverser le pont-levis d'un air tranquille.

« Vous partez bien vite ce soir, May Bridget ? On n'est pas gai dans l'office. Ah, ma chère enfant, les temps de maladie sont de tristes temps !

— J'ai oublié mes tailles, » dit la Française prompte à la réplique, « et je reviens, le temps d'écrémer un pauvre petit seau de lait. »

Elle continua sa route en évitant le village de Falkland, et prit un sentier qui traversait le parc. Catherine respira plus librement et rendit grâces au ciel, quand elle la vit se perdre dans le lointain. Avant que l'évasion ne fût découverte, un autre moment d'angoisse attendait Catherine. Ce fut lorsque la laitière, ayant passé une heure à une besogne qui aurait pu se faire en dix minutes, se mit en devoir de partir, et s'aperçut que quelqu'un avait pris son manteau de ratine grise. On fit les recherches les plus minutieuses; à la fin, les femmes de la maison songèrent à la chanteuse; et ne craignirent pas de la signaler comme une personne capable de changer un vieux manteau pour un neuf. Le concierge, pressé de questions, déclara qu'il avait vu la laitière partir immédiatement après la sonnerie de vêpres; la partie en cause le niant complètement, la seule autre hypothèse qu'il mit en avant fut que, pour sûr, ç'avait été le diable.

Cependant, comme on ne trouvait pas la chanteuse, les circonstances vraies de l'affaire furent aisément devinées, et l'intendant alla informer sir Jean Ramorny et Dwining, qui ne se séparaient pour ainsi dire pas, de l'évasion d'un de leurs prisonniers, du sexe féminin. Tout éveille les soupçons de ceux qui sont coupables. Ils se regardèrent l'un l'autre d'un air épouvanté, puis allèrent ensemble à l'humble chambre de Catherine, désireux, s'il se pouvait, de la prendre en défaut dans l'enquête qu'ils allaient faire sur la disparition de Louise.

« Où est votre compagne, jeune fille ? » dit Ramorny d'un ton grave et sévère.

« Je n'ai pas de compagne ici, » répondit Catherine.

« Pas de paroles oiseuses, » répliqua le chevalier; « je parle de la chanteuse qui était tantôt avec vous dans cette chambre.

— Elle est partie, me dit-on, » répondit Catherine, « il y a une heure environ.

— Où est-elle allée ? » dit Dwining.

— Comment saurais-je, » reprit Catherine, « par quel chemin une rôdeuse de profession a jugé bon de voyager? Elle s'ennuyait, sans nul doute, d'une vie solitaire, si différente des scènes de plaisir et de danse que son métier lui fait fréquenter. Elle est partie, et la seule chose étonnante c'est qu'elle soit restée si longtemps.

— C'est tout ce que vous avez à nous dire? » ajouta Ramorny.

« Tout ce que j'ai à vous dire, sir Jean, » répondit Catherine avec assurance ; « le prince lui-même me le demanderait, que je ne pourrais lui en dire davantage.

— Il n'est guère à craindre qu'il vous fasse encore l'honneur de vous parler en personne, » dit Ramorny, « au cas même où l'Écosse pourrait échapper à la douleur de le perdre.

— Le duc de Rothsay est-il si mal? » demanda Catherine.

« Nul espoir que dans le ciel, » répondit Ramorny en levant les yeux.

« Que le secours donc vienne de là, » dit Catherine, « si les efforts humains sont impuissants!

— *Amen!* » dit Ramorny, avec le plus grand sérieux. Dwining prit un visage en rapport avec le sentiment exprimé ; il devait lui falloir beaucoup d'efforts pour retenir son petit ricanement de triomphe, qu'excitait d'une façon spéciale tout ce qui touchait à la religion.

« Et ce sont des hommes, des créatures terrestres, et non des diables incarnés, qui en appellent ainsi au ciel, alors qu'ils font mourir à petit feu leur maître! » murmura Catherine pendant que s'éloignaient de la chambre les deux inquisiteurs auxquels elle venait d'échapper. « D'où vient que la foudre sommeille? Mais elle grondera bientôt, et fasse le ciel que ce soit pour sauver aussi bien que pour punir! »

C'était à l'heure du dîner, lorsque tous les habitants du château étaient occupés à ce repas, que Catherine avait la meilleure occasion de s'aventurer jusqu'à la brèche du mur, et le moins de chance d'être observée. En attendant cette heure, elle aperçut quelque mouvement dans le château, qui avait toujours été silencieux comme la tombe depuis la réclusion du duc de Rothsay. On baissait et levait la herse; au bruit des machines qui la faisaient mouvoir succédait le pas des chevaux, les hommes d'armes sortant ou rentrant, sur des montures où l'écume trahissait une course rapide. Catherine remarqua aussi que les domestiques qu'elle voyait passer de sa fenêtre étaient en armes. Toutes ces choses lui faisaient battre le cœur, car elles annonçaient l'approche d'un secours; l'agitation qui régnait rendait d'ailleurs le petit jardin plus solitaire que jamais. L'heure de midi arriva enfin; sous prétexte de satisfaire ses goûts personnels, et grâce à la complaisance du chef de l'office, Catherine avait eu soin de se pourvoir d'aliments qu'elle pût faire passer aisément à l'infortuné captif. Elle parla bas pour faire connaître sa présence : pas de réponse; elle parla plus haut : toujours le même silence.

« Il dort, » murmura-t-elle à demi et en frissonnant. Le frisson fut suivi d'un tressaillement soudain et d'un cri, quand, derrière elle, une voix répliqua :

« Il dort, oui; mais c'est pour toujours. »

Elle regarda. Sir Jean Ramorny était là en armure complète; la visière de son casque était levée, et laissait voir un visage plus semblable à celui d'un homme qui va mourir qu'à celui d'un homme qui va combattre. Il parlait d'un ton grave, tenant le milieu entre le ton de l'observateur calme d'un événement intéressant, et le ton d'une personne qui doit avoir sa part dans l'exécution et dans les conséquences.

« Catherine, » ajouta-t-il, « ce que je vous dis est vrai. Il est mort. Vous avez fait pour lui tout ce que vous avez pu. Vous n'en sauriez faire davantage.

— Je ne veux pas, je ne peux pas le croire, » dit Catherine. « Le ciel ait pitié de moi! cela me ferait douter de la Providence, de penser qu'un si grand crime a été accompli.

— Ne doutez pas de la Providence, Catherine, parce qu'elle a permis au méchant de tomber victime de ses propres desseins. Suivez-moi; j'ai à vous dire quelque chose qui vous concerne. Suivez-moi, vous dis-je, » car elle hésitait, « à moins que vous ne préfériez rester à la merci de cette brute de Bonthron et du médecin Henbane Dwining.

— Je vous suivrai, » dit Catherine. « Vous ne sauriez en faire plus qu'il ne vous sera permis. »

Il marcha devant elle, et monta dans la tour d'étage en étage, d'échelle en échelle.

Catherine sentit enfin sa résolution défaillir. « Je ne vous suivrai pas plus loin, » dit-elle. « Où me conduisez-vous? Si c'est pour mourir, je puis le faire ici.

— Je vous conduis seulement, petite sotte, aux créneaux du château, » dit Ramorny, en poussant une grille qui ouvrait directement sur la plate-forme. Des hommes y armaient des mangonneaux, préparaient des arbalètes, et disposaient des tas de pierres. Mais les défenseurs n'étaient pas plus de vingt, et Catherine crut remarquer en eux le doute et l'irrésolution.

« Catherine, » dit Ramorny, « je ne saurais quitter ce poste, nécessaire pour ma défense; mais je puis vous parler ici aussi bien qu'ailleurs.

— Parlez, » répondit Catherine; « je suis prête à vous écouter.

— Vous avez pénétré, Catherine, dans un secret sanglant. Aurez-vous la fermeté de le garder?

— Je ne vous comprends pas, sir Jean, » répondit la jeune fille.

« Écoutez. J'ai tué, j'ai assassiné, si vous voulez, mon ancien maître, le duc de Rothsay. Le souffle de vie que votre générosité voulait nourrir fut aisément étouffé. Ses dernières paroles ont appelé son père. Vous tombez en faiblesse; soutenez-vous encore : vous devez en apprendre davantage. Vous connaissez le crime, mais vous ne savez pas ce qui l'a provoqué. Voyez! ce gantelet est vide. Pour lui, j'ai perdu la main droite; et, quand je n'ai plus été bon pour le servir, j'ai été rejeté comme un chien fatigué, ma perte a été tournée en ridicule, et le cloître m'a été recommandé, au lieu de ma sphère naturelle, les palais et les cours! Songez à cela, et prêtez-moi pitié et secours.

— En quoi pouvez-vous me demander assistance? » dit la jeune fille tremblante; « je ne puis ni réparer votre perte, ni effacer votre crime.

— Vous pouvez vous taire, Catherine, sur ce que vous avez vu et entendu dans ce buisson. Je ne vous demande qu'un peu d'oubli, à vous dont, je le sais, la parole sera crue, si vous dites qu'une chose est ou qu'une chose n'est pas. La parole de votre compagne, la baladine et l'étrangère, nul ne lui prêtera la valeur d'une épingle. Si vous m'accordez cela, votre promesse est ma sécurité, et j'ouvre la porte à ceux qui approchent. Si vous ne me promettez pas le silence, je défends ce château jusqu'à ce que le dernier homme périsse, et je vous lance la tête la première du haut de ces créneaux. Regardez-les; ce n'est pas un saut à braver impunément. Sept étages vous ont amenée ici, lasse et essoufflée; vous irez du haut en bas en moins de temps qu'il n'en faut pour faire entendre un soupir! Répondez-moi, belle jeune fille : vous parlez à un homme peu curieux de vous faire du mal, mais résolu dans son dessein. »

Catherine restait terrifiée, incapable de répondre à l'homme qu'animait ainsi le désespoir; l'arrivée de Dwining lui épargna la nécessité d'une réponse. Avec la même humilité respectueuse qui le caractérisait en toutes rencontres, avec le ricanement ironique et contraint dont il avait l'habitude et qui donnait le démenti à ses respects, il dit :

« Je vous fais tort, noble sire, en dérangeant Votre Vaillance lorsqu'elle est occupée avec une belle demoiselle. Mais je viens vous poser une question.

— Parle, bourreau ! » dit Ramorny ; « les mauvaises nouvelles sont un jeu pour toi, même lorsqu'elles te touchent personnellement, pourvu qu'elles puissent aussi regarder les autres.

— Hem ! hi, hi ! Je désirais seulement savoir si Votre Seigneurie entend accepter la tâche chevaleresque de défendre le château avec sa main unique ; pardon : je voulais dire avec son seul bras ? La question vaut la peine qu'on la pose ; car je ne suis bon qu'à peu de chose pour seconder la défense, à moins que vous ne persuadiez aux assiégeants de prendre des médicaments. Hi, hi, hi ! Bonthron est aussi ivre que l'ont pu faire l'*ate* et les liqueurs fortes ; et lui, vous et moi, nous formons toute la garnison disposée à faire résistance.

— Comment ! » dit Ramorny ; « et les autres ? ne se battront-ils pas, les chiens ?

— Jamais on n'a vu d'hommes ayant moins de cœur à la besogne, » répondit Dwining ; « jamais ! Mais en voici deux qui viennent. *Venit extrema dies.* Hi, hi, hi ! »

Eviot et son compagnon Buncle s'approchaient en effet, portant sur leurs visages une sombre résolution, comme des gens décidés à résister à une autorité à laquelle ils avaient si longtemps obéi.

« Eh bien ! » dit Ramorny, en allant au-devant d'eux ; « pourquoi n'êtes-vous pas à vos postes ? Pourquoi avoir quitté la barbacane, Eviot ? Et vous, Buncle, ne vous ai-je pas chargé de veiller aux mangonneaux ?

— Nous avons quelque chose à vous dire, sir Jean Ramorny, » répondit Eviot. « Nous ne combattrons pas pour cette querelle.

— Comment ! » s'écria Ramorny ; « mes propres écuyers discutent mes ordres ?

— Nous avons été vos écuyers et vos pages, Milord, pendant que vous étiez premier écuyer dans la maison du duc de Rothsay. Le bruit court que le duc n'est pas vivant ; nous désirons savoir la vérité.

— Quel est le traître qui ose répandre de pareilles faussetés ? » dit Ramorny.

« Tous ceux qui sont sortis pour explorer la forêt, Milord, moi comme les autres, nous avons rapporté les mêmes nouvelles. La ménestrelle qui a quitté le château hier a répandu partout le bruit que le duc de Rothsay est assassiné, ou qu'il est aux portes de la mort. Douglas vient vers nous avec de grandes forces...

— Et vous, lâches, vous prenez avantage d'un récit en l'air pour abandonner votre maître? » dit Ramorny plein d'indignation.

« Milord, » dit Eviot, « laissez-nous, Buncle et moi, voir le duc de Rothsay, et recevoir ses ordres personnels pour la défense de ce château ; et si, après cela, nous ne combattons pas jusqu'à la mort, je consens à être pendu à la plus haute des tourelles. Que si le prince est mort d'une maladie naturelle, nous remettrons le château au comte de Douglas, qui est, nous dit-on, le lieutenant du roi. Ou si (que le ciel nous en préserve!) le noble duc a péri par trahison, nous ne nous associerons pas au crime de porter les armes pour la défense des meurtriers, quels qu'ils puissent être.

— Eviot, » dit Ramorny, soulevant son bras mutilé, « si ce gantelet n'était pas vide, tu n'aurais pas vécu le temps nécessaire pour prononcer deux mots de cet insolent discours.

— C'est comme cela, » répondit Eviot, « et nous ne faisons que notre devoir. Je vous ai suivi longtemps, Milord, mais ici je retiens la bride.

— Adieu donc, et que la malédiction tombe sur vous tous! » s'écria le baron avec fureur. « Qu'on prépare mon cheval!

— Notre Vaillance va s'enfuir, » dit le médecin, qui s'était glissé tout à côté de Catherine avant qu'elle ne s'en aperçût. « Catherine, vous êtes sottement superstitieuse comme presque toutes les femmes ; cependant, vous avez un peu de raison, et je vous parle comme à un être plus intelligent que les buffles qui paissent autour de nous. Ces barons altiers qui foulent aux pieds le monde, que sont-ils au jour de l'adversité? Une paille que chasse le vent. Que leurs mains fortes comme des marteaux, que leurs jambes fermes comme des colonnes viennent à subir un dommage, et, soudain, adieu les hommes d'armes : chez eux, le cœur et le courage ne sont rien, les membres sont tout ; donnez-leur la force physique, en quoi valent-ils mieux que des taureaux furieux? ôtez-leur cette force, et le chevaleresque héros gît à terre et rampe comme la brute dont on a coupé le jarret. Autrement est le sage : aussi longtemps qu'un atôme de raison reste dans un corps meurtri et mutilé, l'esprit conservera sa fermeté d'autrefois. Ce matin, Catherine, je préparais votre mort; je me réjouis maintenant de ce que vous vivez encore pour que vous puissiez dire comment le pauvre médecin, le doreur de pilules, le pile-mortier, le marchand de poisons, a fait face à son destin, en compagnie du vaillant chevalier de Ramorny, actuellement baron, et comte de Lindores en expectative. Que Dieu garde Sa Seigneurie!

— Vieillard, » dit Catherine, « si vous êtes vraiment si près de rencontrer le jugement que vous avez mérité, il est d'autres pensées qui vous seraient plus salutaires que le délire orgueilleux d'une vaine philosophie. Demandez à voir un prêtre...

— Oui, » dit Dwining d'un ton méprisant, « m'en rapporter à un gros moine, qui ne sait pas seulement comprendre (hi, hi, hi!) le latin barbare qu'il répète par routine. Ce serait un étrange conseiller pour un homme qui a étudié en Espagne et en Arabie! Non, Catherine, je choisirai un confesseur qui soit agréable à regarder, et ce sera vous que j'honorerai de cet office. Regardez Sa Vaillance que voici : ses sourcils sont humides, ses lèvres tremblantes d'effroi; car Sa Vaillance (hi, hi, hi!) discute son salut avec ses derniers serviteurs, et n'a pas assez d'éloquence pour les persuader de le laisser fuir. Voyez le travail des fibres de son visage, pendant qu'il supplie les créatures ingrates qu'il a comblées de faveurs de lui laisser, pour sauver sa vie, la même liberté d'élan que le lièvre obtient des lévriers quand les hommes lui donnent la chasse. Regardez aussi les figures sombres, abattues, brutales avec lesquelles, flottant entre la crainte et la honte, les traîtres de sa maison refusent au maître cette faible chance de salut. Tous ces êtres là se croyaient supérieurs à un homme tel que moi! et vous, jeune fille insensée, vous avez de votre Divinité une idée assez basse pour supposer que des misérables comme eux sont l'œuvre de sa toute-puissance.

— Non! homme d'iniquité, non! » dit Catherine avec chaleur, « le Dieu que je révère a créé ces hommes avec les dons nécessaires pour le connaître et l'adorer, pour protéger et défendre leurs frères, pour pratiquer le bien et la vertu. Leurs propres vices, et les tentations du malin esprit, les ont faits tels qu'ils sont à présent. Oh! laissez pénétrer cette leçon dans votre cœur de diamant! Le ciel vous a fait plus sage que vos compagnons, vous a donné des yeux pour pénétrer dans les secrets de la nature, un jugement sagace, une main adroite ; mais votre orgueil a empoisonné tous ces dons magnifiques, et n'a fait qu'un malheureux athée de celui qui devait être un bon chrétien !

— Un athée, dites-vous? » répondit Dwining ; « peut-être ai-je des doutes sur ce point-là, mais ils seront bientôt résolus. Il va venir un homme qui m'enverra, comme il l'a fait pour bien d'autres, à l'endroit où tous les mystères seront éclaircis. »

Catherine suivit l'œil du médecin vers l'une des clairières de la forêt, et la vit remplie de cavaliers qui s'avançaient au galop. Au milieu se déployait un pennon dont l'œil de Catherine ne distinguait pas les armoiries, mais qu'un murmure, autour d'elle, signala comme celui de Douglas le Noir. Les hommes d'armes s'arrêtèrent à portée de flèche du château, et un héraut, avec deux trompettes, s'avança jusqu'à la porte principale, où, après une bruyante fanfare, il demanda l'entrée pour le haut et redouté Archibald, comte de Douglas, lord lieutenant du roi, agissant à l'heure présente avec la pleine autorité de Sa Majesté ; il ordonnait en même temps à tous ceux qui se trouvaient dans le château de mettre bas les armes, sous peine de haute trahison.

« Vous entendez ? » dit Eviot à Ramorny, qui restait sombre et indécis. « Voulez-vous donner l'ordre de rendre le château, ou faut-il que je...

— Non, misérable ! » interrompit le chevalier ; « jusqu'à la fin, ce sera moi qui vous commanderai. Ouvrez-les portes, baissez le pont, et rendez le château à Douglas.

— Voilà ce qu'on peut appeler, » dit Dwining, « un galant exercice du commandement. Absolument comme si ces instruments de cuivre, dont le son se faisait entendre il y a une minute, prétendaient appeler leurs les notes qu'y soufflait tout à l'heure la sale bouche d'un trompette.

— Homme coupable ! » dit Catherine, « gardez le silence, ou tournez vos pensées vers l'éternité, sur le bord de laquelle vous êtes placé.

— Qu'est-ce que cela me fait? » répondit Dwining. « Vous ne pouvez pas, jeune fille, vous empêcher d'entendre ce que je dis, et vous le redirez, car c'est chose aussi dont votre sexe ne se peut défendre. La ville de Perth et toute l'Écosse sauront ce qu'elles ont perdu en la personne d'Henbane Dwining ! »

Un bruit d'armes annonçait alors que les nouveaux arrivés avaient mis pied à terre, et qu'ils étaient occupés, dans le château, à désarmer la petite garnison. Le comte de Douglas lui-même apparut sur les créneaux avec quelques-uns de ses hommes, et leur fit signe de se saisir de Ramorny et de Dwining. D'autres tirèrent de quelque coin Bonthron plongé dans la stupidité de l'ivresse.

« C'était à ces trois-là que la garde du prince était exclusivement confiée, durant sa prétendue maladie! » dit Douglas, poursuivant l'enquête qu'il avait commencée dans la grande salle du château.

« Nul autre n'a vu le prince, Milord, » dit Eviot, « bien que j'eusse offert mes services.

— Conduisez-nous à la chambre du duc, et amenez les prisonniers avec nous. Il doit aussi y avoir une femme dans le château, si l'on ne s'en est pas débarrassé par le fer ou par le poison ; la compagne de la chanteuse qui a donné la première alarme.

— La voici, Milord, » dit Eviot, en forçant Catherine à s'avancer.

Sa beauté et l'émotion à laquelle elle était en proie firent impression même sur l'impassible comte.

« Ne crains rien, » dit-il, « jeune fille ; tu mérites éloge et récompense. Dis-moi aussi sincèrement que tu le confesserais au ciel, ce dont tu as été témoin dans ce château? »

Catherine, en peu de mots, raconta la terrible histoire.

« Cela s'accorde de point en point, » dit Douglas, « avec le récit de la chanteuse. Montrez-nous maintenant la chambre du prince. »

On se rendit à la chambre qui avait été l'habitation supposée du malheureux duc de Rothsay; mais on n'en put trouver la clef, et le comte n'y pénétra qu'en forçant la porte. En entrant, on aperçut les restes amaigris et repoussants de l'infortuné prince, qu'on avait à la hâte jetés sur le lit. L'intention des meurtriers avait probablement été de disposer le corps de façon à ce qu'il ressemblât à un cadavre que la mort a atteint à l'heure voulue, mais ils avaient été dérangés par l'alerte que l'évasion de Louise avait occasionnée. Douglas regarda le corps du jeune homme que de mauvais conseils avaient entraîné, que ses passions insensées et ses caprices avaient conduit à cette catastrophe fatale et prématurée.

« Il avait des torts envers moi, » dit-il ; « mais un spectacle comme celui-ci bannit tout souvenir d'injures!

— Hi, hi! Cela aurait été mieux arrangé, » dit Dwining, « et plus à la convenance de Votre Grâce; mais vous êtes venu soudainement sur nous, et les gens pressés ne font qu'un mauvais service. »

Douglas ne parut pas entendre ce que disait son prisonnier, tant il examinait avec attention les traits pâles, ravagés, et les membres raidis du cadavre placé devant lui. Catherine, malade d'émotion et prête à s'évanouir, obtint enfin la permission de s'éloigner de cette terrible scène, et, au milieu d'une confusion difficile à décrire, parvint à regagner son ancienne chambre, où Louise, de retour, l'enlaça dans ses bras.

Les investigations de Douglas continuèrent. On reconnut que la main mourante du prince s'était fermée sur des cheveux qui ressemblaient par leur couleur et leur nature aux soies noires et raides de Bonthron. Ainsi, quoique la privation d'aliments eût commencé l'œuvre, il semblait que la mort de Rothsay avait été finalement déterminée par la violence. L'escalier secret qui conduisait au donjon, dont les clefs furent trouvées au ceinturon de l'assassin subalterne, la situation du caveau, sa communication avec l'air extérieur par la fente des murailles, la triste couche de paille avec les fers qui y étaient restés, confirmèrent pleinement ce qu'avaient dit Catherine et la chanteuse.

« Nous n'hésiterons pas un instant, » dit Douglas à son proche parent, lord Balveny, aussitôt qu'ils furent sortis du donjon. « Périssent les meurtriers! qu'on les pende aux créneaux!

— Ne conviendrait-il pas, Milord, qu'il y eût procès et jugement? » répondit Balveny.

« Pourquoi cela? » répliqua Douglas. « Je les ai pris *la main rouge* (Z); j'ai autorité pour une exécution immédiate. Une minute cependant: n'avons-nous pas dans notre troupe quelques hommes de Jedwood?

— Nous avons quantité de Turnbulls, de Rutherfords, d'Ainslies, et autres, » dit Balveny.

« Qu'on me fasse avec eux une commission ; ce sont tous hommes sûrs et fidèles, à cela près que, pour vivre, ils emploient plus d'un moyen. Veillez à l'exécution de ces filous pendant que je tiens conseil dans la grand'salle, et nous verrons qui du jury ou du grand prévôt aura le premier fini sa besogne ; nous aurons ainsi la justice à la Jedwood : pendre vite, et juger à loisir.

— Une minute cependant, Milord, » dit Ramorny; « vous pourriez regretter votre promptitude. M'accorderez-vous de vous dire un mot en secret?

— Non, pour rien au monde! » répondit Douglas; « dis ce que tu as à dire devant tous ceux qui sont ici.

— Sachez donc tous, » dit Ramorny à haute voix, « que ce noble comte a eu des lettres du duc d'Albany et de moi, à lui remises de la main de ce lâche déserteur, Buncle (qu'il le nie, s'il l'ose). Ces lettres lui conseillaient d'éloigner pour un temps le duc de la cour, et de l'enfermer dans le château de Falkland.

— Mais pas un mot, » répliqua Douglas avec un sourire terrible, « de le jeter dans un donjon, de le faire mourir de faim, de l'étrangler. Emmenez ces misérables, Balveny ; ils souillent trop longtemps l'air que Dieu a fait. »

Les prisonniers furent entraînés aux créneaux. Pendant que l'exécution se préparait, l'apothicaire exprima un si vif désir de voir Catherine encore une fois, et, à ce qu'il disait, pour le bien de son âme, que la jeune fille, dans l'espoir que l'endurcissement de cet homme se serait modifié à la dernière heure, consentit à retourner aux créneaux, et à assister à une scène qui répugnait à son cœur. D'un seul coup d'œil, elle vit Bonthron, dans la complète insensibilité de l'ivresse ; Ramorny dépouillé de son armure, s'efforçant en vain de cacher sa frayeur, tandis qu'il parlait avec un prêtre dont il avait sollicité les bons offices ; et Dwining, humble, l'air obséquieux, rampant, tel, en un mot, qu'elle l'avait toujours connu. Il tenait en main une petite plume d'argent, avec laquelle il avait écrit sur un morceau de parchemin.

« Catherine, » dit-il, « hi, hi, hi ! Je désire vous parler de la nature de ma foi religieuse.

— Si telle est votre intention, pourquoi perdre avec moi votre temps ? Parlez avec ce bon père.

— Ce bon père, » dit Dwining, « est déjà (hi, hi !) un adorateur de la divinité que j'ai servie. Je préfère donc donner en vous, Catherine, un adorateur nouveau à l'autel de mon idole. Ce morceau de parchemin vous dira comment trouver le chemin de ma chapelle, où j'ai si souvent, à l'écart, fait mes adorations. Je vous laisse, à titre de legs, les images qu'elle contient, uniquement parce que je vous hais et que je vous méprise un peu moins que les absurdes misérables que j'ai été obligé, jusqu'ici, d'appeler mes semblables. Et maintenant, partez ; ou plutôt, restez, pour voir si la fin du marchand d'orviétan démentira sa vie.

— Notre Dame m'en préserve ! » s'écria Catherine.

« Je n'ai plus qu'un seul mot à dire, » reprit le médecin ; « et ce noble gentilhomme peut l'écouter s'il le veut. »

Lord Balveny s'approchait non sans curiosité ; la résolution inébranlable d'un homme qui n'avait jamais manié l'épée ou porté l'armure, et qui, physiquement, n'était qu'un chétif avorton, était chose, à ses yeux, qui tenait de la sorcellerie.

« Vous voyez ce petit objet, » dit le criminel en montrant sa plume d'argent. « Par son moyen, je puis échapper au pouvoir de Douglas le Noir lui-même.

— Ne lui donnez ni encre ni papier, » dit vivement Balveny ; « il écrirait un charme.

— Non, vraiment, s'il plaît à Votre Sagesse et à Votre Vaillance. Hi, hi, hi ! » dit Dwining, avec son ricanement ordinaire, en dévissant le haut de sa plume, dans lequel il y avait un morceau d'éponge, ou de substance semblable, pas plus gros qu'un pois. « Voyez bien ceci, » dit le prisonnier, et il jeta l'objet entre ses lèvres. L'effet fut instantané. Un cadavre inanimé tomba aux pieds des assistants : il avait encore sur le visage le ricanement du mépris.

Catherine poussa un cri et s'enfuit, se dérobant à la hâte à un si affreux spectacle. Lord Balveny resta un instant stupéfait, puis s'écria : « C'est peut-être de la magie ! mort ou vif, pendez-le aux créneaux. Si son esprit malfaisant ne l'a abandonné que pour un temps, je veux qu'il rentre dans un corps dont le cou sera rompu. »

On obéit à cet ordre ; puis on s'occupa de l'exécution de Ramorny et de Bonthron. Le dernier fut pendu avant d'avoir paru bien comprendre ce qu'on voulait faire de lui. Ramorny, pâle comme la mort, mais gardant encore l'orgueil qui avait causé sa ruine, fit valoir sa qualité de chevalier, et réclama le privilège de périr, non par la corde, mais décapité par l'épée.

« Douglas ne change jamais ses jugements, » dit Balveny. « Tu jouiras cependant de tous tes droits. Envoyez-moi le cuisinier avec un couperet. » Le serviteur qu'il demandait se rendit à son ordre. « Pourquoi trembles-tu ? » dit Balveny. « Brise-moi avec ton couperet les éperons d'or qui sont aux talons de cet homme. Maintenant, Ramorny, tu n'es plus un chevalier, mais un coquin. A la potence cet homme-là, prévôt !

pendez-le entre ses compagnons, et plus haut qu'eux, s'il se peut faire. »

Un quart d'heure après, Balveny descendit pour aller dire à Douglas que les criminels étaient exécutés.

« Alors, » dit le comte, « il n'y a plus besoin de procès. Braves hommes de la commission d'enquête, qu'en dites-vous? Ces individus étaient-ils, oui ou non, coupables de haute trahison ?

— Coupables, » s'écrièrent, avec une édifiante unanimité, les obéissants commissaires ; « nous n'avons pas besoin d'autres preuves.

— Sonnez donc, trompettes, et à cheval! mais avec notre suite personnelle seulement, et que tous gardent le silence sur ce qui vient d'arriver ici, aussi longtemps que les mesures que nous avons prises n'auront pas été portées à la connaissance du roi ; il n'en doit rien savoir, tant que la bataille du dimanche des Rameaux n'aura pas été livrée et terminée. Choisissez bien les hommes qui vont nous suivre, et dites à ceux qui nous accompagnent, comme à ceux qui restent derrière, que qui bavarde meurt. »

Peu de minutes après, Douglas était à cheval, avec les gens choisis pour le service de sa personne. Des exprès furent envoyés à sa fille, la duchesse douairière de Rothsay, lui donnant avis de se rendre à Perth, en suivant les bords du lac Leven, sans s'approcher de Falkland, et confiant à ses soins Catherine Glover et la chanteuse, comme des personnes à la sûreté desquelles Douglas s'intéressait.

En traversant la forêt, Douglas et Balveny regardèrent en arrière, et virent les trois corps pendus, qui semblaient des taches noires sur les murs du vieux château.

« La main est punie, » dit Douglas ; « mais qui accusera la tête par la direction de laquelle l'acte a été commis!

— Vous voulez parler du duc d'Albany? » dit Balveny.

« Oui, cousin; et, si je n'écoutais que les mouvements de mon cœur, je lui imputerais ce crime, que, j'en suis sûr, il a autorisé. Mais il n'y en a d'autres preuves que des soupçons graves, et Albany s'est attaché les nombreux amis de la maison des Stuarts, auxquels, en effet, la faiblesse du roi et les habitudes irrégulières de Rothsay ne laissaient pas le choix d'un autre chef. Si donc je rompais l'alliance que j'ai tout récemment formée avec Albany, une guerre civile en serait la conséquence : ce serait la ruine de notre pauvre Écosse! N'est-elle pas menacée déjà d'une invasion, grâce à l'activité de Percy, que seconde le traître de March. Non, Balveny ; la punition d'Albany doit être laissée au ciel, qui, dans le temps qu'il aura fixé, exécutera ses jugements sur lui et sur sa maison. »

CHAPITRE XXXIII.

L'heure approche, les cœurs battent ; étincelante,
L'épée est prête pour l'assaut :
Qui sait mourir, qui peut fuir à l'heure sanglante ?
Demain nous le dira tout haut.

SIR EDWALD.

APPELONS à notre lecteur que Simon Glover et sa fille avaient dû quitter leur demeure sans prendre le temps d'annoncer à Henri le Forgeron ni leur départ, ni les raisons alarmantes qui l'avaient rendu nécessaire. Lors donc que l'amoureux se présenta rue du Couvre-feu dans la matinée de leur fuite, au lieu de la cordiale bienvenue de l'honnête bourgeois, et de la réception qu'il attendait de Catherine, douce comme un mois d'avril, moitié pluie moitié soleil, il reçut la foudroyante nouvelle que le père et la fille étaient partis de grand matin, sur l'avis d'un étranger qui cachait avec soin son visage. A cela Dorothée, dont le talent pour voir le mal à l'avance et pour le communiquer aux autres est déjà connu du lecteur, jugea bon d'ajouter qu'elle ne doutait pas que son maître et sa jeune maîtresse n'eussent pris le chemin des hautes terres, pour éviter une visite qui s'était produite après leur départ ; deux ou trois sergents avaient, au nom d'une commission nommée par le roi, fait perquisition dans la maison, mis les scellés en tous les endroits où l'on

pouvait supposer qu'il se trouvait des papiers, et laissé, pour le père et pour la fille, des citations à comparaître devant la commission en un jour déterminé, sous peine de condamnation par contumace. Toutes ces particularités inquiétantes, Dorothée prit soin de les présenter sous les couleurs les plus sombres ; la seule consolation qu'elle donna à l'amant alarmé, c'est que son maître l'avait chargée de lui dire de rester tranquillement à Perth, et qu'il aurait bientôt de leurs nouvelles. Ceci ébranla la première résolution du Forgeron, qui avait été de suivre sur-le-champ les voyageurs dans les hautes terres, et de partager le destin qu'ils y pourraient rencontrer.

Quand il se souvint de ses querelles répétées avec divers personnages du clan Quhele, et, en particulier, de sa querelle personnelle avec Conachar, élevé maintenant à la dignité de grand chef, il ne put s'empêcher de penser, après réflexion, que son arrivée intempestive au lieu de retraite de ses amis serait plutôt faite pour troubler la sécurité dont ils pourraient y jouir, que pour leur rendre service. Il connaissait parfaitement les rapports intimes de Simon avec le chef du clan Quhele, et en augurait avec raison que le Gantier pourrait y obtenir protection : son arrivée à lui ne ferait que déranger les choses, et sa bravoure personnelle ne lui servirait guère contre toute une tribu de montagnards vindicatifs. En même temps, son cœur palpitait d'indignation, quand il songeait que Catherine était au pouvoir absolu du jeune Conachar, de la rivalité duquel il ne pouvait douter, et qui avait maintenant tant de moyens de pousser sa demande. Qu'arriverait-il si le jeune chef faisait dépendre la sûreté du père des faveurs même de la fille? Il ne mettait pas en doute l'affection de Catherine; mais les pensées de cette jeune fille étaient si désintéressées, l'attachement qu'elle avait pour son père était si tendre, qu'à supposer que l'amour qu'elle portait à son prétendu rencontrât, dans l'autre plateau de la balance, la sécurité et peut-être la vie de Glover, il était fort à craindre que l'amant ne pesât moins que le père. Tourmenté par des pensées sur lesquelles il n'est pas besoin d'insister, il prit néanmoins le parti de rester chez lui, d'étouffer son inquiétude comme il pourrait, et d'attendre les nouvelles que le vieillard lui avait promises. Elles vinrent, mais sans améliorer sa condition.

Sir Patrice Charteris n'avait pas oublié la promesse qu'il avait faite de communiquer au Forgeron les intentions des fugitifs. Mais, au milieu des dérangements occasionnés par le mouvement des troupes, il ne put porter lui-même le renseignement. Il confia donc à son agent, Kitt Henshaw, le soin de le transmettre. Ce digne personnage était, comme le lecteur le sait, dans les intérêts de Ramorny, à qui il importait de cacher à tout le monde, et, plus spécialement, à un amant aussi actif et aussi entreprenant qu'Henri, le véritable lieu de la résidence de Catherine. Henshaw annonça donc au Forgeron anxieux, que son ami le Gantier était en sûreté dans les hautes terres; et, tout en affectant plus de réserve au sujet de Catherine, il dit peu de chose pour contredire cette croyance qu'elle, aussi bien que Simon, partageait la protection du clan Quhele. Il insista d'ailleurs, au nom de sir Patrice, pour lui donner l'assurance que le père et la fille étaient fort bien tous les deux, et qu'Henri agirait au mieux de leur intérêt et du sien en restant tranquille et en attendant la marche des événements.

Le cœur dévoré d'inquiétude, Henri Gow résolut pourtant de rester en repos tant qu'il ne saurait rien de plus certain, et il occupa son temps à achever une cotte de mailles, qui, dans sa pensée, devait être la mieux trempée et la plus finement polie que ses mains habiles eussent jamais exécutée. L'exercice de son métier lui plaisait plus que toute autre occupation qu'il aurait pu adopter, et lui servait d'excuse pour s'enfermer dans son atelier et éviter la société des autres, où les rapports oiseux qui circulaient chaque jour ne servaient qu'à le rendre perplexe et à le troubler. Il résolut de s'en remettre à la chaude affection de Simon, à la fidélité de sa fille, et à l'amitié du prévôt, qui, ayant si hautement vanté sa valeur dans le combat avec Bonthron, ne l'abandonnerait pas, pensait-il, dans une situation aussi critique. Les jours s'écoulaient cependant, et ce ne fut que tout à fait à l'approche du dimanche des Rameaux que sir Patrice Charteris, venu dans la ville pour quelques dispositions à prendre au sujet du combat, s'avisa de faire visite au Forgeron de la Ruelle.

Il entra dans l'atelier avec un air de compassion qui n'était pas dans ses habitudes, et d'où Henri augura sur-le-champ qu'il apportait de mauvaises nouvelles. Le Forgeron prit l'alarme, et le marteau levé s'arrêta dans sa descente sur le fer rouge ; le bras agité qui le tenait, fort auparavant comme celui d'un géant, devenait si impuissant, que ce ne fut qu'avec peine qu'Henri posa l'instrument sur le sol, au lieu de le laisser tomber de sa main.

« Mon pauvre Henri, » dit sir Patrice, « j'apporte de médiocres nouvelles, elles ne sont pas certaines cependant, et, fussent-elles vraies, elles ne sont pas telles qu'un homme courageux comme toi doive les prendre trop à cœur.

— Au nom de Dieu, Milord, » dit Henri, « j'espère que vous n'apportez pas de mauvaises nouvelles de Simon Glover et de sa fille ?

— En ce qui les touche, non, » dit sir Patrice; « ils sont en sûreté et bien portants. Mais pour ce qui te regarde, Henri, mes nouvelles sont moins bonnes. Kitt Henshaw t'aura dit, je pense, que j'avais tâché d'assurer protection à Catherine dans la maison d'une honorable dame, la duchesse de Rothsay. Cette dame a refusé de s'en occuper, et Catherine a été envoyée à son père dans les hautes terres. Ce qu'il y a de pis, le voici. Tu peux avoir entendu dire que Gilchrist Mac Ian est mort, et que son fils Eachin, qu'on connaissait à Perth, sous le nom de Conachar, pour l'apprenti du vieux

Simon, est à présent le chef du clan Quhele. J'ai ouï dire par l'un de mes domestiques que le bruit court fortement, parmi les Mac Ians, que le jeune chef recherche la main de Catherine. Mon domestique a appris cela (comme un secret toutefois) lorsqu'il était dans le pays de Breadalbane pour un arrangement relatif au combat prochain. La chose n'est pas sûre, Henri, mais paraît probable.

— Le domestique de Votre Seigneurie a-t-il vu Simon Glover et sa fille? » demanda Henri, respirant comme il pouvait, et toussant, pour cacher au prévôt l'excès de son agitation.

« Il ne les a pas vus, » dit sir Patrice; « les montagnards semblaient défiants; ils ne voulurent pas lui permettre de parler au père, et il a craint de les alarmer en demandant à voir Catherine. De plus, il ne parle pas la langue gaélique, et celui qui l'a renseigné ne savait pas beaucoup l'anglais : il peut donc y avoir quelque méprise. Néanmoins, voilà ce qu'on dit, et j'ai pensé qu'il valait mieux te le faire savoir. Mais tu peux être bien sûr que le mariage ne saurait avoir lieu avant que l'affaire du dimanche des Rameaux ne soit terminée. Ne fais rien que nous ne sachions mieux les circonstances; car la certitude est très désirable, même quand elle est pénible. Va au conseil de ville, » ajouta-t-il après un silence, « pour parler des préparatifs de la lice dans la prairie du Nord? Tu y seras le bienvenu.

— Non, Milord.

— Par ta courte réponse, Forgeron, je vois que cela te trouble; mais, après tout, les femmes ne sont que des girouettes. Cela est bien vrai; Salomon et d'autres en ont fait l'expérience avant toi. »

Ceci dit, sir Patrice Charteris se retira, pleinement convaincu qu'il avait accompli le mieux du monde l'office de consolateur.

Ce fut avec une impression toute différente que l'amant infortuné reçut les nouvelles et en écouta le commentaire.

« Le prévôt, » se dit-il avec amertume, « est un excellent homme; il parle en vrai chevalier, et ce qu'il dit, bien que n'ayant pas le sens commun, paraîtrait raisonnable à quelques-uns, de même qu'un pauvre homme peut trouver bonne une *ale* éventée, parce qu'elle lui est servie dans le gobelet d'argent d'un grand seigneur. Qu'est-ce que tout cela veut dire? Supposons que je roule le long de la descente à pic du Corrichie Dhu; avant que je n'arrive au bord du roc, milord le prévôt survient et me crie : « Henri, voilà un fa-« meux précipice, et j'ai regret de te dire que tu es en bon chemin « pour rouler au fond; mais ne perds pas courage, car le ciel peut « envoyer une pierre ou un buisson pour t'arrêter au passage. J'ai « pensé cependant que ce serait une consolation pour toi de savoir ce « qui te menace pour le moment. Je ne sais pas combien de centai-« nes de pieds a le précipice, mais tu t'en formeras une idée quand « tu seras au fond, car on n'est sûr d'une chose que lorsqu'elle est ar-« rivée. Ah ça, dis-donc, quand viendras-tu faire une partie de boules « avec moi? » C'est de ces bavardages qu'on nous régale, au lieu de tenter quelque chose, en ami, pour empêcher le malheureux de se casser le cou! Quand j'y pense, je deviendrais fou, je prendrais mon marteau, et je briserais tout autour de moi. Restons calme, cependant : que ce milan des hautes terres, qui se prend pour un faucon, ose s'abattre sur ma tourterelle! il verra si un bourgeois de Perth sait tirer l'arc ou non. »

On était arrivé au jeudi d'avant le fatal dimanche des Rameaux, et l'on attendait pour le lendemain l'arrivée des champions des deux partis, afin qu'ils eussent le samedi pour se reposer, se refaire, et se préparer au combat. Deux ou trois hommes de chaque clan avaient été détachés en vue de recevoir des instructions pour le campement de leur petite bande et d'autres avis nécessaires à la bonne ordonnance du champ-clos. Henri ne fut donc pas surpris de voir un grand et robuste montagnard parcourant attentivement du regard la ruelle où il demeurait, de la manière dont les natifs d'un pays sauvage examinent les curiosités d'un pays civilisé. En son cœur, le Forgeron sentit pour cet homme un mouvement de répulsion à raison du pays d'où il venait et pour lequel notre bourgeois de Perth avait une aversion instinctive, et, plus particulièrement, en remarquant que cet individu portait le plaid du clan Quhele. La branche de feuilles de chêne, brodée en soie, indiquait aussi que c'était l'un des gardes attachés a la personne même du jeune Eachin, sur lesquels ceux de leur clan plaçaient tant de confiance pour le futur combat.

Ayant observé tout cela, Henri rentra dans sa forge, car la vue de cet homme soulevait sa colère; et, sachant que le montagnard, venu dans la ville comme engagé dans un combat solennel, ne devait être l'objet d'aucune querelle d'un ordre inférieur et privé, il résolut du moins d'éviter avec lui tout rapport amical. Peu de minutes après, la porte de la forge s'ouvrit, et, faisant flotter son tartan, dont l'ampleur ajoutait encore à la taille de celui qui le portait, le Gaël entra, avec la démarche altière d'un homme ayant conscience d'une dignité personnelle qui le met au-dessus de tout ce qu'il pourrait rencontrer. Il s'arrêta, promenant ses regards autour de lui, et semblait s'attendre à être reçu avec respect, et contemplé avec admiration. Henri n'était nullement disposé à satisfaire sa vanité; il continua de marteler un devant de cuirasse qu'il avait sur l'enclume, comme s'il eût ignoré la présence de son visiteur.

« Vous êtes le *Gow Chrom?* » (c'est-à-dire le Forgeron aux jambes arquées), dit l'habitant des hautes terres.

« Ceux qui ont envie de devenir bossus m'appellent de ce nom, » répondit Henri.

« Je n'ai pas l'intention de vous offenser, » dit le montagnard; « la personne que voici vient pour acheter une armure.

— Les jambes nues de la personne que voici peuvent trotter dehors, » répondit Henri; « je n'en ai pas à vendre.

— Si ce n'était pas dans deux jours le dimanche des Rameaux, cette même personne vous ferait chanter un autre air, » rétorqua le Gaël.

« Le jour étant ce qu'il est, » dit Henri, avec le même ton d'indifférence et de mépris, « je vous prie de vous ôter de là.

— Vous n'êtes pas poli; mais la personne qui vous parle est elle-même *fir nan ord* (homme de marteau), et sait que le forgeron est fier quand le fer est chaud.

— Si votre personne est homme de marteau, votre personne peut faire son armure elle-même, » répliqua Henri.

« C'est bien ce qu'elle ferait, sans jamais vous déranger pour cela; mais on dit, *Gow Chrom*, que, sur les épées et les harnois que vous travaillez, vous chantez et vous sifflez des airs qui ont le pouvoir de faire que les lames coupent des chaînons d'acier comme s'ils étaient en papier, que les cuirasses et les cottes de mailles repoussent les lances d'acier comme si c'était des épingles?

— On débite à votre ignorance des sottises que des chrétiens refuseraient de croire, » dit Henri. « Je siffle, en travaillant, ce qui me vient à l'esprit, comme peut le faire tout honnête ouvrier; et, ordinairement, c'est le chant du montagnard :

De l'escalier du laboureur je vais tâter la corde (AA).

Mon marteau va tout seul à cet air-là.

— Il ne sert à rien d'éperonner le cheval, l'ami, quand ses jambes sont entravées, » dit le montagnard d'un ton hautain. « La personne ici présente ne saurait se battre maintenant, et c'est peu généreux de la railler de la sorte.

— Par les clous et le marteau, vous avez raison en cela, » dit le Forgeron, changeant de ton. « Mais, dites tout net, l'ami, ce que vous voulez de moi? Je ne suis pas d'humeur à plaisanter.

— Un haubert pour notre chef, Eachin Mac Ian, » dit l'habitant des hautes terres.

« Vous êtes homme de marteau, dites-vous? Pouvez-vous juger ceci? » dit le Forgeron, sortant d'un coffre la cotte de mailles de laquelle il s'était tout récemment occupé.

Le Gaël la tint dans sa main avec une admiration qui ressemblait à de l'envie. Il regardait curieusement chacun des détails de l'ouvrage, et finit par déclarer que c'était, dans ce genre, le plus beau morceau qu'il eût jamais vu.

« Un cent de vaches et de bouveaux, et un bon troupeau de moutons, ce ne serait pas bon marché, » dit le montagnard pour engager l'affaire; « on ne vous en donnera pas moins cependant, quoi qu'on doive faire pour se les procurer.

— C'est une belle offre, » répliqua Henri; « mais ni or ni objet quelconque n'achètera jamais ce harnois. J'entends essayer mon épée sur mon armure; et je ne donnerai cette cotte de mailles qu'à celui qui, en combat régulier, me poussera trois coups de taille et un d'estoc. Elle est à votre chef à ces conditions.

— Çà, l'ami, buvez quelque chose et allez vous coucher, » dit le montagnard avec le mépris le plus profond. « Êtes-vous fou? Pensez-vous que le capitaine du clan Quhele va se mettre à batailler avec un petit bourgeois de Perth comme vous? Écoutez : celui qui vous parle vous fera plus d'honneur que n'en a reçu jamais aucun de votre parenté. Il combattra lui-même avec vous pour ce beau harnois.

— Il doit montrer, d'abord, qu'il est mon égal, » dit Henri avec un sourire ironique.

« Comment! moi, l'un des *leichtach* d'Eachin Mac Ian, je ne serais pas votre égal!

— Faites-en l'épreuve, si vous voulez. Vous êtes, dites-vous, un *fir nan ord*. Savez-vous comment on lance un marteau d'enclume?

— Oui, vraiment. Demandez à l'aigle s'il sait voler au-dessus du Ferragon.

— Avant de lutter avec moi, exercez-vous d'abord au jet du marteau avec un de mes *leichtach*. Ici, Dunter, et soutiens bien l'honneur de Perth! Voici, montagnard, une rangée de marteaux : choisissez celui que vous voudrez, et allons dans le jardin. »

Le montagnard, dont le nom était Norman *nan Ord*, ou Norman du Marteau, montra le droit qu'il avait à cette épithète en choisissant le plus gros de tous les marteaux, ce qui fit sourire Henri. Dunter, l'ouvrier vigoureux du Forgeron, exécuta un jet qu'on pouvait appeler prodigieux; faisant un violent effort, le montagnard lança son marteau deux ou trois pieds plus loin, et, d'un air de triomphe, regarda Henri qui lui répondit par un nouveau sourire.

« Ferez-vous mieux que cela? » dit le Gaël, en offrant le marteau au Forgeron.

« Pas avec ce jouet d'enfant, » dit Henri, « à peine assez lourd pour voler contre le vent. Janniken, apporte-moi Samson ; ou, plutôt, que l'un de vous aide cet enfant, car Samson est un peu lourd. »

Le marteau qu'on apporta était plus pesant de moitié que celui que l'homme des hautes terres avait lui-même choisi comme dépassant le poids ordinaire. Norman parut étonné; il le fut encore plus lorsqu'Henri, se mettant en position, souleva l'énorme instrument bien en arrière de sa hanche droite, et le chassa de sa main comme s'il était parti d'une machine de guerre. La lourde masse fit gémir et siffler l'air. Enfin elle retomba, et le fer s'enfonça d'un pied dans la terre, un bon *yard* au delà du jet de Norman.

L'homme des hautes terres, vaincu et mortifié, alla à l'endroit où le marteau était tombé, le souleva, et, de la main, en apprécia le poids avec beaucoup d'étonnement, comme s'il s'était attendu à y découvrir autre chose que dans les autres marteaux. Il le rendit enfin au propriétaire avec un sourire de désappointement, haussant les épaules et secouant la tête quand le Forgeron lui demanda s'il ne voulait pas essayer de mieux faire.

« Norman, » répliqua-t-il, « n'a déjà que trop perdu à ce jeu. Il a perdu son surnom de Lanceur de marteau. Est-ce que le *Gow Chrom* travaille à l'enclume avec cette masse de fer?

— Vous allez voir, » dit Henri, prenant le chemin de la forge.

« Dunter, » dit-il, « tire-moi cette barre du fourneau ; » et, soulevant Samson, comme il appelait le monstrueux marteau, il appliqua cent coups au métal de droite et de gauche, tantôt d'une main, tantôt de l'autre, tantôt des deux à la fois, avec tant de force et tant d'adresse, qu'il eut fabriqué un fer de cheval, petit mais de proportions excellentes, en moitié moins de temps qu'il n'en aurait fallu pour cela à un forgeron ordinaire, faisant usage d'un instrument plus facile à manier.

« Ho, ho ! » dit le montagnard ; « et pourquoi voudriez-vous vous battre avec notre jeune chef, si fort au-dessus de votre rang, quoique vous soyez le meilleur forgeron qui ait jamais brûlé le vent ou travaillé le fer ?

— Écoutez ! » dit Henri ; « vous avez l'air bon garçon, et je vais vous dire la vérité. Votre maître m'a offensé, et je lui donne gratuitement ce harnois, pour le seul plaisir de me battre avec lui.

— Assurément, » dit le garde du corps, « s'il vous a offensé, il doit s'aligner avec vous. Offenser un homme, cela fait tomber la plume d'aigle du bonnet du chef. Fût-il le premier des hautes terres (et, certes, Eachin est cela), il doit se battre avec l'homme qu'il a offensé, sans quoi une rose tombe de sa guirlande.

— L'engagerez-vous à le faire, » dit Henri, « après le combat de dimanche ?

— Oh ! ma loyale personne fera de son mieux, si les oiseaux de proie n'ont pas eu, d'ici là, ses os à éplucher ; car vous devez savoir, frère, que les griffes du clan Chattan entrent profondément dans les chairs.

— L'armure est à votre chef à cette condition, » dit Henri ; « mais je lui fais honte devant le roi et la cour s'il ne me paye pas le prix.

— Ne craignez rien, ne craignez rien, » dit Norman, « je l'amènerai moi-même dans la lice, soyez-en sûr.

— Vous me ferez plaisir, » répliqua Henri ; « et, pour que vous vous rappeliez votre promesse, je vous fais cadeau de cette dague. Voyez-vous : si vous la tenez comme il faut, et si vous savez frapper entre le haut du gorgeret et le bas du casque de votre ennemi, le chirurgien n'aura rien à y voir. »

Le montagnard fut prodigue d'expressions de gratitude, et partit. « Je lui ai donné la meilleure cotte de mailles que j'aie jamais faite, » se dit à lui-même le Forgeron, se repentant un peu de sa libéralité, « pour la faible chance de le voir amener son chef à se mesurer avec moi ; que Catherine, alors, appartienne à celui qui sera vainqueur. Mais je crains fort que ce jeune homme ne trouve quelque faux-fuyant, à moins qu'il n'ait, le dimanche des Rameaux, un tel bonheur que cela l'engage à tenter un autre combat. Je ne suis cependant pas sans espoir ; car j'ai déjà vu souvent un garçon mal aguerri grandir après sa première bataille, et d'un nain devenir un abatteur de géants. »

Ainsi donc, avec peu d'espérance, mais avec la résolution la plus ferme, Henri le Forgeron attendit le moment qui devait décider de son destin. Le silence du Gantier et de sa fille était pour lui de mauvais augure. « Ils auraient honte, » se disait-il, « de m'avouer la vérité, et c'est pour cela qu'ils se taisent. »

Le vendredi à midi, les deux troupes, de trente hommes chacune, représentant les clans opposés, arrivèrent aux points où elles devaient s'arrêter et loger.

Le clan Quhele fut reçu avec hospitalité à la riche abbaye de Scone, pendant que le prévôt régalait leurs rivaux à son château de Kinfauns : les soins les plus grands avaient été pris pour traiter les deux parties avec l'attention la plus minutieuse, et pour ne pas donner le moindre sujet de se plaindre de ce que l'une ou l'autre aurait été plus favorisée. Toutes les questions d'étiquette étaient discutées et résolues par le lord grand connétable Errol et par le jeune comte de Crawford, le premier agissant dans l'intérêt du clan Chattan, le second servant de patron au clan Quhele. Des messagers allaient continuellement de l'un des comtes à l'autre, et ils eurent, en trente heures, plus de six conférences, avant que le cérémonial du combat pût être complètement réglé.

En même temps, au cas où se raviveraient d'anciennes querelles, dont il existait tant de germes entre les bourgeois et leurs voisins de la montagne, une proclamation prescrivit aux citoyens de ne pas approcher d'un demi-mille du lieu où les habitants des hautes terres étaient logés; tandis que, de leur côté, ceux qui devaient combattre recevaient défense d'approcher de Perth sans une permission spéciale. Des troupes avaient été disposées pour assurer l'observation de ces ordres; tel fut le scrupule avec lequel elles exécutaient leur consigne, qu'elles empêchèrent Simon Glover lui-même, bourgeois et citoyen de Perth, de faire route vers la ville, parce qu'il avouait être arrivé avec les champions d'Eachin Mac Ian, et parce qu'il portait un plaid de la couleur et de la forme des leurs. Cet incident empêcha Simon d'aller trouver Henri La Ruelle, pour lui donner une connaissance exacte de tout ce qui s'était passé depuis leur séparation : si l'entrevue avait eu lieu, elle aurait évidemment changé le dénouement de notre récit.

Dans l'après-midi du samedi, s'accomplit une autre arrivée, qui intéressa la ville presque autant que les préparatifs du combat attendu. Ce fut le retour du comte de Douglas, qui traversa la ville avec une troupe de trente cavaliers seulement, mais tous chevaliers ou gentilshommes de la première importance. On suivait de l'œil ces redoutables pairs, comme on suit le vol d'un aigle à travers les nuages, sans savoir où tend la course de l'oiseau de Jupiter, mais dans l'attention et le silence, l'observant comme pour deviner l'objet vers lequel il se dirige à travers le firmament. Douglas traversa lentement la ville, et en sortit par la porte du nord; puis, mettant pied à terre au couvent des dominicains, il demanda à voir le duc d'Albany. Il fut introduit à l'instant, et le duc le reçut en tâchant d'être gracieux et prévenant, sans parvenir à cacher son astuce et son inquiétude. Après les premiers compliments, le comte dit avec beaucoup de gravité : « Je vous apporte de tristes nouvelles. Le royal neveu de Votre Grâce, le duc de Rothsay, n'est plus, et je crains qu'il n'ait péri par des pratiques coupables.

— Des pratiques! » dit le duc troublé; « quelles pratiques? Qui a osé s'en permettre vis-à-vis de l'héritier du trône d'Écosse?

— Ce n'est pas à moi à expliquer d'où viennent ces doutes, » dit Douglas; « mais on prétend que l'aigle a été tué avec une flèche dont son aile même a fourni la plume, que le tronc du chêne a été fendu par un coin fait du même bois.

— Comte de Douglas, » dit le duc d'Albany, « je ne sais pas deviner les énigmes.

— Je n'ai pas non plus l'habitude d'en proposer, » répondit Douglas avec hauteur. « Votre Grâce trouvera dans ces papiers des particularités dignes d'être lues. Je passe une demi-heure au jardin du cloître, et je vous rejoins.

— Vous n'allez pas auprès du roi, Milord? » dit Albany.

« Non, » répondit Douglas; « Votre Grâce sera sans doute d'accord avec moi pour cacher ce grand malheur de famille à notre souverain jusqu'à ce que l'affaire de demain soit décidée.

— J'y consens volontiers, » dit Albany. « Si le roi savait cette perte, il ne pourrait assister au combat; s'il n'y paraît pas en personne, ces hommes sont capables de refuser de se battre, et tout ce qu'on a fait serait perdu. Asseyez-vous, je vous prie, Milord, pendant que je lis ces papiers relatifs au malheureux Rothsay. »

Il prit les papiers, tournant quelques-uns des feuillets après un rapide coup d'œil, s'arrêtant plus longtemps sur d'autres, comme si le contenu en avait été de la plus haute importance. Quand il eut ainsi passé près d'un quart d'heure, il releva les yeux et dit très gravement : « Milord, dans ces documents si tristes, c'est cependant une consolation de ne rien voir qui soit propre à renouveler les divisions qui s'étaient produites dans les conseils du roi, et auxquelles a mis terme le dernier accord solennel entre Votre Seigneurie et moi. D'après ce dont nous étions convenus, il eût fallu mettre à l'écart mon infortuné neveu, jusqu'à l'époque où le temps lui aurait mis plus de gravité dans l'esprit. Il est écarté maintenant par le destin, et nos résolutions à ce sujet sont prévenues et rendues inutiles.

— Si Votre Grâce, » répliqua le comte, « ne voit rien qui doive troubler la bonne intelligence qu'exigent entre nous la tranquillité et la sécurité de l'Écosse, je ne suis pas assez l'ennemi de mon pays pour regarder les choses de trop près.

— Je vous comprends, Milord de Douglas, » dit vivement Albany. « Vous avez pensé tout d'abord que je serais offensé de ce que Votre Seigneurie a exercé ses pouvoirs de lieutenant, et a puni ces détestables meurtriers, dans les limites de mon territoire de Falkland. Croyez-moi, je suis, au contraire, obligé à Votre Seigneurie de ce qu'elle m'a déchargé du soin de châtier ces misérables, dont la vue seule m'aurait déchiré le cœur. Le parlement d'Écosse va s'enquérir, sans nul doute, de cet acte sacrilège ; et je suis heureux que l'épée vengeresse ait été dans la main d'un homme aussi considérable que Votre Seigneurie. Nos communications ensemble ne portaient, comme Votre Seigneurie doit parfaitement s'en souvenir, que sur la nécessité de tenir écarté mon infortuné neveu, jusqu'à ce qu'une ou deux années de plus lui eussent appris à se mieux conduire.

— Tel était certainement le dessein de Votre Grâce, ainsi qu'elle me l'a exprimé, » dit le comte; « je le puis déclarer hardiment.

— Nous ne saurions donc, noble comte, être blâmés parce que des méchants, pour satisfaire leur propre vengeance, semblent avoir greffé une conclusion sanglante sur notre irréprochable dessein.

— Le parlement prononcera là-dessus dans sa sagesse, » dit Douglas. « Pour ma part, ma conscience m'acquitte.

— Et la mienne m'absout, » dit le duc avec solennité. « Que ferons-nous, Milord, en ce qui concerne la garde du petit Jacques, à qui reviennent les droits à la succession de son père?

— Le roi en décidera, » dit Douglas, impatient de terminer la conférence. « Je consentirai à ce que le jeune prince réside partout, excepté à Stirling, Doune ou Falkland. »

Sur ces paroles, il quitta brusquement la pièce.

« Le voilà parti, » murmura l'artificieux Albany ; « il sera mon allié, mais il deviendrait volontiers mon ennemi mortel. N'importe : Rothsay dort avec ses ancêtres ; Jacques peut le suivre à son heure ; et alors... Et alors une couronne est la récompense de toutes mes perplexités. »

CHAPITRE XXXIV.

Ils ont, trente contre trente,
Au pré voisin du couvent,
Livré bataille sanglante
Dans la ville de Saint-Jean.

WYNTOUN.

E dimanche des Rameaux se leva. En un temps plus reculé de l'Église chrétienne, fixer pour un combat l'un des jours de la semaine de la Passion, aurait été considéré comme chose profane et digne d'excommunication. L'Église de Rome avait, à son grand honneur, décidé que, durant le saint temps du carême, alors que s'accomplissait la rédemption de l'homme de sa déchéance, le glaive de la guerre ne serait pas tiré du fourreau, et les monarques irrités respecteraient l'époque que l'on appelait la trêve de Dieu. Les violences féroces des dernières guerres entre l'Écosse et l'Angleterre avaient détruit toute observation de ces règles sages et religieuses. Les occasions les plus solennelles étaient souvent choisies pour l'attaque par l'un des partis en lutte, dans l'espoir de trouver le parti contraire occupé à ses devoirs religieux, et non préparé pour la défense. C'est ainsi qu'avait disparu la trêve autrefois considérée comme particulièrement propre à ce temps de l'année, et qu'il devint même assez ordinaire de faire choix des fêtes sacrées de l'Église pour la décision de l'épreuve par combat, à laquelle ressemblait beaucoup le conflit qui se préparait.

Dans la présente occasion, toutefois, les devoirs que prescrivait le jour furent observés avec la solennité accoutumée, et les combattants eux-mêmes y prirent part. Portant en main des branches d'if, le feuillage le mieux fait pour représenter des palmes, ils allèrent, chaque troupe de son côté, aux couvents des dominicains et des chartreux, pour y entendre la grand'messe, et pour se préparer, au moins par une apparence de dévotion, à la lutte sanglante de la journée. On avait pris le plus grand soin pour que, durant cette marche, ils ne pussent pas même venir à portée des sons respectifs de leurs cornemuses ; car il était certain que, semblables à des coqs qui ont mutuellement échangé des notes de combat, ils se seraient joints et attaqués avant d'arriver au lieu désigné.

Les citoyens de Perth se pressaient en foule pour contempler, dans les rues, cette procession inaccoutumée, et assiégeaient les églises où les deux clans faisaient leurs dévotions, pour voir comment ils s'y conduiraient, et pour se former, d'après les apparences, une opinion sur le résultat probable de la lutte. Quoique non habitués à fréquenter les lieux de dévotion, leur tenue dans l'église fut parfaitement convenable, et malgré leur tempérament farouche et peu civilisé, il n'y eut qu'un fort petit nombre de ces montagnards qui laissa voir de la curiosité ou de l'étonnement. Ils semblaient trouver au-dessous de la dignité de leur caractère de témoigner curiosité ou surprise au sujet de bien des choses qui, probablement, se présentaient à eux pour la première fois.

Quant à l'issue possible du combat, peu de personnes, même parmi les juges compétents, osaient risquer une prédiction ; la grande taille de Torquil et de ses huit fils amena cependant quelques citoyens, qui prétendaient s'y connaître en muscles et en tendons, à incliner pour attribuer l'avantage au clan Quhele. L'opinion du sexe féminin fut fortement influencée par la belle tournure, le noble visage et le maintien superbe d'Eachin Mac Ian. Plus d'un assistant crut se souvenir d'avoir vu ces traits ; mais, sous son magnifique équipement militaire, nul (une seule personne exceptée) ne reconnut dans le jeune chef des hautes terres l'humble apprenti de Glover.

Ainsi qu'on l'a supposé déjà, cette personne si habile pour deviner était le Forgeron de la Ruelle, au premier rang dans la foule qui se pressait pour voir les vaillants champions du clan Quhele. Ce fut avec un mélange d'aversion, de jalousie, et d'un sentiment aussi qui approchait de l'admiration, que la personne en question vit l'apprenti du Gantier dépouillé de sa vile enveloppe et resplendissant comme un chef; avec son œil vif et sa tournure brave, la noble apparence de son visage et de son cou, ses armes splendides et ses membres bien proportionnés, le jeune homme semblait tout à fait digne de tenir le premier rang parmi les guerriers choisis pour vivre ou pour mourir en défendant l'honneur de leur race. Le Forgeron avait peine à se persuader qu'il voyait là le même garçon colérique par lui bousculé comme une guêpe qui l'aurait piqué, et que, par pure compassion, il avait bien voulu ne pas détruire en l'écrasant.

« Il a l'air brave avec mon beau haubert, le meilleur que j'aie jamais travaillé. Si cependant, lui et moi, nous étions ensemble dans un endroit où il n'y aurait ni une main pour retenir ni un œil pour voir, par tout ce qu'il y a de béni dans cette sainte église, le bon harnois reviendrait à son propriétaire. Je donnerais tout ce que je vaux pour trois bons coups sur ses épaules, qui déferaient le meilleur de mes ouvrages; mais un pareil bonheur ne m'arrivera pas. S'il échappe à ce conflit, ce sera avec un tel renom de courage qu'il pourra dédaigner d'exposer sa fortune, toute fraîche et toute neuve, aux risques d'une rencontre avec un pauvre bourgeois comme moi. Il combattra par champion, et me renverra à mon confrère le lanceur de marteau; tout ce que je pourrai récolter, ce sera le plaisir de casser la tête à un butor des hautes terres. Si je pouvais seulement voir Simon Glover! Allons à l'autre église pour tâcher de le trouver, car il doit, à coup sûr, être revenu des hautes terres. »

On se mettait en mouvement pour quitter l'église des dominicains quand le Forgeron prit cette détermination; il s'efforça de la mettre promptement à exécution, perçant la foule avec autant de rapidité que le permettaient les circonstances et la solennité du lieu. En traversant la presse, il se trouva, à un moment, porté si près d'Eachin que leurs yeux se rencontrèrent. Le visage hardi et brun du Forgeron se colora comme le fer chaud sur lequel il travaillait, et conserva quelques minutes sa teinte rouge foncé. Une indignation d'une nuance plus claire brilla dans les traits d'Eachin, et un regard de haine jaillit de ses yeux. Mais la rougeur soudaine se transforma promptement en une pâleur mortelle, et ses yeux se dérobèrent à l'instant au regard peu amical mais ferme qui les avait rencontrés.

Torquil, dont l'œil ne quittait pas son nourrisson, vit l'émotion d'Eachin, et regarda avec anxiété autour de lui pour en découvrir la cause. Mais Henri était déjà loin, pressant ses pas vers le couvent des chartreux. Là aussi, le service religieux était fini ; et ceux qui, tout à l'heure, portaient des palmes en l'honneur du grand événement qui avait apporté la paix sur la terre et la bonne volonté aux enfants des hommes, se dirigeaient maintenant comme un flot vers le lieu du combat ; les uns se préparaient à arracher la vie à leurs frères, ou à perdre la leur ; les autres à contempler la lutte mortelle avec la joie sauvage que les païens prenaient aux combats de gladiateurs.

La foule était si grande que tout autre qu'Henri de la Ruelle aurait pu désespérer de s'y frayer un passage. Mais la déférence générale que l'on avait pour le champion de Perth, et le sentiment universel de sa merveilleuse aptitude à forcer le passage, engagèrent tout le monde à s'unir pour lui faire place, si bien qu'il fut en peu de temps tout à côté des guerriers du clan Chattan. Leurs joueurs de cornemuse marchaient à la tête de la colonne. Puis suivait la bannière bien connue, où se voyait un chat de montagne rampant, avec cet avertissement approprié au sujet : « Ne touchez au chat qu'avec le gant. » Le chef venait après, portant haut sa claymore ou épée à deux mains, comme pour protéger l'emblème de la tribu. C'était un homme de taille moyenne, de plus de cinquante ans, mais ne trahissant, soit dans ses traits soit dans sa tournure, ni perte de force ni symptômes de vieillesse. Sa chevelure épaisse, d'un rouge foncé, était parsemée de quelques cheveux gris, mais son pas et ses mouvements étaient aussi légers pour la danse, pour la chasse, ou pour la bataille, que s'il n'eût point eu passé trente ans. Son œil gris brillait d'une lumière farouche, exprimant un mélange de valeur et de férocité ; mais la sagesse et l'expérience résidaient sur son front, ses sourcils et ses lèvres. Les champions désignés suivaient deux à deux. Sur le visage de plusieurs se lisait un sentiment d'inquiétude, car les guerriers du clan

Chattan avaient, le matin même, découvert l'absence d'un des leurs; et, dans une lutte aussi terrible que celle à laquelle on s'attendait, cette perte semblait à tout le monde chose importante, excepté à leur chef inébranlable, Mac Gillie Chattanach.

« Ne dites rien aux Saxons de son absence, » repartit ce hardi guerrier quand la diminution de sa troupe lui fut annoncée. « Les langues menteuses des basses terres diraient qu'un des hommes du clan Chattan était un lâche, et, peut-être, que les autres avaient favorisé sa fuite, pour avoir un prétexte d'éviter le combat. Je suis sûr que Ferquhard Day se trouvera dans les rangs avant le moment de la bataille; et, s'il n'y était pas, ne suis-je pas capable de tenir tête à deux hommes du clan Quhele? Ne saurions-nous pas les combattre quinze contre trente, plutôt que de perdre le renom que ce jour nous apportera? »

La tribu accueillit avec applaudissements les vaillantes paroles de son chef; des regards anxieux furent cependant lancés au dehors, dans l'espoir d'épier le retour du déserteur, et, dans cette bande déterminée, le chef fut peut-être le seul que cet incident laissât tout à fait indifférent.

Ils marchèrent à travers les rues sans apercevoir le moins du monde Ferquhard Day, qui, à plusieurs milles au delà des montagnes, cherchait à s'indemniser par les succès de l'amour de la perte de son honneur. Mac Gillie Chattanach continua sa route sans paraître remarquer l'absence du déserteur, et entra dans le Pré du Nord, beau terrain plat, touchant immédiatement à la cité, et disposé pour les exercices militaires des habitants.

La plaine est arrosée, d'un côté, par les eaux profondes et larges du Tay. On y avait élevé une forte palissade, enfermant, des trois autres côtés, une étendue de cent cinquante *yards* de long sur soixante-quatorze de large. Le quatrième côté de la lice était considéré comme suffisamment défendu par le fleuve. Un amphithéâtre pour les spectateurs entourait la palissade, laissant libre un large espace, que devaient occuper des hommes armés à pied et à cheval, et la classe la plus ordinaire des curieux. A l'extrémité de la lice, la plus proche de la cité, il y avait une rangée de galeries hautes pour le roi et ses courtisans, si bien décorées de treillages rustiques, entremêlés d'ornements dorés, que le lieu a conservé jusqu'à ce jour le nom de Bosquet d'or ou Bosquet doré.

Les musiques montagnardes qui avaient fait résonner les airs de pibroch ou chants guerriers des confédérations rivales, se turent en entrant dans la prairie, car tel était l'ordre donné. Deux guerriers superbes, mais âgés, portant chacun la bannière de sa tribu, s'avancèrent des deux extrémités opposées de la lice, et, enfonçant leurs étendards dans la terre, se préparèrent à être spectateurs d'un combat auquel ils ne devaient pas se joindre. Les joueurs de cornemuse, destinés aussi à rester neutres dans la lutte, prirent place près de leurs drapeaux respectifs.

La multitude accueillit les deux troupes des mêmes acclamations générales dont elle a coutume, en de semblables occasions, de saluer ceux de qui elle attend son plaisir. Les futurs combattants n'y firent pas de réponse : chaque parti s'avança vers les extrémités opposées de la lice, où étaient les entrées par lesquelles ils devaient être admis dans l'intérieur. Un fort détachement de gens d'armes gardait l'un et l'autre accès ; et le comte maréchal à l'un, le lord grand connétable à l'autre, examinaient avec soin chacun des champions, pour voir s'il avait les armes voulues, à savoir le casque d'acier, la cotte de mailles, la claymore et la dague. L'émoi fut grand parmi la multitude quand le comte d'Errol leva la main et cria : « Holà! l'on ne peut passer outre, car il manque un homme au nombre du clan Chattan.

— Qu'est-ce que cela fait? » dit le jeune comte de Crawford ; « ils n'avaient qu'à se mieux compter avant de partir de chez eux. »

Le comte maréchal tomba cependant d'accord avec le connétable, que le combat ne pouvait avoir lieu tant que l'égalité ne serait pas rétablie ; et une appréhension générale courut dans la multitude assemblée qu'après tant de préparatifs, il n'y eût pas de bataille.

De toutes les personnes présentes, il n'y en eut que deux peut-être que réjouit la perspective de l'ajournement du combat : le capitaine du clan Quhele et le bon roi Robert. Cependant les deux chefs, accompagnés chacun d'un ami et conseiller, allèrent l'un au devant de l'autre jusqu'au milieu de la lice, assistés, pour décider ce qu'il y avait à faire, du comte maréchal, du lord grand connétable, du comte de

Crawford, et de sir Patrice Charteris. Le chef du clan Chattan annonça l'intention et le désir de combattre sur l'heure, sans égard pour la disparité du nombre.

« Le clan Quhele, » dit Torquil du Chêne, « n'y consentira jamais. Vous ne pouvez pas, contre nous, conquérir l'honneur avec l'épée, et vous ne cherchez qu'un subterfuge qui vous permette de dire quand vous serez vaincus, comme vous savez bien qu'il arrivera, que cela a tenu à ce que votre troupe n'était pas au complet. Mais je fais une proposition : Ferquhard Day était le plus jeune de votre troupe, Eachin Mac Ian est le plus jeune de la nôtre ; nous le mettrons de côté, à la place de l'homme qui a fui le combat.

— C'est une proposition fort injuste et fort inégale, » s'écria Toshach Beg, le second, comme on pourrait l'appeler, de Mac Gillie Chattanach. « La vie du chef est pour le clan comme le souffle des narines ; et nous ne consentirons pas à ce que notre chef soit exposé à des dangers que le capitaine du clan Quhele ne partage point. »

Torquil vit avec grande anxiété que, grâce à cette objection, son plan allait manquer, et il réfléchissait aux moyens de soutenir sa proposition, quand Eachin lui-même intervint. Sa timidité, disons-le, n'était pas de cette honteuse et égoïste nature qui conduit ceux qui en sont infectés à se soumettre tranquillement au déshonneur plutôt que de se risquer au danger. Il était, au contraire, brave au moral, quoique timide par tempérament, et la honte de se soustraire au combat devint, en ce moment, plus puissante que la crainte de l'affronter.

« Je ne puis entendre parler » dit-il, « d'un arrangement qui laisserait mon épée dans le fourreau durant le glorieux combat d'aujourd'hui. Si je suis jeune dans les armes, il y a assez de braves autour de moi, que je puis imiter, sinon égaler. »

Il dit cela avec une fierté qui fit illusion à Torquil, et, peut-être, au jeune chef lui-même.

« Dieu bénisse son noble cœur ! » se dit en lui-même le père nourricier. « J'étais sûr que le mauvais sort serait détruit, et que l'esprit de lâcheté qui l'assiégeait s'enfuirait au son de la cornemuse et dès que flotterait le drapeau !

— Écoutez, lord maréchal, » dit le connétable. « L'heure du combat ne peut plus guère être retardée, car midi approche. Laissons au chef du clan Chattan la demi-heure qui reste pour trouver, s'il le peut, un remplaçant du déserteur ; s'il n'y parvient pas, qu'ils combattent comme ils sont.

— Je le veux bien, » dit le maréchal. « Cependant, il n'y a, dans un rayon de cinquante milles, aucun homme de son clan, et je ne vois pas comment Mac Gillie Chattanach trouverait un auxiliaire.

— C'est son affaire, » dit le grand connétable ; « mais, s'il offre une forte récompense, il y a autour de la lice assez de robustes hommes d'armes qui seront bien aises de mettre la main en un jeu pareil à celui qu'on attend. Moi tout le premier, si ma qualité et mon office me le permettaient, j'aurais plaisir à travailler un peu au milieu de ces sauvages compagnons, et j'y verrais de la gloire à gagner. »

Ils communiquèrent leur décision aux montagnards, et le chef du clan Chattan répliqua : « Vous avez jugé avec impartialité et noblesse, Milords, et je me sens obligé de suivre vos indications. Proclamez donc, hérauts, que si quelqu'un veut, avec le clan Chattan, prendre sa part des honneurs et des chances de cette journée, il aura une pièce d'or payée comptant, et la liberté de combattre à mort dans nos rangs.

— Vous êtes un peu économe de votre trésor, chef, » dit le comte maréchal ; « une pièce d'or est un faible paiement pour la campagne qui va s'ouvrir.

— S'il y a un homme disposé à combattre pour l'honneur, » répliqua Mac Gillie Chattanach, « le prix sera suffisant; et je n'ai pas besoin des services d'un personnage qui ne tirerait l'épée que pour l'or seulement. »

Les hérauts avaient fait la moitié du tour de la lice, s'arrêtant de temps à autre pour faire la proclamation qu'on leur avait prescrite, sans que personne parût disposé à accepter l'enrôlement que l'on proposait. Quelques-uns souriaient de la pauvreté des montagnards, qui offraient un si faible prix pour un si terrible service. D'autres se montraient irrités de ce qu'ils estimaient si peu le sang des citoyens. Personne ne témoignait la moindre intention d'entreprendre cette besogne, jusqu'au moment où la proclamation atteignit les oreilles d'Henri de la Ruelle, qui, debout en dehors de la barrière, parlait avec le bailli Craigdallie, ou plutôt écoutait vaguement ce que lui disait le magistrat.

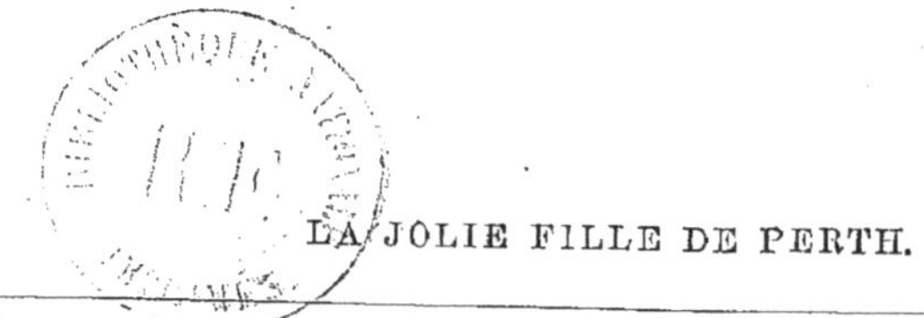

« Que proclame-t-on là? » demanda-t-il.

« Une offre généreuse de Mac Gillie Chattanach, » dit l'hôte du Griffon; « il propose une pièce d'or à qui voudra devenir chat sauvage

pour la journée, et se faire tuer un brin à son service! Voilà tout.

— Comment! » s'écria vivement le Forgeron; « ils font une proclamation pour qu'un homme se batte contre le clan Quhele?

— Oui, vraiment, » dit Griffon; « mais je ne pense pas que, dans Perth, ils trouvent de pareils fous. »

A peine avait-il prononcé ces mots, qu'il vit le Forgeron franchir d'un bond les barrières et tomber dans la lice, en disant : « Sire héraut, me voici, moi Henri de la Ruelle, prêt à me battre pour le clan Chattan. »

Un cri d'admiration courut à travers la multitude. Les graves bourgeois, ne pouvant trouver la moindre raison pour expliquer la conduite d'Henri, en conclurent que la passion de se battre lui avait absolument tourné la tête. Le prévôt n'en revenait pas.

« Tu es fou, » dit-il, « Henri! Tu n'as ni claymore ni cotte de mailles.

— Non vraiment, » répondit Henri; « car une cotte de mailles que j'avais fabriquée pour moi, je m'en suis défait en faveur de ce beau chef du clan Quhele, dont les épaules verront bientôt comment je frappe pour river mes clous. Quant à l'épée à deux mains, voici une petite arme d'enfant qui fera l'affaire jusqu'à ce que j'aie pu en gagner une plus lourde.

— Cela ne se peut pas, » dit Errol. « Par sainte Marie, armurier, tu auras mon haubert de Milan et ma bonne épée d'Espagne.

— Sir Gilbert Hay, je remercie Votre Seigneurie; mais le joug avec lequel votre noble ancêtre a décidé la victoire à Loncarty, serait suffisant pour moi. Je ne sais guère me servir de l'épée ou du harnois que je n'ai pas fait moi-même, mal au courant des coups que peut porter la première sans se briser, ou que le second peut recevoir sans se rompre. »

Le bruit cependant s'était répandu parmi la multitude, et avait couru jusque dans la ville, que l'intrépide Forgeron allait combattre sans armure; juste à l'instant où l'heure marquée approchait, on entendit la voix perçante d'une femme qui réclamait passage. La foule lui fit place, et elle s'avança, tout essouflée, tant elle avait couru sous le fardeau d'une cotte de mailles et d'une forte épée à deux mains. On eut bientôt reconnu la veuve d'Olivier Proudfute : les armes qu'elle portait étaient celles du Forgeron lui-même, qu'avait revêtues son mari le soir fatal de sa mort, et qui avaient, tout naturellement, été déposées, avec le cadavre, en la maison d'Olivier; grâce aux efforts de la veuve reconnaissante, elles arrivaient sur la lice au moment même où des armes aussi éprouvées étaient, pour leur propriétaire, de la plus haute importance. Henri reçut avec joie les objets qu'il connaissait si bien ; la veuve tremblante l'aida rapidement à les mettre, et prit congé de lui en disant : « Dieu soit avec le champion de la veuve et de l'orphelin, et malheur à tous ceux qui se trouveront devant lui ! »

Rempli de confiance en se sentant recouvert de sa bonne armure, Henri imprima à son corps une secousse pour y mettre mieux en place la cotte de mailles, et, dégaînant la claymore, la fit tournoyer au-dessus de sa tête; l'air sifflait tandis qu'il y décrivait la figure d'un huit, avec une aisance et une dextérité qui prouvaient sa force et son habileté à manier cette arme pesante. A ce moment, les champions reçurent l'ordre de faire le tour de la lice, la traversant de manière à éviter de se rencontrer, et saluant alors qu'ils passaient devant le Bosquet d'Or où le roi était assis.

Pendant que cette manœuvre s'exécutait, beaucoup de spectateurs comparaient de nouveau avec curiosité la taille, les membres et les muscles des guerriers des deux partis, et tâchaient de former des conjectures sur l'issue probable du combat. Au sein de chaque combattant se concentrait le souvenir de cent années de rivalité, avec tous ses actes d'agression et de représailles. Les contractions de leurs visages accusaient avec énergie les expressions les plus farouches de l'orgueil et de la haine, et la résolution terrible de soutenir la lutte jusqu'à la dernière extrémité.

Un murmure d'approbation et de joie parcourait les spectateurs, fortement agités par l'attente d'un jeu sanglant. On offrait et l'on acceptait des gageures soit sur le résultat général de la bataille, soit sur les faits d'armes particuliers de tel ou tel champion. Le regard serein, franc et élevé d'Henri le Forgeron faisait de lui le favori général des spectateurs, et l'on pariait deux contre un qu'il tuerait trois de ses adversaires avant de tomber lui-même. Le Forgeron était à peine équipé pour le combat, quand les commandements des chefs enjoignirent aux champions de prendre leurs places. Au même moment, Henri entendait la voix de Simon Glover, sortant de la foule attentive et silencieuse, et lui criant : « Henri, Henri le Forgeron ! Quelle folie s'est emparée de toi?

— Oui-dà, il voudrait sauver de la main du Forgeron son gracieux gendre, présent ou futur! » Telle fut la première pensée d'Henri. La seconde fut de se retourner, et de parler à Glover; la troisième fut que, sous aucun prétexte, il ne pouvait, sans manquer à l'honneur, déserter la troupe à laquelle il s'était joint, ni même laisser paraître un désir de retarder le combat.

Il se donna donc tout entier à l'affaire du moment. Les deux partis furent disposés, par leurs chefs respectifs, en trois rangs, de dix hommes chacun. Il y avait entre eux des intervalles suffisants pour que chaque combattant eût la place nécessaire pour manier son épée, dont la lame avait cinq pieds de long, sans compter la poignée. Le second et le troisième rang devaient servir de réserve quand le premier éprouverait des pertes. A la droite du bataillon du clan Quhele, le chef, Eachin Mac Ian, se plaça au second rang, entre deux de ses frères de lait. Quatre d'entre eux occupaient la droite du premier rang ; le père et deux autres protégeaient, par derrière, leur chef bien-aimé. Torquil, notamment, était juste derrière lui, à dessein de le couvrir. Eachin se trouvait donc au milieu de neuf des hommes les plus forts de sa bande, ayant tout spécialement quatre défenseurs devant lui, un de chaque côté et trois derrière.

Le clan Chattan était disposé absolument dans le même ordre, à cela près que le chef occupait le centre du rang du milieu, au lieu d'être à l'extrême droite. Cela engagea Henri, qui, dans la bande opposée ne voyait qu'un seul ennemi, l'infortuné Eachin, à demander de se placer à la gauche du premier rang du clan Chattan. Mais le chef n'approuva pas cet arrangement; et, ayant rappelé à Henri qu'il lui devait obéissance comme s'étant engagé sous lui, il lui ordonna de se placer au troisième rang, immédiatement derrière le chef lui-même. C'était un poste d'honneur assurément : Henri ne pouvait le refuser, mais ne l'accepta cependant qu'à regret.

Quand les clans furent ainsi rangés l'un en face de l'autre, ils témoignèrent leur antique animosité et leur désir d'en venir aux mains par un cri sauvage, poussé par le clan Quhele, et renvoyé comme un écho par le clan Chattan. En même temps les épées s'agitaient et se menaçaient comme si les montagnards avaient voulu agir sur l'imagination de leurs adversaires avant d'engager le véritable combat.

En ce moment imposant, Torquil, qui n'avait jamais craint pour lui-même, fut agité d'inquiétude au sujet de son nourrisson ; il se rassura cependant, en remarquant que celui-ci gardait une attitude décidée, et que les quelques paroles qu'il adressait à son clan étaient prononcées hardiment, et bien choisies pour animer ses hommes au combat, car elles exprimaient la résolution de partager leur destin dans la mort ou dans la victoire. Mais le temps manqua bientôt pour observer davantage.

Les trompettes du roi sonnèrent la charge, les cornemuses soufflèrent leurs notes de colère et de rage, et les combattants, s'avançant en ordre régulier, et poussant par degrés leur marche jusqu'à la rapidité de la course, se rencontrèrent au centre du terrain, comme un torrent furieux rencontre la marée qui s'avance.

Pendant quelques instants, les hommes du premier rang de chaque bande, s'attaquant mutuellement de leurs longues armes, parurent engagés dans des combats singuliers ; mais, des deux côtés, le second et le troisième rang, animés à la fois par la vivacité de la haine et par la soif de l'honneur, poussèrent en avant par les intervalles, et firent de la scène un chaos tumultueux, sur lequel s'élevaient et tombaient les larges épées, les unes brillantes encore, les autres dégouttantes de sang, avec une rapidité telle qu'on les aurait crues plutôt mues par un mécanisme compliqué que brandies par des mains humaines. Quelques-uns des combattants, n'ayant plus l'espace nécessaire pour se servir de ces longues armes, avaient eu déjà recours à leurs poignards, et s'efforçaient d'échapper, en s'approchant davantage, à l'action des épées de leurs adversaires. En même temps le sang coulait en abondance, et les gémissements de ceux qui tombaient commençaient à se mêler aux cris de ceux qui combattaient ; car d'après l'usage qu'ont eu, dans tous les temps, les habitants des hautes terres, on ne pouvait pas dire qu'ils criaient, mais qu'ils hurlaient. Ceux des spectateurs dont les yeux étaient le plus accoutumés à de pareilles scènes de confusion et de sang, ne pouvaient cependant pas dire encore qu'un des partis eût pris l'avantage. Chaque troupe avançait et reculait à certains moments, mais ce n'était qu'une supériorité passagère, et le parti qui l'avait conquise la perdait presque immédiatement par un effort nouveau de l'autre côté. Les notes sauvages des cornemuses se faisaient toujours entendre au-dessus du tumulte, et stimulaient à une énergie plus vive encore la fureur des combattants.

Enfin, et comme par un mutuel accord, les instruments sonnèrent la retraite : elle fut exprimée par des notes gémissantes, qui semblaient un chant funèbre pour ceux qui étaient tombés. Les deux partis se dégagèrent l'un de l'autre pour respirer quelques minutes. Les yeux des spectateurs observèrent avidement les rangs endommagés des combattants qui s'éloignaient de la lutte ; il leur parut impossible de décider encore qui avait fait les plus grandes pertes. Le clan Chattan avait perdu moins d'hommes que le clan adverse ; mais, en compensation, leurs plaids, leurs cottes de mailles ensanglantées (car plusieurs de l'une et de l'autre troupe avaient jeté bas leurs manteaux), montraient chez eux plus de blessés que dans le clan Quhele. Une vingtaine d'hommes environ, appartenant à l'un ou l'autre parti, gisaient sur le sol, morts ou mourants ; des bras et des jambes coupés, des têtes détachées du tronc, des coups qui de l'épaule étaient descendus jusqu'à la poitrine, montraient à la fois le caractère furieux de la lutte, la nature terrible des armes employées, et la force prodigieuse des bras qui les agitaient. Le chef du clan Chattan s'était comporté avec la plus grande intrépidité, et n'était que légèrement blessé. Eachin aussi, entouré de ses gardes du corps, avait combattu avec courage. Son épée était ensanglantée, son air hardi et guerrier; il sourit quand le vieux Torquil, le serrant dans ses bras, le combla d'éloges et de bénédictions.

Les deux chefs, après avoir donné à leurs hommes dix minutes environ pour respirer, s'occupèrent de nouveau de former les rangs, diminués de plus du tiers. Ils choisirent alors un terrain plus rapproché de la rivière que celui du premier combat, encombré maintenant de blessés et de morts. De temps à autre, on voyait quelques-uns des blessés se relever pour jeter un coup d'œil sur le champ de bataille, et retomber, quelques-uns pour mourir de l'effusion du sang qui coulait des blessures terribles infligées par la claymore.

Harry le Forgeron se distinguait aisément à son costume des basses terres. Il était resté sur le lieu de la première rencontre, et s'y tenait appuyé sur son épée, à côté d'un cadavre, dont la tête, emportée à dix *yards* du corps par la force du coup qui l'avait abattue, montrait à son couvre-chef les ornements propres aux gardes du corps d'Eachin Mac Ian. Depuis qu'il avait tué cet homme, Henri n'avait pas frappé un seul coup, se contentant d'en parer un grand nombre qui lui étaient destinés à lui-même et quelques-uns qui s'adressaient au chef. Mac Gillie Chattanach commença à s'alarmer lorsque, ayant donné à ses hommes le signal de se rassembler, il observa que son importante recrue restait à distance des rangs, et se montrait peu disposée à les rejoindre.

« Qu'avez-vous, mon brave? » dit le chef. « Se peut-il qu'un corps si robuste ait l'esprit faible et timide? Venez prendre part au combat.

— Vous étiez assez bon, tout à l'heure, pour m'appeler mercenaire, » répliqua Henri. « Si je le suis, » montrant le corps qui n'avait plus de tête, « j'en ai fait assez pour mes gages de la journée.

— Celui qui me sert sans compter les heures, » répondit le chef, « je le récompense sans compter la somme.

— Alors, » dit le Forgeron, « je combats comme volontaire, et au poste qui me plaît le mieux.

— Tout sera comme vous l'entendrez, » répliqua Mac Gillie Chattanach, jugeant prudent de satisfaire un auxiliaire qui promettait tant.

« Il suffit, » dit Henri ; et, mettant sur l'épaule son arme pesante, il rejoignit promptement le reste des combattants, et se plaça en face du chef du clan Quhele.

Pour la première fois alors, Eachin montra de l'indécision. Il y avait longtemps qu'il considérait Henri comme le meilleur combattant que Perth et ses environs pussent envoyer sur la lice. À la haine qu'il lui portait comme rival se joignait le souvenir de la facilité avec laquelle, jadis, Henri, bien que sans armes, avait repoussé son attaque soudaine et furieuse ; et quand il vit le Forgeron les yeux fixés dans sa direction, tenant en main l'épée dégouttante de sang, et méditant évidemment contre lui une attaque individuelle, son courage commença de l'abandonner, et il donna des symptômes d'irrésolution qui n'échappèrent pas à son père nourricier.

Il fut heureux pour Eachin que Torquil, par la nature de son tempérament personnel, et du tempérament de ceux avec lesquels il vivait, fût incapable de concevoir l'idée qu'un homme de sa tribu, et, surtout, que son chef et son nourrisson, manquât de courage physique. S'il avait pu s'imaginer cela, sa douleur et sa rage l'auraient poussé à la cruelle extrémité d'ôter la vie à Eachin, pour l'empêcher de souiller son honneur. Mais il repoussait, comme monstrueuse et contre nature, l'idée que son nourrisson fût véritablement lâche. La superstition lui avait suggéré déjà cette solution que le jeune chef était sous l'influence d'un enchantement; et, d'un air inquiet, mais tout bas, il demanda à Hector : « Est-ce que le charme, Eachin, assombrit ton esprit?

— Oui, malheureux que je suis, » répondit le pauvre jeune homme ; « et voici devant moi l'enchanteur terrible !

— Quoi ! » s'écria Torquil ; « et tu portes un harnois que sa main a fabriquée? Norman, malheureux enfant, pourquoi l'as-tu apportée, cette cotte d'armes maudite ?

— Si ma flèche s'est écartée du but, je ne puis que lancer ma vie derrière, » répondit Norman nan Ord. « Tenons ferme, et vous me verrez rompre le charme.

— Oui, tenons ferme, » dit Torquil. « Il peut être un grand enchanteur; mais mon oreille a entendu et ma langue a dit qu'Eachin quittera le combat bien portant, sans atteinte et sans blessure. Nous verrons le sorcier saxon qui pourra me contredire. Le Forgeron est vigou-

reux, mais la forêt de chênes tombera, tronc et rameaux, avant que le bout de son doigt n'ait touché mon nourrisson. Autour de lui, mes fils, et mourons pour Eachin !

— Mourons pour Eachin ! » répétèrent les fils de Torquil.

Encouragé par leur dévouement, Eachin retrouva ses esprits, et dit avec hardiesse au ménestrel de son clan : « *Seid suas!* » c'est-à-dire « Sonnez ! »

Le sauvage pibroch annonça de nouveau l'attaque. Les deux partis s'approchèrent l'un de l'autre plus lentement que la première fois, comme des hommes qui connaissaient et respectaient mutuellement leur valeur. Henri la Ruelle, dans son impatience de commencer la lutte, marcha quelques pas en avant du clan Chattan, et fit signe à Eachin de venir à lui. Norman se précipita pour couvrir son frère de lait : il y eut un temps d'arrêt général ; on eût dit que les deux partis attendaient du résultat de ce duel un présage pour le destin de la journée. Le montagnard s'avança, levant sa large épée comme s'il allait frapper ; mais, juste au moment où il arrivait à la distance voulue pour en faire usage, il lâcha cette arme longue et encombrante, sauta lestement par-dessus la claymore du Forgeron, que celui-ci dirigeait contre lui, tira sa dague, et, se trouvant ainsi tout contre Henri, avec cette arme, présent même du Forgeron, il le frappa à la gorge, dirigeant le coup de haut en bas vers la poitrine, et criant à haute voix : « C'est vous qui me l'avez appris ! »

Mais Henri portait son bon haubert, défendu par une double garniture d'acier trempé. S'il eût été moins fortement armé, c'était le dernier de ses combats. Tout garanti qu'il était, il fut légèrement blessé.

« Insensé! » répliqua-t-il, en portant à Norman un coup du pommeau de sa claymore, qui fit tomber le montagnard à la renverse ; « on vous a appris comment on frappe, mais non comment on pare. » Et, lançant à son antagoniste un coup qui fendit le crâne à travers le casque, il enjamba le corps inanimé, pour attaquer le jeune chef, en face de lui maintenant, et que nul ne couvrait plus.

« Un autre pour Eachin! » cria comme un tonnerre la voix sonore de Torquil, et les deux fils placés de chaque côté de leur chef, marchèrent vers Henri, et, frappant tous deux à la fois, le forcèrent à se mettre sur la défensive.

« En avant, race du chat-tigre! » s'écria Mac Gillie Chattanach ; « sauvez le brave Saxon ; faites sentir vos griffes à ces oiseaux de proie. »

Déjà blessé, le chef se porta au secours de son auxiliaire, et abattit l'un des *Leichtach* par lesquels le Forgeron était assailli. Avec sa bonne épée, Henri se débarrassa de l'autre.

« Encore pour Eachin ! » cria le fidèle père nourricier.

« Mourons pour Eachin! » répondirent deux autres de ses généreux fils, et ils s'opposèrent à la furie du Forgeron et de ceux qui étaient venus à son aide; cependant qu'Eachin, se portant vers l'aile gauche, y cherchait de moins formidables adversaires, y montrait quelque valeur, et faisait revivre un peu les espérances de ses compagnons. Les deux enfants du chêne, qui avaient couvert ce mouvement, partagèrent le destin de leurs frères; car le cri du chef du clan Chattan avait attiré vers cette partie du champ de bataille quelques-uns de ses plus braves. Les fils de Torquil ne tombèrent pas sans vengeance; ils laissaient sur les morts et sur les vivants des marques terribles de leurs épées. Dans le clan Quhele, toutefois, la nécessité, de garder autour du chef quelques-uns des meilleurs hommes, devint un désavantage pour l'issue générale de la lutte. Le nombre de ceux qui combattaient était si diminué, qu'il était aisé de voir qu'au clan Chattan il restait encore quinze hommes, bien que blessés pour la plupart; et que du clan Quhele il n'y en avait plus que dix environ, parmi lesquels quatre des gardes du corps du chef, y compris Torquil lui-même.

Ils continuaient cependant de combattre avec énergie, et, à mesure que leurs forces diminuaient, leur fureur semblait augmenter. Henri la Ruelle, blessé maintenant en plusieurs endroits, s'efforçait toujours de rompre ou d'exterminer le rempart des cœurs généreux qui combattaient obstinément autour de l'objet de son animosité. Au cri du père : « Encore pour Eachin! » répondait vaillamment et sans relâche la fatale parole : « Mourons pour Eachin! » Et, bien que le clan Quhele fût à présent inférieur en nombre, le combat n'avait pas cessé d'être douteux. La fatigue seule exigea d'eux un nouveau répit.

On remarqua alors que le clan Chattan était au nombre de douze, dont deux ou trois à peine capables de se tenir debout sans s'appuyer sur leurs épées. Du clan Quhele, il en restait cinq; Torquil et son plus jeune fils étaient du nombre, tous deux légèrement blessés. Eachin seul, grâce à la vigilance déployée pour intercepter tous les coups dirigés contre sa personne, était sans blessure. La rage des deux partis avait dégénéré, par l'épuisement, en un sombre désespoir. Ils marchaient chancelants, et comme plongés dans un rêve, au milieu des corps de leurs compagnons, et y attachaient leurs regards, semblant ranimer leur haine pour les ennemis qui vivaient encore par la vue des amis qu'ils avaient perdus.

On vit bientôt les survivants de cette lutte désespérée se rassembler pour renouveler leur guerre d'extermination : ce fut sur le bord de la rivière, lieu que le sang avait le moins rendu glissant, et que les corps morts encombraient le moins.

« Pour l'amour de Dieu, par ce pardon que nous demandons chaque jour dans nos prières, » dit le bon vieux roi au duc d'Albany, « que cela finisse! Pourquoi permettre à ces malheureux débris d'achever leur boucherie? On viendra bien sûr à bout, maintenant, de leur faire accepter la paix à des conditions raisonnables.

— Calmez votre émotion, seigneur lige, » dit son frère. « Ces hommes sont la peste des hautes terres. Les deux chefs sont encore vivants. S'ils s'en retournent sans avoir reçu de mal, tout le travail de ce jour est perdu. Souvenez-vous de la promesse que vous avez faite au conseil de ne pas crier : « Arrêtez. »

— Vous me forcez à un grand crime, Albany, et comme roi tenu de protéger ses sujets, et comme chrétien qui doit respecter ses frères dans la foi.

— Vos appréciations, Milord, sont inexactes, » dit le duc ; « ce ne sont pas des sujets affectionnés, mais des rebelles désobéissants, comme milord de Crawford en fera témoignage ; ils sont bien moins encore des chrétiens, car le prieur des dominicains vous garantira qu'ils sont plus qu'à moitié païens. »

Le roi poussa un profond soupir. « Il faut vous laisser faire ; vous êtes trop sage pour que je dispute avec vous. Je n'ai plus qu'à dérober mes yeux et mes oreilles à la vue et au bruit d'un carnage qui me fait mal. Mais Dieu, je le sens, me punira, rien que pour avoir été témoin de cette destruction de vies humaines.

— Sonnez, trompettes, » dit Albany ; « leurs blessures se figeront s'ils s'attardent plus longtemps. »

Pendant que le roi et son frère échangeaient ces paroles, Torquil embrassait et encourageait son jeune chef.

« Résiste au sortilège quelques minutes encore! Aie bon courage. Tu sortiras d'ici sans égratignure ni balafre, sans blessure ni cicatrice. Aie bon courage!

— Comment aurais-je bon courage, » dit Eachin, « alors que mes braves frères sont morts un à un à mes pieds? tous morts pour moi, qui ne suis pas digne de leur amour?

— Pourquoi sont-ils nés, sinon afin de mourir pour leur chef? » dit Torquil avec calme. « Pourquoi se lamenter de ce que la flèche ne revient pas au carquois, quand elle a touché le but? Courage encore! Voici Tormot et moi qui ne sommes blessés qu'à peine, tandis que les chats sauvages se traînent dans la plaine comme s'ils avaient été à demi étranglés par les terriers. Une passe vigoureuse encore, et le jour sera pour nous, quoiqu'il soit bien possible que toi seul restes vivant. Ménestrels, sonnez la bataille! »

Des deux côtés, le souffle des cornemuses annonça la charge, et la mêlée recommença, non plus avec la même force, mais avec une persistance invincible. Aux combattants se joignirent ceux dont le devoir aurait été de rester neutres, mais qui ne se sentaient plus capables de le faire. Les deux vieux champions qui portaient les étendards s'étaient avancés peu à peu de l'extrémité de la lice, et se trouvaient presque, maintenant, sur la scène même du combat. Si voisins du carnage, ils furent mutuellement saisis du désir de venger leurs frères ou de ne pas leur survivre. Ils s'attaquèrent l'un l'autre furieusement avec les lances auxquelles les étendards étaient attachés, se saisirent corps à corps après avoir échangé quelques coups terribles, et s'étreignirent avec force, tenant toujours leurs bannières, jusqu'au moment enfin, où, dans l'ardeur de la lutte, ils tombèrent ensemble dans le Tay : après le combat, on les y retrouva noyés, étroitement serrés dans les bras l'un de l'autre. La furie du combat, la frénésie de la rage et du désespoir gagnèrent aussi les ménestrels. Les deux joueurs de cornemuse, qui, durant la bataille avaient fait de leur mieux pour soutenir le courage de leurs frères, virent la lutte prête à se terminer faute d'hommes pour la soutenir. Ils jetèrent leurs instruments sur le sol, se précipitèrent l'un sur l'autre en désespérés, la dague à la main, plus occupé chacun d'égorger son adversaire que de se défendre lui-même; le joueur de cornemuse du clan Quhele fut tué presque à l'instant, et celui du clan Chattan mortellement blessé. Celui-ci ressaisit son instrument, et le pibroch du clan Chattan prodigua ses notes expirantes à ses compagnons, aussi longtemps que le put animer le souffle du ménestrel expirant. L'instrument dont il se servait, ou, du moins, ce qu'on appelle le chalumeau, a été conservé jusqu'à ce jour dans la famille d'un chef des hautes terres, et est en grand honneur sous le nom de *Federan Dhu*, ou le chalumeau noir (BB).

Cependant, dans la charge finale, le jeune Tormot, voué par Torquil, comme ses frères, à la protection de son chef, avait été mortellement blessé par la terrible épée du Forgeron. Les deux autres qui restaient du clan Quhele étaient tombés à leur tour. Forcés de battre en retraite devant huit ou dix hommes du clan Chattan, Torquil, son nourrisson et Tormot blessé, allèrent se poster sur le bord de la rivière, tandis que leurs ennemis faisaient, pour aller vers eux, tous les efforts que leur permettaient leurs blessures. Torquil venait d'atteindre le lieu où il avait résolu de se placer, quand le jeune Tormot tomba et expira. Sa mort arracha à son père le premier et le seul soupir qu'il eût poussé durant une journée si remplie.

« Mon fils Tormot ! » dit-il, « le plus jeune et le plus chéri! Mais si je sauve Hector, tout est sauvé. Mon nourrisson, mon bien-aimé, j'ai fait pour toi tout ce que peut faire un homme, excepté le dernier de tous les actes. Laisse-moi défaire les boucles de cette armure funeste, et mets celle de Tormot; elle est légère, et te conviendra bien. Pendant que tu le fais, je me précipite sur ces estropiés, et je ferai d'eux ce que je pourrai. Je n'aurai pas beaucoup de peine, je crois, car ils se suivent les uns les autres comme des bouvillons hors de combat. Et si, chéri de mon âme, je n'étais pas capable de te sauver, je t'aurai montré, du moins, comment un homme doit mourir. »

Parlant ainsi, Torquil défit les boucles du haubert du jeune chef, dans la naïve croyance qu'il pourrait ainsi rompre les filets dont la peur et l'enchantement avaient enlacé le cœur d'Eachin.

« Mon père, mon père! vous êtes pour moi plus qu'un père! » dit le malheureux jeune homme. « Restez avec moi! Vous à mon côté, je sens que je combattrai jusqu'à la mort.

— C'est impossible, » dit Torquil. « Je vais les arrêter dans leur marche pendant que tu mets le haubert. Que Dieu te bénisse éternellement, ô le bien-aimé de mon âme ! »

Et, brandissant son épée, Torquil du Chêne s'élança, avec le même cri de guerre qui avait si souvent résonné sur cette plaine sanglante : « Mourons pour Eachin ! » Trois fois ces mots retentirent d'une voix de tonnerre; et, chaque fois que le forestier lançait son cri, il abattait un homme du clan Chattan, à mesure qu'il les rencontrait l'un après l'autre. « Bien combattu, l'oiseau ! Bravement volé, faucon ! » s'écriait la foule, témoin de ces efforts qui semblaient, même à la dernière heure, menacer d'un changement les fortunes de la journée. Soudain, à ces voix succéda le silence, suivi d'un cliquetis d'épées aussi terrible que si le combat tout entier avait recommencé en la personne d'Henri la Ruelle et en celle de Torquil du Chêne. Ils frappaient d'estoc et de taille, allongeaient la pointe et faisaient retomber la lame comme si c'eût été la première fois qu'ils tiraient l'épée dans ce jour. C'était un acharnement mutuel, car Torquil reconnaissait le sorcier maudit, qui, comme il le supposait, avait jeté un sort sur son enfant; et Henri voyait devant lui le géant qui, pendant toute la durée du combat, l'avait empêché d'accomplir le dessein, pour lequel seulement il s'était joint aux combattants, d'engager avec Hector un combat singulier. Ils luttèrent avec une égalité qui n'aurait point existé peut-être si Henri, plus blessé que son antagoniste, n'avait pas été privé en partie de son agilité ordinaire.

Eachin, demeuré seul, après avoir, dans un grand trouble et sans succès, tenté de mettre le harnois de son frère de lait, fut saisi d'un sentiment de honte et de désespoir, et s'élança, pour soutenir son père nourricier dans cette lutte terrible avant que quelque autre du clan Chattan ne fût arrivé. Quand il fut à quelques pas, bien déterminé à prendre sa part de ce combat mortel, son père nourricier tomba, pourfendu de la clavicule presque jusqu'au cœur, et murmurant en son dernier souffle : « Mourons pour Eachin ! » L'infortuné vit la chute de son dernier ami, et, au même moment, aperçut l'ennemi mortel qui l'avait cherché pendant toute la bataille : le forgeron était là debout, à la longueur d'une épée, brandissant l'arme puissante qui, à travers tant d'obstacles, avait constamment poursuivi sa route contre la vie d'Eachin. Cela suffit peut-être pour porter au plus haut degré la timidité naturelle du jeune homme; peut-être, au même instant, se souvint-il aussi qu'il était sans armure défensive, et que des ennemis, ralentis il est vrai par leurs blessures, mais altérés de vengeance et de sang, s'approchaient de lui. Quelle qu'en fût la cause, le cœur lui manqua, ses yeux s'obscurcirent, un bourdonnement confus s'empara de ses oreilles, le vertige envahit son cerveau; toutes autres considérations furent oubliées dans l'appréhension d'une mort imminente; et, lançant vers le Forgeron un coup impuissant, il évita, par un bond en arrière, le coup que celui-ci dirigeait à son tour contre lui : avant qu'Henri n'eût pu relever son arme, Eachin avait plongé dans le Tay. Une clameur injurieuse le poursuivit pendant qu'il traversait le fleuve à la nage : parmi ceux qui la poussaient, il n'y en eût peut-être pas eu douze qui, dans des circonstances semblables, se fussent conduits autrement. Henri regarda le fugitif en silence et avec surprise, mais il ne put réfléchir longtemps sur les conséquences de cette fuite : la faiblesse triompha de lui aussitôt qu'eut cessé l'animation du combat. Il s'assit sur le gazon de la rive, essayant d'étancher celles de ses blessures qui coulaient le plus fort.

Les vainqueurs recueillirent les félicitations générales. Le duc d'Albany et d'autres descendirent sur le champ de bataille pour le visiter; et Henri la Ruelle fut l'objet d'une attention particulière.

« Si tu veux me suivre, mon brave, » dit Douglas le Noir, « je changerai ton tablier de cuir en un ceinturon de chevalier, et ta tenure bourgeoise en une terre de cent livres sterling de revenu pour soutenir ton rang avec.

— Je vous remercie humblement, Milord, » dit le Forgeron d'un air découragé; « mais j'ai versé déjà assez de sang, et le ciel m'a puni en trompant la seule espérance qui m'a fait entrer dans ce combat.

— Que veux-tu dire, l'ami ? » repartit Douglas. « N'as-tu pas combattu pour le clan Chattan, qui vient d'obtenir un glorieux succès ?

— *J'ai combattu pour ma propre main,* » dit froidement le Forgeron; et cette expression est restée proverbiale en Écosse.

Mort de Torquil du Chêne et fuite d'Eachin.

Le bon roi Robert survint alors monté sur une haquenée ; il avait franchi les barrières pour faire donner des soins aux blessés.

« Milord de Douglas, » dit-il, « vous fatiguez ce pauvre homme de choses purement temporelles, alors qu'il semble n'avoir que peu de temps pour s'occuper des spirituelles. N'a-t-il pas d'amis ici qui le transportent en un lieu où l'on prendrait soin des blessures de son corps et de la santé de son âme ?

— Il a autant d'amis qu'il y a de braves gens à Perth, » dit sir Patrice Charteris ; « et je me flatte d'être un des plus proches.

— C'est aux rustres de goûter les rustres, » dit l'altier Douglas, en tournant son cheval d'un autre côté ; « la chevalerie donnée par l'épée de Douglas l'aurait rappelé des portes de la mort, s'il y avait eu dans son corps une goutte de sang généreux. »

Sans faire attention au propos insultant du puissant comte, le chevalier de Kinfauns descendait de cheval pour prendre dans ses bras Henri dont la faiblesse augmentait encore. Il fut prévenu par Simon Glover, qui, avec d'autres bourgeois importants, venait d'entrer dans l'enceinte.

« Henri, mon bien-aimé fils Henri ! » dit le vieux bourgeois. « Pourquoi t'engager dans ce fatal combat ? Il se meurt, il ne parle plus !

— Il parle encore, » murmura Henri. « Catherine... »

Il n'en put dire davantage.

« Catherine se porte bien, je pense ; et sera à toi, si...

— Si elle est en sûreté, veux-tu dire, vieillard, » repartit Douglas, qui, bien que froissé du refus d'Henri, était trop magnanime pour ne pas s'intéresser à ce qui se passait. « Elle est en sûreté, pour peu que la bannière de Douglas soit capable de la protéger ; et elle sera riche. Douglas peut donner la richesse à ceux qui l'évaluent plus haut que la gloire.

— Pour sa sûreté, Milord, que la profonde gratitude et les bénédictions d'un père aillent à l'adresse du noble Douglas. Quant à la richesse, la nôtre nous suffit. L'or ne me rendrait pas mon fils bien-aimé !

— O merveille ! » dit le comte. « Un manant refuse la noblesse ; un bourgeois méprise l'or !

— Avec la permission de Votre Seigneurie, » dit sir Patrice, « moi, qui suis chevalier et noble, je prends la liberté de dire qu'un homme aussi brave qu'Henri la Ruelle peut repousser les titres d'honneur ; qu'un homme aussi honnête que ce respectable bourgeois peut se passer d'or.

— Vous faites bien, sir Patrice, de parler pour votre ville, et je ne m'en offense pas, » dit Douglas. « Je ne contrains personne à accepter mes bienfaits. Mais Votre Grâce, » ajouta-t-il à l'oreille d'Albany, « devrait arracher le roi à ce spectacle sanglant : il faut qu'il apprenne ce soir la nouvelle qui fera le tour entier de l'Écosse quand le jour de demain se sera levé. Le combat est fini. J'ai regret cependant de voir couchés morts en ce lieu tant de braves Écossais, dont le glaive aurait pu, en bataille rangée, décider la victoire pour les destins de leur pays. »

Ce ne fut pas sans peine qu'on éloigna le roi Robert du champ de bataille ; les larmes coulaient sur ses joues et le long de sa barbe blanche, lorsqu'il conjura ceux qui l'entouraient, nobles et prêtres, de prendre soin des corps et des âmes du peu de blessés qui survivait, et d'assurer aux morts une sépulture honorable. Les prêtres qui étaient présents satisfirent avec zèle aux deux offices, et remplirent leur devoir fidèlement et pieusement.

Ainsi finit ce célèbre combat du Pré du Nord de Perth. De soixante-quatre braves (les ménestrels et les porte-étendard compris) dont le pied avait virilement foulé ce champ fatal, il n'en survécut que sept, emportés de ce lieu dans des litières, en des conditions peu différentes de celles des morts et des mourants dont ils étaient entourés, et mêlés avec eux dans la triste procession qui s'éloignait du lieu du combat. Eachin seul en était sorti sans blessure, et sans honneur.

Disons, en terminant, que pas un homme du clan Quhele ne survécut au sanglant combat, à l'exception du chef fugitif ; et que la conséquence de la défaite fut la dissolution de la confédération. Les clans qui la composaient ne sont plus maintenant pour l'antiquaire qu'un objet de conjectures, car, après ce combat si fécond en événements, ils ne s'assemblèrent plus jamais sous la même bannière. Le clan Chattan, au contraire, continua de croître et de prospérer ; et les meilleures familles du nord des hautes terres se font gloire de descendre de la race du chat de montagne (CC).

CHAPITRE XXXV.

Tandis qu'à pas lents le roi gagnait, à cheval, le couvent où il était logé, Albany, l'air tout défait et la voix tremblante, posait cette question au comte de Douglas : « Ne sera-ce pas Votre Seigneurie, témoin à Falkland de cette scène si douloureuse, qui communiquera les nouvelles à mon malheureux frère?

— Non, quand on me donnerait l'Écosse tout entière, » répondit Douglas. « J'aimerais mieux découvrir ma poitrine, et servir de but, à portée du trait, à cent archers de Tynedale. Non, par sainte Brigitte de Douglas! Je ne puis dire qu'une chose, c'est que j'ai vu mort ce jeune homme infortuné. Comment il est mort, Votre Grâce saura peut-être le mieux expliquer. Si ce n'étaient la rébellion de March et la guerre contre l'Angleterre, je dirais là-dessus ce que je pense. » Parlant ainsi, et saluant, le comte se rendit à sa demeure, laissant à Albany le soin de faire sa communication le mieux qu'il pourrait.

« La rébellion et la guerre? » se dit le duc en lui-même ; « oui, et ton intérêt, comte altier, que, tout impérieux que tu es, tu n'oses pas séparer du mien. Eh bien, puisque la tâche tombe sur moi, je dois et je vais l'accomplir. »

Il suivit le roi dans sa chambre. Après avoir pris place sur son siège accoutumé, le roi regarda son frère avec surprise.

« Vous êtes pâle, Robin, » dit le roi. « J'aurais voulu vous voir réfléchir davantage avant que le sang ne coulât, puisque les conséquences vous affectent si fortement. Et cependant, Robin, lorsqu'au travers des méditations de votre politique, se montre parfois la bonté de votre nature, je ne vous en aime que mieux.

— Plût au ciel, mon royal frère, » dit Albany d'une voix à demi étouffée, « que le champ de bataille sanglant que nous avons contemplé fût la pire des choses que nous ayons à voir ou à entendre aujourd'hui. Je prodiguerais peu ma douleur aux sauvages bandits qui y sont entassés. Mais... » Et il s'arrêta.

« Hélas! » s'écria le roi terrifié. « Quel nouveau malheur? Est-ce Rothsay? Ce doit être lui; c'est lui! Parlez! Quelle autre folie a-t-il faite? Quel autre accident lui est arrivé?

— Milord, seigneur lige, les folies et les accidents sont finis à présent pour mon infortuné neveu.

— Il est mort! il est mort! » s'écria le père, torturé par le désespoir. « Albany, comme ton frère! je te conjure... Mais non; je ne suis plus ton frère! Comme ton roi, je t'ordonne, homme sombre et rusé, de me dire tout! »

Albany bégaya ces mots: « Les détails ne me sont qu'imparfaitement connus; mais ce qui est certain, c'est que mon malheureux neveu a été trouvé mort dans son lit la nuit dernière; d'un mal soudain, à ce que l'on m'a dit.

— O Rothsay! O mon bien-aimé David! Plût à Dieu, mon fils, que je fusse mort à ta place! »

Ainsi s'exprimait, dans les termes énergiques de l'Écriture, le pauvre père éploré, arrachant sa barbe grise et ses cheveux blancs, tandis qu'Albany, muet et livré aux reproches de sa conscience, n'osait pas interrompre cette tempête du désespoir. L'accès de douleur du roi se changea presque aussitôt en fureur, disposition si contraire à la douceur et à la timidité de sa nature, que les remords d'Albany firent place à l'inquiétude.

« Est-ce donc là, » dit le roi, « la conclusion de tes discours moraux et de tes maximes religieuses? Le père imbécile qui a livré son fils en tes mains, qui a livré au boucher l'innocent agneau, c'est un roi! Tu le reconnaîtras à tes dépens. Le meurtrier osera-t-il donc se tenir en présence de son frère, souillé du sang du fils de ce frère? Non! Holà, qu'on vienne! Mac Louis! Brandanes! Trahison! Au meurtre! Aux armes, si vous aimez les Stuarts! »

Mac Louis, avec quelques gardes, se précipita dans la chambre.

« Meurtre et trahison! » s'écria l'infortuné roi. « Brandanes, votre noble prince... » Ici, la douleur et l'agitation arrêtèrent un moment dans sa bouche les accusations fatales qu'il allait formuler. Il reprit enfin son discours interrompu : « A l'instant, dans la grande cour, une hache et un billot! Arrêtez... » Le mot qu'il voulait dire ne put traverser son gosier.

« Arrêter qui, mon noble lige? » dit Mac Louis. Voyant le roi sous l'empire d'un mouvement de colère si peu en rapport avec sa douceur ordinaire, le chef des Brandanes se demandait presque si les horreurs inaccoutumées du combat auquel il venait d'assister n'avaient pas troublé son cerveau. « Qui arrêterais-je, seigneur lige? » reprit-il. « Il n'y a ici personne que le duc d'Albany, le royal frère de Votre Grâce.

— C'est vrai, » dit le roi, dont expirait déjà le court accès de colère et de vengeance. « C'est vrai; il n'y a qu'Albany; nul autre que l'enfant de mon père, nul autre que mon frère. O Dieu! rendez-moi capable de réprimer la colère coupable qui s'enflammait dans mon sein. *Sancta Maria, ora pro nobis!* »

Mac Louis jeta un regard étonné vers le duc d'Albany. Celui-ci, tâchant de cacher sa confusion sous une compassion profonde, murmura ces mots à l'officier :

« Cette grande infortune a été trop forte pour son intelligence.

— Quelle infortune, s'il plaît à Votre Grâce? » répliqua Mac Louis. « Je n'en ai pas entendu parler.

— Quoi! vous n'avez pas entendu parler de la mort de mon neveu Rothsay?

— Le duc de Rothsay est mort, Milord d'Albany! » s'écria le fidèle Brandane, plein d'horreur et d'étonnement. « Quand? comment? où?

— Il y a deux jours; la manière, on ne la sait pas encore; à Falkland. »

Mac Louis regarda le duc un instant; puis, l'œil enflammé et l'air résolu, il dit au roi, qui restait plongé dans sa dévotion mentale : « Seigneur lige! il y a une minute ou deux, vous alliez dire un mot, que vous n'avez pas prononcé. Que ce mot sorte de vos lèvres, et vos désirs sont une loi pour vos Brandanes!

— Je priais, Mac Louis, pour échapper à la tentation, » dit le monarque accablé, « et vos paroles me l'apportent. Voudriez-vous mettre une arme dans la main d'un fou? O Albany, mon ami, mon frère, mon conseiller, mon appui! comment as-tu eu le cœur de faire cela? »

Albany, voyant le roi s'adoucir, répondit avec plus de fermeté qu'auparavant : « Mon château n'a pas de barrière contre le pouvoir de la mort; je n'ai pas mérité les soupçons odieux qu'impliqueraient les paroles de Votre Majesté. Je les pardonne à l'égarement d'un père éploré. Mais je suis prêt à jurer par la croix et l'autel, par ma part de salut, par les âmes royales de nos parents...

— Tais-toi, Robert, » dit le roi; « n'ajoute pas le parjure au meurtre. Tout cela, tu l'as fait pour t'approcher un pas de plus de la couronne et du sceptre! Prends-les pour toi, prends-les de suite, homme cruel; et puisses-tu sentir, comme moi, qu'ils sont tous deux de fer chaud! Oh! Rothsay, Rothsay! tu as échappé du moins au malheur d'être roi!

— Seigneur lige, » dit Mac Louis, « permettez-moi de vous rappeler que la couronne et le sceptre d'Écosse, quand Votre Majesté cessera de les porter, appartiennent au prince Jacques, succédant aux droits de son frère.

— C'est vrai, Mac Louis, » dit vivement le roi; « il succèdera, le pauvre enfant, aux périls de son frère. Merci, Mac Louis, merci : vous m'avez rappelé que j'ai encore à travailler sur la terre. Mettez en armes vos Brandanes le plus vite que vous pourrez. Que nul ne vienne avec nous dont la fidélité ne vous soit connue; nul surtout qui ait eu commerce avec le duc d'Albany, avec cet homme qu'on appelle mon frère! Faites à l'instant préparer ma litière. Nous allons à Dunbarton, Mac Louis, ou à Bute. Les précipices, les flots, et les cœurs de mes Brandanes, défendront le jeune enfant, jusqu'à ce que nous puissions mettre des océans entre lui et l'ambition d'un oncle cruel. Adieu, Robert d'Albany; adieu pour toujours, cœur dur, homme de sang! Jouis de la part de pouvoir que Douglas te laissera. Mais ne cherche pas à me revoir; cherche bien moins encore à t'approcher de l'enfant qui me reste! A l'heure où tu le ferais, mes gardes auront l'ordre de te percer de leurs pertuisanes ! Veillez, Mac Louis, à ce que tout se fasse comme je l'ai dit. »

Le duc d'Albany quitta la salle, sans plus tenter ni justification ni réponse.

Ce qui survint après est du domaine de l'histoire. Au parlement qui suivit, le duc d'Albany eut sur cette assemblée assez d'influence pour se faire déclarer innocent de la mort de Rothsay; et lui-même, cependant, il montra qu'il se sentait coupable, en se faisant donner, pour ce crime, des lettres d'amnistie ou de pardon. Le vieil et infortuné monarque alla s'enfermer dans l'île de Bute, en son château de Rothsay, pour pleurer le fils qu'il avait perdu, et pour veiller avec une anxiété fiévreuse sur la vie de celui qui lui restait. Pour la sécurité du jeune Jacques, il crut ne pouvoir faire mieux que de l'envoyer en France faire son éducation à la cour du souverain régnant. Mais le vaisseau qui portait le prince d'Écosse fut pris par un croiseur anglais; et, quoiqu'il y eût alors trève entre les deux royaumes, le roi Henri IV, par un procédé peu généreux, retint l'enfant prisonnier. Ce dernier coup acheva complètement de briser le cœur du malheureux Robert III. La vengeance suivit, bien qu'à pas lents, la trahison et la cruauté de son frère. Les cheveux blancs d'Albany allèrent en paix au tombeau, et il transféra à son fils Murdoch la régence qu'il avait acquise par de si odieux moyens. Mais dix-neuf ans après la mort du vieux roi, Jacques Ier retourna en Écosse, et Murdoch, duc d'Albany, monta sur l'échafaud avec ses fils, en expiation du crime de son père et de ses propres crimes (DD).

CHAPITRE XXXVI.

A la malheure en vain le pied de la Fortune
A droite à gauche aura fait voler le ballon :
Si ton cœur n'a connu crime ni faute aucune,
Du sourire pour toi viendra l'occasion.

BURNS.

ETOURNONS maintenant à la Jolie Fille de Perth, qui, après l'horrible scène de Falkland, avait été, par l'ordre de Douglas, envoyée sous la protection de sa fille, la duchesse, maintenant veuve, de Rothsay. La résidence temporaire de cette noble dame était une maison religieuse appelée Campsie, dont les ruines se voient encore au bord du Tay, dans une situation merveilleuse. Cette demeure s'élevait au sommet d'un rocher escarpé, dont le pied descend jusqu'au fleuve majestueux, qu'embellit particulièrement en cet endroit la cataracte appelée le *linn* de Campsie : les eaux du Tay s'y précipitent en tumulte, franchissant une barrière de basalte qui intercepte le courant comme le ferait une digue élevée de main d'homme. Épris d'un site aussi romantique, les moines de l'abbaye de Cupar y avaient élevé un édifice, dédié à un saint peu connu nommé saint Hunnand, et avaient coutume de s'y retirer pour leur agrément ou leurs dévotions. Les portes de la maison religieuse s'étaient ouvertes avec empressement pour recevoir la noble dame qui en était alors l'hôtesse, car le pays était sous l'in-

fluence du puissant lord Drummond, l'allié de Douglas. C'est là que la lettre du comte fut présentée à la duchesse par le chef de l'escorte qui conduisait à Campsie Catherine et la chanteuse. Quelque sujet qu'elle pût avoir de se plaindre de Rothsay, cette fin horrible et inattendue impressionna fortement la princesse, et elle passa la plus grande partie de la journée dans la douleur et dans les exercices de dévotion.

Le lendemain matin, qui se trouvait être le mémorable dimanche des Rameaux, elle fit appeler en sa présence Catherine Glover et la ménestrelle. Les deux jeunes femmes avaient été fort contristées et fort ébranlées par les scènes horribles auxquelles elles venaient de se trouver mêlées, et l'air de la duchesse Marjory était, comme celui de son père, plus fait pour inspirer le respect que la confiance. Elle semblait très affligée ; elle leur parla cependant avec bienveillance, et apprit d'elles tout ce qu'elles avaient à dire sur le destin de son frivole et capricieux époux. Elle parut reconnaissante des efforts que Catherine et la chanteuse avaient faits, avec un péril extrême, pour sauver Rothsay de son affreux destin. Elle les invita à se joindre à ses dévotions ; à l'heure du dîner, elle leur donna sa main à baiser, et les renvoya pour prendre elles-mêmes leur repas, les assurant toutes deux, et Catherine en particulier, de sa pleine protection, qui impliquait, dit-elle, celle de son père, et qui serait comme un mur autour d'elles, aussi longtemps que vivrait la duchesse.

Elles quittèrent la chambre de la princesse et partagèrent le repas de ses duègnes et de ses dames, qui toutes, au milieu de leur douleur profonde, montraient une gravité qui glaçait le cœur frivole de la Française, et qui créait une gêne même pour le caractère plus sérieux de Catherine Glover. Les amies, car nous pouvons maintenant les appeler ainsi, furent, en conséquence, bien aises d'échapper à la société de ces personnes, toutes de race noble, qui ne se trouvaient pas à leur place avec la fille d'un bourgeois et avec une chanteuse errante, et qui les virent avec satisfaction sortir pour se promener aux alentours du couvent. Un petit jardin, avec ses arbustes et ses arbres fruitiers, s'étendait de l'un des côtés du couvent, le long même du précipice, dont il n'était séparé que par un parapet construit sur le bord du rocher, et assez bas pour que l'œil pût mesurer aisément les proportions de la pente, et contempler le conflit des eaux qui, en bas, sur le banc de rochers, écumaient, s'entrechoquaient et se brisaient avec fureur.

La Jolie Fille de Perth et sa compagne se promenaient à pas lents, dans un sentier qui courait au long de ce parapet; elles suivaient du regard le paysage romantique, et devinaient ce qu'il pourrait être lorsque l'été, près d'arriver, aurait couvert les bois de feuillages. Elles gardèrent quelque temps le silence. Mais à la fin la chanteuse avec son caractère gai et résolu essaya de se soustraire à l'impression des circonstances dont elle n'avait pas cessé de subir l'empire.

« Douce fleur de mai, » dit-elle, « les horreurs de Falkland pèsent-elles encore sur vous? Cherchez comme moi à les oublier; nous ne suivrons pas gaiement le chemin de la vie, si nous ne secouons de nos manteaux les gouttes de pluie quand elles tombent.

— De telles horreurs ne s'oublient pas, » répondit Catherine. « C'est pour mon père maintenant que mon esprit s'inquiète. Je ne saurais non plus me défendre de songer au nombre de braves gens qui peuvent quitter le monde en ce moment, à moins de six milles de nous.

— Vous voulez parler du combat des soixante, dont l'écuyer de Douglas nous entretenait hier? Ce serait, pour une personne de ma profession, un spectacle à contempler; mais honte à mes faibles yeux de femme! ils n'ont jamais pu voir s'entrecroiser des épées sans être éblouis. Voyez donc là-bas, Catherine; par là! Ce messager rapide apporte assurément des nouvelles de la bataille.

— Il me semble reconnaître, » dit Catherine, « celui qui presse si furieusement sa course. Si c'est l'homme que je crois, des pensées bien terribles doivent stimuler sa rapidité. »

Tandis qu'elle parlait, le coureur se dirigeait vers le jardin. Le petit chien de Louise s'élança à sa rencontre, aboyant avec fureur, mais revint s'abriter, se blottir et gronder derrière sa maîtresse; car même les animaux muets savent distinguer l'homme que pousse la violente énergie d'un mouvement irrésistible, et craignent en ce moment de le traverser dans sa carrière. Toujours aussi vite, le fugitif se précipita dans le jardin. Il avait la tête nue, les cheveux en désordre;

son riche hoqueton et tous ses autres vêtements semblaient avoir été récemment imbibés d'eau. Ses brodequins de cuir étaient coupés et déchirés, et ses pieds laissaient sur le sol des traces de sang. Son visage était farouche, hagard, surexcité, *poussé au plus haut*, suivant l'expression des Écossais.

« Conachar! » dit Catherine, comme il s'approchait sans paraître voir ce qui était devant lui, ainsi, dit-on, que les lièvres suivis de près par les chiens. Il s'arrêta court en entendant son nom.

« Conachar, » dit Catherine, « ou plutôt Eachin Mac Ian, que veut dire ceci? Le clan Quhele a-t-il subi la défaite?

— J'ai porté les noms que me donne cette jeune fille, » dit le fugitif après un moment de réflexion. « Oui, l'on m'appela Conachar quand j'étais heureux, Eachin quand je fus puissant. Je n'ai plus de nom maintenant, et le clan dont tu parles n'existe plus. C'est folie à toi, jeune fille, de parler d'une chose qui n'est plus, à un homme qui, lui-même, a cessé d'exister.

— Hélas! infortuné...

— Infortuné? Pourquoi, je te prie? » s'écria le jeune homme. « Si je suis lâche et couvert de honte, la lâcheté et la honte ne commandent-elles pas aux éléments? N'ai-je point bravé l'eau sans qu'elle m'ait englouti, foulé de mes pas la terre sans qu'elle se soit ouverte pour me dévorer? Où donc est-il, le mortel qui s'opposerait à mon dessein?

— Hélas, il est fou! » dit Catherine. « Hâtez-vous d'appeler du secours. Il ne me fera pas de mal; mais je crains qu'il ne s'en fasse à lui-même. Voyez comme ses regards se portent sur le torrent! »

La chanteuse se hâta de faire ce qu'on lui demandait. L'esprit à demi égaré de Conachar parut soulagé par son absence. « Catherine, » dit-il, « maintenant qu'elle est partie, je te reconnais, je sais ton amour de la paix et ta haine pour la guerre. Mais écoute : plutôt que de frapper d'un coup mon ennemi, j'ai abandonné tout ce qu'il y a de plus cher dans le langage des hommes, j'ai perdu l'honneur, la renommée, mes amis; et quels amis! » s'écria-t-il en se couvrant la face de ses mains. « Oh! leur amour surpassait l'amour même d'une femme. Pourquoi cacher mes larmes? Tous connaissent ma honte; tous peuvent contempler ma douleur. Oui, tous peuvent la voir, mais qui donc en aura pitié? Catherme, tandis que, comme un insensé, je descendais en courant la vallée, hommes et femmes me lançaient la honte et l'injure ! Le mendiant à qui je jetais une aumône pour acheter de lui une bénédiction, la repoussait avec dégoût, avec une imprécation contre le lâche ! Chaque cloche qui sonnait me lançait ces mots : « Honte au « misérable infidèle « à sa cause ! » Les animaux eux-mêmes dans leurs beuglements et leurs cris, les vents dans leur bruissement et leur murmure, les ondes dans leurs tressaillements et leurs colères, me disaient : « Arrière le lâche ! » Mes neuf fidèles me poursuivent encore ; d'une voix faible, ils crient : « Frappe un coup, au moins, pour nous venger ; nous sommes tous morts pour toi ! »

Tandis que le malheureux jeune homme se livrait ainsi à son délire, un bruit se fit entendre dans le feuillage. « Il n'y a qu'un moyen, » s'écria-t-il, s'élançant vers le parapet, et jetant un regard de terreur vers les broussailles où deux serviteurs se glissaient pour s'emparer de lui par surprise. Dès qu'il vit une forme humaine sortir de derrière les arbres, il éleva d'un air farouche les mains au-dessus de sa tête. « Mourons pour Eachin ! » s'écria-t-il ; et plongeant dans le précipice, il s'abîma dans l'onde furieuse de la cataracte.

Il est inutile de dire qu'à moins d'être un flocon de duvet, tout, dans une pareille chute, devait se réduire en pièces. Le fleuve était grossi, et l'on ne revit plus jamais les restes de l'infortuné jeune homme. Une tradition riche en variantes a donné plus d'un supplément à cette histoire. D'après l'un de ces récits, le jeune capitaine du clan Quhele aurait gagné sain et sauf le rivage, bien au-dessous des *linns* de Campsie, et, errant inconsolable dans les déserts de Rannoch, y aurait rencontré le père Clément, qui s'était fait ermite dans la solitude, à la façon des anciens Culdées. Le moine, dit-on, convertit Conachar ; dévoré de chagrin et visité par la pénitence, le jeune homme vécut avec le solitaire dans sa cellule, partageant ses privations et ses prières, jusqu'à l'heure où la mort les emporta chacun à son tour.

D'autres légendes plus tragiques supposent qu'il fut dérobé à la mort par les *Daione-Shie*, c'est-à-dire les fées ; et qu'il continue d'errer à travers les forêts et les déserts, armé comme les anciens guerriers des hautes terres, mais portant l'épée de la main gauche. Le fantôme a toujours l'air plongé dans une douleur profonde. Il fait mine quelquefois d'attaquer le voyageur, mais, quand on lui résiste avec courage, il s'enfuit toujours. Ces légendes sont fondées sur deux particularités de son histoire : la timidité qu'il a montrée, et le suicide qu'il a commis ; deux choses presque sans exemple chez un chef de la montagne.

Lorsque Simon Glover eut veillé à ce que son ami Henri fût parfaitement soigné dans sa propre maison de la rue du Couvre-feu, il se rendit le soir même à Campsie. Il y trouva sa fille fort malade de la fièvre, par suite des scènes dont elle venait d'être témoin, et, surtout, de la catastrophe de son ancien camarade de jeu. L'affection fit de la chanteuse une garde-malade si excellente que le Gantier affirma que ce ne serait pas la faute de Glover si jamais, à l'avenir, Louise touchait le luth autrement que pour son plaisir.

Il se passa quelque temps avant que Simon s'aventurât à parler à sa fille des derniers exploits d'Henri et de ses blessures graves. Il eut soin de faire valoir comme circonstance atténuante le refus que son fidèle amant avait fait des honneurs et de la richesse, plutôt que de devenir, à la suite de Douglas, un soldat de profession. Catherine poussa un profond soupir, et secoua la tête au récit du sanglant combat du dimanche des Rameaux et de la prairie du Nord. Mais elle avait apparemment réfléchi que les hommes s'élèvent rarement, en civilisation ou en délicatesse, au-dessus des idées de leur siècle, et qu'un courage téméraire et exubérant, comme celui d'Henri le Forgeron, était, aux jours d'airain où l'on vivait, préférable à la faiblesse qui avait amené la catastrophe de Conachar. Si elle avait quelques doutes à ce sujet, ils furent écartés en temps convenable par les protestations d'Henri, aussitôt que, rendu à la santé, il fut en état de plaider sa cause.

« Je rougirais de le dire, Catherine ; mais je serais presque malade à la seule pensée de me battre. Ce dernier combat m'a fait voir assez de carnage pour rassasier un tigre. J'ai donc résolu de pendre au clou mon épée, pour ne plus la tirer jamais que contre les ennemis de l'Écosse.

— Si l'Écosse vous appelle, » dit Catherine, « ce sera moi qui bouclerai votre ceinturon.

— Catherine, » dit avec joie le Gantier, « nous paierons largement des messes pour les âmes de ceux qui sont tombés sous l'épée d'Henri : cela ne guérira pas seulement les imperfections spirituelles du passé, mais fera de nous, pour l'avenir, de vrais amis de l'Église.

— C'est à cet usage, mon père, » dit Catherine, « qu'il faut appliquer les trésors du coupable Dwining. Il me les a légués, mais vous ne voudrez pas, j'en suis sûre, mêler l'argent indigne qui est le prix du sang avec les gains honnêtes que vous avez faits !

— Ce serait amener la peste dans ma maison, » dit le Gantier sans hésiter.

Les trésors du misérable apothicaire furent, en conséquence, partagés entre les quatre monastères ; et il n'y eut plus à l'avenir l'ombre d'un soupçon sur l'orthodoxie du vieux Simon ou de sa fille.

Henri et Catherine se marièrent quatre mois après la bataille de la prairie du Nord, et jamais les corporations de la ganterie et des métiers à marteau n'exécutèrent aussi prestement la danse de l'épée qu'à la noce du plus hardi bourgeois et de la plus belle fille de Perth. Dix mois après, un gracieux enfant venait occuper le joli berceau, où Louise l'endormait sur l'air de

Fidèles et preux
Sous leurs bonnets bleus.

Les noms des parrains et marraine du petit garçon sont relatés comme suit : « Haut et puissant seigneur Archibald, comte de Douglas ; honorable et bon chevalier, sir Patrice Charteris de Kinfauns ; et gracieuse princesse Marjory, veuve douairière de son Altesse Sérénissime David, duc de Rothsay. » Sous un pareil patronage, une famille s'élève rapidement ; plusieurs des maisons les plus respectées de l'Écosse, et, tout particulièrement, dans le comté de Perth, nombre de personnalités distinguées dans les lettres ou dans les armes, se souviennent avec orgueil qu'elles descendent du *Gow Chrom* et de la *Jolie Fille de Perth*.

NOTES.

A, page 3. — *Assassinat de Jacques Ier. — Conspiration contre Jacques VI. — Ruthven, comte de Gowrie. — Les abbayes de Perth.*

Jacques Ier, poète, musicien et guerrier, s'appliqua à réprimer l'orgueil et la turbulence des grands. Les nobles formèrent contre lui une conspiration, à la tête de laquelle était le duc d'Athol, et l'assassinèrent à Perth, où il résidait (1437).

Ruthven, comte de Gowrie, l'un des auteurs du meurtre de Rizzio, de la chute de Bothwell et de l'abdication de Marie Stuart, conspira aussi contre Jacques VI. Prisonnier de Ruthven pendant quelque temps, le jeune fils de Marie s'évada; et, bientôt après, Ruthven, battu et pris, payait de la tête ses trop nombreux exploits (1582).

C'est dans une abbaye de l'ordre de Cîteaux que Jacques Ier résidait et fut assassiné. Dans le roman que nous donnons ici, nous verrons le roi d'Écosse résider, à Perth, dans une abbaye de dominicains. Il est parlé, dans le même roman, d'une abbaye de chartreux. Une autre abbaye encore devait exister dans la même ville, car il est question, au dernier chapitre de l'ouvrage, d'une somme partagée entre les quatre abbayes ou monastères.

B, page 7. — *David II, Robert II, Robert III.*

David II, fils de Robert Bruce (1342-1371), avait, après la mort de sa femme, épousé sa maîtresse Catherine Logie, qu'il désira répudier plus tard, mais sans obtenir l'autorisation du pape. Robert II, son neveu et son successeur, le premier des Stuarts (1371-1390), avait, du vivant même de sa femme, donné les soins les plus apparents à Élisabeth Mure, sa maîtresse : à la mort de l'épouse légitime, il éleva Élisabeth au trône. Robert III (1390-1406), sous le règne duquel s'ouvre le roman, était fils d'Élisabeth Mure.

Robert III, avait cinquante ans lorsqu'il devint roi; il eut pour successeur son second fils Jacques, de l'assassinat duquel il a été parlé dans la note qui précède.

C, page 7. — *La rue du Couvre-feu.*

La rue du *Couvre-feu* était ainsi nommée parce que là était la cloche qui sonnait le couvre-feu. La corporation des gantiers de Perth possédait, en cette rue, des jardins et des maisons ; dans la même rue aussi était une chapelle, dédiée à saint Barthélemy, où se tenaient les assemblées de la corporation.

D, page 8. — *La Saint-Valentin.*

La Saint-Valentin est le 14 février. D'après une vieille opinion populaire en Angleterre et en Écosse, ce jour-là, chaque oiseau choisit son compagnon; d'où l'on a tiré la coutume que, le même jour, chaque jeune fille prendrait un bon ami. Le premier des jeunes gens qu'une fille apercevait le jour de la Saint-Valentin, avait un titre à ses bonnes grâces ou à sa main ; et les galants se faisaient un devoir, ou un malin plaisir, de s'offrir, le matin de ce jour favorisé, aux premiers regards de la beauté qu'ils recherchaient. Les fenêtres étaient guettées dès l'aurore, et, avec une signification moitié sérieuse moitié plaisante, on avait, pour l'année entière, son Valentin ou sa Valentine.

E, page 27. — *Robert Bruce.*

On sait que Robert Bruce reçut d'une araignée le conseil de la persévérance et l'encouragement à la lutte. Abandonné de la fortune, et sur le point de renoncer à ses grands desseins, Robert Bruce vit, près de son lit, une araignée qui s'efforçait d'attacher son fil : tombant et retombant cent fois, elle revenait toujours à la charge, et finit par réussir. Bruce résolut d'avoir autant de volonté qu'elle, et il eut autant de succès. En souvenir de cette histoire, ses descendants respectèrent l'araignée, et n'auraient eu garde de faire mal à des animaux de cette espèce.

Ce n'était pas d'ailleurs pour les araignées seules que Robert Bruce était compatissant. Dans l'Ulster, au milieu de circonstances graves et pressantes, il arrêta la marche de son armée, pour ne pas laisser à la merci des soldats irlandais une pauvre lavandière prise des douleurs de l'enfantement.

F, page 38. — *Porte-Jarretière.*

C'est l'étymologie que donnent la plupart des savants du mot celtique employé dans le texte, *Glune-Amie* ou *Gluineamach*. D'autres veulent que cela signifie *bétail noir*, comme si le berger des montagnes devait être mis au niveau des animaux qu'il conduit.

G, page 74. — *Les Gantiers de Perth, et les Cordonniers.*

Saint Crépin, l'un des principaux apôtres des Gaules, fut pris pour patron par les ouvriers en chaussures, parce qu'il travaillait, la nuit, de cette profession, pour pourvoir à ses besoins. Saint Barthélemy, l'apôtre des Indes et de l'Asie Mineure, devint le patron des gantiers parce qu'il avait été écorché vif. S'exerçant l'une et l'autre sur le cuir, les deux professions que met en présence la conversation de nos personnages unirent parfois ensemble leurs corporations et leurs prières. C'est ainsi que les gantiers de Perth, dont la communauté était importante et riche, s'étaient chargés, dans cette ville, du traitement du chapelain de Saint-Crépin.

Une bannière a été retrouvée, qui appartint à la corporation des gantiers de Perth, et qui porte cette inscription : « Le parfait honneur d'un métier, la beauté d'une profession, ne sont pas dans la richesse, mais dans la valeur morale, par laquelle la vertu acquiert la bonne renommée. » Au-dessus : « Grâce et paix, » et la date : « 1604. » Nous ne trouvons pas surannée, quant à nous, la simplicité noble de cette inscription.

H, page 80. — *Gare la cloche, le livre et le cierge!*

Allusion aux formalités de l'excommunication.

I, page 99. — *Porte de l'Est. — Pont Saint-Jean.*

La porte de l'Est était fortifiée, et ouvrait sur le pont du Tay ou pont Saint-Jean. Ce pont Saint-Jean, d'une origine fort ancienne, avait été réparé par Robert Bruce, après avoir souffert beaucoup des guerres de cette époque et des inondations du Tay. Ce pont a été totalement emporté, en 1621, par une autre inondation.

Le lieu de réunion que le bailli avait fixé était très fréquenté, et le départ de la députation devait nécessairement, en cet endroit, appeler l'attention générale de la population de Perth.

J, page 102. — *Le sucre au quatorzième siècle.*

Il n'y a pas anachronisme à supposer le sucre introduit en Écosse à la fin du quatorzième siècle. Dès la première croisade, les chrétiens ont parlé d'un roseau doux comme le miel, dont ils avaient trouvé les produits en Syrie. Un peu plus tard, le sucre, à l'état d'abord de rareté singulière, eut quelque accès en Europe ; on tenta, au treizième siècle, de le cultiver en Sicile. Longtemps encore cependant, il resta chose exceptionnelle et inusitée, vendue par les pharmaciens, et employée presque exclusivement pour les médicaments. Ce fut seulement vers la fin du seizième siècle que la culture de la canne à sucre à Madère et aux Antilles amena l'emploi un peu moins parcimonieux de cette denrée, si largement vulgarisée depuis.

K, page 123. — *Les ducs de Rothsay et d'Albany.*

La création du duché de Rothsay, et celle du duché d'Albany en faveur du frère de Robert III, furent, en Écosse, les deux premiers exemples de la dignité ducale. Un préjugé général, dû sans doute au caractère ou au destin des deux premiers ducs d'Écosse, fit, dans le pays, considérer ce titre avec défaveur; il semblait que les grandes infortunes, ou même les crimes tragiques, fussent l'apanage de la dignité ducale. Au seizième siècle encore, Buchanan exprime et partage cette pensée.

L, page 130. — *La Galilée d'une église.*

Nom donné à une chapelle latérale, sise à l'entrée des églises, chapelle où les excommuniés avaient accès, et où se plaçaient aussi, d'ordinaire, les gens qui voulaient user du droit de refuge.

M, page 137. — *Les Brandanes.*

On désignait sous le nom de *Brandanes* les habitants de l'île de Bute, l'une des Hébrides intérieures, vers l'embouchure de la Clyde. Le territoire de Bute était le patrimoine propre du roi, dont le fils aîné s'appelait Rothsay, du nom de la capitale de l'île; et les *Brandanes* composaient la garde personnelle du monarque.

L'appellation de *Brandanes* est empruntée sans doute au patron du golfe de Clyde, saint Brandin.

N, page 188. — *La Jacquerie. — Ball.*

Ce fut en 1357-1358, pendant la captivité du roi Jean, que s'éleva et que fut réprimée la Jacquerie.

Les souvenirs de Ball étaient plus récents; ce trop fervent apôtre des doctrines de Wiclef s'était mis, en 1381, en Angleterre, à la tête d'une insurrection contre Richard II; il fut exécuté en 1384.

O, page 245. — *La danse moresque.*

Il est de vérité archéologique que la danse moresque était fort usitée en Angleterre et en Écosse. La corporation des gantiers de Perth avait, notamment, dans ses archives, le costume complet d'un danseur moresque. Il consistait en une tunique de soie jaune-brun, avec ornements de satin vert et rouge. Aux diverses parties du corps étaient attachées vingt et une séries de douze clochettes ou grelots chacune; soit un total de deux cent cinquante-deux. Chaque série avait une dimension et un son particulier, de telle sorte que le danseur devenait, à sa manière, un musicien, en état de produire une suite ou un accord de notes combinées d'une façon plus ou moins heureuse.

P, page 277. — *La tête du chevalier de Fawdyon.*

Dans son poème de *Wallace*, le ménestrel Henri l'Aveugle raconte que le champion de l'Écosse ayant tué le chevalier de Fawdyon, qu'il soupçonnait de trahison, peu de temps après, le défunt lui apparut, au vieux château de Gaskhall, et lui jeta sa tête à la figure. Ce fut la seule fois peut-être que Wallace fut accessible à la peur, et il y avait de quoi. Cette étrange scène, vigoureusement traitée, est considérée comme l'un des plus poétiques passages de l'œuvre d'Henri l'Aveugle.

Q, page 287. — *La chasse de Saint-Johnston commence!*

Le cri de guerre de Perth était célèbre. Il a été mis en musique; il a même été l'inspirateur d'une danse pyrrhique : ce sont objets qu'ont étudiés les antiquaires écossais.

R, page 290. — *Les noms d'Henri le Forgeron.*

Le lecteur a remarqué que l'amant de la Jolie Fille de Perth est indiqué, suivant les endroits, par des noms différents. C'est tantôt le prénom *Henri* qui le qualifie; tantôt *Harry* ou *Hal*, diminutifs de ce prénom; souvent on le désigne sous le nom de sa profession : *Smith* en anglais, *Forgeron* en français, *Gow* en langue gaélique. Ailleurs (comme cela arrive au présent passage), il est appelé *La Ruelle* ou *de la Ruelle* (wind), à raison de la voie où se trouvait sa demeure. La légende de Perth le qualifie aussi de *Chrom* ou *l'homme aux jambes arquées;* le lecteur se souvient peut-être qu'au chapitre II, lors de l'entrée en scène du personnage, on signale en lui ce défaut physique.

S, page 407. — *Tine-Egan*, ou *Neidfyre*, ou *Feu forcé.*

Pour cette cérémonie, tous les feux de la maison sont éteints, et deux hommes produisent, par le frottement du bois, une flamme dont la vertu est très puissante. Walter Scott dit avoir connu des personnes qui se souvenaient d'avoir vu faire usage de ce genre de conjuration dans les îles Hébrides, contre la clavelée des bestiaux.

T, page 411. — *Le clan Chattan et le Grand Chat.*

Le titre de *Grand Chat* appartenait au comte de Sutherland. C'était cependant le comté de Caithness qui avait conservé le nom des *Catti* ou Cattes, ces occupants de race teutonique, dont l'appellation se retrouve et dans la désignation du clan *Chattan* et dans le titre donné à son chef suprême. L'art héraldique n'a pas négligé une si belle occasion de déployer en peinture les calembours auxquels il se complaît. *Ne touche le chat qu'avec un gant,* porte la devise des Mac Intosh, par allusion au chat de montagne qui figure dans les armes de cette famille, comme aussi dans celles des autres rejetons épars du vieux clan Chattan.

U, page 424. — *Le Deasil.*

Coutume fort ancienne, le *Deasil* consistait à faire trois fois le tour du corps d'une personne, morte ou vivante, à l'effet d'implorer sur elle les bénédictions du ciel. Le *Deasil* devait se faire suivant le cours du soleil, c'est-à-dire en se mouvant de droite à gauche.

Un exercice analogue pouvait aussi se pratiquer pour faire des imprécations ou attirer des malheurs; il suffisait pour cela d'exécuter le même défilé, mais *contre le soleil,* de gauche à droite.

V, page 431. — *Le père Clément et ses doctrines.*

Le lecteur aura déjà remarqué souvent ce qu'il y a de bizarre et de fantaisiste dans les appréciations et dans l'histoire ecclésiastique du père Clément. Au présent chapitre, le moine et Simon Glover se donnent à l'envi carrière pour juger, fort cavalièrement, des matières et des faits qu'ils ne paraissent pas posséder beaucoup. Ce n'est point dans le catéchisme, assurément, qu'ils se sont renseignés sur le caractère et les effets de la confession; et, pour la transmission des vérités de la foi depuis les apôtres jusqu'à la réforme, la note personnelle que l'auteur mêle à leur concert appellerait plutôt, à notre sens, le sourire que la conviction. Nous n'avons pas l'intention de discuter avec ces théologiens; mais il ne nous paraît pas déplacé de prémunir contre les préventions et le parti pris de l'auteur les lecteurs jeunes ou inexpérimentés, que le charme de la lecture et les nécessités du roman pourraient entraîner un instant.

X, page 439. — *Les Dalriades.*

Les Dalriades sont la race semi-fabuleuse des anciens rois scots de la partie nord d'Albion. La contrée de l'Hibernie d'où seraient partis les premiers Scots qui entreprirent, avec succès, de disputer aux Pictes la possession de la Calédonie, se serait appelée, dit-on, la Dalriada. De là le nom de la dynastie de rois donnée par les envahisseurs au pays conquis; les portraits de ces rois, au nombre de vingt-trois, ont décoré, à Édimbourg, le château de Holy-Rood.

Y, page 504. — *La prison de sir Ramsay de Dalwolsy.*

Allusion à un fait imputé à l'un des ancêtres du Douglas dont il est question dans le présent roman.

William Douglas, lord de Galloway, chevalier de Liddesdale, aspirait à la dignité de shérif du comté de Roxburgh ou Teviotdale, et prétendait y avoir droit. Ce poste fut obtenu par sir Alexandre Ramsay de Dalwolsy ou Dalhousie. Douglas, irrité, fit saisir son rival dans l'exercice même de ses fonctions, l'enferma au château de l'Hermitage, et l'y fit mourir de faim en 1342. Douze ans plus tard, l'auteur de cet acte odieux mourut lui-même assassiné, en punition de prétendues intelligences avec les Anglais, qu'il avait été chargé de combattre.

L'histoire des grains qui tombaient dans la prison existait dans les traditions, et a été racontée par un historien.

Z, page 516. — *La main rouge.*

Douglas fait allusion à une coutume judiciaire de Perth et de certains autres pays. Quand l'assassin était saisi *la main rouge,* c'est-à-dire en flagrant délit, les magistrats de la ville pouvaient le condamner et le faire exécuter sans observer les formes ordinaires d'un procès.

Le droit de juger les causes capitales paraît avoir été retiré aux magistrats de Perth, et à toutes les juridictions inférieures, par suite d'une application de la *main rouge,* faite, en la belle cité, à un officier de recrutement. Cet officier avait tué, presque publiquement, un maître de danse qui avait voulu s'opposer à ce qu'on vînt, dans son cours même, débaucher une élève du sexe féminin ; le coupable fut condamné et exécuté sur-le-champ. Les torts de l'officier étaient grands, mais la justice fut trouvée un peu trop sommaire.

AA, page 529. — *L'Escalier du laboureur.*

L'Escalier du laboureur, ou *Ploughman Stares,* est un mot qui résonne fort mal aux oreilles des montagnards. Là ont été pendus nombre de brigands émérites de leur nation. C'est un endroit désolé entre les hauteurs de Birnam et la route de Perth à Dunkeld. L'Escalier du laboureur n'est pas plus agréable aux yeux qu'à la pensée; il est cependant voisin de points de vue célèbres, presque aussi beaux en amont de Perth que le sont, en aval, les *Frênes de Baiglie,* dont Walter Scott parle avec tant d'enthousiasme à la fin du premier chapitre de ce roman.

BB, page 558. — *Le chalumeau noir.*

C'était le clan Mac Pherson qui possédait le célèbre chalumeau. Deux traditions différentes sont proposées à son sujet : l'une vient d'être racontée dans le récit de notre auteur ; l'autre fait intervenir, dans le combat de Perth, un ménestrel aérien, qui aurait apparu à la tête du clan Chattan, et l'aurait encouragé de son harmonie : en disparaissant, il laissa tomber l'instrument, qui était de verre et se brisa, sauf le chalumeau, fait d'un bois fort dur, comme c'est l'habitude dans la fabrication des pibrochs.

CC, page 564. — *Le combat des clans.*

Le fameux combat de trente contre trente, livré à Perth entre deux clans écossais, a pour date, d'après la tradition et l'histoire, l'année 1396. Les noms de ces deux clans sont indiqués différemment dans les différents auteurs. Les sources, quant au récit de ce combat, sont le chroniqueur Winton (quatorzième siècle), et le continuateur de Fordun : Fordun est le plus ancien des historiens d'Écosse; il est mort vers 1386, mais sa *Chronique* a été continuée jusqu'à la mort de Jacques Ier en 1437. D'autres auteurs plus récents ont reproduit ou amplifié ce qu'avaient dit les deux premiers.

Dans le continuateur de Fordun, il est question de la fuite d'un champion, et de son remplacement par un artisan de Perth, agissant en qualité de volontaire.

Quant au dévouement du père nourricier et des frères de lait, rien de semblable ne se produisit dans le combat de 1396 ; mais le fait est conforme aux mœurs et à la générosité sans limite des montagnards écossais, comme aussi au lien étroit qui attachait chez eux ceux qui avaient sucé le même lait. L'histoire rapporte plusieurs traits de ce genre, et celui-ci, notamment, dont s'est servi notre auteur : à la bataille d'Inverkeithing entre les royalistes et Olivier Cromwell, le père nourricier de sir Hector Maclean de Duart s'est sacrifié, avec ses sept fils, pour le salut de son nourrisson, avec ce cri, renouvelé chaque fois que l'un des fils tombait : « Un autre pour Hector ! »

DD, page 570. — *La mort du duc de Rothsay.*

La mort du duc de Rothsay est de 1401 ou 1402. Elle eut lieu au château de Falkland, et est attribuée par presque tous les historiens à son oncle le duc d'Albany, qui l'aurait fait mourir de faim. L'un de ces historiens (le continuateur de Fordun) entre dans de grands détails, et raconte que deux femmes furent mises à mort pour avoir retardé le décès du prince en lui procurant des aliments. On a conservé le texte des lettres d'excuse ou de grâce que le roi Robert III délivra, à raison de la mort de Rothsay, au duc d'Albany et au comte de Douglas.

TABLE DES GRAVURES.

N.B. Les planches hors texte sont désignées en caractères italiques.
Les lettres initiales des chapitres ont été reproduites d'après un manuscrit du quatorzième siècle.

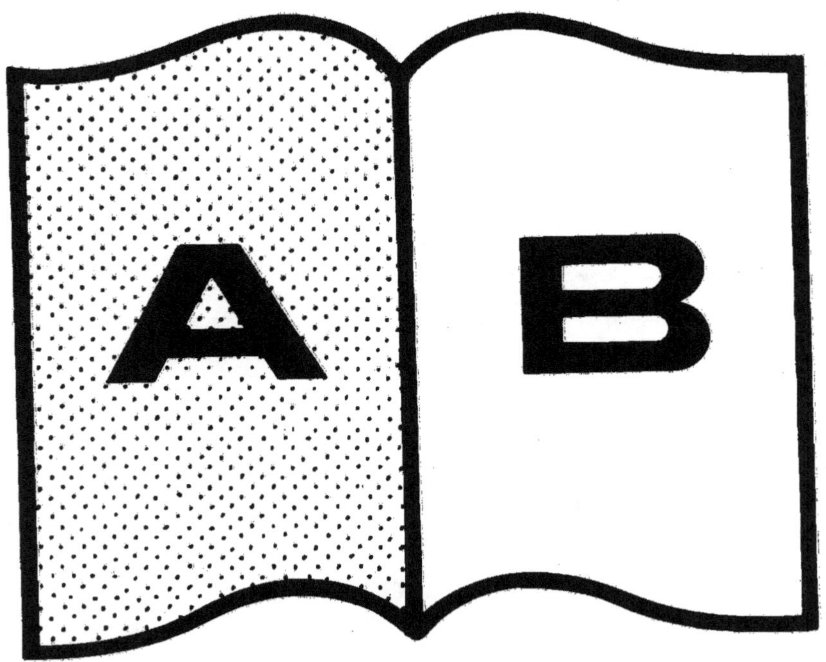

Contraste insuffisant

NF Z 43-120-14

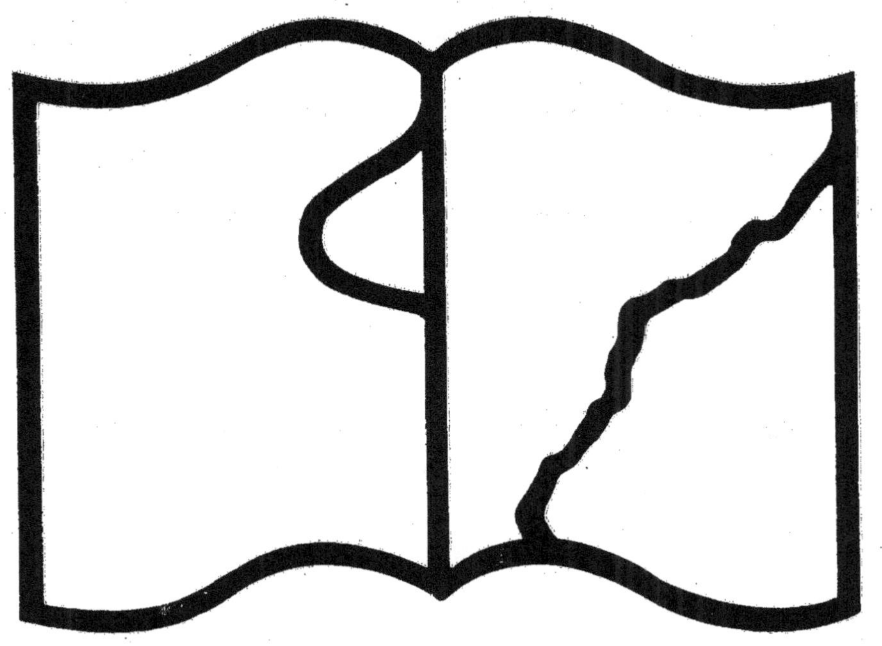

Texte détérioré — reliure défectueuse

NF Z 43-120-11

Reliure serrée